Stanley Hoppenfeld

Klinische Untersuchung der Wirbelsäule und der Extremitäten

2. Auflage

Klinische Untersuchung der Wirbelsäule und der Extremitäten

2., unveränderte Auflage

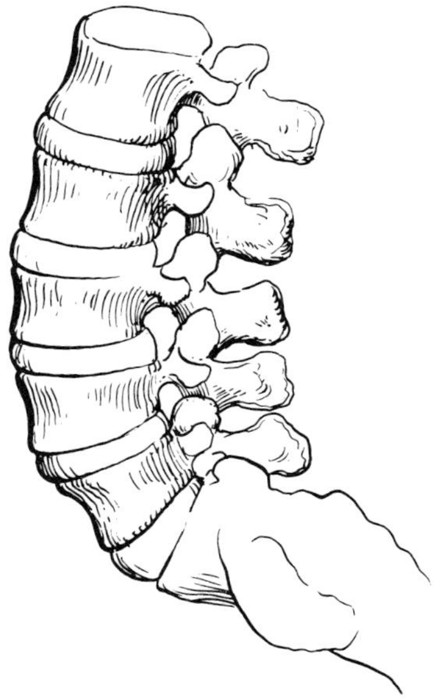

Von
Dr. Stanley Hoppenfeld

Unter Mitarbeit von
Richard Hutton und
Hugh Thomas

Deutsche Übersetzung von
Dr. Johannes Püschel

Mit 620 Abbildungen

SEMPER BONIS ARTIBUS

Gustav Fischer Verlag · Stuttgart · Jena · New York
1992

Original English language edition
Physical examination of the spine and extremities
published by

Anschrift des Übersetzers:
Dr. med. Johannes Püschel, Behandlungszentrum Vogtareuth GmbH, Krankenhausstraße 20,
D-8097 Vogtareuth

Die Deutsche Bibliothek – CIP-Einheitsaufnahme

Hoppenfeld, Stanley:
Klinische Untersuchung der Wirbelsäule und der Extremitäten /
von Stanley Hoppenfeld. Unter Mitarb. von Richard Hutton
und Hugh Thomas. Dt. Übers. von Johannes Püschel. 2.,
unveränd. Aufl. – Stuttgart ; Jena ; New York : G. Fischer,
1992
Einheitssacht.: Physical examination of the spine and extremities
⟨dt.⟩
ISBN 3-437-00673-8

Wollgrasweg 49 · D-7000 Stuttgart 70

Gesamtherstellung: Graphischer Großbetrieb Friedrich Pustet, Regensburg
Printed in Germany

Danksagung

Kein Buch wird ohne Hilfe geschrieben. Ich möchte deshalb einer großen Zahl entscheidender Helfer meinen Dank aussprechen:

Meine Anerkennung geht in erster Linie an Richard Hutton und Hugh Thomas, die sechs Jahre lang meine Kollegen waren. Sie und ich haben an diesem Buch von Anfang bis Ende gearbeitet. Jedweden Erfolg teile ich mit Ihnen.

An meine orthopädischen Kollegen am Albert-Einstein-College für Medizin für all ihre persönliche Hilfe: Elias Sedlin, Robert Schultz, Uriel Adar, David Hirsh und Rashmi Sheth.

An die Ärzte des Hospitals für Gelenkkrankheiten, die mir während meiner Assistentenzeit den größten Teil dieses Wissens übertrugen. Ich drücke meinen Dank dadurch aus, daß ich dieses Wissen einer anderen Generation weitergebe.

An die orthopädischen Assistenzärzte des Albert-Einstein-College für Medizin, die auszubilden mir ein Vergnügen war. Der Lehrstoff ist in diesem Band enthalten.

An Joseph Milgram, der mir in den vielen Jahren der Ausbildung ein Freund und Lehrer gewesen ist.

An Arthur J. Helfet, der mit die Gelegenheit gab, dieses Buch zu schreiben, für seine Erfahrungen auf dem Gebiet des Kniegelenks.

An die britischen Kollegen, die während ihres Aufenthalts in den Vereinigten Staaten an den Vorlesungen über die klinische Untersuchung der Wirbelsäule und der Extrimitäten teilgenommen haben sowie für ihre Anregungen bei der Abfassung dieses Buches: Clive Whalley, Robert Jackson, David Gruebel-Lee, David Reynolds, Roger Weeks, Fred Heatley, Peter Johnson, Richard Forster, Kenneth Walker, Maldwyn Griffiths und John Patrick.

An Nathan Allan Shore, D.D.S., für seine Vorlesungen über das temporomandibulare Gelenk wie auch für die fortwährende Anregung, die er mir stets gegeben hat.

An Arthur Merker, D.D.S., für seine Freundschaft und dafür, daß er mir sein Haus an der See als Refugium und Arbeitsplatz zur Verfügung stellte.

An Paul Bresnick für seine Mithilfe beim Kapitel über die untere Extremität.

An Allan Apley für seine Freundschaft und die wertvollen Anregungen bei der Neufassung des Buches.

An Frank Ferrieri für die Übernahme der klinischen Arbeit, während ich an dem Buch arbeitete.

An Laurel Courtney in Würdigung ihrer Zeit für die Durchsicht des Manuskriptes und für ihre positive Einstellung dazu.

An Sis und David für ihre unerschütterliche Freundschaft während der Vorbereitung des Buches.

An Ed Delagi für das Anhören meiner vielen Gedanken und für die Durchsicht des Kapitels über den Gang.

An Morton Spinner für die Durchsicht der Kapitel über Handgelenk und Hand sowie für seine wertvollen Anregungen.

An Mel Jahss für die Durchsicht des Kapitels über Fuß und Sprunggelenk sowie dafür, daß er diesen Abschnitten eine sichere Grundlage gab.

Meine tiefe Dankbarkeit geht an Muriel Chaleff, unseren Exekutivsekretär und langjährigen Freund, der so großartig an der Herausgabe dieses Buches teilnahm.

An Joan Nicosia in Dankbarkeit für ihre Hilfe bei der Vorbereitung des Kapitels Handgelenk und Hand.

An Lauretta White, die ihre Freundschaft anbot, Aufzeichnungen machte, aufbewahrte und dadurch sechs lange Jahre das Chaos zurückhielt.

An Anthea Blamire für ihre Unterstützung als Sekretärin.

An Carol Halpern, die viel Mühe auf sich nahm, um uns mit der ersten Fassung des Manuskripts zu helfen.

An Sabina DeFraia, die in langen und produktiven Stunden viele Entwürfe dieser Seiten schrieb.

An Doreen Berne für ihre fachliche Kompetenz bei der Bearbeitung des Manuskripts im Appleton-Century-Crofts Verlag.

An Steven Abramson für seine wertvolle Hilfe bei der Produktion dieses Buches und seiner vielen Abbildungen.

An Laura Jane Bird für ihre Hilfe bei der Umschlagzeichnung.

An unseren Verleger, der unsere gemeinsamen Anstrengungen zu einem glücklichen Ende geführt hat.

Vorwort

Während meiner Assistentenzeit und in den späteren Jahren als Lehrer wurde mir zunehmend die Notwendigkeit einer klaren, bündigen Anleitung für den Prozeß der klinischen Untersuchung der Wirbelsäule und Extremitäten klar. In meiner Vorstellung sollte eine solche Anleitung den Kliniker oder Studenten bei der logischen, effizienten und gründlichen Suche nach richtigen anatomischen und pathologischen Befunden lenken. Ein Buch dieser Art muß drei wichtige Merkmale enthalten: eine straffe, folgerichtige Gliederung, eine Fülle instruktiver Illustrationen und eine effektive Lehrmethode. Es heißt zurecht, daß die Notwendigkeit die Mutter der Erfindung sei; denn das folgende Material stellt das Ergebnis der oben beschriebenen Notwendigkeit dar.

In Übereinstimmung mit unserem ursprünglichen Konzept ist der Aufbau des Textes gleichbleibend. Jedes Kapitel entspricht der klinischen Untersuchung eines bestimmten Gebietes; doch ist dieser Aufbau flexibel geblieben und kann entsprechend den Erfordernissen einer speziellen Untersuchung wechseln.

Das Buch enthält über 600 Abbildungen zur besseren Erläuterung des Textes. Die Zeichungen sind das Ergebnis langer Lehrtätigkeit und andauernder Verbesserung. Sie wurden speziell mit der Absicht gemacht, dem geschriebenen Wort zusätzliche Klarheit und eine erhöhte Anschaulichkeit zu geben. Diese Arbeit hat drei Jahre in Anspruch genommen. Einige der Zeichnungen wurden absichtlich vereinfacht, um dem Kliniker ein bestimmtes Grundkonzept nahezubringen, andere hingegen vermitteln ein genaues anatomisches Detail. Die meisten der Illustrationen wurden aus der Sicht des Untersuchenden gezeichnet und zeigen damit dem Leser, wie er durch Imitation die effektivste Technik einer klinischen Untersuchung erlernen kann.

Im Hinblick auf die hier angewandte Lehrmethode werden die Grundprinzipien der klinischen Untersuchung auf jedes einzelne Gebiet angewandt. Dieses Vorgehen findet konsequent Anwendung im gesamten Text. Das Verfahren ist 7 Jahre lang mit Erfolg an der Albert-Einstein-School of Medicine nicht nur bei der Ausbildung der Assistenten, Medizinstudenten und Ärzte verschiedener Fachrichtungen, sondern auch bei Physiotherapeuten und anderen Berufsgruppen angewandt worden. Während das Niveau des dargestellten Materials von einer Gruppe zur anderen variiert, blieb die Lehrmethode selbst immer konstant.

Ich möchte ausdrücklich betonen, daß es keinen Ersatz für die persönliche Erfahrung bei der Durchführung einer klinischen Untersuchung unter Anleitung durch erfahrenes Personal gibt. Von einem Buch kann man nicht erwarten, daß es die Ausbildung durch einen erfahrenen älteren Arzt ersetzt, auch kann es nicht den Kliniker in einer persönlichen Art führen. Eine solche Anleitung kann jedoch dem Arzt die mühselige Aufgabe, grundlegende und wichtige Prinzipien und Techniken der Untersuchung weiterzugeben, erleichtern. Auf diese Weise gewinnt er Zeit, sich feineren Einzelheiten zuzuwenden. Um es mit Sir William Osler zu sagen: «Medizin ohne Bücher zu studieren, ist wie ohne Karte auf die See hinaus zu segeln. Medizin aus Büchern allein zu studieren jedoch heißt, überhaupt nicht auf die See zu kommen.»

Ich hoffe aufrichtig, daß dieser Band eine funktionelle Richtschnur ist, mit deren Hilfe Kliniker und Studenten das für die Untersuchung der Wirbelsäule und der Extremitäten wesentliche Grundwissen rasch erwerben können.

Stanley Hoppenfeld, M.D.

Inhalt

Klinische Untersuchung der Schulter

1

Der Schultergürtel setzt sich aus drei Gelenken und einer «Gleitverbindung» zusammen:

1. dem Sternoklavikulargelenk
2. dem Akromioklavikulargelenk
3. dem Schultergelenk (Articulatio humeri)
4. der skapulothorakalen Gleitverbindung

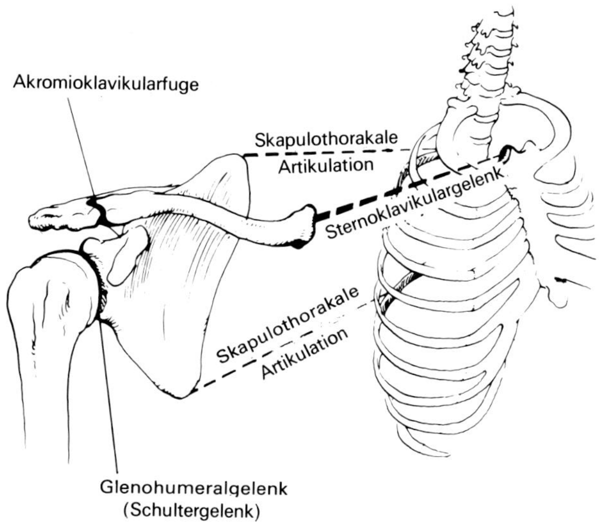

Abb. 1 Der Schultergürtel.

Alle vier Gelenke arbeiten in einem synchronen Rhythmus zusammen, der eine universale Bewegung erlaubt (Abb. 1). Im Gegensatz zur Hüfte, die ein stabiles Gelenk mit Halt durch ihr tiefes Azetabulum besitzt, ist die Schulter ein bewegliches Gelenk mit flacher Gelenkpfanne (Abb. 2). Der Humerus ist an der Skapula mit Weichteilen, Muskeln, Bändern und der Gelenkkapsel aufgehängt, besitzt aber nur eine geringe knöcherne Stütze.

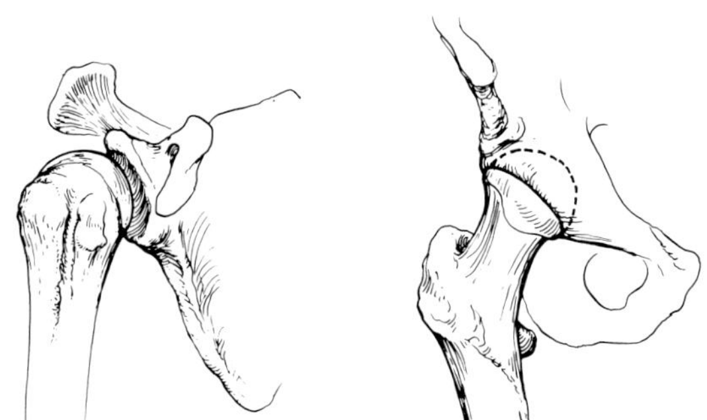

Abb. 2 Der Humerus hat eine nur geringe knöcherne Führung. Man beachte die flache Fossa glenoidalis im Gegensatz zum tiefen Azetabulum der Hüfte.

Die Untersuchung der Schulter beginnt mit einer sorgfältigen Inspektion, der eine detaillierte Palpation der Knochenstrukturen und Weichteile des Schultergürtels folgt. Die Bestimmung der Beweglichkeit, die Muskelprüfung, die neurologische Untersuchung sowie spezielle Untersuchungen vervollständigen die Untersuchung.

Inspektion

Die Inspektion beginnt in dem Augenblick, in dem der Patient das Untersuchungszimmer betritt. Beurteilen Sie die Gleichmäßigkeit und Symmetrie seiner Bewegung beim Gang; beim normalen Gang schwingt die obere Extremität zusammen mit der gegenseitigen unteren Extremität. Während der Patient sich bis zur Hüfte entkleidet, beobachten Sie den Rhythmus seiner Schulterbewegung. Die normale Bewegung ist glatt, natürlich und seitengleich; eine abnorme Beweglichkeit erscheint ruckhaft oder verzerrt und stellt oft den Versuch des Patienten dar, eine ineffiziente, schmerzlose Bewegung anstelle einer effizienten schmerzhaften zu setzen. Natürlich sollte die anfängliche Inspektion auch die Suche nach Bläschen, Verfärbungen, Schürfwunden, Narben und anderen Zeichen gegenwärtiger oder ehemaliger pathologischer Veränderungen mit einschließen.

Während Sie den Patienten betrachten, vergleichen Sie jedes Areal auf beiden Seiten und registrieren alle krankhaften Zeichen oder Zustände und die allgemeine anatomische Kontur. Abnormitäten lassen sich am leichtesten durch den Vergleich beider Seiten entdecken; denn sehr häufig zeigt ein solcher Vergleich eventuell vorhandene Abweichungen. Diese Methode stellt den Schlüssel zu einer guten klinischen Untersuchung dar und trifft nicht nur für die Inspektion, sondern auch für die Palpation, die Untersuchung der Beweglichkeit und die neurologischen Untersuchungen zu.

Eine Asymmetrie ist gewöhnlich offenkundig, so z. B., wenn ein Arm in unnatürlicher Stellung hängt, sei dies nun in Adduktion (in Richtung auf die Mittellinie) über der Vorderseite des Körpers oder vom Körper abduziert, so daß ein sichtbarer Raum in der Axilla bleibt. Der Arm kann auch nach innen rotiert und adduziert sein, wie wenn ein Kellner ein Trinkgeld erwartet (Erbsche Lähmung) (Abb. 3).

Richten Sie Ihre Aufmerksamkeit jetzt auf das Schlüsselbein, den am meisten hervorstehenden Knochen der ventralen Schulterpartie (Abb. 4). Das Schlüsselbein ist ein Stützknochen, der das Schulterblatt an der Rückseite des Thorax hält und die Schultergelenkpfanne daran hindert, sich nach vorne zu drehen. Medial beginnt das Schlüsselbein am Manubrium sterni und reicht lateral bis zum Akromion. Nur das dünne Platysma kreuzt seine obere

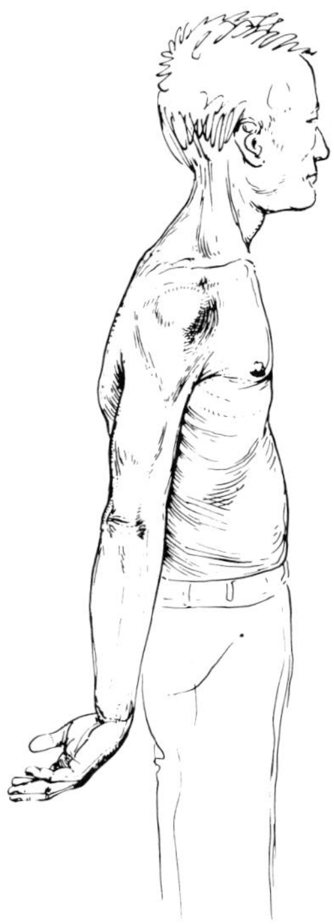

Abb. 3 Erbsche Lähmung.

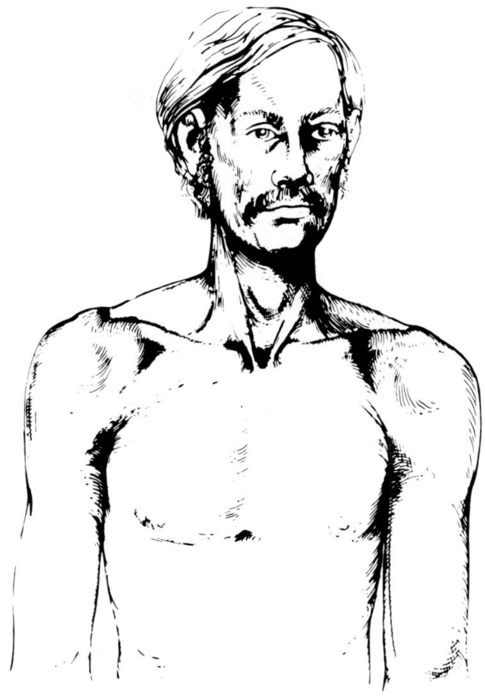

Abb. 4 Die Klavikula liegt fast subkutan und modelliert die darüberliegende Haut.

Oberfläche. Das Schlüsselbein liegt direkt unter der Haut und konturiert die darüberliegende Haut deutlich. Eine Fraktur oder Luxation an einem seiner beiden Enden ist gewöhnlich gut erkennbar. Fehlt das Schlüsselbein, so ist auch der normalerweise durch das Schlüsselbein geformte Grat der Haut nicht vorhanden, und übermäßig gerundete Schultern sind das sichtbare Resultat.

Als nächstes betrachten Sie den Deltoidanteil der Schulter, die am meisten hervortretende Muskelmasse des ventralen Schultergürtelbereichs. Die Rundung der Schulter wird durch den M. deltoideus hervorgerufen, der vom Akromion über das Tuberculum majus humeri herabzieht. Normalerweise ist die Schulter voll und rund, beide Seiten sind symmetrisch (Abb. 4). Ist jedoch der M. deltoideus atrophiert, tritt das darunterliegende Tuberculum majus humeri stärker hervor, und der Muskel bestimmt nicht mehr die Schulterkontur. Eine Abnormität der Schulterkontur kann auch durch eine Luxation entstehen, wobei das Tuberculum majus meistens nach vorn verschoben ist. Dabei verliert die Schulter ihre volle Kontur und erscheint eingedrückt. Der Arm wird etwas vom Körper entfernt gehalten (Abb. 5).

Die Fossa deltoideopectoralis liegt medial von der Schulter und unmittelbar unterhalb der lateralen Schlüsselbeinkrümmung (Abb. 4). Sie entsteht durch das Zusammentreten der Muskelfasern der Mm. deltoideus und pectoralis major und ist einer

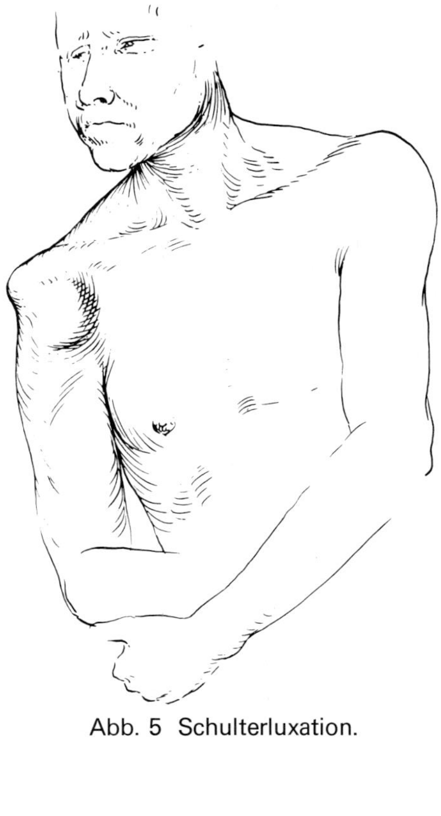

Abb. 5 Schulterluxation.

der besten Zugangswege für einen chirurgischen Eingriff im vorderen Schulterbereich. Diese Stelle markiert auch die Vena cephalica, die für eine Venae sectio gebraucht werden kann, wenn andere Venen nicht verfügbar sind.

Richten Sie Ihre Aufmerksamkeit jetzt auf den dorsalen Bereich des Schultergürtels (Abb. 21). Die deutlichste knöcherne Kontur zeigt das Schulterblatt, ein dreieckiger Knochen, der dem Brustkorb aufliegt. Durch die Abzeichnung der Knochenränder auf der Haut ist das Schulterblatt leicht zu lokalisieren. In seiner Ruheposition bedeckt es die Rippen 2–7. Sein medialer Rand ist etwa 5 cm von den Dornfortsätzen entfernt (Abb. 22). Die glatte, dreieckige Fläche der Spina scapulae liegt gegenüber dem Dornfortsatz des dritten Brustwirbels. Das Schulterblatt paßt sich der Form des Brustkorbes an und trägt zur leicht kyphotischen Form der Brustwirbelsäule bei. Jede Asymmetrie von Skapula und Thorax kann auf eine Schwäche oder Atrophie des M. serratus anterior hindeuten. Dabei steht das Schulterblatt wie ein Flügel ab (Abb. 66). Eine andere Ursache für die Asymmetrie der Schulterblätter ist die Sprengelsche Deformität, wobei das Schulterblatt nur teilweise vom Hals zum Thorax deszendiert ist. Eine solche hochstehende Skapula kann den Eindruck einer Schwimmhaut oder Halsverkürzung erwecken (Abb. 6).

Die dorsale Mittellinie des Körpers mit ihren sichtbaren Dornfortsätzen liegt in der Mitte zwischen den Schulterblättern. Beachten Sie, ob die Wirbelsäule gerade und ohne seitliche Ausbiegung ist (Skoliose) (Abb. 7). Eine solche Skoliose der Wirbelsäule kann eine Schulter tiefer erscheinen lassen als die andere, wobei die auffällige Schulter muskulöser ist. Gelegentlich ist die Brustwirbelsäule stark gerundet oder kyphotisch, zumeist das Ergebnis einer Scheuermannschen Erkrankung oder juvenilen Kyphose (Abb. 8).

Palpation der Knochen

Die Palpation der Knochenstrukturen bietet dem Untersucher eine systematische, ordnungsgemäße Methode, die jeweils interessierende anatomische Situation einzuschätzen. Stellen Sie sich dazu hinter den sitzenden Patienten und legen Sie Ihre Hände auf den M. deltoideus und das Akromion. Der erste Kontakt mit dem Patienten sollte sanft, aber fest sein, um ihm ein Gefühl der Sicherheit zu geben. Die natürliche, schalenförmige Haltung der Hände ist am besten geeignet und gestattet den Fingerspitzen, die Hauttemperatur abzuschätzen.

Jugulum. Bewegen Sie Ihre Hände von ihrer Position auf dem M. deltoideus und Akromion zur Mitte hin (Abb. 9, 10), bis Sie das Jugulum fühlen.

Sternoklavikulargelenk. Dieses Gelenk liegt un-

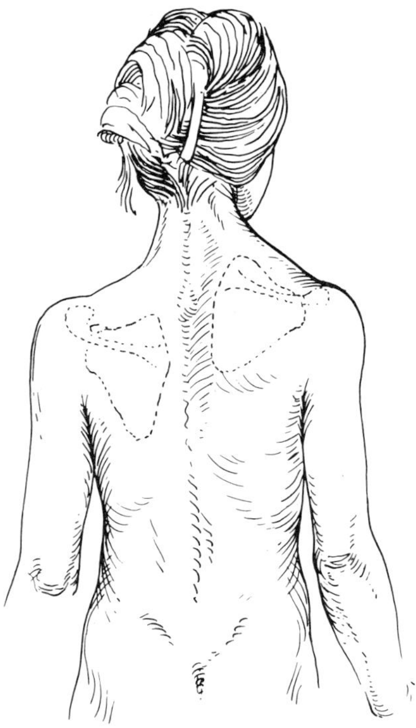

Abb. 6 Sprengelsche Deformität: Die rechte Skapula ist unvollständig deszendiert.

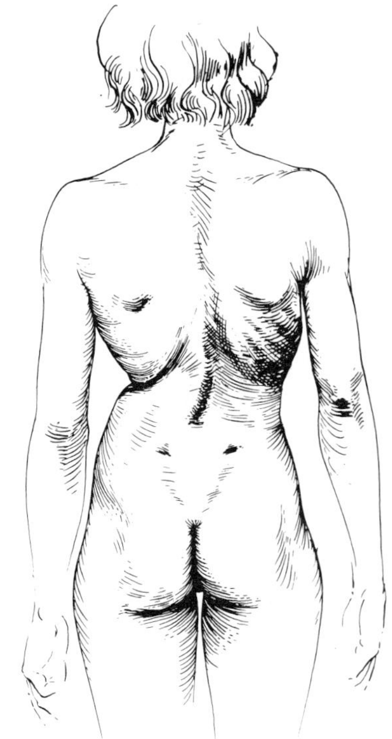

Abb. 7 Seitliche Verkrümmung der Wirbelsäule (Skoliose).

mittelbar lateral vom Jugulum und sollte auf beiden Seiten palpiert werden. Erinnern Sie sich, daß die Klavikula das Manubrium sterni etwas überragt und daß das Gelenk selbst sehr flach ist. Normalerweise hebt sich das Schlüsselbein oberhalb des Manubrium sterni ab und wird durch das Ligamentum sternoclaviculare und interclaviculare in seiner Position gehalten. Die Luxation des Schlüsselbeins manifestiert sich als Dislokation nach medial und oben. Das Schlüsselbein ist dann über das Manubrium sterni gerutscht, seine neue Stellung kann ohne weiteres durch die Asymmetrie im Vergleich mit der gegenüberliegenden Seite festgestellt werden.

Schlüsselbein. Gleiten Sie mit den Fingern vom Sternoklavikulargelenk seitwärts und tasten Sie in einer gleitenden Bewegung entlang der glatten, nach vorn und oben gerichteten Oberfläche des Schlüsselbeins (Abb. 11). Alle Muskelansätze finden sich an der unteren und hinteren Fläche, die Vorderfläche ist völlig frei, ausgenommen das darüberliegende Platysma. Palpieren Sie zunächst die konvexen medialen Zweidrittel, dann entlang dem konkaven seitlichen Drittel des Schlüsselbeins, wobei auf Vorsprünge, Krepitation oder Unterbrechung der Kontinuität, die eine Fraktur anzeigen können, geachtet werden sollte (Abb. 12). Bei sehr dünnen Patienten kann man die Nn. supraclaviculares dort fühlen, wo sie das Schlüsselbein an verschiedenen Stellen überkreuzen.

Processus coracoideus. Gehen Sie mit dem Finger ungefähr zweieinhalb Zentimeter von der Vorderkante des Schlüsselbeins und an der tiefsten Stelle der Schlüsselbeinkonkavität nach unten, und drükken Sie nach außen und hinten, bis Sie den Processus coracoideus fühlen (Abb. 13). Der Fortsatz schaut nach vorn und seitlich. Lediglich seine mediale Oberfläche und seine Spitze sind tastbar. Der Fort-

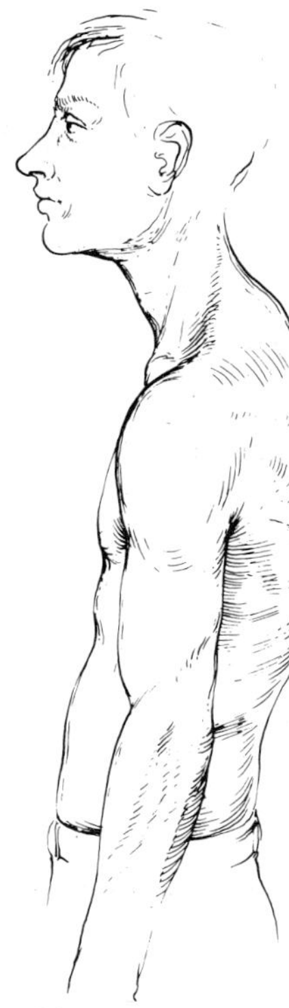

Abb. 8 Übermäßig kyphosierte Brustwirbelsäule – Scheuermannsche Krankheit (= juvenile oder Adoleszentenkyphose).

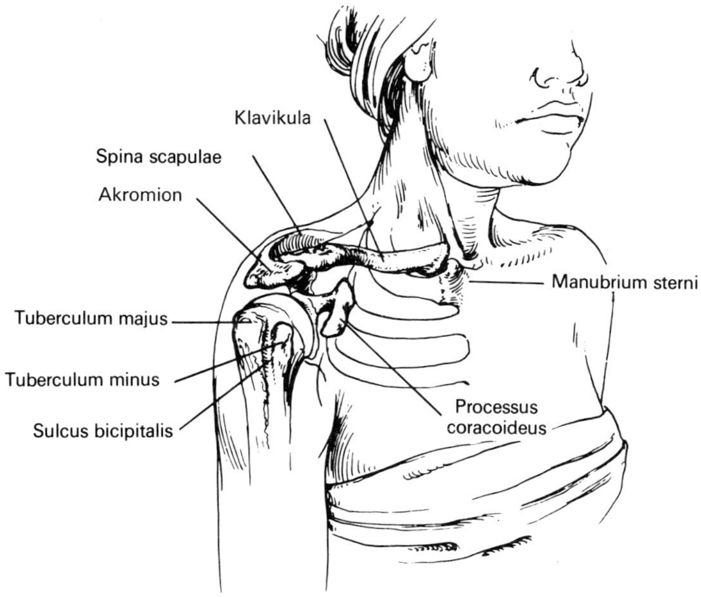

Abb. 9 Vorderansicht der knöchernen Schulteranteile.

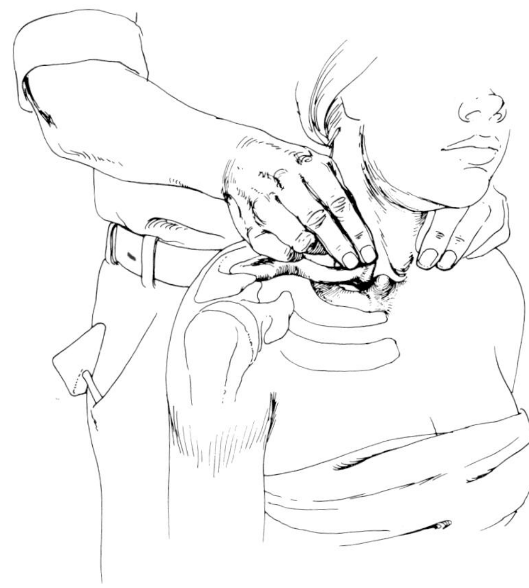

Abb. 10 Incisura jugularis und Sternoklavikulargelenk.

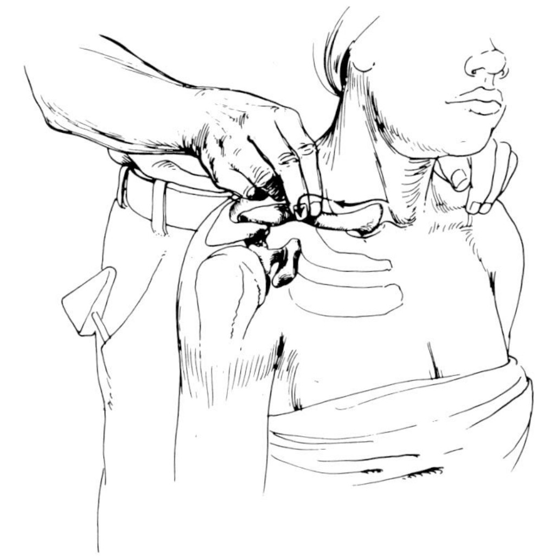

Abb. 12 Das konkave laterale Drittel der Klavikula.

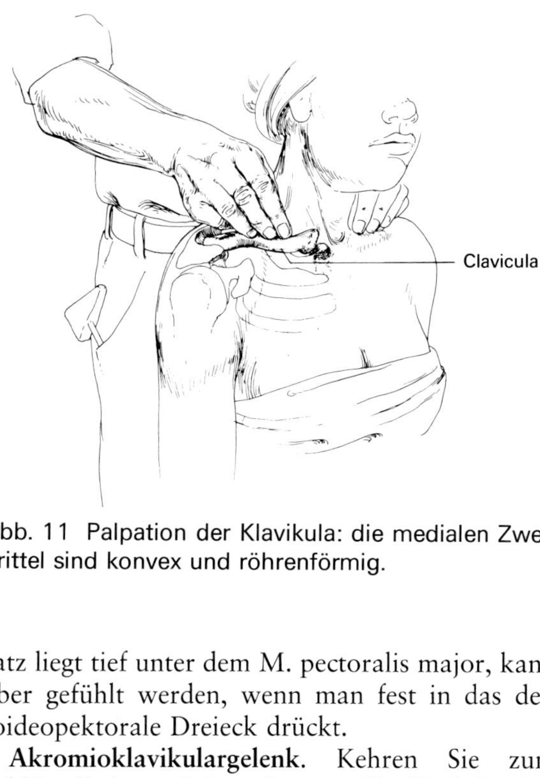

Abb. 11 Palpation der Klavikula: die medialen Zweidrittel sind konvex und röhrenförmig.

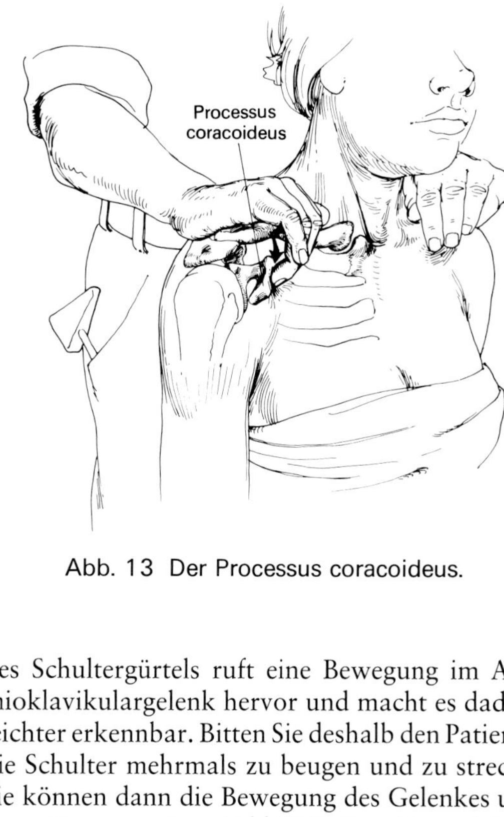

Abb. 13 Der Processus coracoideus.

satz liegt tief unter dem M. pectoralis major, kann aber gefühlt werden, wenn man fest in das deltoideopektorale Dreieck drückt.

Akromioklavikulargelenk. Kehren Sie zum Schlüsselbein zurück und setzen Sie die Palpation seitlich um ungefähr 2,5 cm bis zum subkutan gelegenen Akromioklavikulargelenk fort (Abb. 14). Obgleich das Schlüsselbein in seinem lateralen Drittel flacher zu werden beginnt, verliert es doch nie seine runde Kontur und steht etwas höher als das Akromion. Das Akromioklavikulargelenk kann deshalb leicht palpiert werden, wenn man Druck nach medial und gegen das aufgetriebene Ende des Schlüsselbeins ausübt (Abb. 15). Eine Bewegung des Schultergürtels ruft eine Bewegung im Akromioklavikulargelenk hervor und macht es dadurch leichter erkennbar. Bitten Sie deshalb den Patienten, die Schulter mehrmals zu beugen und zu strecken. Sie können dann die Bewegung des Gelenkes unter Ihren Fingern spüren (Abb. 15). Das Akromioklavikulargelenk kann durckschmerzhaft sein und zudem Krepitation zeigen, wie sie als Folge einer Osteoarthritis oder Luxation des lateralen Schlüsselbeinendes vorkommt.

Akromion. Das rechteckige Akromion, manchmal auch als Schulterspitze bezeichnet, formt die Schulterkontur mit. Tasten Sie seinen knöchernen Rücken und den vorderen Anteil (Abb. 16, 17).

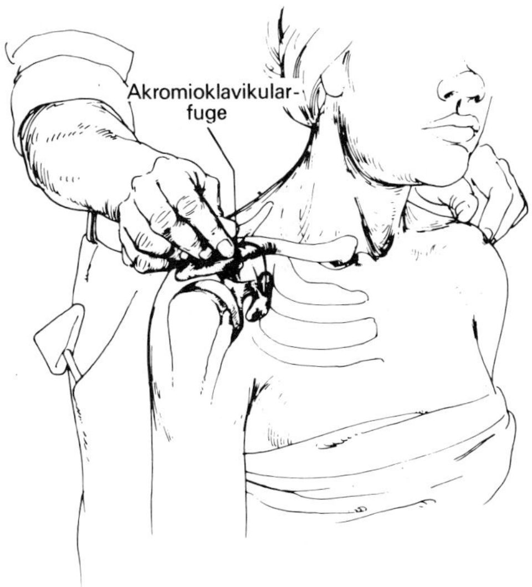

Abb. 14 Die Akromioklavikularfuge.

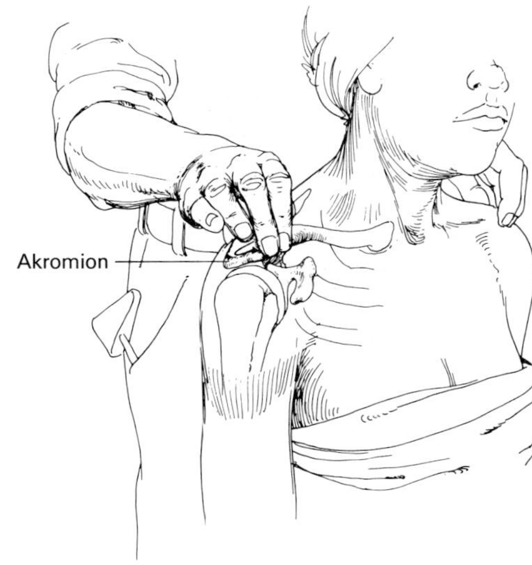

Abb. 16 Die Vorderseite des Akromions.

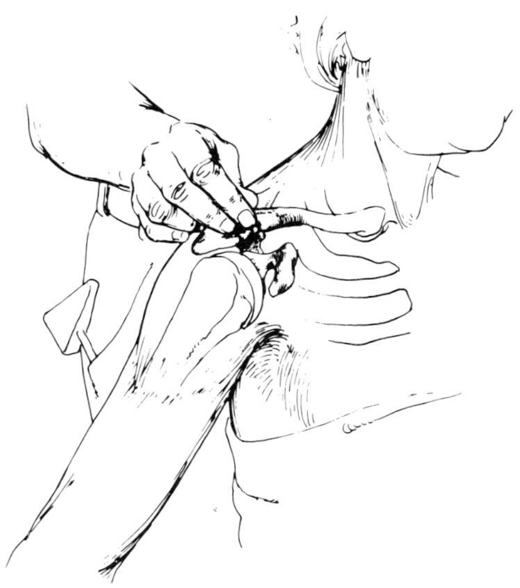

Abb. 15 Die Palpation der Akromioklavikularfuge wird durch eine Rotation des Armes erleichtert.

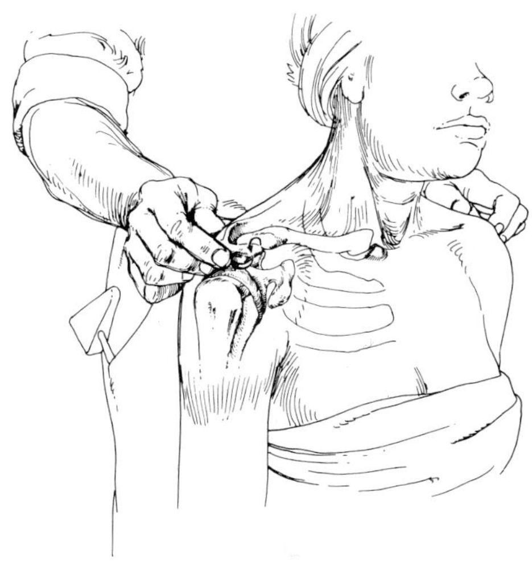

Abb. 17 Rück- und Außenseite des Akromions.

Tuberculum majus humeri. Ausgehend von der seitlichen Lippe des Akromions tasten Sie sich weiter seitlich bis zum Tuberculum majus humeri, das unterhalb der lateralen Kante des Akromions zu finden ist (Abb. 18). Zwischen dem lateralen Ende des Akromions und dem Tuberculum majus liegt eine kleine Stufe.

Sulcus intertubercularis. Der Sulcus intertubercularis liegt medial vor dem Tuberculum majus und wird seitlich von diesem, medial vom Tuberculum minus begrenzt. Der Sulcus ist leichter zu tasten, wenn der Arm auswärts rotiert wird. Die Außendrehung macht den Sulcus besser für die Palpation zugänglich und zeigt in glatter Reihenfolge zuerst das Tuberculum majus, dann den Sulcus intertubercularis und schließlich das Tuberculum minus (Abb. 19, 20). Die Palpation des Sulcus intertubercularis sollte mit Vorsicht geschehen, da die Sehne des langen Bizepskopfes mit ihrer Sehnenscheide darin liegt. Ein Übermaß an Fingerdruck kann dem Patienten nicht nur Schmerzen bereiten, sondern läßt ihn auch verspannt werden, so daß die weitere Untersuchung schwierig wird. Beachten Sie, daß das Tuberculum minus auf gleicher Höhe wie der Processus coracoideus liegt.

Spina scapulae. Sie gleiten mit den Händen nach hinten und medial und palpieren das Akromion, wie es sich zur Spina scapulae verschmälert (Abb. 21).

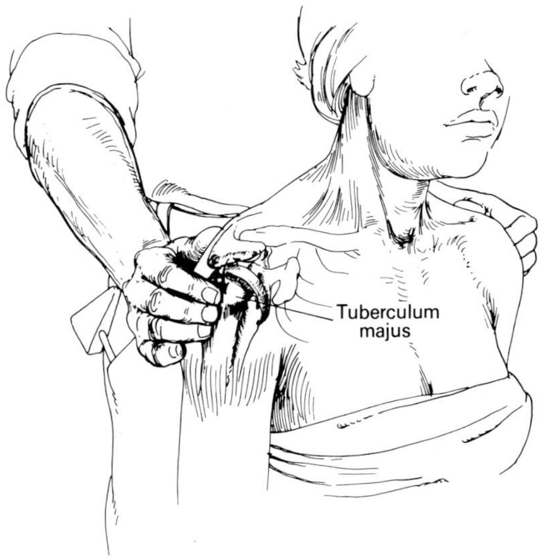

Abb. 18 Das Tuberculum majus humeri.

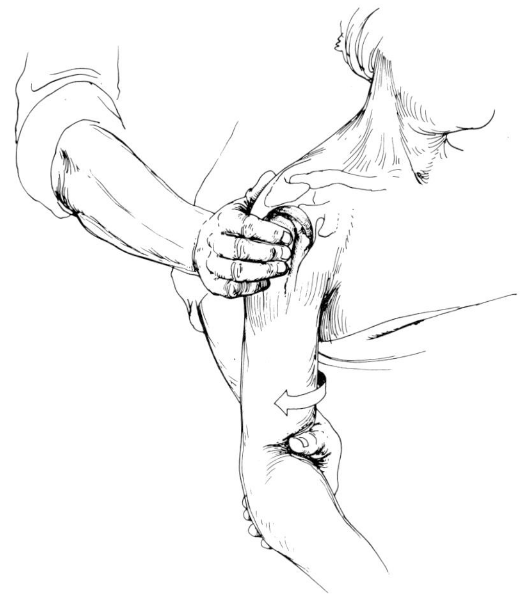

Abb. 19 Sulcus bicipitalis und Tuberculum minus.

Denken Sie daran, daß das Akromion und die Spina scapulae einen kontinuierlichen Bogen formen (Abb. 22). Die Spina scapulae verläuft quer über die oberen Vierfünftel der Schulterblattrückfläche, wo sie schließlich in einem flachen, glatten Dreieck am medialen Rand der Skapula endet (Abb. 23). Untersuchen Sie jetzt die mediale Schulterblattkante bis zum Angulus superior (Abb. 24). Dieser Schulterblattwinkel ist nicht so deutlich wie der subkutan gelegene untere Winkel, da er durch den M. levator scapulae bedeckt wird und wegen seiner Krümmung nach vorn nicht so klar abgrenzbar ist. Da der obere Winkel jedoch häufig der Ort fortgeleiteter Schmerzen aus der Halswirbelsäule ist, kommt ihm klinische Bedeutung zu.

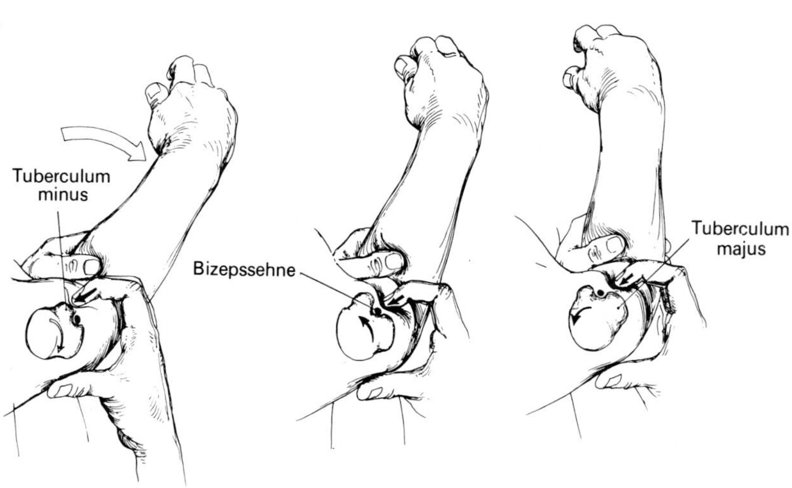

Abb. 20 Die Palpation des Sulcus bicipitalis sollte vorsichtig erfolgen, da ein zu starker Druck Schmerz verursachen kann. Die Rotation des Humerus ermöglicht die Palpation der beiden Seitenflächen des Sulkus.

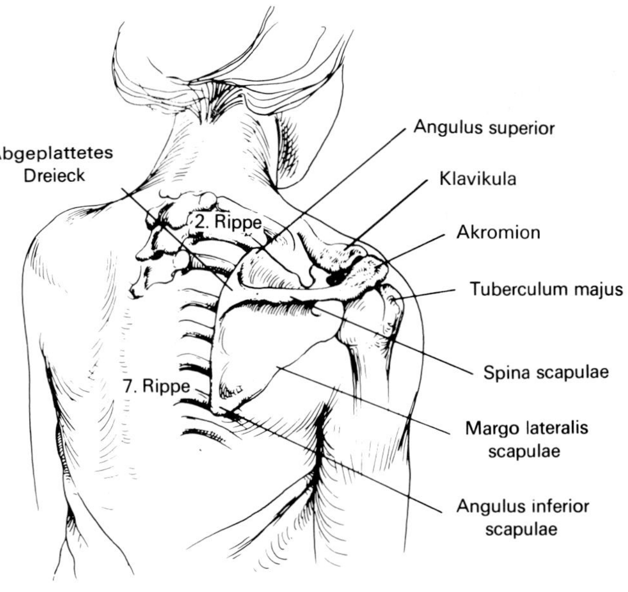

Abb. 21 Die Rückansicht der knöchernen Schulteranteile.

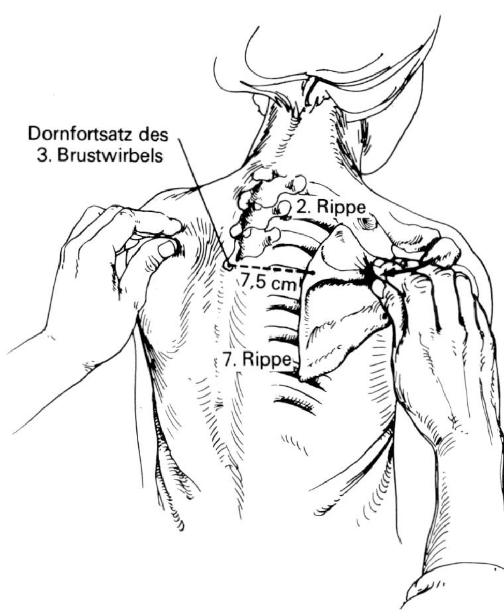

Abb. 22 In Ruhestellung bedeckt die Skapula die Rippen II bis VII, wobei ihr medialer Rand 5 – 7,5 cm von den Dornfortsätzen entfernt ist.

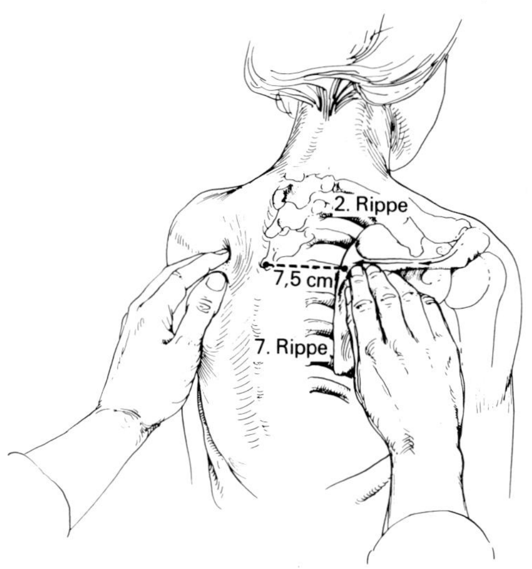

Abb. 23 Die Spina scapulae steht in Höhe des dritten Brustwirbeldornfortsatzes.

Medialer Rand des Schulterblattes. Wenn Sie den medialen Rand des Schulterblattes nach unten verfolgen (Abb. 25), stellen Sie fest, daß der Abstand zu den Dornfortsätzen der Brustwirbelsäule etwa 5 cm (ungefähr drei Querfinger breit) beträgt. Das Dreieck am medialen Ende der Spina scapulae steht in Höhe von Th 3. Vom unteren Schulterblattwinkel her palpieren Sie dann den seitlichen Rand bis zu der Stelle, wo das Schulterblatt unter dem M. latissimus dorsi, M. teres major und teres minor verschwindet (Abb. 26).

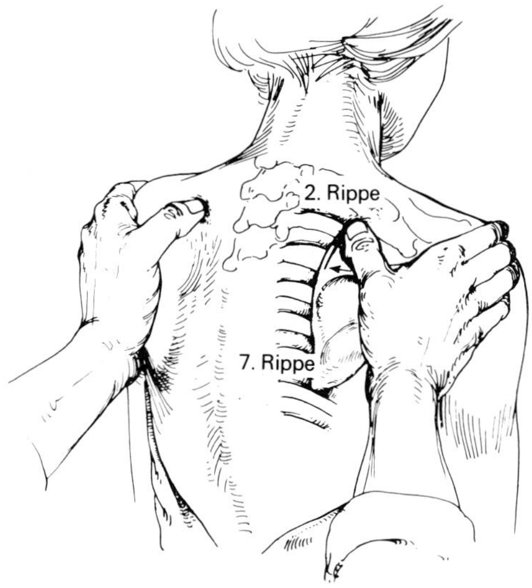

Abb. 24 Palpation des Angulus superior am medialen Skapularand.

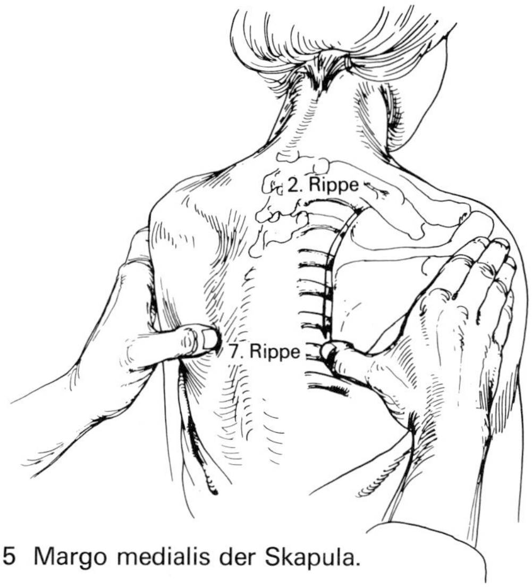

Abb. 25 Margo medialis der Skapula.

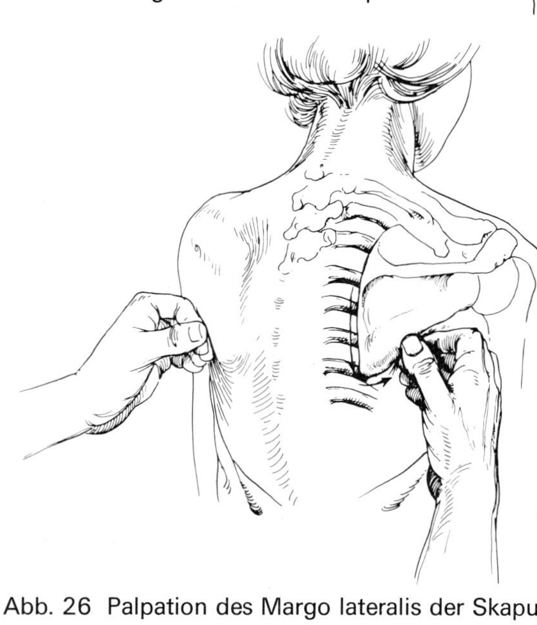

Abb. 26 Palpation des Margo lateralis der Skapula.

Palpation der Weichteile nach klinischen Regionen

Die Untersuchung der Weichteilstrukturen der Schulter ist in 4 klinische Regionen gegliedert worden:

1. Rotatorenmanschette
2. Bursa subacromialis und subdeltoidea
3. Axilla
4. Hauptmuskeln des Schultergürtels

Die Diskussion einer jeden Region schließt die pathologischen Besonderheiten und die klinische Bedeutung ein, die ihr zukommen. Die Palpation dieser anatomischen Strukturen verfolgt einen dreifachen Zweck:

1. soll sie die normalen Weichteilverhältnisse innerhalb des Schultergürtels bestätigen, 2. Abweichungen von der normalen Anatomie entdecken und 3. alle pathologischen Veränderungen ausfindig machen, die sich als ungewöhnliche Schwellung oder Masse zu erkennen geben. Während der Untersucher die Muskulatur des Schultergürtels untersucht, soll er Tonus, Konsistenz, Größe und Form der einzelnen Muskeln sowie ihren Zustand (hypertrophisch oder atrophisch) feststellen. Dabei sollen jede Schmerzhaftigkeit, die bei der Palpation entdeckt wird, genau lokalisiert und ihre Ursache festgestellt werden.

Region I – Rotatorenmanschette

Die klinische Bedeutung der Rotatorenmanschette liegt darin, daß der Muskelansatz degenerieren und zerreißen kann. Aus dieser recht häufigen pathologischen Veränderung resultiert eine Einschränkung der Schulterbeweglichkeit, insbesondere der Abduktion. Diese Manschette setzt sich aus vier Muskeln zusammen, von denen drei mit ihrem Ansatz am Tuberculum majus zu tasten sind. Diese drei Muskeln, der M. supraspinatus, M. infraspinatus und M. teres minor werden (im amerikanischen Sprachgebrauch) die SIT-Muskeln genannt, weil Ihre Initialen in der Reihenfolge ihres Ansatzes das Wort «Sit» bilden (Abb. 27). In einer abgewandelten anatomischen Stellung (wobei der Arm an der Seite herunterhängt) liegt der M. supraspinatus direkt unter dem Akromion. Der M. infraspinatus befindet sich hinter dem M. supraspinatus, der M. teres minor wiederum liegt unmittelbar hinter den beiden anderen Muskeln. Der vierte Muskel der Rotatorenmanschette, der M. subscapularis, liegt darunter und ist nicht zu tasten.

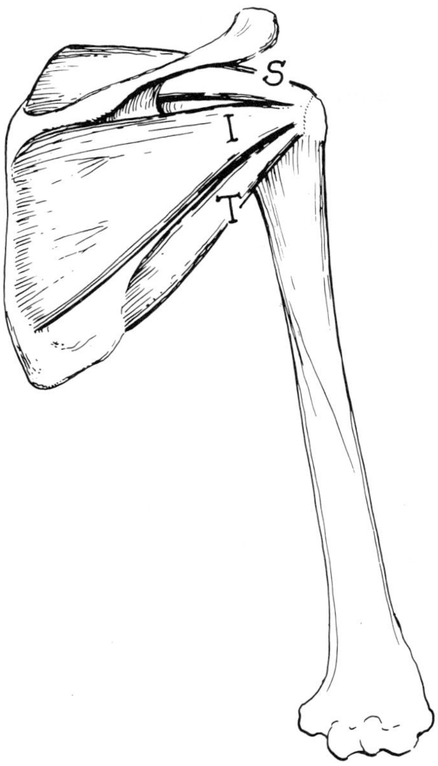

Abb. 27 Mm. supraspinatus, infraspinatus und teres minor – die sogenannten SIT-Muskeln.

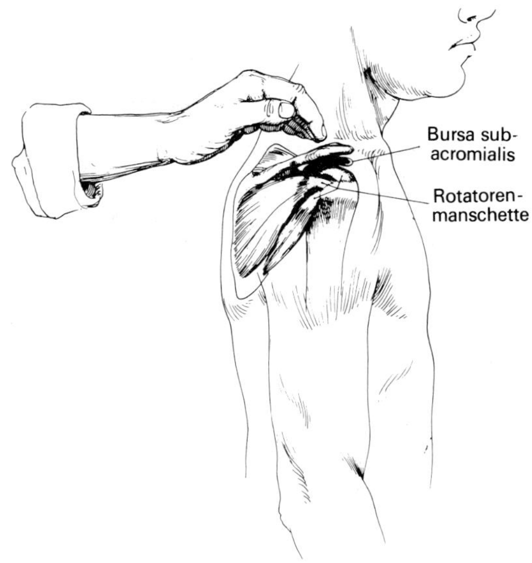

Abb. 28 Die Rotatorenmanschette liegt unterhalb des Akromions.

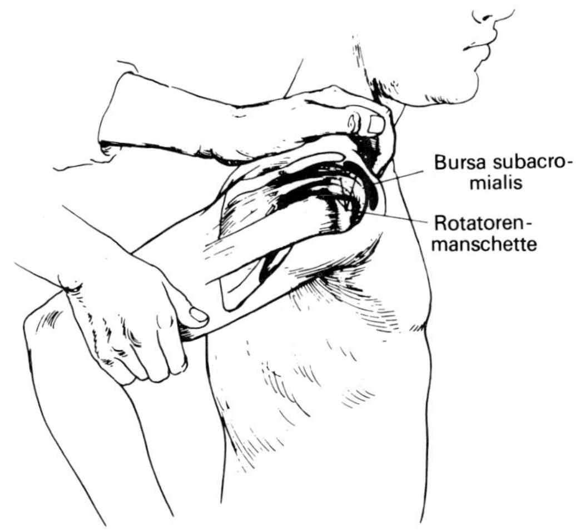

Abb. 29 Passive Schulterstreckung macht die Rotatorenmanschette der Palpation zugänglich.

Da die Rotatorenmanschette direkt unter dem Akromion liegt, muß sie herausrotiert werden, bevor man sie tasten kann (Abb. 28). Die passive Streckung der Schulter macht die Rotatorenmanschette der Palpation zugänglich. Zu diesem Zwekke halten Sie den Arm des Patienten kurz oberhalb des Ellbogengelenks und heben den Ellbogen nach hinten. Jetzt palpieren Sie die rundliche Form der freigelegten Rotatorenmanschette, die sich etwas unterhalb der Vorderkante des Akromions findet (Abb. 29). Die SIT-Muskeln lassen sich nicht palpatorisch unterscheiden, können aber als eine Einheit nahe bei und an ihrer Insertionsstelle am Tuberculum majus humeri palpiert werden. Jede Schmerzhaftigkeit während der Palpation kann durch eine Läsion oder einen Riß sowie durch eine Ablösung der Insertion vom Tuberculum majus verursacht sein. Von den Muskeln der Rotatorenmanschette reißt der M. supraspinatus am häufigsten, und zwar speziell nahe seinem Ansatz.

Region II
Bursa subacromialis und subdeltoidea

Die Bursitis subacromialis oder subdeltoidea stellt einen häufigen pathologischen Befund dar, der erhebliche Schmerzhaftigkeit und Einschränkung der Schulterbeweglichkeit verursachen kann. Die Bursa subacromialis wird bei der passiven Schulterstreckung mit der Rotatorenmanschette nach vorn gedreht. An der Bursa unterscheiden wir im wesentlichen zwei größere Abschnitte: einen subakromialen und einen subdeltoidealen. Einige Anteile der Bursa sind unmittelbar unterhalb der Akromionspitze zu tasten (Abb. 30). An der vorderen Akromionspitze kann sich die Bursa bis zum Sulcus intertubercularis erstrecken. Vom seitlichen Rand des Akromions aus reicht die Bursa bis unter den M. deltoideus und trennt ihn damit von der Rotatorenmanschette, so daß beide Muskeln sich frei bewegen können (Abb. 31). Die Palpation der Bursa subacromialis wie auch die der Rotatorenmanschette sollte mit großer Sorgfalt geschehen, weil diese Gegend bei einer Bursitis äußerst schmerzhaft sein kann. Die Bursa sollte auf Verdickungen, Resistenzen oder Druckschmerzhaftigkeit hin palpiert werden. Eine Verdickung der Bursa kann von Krepitation während der Schulterbewegung begleitet sein.

Region III – Axilla

Die Axilla hat die Gestalt einer vierseitigen Pyramide, durch welche Blutgefäße und Nerven zur oberen Extremität ziehen (Abb. 32). Stellen Sie sich vor den Patienten und abduzieren seinen Arm mit einer Hand, während Sie Zeige- und Mittelfinger vorsichtig in die Axilla legen (Abb. 33). Lassen Sie

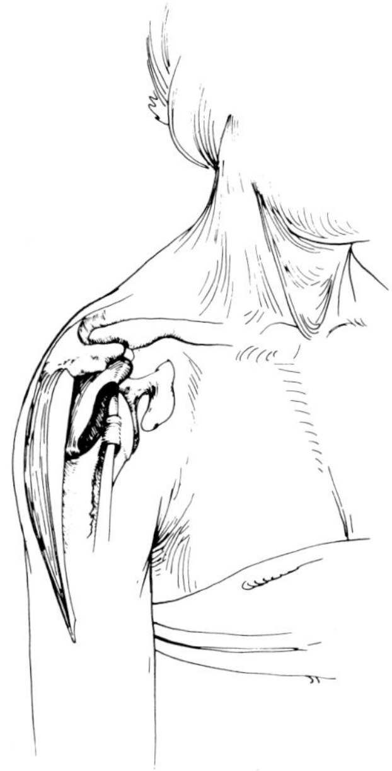

Abb. 30 Teile der Bursa subacromialis und subdeltoidea sind tastbar, wo sie unter der Kante des Akromions hervortreten.

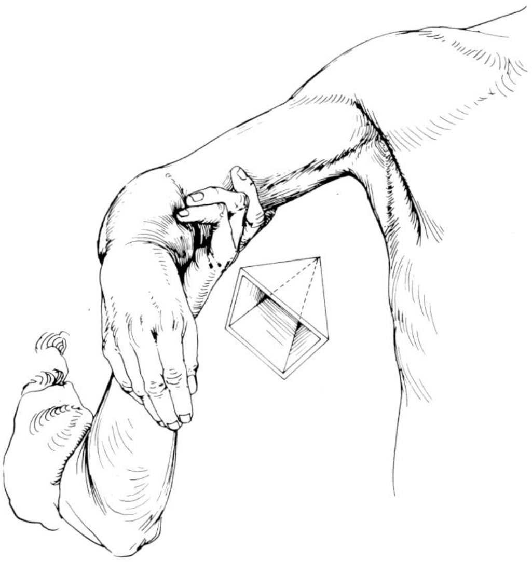

Abb. 32 Die Axilla ist pyramidenförmig.

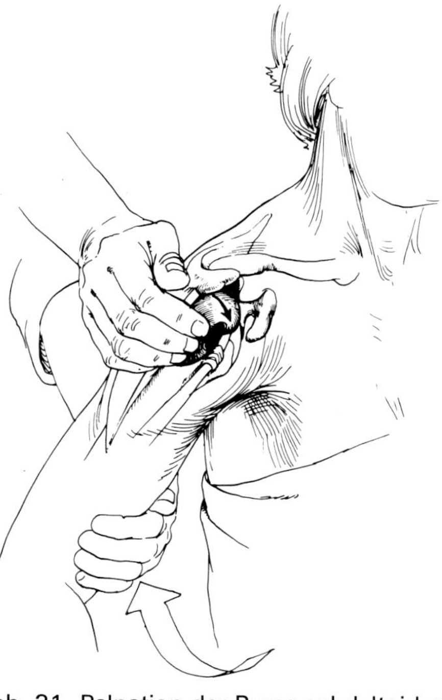

Abb. 31 Palpation der Bursa subdeltoidea.

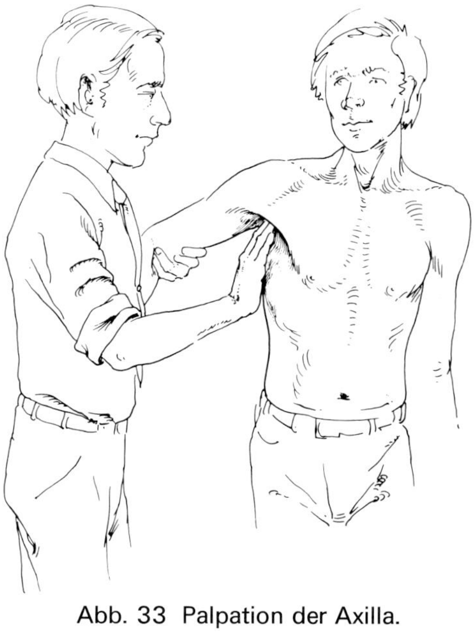

Abb. 33 Palpation der Axilla.

dann den Arm des Patienten zurücksinken, damit die Haut an der Basis der Axilla sich entspannt. Durch zusätzlichen Druck in Richtung des Humeruskopfes reichen die Finger höher hinauf. Suchen Sie nach Vergrößerungen der Lymphknoten, die sich wie kleine isolierte Knötchen anfühlen und schmerzhaft sein können (Abb. 34).

Die muskuläre Vorderwand der Axilla wird durch den M. pectoralis major gebildet, die ebenfalls muskuläre dorsale Wand durch den M. latissimus dorsi. Die mediale Begrenzung erfolgt durch die Rippen II–VI und den darüberliegenden M. serratus anterior, die seitliche Wand stellt der Sulcus bicipitalis dar. Das Schultergelenk bildet die Spitze dieser Pyramide, die ausgespannte Haut und Faszie der Achselhöhle deren Basis. Seitlich konvergieren vordere und hintere Wand zum Sulcus bicipitalis humeri, medial weichen sie gegen die Thoraxwand auseinander. Die Hauptnervenversorgung (Plexus brachialis) und der Hauptblutzufluß (Arteria axillaris) erreichen die obere Extremität über die Axilla.

Wenden Sie sich jetzt der medialen Wand der Axilla zu. Dabei drücken Sie Ihre Fingerspitzen fest gegen die Rippen und palpieren den M. serratus anterior (Abb. 34). Beurteilen Sie seinen Zustand seitenvergleichend. Dann palpieren Sie die seitliche Begrenzung, den Sulcus bicipitalis. Hier ist die Arteria brachialis die am deutlichsten tastbare Struktur des seitlichen Quadranten. Bei sanftem Druck gegen den Humerusschaft kann deren Pulsation zwischen dem strickartigen M. coracobrachialis und dem langen Trizepskopf gefühlt werden (Abb. 35).

Vordere und hintere Wand der Axilla können palpiert werden, wenn der Patient seinen Arm abduziert (von der Mittellinie weg). Bei der Abduktion treten die Mm. pectoralis major und latissimus dorsi deutlicher hervor, so daß sie leichter zu palpieren sind. Um die Hinterwand zu palpieren, soll der Latissimus dorsi zwischen Daumen sowie Zeige- und Mittelfinger gefaßt werden (Abb. 36). Palpieren Sie den Latissimus dorsi kopfwärts und in Richtung auf den Thorax. Gehen Sie jetzt zu der vorderen Begrenzung und palpieren Sie den M. pectoralis major in ähnlicher Weise (Abb. 37). Denken Sie daran, daß der M. pectoralis major einen breiten Ursprung hat, der sich vom Schlüsselbein bis auf das Sternum erstreckt und daß er zu seinem engen Ansatz am Humerus zusammenläuft. Palpieren Sie den M. latissimus dorsi und den M. pectoralis major auf ihren Tonus und Zustand hin und vergleichen Sie sie mit der anderen Seite.

Region IV Hauptmuskeln des Schultergürtels

Die Muskeln des Schultergürtels sollten seitenvergleichend palpiert und auf Größenverhältnis, Gestalt, Konsistenz und Tonus hin untersucht werden. Der Vergleich beider Seiten kann nicht nur

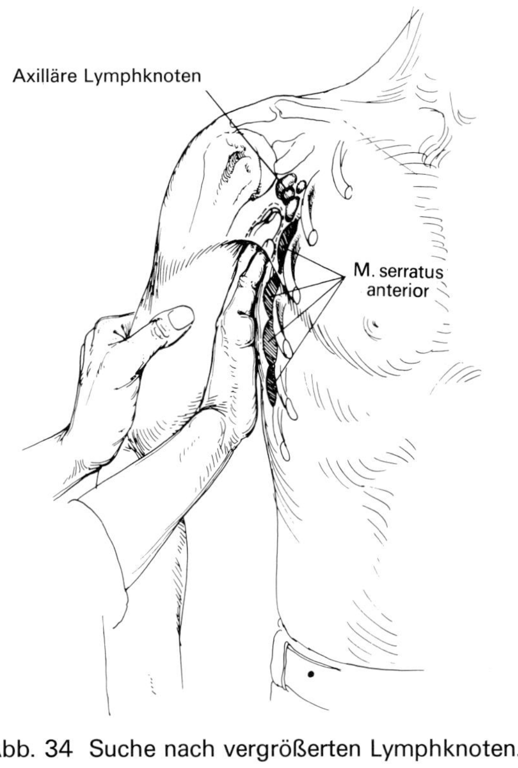

Abb. 34 Suche nach vergrößerten Lymphknoten.

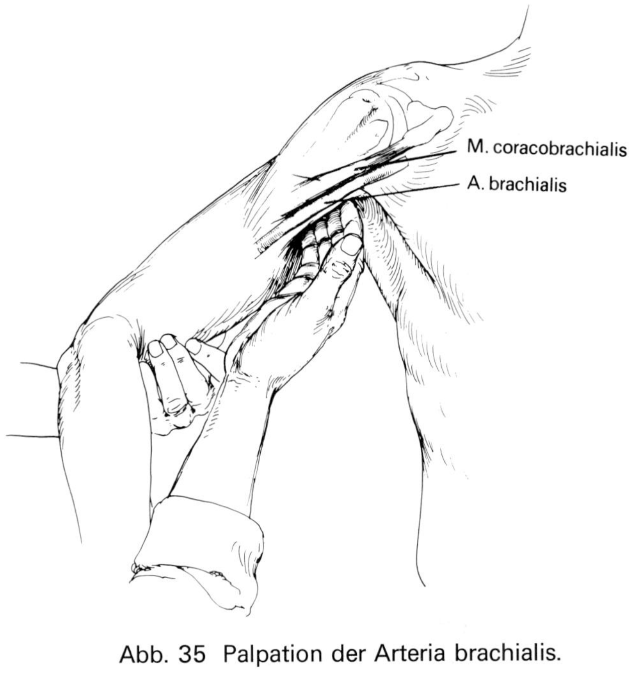

Abb. 35 Palpation der Arteria brachialis.

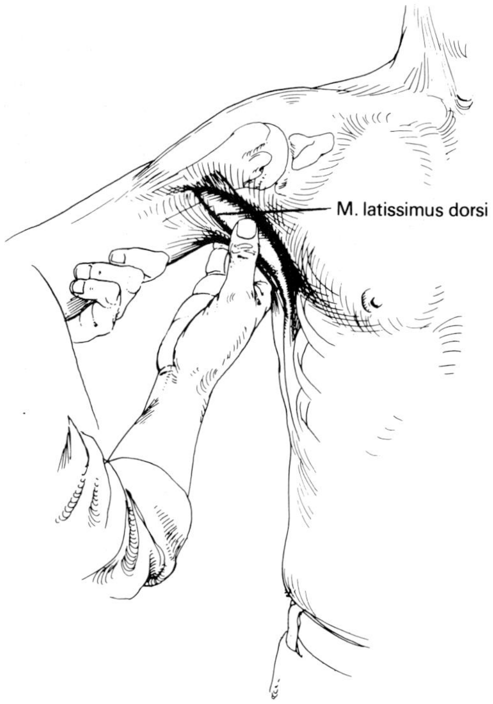

Abb. 36 Palpation des M. latissimus dorsi – hintere Begrenzung der Axilla.

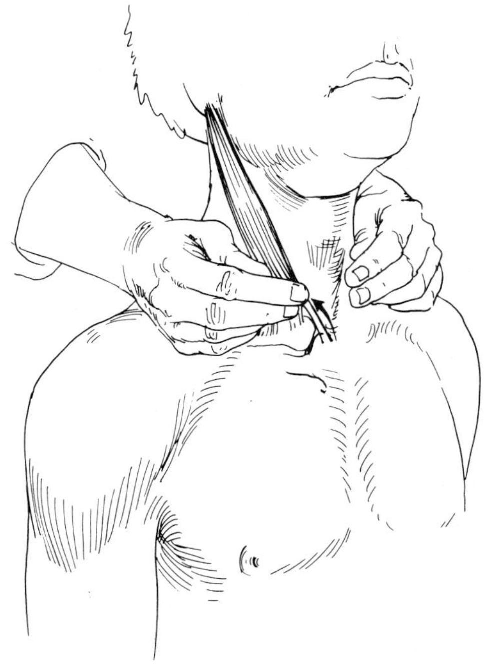

Abb. 38 M. sternocleidomastoideus.

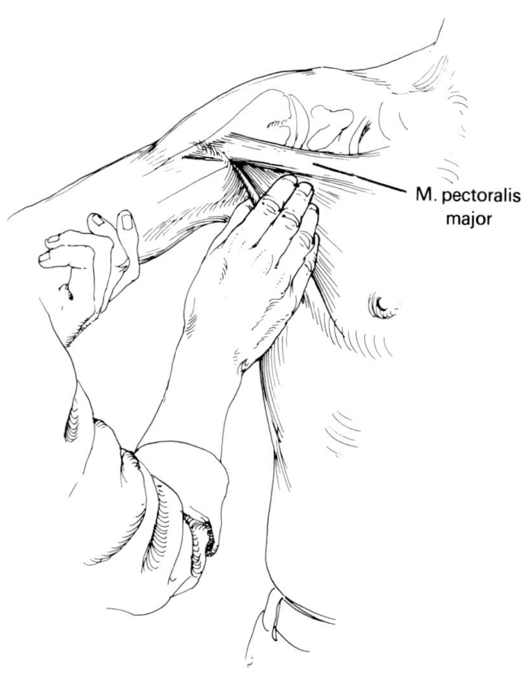

Abb. 37 M. pectoralis major – vordere Begrenzung der Axilla.

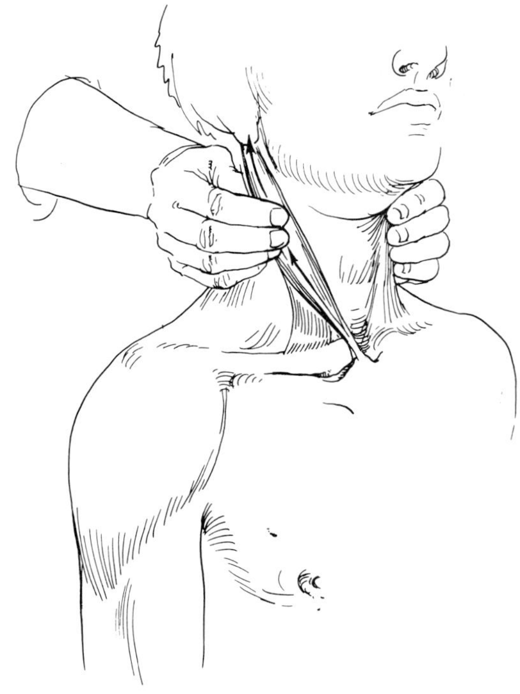

Abb. 39 Beide Mm. sternocleidomastoidei sollten gleichzeitig palpiert werden.

Abweichungen von der normalen Anatomie, wie beispielsweise abnorme Kontur, Schwellungen, Lücken oder das Fehlen eines Muskels aufdecken, sondern vor allem die topographische Anatomie eines Patienten festlegen.

Registrieren Sie Schmerzangaben bei Ihrer Untersuchung, wobei Sie die Schmerzhaftigkeit als ein subjektives Symptom des Patienten werten, wohingegen der tastbare Defekt ein objektiver Befund ist, der bestätigt werden kann und reproduzierbar ist.

Palpieren Sie zuerst die Muskeln an der Vorderseite der Schulter, indem Sie oben beginnen und nach unten gehen. Danach untersuchen Sie die Muskeln an der Rückseite in gleicher Weise.

M. sternocleidomastoideus. Dieser Muskel ist aus drei Gründen wichtig: 1. im Bereich dieses Muskels finden sich häufig Hämatome, die den Hals nach einer bestimmten Seite beugen können (Schiefhals); 2. als Folge einer Infektion können Lymphknoten in der Nähe seines Vorder- oder Hinterrandes vergrößert sein; 3. nach einem Überdehnungstrauma, wie beispielsweise der Peitschenschlagverletzung, ist er häufig traumatisiert.

Umfassen Sie den M. sternocleidomastoideus an seiner Basis und palpieren die volle Länge des Muskels auf beiden Seiten gleichzeitig (Abb. 38, 39). Denken Sie dabei daran, daß der Muskel einen zweifachen Ursprung hat, und zwar medial am Manubrium sterni und lateral am medialen Drittel des Schlüsselbeins. Achten Sie auf Lymphknotenschwellungen entlang dem Muskel, während Sie ihn bis zu seiner Insertion am Processus mastoideus untersuchen. Der M. sternocleidomastoideus springt stärker auf der Seite vor, die der Drehung des Kopfes entgegengesetzt ist. Der Ursprung des Muskels kann leichter palpiert werden, wenn der Patient seinen Kopf zunächst zu der einen, dann zu der anderen Seite dreht. Mit einiger Erfahrung läßt sich der Ursprung des Muskels palpieren, während man das Sternoklavikulargelenk untersucht.

M. pectoralis major. Der M. pectoralis major ist klinisch deshalb wichtig, weil er aufgrund einer meist kongenitalen Mißbildung gänzlich oder teilweise fehlen kann. Die zwei Köpfe des M. pectoralis major entspringen in einem nahezu fortlaufenden Bogen vom gesamten Sternum und den medialen Zweidritteln des Schlüsselbeins. Der Ursprung des Muskels endet an der lateralen Konkavität des Schlüsselbeins, wo er die mediale Begrenzung der deltoideopektoralen Grube darstellt. Der M. pectoralis major inseriert im lateralen Anteil des Sulcus intertubercularis humeri, wobei er die Vorderwand der Axilla formt.

Sie haben bisher den M. pectoralis major während der Untersuchung der Axilla palpiert. Palpieren Sie jetzt beidseits den Muskel und konzentrieren sich auf dessen mediale Anteile, wobei Sie alle fünf Finger über seine Oberfläche gleiten lassen (Abb. 40). Die Rippenknorpelgrenzen liegen dicht lateral vom Sternum und sind durch den M. pectoralis major hindurch zu tasten (Abb. 41). Diese Vereinigungen können durch ein Trauma oder beim Tietze-Syndrom schmerzhaft oder vergrößert sein (Kostochondritis). Gehen Sie jetzt auf die Insertion

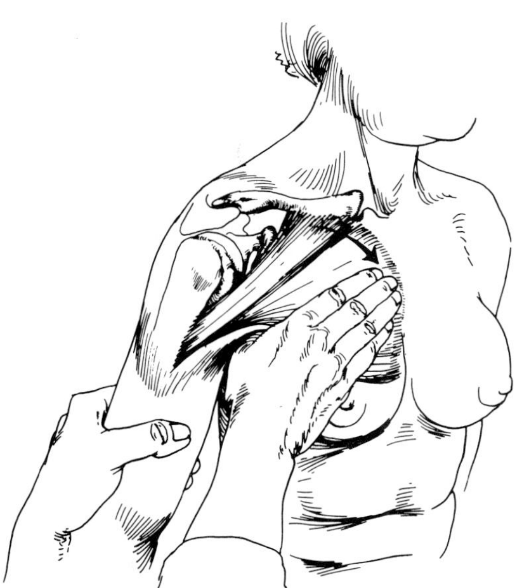

Abb. 40 Palpation des M. pectoralis major.

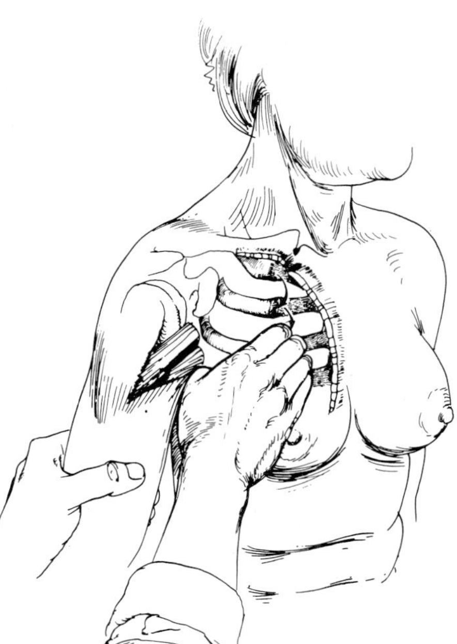

Abb. 41 Die Knochenknorpelgrenze der Rippen.

des M. pectoralis major zu und achten Sie dabei darauf, wie er den Sulcus bicipitalis medialis auf seinem Wege zum Tuberculum majus humeri überkreuzt. Bei Druckschmerz müssen Sie zwischen einem Schmerz des Sulcus bicipitalis einerseits und des Muskels selbst unterscheiden. Denken Sie daran, daß das Brustdrüsengewebe dem M. pectoralis major aufliegt und sich an dessen vordere Faszie anheftet. Untersuchen Sie das Gewebe auf Knoten oder Verdickungen.

M. biceps. Der M. biceps ist leichter zu untersuchen, wenn der Arm im Ellbogen gebeugt ist. Gelegentlich ist der lange Bizepskopf von seinem Ansatz abgerissen und rollt sich wie ein Ball in der Mitte des Humerus auf, wobei der Muskel eine unterschiedliche Gestalt gegenüber der Gegenseite annimmt. Beginnen Sie die Palpation distal, wo der Muskel in seine Sehne übergeht und das Ellbogengelenk auf seinem Wege zur Tuberositas radii kreuzt (Abb. 42). Palpieren Sie jetzt nach proximal, bis Sie den Sulcus bicipitalis medialis und den durch ihn hindurchlaufenden Bizepskopf fühlen (Abb. 43). Der proximale Anteil des Bizeps ist häufig an einer Tendovaginitis beteiligt. Nicht selten findet sich eine Dislokation des langen Bizepskopfes aus dem Sulcus intertubercularis. Beachten Sie, daß sich die lange Bizepssehne leichter tasten läßt, wenn der Arm außenrotiert ist.

M. deltoideus. Wegen seiner Beteiligung an der allgemeinen Pathologie der Bursitis hat dieser Muskel klinische Bedeutung im Zusammenhang mit der Bursa subdeltoidea und der Rotatorenmanschette. Der Muskel kann auch nach einer Schulterverletzung atrophisch werden. Eine Schädigung des N. axillaris infolge einer Schulterluxation kann Muskelatrophie und Tonusverlust verursachen.

Der M. deltoideus besitzt einen breiten, ununterbrochenen und geschwungenen Ursprung vom lateralen Drittel des Schlüsselbeins, zieht über das Akromioklavikulargelenk hinweg, folgt der vorderen, seitlichen und hinteren Begrenzung des Akromions und zieht dann an der Spina scapulae entlang. Sein Schlüsselbeinansatz beginnt an der seitlichen Konkavität, wo der M. pectoralis major endet. Die Hauptmuskelmasse modelliert die Schulterkontur. Der Muskel verjüngt sich dann zur Mitte des Humerus, wo er an der Tuberositas deltoidea ansetzt. Sie palpieren den M. deltoideus gradlinig von der vorderen, seitlichen und hinteren Begrenzung des Akromions bis zu seinem Ansatz an der Tuberositas deltoidea, wobei Sie das Akromion als Bezugspunkt benutzen (Abb. 44, 45). Beachten Sie dabei, daß der vordere Anteil des M. deltoideus den Sulcus intertubercularis bedeckt. Es kann schwierig sein, eine Schmerzhaftigkeit im Sulcus von einer Schmerzhaftigkeit im vorderen Anteil des M. deltoideus zu unterscheiden, da der Schmerz in jeder der beiden Strukturen lokalisiert sein kann. Der seitliche Anteil sollte sorgfältig und gründlich auf Symptome, die mit einer Bursitis assoziiert sind, untersucht wer-

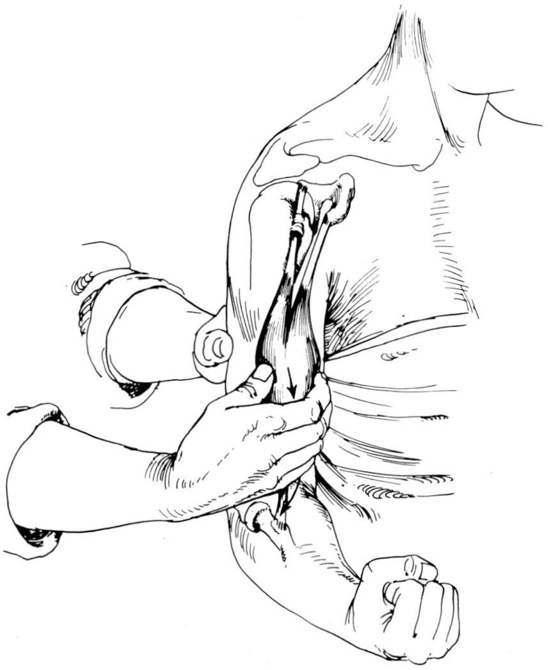

Abb. 42 Palpation des M. biceps.

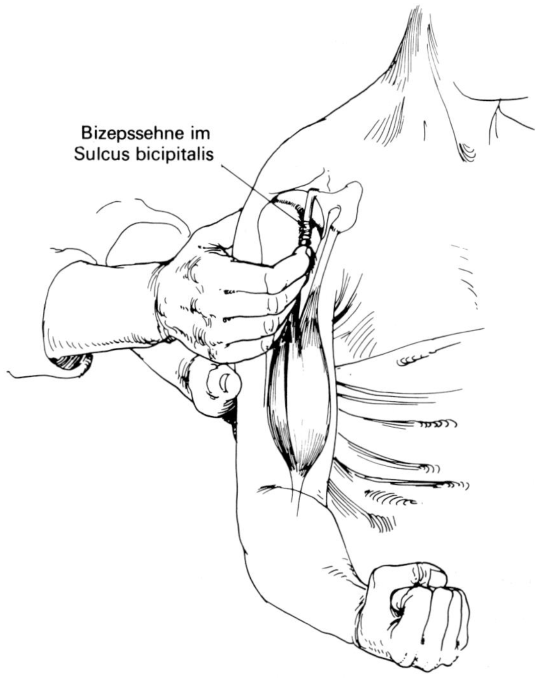

Abb. 43 Die Sehne des langen Bizepskopfes.

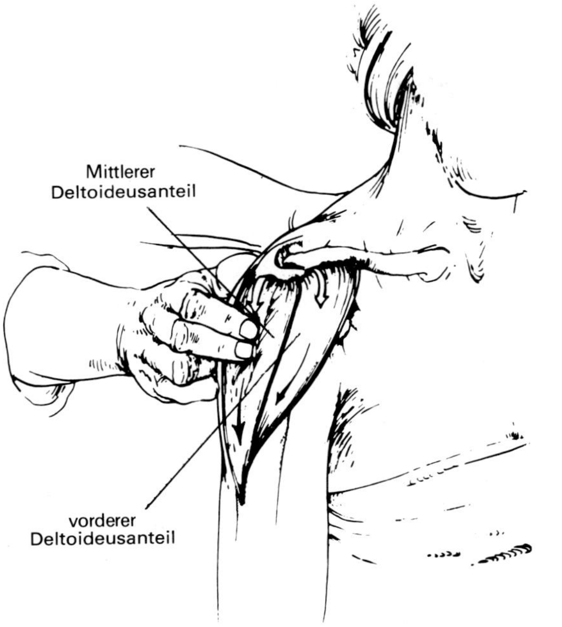

Abb. 44 Vorderer und mittlerer Anteil des M. deltoideus.

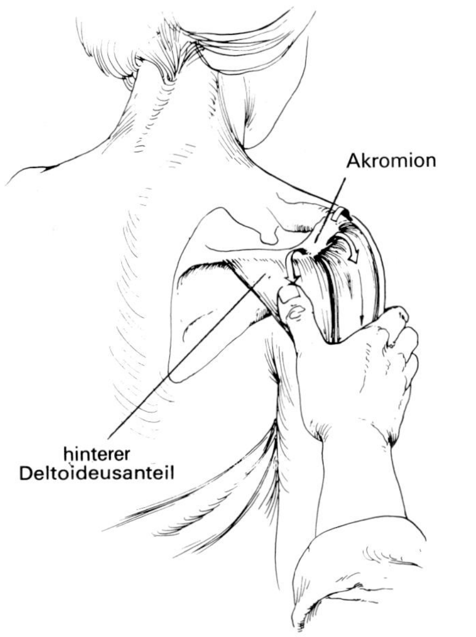

Abb. 45 Hinterer Anteil des M. deltoideus.

den. Sobald Sie in der Technik geübter sind, können Sie die Palpation des M. deltoideus mit der Palpation von Akromion, Caput humeri und Spina scapulae verbinden.

M. trapezius. Der obere Anteil des M. trapezius ist häufig bei Halsverletzungen infolge eines Autounfalls oder anderer Überbelastungen, die zu einem Bluterguß führen, beteiligt.

Halten Sie den herabschwingenden oberen und seitlichen Anteil des M. trapezius sanft zwischen Daumen und Fingern und palpieren den Muskel von seinem Ursprung am Hinterhaupt bis zu seinem Ansatz an Schlüsselbein und Akromion. Der M. trapezius teilt seine Ansatzstelle am Schlüsselbein, dem Akromion und der Spina scapulae weithin mit dem M. deltoideus. An dieser Stelle ist die palpatorische Unterscheidung der beiden Muskeln schwierig. Palpieren Sie entlang dem oberen Anteil der Spina scapulae (einem der Ansatzgebiete für den M. trapezius und gleichzeitig Ursprung für den M. deltoideus), wobei Sie zugleich eventuelle Unterschiede in Größe, Kontur oder Konsistenz der beiden Muskeln sowie Druckschmerzhaftigkeit beachten sollten. Ausgehend von der Spina scapulae palpieren Sie den unteren Winkel des M. trapezius (Abb. 46), wobei Sie Ihre Finger auf beiden Seiten in konvergierenden Linien zum distalen Insertionspunkt am 12. Brustwirbeldornfortsatz führen. Im Vergleich zu seinem mehr vorspringenden zervikalen Anteil ist der Muskel hier weniger deutlich.

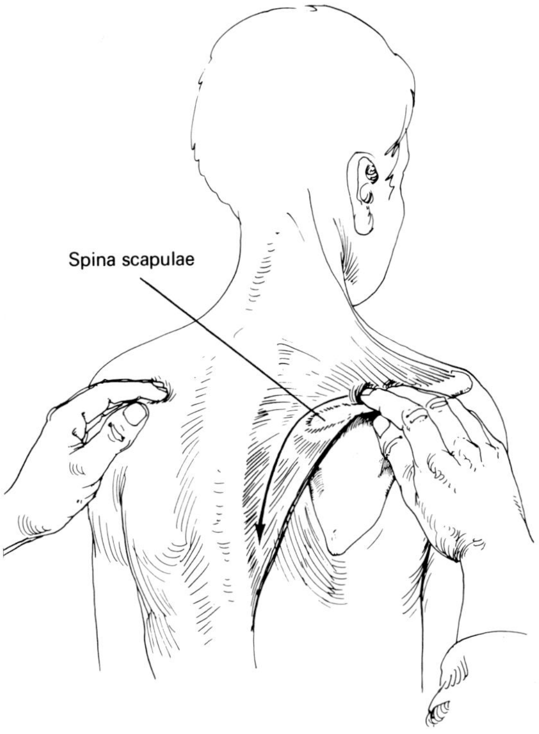

Abb. 46 Der untere Winkel des M. trapezius.

Mm. rhomboidei minor et major. Die Mm. rhomboidei sind Haltungsmuskeln, die die Skapula zurückziehen und die Schultern dabei in eine «Stillgestanden-Haltung» bringen. Sekretärinnen, die stundenlang an der Schreibmaschine sitzen, klagen oft über Schmerz in diesen Muskeln und ihrem Ansatz. Dieser Schmerz ist gewöhnlich das Ergebnis einfacher Überanstrengung und kann leicht reproduziert werden.

Die entlang der Wirbelsäule (C7 bis Th5) entspringenden Mm. rhomboidei verlaufen schräg nach unten und seitwärts, wobei sie an der medialen Seite der Skapula ansetzen. Da es schwierig ist, die beiden Muskeln voneinander zu unterscheiden, sollten sie zusammen palpiert werden.

Sie können sich bei der Palpation der Mm. rhomboidei orientieren, indem Sie die glatte, dreieckige Zone am medialen Rand der Skapula suchen. Dieser gegenüber Th3 gelegene Punkt dient zur Insertion für den M. rhomboides minor.

Es ist möglich, die Mm. rhomboidei von dem darüberliegenden M. trapezius zu differenzieren. Um dies zu erreichen, bitten Sie den Patienten, seinen Arm auf den Rücken zu legen, wobei der Ellbogen gebeugt und die Schulter nach innen rotiert werden muß (Abb. 47). Wenn er jetzt seinen Unterarm nach hinten gegen einen Widerstand drückt, werden die Mm. rhomboidei tastbar. Palpieren Sie zunächst den Muskelbauch schräg nach unten in dem etwa 5 cm messenden Raum zwischen den Dornfortsätzen und dem medialen Rand der Skapula. Danach tasten Sie die Mm. rhomboidei auf der anderen Seite, um einen Vergleich zu erhalten.

Abb. 47 Palpation der Mm. rhomboidei.

M. latissimus dorsi. Von seinem breiten Ursprung am Darmbeinkamm läuft dieser Muskel auf die Schulter zu und dreht sich in sich selbst, bevor er an der Crista tuberculi minoris unterhalb des Sulcus intertubercularis ansetzt.

Bei der Untersuchung der Axillahinterwand haben Sie den Ansatz des M. latissimus dorsi palpiert. Die Abduktion des Armes läßt den M. latissimus dorsi entlang der Seitenfalte der Axilla deutlicher herausstehen. Als Ausgangspunkt für die Palpation legen Sie Ihren Daumen in die Axilla und lassen die Finger über den hinteren Anteil des Muskels streichen. Führen Sie die Palpation in Richtung auf den Darmbeinkamm fort, bis der M. latissimus dorsi nicht mehr klar auszumachen ist. Nun palpieren Sie den M. latissimus dorsi der anderen Seite und vergleichen Ihren Befund. Klinisch ist der M. latissimus dorsi selten von Bedeutung. Auch wenn der Patient «Muskelziehen» angibt, ist dies im allgemeinen von geringer klinischer Wichtigkeit.

M. serratus anterior. Sie haben bereits den M. serratus anterior während der Palpation der medialen Axillabegrenzung getastet. Palpieren Sie ihn noch einmal. Während Sie Ihre Finger über den Muskel laufen lassen, fühlen Sie, wie er ähnlich einer Messerschneide entlang den Rippen I–VIII gezackt ist. Der M. serratus anterior verhindert das flügelartige Abstehen der Skapula, indem er den vertebralen Rand der Skapula an der Brustwand verankert (Abb. 66).

Beweglichkeit

Sowohl aktive als auch passive Bewegungstests sind erforderlich, will man eine eventuell vorhandene Einschränkung der Beweglichkeit feststellen. Bei den aktiven Untersuchungen benutzt der Patient seine eigene Muskulatur, um eine Bewegung durchzuführen. Dazu im Gegensatz steht die passive Untersuchungsmethode, bei der der Untersucher die Gliedmaßen des Patienten durch ihren Bewegungsraum führt. Die passive Untersuchung sollte immer dann Anwendung finden, wenn ein Patient Schwierigkeiten bei der Ausführung der aktiven Untersuchung hat. Als allgemeine Regel gilt, daß passive Untersuchungen überflüssig sind, wenn der Patient aktiv eine uneingeschränkte Beweglichkeit ohne Schmerz oder Beschwerden zeigt.

Die Beweglichkeit des Schultergürtels setzt sich aus 6 verschiedenen Bewegungsqualitäten zusammen: 1. Abduktion, 2. Adduktion, 3. Extension, 4. Flexion, 5. Innenrotation und 6. Außenrotation. Diese 6 Einzelbewegungen wirken zusammen und geben dabei der Schulter eine große Bewegungsbreite.

Untersuchung der aktiven Beweglichkeit

Der Kratztest nach *Apley* ist die schnellste Methode, um die Beweglichkeit eines Patienten festzustellen. Zur Bestimmung der Abduktion und Außenrotation bitten Sie den Patienten, hinter den Kopf zu langen und dabei die obere mediale Ecke der gegenüberliegenden Skapula zu berühren (Abb. 48). Mit der Aufforderung an den Patienten, die Hand vor seinem Kopf auf das gegenüberliegende Akromion zu legen, bestimmen Sie die Innenrotation und Adduktion (Abb. 49). Ein weiterer Test zur Untersuchung der Innenrotation und Adduktion besteht darin, den Patienten hinter seinem Rükken die untere Ecke der gegenüberliegenden Skapula berühren zu lassen (Abb. 50). Beobachten Sie die Bewegung des Patienten während aller Phasen der Untersuchung und achten auf Einschränkung der Bewegung oder Unterbrechung von Rhythmus oder Symmetrie.

Eine andere Art der Beweglichkeitsprüfung besteht darin, den Patienten seinen Arm bei gestrecktem Ellbogen um 90° abduzieren lassen. Fordern Sie ihn dann auf, seine Handflächen in Supinationsstellung zu bringen und die Abduktion so lange fortzusetzen, bis die Hände einander über dem Kopf berühren (Abb. 51). Dies beweist vollständige bilaterale Abduktion und gestattet auf einen Blick den Vergleich beider Seiten. Als nächstes soll der Patient die Hände hinter seinen Nacken aufeinander legen und dann die Ellbogen nach hinten drücken. Hiermit lassen sich Abduktion und Außenrotation prüfen. Abschließend wird der Patient gebeten, beide Hände hinter dem Rücken so hoch wie möglich zu führen, als ob er sich an der unteren Ecke der Skapula kratzen wollte. Hiermit erfassen Sie die Adduktion und Innenrotation. Der Hauptvorteil dieser schnell durchzuführenden Bewegungstests

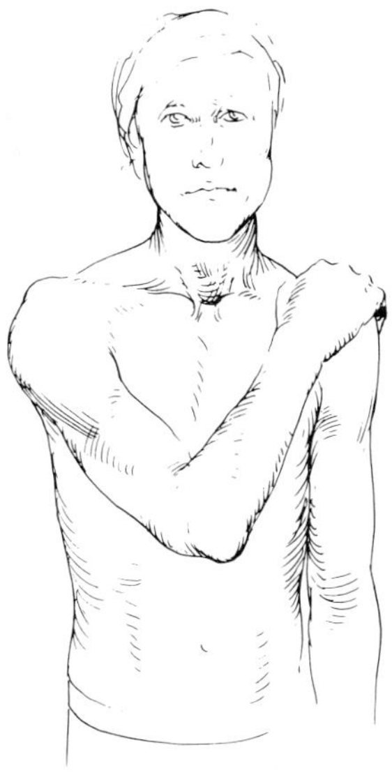

Abb. 49 Untersuchung von Innenrotation und Adduktion.

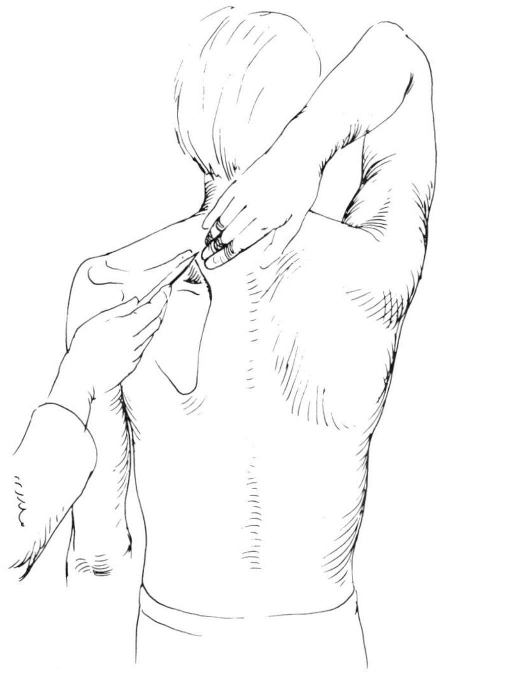

Abb. 48 Der Kratztest nach Apley: Außenrotation und Abduktion im Schultergelenk.

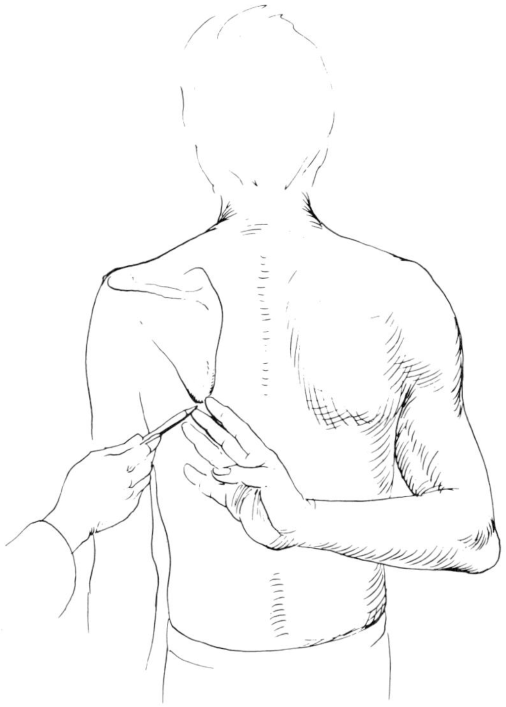

Abb. 50 Innenrotation und Adduktion.

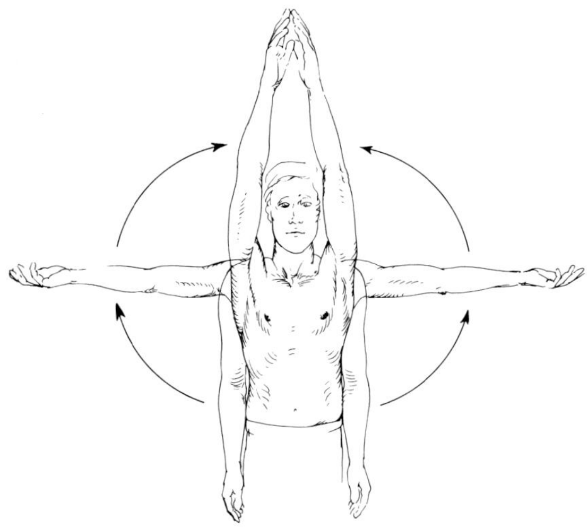

Abb. 51 Bewegungsumfang des Schultergelenks.

ist, daß der Patient die Bewegungen beider Seiten gleichzeitig demonstriert. Damit sind die Symmetrie der Bewegung und selbst geringfügige Einschränkungen auf der abnormen Seite leicht zu erfassen.

Untersuchung der passiven Beweglichkeit

Sollte der Patient nicht in der Lage sein, eine der zuvor beschriebenen Bewegungen des Schultergürtels auszuführen, müssen Sie zu einem passiven Test greifen. Es gibt eine Reihe von Gründen, warum ein Patient keine vollständige aktive Beweglichkeit besitzen kann: Einmal kann eine Muskelschwäche vorliegen, oder es handelt sich um Kontrakturen der Weichteile (Gelenkkapsel-, Ligament- oder Muskelkontrakturen), zum anderen kann eine knöcherne Blockade vorliegen (knöcherne Fusion oder Wucherungen). Die passive Untersuchung eliminiert die Muskelkraft des Patienten als eine Variable, da der Untersucher selbst die Kraft liefert. Durch die passive Untersuchung stellen wir fest, ob eine Bewegungseinschränkung mit oder ohne Muskelkraft besteht. Wenn sich beispielsweise ein Gelenk passiv voll bewegen läßt, unter aktiven Bedingungen jedoch eine Einschränkung zeigt, so können Sie eine Muskelschwäche als Grund der Behinderung annehmen. Finden Sie bei der passiven Prüfung eine Einschränkung, läßt sich für gewöhnlich eine Muskelschwäche als unmittelbare Ursache ausschließen; dann ist eine knöcherne (intraartikuläre) oder Weichteil- (extraartikuläre) Blockade wahrscheinlicher; trotzdem kann natürlich eine Muskelschwäche als Folge fehlender Beanspruchung bestehen.

Um zwischen intra- und extraartikulärer Blockade unterscheiden zu können, müssen Sie Art und Gefühlsqualität der Blockade innerhalb des Gelenks prüfen. Fühlt sich die Blockade gummiartig an und sollte sie unter leichtem Druck nachgeben, haben Sie es wahrscheinlich mit einer extraartikulären (Weichteil-) Blockade zu tun. Erscheint andererseits die Blockade starr und endet die Bewegung plötzlich, dann ist es wahrscheinlich eine intraartikuläre (knöcherne) Blockade.

Es ist wichtig, daß der Patient während dieser Untersuchungen vollständig entspannt bleibt; denn wenn er bei der Palpation verspannt, ängstlich oder unsicher ist, werden sich seine Muskeln anspannen und die Gelenke versteifen, so daß sie keine vollständige passive Beweglichkeit zulassen. Es ist somit wichtig, daß all diese Untersuchungen sanft durchgeführt werden. Die passiven Untersuchungen lassen sich entweder am stehenden oder sitzenden Patienten ausführen. Während der Untersuchung sollte der Ellbogen gebeugt sein, weil diese Haltung das Herumschwenken des Armes vermindert. Dies erleichtert auch die Bewegungen im Schultergürtel und macht sie präziser. Während der passiven Untersuchung sollte Ihre eine Hand die Extremität stützen, während die andere sie führt.

Wenn Sie die Beweglichkeit des Schultergürtels (besonders bei der Abduktion) untersuchen, so denken Sie daran, daß sich diese Bewegung aus drei Komponenten zusammensetzt: 1. reine glenohumerale Bewegung, 2. skapulothorakale Bewegung, 3. eine Kombination der glenohumeralen und skapulothorakalen Bewegung.

Abduktion – 180°
Adduktion – 45°

Die Abduktion des Armes geschieht im glenohumeralen Gelenk und in der skapulothorakalen Verbindung im Verhältnis 2:1; bei 3° Abduktion entfallen 2° auf das glenohumerale Gelenk und 1° auf die skapulothorakale Gleitverbindung. Stellen Sie sich hinter den Patienten und fixieren die Skapula, indem Sie ihren unteren Winkel festhalten (Abb. 52). Abduzieren Sie jetzt mit der anderen Hand den Arm des Patienten. Die Skapula sollte sich so lange nicht bewegen, bis der Arm auf etwa 20° abduziert ist. Dies zeigt freie Beweglichkeit im glenohumeralen Gelenk an. Von diesem Punkt ab bewegen sich Humerus und Skapula in einem Verhältnis von 2:1 zusammen, um die Abduktion zu vollenden. Wenn sich das glenohumerale Gelenk nicht in seinem normalen Verhältnis mit der skapulothorakalen Artikulation zusammen bewegt, son-

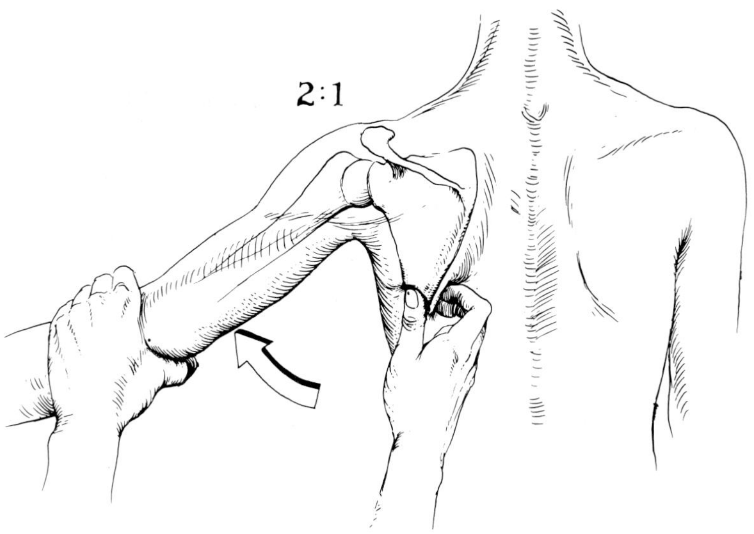

Abb. 52 Abduktionsprüfung: Die Bewegung erfolgt im Glenohumeralgelenk und in der skapulothorakalen Verbindung im Verhältnis 2:1.

dern in Adduktion fixiert erscheint, kann der Patient das Syndrom einer «eingefrorenen Schulter» haben (Abb. 53). In diesem Falle kann er sogar in der Lage sein, seine Schulter bis auf nahezu 90° Abduktion hochzuziehen, indem er eine ausschließlich skapulothorakale Bewegung durchführt.

Eine andere effektive Untersuchungsmethode zur Prüfung der Abduktion besteht darin, daß Sie die Skapula durch festes Auflegen Ihrer Hand auf das Akromion der zu untersuchenden Extremität fixieren. Auf diese Weise können Sie sicher sein, daß eine nur geringe skapulothorakale Bewegung in die glenohumerale einfließt. Legen Sie die andere Hand unmittelbar oberhalb des Ellbogengelenks um den Oberarm, womit Sie jetzt das glenohumerale Gelenk mit beiden Händen isoliert haben. Dann bewegen Sie den Arm langsam seitlich und aufwärts, soweit es mühelos geht.

Während Sie das Ausmaß der Abduktion untersuchen, sollen Sie den Patienten auf Zeichen von Zögern oder von Schmerz beobachten. Der normale Umfang der rein glenohumeralen Abduktion beträgt etwa 90°. In dem Augenblick, wo sich die Scapula zu bewegen beginnt, fühlen Sie dies durch Ihre auf der Spitze liegende Hand. Die Abduktion setzt sich bis etwa 120° fort. An diesem Punkt schlägt das Collum chirurgicum humeri gegen das Akromion (Abb. 54). Eine volle Abduktion ist nur dann möglich, wenn der Humerus nach außen rotiert wird. Damit wird das Collum chirurgicum von der Spitze des Akromions weggedreht und die Gelenkfläche des Oberarmkopfes vergrößert (Abb. 55, 56).

Bringen Sie jetzt den Arm des Patienten in seine Ausgangsstellung zurück und bewegen ihn vor dem Körper in Adduktion. Bei der normalen Adduktion schwingt der Arm etwa 45° vor dem Körper. Untersuchen Sie die andere Schulter und vergleichen dann die Ergebnisse. Die Adduktion kann durch eine Bursitis oder Risse in der Rotatorenmanschette behindert sein (besonders bei Rissen des M. supraspinatus).

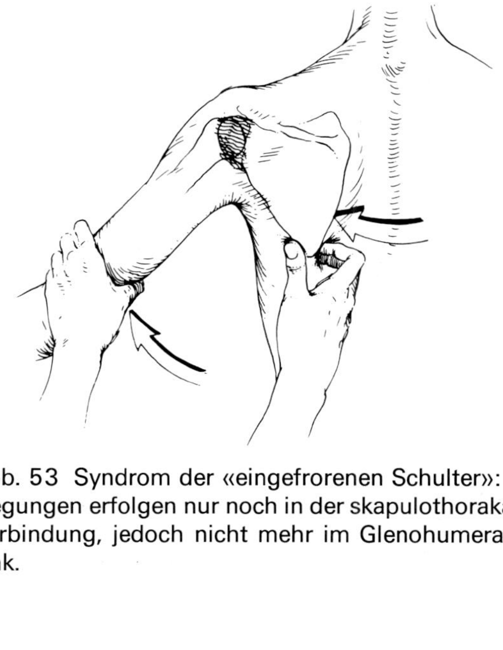

Abb. 53 Syndrom der «eingefrorenen Schulter»: Bewegungen erfolgen nur noch in der skapulothorakalen Verbindung, jedoch nicht mehr im Glenohumeralgelenk.

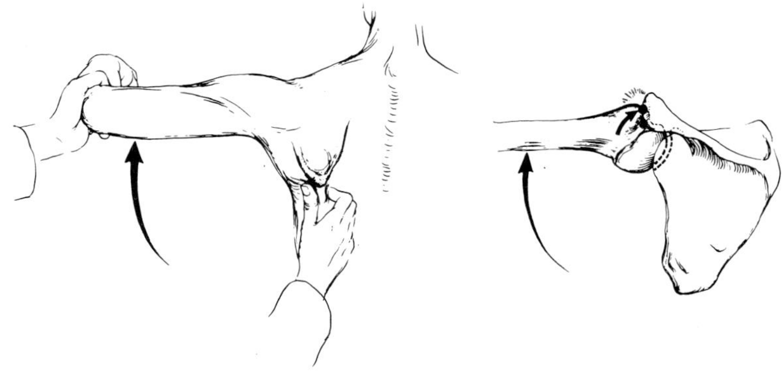

Abb. 54 Abduktion erfolgt bis circa 120°, bis das Collum chirurgicum humeri am Akromion anschlägt.

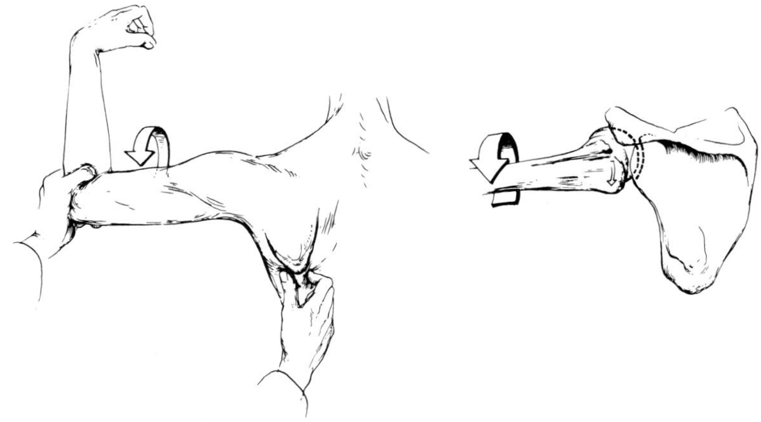

Abb. 55 Die volle Abduktion ist nur bei außenrotiertem Humerus möglich.

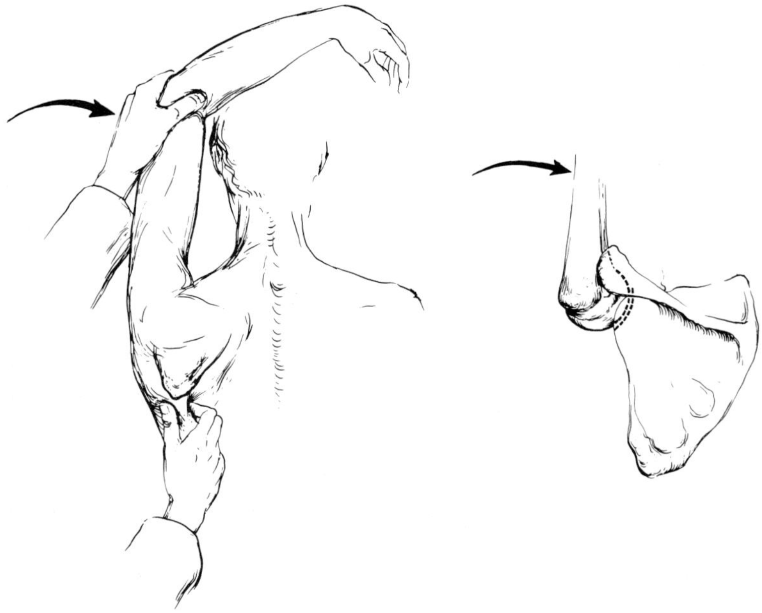

Abb. 56 Die Außenrotation vergrößert die Gelenkfläche des Humeruskopfes und dreht das Collum chirurgicum von der Spitze des Akromions weg.

Flexion – 90°
Extension – 45°

Bei extremer Extension wird der Patient dazu tendieren, sich von der Bewegung seines Armes wegzulehnen. Sie sollten deshalb Ihre Hand schalenförmig über das Akromion legen, womit Sie nicht nur die Skapula, sondern den ganzen Körper fixieren. Ihre Hand wird dann diese Abwendebewegung verhindern oder doch zumindest spüren. Legen Sie Ihre Hand dicht oberhalb vom Ellbogengelenk auf den Oberarm und strecken ihn dann. Normalerweise läßt sich der Arm auf etwa 45° strekken. Bringen Sie dann den Arm nach vorne durch die anatomische Stellung in Beugestellung. Die normale Flexion erreicht ungefähr 90°. Wiederholen Sie den Vorgang der Flexion und Extension auf der anderen Seite und vergleichen die Ergebnisse. Eingeschränkte Flexion und Extension können eine Tendinitis der Bizepssehne oder eine Bursitis der Schulter anzeigen.

Innenrotation – 55°
Außenrotation – 40°-45°

Um Innen- und Außenrotation zu untersuchen, müssen Sie sich vor den Patienten stellen und seinen Ellbogen gegen die Hüfte drücken. Durch diese Maßnahme verhindern Sie, daß der Patient eine Innenrotation durch Abduktion und eine Außenrotation durch Adduktion vortäuscht. Nehmen Sie das Handgelenk des Patienten in die andere Hand und drehen bei rechtwinklig gebeugtem Ellbogen den Arm nach außen, wobei die Schulter als Drehpunkt und der Unterarm als Zeiger für die Bewegung dient. Die Außenrotation liegt im Bereich von 40°-45°. Eine Bursitis kann sie einschränken. Bringen Sie den Arm in seine Ausgangsposition zurück und bewegen ihn dann in Innenrotation. Im allgemeinen rotiert der Arm bis etwa 55°, bevor er in seiner Bewegung durch den Körper unterbrochen wird.

Neurologische Untersuchung

Der neurologische Teil der Untersuchung gestattet es, die Stärke jeder Muskelgruppe zu bestimmen, die das Schultergelenk bewegt. Sie vermag auch, das Ausmaß einer Muskelschwäche anzuzeigen, die die Beweglichkeit einschränken kann. Zusätzlich zu den Muskeluntersuchungen gestatten die Untersuchungen der Reflexe und der Sensibilität zu beurteilen, inwieweit die Nervenversorgung der Schulter intakt ist.

Muskeluntersuchung

Muskeluntersuchungen der Schulter schließen 9 Bewegungen ein: 1. Flexion, 2. Extension, 3. Abduktion, 4. Adduktion, 5. Außenrotation, 6. Innenrotation, 7. Schulterheben (Achselzucken), 8. Zurückziehen der Skapula (Achtungshaltung), 9. Vorbringen der Schulter (Hinlangen).

Zum Zwecke der Diskussion wurden die Bewegungen in bestimmte Kategorien eingeteilt. Es ist jedoch sehr viel einfacher, im Gang unserer Untersuchungen fortzufahren, indem wir ohne Unterbrechung von einem Test zum anderen weitergehen. Da beispielsweise der Bewegungsbogen von der Flexion zur Extension kontinuierlich ist, können wir direkt von der Untersuchung der Flexion zu der der Extension übergehen.

Bei der neurologischen Untersuchung kann der Patient entweder sitzen oder stehen, je nach dem, wie es ihm am bequemsten ist. Die Muskeln des Schultergürtels werden nach Funktionsgruppen untersucht.

Flexion

Primäre Flexoren:
1. Vorderer Anteil des M. deltoideus
   Nervus axillaris, C5
2. M. coracobrachialis
   N. musculocutaneus, C5–C6

Sekundäre Flexoren:
1. M. pectoralis major (Pars clavicularis)
2. M. biceps brachii
3. Vorderer Anteil des M. deltoideus

Stellen Sie sich hinter den Patienten und legen Ihre Hand mit der Handfläche nach unten auf das Akromion, so daß Sie die Skapula fixieren. Dann palpieren Sie den vorderen Anteil des M. deltoideus, während Sie diesen untersuchen. Legen Sie die andere Hand dicht oberhalb des Ellbogens mit den Fingern über den ventralen Teil des Armes und des Bizepsmuskels (Abb. 57).

Wenn der Ellbogen rechtwinklig gebeugt ist, bitten Sie den Patienten, mit der Flexion der Schulter zu beginnen. Während er anfängt, sollen Sie allmählich Ihren Widerstand verstärken, bis Sie festgestellt haben, welche Kraft der Patient gerade noch überwinden kann. Untersuchen Sie die andere Schulter, um einen Vergleich zu erhalten. Dann werten Sie Ihre Befunde anhand der Tabelle 1 aus.

Tabelle 1 Einteilung der Muskelkraft

Einteilung der groben Kraft	Beschreibung
5 – normal	Vollständige Beweglichkeit gegen Schwerkraft mit vollem Widerstand
4 – gut	Volle Beweglichkeit gegen Schwerkraft mit einigem Widerstand
3 – ausreichend	Volle Beweglichkeit gegen Schwerkraft
2 – schlecht	Volle Beweglichkeit bei aufgehobener Schwerkraft
1 – Spur	Zeichen leichter Muskelkontraktion. Keine Gelenkbeweglichkeit
0 – 0	Keine Zeichen einer Kontraktion

Extension

Primäre Extensoren:

1. M. latissimus dorsi
   N. thoracodorsalis, C6, C7, C8
2. M. teres major
   N. subscapularis, C5, C6
3. Hinterer Anteil des M. deltoideus
   N. axillaris, C5, C6

Sekundäre Extensoren:

1. M. teres minor
2. M. triceps (langer Kopf)

Bleiben Sie hinter dem Patienten stehen und legen Sie Ihre Hand zur Fixierung auf dessen Akromion. Legen Sie Ihren Daumen auf die Schulterrückseite, so daß Sie während der aktiven Streckung den hinteren Anteil des M. deltoideus auf seinen Tonus hin palpieren können. Ergreifen Sie mit der widerstandgebenden Hand den Oberarm dicht über und hinter dem Ellbogengelenk, wobei Thenar und Handfläche der hinteren Fläche des Humerus zugewandt sind. Während der Prüfung der Streckung palpieren Sie den M. triceps mit dem Daumen. Damit Sie einen fließenden Übergang von der Untersuchung der Flexion zu der der Extension erhalten, können Sie Ihre widerstandgebende Hand von vorne zur Hemmung auf die Rückseite des Armes bringen.

Fordern Sie den Patienten auf, seinen Ellbogen zu beugen und den Arm langsam nach hinten zu strecken. Während seine Schulter in die Extension geht, steigern Sie allmählich den Druck, bis Sie den größten Widerstand ermittelt haben, den der Patient gerade noch überwinden kann (Abb. 58).

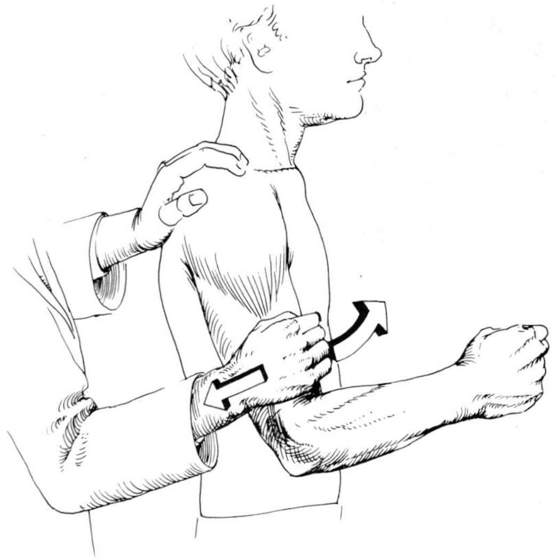

Abb. 57 Untersuchung der Schulterflexion.

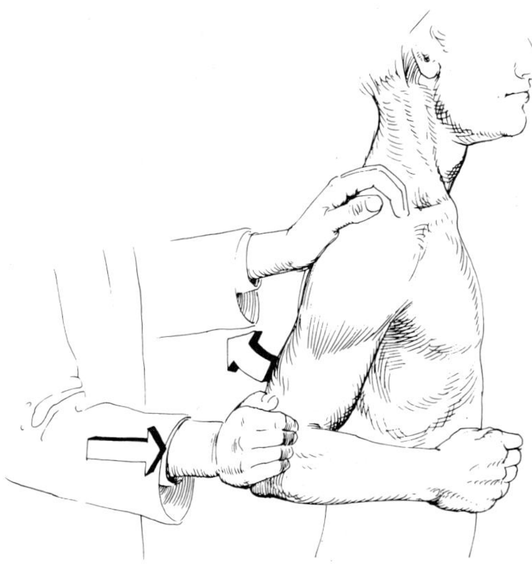

Abb. 58 Untersuchung der Schulterextension.

Abduktion

Primäre Abduktoren:
1. Mittlerer Anteil des M. deltoideus
   N. axillaris, C5, C6
2. M. supraspinatus
   N. suprascapularis, C5, C6

Sekundäre Abduktoren:
1. Vordere und hintere Anteile des M. deltoideus
2. M. serratus anterior (durch seine direkte Einwirkung auf die Skapula)

Sie bleiben hinter dem Patienten stehen. Fixieren Sie weiterhin das Akromion, doch soll Ihre Hand ein wenig seitwärts gleiten, so daß Sie den mittleren Anteil des M. deltoideus tasten, während Sie die Schulter fixieren. Halten Sie Ihre Hand oberhalb vom Ellbogengelenk, doch legen Sie diese auf die Außenseite und nicht die Rückseite des Oberarmes, so daß maximaler Druck ausgeübt werden kann. Ihre Handfläche sollte jetzt gegen den Epikondylus und den Margo lateralis humeri gedrückt werden, wobei Ihre Finger von vorn um den Arm gelegt werden.

Fordern Sie den Patienten auf, seinen Arm zu abduzieren und verstärken Sie den Widerstand während der Abduktion allmählich, bis Sie den maximalen Widerstand ermittelt haben, den der Patient eben noch überwinden kann (Abb. 59).

Adduktion

Primäre Adduktoren:
1. M. pectoralis major
   Nn. pectorales, C5, C6, C7, C8, T1
2. M. latissimus dorsi
   N. thoracodorsalis, C6, C7, C8

Sekundäre Adduktoren:
1. M. teres major
2. Vorderer Anteil des M. deltoideus

Sie stehen hinter dem Patienten, eine Hand fixiert das Akromion, die andere erzeugt den Widerstand oberhalb vom Ellbogengelenk. Da der M. pectoralis major ein primärer Abduktor ist, müssen Sie die fixierende Hand nach vorne und unterhalb vom Akromion bringen, damit Sie den M. pectoralis major während der Untersuchung palpieren können. Fordern Sie den Patienten auf, den Arm ein wenig zu abduzieren, dann gleiten Sie mit Ihrer Hand um den Ellbogen, sodaß Ihr Daumen an der medialen Seite des Humerus liegt.

Jetzt soll der Patient mit der Adduktion beginnen, wobei Sie allmählich den Widerstand verstärken, bis Sie den Maximaldruck erreichen, den er noch überwinden kann (Abb. 60).

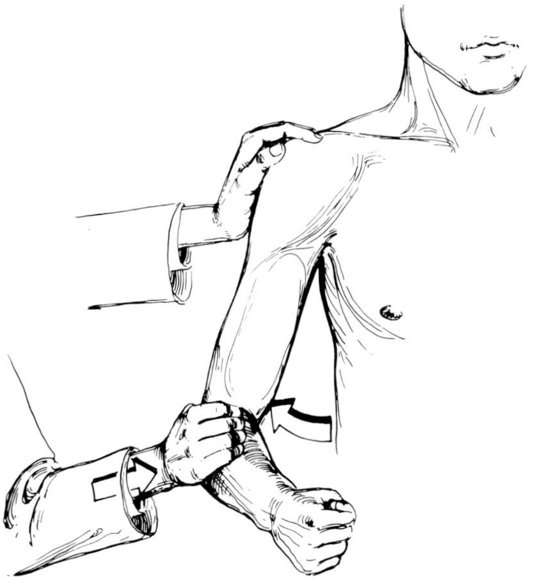

Abb. 59 Untersuchung der Schulterabduktion.

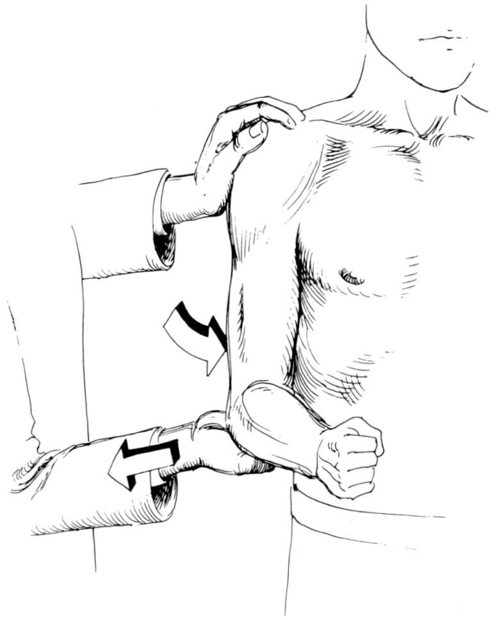

Abb. 60 Untersuchung der Schulteradduktion.

Außenrotation

Primäre Außenrotatoren:
1. M. infraspinatus
   N. suprascapularis, C5, C6
2. M. teres minor
   Ein Ast des N. axillaris, C5

Sekundäre Außenrotatoren:
1. Hinterer Anteil des M. deltoideus

Stellen Sie sich jetzt seitlich vom Patienten und lassen ihn seinen Ellbogen rechtwinklig beugen, wobei sein Unterarm in Neutralposition verbleibt. Fixieren Sie den Arm, indem Sie den gebeugten Ellbogen in die Taille drücken. Diese Haltung hindert den Patienten daran, eine reine Außenrotation durch Adduktion vorzutäuschen. Die Hand, mit der Sie den Widerstand ausüben, liegt am Handgelenk des Patienten. Der Thenar ruht auf der dorsalen Seite, damit Sie einen größtmöglichen Widerstand erzeugen können. Da sowohl die Fixierung als auch der Widerstand weitab von den bei der Außenrotation benutzten Muskeln erfolgen, können Sie diese Muskeln während der Untersuchung nicht palpieren. Diese Außenrotatoren befinden sich in einer tieferen Schicht und sind normalerweise nicht tastbar.

Bitten Sie den Patienten, seinen Arm nach außen zu rotieren. Während er diese Außenrotation ausführt, müssen Sie den Gegendruck erhöhen, bis der maximale Widerstand erreicht ist, den der Patient noch überwinden kann (Abb. 61).

Innenrotation

Primäre Innenrotatoren:
1. M. subscapularis
   N. subscapularis, C5, C6
2. M. pectoralis major
   Nn. pectorales, C5, C6, C7, C8, Th1
3. M. latissimus dorsi
   N. thoracodorsalis, C6, C7, C8
4. M. teres major
   N. subscapularis, C5, C6

Sekundäre Innenrotatoren:
1. Vorderer Anteil des M. deltoideus

Bleiben Sie seitlich vom Patienten und bitten Sie ihn, seinen Ellbogen rechtwinklig zu beugen. Fixieren Sie weiterhin seinen Oberarm, indem Sie seinen Ellbogen fest gegen die Taille drücken. Die Fixierung des Ellbogens hindert den Patienten daran, die gewünschte Bewegung einer reinen Innenrotation durch eine Abduktion zu ersetzen. Behalten Sie die fixierende Hand kurz oberhalb der Taille. Die Finger der anderen Hand legen sich über die volare Handgelenksfläche, wobei Ihre Handfläche auf dem Processus styloideus radii liegt.

Fordern Sie den Patienten auf, seinen Arm allmählich vor seinen Körper nach innen zu rotieren. Währenddessen sollen Sie Ihren Widerstand auf das Handgelenk allmählich verstärken (Abb. 62).

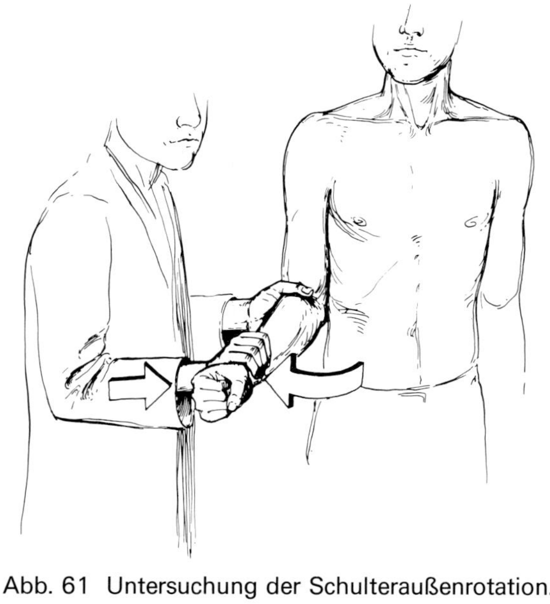

Abb. 61 Untersuchung der Schulteraußenrotation.

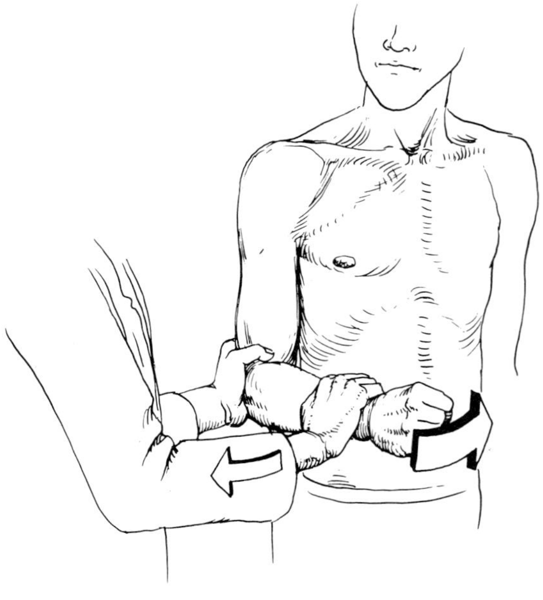

Abb. 62 Untersuchung der Schulterinnenrotation.

Heben der Skapula
(Achselzucken)

Primäre Heber:
1. M. trapezius
   N. accessorius, XI
2. M. levator scapulae
   C3, C4, häufig noch Zweige vom N. dorsalis scapulae, C5

Sekundäre Heber:
1. M. rhomboideus major
2. M. rhomboideus minor

Stellen Sie sich hinter den Patienten und legen die Hände beiderseits auf das Akromion. Die seitliche Position Ihrer Hände gestattet dem M. trapezius eine freie Aktion und gibt gleichzeitig Ihren Händen eine feste knöcherne Unterstützung. Jede Ihrer Hände stellt für die andere Seite ein Gleichgewicht her, während Sie dem Achselzucken Widerstand entgegensetzen. Lassen Sie Ihre Daumen hinten auf dem seitlichen Anteil des M. trapezius ruhen, so daß Sie ihn während der Untersuchung palpieren können. Der M. levator scapulae entspringt vom oberen mittleren Winkel der Skapula tief unter dem M. trapezius und ist selbst nicht tastbar.

Bitten Sie den Patienten, mit den Achseln zu zucken und verstärken Sie dabei den nach unten gerichteten Widerstand bis zu einem Maximum, das der Patient gerade noch überwinden kann (Abb. 63). Normalerweise sind die Mm. levatores scapulae stärker als der von Ihnen ausgeübte Gegendruck. Sie sollten beiderseits untersucht und jeglichen Unterschied in der Hebung der beiden Seiten vermerkt werden.

Zurückziehen der Skapula
(Stillgestanden-Haltung)

Primäre Retraktoren:
1. M. rhomboideus major
   N. dorsalis scapulae, C5
2. M. rhomboideus minor
   N. dorsalis scapulae, C5

Sekundäre Retraktoren:
1. M. trapezius

Sie stehen vor dem Patienten und legen Ihre Hände auf seine Schultern. Ihre Handflächen ruhen vor dem Akromion, Ihre Finger auf der Rückseite der Schulter. Ihre Finger müssen deshalb hinter der Schulter sein, damit Sie beim Drücken oder Biegen der Schulter um den Aufstützpunkt des Daumens die bewegende Kraft aufbringen können (Abb. 64).

Der Patient soll jetzt seine Schultern zurückwerfen und eine «Stillgestanden-Haltung» einnehmen (maximale Retraktion). Jetzt wenden Sie mit Ihren Fingern Druck an und biegen die Schultern um Ihren Daumen nach vorn. Achten Sie darauf, mit Ihren Fingern nicht in der Muskulatur des Patienten zu «wühlen».

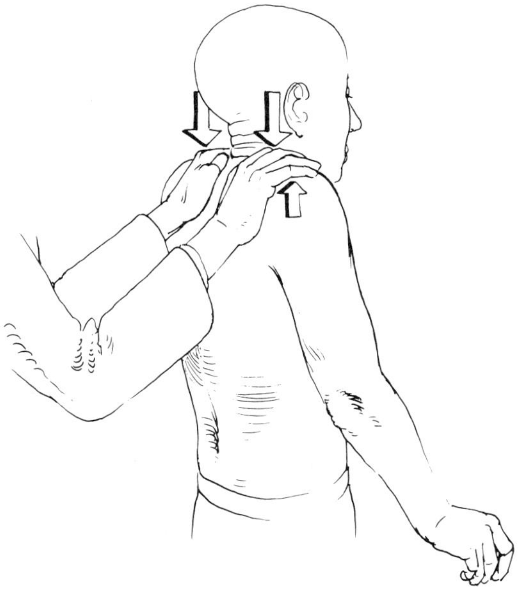

Abb. 63 Untersuchung der Schulterhebung.

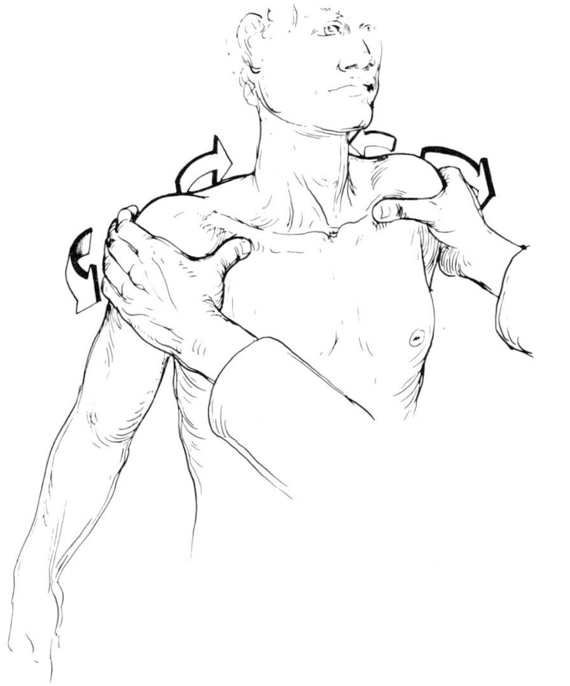

Abb. 64 Untersuchung der Skapularetraktion (Hab-Acht-Stellung).

Vorziehen der Skapula

Primäre Protraktoren:
1. M. serratus anterior
   N. thoracicus longus, C5, C6, C7

Das Vorziehen der Skapula bezeichnet die Bewegung der Skapula auf dem Thorax nach vorn, speziell im letzten Abschnitt des Reichens.

Die Vorbereitung des Patienten besteht darin, daß Sie ihn seinen Arm in einem Winkel von 90° beugen lassen (parallel zum Fußboden). Dann soll er seinen Ellbogen soweit beugen, daß die Hand die Schulter berührt. Sie legen eine Hand auf die Wirbelsäule, um den Rumpf zu fixieren und um zu verhindern, daß der Patient die Vorwärtsbewegung der Schulter durch eine Rotation des Rumpfes ersetzt. Ihre widerstandgebende Hand kommt unter den Ellbogen des Patienten, den Sie schalenartig umfassen. Fordern Sie jetzt den Patienten auf, seinen gebeugten Arm nach vorne zu bringen, so als ob er eine Wand mit dem Ellbogen berühren wollte. Während er seine Schultern nach vorne schiebt, müssen Sie allmählich Ihren Widerstand gegen diese Vorwärtsbewegung verstärken, bis der eben noch überwindbare maximale Widerstand ermittelt ist (Abb. 65). Verfolgen Sie bei dieser Untersuchung gleichzeitig die Bewegung der Skapula, beachten Sie insbesondere, ob sie vom Thorax absteht. In diesem Falle deutet das Abstehen der Skapula auf eine Schwäche des M. serratus anterior hin. Eine Schwäche dieses Muskels kann auch dadurch sichtbar gemacht werden, daß der Patient gegen eine Wand drückt oder einen Liegestütz ausführt (Abb. 66).

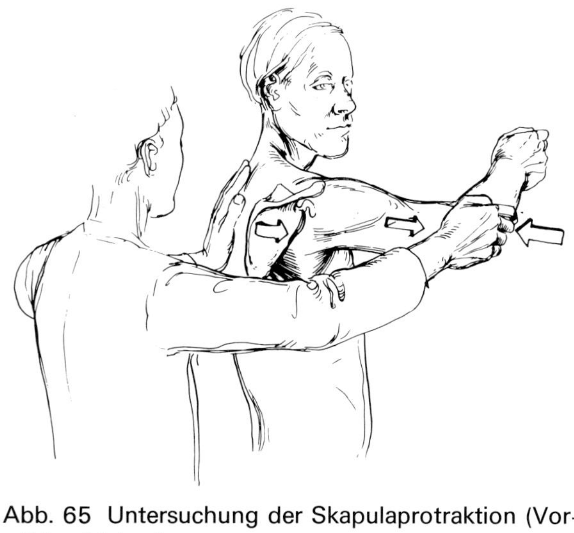

Abb. 65 Untersuchung der Skapulaprotraktion (Vorwärtsschieben).

Untersuchung der Reflexe

Die Mm. biceps und triceps, die über das glenohumerale Gelenk ziehen, können auf ihre Reflexe untersucht werden. Da sie jedoch in erster Linie Ellbogenmuskeln sind, finden Sie die entsprechenden Reflexuntersuchungen auf Seite 51 im Rahmen der Untersuchung des Ellbogens.

Prüfung der Sensibilität

Die sensible Innervation der oberen Extremität ist entsprechend der neurologischen Höhe in Form von Dermatomen oder bandartigen Arealen angelegt. Die sensible Innervation der Schultergegend zeigt folgende Aufteilung:

1. seitlicher Oberarm – Nervenwurzel C5 – reine Sensibilität in Form eines runden Flecks im seitlichen Gebiet über dem Ansatz des M. deltoideus (N. axillaris) (Abb. 67);
2. medialer Oberarm – Nervenwurzel Th1;
3. Axilla – Nervenwurzel Th2;
4. von der Axilla bis zur Brustwarze – Nervenwurzel Th3;
5. Brustwarze – Nervenwurzel Th4 (Abb. 68).

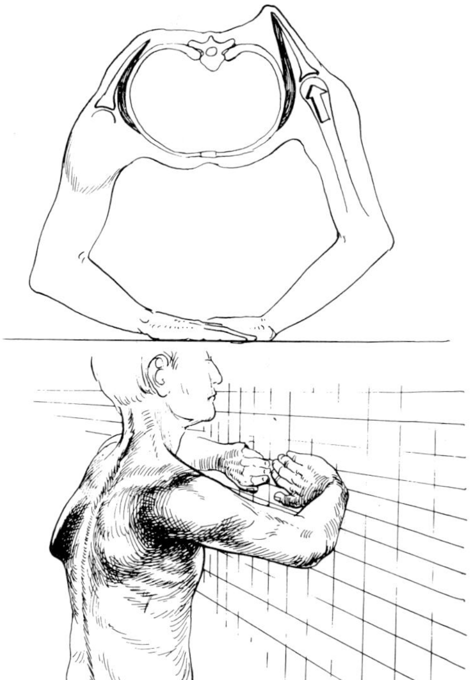

Abb. 66 Flügelförmiges Abstehen der Skapula deutet auf eine Schwäche des M. serratus anterior hin und wird besonders deutlich beim Liegestütz oder bei Druck gegen die Wand.

Die Sensibilität der Dermatome in der Schulterregion soll beidseits untersucht und beurteilt werden, um einen Vergleich zu erhalten. Bei jeder neurologischen Schädigung ist es wichtig, die Zahl der beteiligten Dermatome zu bestimmen. Die Befunde sowohl der Muskeluntersuchung als auch der Sensibilitätsprüfung können zur Entscheidung der Frage herangezogen werden, ob bei einem pathologischen Befund Rückenmarkssegmente beteiligt sind oder nicht.

Um die Unversehrtheit der Sensibilität im Bereich der Schulter zu untersuchen, prüfen Sie jedes Dermatom ganz leicht mit einer Nadelspitze und fragen dabei den Patienten, ob er den Nadelstich fühlt. Dann prüfen Sie auf der anderen Seite. Danach untersuchen Sie jedes Dermatom in der gleichen Weise mit einem Pinsel. Fragen Sie den Patienten, ob die Empfindungen an beiden Schultern gleich oder ungleich sind. Eine abnorme Empfindung (Parästhesie) kann entweder verstärkt (Hyperästhesie) oder abgeschwächt (Hypästhesie) sein oder aber gänzlich fehlen (Anästhesie).

Der N. axillaris ist häufig im Gefolge einer Schulterluxation geschädigt, wobei im lateralen Bereich des M. deltoideus ein anästhetischer Fleck zurückbleibt.

Denken Sie stets daran, daß die Ergebnisse Ihrer Sensibilitätsprüfungen subjektive Befunde sind, die Ihnen der Patient angibt und die als solche weder objektiv noch verifizierbar sind. Sollte der Patient aus irgendwelchen Gründen nicht in der Lage sein, angemessen auf Ihre Fragen zu antworten, so ist auch die Prüfung der Sensibilität von geringem Wert.

Spezielle Untersuchungen

Es gibt eine Reihe von speziellen Untersuchungen, die sich auf Anatomie und pathologische Bedingungen jedes Gelenks beziehen. Diese Untersuchungen sind derart angelegt, daß sie eine spezifische pathologische Veränderung nachweisen und können dann von großer Hilfe sein, wenn Sie durch den Untersuchungsgang die Art der pathologischen Veränderung bereits vermuten. Für die Schulter gibt es drei solcher Untersuchungen:

1. den Yergason-Test zur Prüfung der Stabilität der langen Bizepssehne,
2. den Fallarmtest zum Nachweis eines Risses der Rotatorenmanschette und
3. den Erwartungstest bei Schulterluxation.

Yergason-Test. Diese Untersuchung stellt fest, ob die Bizepssehne gut im Sulcus intertubercularis fixiert ist oder nicht. Damit Sie diese Untersuchung durchführen können, fordern Sie den Patienten auf, seinen Ellbogen vollständig zu beugen. Ergreifen Sie dann seinen gebeugten Ellbogen mit einer Hand, während die andere Hand das Handgelenk hält. Um die Fixation der Bizepssehne zu untersuchen, rotieren Sie jetzt den Arm des Patienten gegen dessen Widerstand nach außen. Gleichzeitig ziehen Sie an

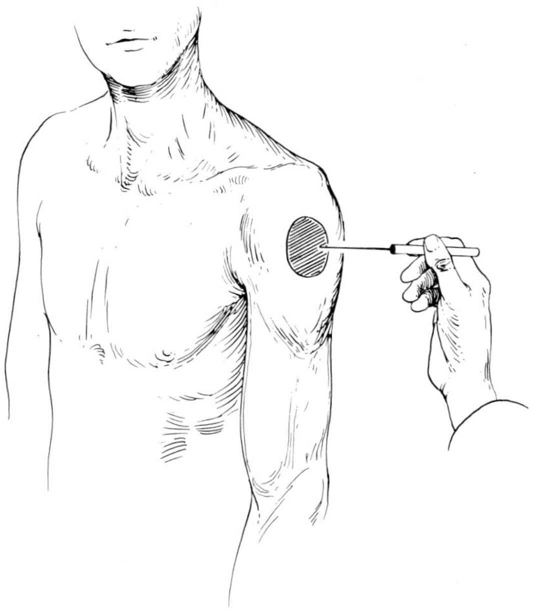

Abb. 67 Sensibilitätsprüfung an der Oberarmaußenseite (N. axillaris).

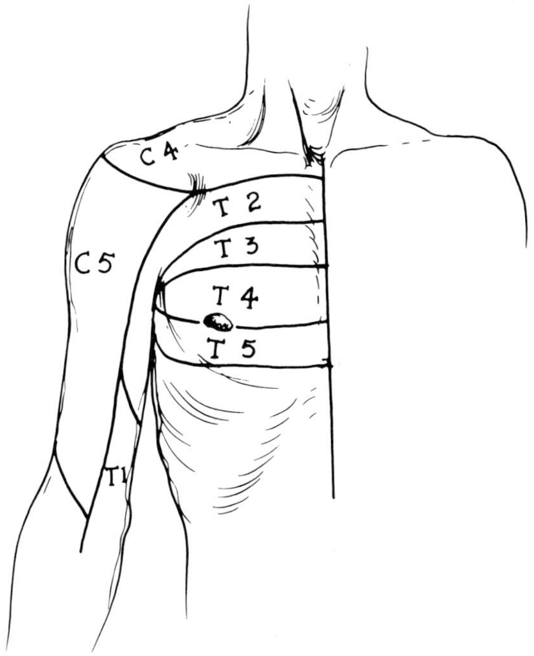

Abb. 68 Segmentzugehörigkeit und Versorgungsgebiete der Dermatome in der Schulterregion.

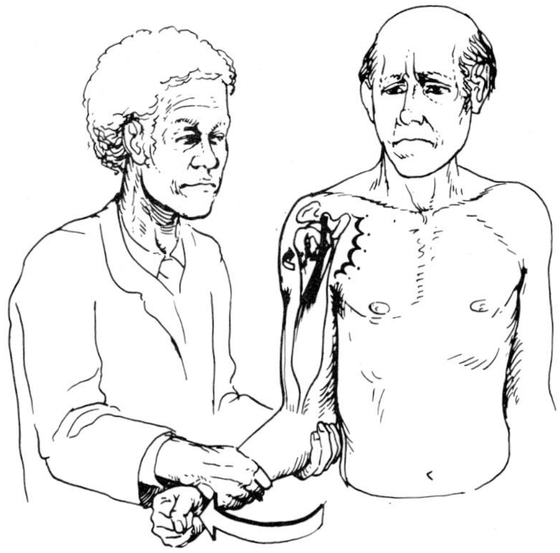

Abb. 69 Yergason-Probe: zur Untersuchung der Verankerung der langen Bizepssehne im Sulcus bicipitalis.

seinem Ellbogen nach unten (Abb. 69). Wenn die Bizepssehne im Sulcus intertubercularis ungenügend fixiert ist, wird sie aus dem Sulcus herausspringen und dem Patienten Schmerzen verursachen. Ist die Sehne aber stabil, wird sie an ihrer Stelle bleiben, und der Patient wird auch keinen Schmerz empfinden (Abb. 70).

Fallarmtest. Mit diesem Test bestimmen Sie, ob Muskelrupturen in der Rotatorenmanschette bestehen (Abb. 71). Zunächst muß der Patient seinen Arm vollständig abduzieren (Abb. 72). Dann bitten Sie ihn, den Arm langsam seitlich herabzulassen. Bestehen Risse in der Rotatorenmanschette (besonders im M. supraspinatus), fällt der Arm aus der Abduktionsstellung von etwa 90° herab (Abb. 73). Der Patient ist nicht in der Lage, den Arm langsam und allmählich herunterzulassen, so oft er dies auch

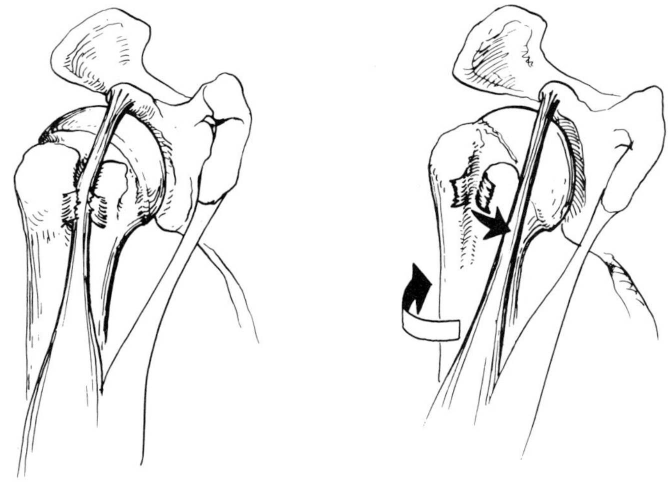

Abb. 70 Die instabile Bizepssehne.

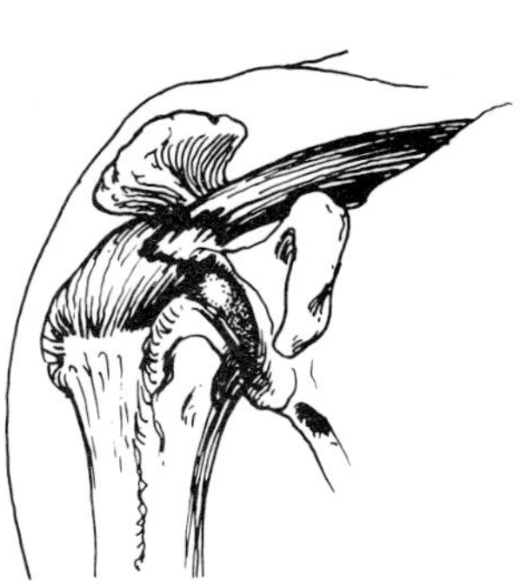

Abb. 71 Rupturen in der Rotatorenmanschette.

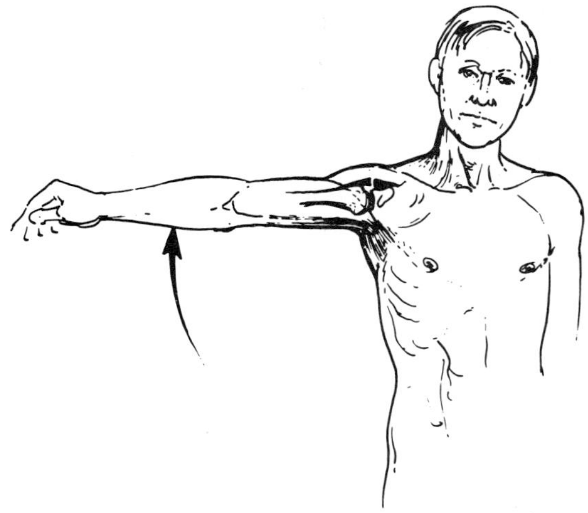

Abb. 72 Der Fallarmtest zum Nachweis von Rupturen der Rotatorenmanschette.

versuchen mag. Wenn er seinen Arm in Abduktionsstellung halten kann, können Sie die Extremität durch einen leichten Schlag auf den Unterarm dazu bringen, daß sie seitlich herunterfällt.

Erwartungstest bei Schulterluxation. Um die Schulter auf das Vorliegen einer habituellen Luxation zu untersuchen, abduzieren Sie den Arm des Patienten und rotieren ihn auswärts bis zu einer Stellung, aus der er leicht luxieren kann. In dem Augenblick, wo die Schulter kurz vor der Luxation steht, wird das Gesicht des Patienten einen deutlichen Ausdruck der Erwartung oder der Angst zeigen. Gleichzeitig wird er sich jeder weiteren Bewegung widersetzen (Abb. 74). Diese Untersuchung ähnelt dem Erwartungstest für eine Patellaluxation.

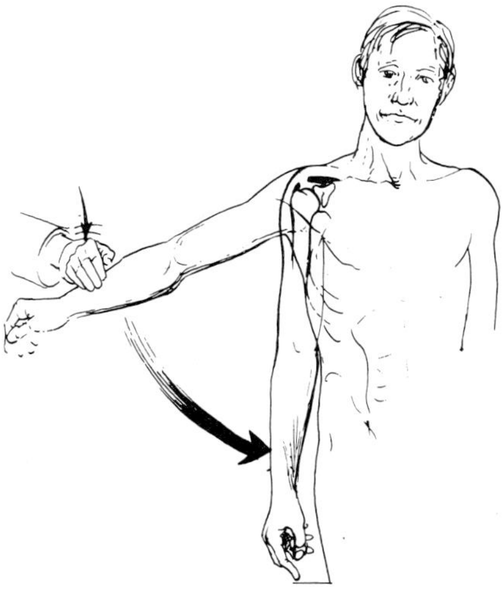

Abb. 73 Bei Rupturen der Rotatorenmanschette kann der Patient den Arm nicht langsam herablassen: Der Arm fällt kraftlos herab.

Untersuchung der benachbarten Gebiete

Da die Schulter ein klassisches Gebiet für ausstrahlende Schmerzen ist, muß eine vollständige Untersuchung auch jene Gebiete mit einschließen, aus denen ein «Schulterschmerz» herrühren kann.

So kann ein Myokardinfarkt einen in die linke Schulter ausstrahlenden Schmerz verursachen. Ebenso können Schultersymptome mit einer Irritation des Zwerchfells zusammenhängen, das die Nervenversorgung aus denselben Wurzeln (C4, C5) wie die Dermatome der Schulterkuppe erhält. Aus diesem Grunde sollten der Thorax und der Oberbauch sorgfältig daraufhin untersucht werden, ob Erkrankungen dieser Bereiche in die Schulter projiziert werden (Abb. 75).

Pathologische Veränderungen der Halswirbelsäule, wie beispielsweise ein zervikaler Bandscheibenvorfall oder ein Trauma können zu Schmerzausstrahlung in die Schulter oder Skapula führen. Diese Art von ausstrahlendem Schmerz aus der Halsgegend wird oft am oberen medialen Winkel der Skapula empfunden (Abb. 75).

Abgesehen vom lokalen Schmerz kann manchmal ein Wirbelbruch Schulterschmerzen bedingen, die entlang einem von der Fraktur in Mitleidenschaft gezogenen Muskel verlaufen. Beispielsweise kann eine Fraktur der Halswirbelsäule durch Vermittlung des M. rhomboideus Schmerzen im Bereich der Skapula verursachen (Abb. 75).

Schließlich kann die Schulter durch Erkrankungen des Ellbogens und des distalen Humerus betroffen sein, von wo aus eine Fraktur Schmerzausstrahlung zur Schulter verursachen kann (Abb. 75). Es handelt sich hierbei allerdings um einen seltenen Befund.

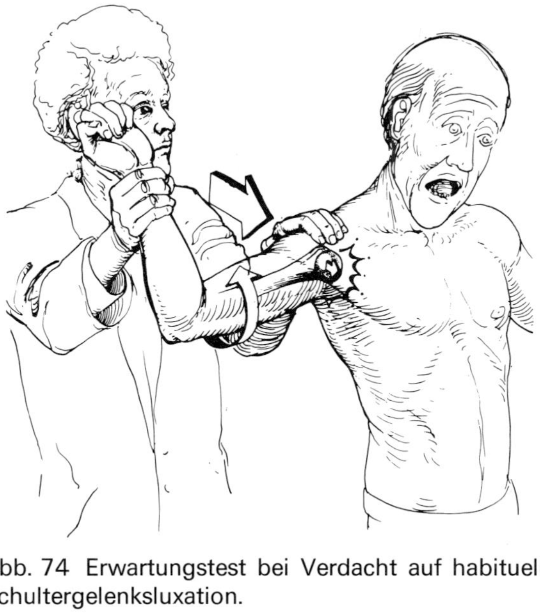

Abb. 74 Erwartungstest bei Verdacht auf habituelle Schultergelenksluxation.

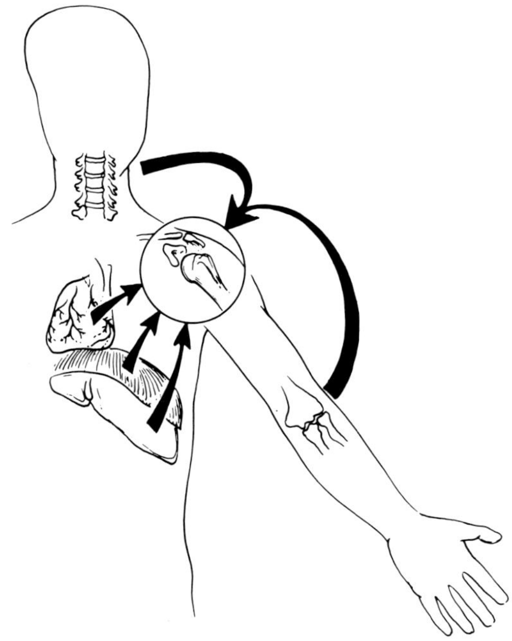

Abb. 75 Schmerzausstrahlung in die Schulter aus Nachbargebieten.

Klinische Untersuchung des Ellbogengelenks

2

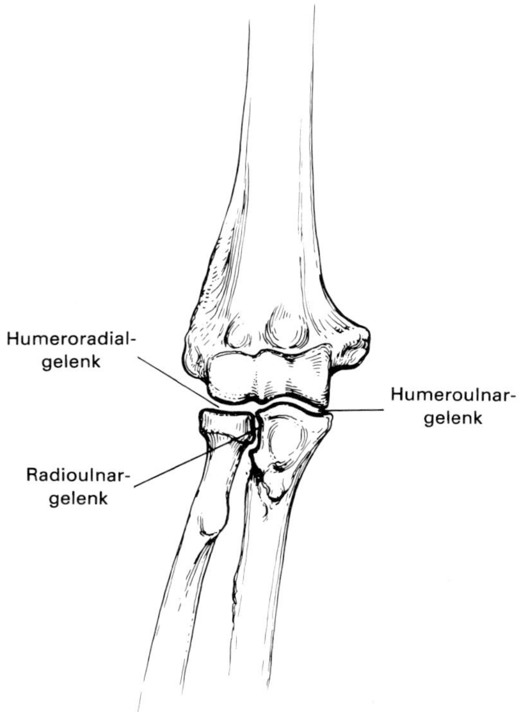

Abb. 1 Die drei Ellbogengelenke.

Das Ellbogengelenk, ein Scharniergelenk, ist relativ stabil und mit einer festen knöchernen Führung ausgerüstet. Es setzt sich aus drei Teilgelenken zusammen:

1. dem humeroulnaren Gelenk
2. dem humeroradialem Gelenk
3. dem radioulnarem Gelenk (Abb. 1).

Die Untersuchung des Ellbogengelenks schließt diese drei Gelenke sowie die sie umgebenden Weichteile ein.

Inspektion

Der Tragewinkel (Ellbogenknick)

Wenn der Arm in anatomischer Stellung gestreckt ist (Handfläche nach vorn), bilden die Längsachsen des Ober- und Unterarms im Ellbogengelenk einen zur Seite offenen (Valgus) Winkel, den «Tragewinkel» (Valgus bedeutet «weg von der Mittellinie» oder «lateral» und kann leicht behalten werden, wenn man das «L» in valgus mit dem «L» in lateral verbindet) (Abb. 2). Der normale Tragewinkel beträgt bei Männern etwa 5° und bei Frauen zwischen 10° und 15°. Durch den Tragewinkel schmiegt sich der Ellbogen dicht an die Taille unmittelbar oberhalb des Darmbeinkammes an. Die Abwinkelung ist besonders dann zu erkennen, wenn die Hand einen schweren Gegenstand trägt (Abb. 3).

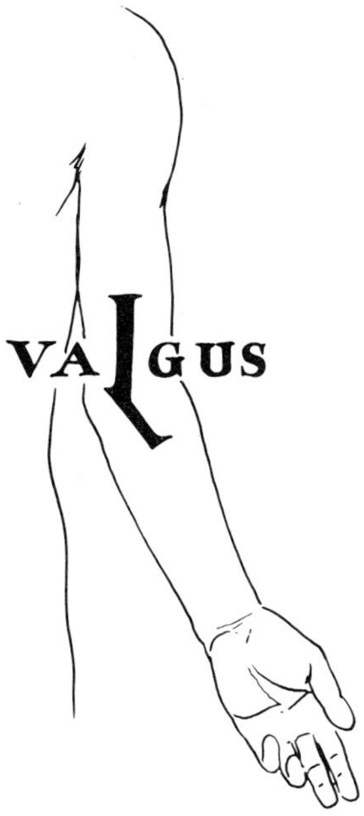

Abb. 2 Der Valguswinkel.

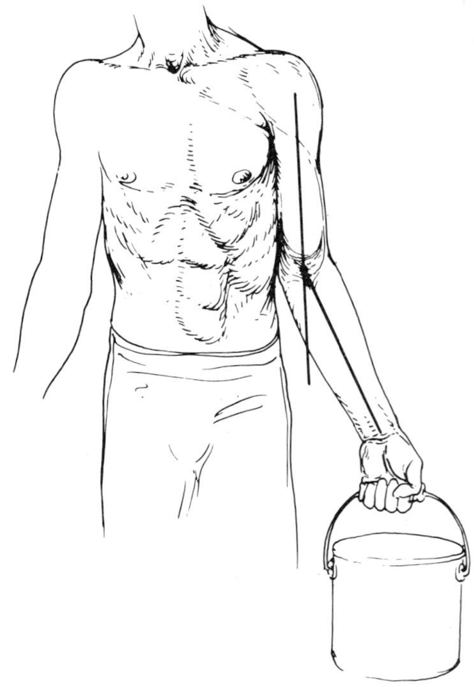

Abb. 3 Der Tragewinkel des Ellbogengelenks.

Cubitus valgus. Der Tragewinkel ist anomal, wenn der Unterarm mehr als die gewöhnlichen 5°–15° absteht. Ein vergrößerter Winkel kann durch einen Epiphysenschaden infolge einer Fraktur des Epicondylus radialis verursacht sein und eine spätere Nervenlähmung nach sich ziehen, die sich im Ausbreitungsgebiet des N. ulnaris manifestiert.

Cubitus varus. Eine Verringerung des Tragewinkels wird als Varusdeformität oder noch anschaulicher als «Gewehrkolbendeformität» bezeichnet (Abb. 4). Diese ist Folge eines Traumas, etwa nach einer suprakondylären Fraktur im Kindesalter, wobei dann das distale Humerusende durch unvollständige Bruchheilung oder Wachstumsverzögerung in der Epiphysenfuge beeinträchtigt wird. Der Cubitus varus ist häufiger als der Cubitus valgus.

Zu Beginn sollte das Ellbogengelenk bei vollständig gestrecktem Arm inspiziert werden, da der Tragewinkel und etwaige Valgus- oder Varusdeformitäten in Flexionsstellung nicht erkennbar sind. Der Tragewinkel sollte auf beiden Seiten symmetrisch sein. Wenn dies nicht der Fall ist, sollte die Abweichung von der Norm gemessen werden.

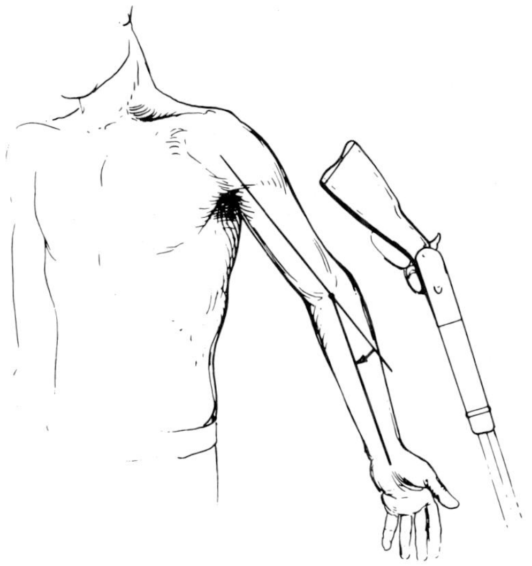

Abb. 4 «Gewehrkolbendeformität» (Varusabwinkelung).

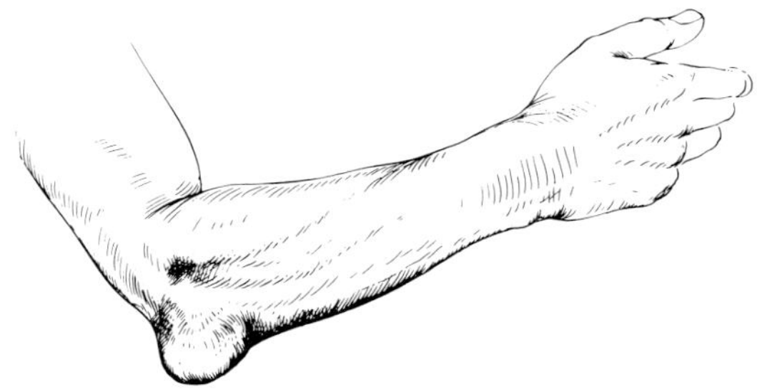

Abb. 5 Umschriebene Schwellung der Bursa olecrani.

Schwellungen

Schwellungen können umschrieben oder diffus sein. Eine umschriebene Schwellung stellt sich meistens als eine Beule oder als kleiner «Tumor» unter der Haut dar, wie man ihn bei einer geschwollenen Bursa olecrani findet, bei der die Schwellung auf die Bursa beschränkt ist (Abb. 5). Eine diffuse Schwellung des Ellbogens kann das gesamte Gelenk ausfüllen, so daß der Patient seinen Ellbogen in Beugestellung von etwa 45° halten muß. Hierbei erreicht das Gelenk sein maximales Fassungsvermögen und paßt sich der Schwellung mit dem geringstmöglichen Schmerz an. Eine suprakondyläre Fraktur am distalen Ende des Humerus oder eine Quetschverletzung des Ellbogens beispielsweise sind Traumen, die eine diffuse Schwellung nach sich ziehen können.

Als allgemeine Regel mag gelten, daß eine umschriebene Schwellung innerhalb der Gelenkkapsel oder Bursa enthalten ist und sich nicht auf das umliegende Gewebe ausdehnt. Im Gegensatz dazu ist die diffuse Schwellung ausgedehnt und erstreckt sich auf die gesamte Ellbogenregion. Bei beiden Arten der Schwellung verschwinden einige in diesem Gebiet normalerweise sichtbare Hautfalten.

Narben

Patienten, die eine Verbrennung erlitten haben, können breite Narbenflächen haben und Kontrakturen der Gelenke entwickeln, die die Beweglichkeit des Ellbogens einschränken. Nadelstichnarben lassen sich am proximalen Unterarm und in der Ellenbeuge iatrogen nach multiplen intravenösen Infusionen, manchmal aber auch durch den «unternehmungslustigen» Patienten selbst beigebracht, nachweisen.

Palpation der Knochen

Stellen Sie sich seitlich vom Patienten und halten dabei die Vorderaußenseite des Oberarms. Mit der um den Bizeps gelegten anderen Hand abduzieren und strecken Sie den Arm, bis der Processus olecrani deutlich hervortritt. Der Patient soll seinen Ellbogen bis etwa 90° beugen (Abb. 6).

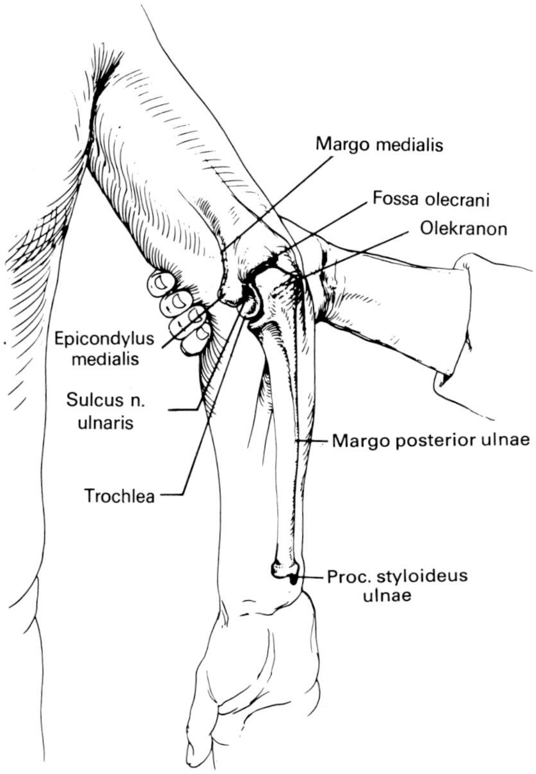

Abb. 6 Anatomie des Ellbogens (Rückseite).

Bei einer hörbaren oder fühlbaren Krepitation während der Bewegung des Ellbogens sollten Sie diese nach Möglichkeit genau lokalisieren. Eine Krepitation kann durch eine Verdickung der Synovia oder einer Bursa verursacht werden, gleichfalls durch eine Fraktur oder eine Osteoarthritis. Achten Sie ebenfalls auf Schmerz, Schwellung und Temperaturerhöhung.

Epicondylus ulnaris. Der Epicondylus ulnaris findet sich an der medialen Seite des distalen Humerusendes (Abb. 7). Er ist ziemlich groß und liegt subkutan. Seine knöchernen Konturen stehen auffällig aus dem umgebenden Gewebe heraus. Bei Kindern bricht der Epicondylus ulnaris häufig.

Margo medialis humeri. Gehen Sie jetzt vom Epikondylus gradlinig nach oben und palpieren die kurze knöcherne Kante, obschon diese von dem starken Ursprung der Handgelenksflexoren bedeckt wird und nicht sehr deutlich ist (Abb. 8). Achten Sie auf knöcherne Auswüchse an seiner Oberfläche, während Sie den Margo nach oben verfolgen. Gelegentlich kann sich ein kleiner knöcherner Fortsatz auf dem Margo medialis entwickeln, der den N. medianus fesselt und Symptome einer Nervenkompression verursacht. Palpieren Sie den Margo medialis zurück bis zum Epicondylus medialis. Beachten Sie auch, daß ein großer Teil des Ellbogens in dieser gradlinigen Weise untersucht werden kann. Sowohl

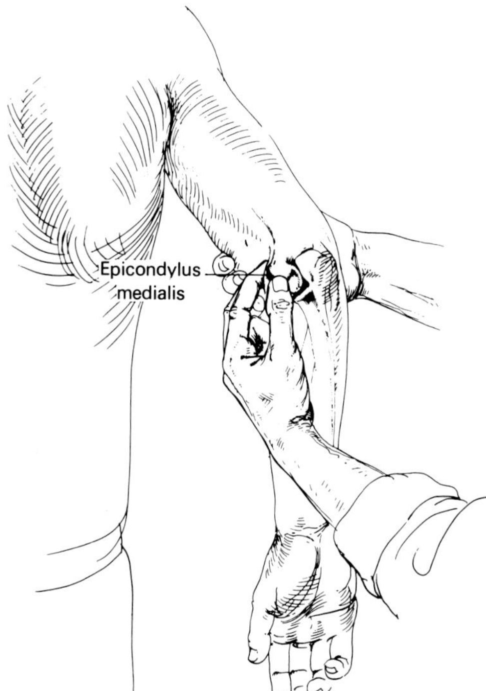

Abb. 7 Palpation des Epicondylus medialis humeri.

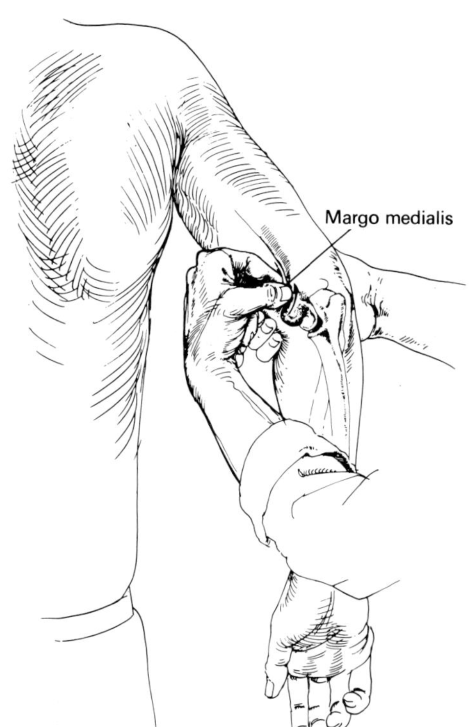

Abb. 8 Palpation des Margo medialis.

das Olekranon und seine ulnare Begrenzung, als auch der Epicondylus lateralis und sein Margo lateralis humeri können am genauesten in dieser Weise palpiert werden.

Olekranon. Das Olekranon ist der große Fortsatz am proximalen Ende der Ulna (Abb. 9). Es besitzt eine konische Form und hat eine relativ scharfe Spitze, über der die Haut lose und ausziehbar ist und dadurch eine extreme Beugung des Ellbogens erlaubt. Bei der Flexion kommt das Olekranon aus der Tiefe seiner Fossa heraus und wird dadurch der Palpation zugänglich. Obgleich das Olekranon sich wie eine subkutane Struktur anfühlt, ist es doch von der Bursa olecrani, der Trizepssehne und der Aponeurose bedeckt. Sowohl die Bursa als auch die Sehne sind an der Spitze des Olekranons sehr dünn und beeinträchtigen die Palpation nicht.

Margo posterior ulnae. Halten Sie den Arm des Patienten in Abduktion und palpieren die subkutane hintere Ulnakante vom Olekranon an abwärts, die in einer relativ geraden Linie zum Processus styloideus ulnae am Handgelenk verläuft (Abb. 10). Kehren Sie dann auf demselben Weg zum Olekranon zurück (Abb. 11).

Fossa olecrani. Die Fossa olecrani, die sich am distalen Ende der Humerusrückseite findet, nimmt das Olekranon während der Streckung des Ellbo-

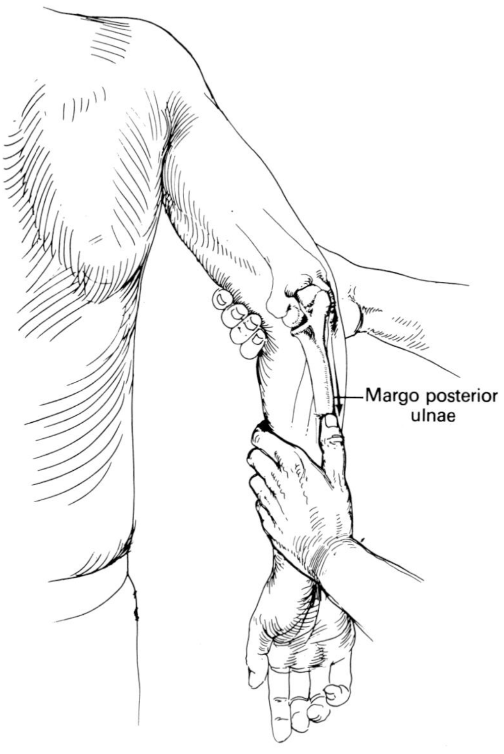

Abb. 10 Lineare Palpationsmethode für die hintere Ulnakante.

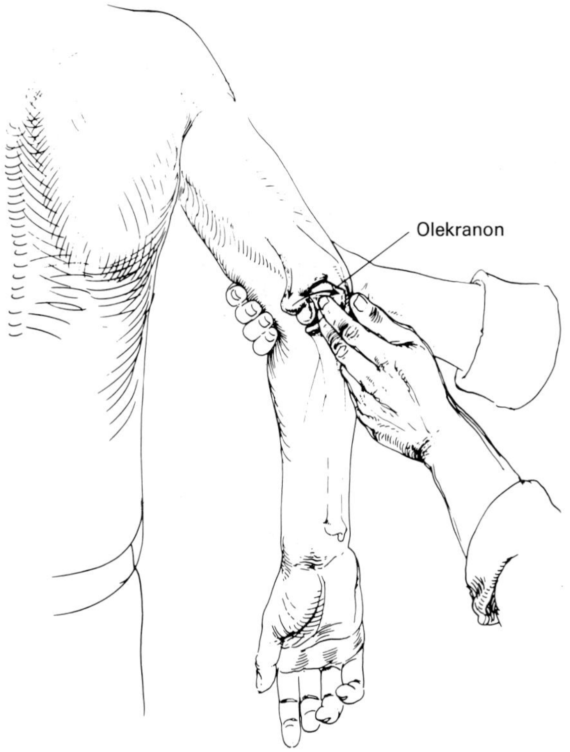

Abb. 9 Das Olekranon.

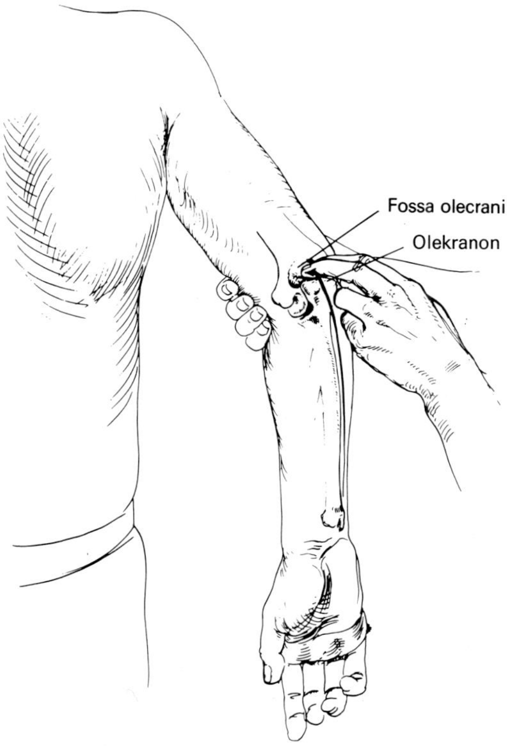

Abb. 11 Palpation der Ulnarückseite und der Fossa olecrani.

gens auf (Abb. 12). Sie ist mit Fett gefüllt und von einem Teil des M. triceps und seiner Aponeurose bedeckt, so daß eine genaue Palpation schwierig ist. Eine teilweise Streckung des Ellbogens jedoch läßt den M. triceps erschlaffen, bringt damit dessen Ursprung und Ansatz näher zusammen und macht dadurch einen Teil der Fossa der Palpation zugänglich. Wenn der Ellbogen zu stark gestreckt ist, füllt das Olekranon die Fossa aus und verhindert die Palpation.

Epicondylus lateralis humeri. Lateral vom Olekranon liegt der Epicondylus lateralis humeri. Obgleich er hervorsteht, ist er doch etwas kleiner und weniger gut abgegrenzt als der Epicondylus medialis humeri (Abb. 13, 14).

Margo lateralis humeri. Diese Knochenleiste ist

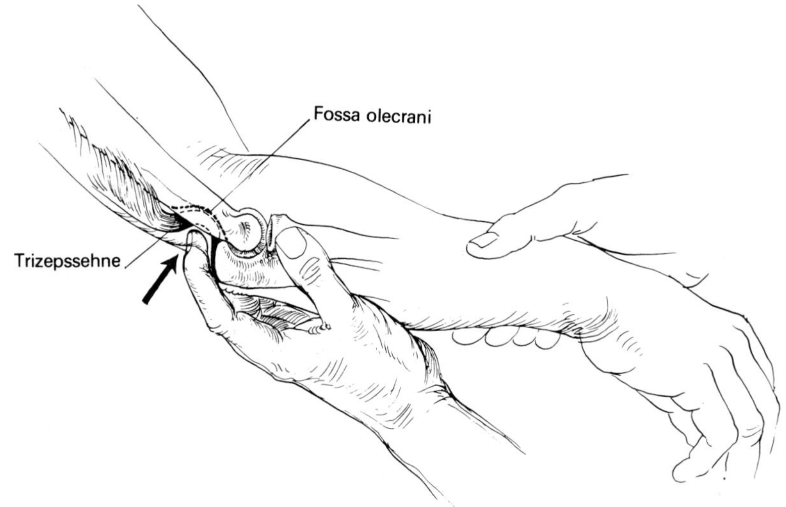

Abb. 12 Die Fossa olecrani.

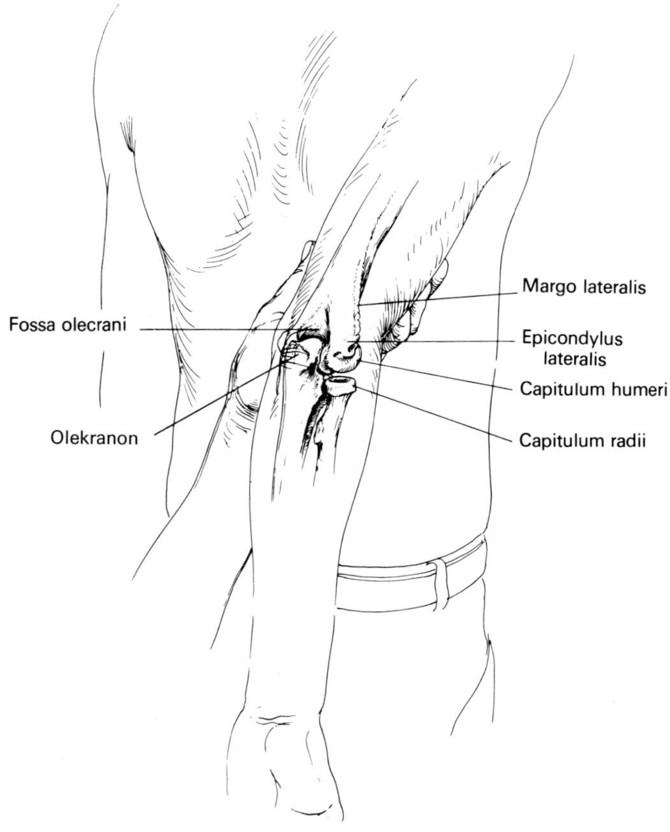

Abb. 13 Anatomie des Ellbogens (Seitansicht).

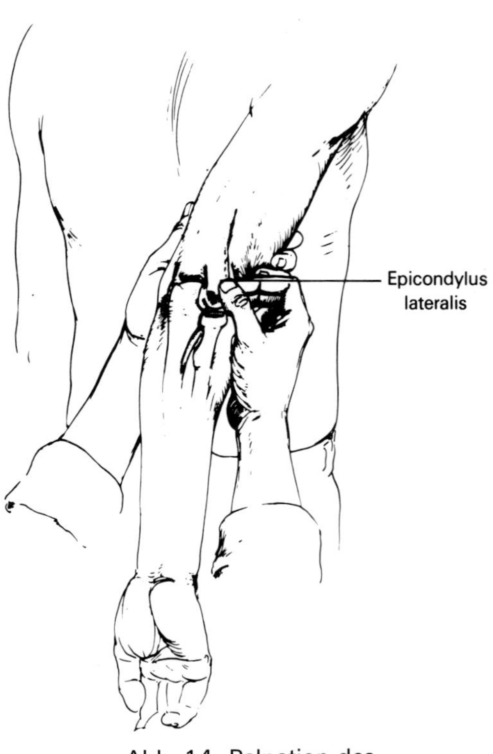

Abb. 14 Palpation des Epicondylus lateralis humeri.

besser ausgebildet und länger als der Margo medialis humeri und erstreckt sich fast bis zur Tuberositas deltoidea. Palpieren Sie vom Epicondylus lateralis humeri über den Margo lateralis aufwärts und dann wieder zurück zum Epicondylus lateralis humeri (Abb. 15).

Der Epicondylus medialis humeri, das Olekranon und der Epicondylus lateralis humeri haben eine interessante, fast geometrische Anordnung, die sich durch einen besonderen Handgriff erkennen läßt: Legen Sie Ihren Daumen auf den Epicondylus medialis humeri, Ihren Zeigefinger auf das Olekranon und den Mittelfinger auf den Epicondylus lateralis humeri. Wenn der Ellbogen des Patienten um 90° gebeugt ist, ruhen Ihre Fingerspitzen auf den Ecken eines gleichschenkligen Dreiecks (Abb. 16). Bei gestrecktem Ellbogen bewegen sich Ihre Finger mit den Knochenpunkten und bilden eine ziemlich gerade Linie (Abb. 17). Jede merkliche Abweichung von dieser Anordnung kann Hinweis auf ein anatomisches Problem sein und erfordert weitere Untersuchung.

Capitulum radii. Lassen Sie den Patienten den Ellbogen um 90° beugen und den Arm abduzieren. Zur Orientierung suchen Sie noch einmal den Epi-

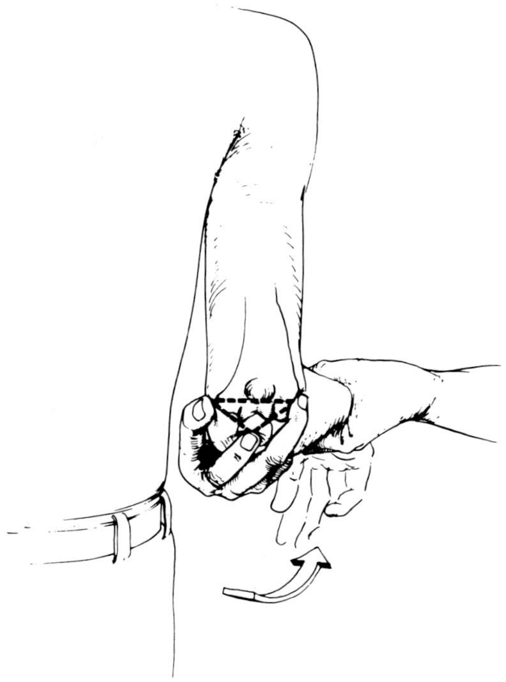

Abb. 16 Bei gebeugtem Ellbogen bilden das Olekranon und die beiden Epikondylen ein gleichschenkliges Dreieck.

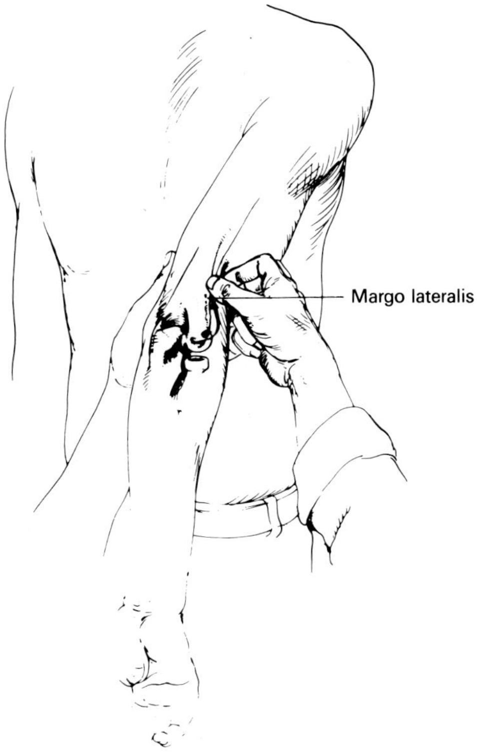

Abb. 15 Die laterale suprakondyläre Leiste des Humerus.

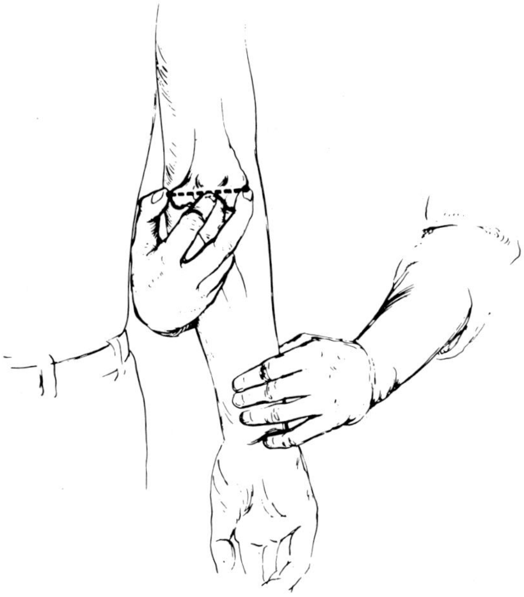

Abb. 17 Bei gestrecktem Ellbogen bilden die beiden Epikondylen und die Olekranonspitze eine grade Linie.

condylus lateralis humeri auf und gleiten mit Ihren Fingern ungefähr 2,5 cm nach distal, bis Sie eine sichtbare Mulde in der Haut gerade medial und posterior der Handgelenksextensorenmuskeln finden (Abb. 18). Das Radiusköpfchen liegt tief innerhalb dieser Mulde und ist durch die dicke Muskelmasse der Handgelenksextensoren zu tasten. Fordern Sie den Patienten jetzt auf, seinen Unterarm langsam zu drehen, zunächst in Supinations-, dann in Pronationsstellung. Dabei wird sich das Capitulum radii unter Ihrem Daumen drehen (Abb. 19). Wenn der Patient Supination und Pronation vollständig ausführen kann, sind etwa drei Viertel des Capitulum radii tastbar. Proximal ist der Radius mit dem Capitulum humeri gelenkig verbunden, an seinem distalen Ende artikuliert er mit der Incisura ulnaris. Capitulum humeri und Incisura ulnaris sind wegen ihrer tiefen Lage nicht zu palpieren. Schmerzen im Gebiet des Capitulum radii können eine Synovitis oder Osteoarthritis des Capitulum selbst anzeigen. Das Capitulum radii kann sich außerhalb seiner normalen Stellung finden und leichter zu palpieren sein, wenn es kongenital oder traumatisch disloziert ist.

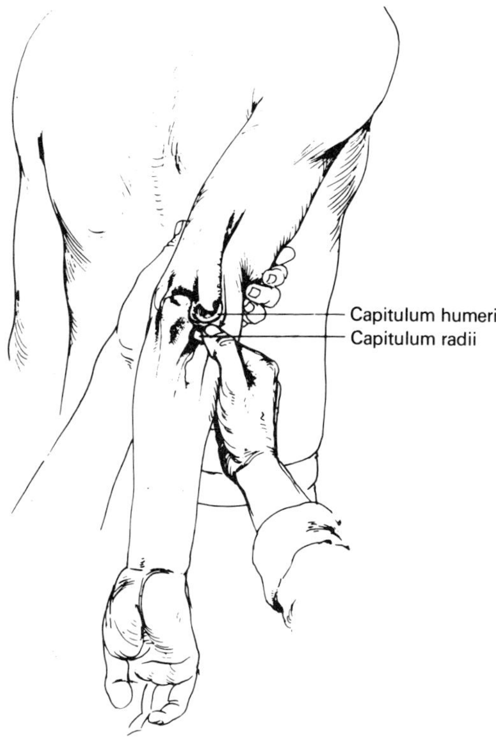

Abb. 18 Das Radiusköpfchen liegt in einer Vertiefung medial und hinter der Gruppe der Handgelenkstrecker.

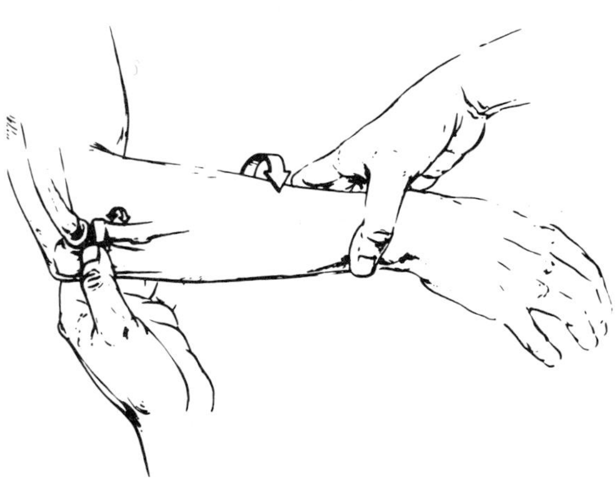

Abb. 19 Palpation des Radiusköpfchens: Supination und Pronation des Unterarmes lassen das Köpfchen unter dem untersuchenden Daumen rotieren.

Palpation der Weichteile

Die Untersuchung der Weichteile am Ellbogen gliedert sich in vier Teile oder klinische Regionen: 1. die Innenseite, 2. die Rückseite, 3. die Außenseite und 4. die Vorderseite. Die knöchernen Strukturen des Ellbogens werden in einer gradlinigen Weise palpiert. Da die meisten Weichteile des Ellbogengelenks ebenfalls in Längsrichtung verlaufen, sollte die Untersuchung gleichfalls in einer gradlinigen Weise fortgesetzt werden.

Region I – Innenseite

Bei rechtwinklig gebeugtem Ellbogen strecken und abduzieren Sie die Schulter des Patienten etwas, so daß die Weichteile der Innenseite leichter zugänglich werden. Während der ganzen Weichteiluntersuchung sollte der Ellbogen in dieser Stellung verbleiben.

Nervus ulnaris. Der N. ulnaris liegt im Sulkus zwischen dem Epicondylus medialis humeri und dem Processus olecrani. Man kann den Nerven palpieren, indem man ihn vorsichtig unter dem Zeige- und Mittelfinger rollt (Abb. 20). Er fühlt sich weich, rund und röhrenförmig an. Folgen Sie seinem Verlauf nach proximal soweit wie möglich und kehren dann zum Sulkus in Höhe des Epicondylus medialis humeri zurück. Versuchen Sie dabei vorsichtig, ob Sie den Nerven aus seinem Lager herausdrängen können. Eine Verdickung in dieser Gegend, gewöhnlich Folge von Narbenbildung, kann eine Kompression des Nerven verursachen, die zu einer kribbelnden Empfindung im Ring- und kleinen Finger (entsprechend der Innervation durch den N. ulnaris an der Hand) führt. Der Nerv muß sanft palpiert werden, andernfalls wird der Patient einen nadelstichähnlichen Schmerz am Unterarm und an der ulnaren Kante seiner Hand empfinden. Der N. ulnaris ist wegen des Kribbelns volkstümlich als «Musikantennerv» bekannt. In seinem Verlauf nach distal kreuzt der Nerv das Ellbogengelenk und durchsetzt die Muskulatur des Flexor carpi ulnaris, um zum Unterarm zu gelangen. Der N. ulnaris kann infolge einer suprakondylären oder epikondylären Fraktur oder durch direktes Trauma verletzt sein. Eine vollständige Unterbrechung des Nerven ist allerdings selten.

Beuger und Pronatoren des Handgelenks. Diese Muskelgruppe setzt sich aus vier Muskeln zusammen: 1. dem M. pronator teres, 2. dem M. flexor carpi radialis, 3. dem M. palmaris longus und 4. dem M. flexor carpi ulnaris. Sie entspringen vom Epicondylus medialis humeri mit einer gemeinsamen Sehne, teilen sich dann und nehmen einen selbständigen Verlauf sind leicht zu merken, wenn Sie Ihre Hand mit dem Daumenballen über den Epicondylus medialis humeri auf den Unterarm legen. Wenn Ihre Finger auf dem Unterarm gestreckt liegen, repräsentiert der Daumen den M. pronator teres, der Zeigefinger den M. flexor carpi radialis, der Mittelfinger den M. palmaris longus und der Ringfinger den M. flexor carpi ulnaris (Abb. 21).

Die Handgelenksbeuger sollten zuerst als Ganzes, dann einzeln palpiert werden. Während Sie von ihrem Ursprung am Epicondylus medialis humeri und dem Margo medialis aus über den Unterarm zum Handgelenk palpieren, achten Sie auf jede Schmerzhaftigkeit (Abb. 22). Der Muskel sowie sein Ansatz können schmerzhaft sein, wenn sie bei bestimmten Aktivitäten überanstrengt werden, die Handgelenksbeugung und Pronation erfordern (Tennis, Golf, Gebrauch eines Schraubenziehers usw.). Beachten Sie, daß der M. palmaris longus, der M. flexor carpi radialis und der M. flexor carpi ulnaris bis zur Handbeuge tastbar sind. Die gesamte Flexoren-Pronatoren-Gruppe kann chirurgisch von ihrem gemeinsamen Ursprung abgelöst und nach proximal auf den Humerus versetzt werden, um einen schwachen oder fehlenden Bizeps zu ersetzen.

M. pronator teres. Dieser Muskel wird von anderen Muskeln überdeckt und ist nicht deutlich tastbar.

M. flexor carpi radialis. Fordern Sie den Patienten auf, eine Faust zu machen und dann bei radial abgewinkelter Hand das Handgelenk zu beugen. Dabei wird sich der M. flexor carpi radialis radial vom M. palmaris longus vorwölben und nach proximal bis zu seinem Ursprung am Epicondylus lateralis humeri tastbar werden.

M. palmaris longus. Siehe Kapitel «Handgelenk und Hand», Seite 77.

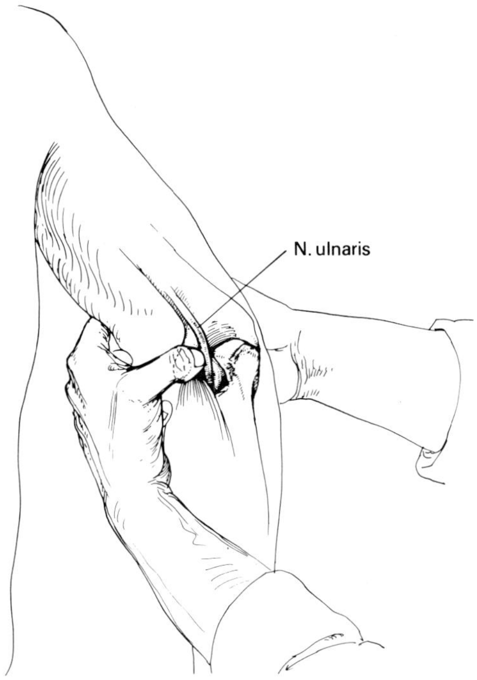

Abb. 20 Der N. ulnaris.

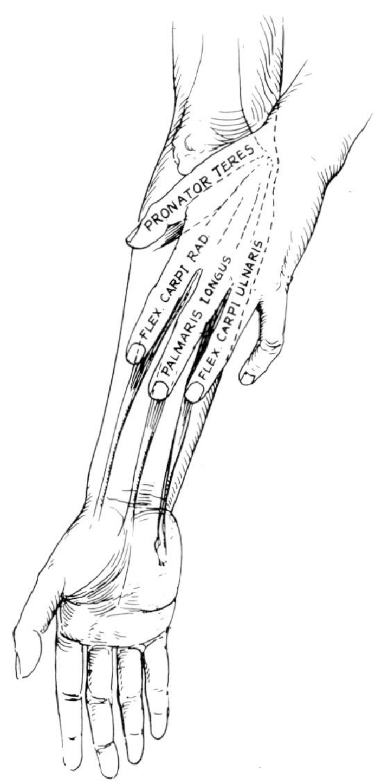

Abb. 21 Die Gruppe der Handgelenkspronatoren- und Handgelenksflexoren (nach A. K. Henry: Extensile Exposure. 2. Auflage. Churchill Livingston, London, 1957).

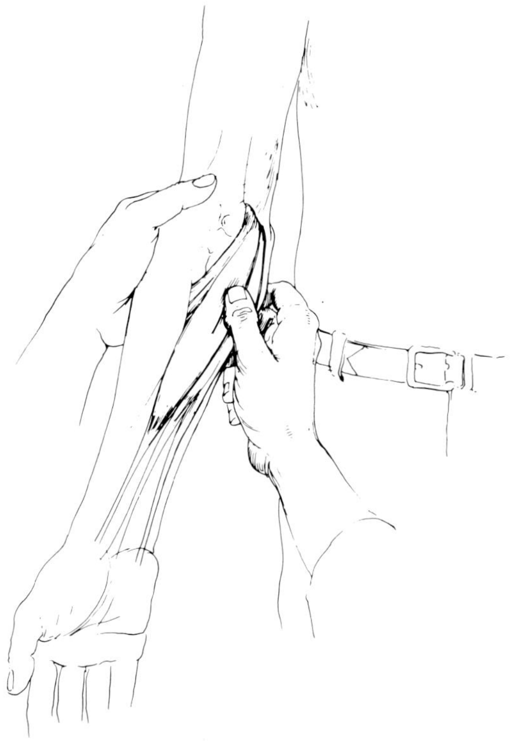

Abb. 22 Palpation der Handgelenksbeuger.

M. flexor carpi ulnaris. Selbst bei fest geballter Faust wölbt sich dieser Muskel weniger hervor als der M. palmaris longus und der M. flexor carpi radialis. Er kommt aber an der ulnaren Seite des M. palmaris longus, proximal vom Os pisiforme etwas zum Vorschein. Palpieren Sie ihn entlang seinem Verlauf bis zu seinem Ursprung am Epicondylus medialis humeri.

Ligamentum collaterale ulnare. Das Ligamentum collaterale ulnare des Ellbogens ist eine der Hauptsicherungen für das humeroulnare Gelenk. Fächerförmig und ähnlich dem Ligamentum collaterale mediale des Kniegelenks entspringt es vom Epicondylus medialis humeri und zieht bis zum medialen Rand der Incisura radialis ulnae (Abb. 23). Wenngleich das Ligament nicht direkt palpiert werden kann, sollte das Gebiet, in dem es liegt, auf Schmerzhaftigkeit untersucht werden, die durch eine plötzliche forcierte Beanspruchung im Sinne einer Valgus-Stellung des Ellbogens entstehen kann. (Ein Test für die Untersuchung der Bandstabilität ist im Abschnitt über spezielle Tests dieses Kapitels beschrieben).

Suprakondyläre Lymphknoten. Untersuchen Sie bei dieser Gelegenheit den Margo medialis humeri auf vergrößerte suprakondyläre (epikondyläre) Lymphknoten. Wenn sie geschwollen sind, fühlen sie sich wie schlüpfrige Knötchen unter Ihren Fingern an (Abb. 24). Ein vergrößerter Lymphknoten

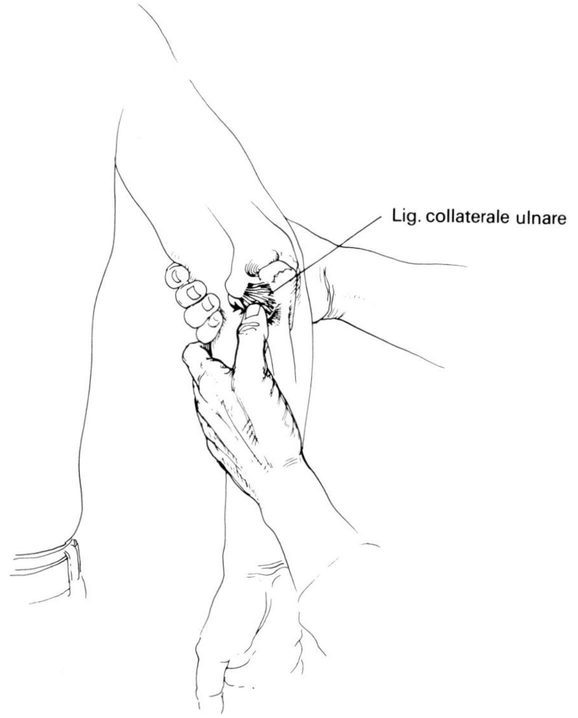

Abb. 23 Das Ligamentum collaterale ulnare des Ellbogens.

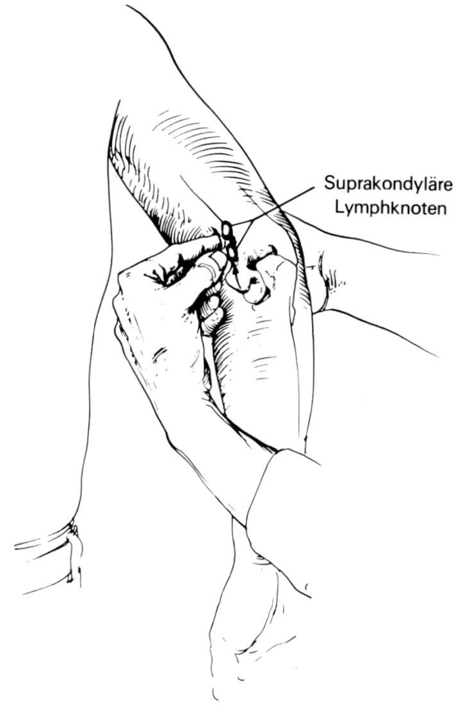

Abb. 24 Vergrößerte suprakondyläre Lymphknoten.

bedeutet häufig eine Infektion der Hand oder des Unterarms. Mit zunehmender Erfahrung können Sie die Palpation der Lymphknoten zusammen mit der Palpation des Knochens im Bereich des Margo medialis humeri vornehmen.

Region II – Rückseite

Bursa olecrani. Die Bursa olecrani bedeckt das Olekranon und ist nicht eindeutig zu tasten. Die Gegend, in der sie liegt, sollte jedoch palpiert werden. Bei einer Entzündung (Bursitis) oder Verdikkung fühlt sich dieses Gebiet fluktuierend und dick an (Abb. 5, 25). Während Sie dieses Gebiet palpieren, sollten Sie auch den Margo posterior ulnae auf rheumatische Knötchen untersuchen, die sich gelegentlich in dieser Gegend finden.

M. triceps brachii. Wie der Name bereits besagt, besitzt der M. triceps 3 Köpfe: den langen, den lateralen und den medialen Kopf. Der lange Kopf kreuzt das Schultergelenk und den Ellbogen, macht somit den M. triceps zu einem Zwei-Gelenk-Muskel. Um die Palpation zu erleichtern, lassen Sie den Patienten sich auf einen Tisch oder ein Pult lehnen, so als ob er sein Gewicht auf einen Gehstock oder eine Krücke stützen wollte. Da der M. triceps wichtig für das Gehen mit einer gewöhnlichen Krücke ist, wird er deutlich auf der Rückseite des Armes hervortreten (Abb. 26). Der lange Trizepskopf liegt subkutan im posteromedialen Anteil des Oberarmes. Palpieren Sie ihn, indem Sie seinen Verlauf am Arm aufwärts bis zu seinem Ursprung verfolgen (Abb. 27). Gehen Sie dann zurück bis zu dem Punkt, wo er mit dem lateralen Kopf einen gemeinsamen Muskelbauch bildet. Der laterale Kopf liegt im posterolateralen Bereich des Armes und kann in derselben Weise wie der lange Kopf getastet werden. Der mediale oder tiefe Kopf liegt tief unter dem langen Kopf, ist aber deutlich im medialen Bereich des distalen Humerusendes zu tasten. Das ist bis zu dem Punkt möglich, wo er unter den langen Kopf taucht (Abb. 28). Die sich distal verbreiternde Trizepsaponeurose ist breit und dünn und kann nur bis zum proximalen Ende des Olekranon palpiert werden. Ihr Verlauf sollte jedoch auf Schmerzhaftigkeit oder Läsionen, wie sie nach einem Trauma auftreten können, untersucht werden.

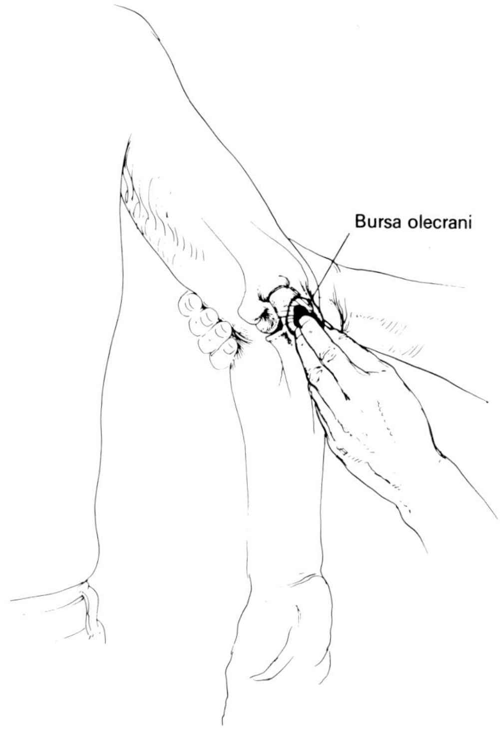

Abb. 25 Die Bursa olecrani.

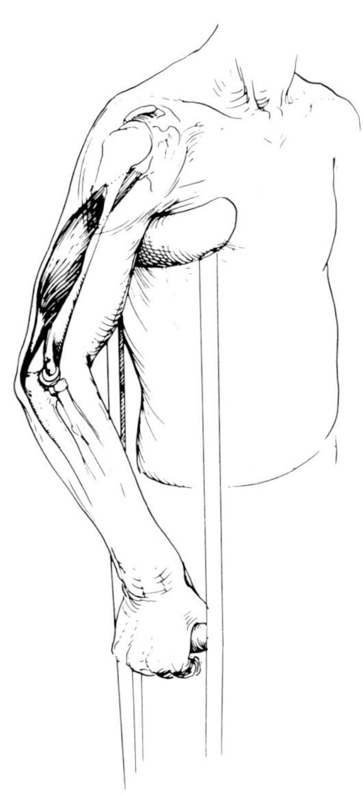

Abb. 26 Der M. triceps brachii wölbt sich vor, wenn das Körpergewicht auf eine Krücke gestützt wird. Der Trizepsmuskel ist für den Gebrauch einer normalen Krücke unabdingbar.

Region III – Außenseite

Handgelenkstrecker. Die Handgelenkstrecker entspringen vom Epicondylus lateralis humeri und dem Margo lateralis. Man nennt sie (im amer.

Abb. 27 Der lange Trizepskopf.

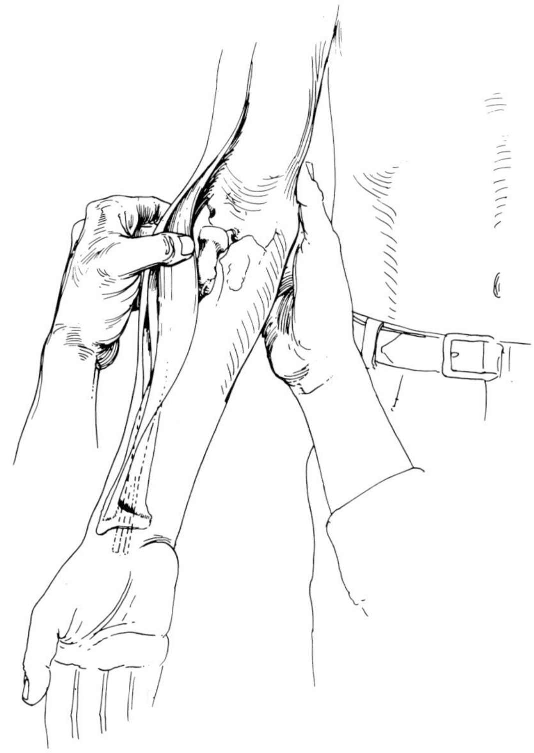

Abb. 29 Der «mobile Dreierpolster» der Handgelenkstrecker.

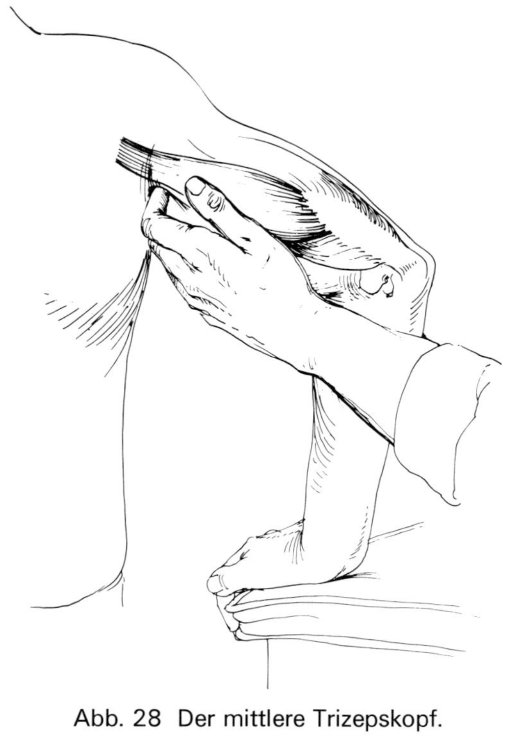

Abb. 28 Der mittlere Trizepskopf.

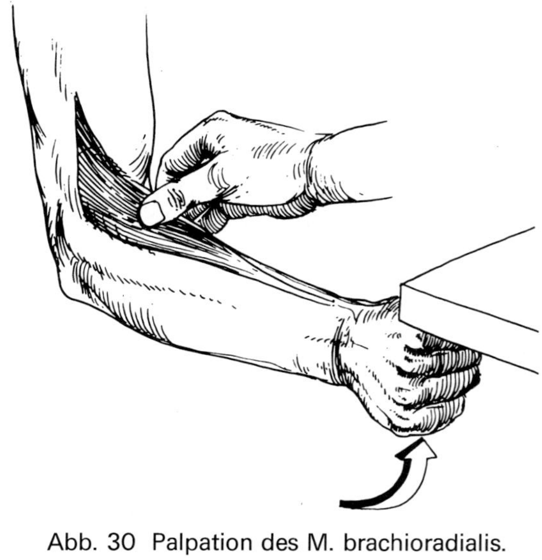

Abb. 30 Palpation des M. brachioradialis.

Sprachgebiet) «das mobile Dreier-Polster». Diese Gruppe setzt sich aus drei Muskeln zusammen: 1. dem M. brachioradialis, 2. dem M. extensor carpi radialis longus, 3. dem M. extensor carpi radialis brevis.

Das mobile Dreier-Polster ist eine längliche Muskelmasse, die zunächst als Einheit palpiert werden sollte. Beachten Sie, wie die Muskeln unter der Haut gezogen und ohne Schwierigkeiten zwischen den Fingern gehalten und bewegt werden können (Abb. 29). Die Konsistenz der Muskulatur kann am besten bestimmt werden, wenn der Patient bei ruhendem Handgelenk den Unterarm in eine mittlere Stellung bringt (also weder proniert noch supiniert).

M. brachioradialis. Der M. brachioradialis entspringt vom Margo lateralis humeri. Um den Muskel etwas deutlicher hervortreten zu lassen, muß der Patient seine geschlossene Faust in einer neutralen Stellung unter die Kante eines Tisches halten und dann gegen das Gewicht des Tisches drücken. Jetzt kann der M. brachioradialis leicht im anterolateralen Bereich des Armes identifiziert werden (Abb. 30). Palpieren Sie den Muskel von seinem Ursprung bis zu seinem Ansatz am Processus styloideus radii und achten dabei gleichzeitig auf Schmerzhaftigkeit oder Läsionen in seinem Verlauf. Der M. brachioradialis ist der einzige Muskel des Körpers, der vom distalen Ende eines Knochens bis zum distalen Ende eines anderen Knochens zieht. Obgleich er zu den Handgelenkstreckern gerechnet wird, stellt er in Wirklichkeit einen Beuger des Ellbogens dar.

Mm. extensor carpi radialis longus et brevis. Um diese Muskeln hervortreten zu lassen, muß der Patient eine Faust machen, wobei Sie einen Widerstand gegen den Handrücken ausüben. Die Streckung des Handgelenks betont die Kontur dieser beiden Muskeln am Handgelenk unmittelbar proximal vom zweiten und dritten Metakarpale. Palpieren Sie die Muskeln proximal, indem Sie am Unterarm bis zum Epicondylus lateralis hinauf gleiten. Achten Sie darauf, daß die Muskelbäuche nicht in Richtung der Unterarmlängsachse vom Epicondylus lateralis humeri, sondern in einem schrägen Verlauf von ihrem Ursprung bis zum Ansatz ziehen, wie übrigens auch die meisten anderen Unterarmmuskeln. Es wird allgemein angenommen, daß die Muskeln des mobilen Dreier-Polsters (und hier insbesondere der M. extensor carpi radialis brevis) eine Rolle beim Tennisellbogen spielen. Es handelt sich hierbei um ein Leiden, bei welchem die ungewöhnlich stark beanspruchten Extensoren Schmerzen am Epicondylus lateralis und im Verlauf der Muskeln selbst verursachen können. In manchen Fällen kann der Schmerz sogar bis zur Schulter hinauf ausstrahlen (Abb. 50). Eine Untersuchung beim Tennisellbogen wird im Abschnitt «Spezielle Untersuchungen» dieses Kapitels beschrieben (Abb. 49).

Ligamentum collaterale radiale. Das Ligament besitzt eine strangartige Struktur ähnlich wie das Ligamentum collaterale fibulare des Kniegelenks. Es reicht vom Epicondylus lateralis bis auf die Seite des Ligamentum anulare, welches den Radius umgreift. Eine Zerrung dieses Ligaments, meist infolge einer plötzlichen Varusbeanspruchung, kann die Palpation schmerzhaft machen.

Ligamentum anulare. Dieses Ligament ist an das Ligamentum collaterale radiale angeheftet und umschließt das Capitulum radii sowie das Collum radii. Es hält beide Strukturen an ihrem Platz, während sie mit der Ulna artikulieren (Abb. 31). Weder das Ligamentum collaterale radiale noch das Ligamentum anulare sind direkt tastbar, aber das Gebiet, in dem sie liegen, sollte auf mögliche krankhafte Veränderungen, die die Ligamente selbst oder das Radiusköpfchen betreffen können, untersucht werden (ein Test für die Stabilität des seitlichen Längsbandes wird in einem gesonderten Abschnitt dieses Kapitels über spezielle Untersuchungsmethoden beschrieben).

Region IV – Vorderseite

Fossa cubiti. Die Ellenbeuge ist ein dreieckiges Gebiet, das lateral durch den M. brachioradialis und medial durch den Pronator teres begrenzt wird.

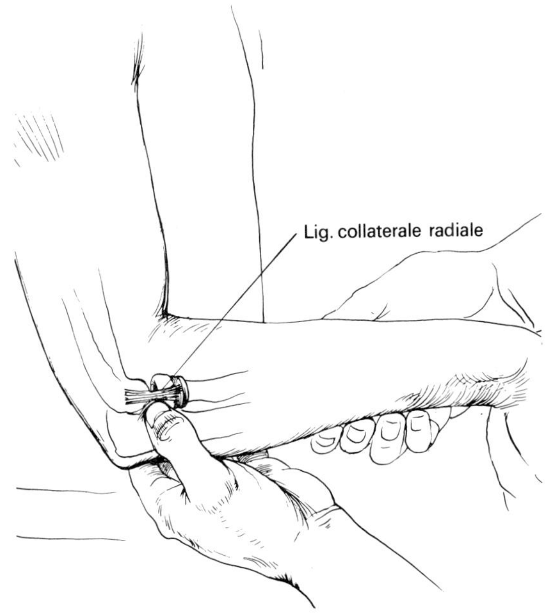

Abb. 31 Das Ligamentum anulare radii.

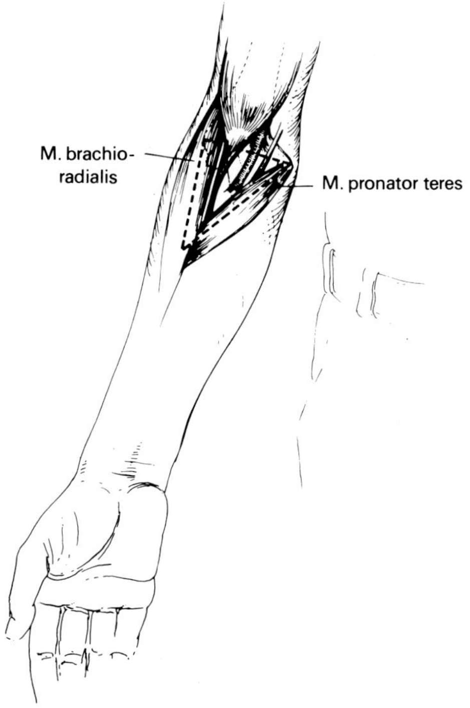

Abb. 32 Die Ellenbeuge (Fossa cubiti).

Die Basis der Ellenbeuge stellt eine angenommene Linie dar, die zwischen den beiden Epikondylen des Humerus verläuft (Abb. 32). Von lateral nach medial ziehen folgende Strukturen durch die Ellenbeuge: 1. die Bizepssehne, 2. die A. brachialis, 3. der N. medianus, 4. der N. musculocutaneus.

Bizepssehne. Die Bizepssehne und ihr Muskelbauch können eingehender palpiert werden, wenn der Patient die Faust bei supiniertem Unterarm schließt und unter die Kante eines Tisches hält, so als ob er den Tisch anheben wollte. Die Sehne, ein langes, straffes Gebilde, erscheint dann medial vom M. brachioradialis (Abb. 33). Untersuchen Sie zunächst den langen Muskelbauch des Bizeps. Während weder sein Ursprung noch sein Ansatz palpiert werden können, sind Muskelbauch und Sehne deutlich fühlbar. Verfolgen Sie die Bizepssehne nach distal soweit wie möglich und achten dabei auf die Fortsetzung nach medial (Lacertus fibrosus), die die Handgelenksflexorengruppe kreuzt und festhält. Die Bizepssehne reißt gewöhnlich in ihrem Ansatz oder nahe davon, wenn der Ellbogen gewaltsam gegen einen starken Widerstand gebeugt wird. Die Ellenbeuge wird dann schmerzhaft, und die Sehne ist nicht mehr zu tasten. Dabei entsteht dann bei der Muskelkontraktion eine kugelige Schwellung am Oberarm, die die rupturierte Sehne nach oben zieht.

A. brachialis. Der Puls der Armschlagader kann unmittelbar medial von der Bizepssehne gefühlt werden (Abb. 34).

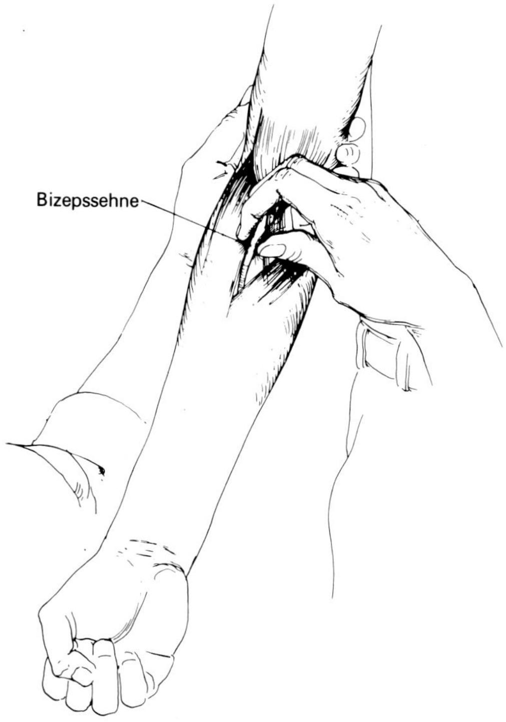

Abb. 33 Die Bizepssehne.

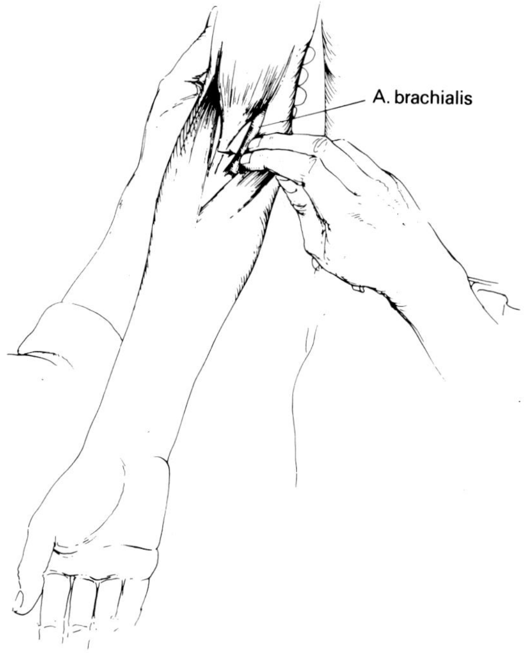

Abb. 34 A. brachialis.

N. medianus. Der N. medianus ist eine runde, röhrenartige Struktur direkt medial von der Armschlagader. In seinem Verlauf verläßt er die Ellenbeuge distal und durchbohrt den M. pronator teres auf seinem Wege zum Unterarm und zur Hand (Abb. 35).

N. musculocutaneus. Dieser Nerv liegt auf der lateralen Seite der Bizepssehne und vermittelt die Sensibilität für den Unterarm. Der Nerv selbst ist nicht palpabel. Für klinische Zwecke sollte man wissen, daß er etwa 2,5 bis 5 cm oberhalb der Ellbogengelenklinie tief unter dem M. brachioradialis liegt. Beim Palpieren der Ellbeuge achten Sie auf Schmerzen im Bereich seiner Anheftung an die Gelenkkapsel am distalen Humerusende. Schmerzhaftigkeit in diesem Gebiet kann durch ein Hyperextensionstrauma des Ellbogens verursacht sein, das zu einer Zerrung der vorderen Gelenkkapsel führt.

Beweglichkeit

Für die obere Extremität ist eine ziemlich große Beweglichkeit wünschenswert; denn eine stark eingeschränkte Bewegung kann den Patienten daran hindern, einige Aktivitäten des täglichen Lebens (wie z. B. Essen) auszuüben. Im Prinzip setzt sich die Beweglichkeit des Ellbogens aus 4 Bewegungsanteilen zusammen: 1. Ellbogenbeugung, 2. Ellbogenstreckung, 3. Supination und 4. Pronation des Unterarms. Beugung und Streckung laufen im wesentlichen in den humeroradialen Gelenken ab, während Supination und Pronation in den radioulnaren Gelenken des Ellbogens und Handgelenks ausgeführt werden. Während der Supination und Pronation dreht sich das Radiusköpfchen in der Incisura radialis ulnae.

Bei der Untersuchung der aktiven Beweglichkeit kann der Patient stehen oder sitzen. Der Untersucher befindet sich entweder seitlich oder direkt vor ihm.

Untersuchung der aktiven Beweglichkeit

Die im folgenden beschriebenen Untersuchungen werden «aktiv» genannt, weil sie Aufschluß über die Fähigkeit des Patienten geben, seinen Ellbogen ohne Hilfe zu bewegen. Sollte der Patient die aktiven Untersuchungen nicht ausführen können, sind passive vorzunehmen.

Flexion – 135°. Fordern Sie den Patienten auf, seinen Ellbogen zu beugen und die Vorderseite seiner Schulter mit der Hand zu berühren. Die Beugung wird durch die Muskelmasse des Oberarms eingeschränkt, normalerweise aber sollte der Patient in der Lage sein, seine Schulter zu berühren (Abb. 36).

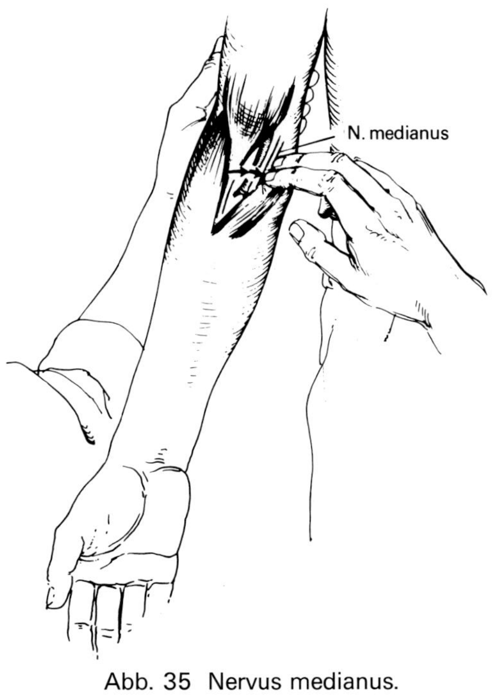

Abb. 35 Nervus medianus.

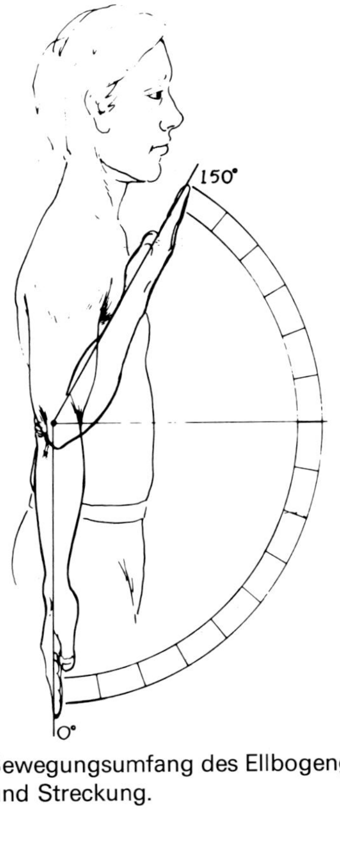

Abb. 36 Bewegungsumfang des Ellbogengelenks bei Beugung und Streckung.

Extension – 0° bis 5°. Die Streckung des Ellbogengelenks wird durch den Trizepsmuskel bewirkt. Sie findet ihre Begrenzung an dem Punkt, wo das Olekranon in der Fossa olecrani anschlägt.

Bitten Sie den Patienten, seinen Ellbogen soweit wie möglich zu strecken. Dabei können Männer eine normale Streckung von 0° erreichen. Menschen mit stark entwickelter Muskulatur können unter Umständen wegen eines starken Zuges durch den Bizepsmuskel den Ellbogen nicht ganz bis 0° strecken. Frauen können gewöhnlich den Arm bis zu mindestens 0° strecken, viele sogar bis zu 5° über die Streckstellung hinaus. Die Untersuchungen von Beugung und Streckung können in einer kontinuierlichen Folge gemacht werden. Beide Ellbogen sollten simultan untersucht werden (Abb. 36).

Supination – 90°. Die Grenze der Supination wird durch das Ausmaß bestimmt, bis zu welchem der Radius um die Ulna rotieren kann. Pathologische Veränderungen der radioulnaren Gelenke am Ellbogen oder am Handgelenk können eine solche Rotation beeinflussen und begrenzen.

Um die aktive Supination zu untersuchen, soll der Patient seinen Ellbogen bis zu 90° beugen und dann den gebeugten Ellbogen gegen seine Taille halten. Diese Position hindert ihn daran, eine Supination des Unterarms durch Adduktion und Beugung der Schulter vorzutäuschen. Dann soll der Patient seine Faust vor sich halten und die Faust so lange drehen, bis die zunächst nach unten schauende Handfläche nach oben gerichtet ist. Eine andere Möglichkeit, die Supination zu testen, besteht darin, daß man den Patienten in jeder Hand einen Bleistift halten und dann beide Unterarme gleichzeitig in Supination bringen läßt (Abb. 37). In normaler Supinationsstellung befinden sich die Bleistifte parallel zum Fußboden. Jede Asymmetrie ihrer Stellung zeigt eine eingeschränkte Supination des Unterarms an.

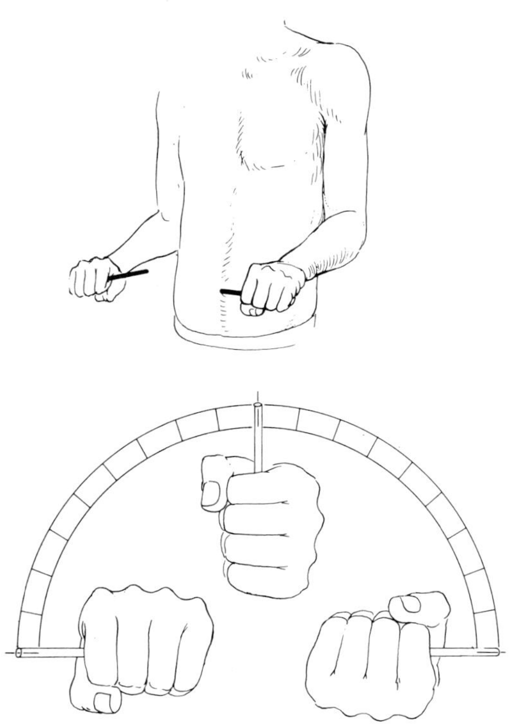

Abb. 37 Bewegungsumfang des Ellbogen bei Supination und Pronation.

Pronation – 90°. Wie bei der Supination werden auch bei der normalen Pronation die Grenzen dadurch bestimmt, wie weit der Radius um die Ulna rotieren kann. Die Pronation kann durch krankhafte Prozesse des Ellbogengelenks, des distalen radioulnaren Gelenks oder im Bereich des Unterarms selbst beschränkt sein.

Bei der aktiven Untersuchung der Pronation bleibt der Patient in derselben Haltung wie bei der Supination, d. h. der Ellbogen ist gebeugt und an die Taille gelegt, in den Fäusten hält er je einen Bleistift. Bitten Sie den Patienten, seine Faust aus einer vollsupinierten Stellung solange zu drehen, bis seine Handfläche nach unten gerichtet ist (Abb. 37). Bei einer normalen Pronation wird die Handfläche dem Fußboden zugewandt sein. Die Bleistifte werden wieder parallel zum Boden stehen, nachdem sie aus der Supinationsstellung um 180° gedreht wurden. Jede Differenz in der Stellung der Bleistifte bedeutet eine Einschränkung der Pronation. Supination und Pronation sollten Gegenstand derselben Untersuchung sein, da beide Bewegungen im wesentlichen einen zusammenhängenden Bewegungskreis beschreiben.

Untersuchung der passiven Beweglichkeit

Diese Untersuchungen sollten zur Anwendung kommen, falls der Patient aktive Bewegungen nicht ausführen kann. Da es sowohl einfacher als auch effektiver ist, verwandte Bewegungen als eine Einheit zu untersuchen, werden die passiven Bewegungsuntersuchungen in zwei Phasen unterteilt:

1. Beugung und Streckung
2. Supination und Pronation.

Beugung und Streckung. Fordern Sie den Patienten auf, seinen Ellbogen in die Hüfte zu drücken. Dann fixieren Sie seinen Arm in dieser Position, indem Sie das Olekranon mit Ihrer Hand umfassen und den Ellbogen gegen seinen Körper halten. Mit der anderen Hand umgreifen Sie den Unterarm dicht oberhalb des Handgelenks, um es zu unterstützen. Jetzt beugen und strecken Sie den Unterarm, soweit es der Patient zuläßt. Wenn Sie eine Bewegungshemmung oder Versteifung innerhalb des Ellbogengelenks spüren, bewegen Sie den Unterarm zurück in die Neutralstellung. Unterscheiden Sie, ob diese Hemmung abrupt oder gummiartig bzw. unbestimmt ist. Um einen Vergleich zu erhalten, lassen Sie den Patienten seinen gesunden Ellbogen beugen und strecken. Befunde im Hinblick auf Art und mögliche Ursache der Hemmung sowie das Ausmaß der Begrenzung sollten dokumentiert werden.

Supination und Pronation. Halten Sie weiterhin den Ellbogen des Patienten in der beschriebenen fixierenden Stellung. Greifen Sie seine Hand mit Ihrer anderen Hand, so als ob Sie sie schütteln wollten. Ihr Griff sollte fest genug sein, um die Bewegung zu kontrollieren, andererseits aber locker genug, damit Sie dem Patienten keine Schmerzen verursachen. Supinieren und pronieren Sie den Unterarm langsam, um festzustellen, ob eine volle Bewegung durchgeführt werden kann oder nicht. Wiederum sollten Verlust oder Einschränkung der Beweglichkeit hinsichtlich der Art der Hemmung als auch des Ausmaßes bestimmt werden.

Neurologische Untersuchung

Der neurologische Teil der Untersuchung setzt sich aus Prüfungen zusammen, die sowohl die Stärke der Ellbogenmuskulatur als auch die Nervenversorgung dieser Muskeln bestimmen. Die Untersuchung wird in 3 Teilen ausgeführt:

1. Untersuchung der Muskeln
2. Untersuchung der Reflexe
3. Untersuchung der Sensibilität

Muskeluntersuchung

Die Untersuchung der Ellbogenmuskulatur prüft im wesentlichen die Bewegungen der Beugung, Streckung, Supination und Pronation. Zum Zweck der Diskussion wurden diese Bewegungen in bestimmte Kategorien eingeteilt. Für die Untersuchung ist es jedoch einfacher, den Ablauf der Tests fortzusetzen und ohne Unterbrechung vom einen zum anderen zu schreiten. Während der Untersuchung des Ellbogens kann der Patient stehen oder sitzen, wie es ihm am bequemsten ist.

Flexion

Primäre Flexoren:

1. M. brachialis
   N. musculocutaneus, C5, C6
2. M. biceps, bei supiniertem Unterarm
   N. musculocutaneus, C5, C6

Sekundäre Flexoren:

1. M. brachioradialis
2. M. supinator

Sie stehen vor dem Patienten und unterstützen fixierend seinen Arm, indem Sie seine Oberarmrückseite dicht oberhalb des Ellbogengelenks umfassen. Legen Sie Ihre widerstandgebende Hand auf die palmare Seite des Unterarms und schließen Ihre Finger um dessen distalen Teil (Abb. 38).

Fordern Sie jetzt den Patienten auf, seinen Arm langsam zu beugen und bieten dann allmählich Widerstand, während er sich einer Beugung von 45° nähert. Nachdem Sie den maximalen Widerstand bestimmt haben, den er eben noch überwinden kann, untersuchen Sie den anderen Ellbogen in derselben Weise, um eine Vergleichsgrundlage zu erhalten. Notieren Sie die Muskelstärke entsprechend der Muskelstärketabelle (siehe Tab. 1, Kapitel «Schulter», Seite 24).

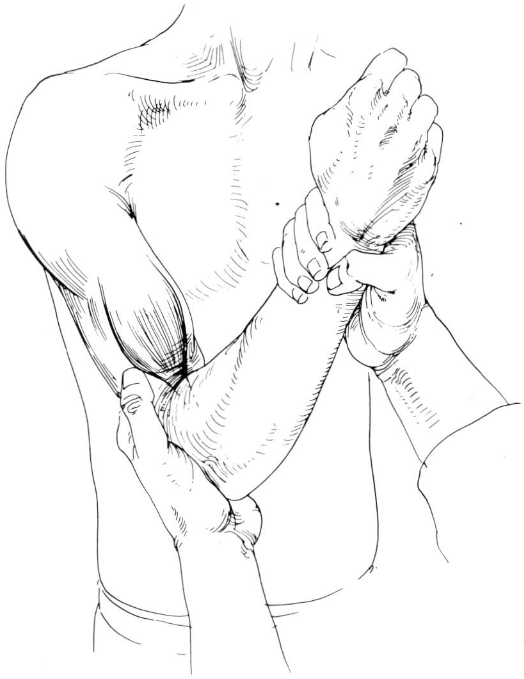

Abb. 38 Muskeluntersuchung bei Beugung.

Extension

Primäre Extensoren:
1. M. triceps
   N. radialis, C7

Sekundäre Extensoren:
1. M. anconaeus

Bleiben Sie vor dem Patienten stehen und behalten Sie dieselbe Stellung der Hände wie bei der Untersuchung der Beugung bei.

Bitten Sie den Patienten, seinen Arm langsam aus der Beugestellung heraus zu strecken. Bevor er eine Stellung von 90° erreicht, müssen Sie Ihren Widerstand erhöhen, bis Sie die maximale Kraft bestimmt haben, die er noch überwinden kann. Der Widerstandsdruck sollte gleichmäßig und fest sein, weil sonst ein ruck- oder stoßartiger Widerstand zu einem ungenauen Ergebnis führt (Abb. 39).

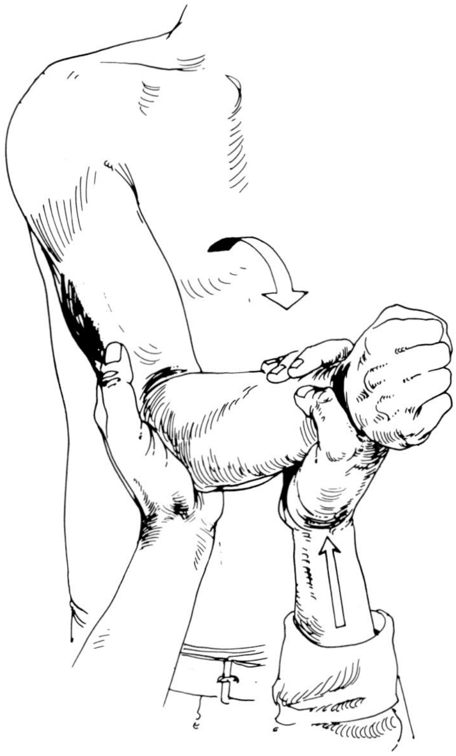

Abb. 39 Muskeluntersuchung bei Streckung.

Supination

Primäre Supinatoren:
1. M. biceps
   N. musculocutaneus, C5, C6
2. M. supinator
   N. radialis, C6

Sekundäre Supinatoren:
1. M. brachioradialis

Abgesehen von seiner Rolle als Supinator funktioniert der M. biceps auch als Ellbogenbeuger. Seine volle Funktion wird besonders anschaulich beim Einsetzen (Supination) eines Korkenziehers in einen Flaschenkorken und dann beim Herausziehen (Flexion) des Korkens aus der Flasche (Abb. 40).

Bleiben Sie vor dem Patienten stehen und stabilisieren sie seinen Ellbogen, wobei Sie ihn seitlich unterstützen. Diese Unterstützung verhindert, daß die Supination des Unterarms durch Adduktion der Schulter und Außenrotation ersetzt wird. Legen Sie den Daumenballen Ihrer widerstandgebenden Hand auf die Rückfläche des Radius an dessen distalem Ende und umgreifen Sie die Ulna mit den Fingern (Abb. 41).

Bitten Sie den Patienten, mit der Supination aus der Pronationsstellung heraus zu beginnen. Während er seinen Unterarm in Supinationsstellung bringt, müssen Sie Ihren Widerstand gegen den Radius allmählich erhöhen, bis Sie den größten Widerstand errreicht haben, den der Patient eben noch überwinden kann.

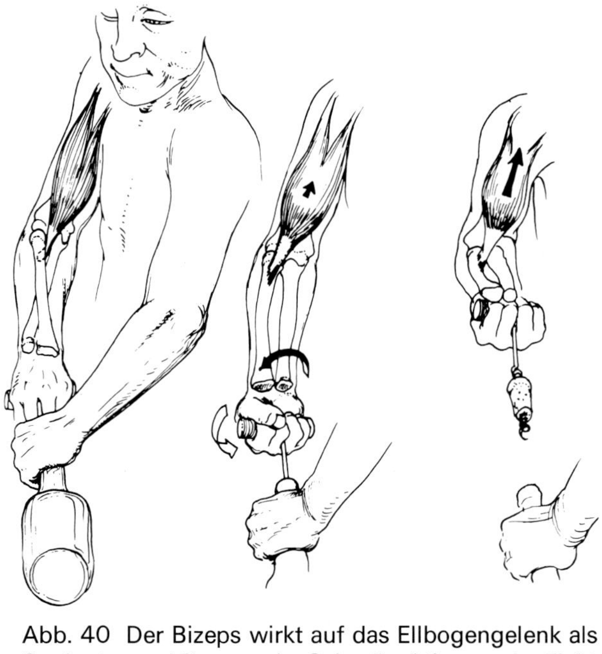

Abb. 40 Der Bizeps wirkt auf das Ellbogengelenk als Supinator und Beuger ein. Seine Funktion verdeutlicht das Eindrehen und Herausziehen eines Korkenziehers.

Pronation

Primäre Pronatoren:
1. M. pronator teres
   N. medianus, C6
2. M. pronator quadratus
   N. interosseus antebrachii anterior (N. medianus) C8, Th1

Sekundäre Pronatoren:
1. M. flexor carpi radialis

Sie stehen vor dem Patienten und fixieren weiterhin den Ellbogen dicht oberhalb des Gelenks, um die Vortäuschung der Unterarmpronation durch eine Abduktion und Innenrotation der Schulter zu verhindern. Verändern Sie die Lage Ihrer widerstandgebenden Hand derart, daß das Thenar gegen die Volarfläche des distalen Radiusendes preßt. Mit Ihren Fingern umschließen Sie den Margo posterior ulnae (Abb. 42). Diese Positionsänderung erreichen Sie ganz einfach dadurch, daß Sie mit Ihrer widerstandgebenden Hand von der dorsalen zur volaren Fläche des Handgelenks wechseln.

Fordern Sie den Patienten auf, die Pronation des Unterarms aus der Supinationsstellung heraus zu beginnen. Während er in die Pronation geht, müssen Sie Ihren Widerstandsdruck gegen den Radius so lange steigern, bis Sie das Maximum der Kraft bestimmt haben, die der Patient noch überwinden kann.

Untersuchung der Reflexe

Die 3 Grundreflexe, welche die Unversehrtheit der Nervenversorgung zum Ellbogen anzeigen, sind:

1. der Bizepsreflex,
2. der Brachioradialisreflex und
3. der Trizepsreflex.

Jeder dieser Reflexe ist ein tiefer Sehnenreflex, ein Reflex des peripheren motorischen Neurons, der dem Rückenmark bis zu den Vorderhornzellen vermittelt wird und dann über die peripheren motorischen Nerven zu den Muskeln zurückkehrt.

Bizepsreflex – C5

Obgleich der M. biceps durch den N. musculocutaneus aus den Rückenmarksegmenten C5 und C6 innerviert wird, hängt sein Reflex weitgehend von der Funktion der Wurzel C5 ab. Die Untersuchung des Bizepsreflexes bedeutet deshalb, daß sie primär die Unversehrtheit der neurologischen Etage C5 bestimmt.

Um den Reflex auszulösen, legen Sie den Arm des Patienten so, daß er auf Ihrem gegenseitigen Unterarm ruht. Ihr Daumen liegt auf der Bizepssehne in der Ellenbeuge, während Ihre Hand den Arm des Patienten auf der Medialseite des Ellbogens unter-

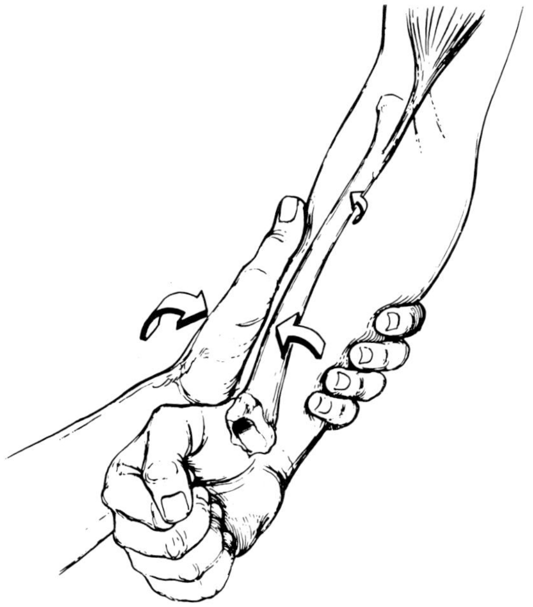

Abb. 41 Muskeluntersuchung bei Supination.

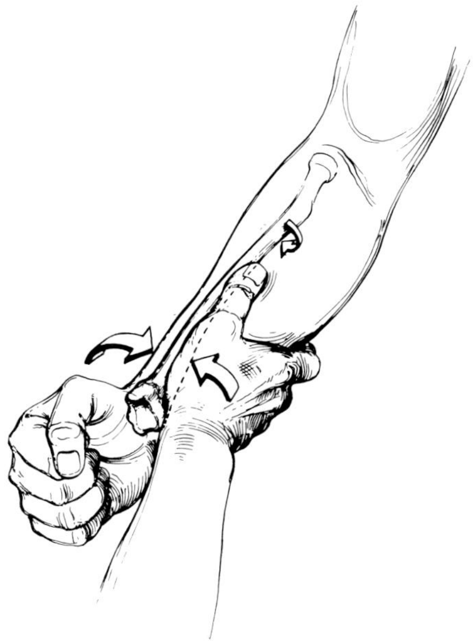

Abb. 42 Muskeluntersuchung bei Pronation.

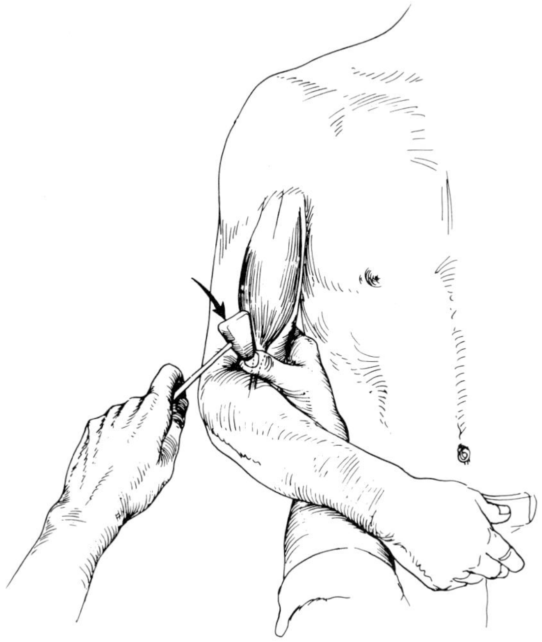

Abb. 43 Prüfung des Bizepsreflexes.

stützt (Abb. 43). Wenn der Patient seinen Ellbogen geringfügig beugt, werden Sie fühlen, wie die Sehne unter Ihrem Daumen hervorspringt. Der Patient soll seinen Arm vollständig entspannt auf Ihrem Unterarm ruhen lassen. Wenn sein Arm ganz entspannt ist, schlagen Sie mit dem spitzen Ende des Reflexhammers auf Ihren Daumennagel. Der Bizeps sollte leicht zucken. Sie werden seine Bewegung entweder sehen oder fühlen (Abb. 43).

Sie können von einer normalen Innervation des M. biceps durch die Etage C5 ausgehen, wenn es eine leichte Reflexantwort gibt. Wenn jedoch auch nach verschiedenen Versuchen, einen Reflex hervorzurufen, noch keine fühlbare Antwort erfolgt ist, kann es sich um eine Läsion der Wurzel in Höhe C5 oder der Innervationsstrecke bis hin zum Muskel handeln. Eine übermäßige Antwort kann das Resultat einer Läsion am zentralen motorischen Neuron sein, wie beispielsweise nach einem Schlaganfall. Eine verminderte Antwort hingegen kann auf eine Schädigung des peripheren motorischen Neurons, wie bei einer peripheren Nervenverletzung nach zervikalem Bandscheibenvorfall, zurückzuführen sein (denken Sie daran, daß das Gehirn eine hemmende oder regulierende Kontrolle auf den Reflex des peripheren motorischen Neurons ausübt und dieses an übertriebener Aktivität oder Lebhaftigkeit hindert). Untersuchen Sie immer die Reflexe auf beiden Seiten. Im Regelfall sollten sie gleich sein. Wir notieren die Reflexe als normal, verstärkt oder herabgesetzt.

Brachioradialisreflex – C6

Der M. brachioradialis wird durch den N. radialis, entsprechend C5 und C6, innerviert, sein Reflex ist aber im wesentlichen eine Funktion von C6. Sie unterstützen den Arm des Patienten in derselben Art, wie Sie es beim Bizepsreflex getan haben, um diesen Reflex zu prüfen. Klopfen Sie mit der flachen Seite des Reflexhammers gegen die Sehne des Brachioradialis am distalen Radiusende, um eine Zukkung des Muskels hervorzurufen (Abb. 44). Wiederholen Sie dann die Untersuchung auf der anderen Seite und vergleichen die Ergebnisse.

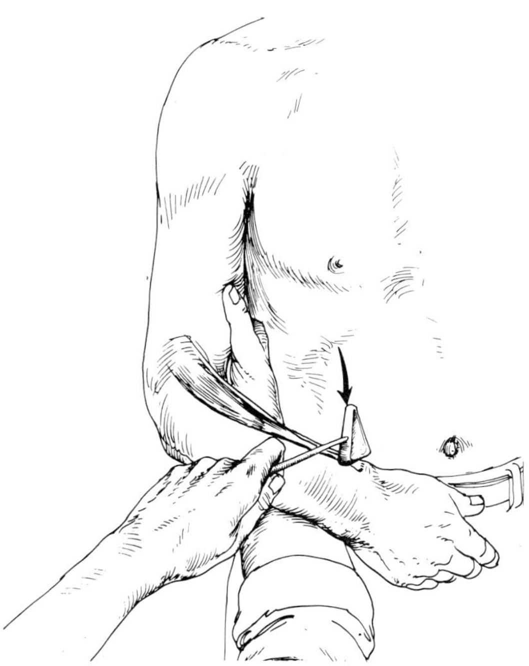

Abb. 44 Prüfung des Brachioradialisreflexes («Vorderarmperiostreflex»).

Trizepsreflex – C7

Der M. triceps wird durch den N. radialis innerviert. Der Reflex ist im wesentlichen eine Funktion des Rückenmarks in Höhe C7.

Sie behalten den Arm des Patienten wiederum in derselben Position, wie Sie es bei den beiden vorangegangenen Tests getan haben. Fordern Sie den Patienten auf, seinen Arm vollständig zu entspannen. Wenn Sie sich überzeugt haben, daß dies der Fall ist (Sie können die Erschlaffung am M. triceps fühlen), beklopfen Sie die Trizepssehne mit dem spitzen Ende des Hammers an der Stelle, wo sie die Fossa olecrani kreuzt (Abb. 45). Dabei sollten Sie entweder den Reflex sehen oder als eine leichte Zuckung auf Ihrem unterstützenden Arm fühlen können.

Untersuchung der Sensibilität

Die Sensibilität in der Umgebung des Ellbogens wird durch vier verschiedene Nerven vermittelt:

1. C5 – lateraler Unterarm
   sensible Äste des N. axillaris
2. C6 – lateraler Unterarm
   sensible Äste des N. musculocutaneus
3. C8 – medialer Unterarm
   N. cutaneus antebrachii lateralis
4. T1 – medialer Unterarm
   N. cutaneus antebrachii medialis (Abb. 46).

Spezielle Untersuchungen

Untersuchung der Bänderstabilität. Dieser Test wird angewandt, um die Stabilität des medialen und lateralen Längsbandes am Ellbogen festzustellen. Dazu umgreifen Sie die Ellbogenrückseite mit einer Hand und halten das Handgelenk des Patienten mit der anderen. Ihre Hand am Ellbogen schafft ein fixes Widerlager, um das herum Ihre andere Hand den Unterarm während der Untersuchung zwingen wird. Zunächst soll der Patient seinen Ellbogen etwas beugen, während Sie seinen Unterarm zur Seite drängen und damit eine Valgusbeanspruchung auf der Medialseite des Gelenks hervorrufen (Abb. 47).

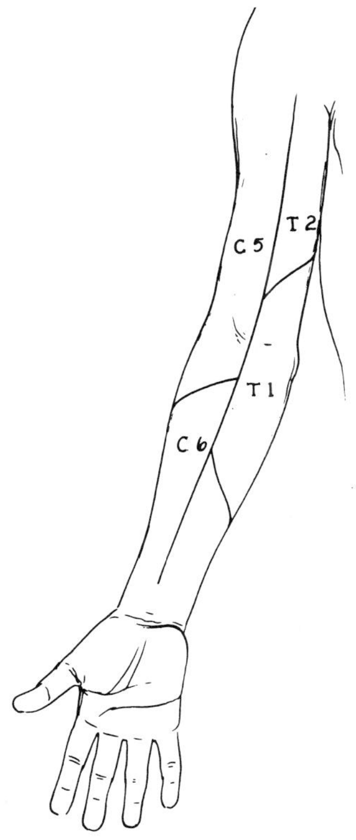

Abb. 46 Sensible Versorgung des Ellbogens.

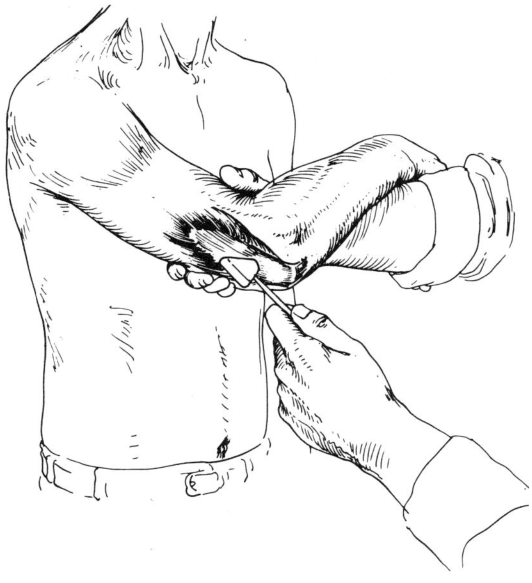

Abb. 45 Prüfung des Trizepsreflexes.

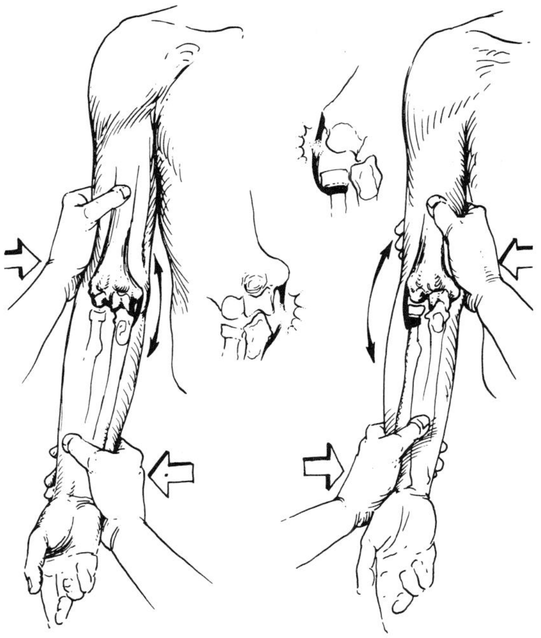

Abb. 47 Untersuchung der Bänderstabilität.

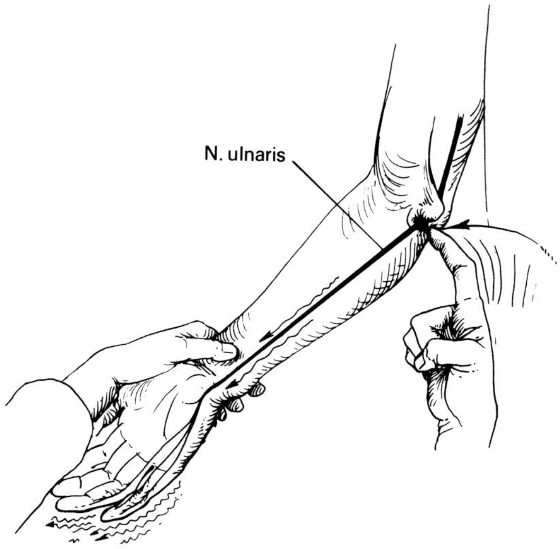

Abb. 48 Das Tinel-Zeichen.

Beobachten Sie, ob sich dabei unter Ihrer palpierenden Hand eine Lücke auf der medialen Seite auftut. Dann kehren Sie die Richtung um und drükken den Unterarm nach medial, wodurch eine Varusbeanspruchung auf der lateralen Seite des Ellbogens entsteht. Achten Sie wieder auf die Entstehung einer Lücke auf der lateralen Seite. Ihre am Ellbogen liegende Hand bietet nicht nur Stabilisation und Widerlager, sie palpiert auch die Seitenbänder während der Untersuchung.

Tinel-Zeichen. Das Tinel-Zeichen ist eine Untersuchung auf Schmerzhaftigkeit eines innerhalb eines Nerven liegenden Neuroms. Befindet sich etwa ein Neurom im N. ulnaris, dann wird das Beklopfen des Nerven in der Vertiefung zwischen dem Olekranon und dem Epicondylus medialis ein kribbelndes Gefühl im Unterarm und im Ulnarisversorgungsgebiet der Hand auslösen (Abb. 48).

Untersuchung bei Tennis-Ellbogen. Dieser Test dient dazu, Schmerz beim Tennis-Ellbogen zu reproduzieren. Sie fixieren den Unterarm des Patienten und fordern ihn auf, eine Faust zu machen und das Handgelenk zu strecken. Wenn er das getan hat, üben Sie mit der anderen Hand Druck auf den Handrücken aus, als ob Sie das Handgelenk in Beugestellung zwingen wollten (Abb. 49). Hat der Patient einen Tennis-Ellbogen, wird er plötzlich einen scharfen Schmerz am Epicondylus lateralis humeri, dem gemeinsamen Ursprung der Handgelenkstrecker, verspüren.

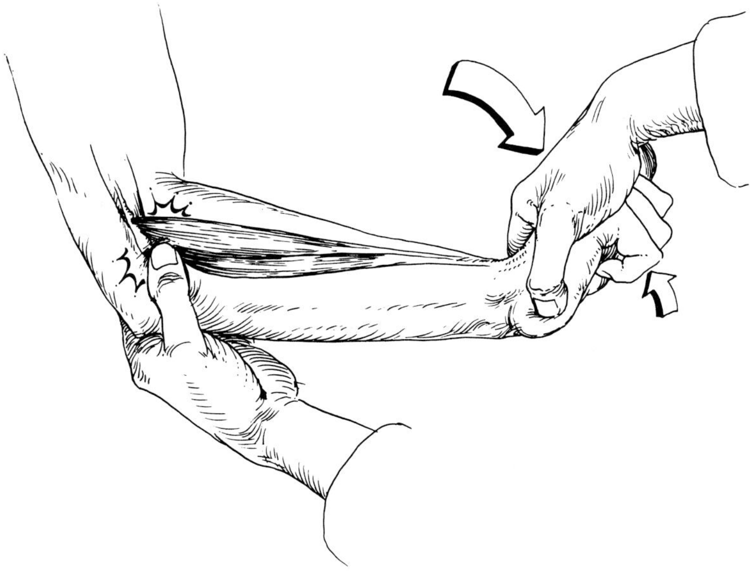

Abb. 49 Untersuchung des «Tennisellbogens».

Untersuchung der benachbarten Gebiete

Ein zervikaler Bandscheibenvorfall und eine Osteoarthritis sind Ursachen von Schmerzen, die in den Ellbogen ausstrahlen. Gelegentlich verursachen pathologische Veränderungen des Handgelenks, etwa eine rheumatische Arthritis, Symptome am Ellbogengelenk, da die Handgelenkbeuger und -strekker Zwei-Gelenk-Muskeln sind, also Ellbogen und Handgelenk überkreuzen. In ähnlicher Weise können Schultererkrankungen Symptome verursachen (Abb. 50). Schmerzausstrahlung in den Ellbogen ist seltener als in die Schulter.

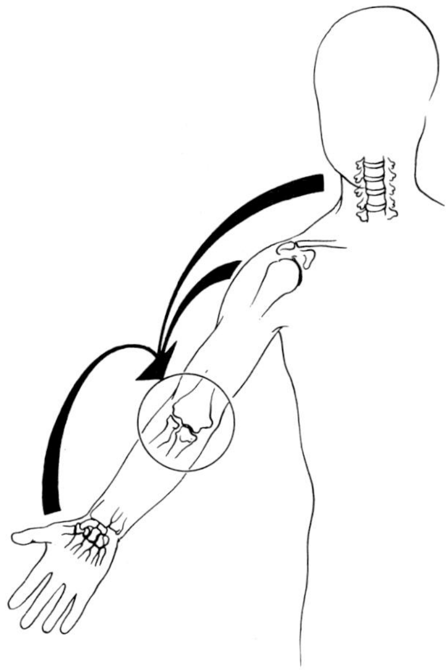

Abb. 50 Krankhafte Veränderungen des Handgelenks, der Schulter oder der Halswirbelsäule können Symptome am Ellbogen verursachen.

3 Klinische Untersuchung des Handgelenks und der Hand

Handgelenk und Hand setzen sich aus einer Reihe komplexer, fein aufeinander abgestimmter Gelenke zusammen, deren Funktion wesentlich für fast jede Verrichtung des täglichen Lebens ist (Abb. 1).

Während die Hand der aktivste Teil der oberen Extremität ist, stellt sie zur selben Zeit den am wenigsten geschützten dar. Sie ist auf diese Weise außerordentlich verwundbar, und die Verletzungshäufigkeit ist hoch. Eingedenk der Tatsache, wie oft der Arzt eine Hand behandeln muß, sollte seine Untersuchung genau sein und die systematische Suche sowohl nach inneren als auch äußeren pathologischen Faktoren einschließen.

Wie bereits in den vorangehenden Kapiteln erwähnt, ist der Vergleich beider Seiten eine schnelle Methode, das Vorliegen pathologischer Zeichen zu entdecken. Dies trifft insbesondere auf die Untersuchung von Handgelenk und Hand zu.

Inspektion

Beobachten Sie zuerst die Hände des Patienten in ihrer Funktion und stellen Sie fest, ob die Bewegungen leicht und spontan sind oder ob sie vorsichtig und geschützt ablaufen. Schon wenn der Patient den Raum betritt, beobachten Sie, ob er die obere Extremität normal und symmetrisch bewegt oder nicht; denn eine krankhafte Veränderung der Hand beeinflußt gelegentlich die schwingende Bewegung der oberen Extremität. In den meisten Fällen hält der Patient eine verletzte Hand wie geschient vor seiner Brust oder steif an seiner Seite.

Wegen der Möglichkeit einer Projektion von Symptomen aus anderen Körpergebieten verlangt die Untersuchung der Hand, daß die gesamte obere Extremität einschließlich der Halswirbelsäule entblößt wird. Bitten Sie deshalb den Patienten, sich bis zur Taille auszuziehen und beobachten Sie dabei seine Handbewegungen. Die normale Handbewegung erscheint fließend und natürlich, wobei die Finger sich synchron bewegen. Eine abnorme Bewegung erscheint steif oder ruckartig. Gelegentlich können veränderte Schulter- oder Ellbogenbewegungen krankhafte Veränderungen der Hand ausgleichen.

Nachdem Sie die Hände in ihrer Funktion betrachtet haben, konzentrieren Sie sich auf ihre Gesamtstruktur. Es mag übertrieben einfach erscheinen, und doch ist es wichtig, daß man die Finger zählt, um sicher zu sein, daß jede Hand fünf besitzt.

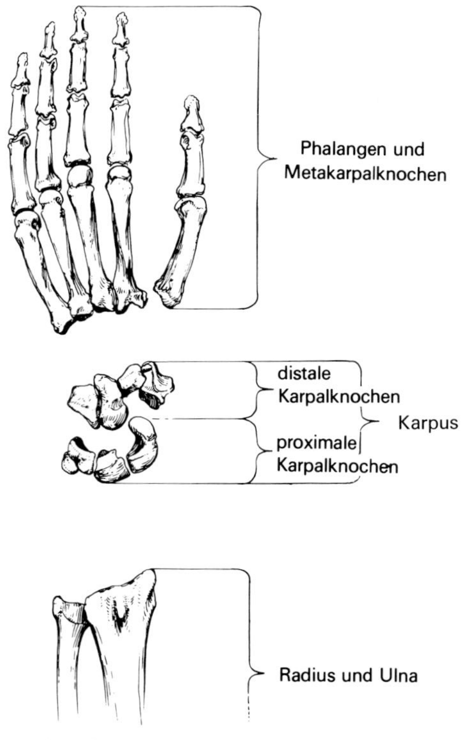

Abb. 1 Knöcherner Aufbau des Handgelenks und der Hand.

Abb. 2 Normalstellung der Hand.

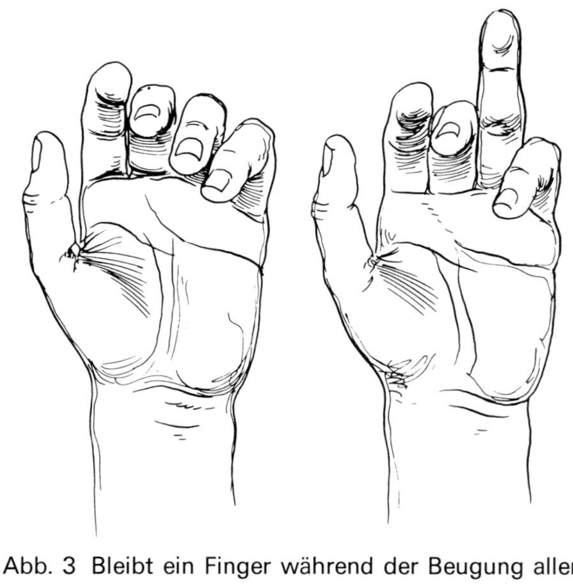

Abb. 3 Bleibt ein Finger während der Beugung aller anderen gestreckt, so ist seine Beugesehne geschädigt oder durchtrennt.

Der Verlust eines Fingers fällt nicht immer sofort auf, wenn z. B. ein Finger amputiert und ein anderer chirurgisch in die Lücke gesetzt wurde. Es ist besonders wichtig, die Finger eines Neugeborenen zu zählen, da angeborenes Fehlen oder eine Überzahl von Fingern kaum auffallen.

Die Haltung der Hand ist bei der Betrachtung zu bedenken. In Ruhe befinden sich sowohl die Karpophalangeal- als auch die Interphalangealgelenke normalerweise in einer leichten Beugestellung, wobei die Finger sich fast parallel zueinander stellen (Abb. 2). Wenn ein Finger im Vergleich zu den anderen gestreckt bleibt, kann seine Beugesehne beschädigt oder durchtrennt sein (Abb. 3).

Die Hohlhand

Die palmare Oberfläche des Handgelenks und der Hand enthält zahlreiche Falten an den Stellen, wo sich die Faszie an die Haut heftet. Folgende Falten sind von Bedeutung:

1. *die distale Palmarfalte* (Sulcus transversus ulnaris), die etwa die Höhe der Metakarpophalangealgelenke bezeichnet (Knöchel) und gleichzeitig die proximale Begrenzung des chirurgischen Niemandslandes darstellt, wo die beiden Beugesehnen in eine gemeinsame Scheide eintreten (Abb. 4).
2. *die proximale Palmarfalte* (Sulcus transversus radialis), die an der Basis der Finger liegt und die Lokalisation der Metakarpalköpfchen bezeichnet.
3. *die proximale Interphalangealfalte*, welche die Finger in Höhe der proximalen Interphalangealgelenke kreuzt und dabei die distale Begrenzung des Niemandslandes anzeigt.
4. *die Thenarfalte* (Sulcus obliquus radialis), die den Daumenballen umreißt (Abb. 5).

Oft kann die bevorzugte Hand eines Patienten schon durch die Untersuchung der Handfalten bestimmt werden, da die Muskulatur dieser Hand stärker entwickelt ist und die Falten deshalb tiefer als jene der schwächeren Hand imponieren. Dazu kommt, daß die bevorzugte Hand gewöhnlich etwas größer erscheint als die andere und stärkere Verschwielungen trägt. Im Bezug auf die Oberflächenkontur der Hohlhand sind Thenar und Hypothenar deshalb wichtig, weil sie den Bewegungsapparat des Daumens und Kleinfingers repräsentieren. Daumen- und Kleinfingerballen wölben sich etwas vor, so daß dadurch die Mitte der Hohlhand wie ein Napf erscheint (Abb. 6, 72). Tatsächlich wird diese Form aber durch drei Bögen hervorgerufen (Abb. 7), von denen zwei quer über die Hohlhand (eine in Höhe der Karpalia, die andere in Höhe der Metakarpalköpfchen und Halsstücke) verläuft, während der dritte in Längsrichtung durch das Zentrum zieht. Das Bogengerüst wird durch die Binnenmuskulatur der Hand unterstützt. Fehlen diese Muskeln oder sind sie atrophisch, verliert die Hohlhand ihre normale Kontur und erscheint flach und ohne Wölbung (Abb. 8, 9). Die funktionelle Anordnung dieser Bögen verstärkt die volare Einstellung und damit einen wirkungsvollen Spitzgriff des Daumens einerseits und des Zeige- und Mittelfingers andererseits (Abb. 10).

In der Hohlhand sind die Metakarpophalangealgelenke durch Hügel und Täler charakterisiert. Die muskulären Erhöhungen (oder Hügel) bestehen aus

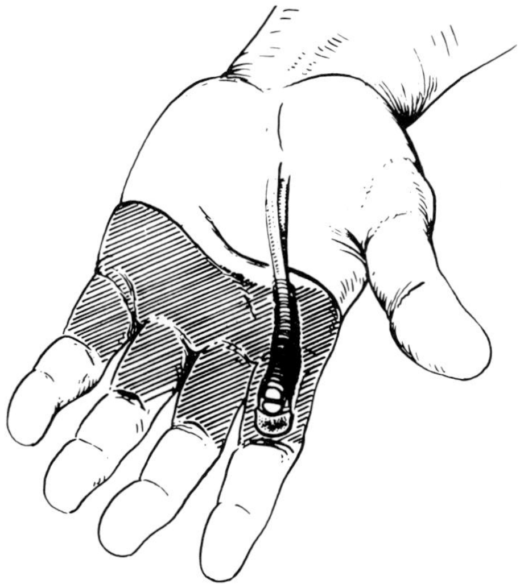

Abb. 4 Das schraffierte Gebiet stellt das chirurgische Niemandsland dar.

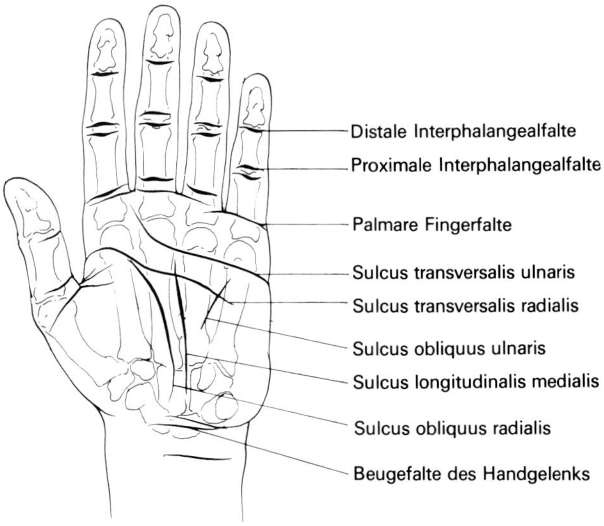

Abb. 5 Die Beugefalten der Hand.

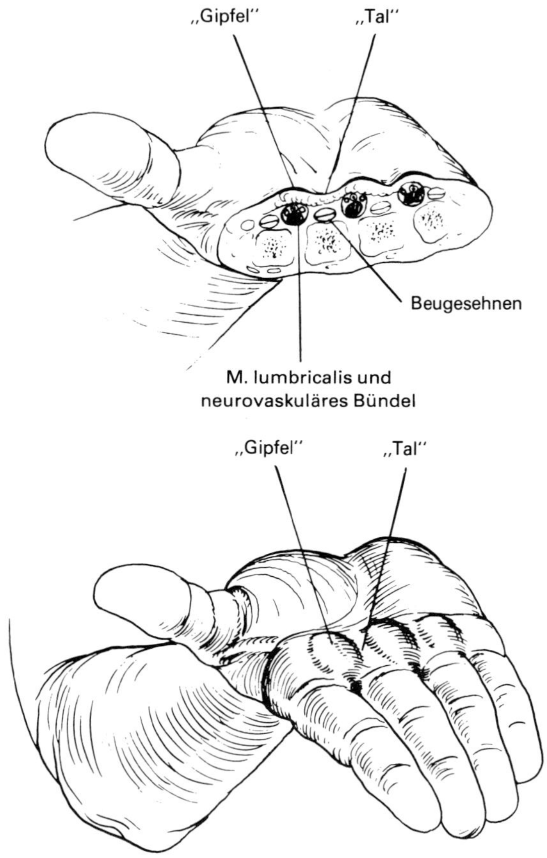

Abb. 6 Oberflächenkontur der Handfläche und die darunterliegenden anatomischen Strukturen.

Abb. 7 Das Handgewölbe wird durch die Binnenmuskeln der Hand unterstützt.

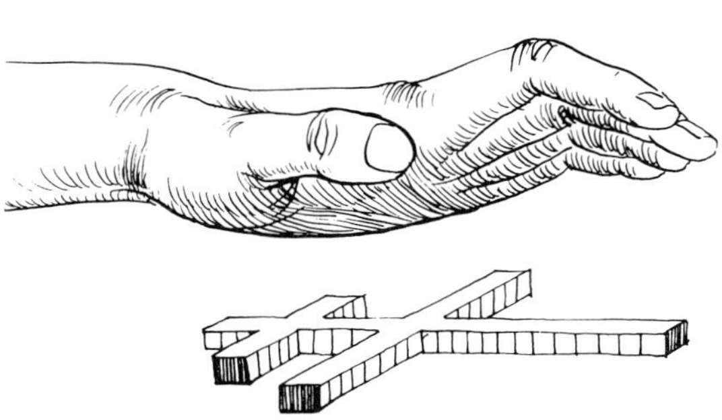

Abb. 8 Fehlen die Binnenmuskeln der Hand oder sind sie atrophisch, verliert die Handfläche ihre Kontur.

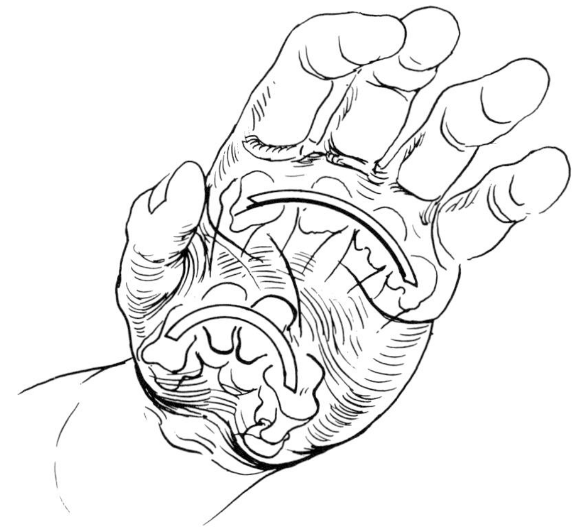

Abb. 9 Das Quergewölbe von Hand und Handgelenk.

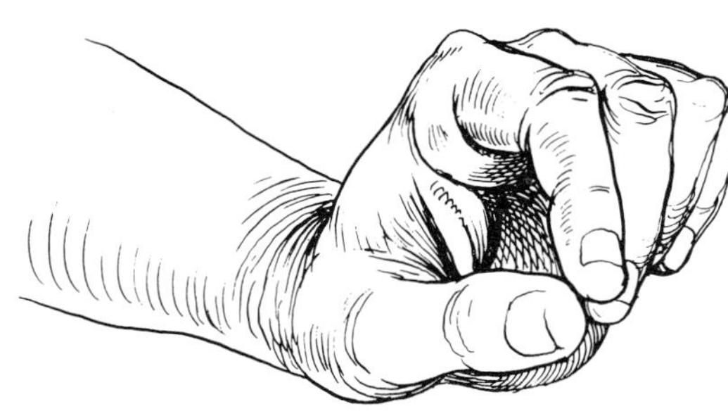

Abb. 10 Der Spitzgriff.

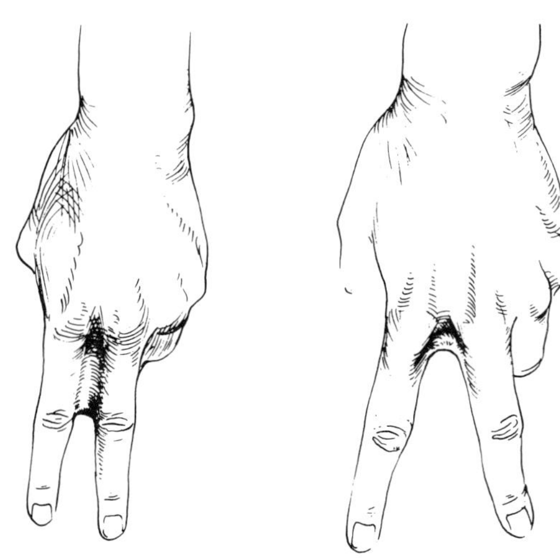

Abb. 11 Links: Abnorme Schwimmhaut zwischen zwei Fingern (Syndaktylie). Rechts: Normale Schwimmhaut.

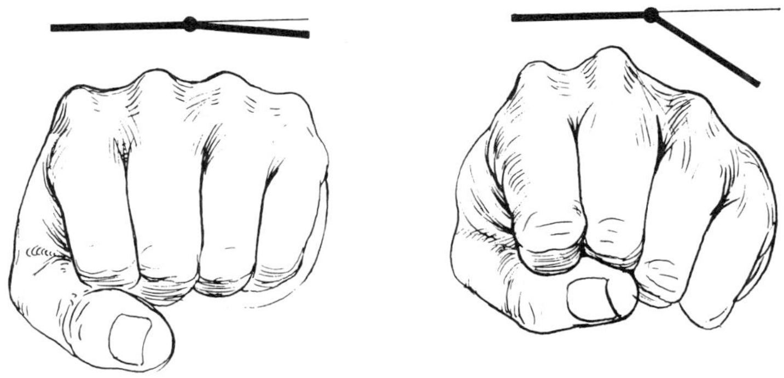

Abb. 12 Links: Normale Metakarpophalangealgelenke. Rechts: Normale Kontur der Metakarpophalangealgelenke bei geballter Faust.

den Mm. lumbricales und neurovaskulären Bündeln, die die Finger und die Mm. lumbricales versorgen. In den Tälern verlaufen die Beugesehenen an der Stelle, wo sie die Gelenke kreuzen (Abb. 6).

Normalerweise befindet sich zwischen den Fingern eine kleine Schwimmhaut, die zwischen Daumen und Zeigefinger stärker ausgeprägt ist. Eine abnorme Verbreiterung der Schwimmhaut zwischen den Fingern nach distal (Syndaktylie) schränkt die Funktion der Hand ein, indem sie die Abduktion der Finger behindert (Abb. 11).

Der Handrücken

Auf dem Handrücken sollen die Metakarpophalangealgelenke und die zwischen ihnen liegenden Weichteiltäler an beiden Händen gleich sein. Im allgemeinen sind die Täler beider Hände gleich tief, obgleich die einseitige Schwellung um einen Knöchel die Tiefe eines Tals verringern kann. Bei extremer Schwellung kann das Tal vollständig ausgefüllt sein. Die Knöchel sollten bei geschlossener Faust betrachtet und mit denen der anderen Hand verglichen werden (Abb. 12). Der Knöchel des Mittelfingers steht gewöhnlich am meisten hervor. Eine unterschiedliche Länge der einzelnen Metakarpalia verursacht entsprechende Größendifferenzen der Metakarpalköpfchen. Ein offenbarer Unterschied zwischen den korrespondierenden Knöcheln beider Hände kann Zeichen einer Erkrankung oder eines Traumas sein. Abgesehen von den Metakarpophalangealgelenken sollten Sie die proximalen und distalen Interphalangealgelenke betrachten und mit denen der anderen Hand vergleichen.

Allgemeinzustand und Farbe der Fingernägel können manchmal Hinweis auf ernsthafte pathologische Störungen sein und sollten während der Betrachtung nicht übersehen werden. Normale Fingernägel sind rosa, wohingegen ein weißes oder weißliches Nagelbett Zeichen einer Anämie oder von Kreislaufstörungen sein kann. Die Nägel sollten sich in gutem Zustand befinden und weder eingedellt noch gespalten sein. Die Lunula (das kleine mondförmige Areal an der Basis des Nagels) sollte weiß sein (Abb. 13). Unter abnormen Bedingungen können die Fingernägel löffelartig oder kolbig sein. Löffelnägel sind schwach gebaut und sehen konkav oder ausgehöhlt aus. Sie sind gewöhnlich das Ergebnis einer schweren Pilzinfektion (Abb. 14 A). Uhrglasnägel sind gewölbt und viel breiter und größer als normal (Abb. 14 B). Meist gehen sie auf eine Hypertrophie der darunterliegenden Weichteile zurück, können aber auch Hinweis auf pulmonale Störungen oder einen angeborenen Herzfehler sein.

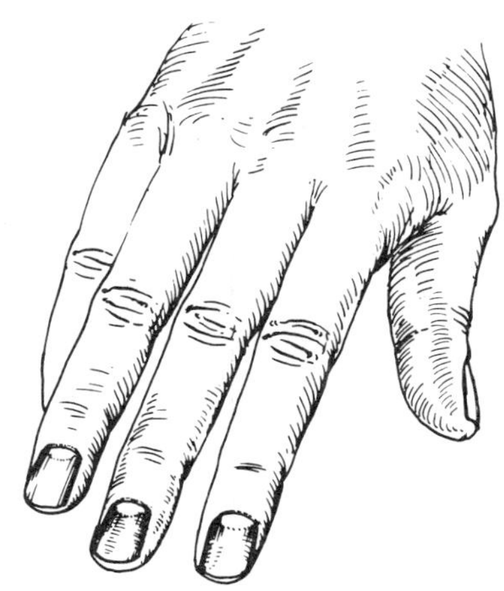

Abb. 13 Guter Allgemeinzustand von Hand und Fingernägeln.

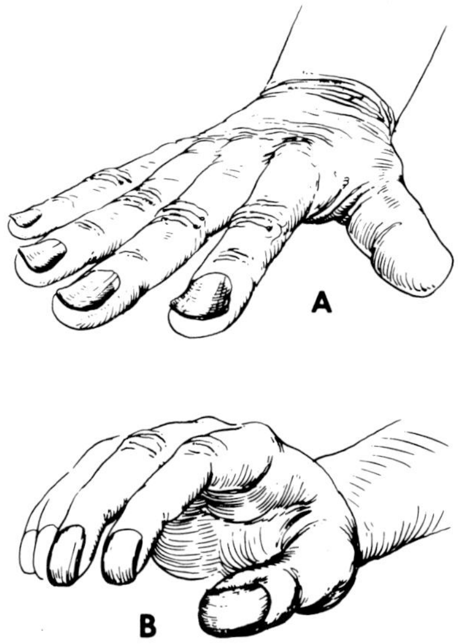

Abb. 14 A Löffelnägel. B Uhrglasnägel.

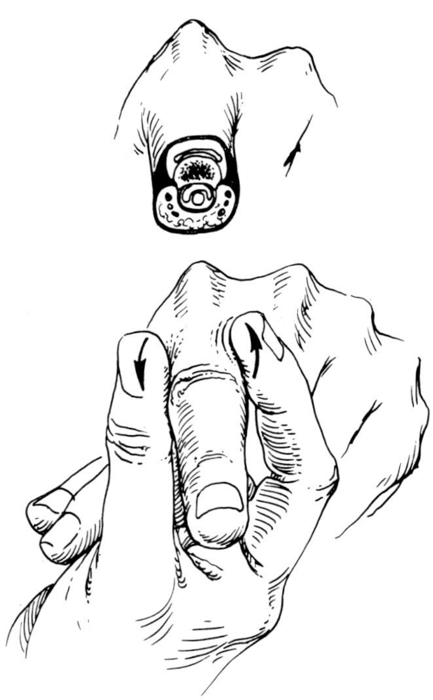

Abb. 15 Die Haut der Finger wird durch Septen und kleine Ligamente fixiert, welche von der Haut zum Knochen ziehen.

Palpation der Haut

Im allgemeinen sollte die Haut zusammen mit den darunterliegenden Knochenvorsprüngen palpiert werden. In diesem Kapitel jedoch wird die Palpation der Haut als eine gesonderte Untersuchung beschrieben, da die Haut häufig von einem Trauma betroffen ist.

Sowohl die Haut der Hohlhand als auch der Palmarseite der Finger ist erheblich dicker als die des Handrückens, weil sie die darunter liegenden feinen Strukturen schützen muß. Die Haut der Hohlhand ist durch die Faszie fixiert, die sie an die Strukturen unter den Palmarfalten heftet. Diese Fixation erlaubt es der Hand, Gegenstände festzuhalten. Im Gegensatz dazu gestattet die lose Haut des Handrückens eine extreme Flexion der Metakarpophalangealgelenke, wie sie zum Faustschluß nötig ist. Gelegentlich kann eine Schwellung, wie sie im Gefolge einer Infektion in der Hohlhand entsteht, sich auf dem Lymphweg zum Handrücken ausbreiten, der eine größere Ausdehnung gestattet.

Die Haut der Finger ist durch Septen und kleine Bänder, die entlang der lateralen und medialen Seite der Finger an die Knochen gehen, fixiert (Clelandsche und Graysonsche Bänder). Dadurch ist die rotierende Bewegung der Haut um den Finger gering. Ohne diese Fixation würde es sehr schwierig sein, einen Gegenstand in der Hand zu halten, da die Haut sich ständig um den Finger schieben würde (Abb. 15). Während Sie das Handgelenk und die Hand palpieren, sollten Sie auf ungewöhnliche Wärme oder Trockenheit der Haut achten. Eine starke Erwärmung der Haut kann Zeichen einer Infektion sein, während unnatürliche Trockenheit (Anhidrosis) die Schädigung eines Nerven anzeigen kann. Verletzungen, Schwellungen oder Narben verlangen besondere Aufmerksamkeit und sollten sorgfältig palpiert werden. Eine fixierte Narbe, die auf dem darunterliegenden Gewebe oder am Knochen haftet, muß vermerkt werden, ebenso wie Schmerzhaftigkeit im Bereich einer Narbe.

Palpation der Knochen

Sie beginnen die Palpation des Handgelenks und der Hand, indem Sie Ihren Daumen auf den Processus styloideus radii (proximal vom Daumen) und Ihren Zeige- und Mittelfinger auf den Processus styloideus ulnae (proximal vom Kleinfinger) legen. Diese beiden knöchernen Vorsprünge sind die Hauptbezugspunkte der Karpalregion (Abb. 17). Ausgehend von diesen Punkten schreitet die Palpation geradlinig über die knöchernen Strukturen und Weichteile der Hand.

Handwurzelknochen. Die Handwurzel setzt sich aus acht Karpalknochen zusammen, die in zwei Reihen angeordnet sind: die proximale und die distale Karpalreihe. In der proximalen Karpalreihe finden sich – von radial nach ulnar – das Os scaphoideum, das Os lunatum, das Os triquetrum und das Os pisiforme (vor dem Os triquetrum gelegen). In der distalen Karpalreihe finden Sie von radial nach ulnar das Os trapezium, das Os trapezoideum, das Os capitatum und das Os hamatum (Abb. 16).

Processus styloideus radii. Der Processus styloideus radii liegt genau lateral, wenn die Hand sich in ihrer anatomischen Stellung, d. h. mit der Handfläche nach vorn, befindet (Abb. 17). Während Sie seine distale Spitze palpieren, achten Sie auf eine kleine aber deutliche Rille, die sich entlang der lateralen Kante findet (Abb. 18). Von hier aus palpieren Sie die ganze Länge des Processus styloideus und fahren entlang dem Radiusschaft fort, bis dieser etwa in Unterarmmitte durch darüberliegende Weichteile undeutlich wird. Kehren Sie dann zu dem am meisten hervorstehenden Punkt des Processus styloideus radii zurück, der sich unmittelbar proximal vom Handgelenk befindet.

Tabatière. Das anatomische Schnupfgrübchen ist eine kleine Eindellung direkt distal und etwas dorsal vom Processus styloideus radii. Es stellt sich deutlich dar und ist palpabel, wenn der Patient seinen

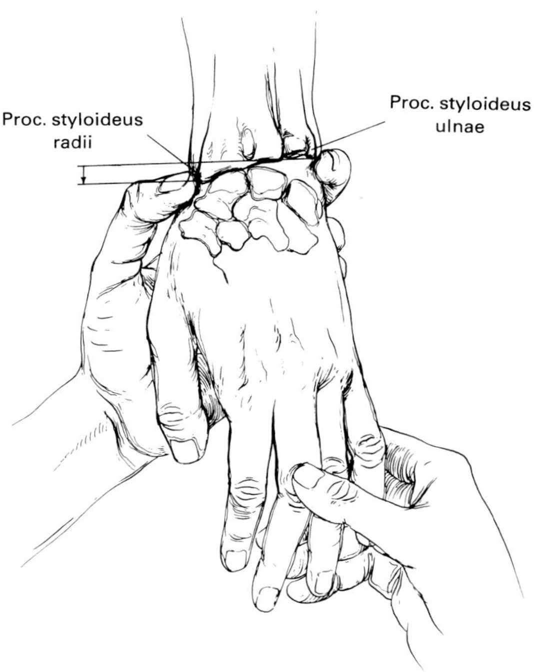

Abb. 17 Wichtige Orientierungspunkte bei der Palpation des Handgelenks: Der Processus styloideus radii ist länger als der der Ulna.

Daumen nach lateral und von den Fingern weg streckt (Abb. 43).

Os scaphoideum. Das Os scaphoideum liegt an der radialen Seite der Handwurzel. Es stellt den Boden der Tabatière dar. Das Os scaphoideum ist

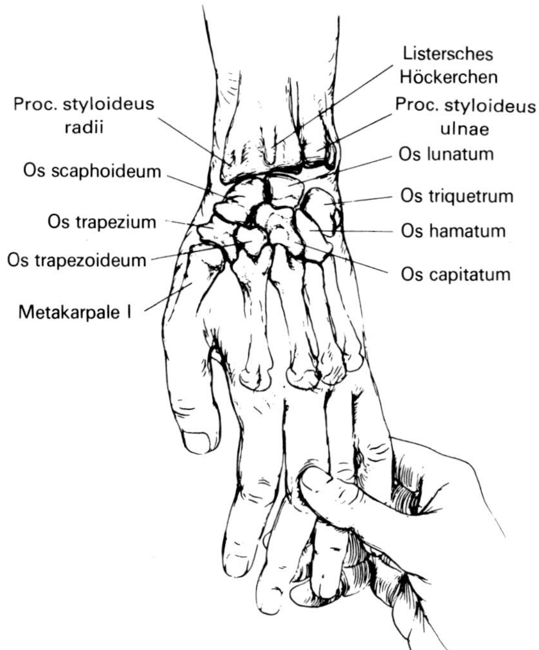

Abb. 16 Dorsalansicht der Handwurzelknochen.

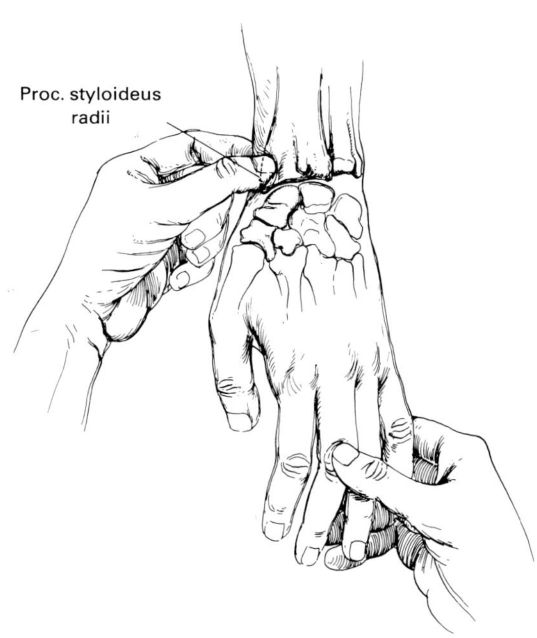

Abb. 18 Der Processus styloideus radii.

auch der größte Knochen in der proximalen Karpalreihe. Von allen Karpalknochen frakturiert dieser am häufigsten. Eine Ulnarabweichung bringt das Os scaphoideum aus seiner Position unter dem Processus styloideus radii heraus, so daß es der Palpation zugänglich wird (Abb. 19).

Os trapezium. Das Os trapezium liegt an der radialen Seite der Handwurzel, wo es mit dem Os metacarpale I artikuliert (Abb. 20). Gehen Sie distal von der Tabatière, um das Gelenk zwischen dem Os trapezium und dem Metakarpale I zu tasten. Das Gelenk ähnelt einem Sattel und liegt unmittelbar proximal vom Daumenballen (Abb. 21, 22). Es läßt sich etwas leichter tasten, wenn Sie den Patienten seinen Daumen beugen und strecken lassen.

Listersches Höckerchen. Das Listersche Höckerchen liegt auf der Grenze vom radialen zum medialen Drittel auf dem Handgelenkrücken. Es fühlt sich wie ein kleiner, länglicher Knochenvorsprung oder wie ein Knötchen an (Abb. 23).

Os capitatum. Wenn Sie jetzt vom Listerschen Höckerchen nach distal gehen, stoßen Sie auf die Basis des Os metacarpale III, der größten und am deutlichsten hervorstehenden aller Metakarpalbasen (Abb. 25). Das Os capitatum liegt in der distalen Karpalreihe zwischen der dritten Metakarpalbasis und dem Listerschen Tuberkulum. Es ist der größte aller Karpalknochen und unmittelbar proximal von der Basis des dritten Metakarpale zu tasten (Abb. 24). Bei Ruhestellung des Handgelenks können Sie eine kleine Eindellung in der Gegend des Os capitatum finden, die einem kleinen Bogen des Os capitatum selbst entspricht (Abb. 26). Bei gebeugtem Handgelenk rollt diese Eindellung nach distal, und das Os capitatum gleitet aus seiner Position unterhalb des Os lunatum heraus, wodurch die dort bestehende Vertiefung ausgefüllt wird.

Os lunatum. Das Os lunatum liegt unmittelbar proximal vom Os capitatum und beansprucht deswegen Aufmerksamkeit, weil es am häufigsten luxiert und auch der am zweithäufigsten frakturierte Knochen des Handgelenks ist. Es liegt in der

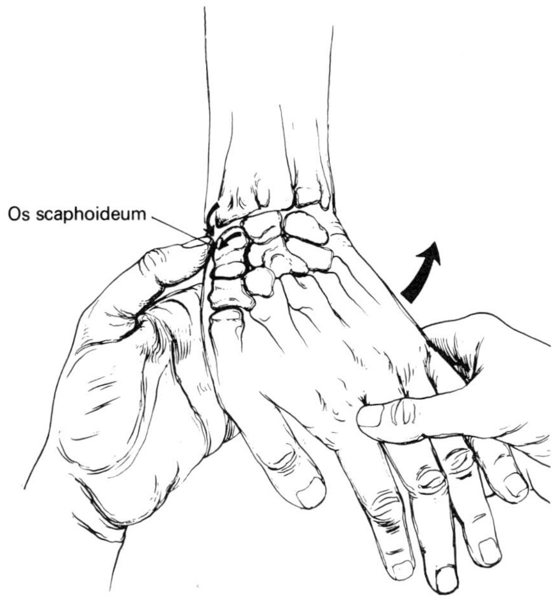

Abb. 19 Ulnare Abwinkelung der Hand erleichtert die Palpation des Kahnbeins.

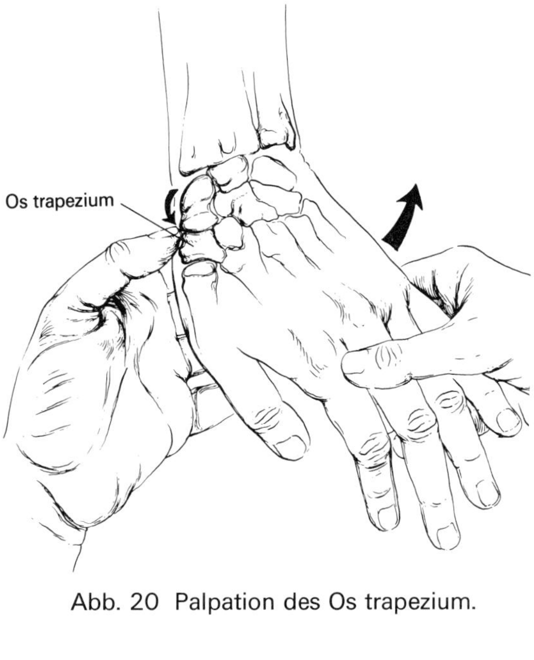

Abb. 20 Palpation des Os trapezium.

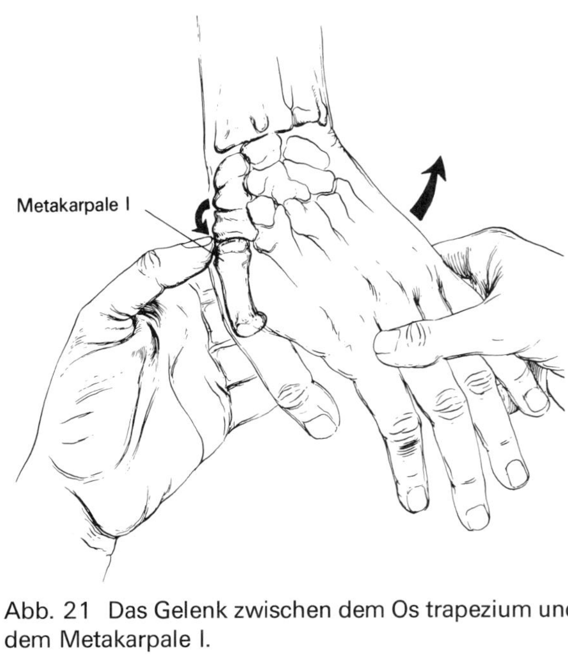

Abb. 21 Das Gelenk zwischen dem Os trapezium und dem Metakarpale I.

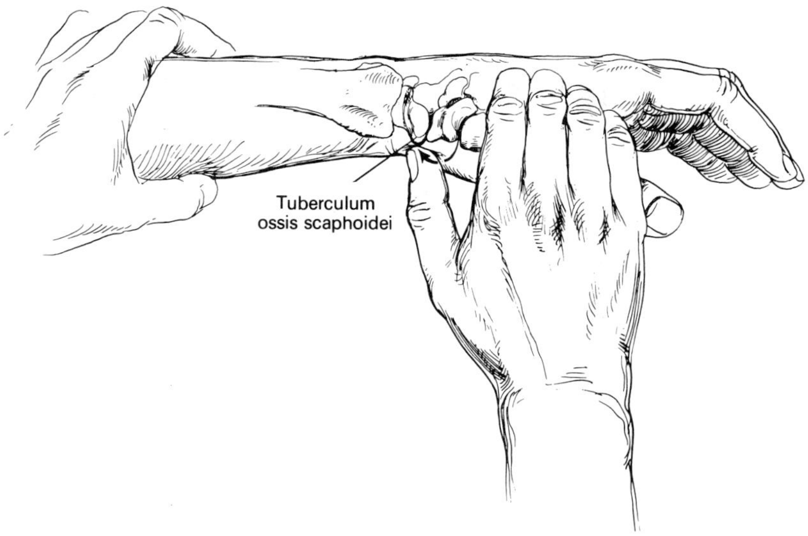

Abb. 22 Os trapezium und Metakarpale I werden von radial her palpiert. Das Tuberculum ossis scaphoidei liegt dann proximal davon.

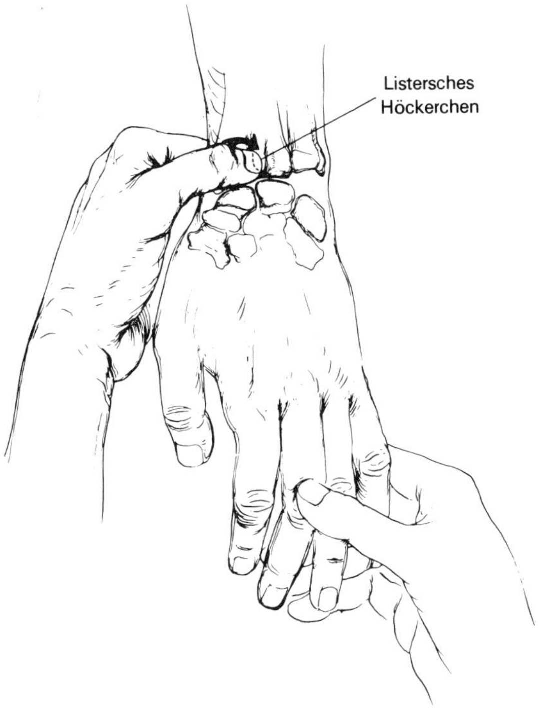

Abb. 23 Palpation des Listerschen Höckerchens.

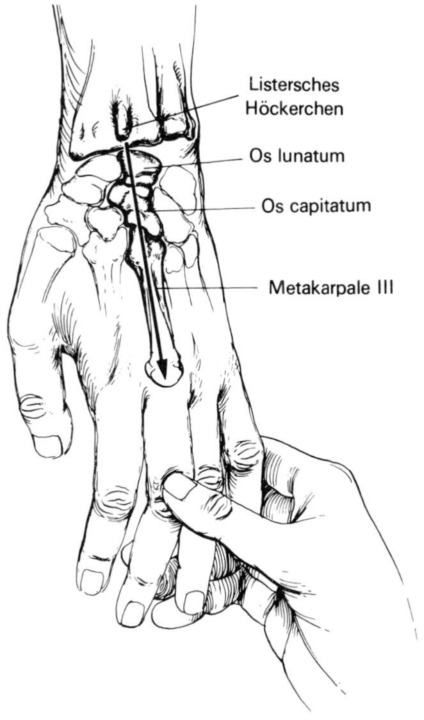

Abb. 24 Geradlinige Anordnung des Listerschen Höckerchens, des Os lunatum, des Os capitatum und des Metakarpale III.

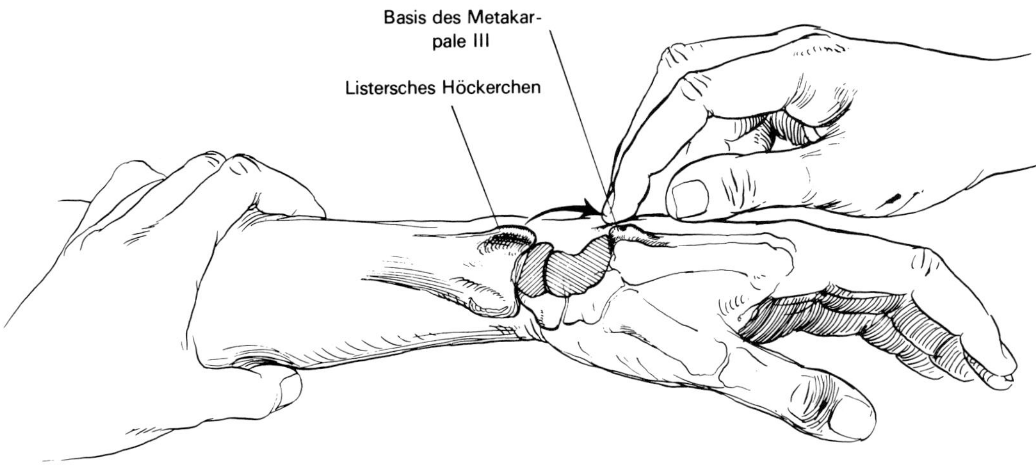

Abb. 25 Palpation der dritten Metakarbalbasis.

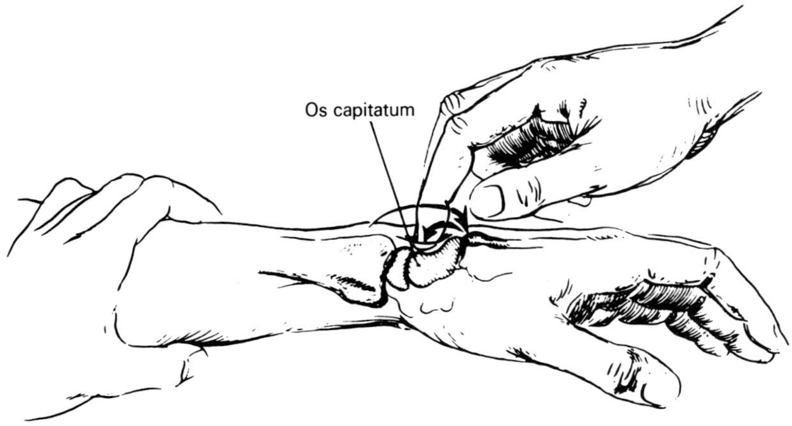

Abb. 26 Die Rückfläche des Os capitatum weist eine leichte Vertiefung auf.

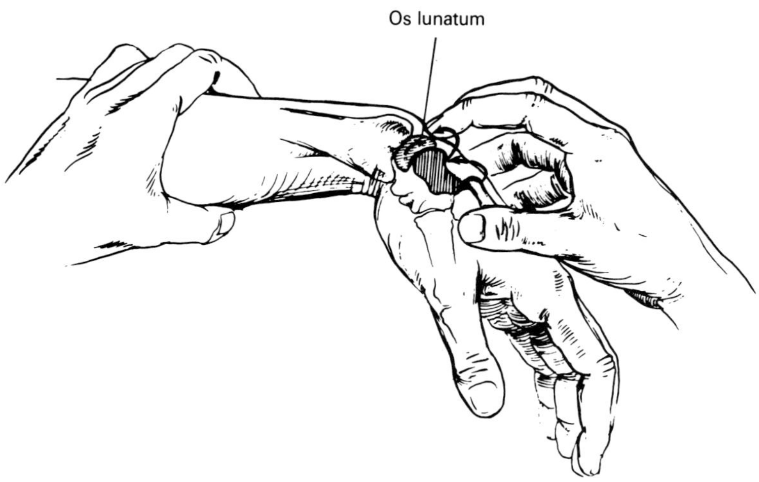

Abb. 27 Beugung des Handgelenks erleichtert die Palpation des Os lunatum.

proximalen Karpalreihe und artikuliert proximal mit dem Radius, distal mit dem Os capitatum. Man tastet es unmittelbar distal vom Listerschen Hökkerchen. Bei der Palpation soll der Patient das Handgelenk beugen und strecken, damit das Gelenk zwischen Os lunatum und Os capitatum deutlich fühlbar wird (Abb. 27). Os lunatum und capitatum sowie die Basis des dritten Os metacarpale liegen in einer Linie und werden von der Sehne des M. extensor carpi radialis brevis bedeckt, die an der Basis des dritten Metakarpale inseriert (Abb. 25).

Processus styloideus ulnae. Kehren Sie jetzt in die Ausgangsstellung zurück, wobei Ihre Finger auf den Processus styloidei radii et ulnae liegen. Sie bemerken zuerst, daß der Processus styloideus ulnae nicht ganz so weit nach distal reicht wie der Processus styloideus radii (Abb. 17). Er ist aber dicker und steht mehr heraus als sein radiales Gegenstück (Abb. 28). In anatomischer Stellung des Handgelenks liegt der Processus styloideus ulnae nicht genau seitlich vom Handgelenk, sondern findet sich medial davon und dahinter. Weder die Ulna noch ihr Processus styloideus nehmen an der Bildung des Handgelenks teil. Lediglich der Radius artikuliert mit der proximalen Karpalreihe. Palpieren Sie die scharfe subkutane Ulnakante bis hinauf zum Olekranon des Ellbogens und kehren dann auf demselben Wege zum Processus styloideus ulnae zurück. Auf der distalen Spitze des Processus styloideus ulnae können Sie eine kleine längsverlaufende dorsal gelegene Furche fühlen (Abb. 59). Durch diese Furche verläuft die Sehne des M. extensor carpi ulnaris. Am besten fühlt man sie, wenn die Hand radialwärts steht und die Sehne gespannt ist.

Os triquetrum. Das Os triquetrum liegt unmittelbar distal vom Processus styloideus ulnae in der proximalen Karpalreihe. Man erleichtert sich die Palpation, wenn die Hand des Patienten radial gekippt wird, wobei das Os triquetrum aus seiner Lage unterhalb des Processus styloideus hervorkommt (Abb. 29); trotzdem kann das Aufsuchen des Os triquetrum schwierig sein, da es auch unter dem Os pisiforme liegt. Das Os triquetrum ist relativ verletzlich und frakturiert am dritthäufigsten von allen Karpalknochen.

Os pisiforme. An der anterolateralen Fläche des Os triquetrum können Sie ein kleines Sesambein, das Os pisiforme fühlen, welches innerhalb der Sehne vom M. flexor carpi ulnaris angelegt ist (Abb. 30, 31).

Haken des Os hamatum. Etwas distal und radial vom Os pisiforme liegt das Os hamatum. Sie finden diesen Knochen, indem Sie das Interphalangealgelenk Ihres Daumens auf das Os pisiforme legen, wobei die Daumenspitze in Richtung der Hautfalte

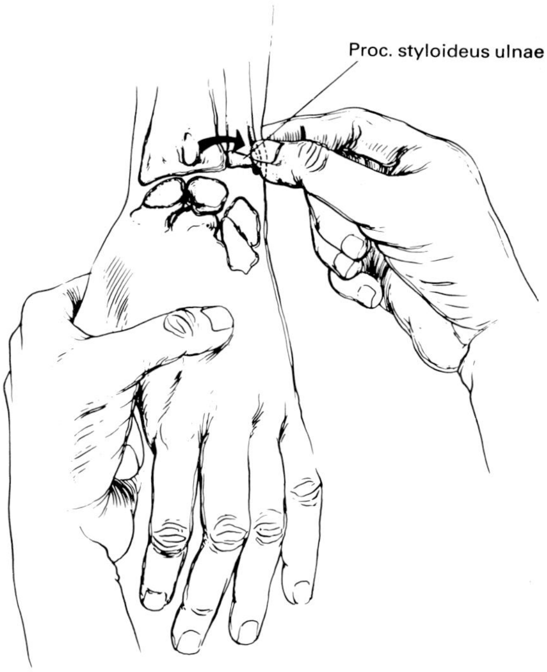

Abb. 28 Der Processus styloideus ulnae.

zwischen Daumen und Zeigefinger weist (Abb. 32). Die Spitze Ihres Daumens ruht in der Handfläche des Patienten. Jetzt liegt das Os hamatum direkt unter Ihrer Daumenspitze. Sie müssen allerdings ziemlich fest drücken, um seine unauffällige Oberfläche zu finden, da der Knochen tief unter einem dicken Weichteilpolster liegt (Abb. 33). Das Os ha-

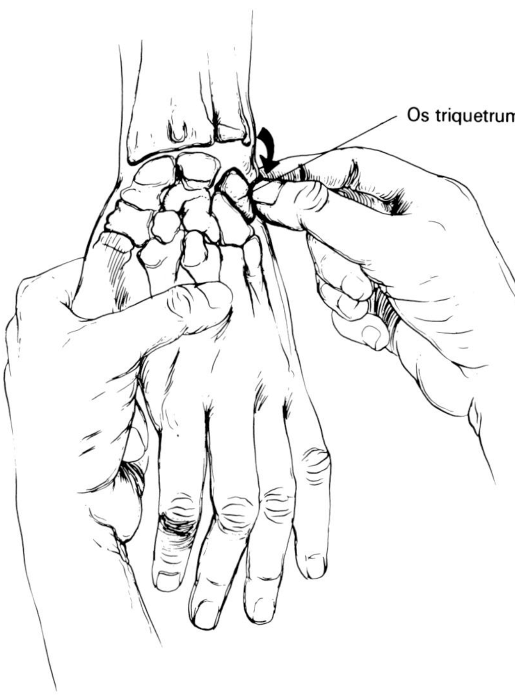

Abb. 29 Radiale Abwinkelung der Hand erleichtert die Palpation des Os triquetrum.

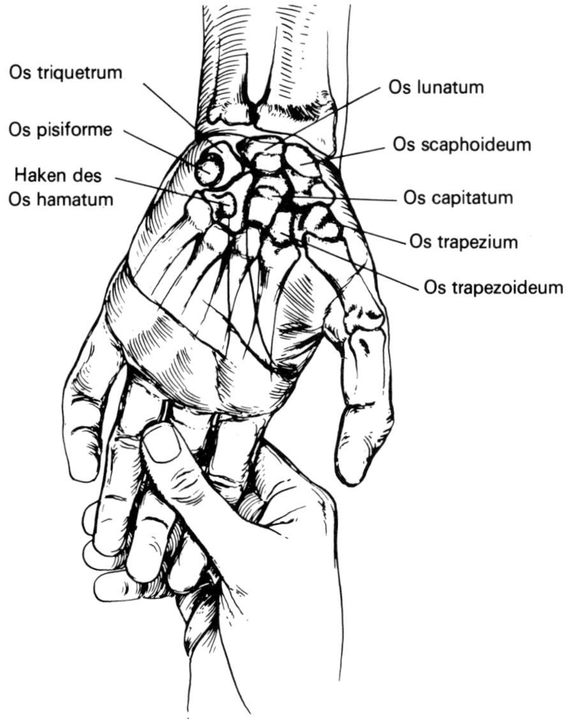

Abb. 30 Volarseite der Handwurzelknochen.

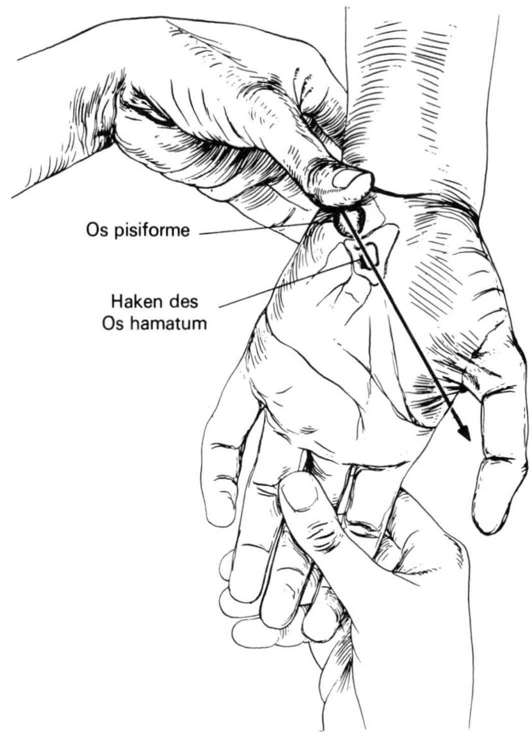

Abb. 32 Der Haken des Os hamatum liegt auf der Verbindungslinie vom Os pisiforme zur Hautfalte zwischen Daumen und Zeigefinger.

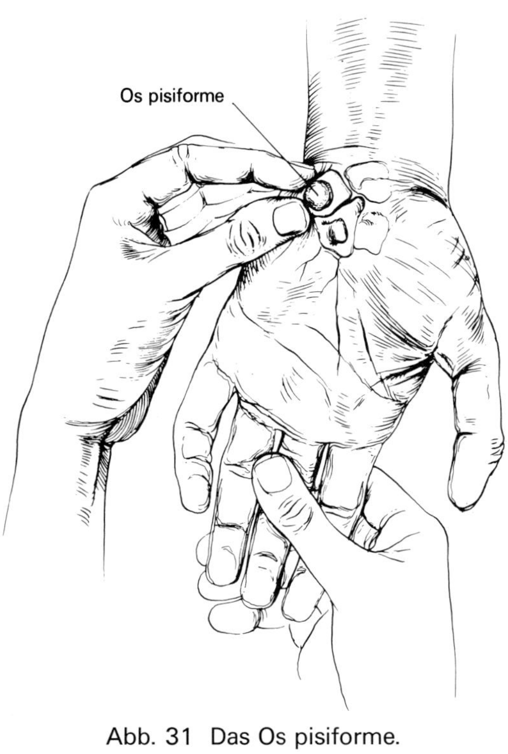

Abb. 31 Das Os pisiforme.

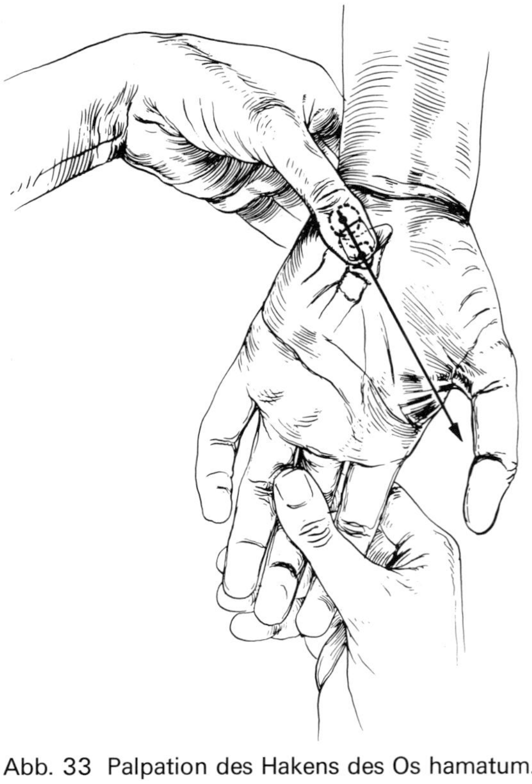

Abb. 33 Palpation des Hakens des Os hamatum.

matum ist von klinischer Bedeutung, da es die laterale Begrenzung des Guyonschen Tunnels darstellt, in dem N. und A. ulnaris zur Hand verlaufen (Abb. 63). Medial wird der Guyonsche Tunnel vom Os pisiforme begrenzt.

Ossa metacarpalia. Die Metakarpalia können der Reihe nach palpiert werden, wobei Sie vom Zeigefinger bis zum kleinen Finger fortschreiten. Behalten Sie Ihren Daumen auf dem Handrücken des Patienten und lokalisieren Sie dann die Basis des zweiten Mittelhandknochens mit dem Zeige- und Mittelfinger. Palpieren Sie den Knochen in seiner ganzen Länge. Dorsal und radial liegt der Knochen fast subkutan und ist leicht tastbar (Abb. 34). Unterbrechungen der Kontinuität oder Rauhigkeiten des Knochens auf seiner dorsalen Seite sowie ungewöhnliche Schmerzhaftigkeit sind Hinweis auf eine mögliche Fraktur. Dritter, vierter und fünfter Mittelhandknochen sollten in gleicher Weise palpiert werden.

Zweiter und dritter Mittelhandknochen sind fest mit der Handwurzel verbunden und dementsprechend unbeweglich. Dadurch sorgen sie für die notwendige Stabilität von Zeige- und Mittelfinger beim Spitzgriff sowie bei Feinbewegungen. Im Gegensatz dazu sind der vierte und fünfte Mittelhandknochen mobil. Dadurch verleihen sie Ring- und Kleinfinger eine größere Beweglichkeit und gestatten den Schluß der Hohlhand auf der Ulnarseite, so daß Gegenstände nicht herausfallen können (Abb. 35, 36, 37).

Erster Mittelhandknochen. Der erste Mittelhandknochen sollte auf die Kontinuität seiner knöchernen Struktur von der Tabatière bis zum Metakarpophalangealgelenk palpiert werden. Achten Sie dabei darauf, daß dieser Knochen kürzer und breiter als die anderen Mittelhandknochen ist. Schmerzhaftigkeit in seinen beiden Gelenken sollte beachtet werden (Abb. 38).

Metakarpophalangealgelenke. Gehen Sie jetzt distal von den Mittelhandknochen und palpieren Sie die spindelförmigen Gelenke (Knöchel) in Beugestellung. In dieser Position sind die Gelenkflächen exponiert, die Köpfchen der Mittelhandknochen zugänglich und die Gelenklinien deutlicher (Abb. 39, 40). Auf der Dorsalseite der Gelenke ist eine kleine Eindellung tastbar, durch die die Strecksehne auf ihrem Wege zum Finger verläuft. Die Fraktur eines Mittelhandknochens ereignet sich am häufigsten im Halsteil, wo der Körper in das Köpfchen übergeht. Am häufigsten betreffen Frakturen den fünften Mittelhandknochen. Erinnern Sie sich noch einmal daran, daß die distale Hohlhandfalte direkt über der Vorderseite der Knöchel verläuft (Abb. 5).

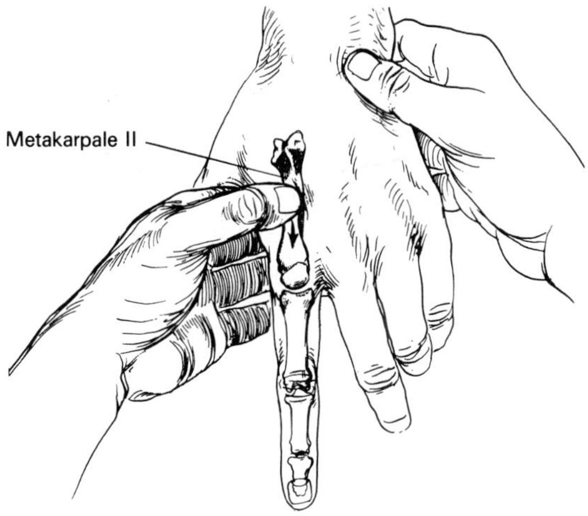

Abb. 34 Palpation des Os metacarpale II.

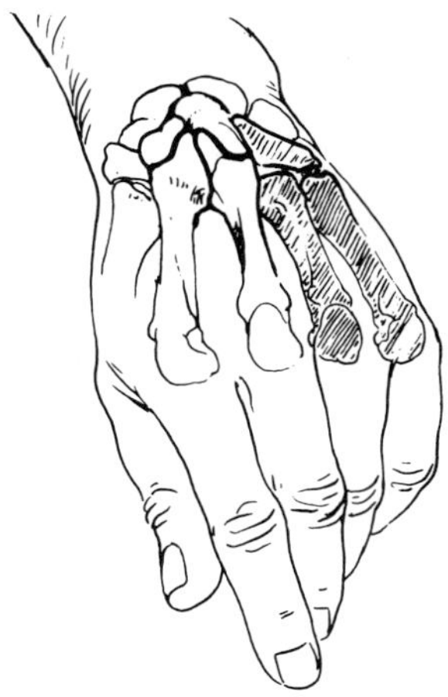

Abb. 35 Die Metakarpalia II und III liegen dicht unter der Haut und sind leicht tastbar.

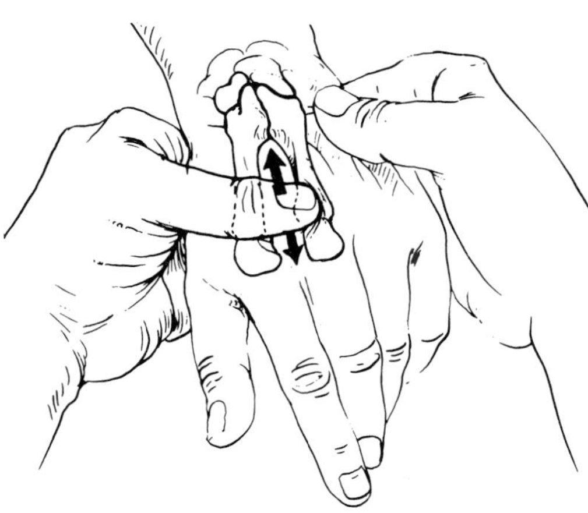

Abb. 36 Die Metakarpalia II und III sind unbeweglich (stabil).

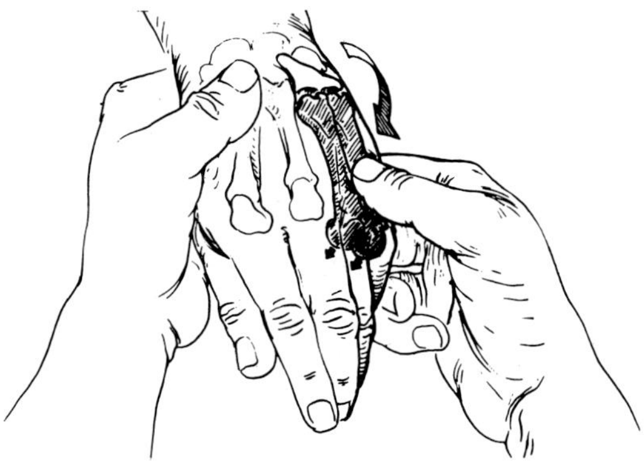

Abb. 37 Die Metakarpalia IV und V sind beweglich.

Phalangen. Jede Hand besitzt 14 Phalangen, da der Daumen zwei und alle übrigen Finger drei besitzen. Proximale und Mittelphalangen artikulieren im *proximalen Interphalangealgelenk*, distale und Mittelphalangen im *distalen Interphalangealgelenk* (Abb. 41). Gelegentlich werden Sie finden, daß sich ein Finger anders als die anderen Finger derselben Hand oder der entsprechende Finger der Gegenhand anfühlt. So kann beispielsweise ein frakturier-

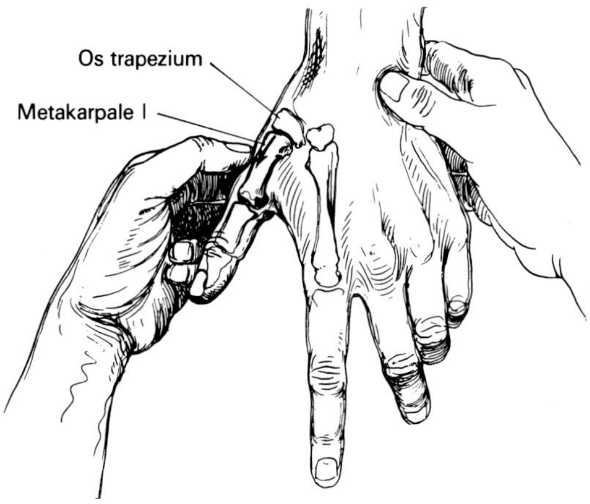

Abb. 38 Palpation des Metakarpale I.

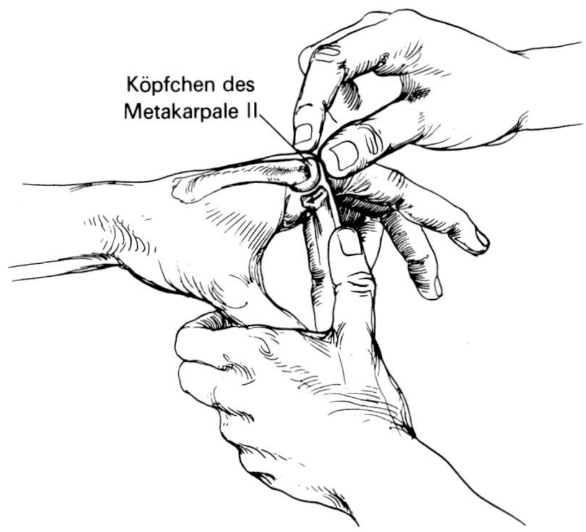

Abb. 40 Beugung im Fingergrundgelenk erleichtert die Knochenpalpation.

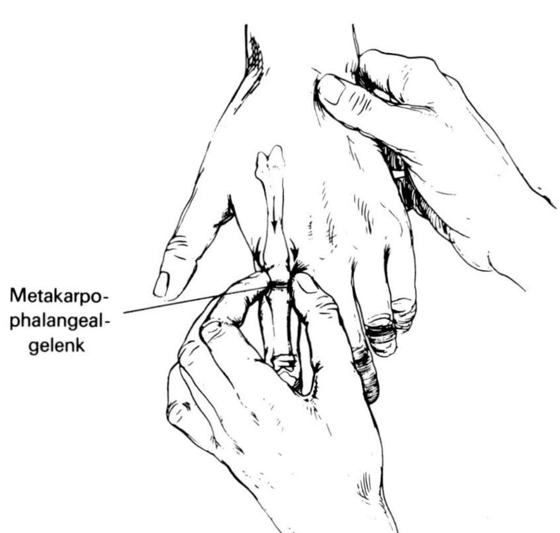

Abb. 39 Der Gelenkspalt der Metakarpophalangealgelenke ist tastbar.

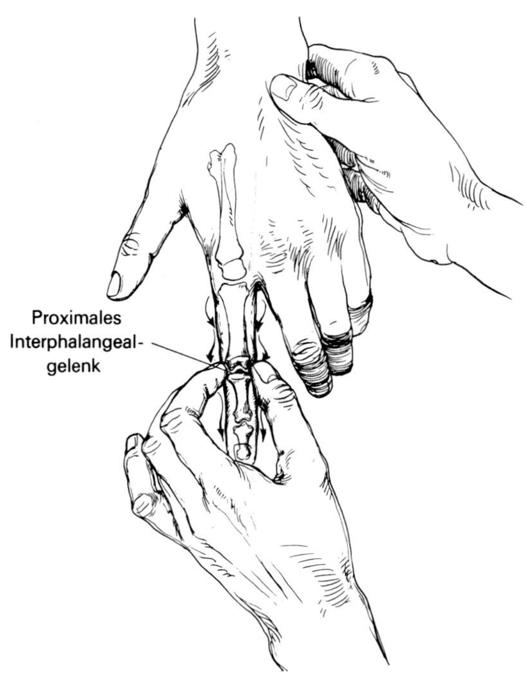

Abb. 41 Palpation der Phalangen.

ter Finger, der in Defektstellung geheilt ist, die gleichmäßig glatte Oberfläche einer seiner Phalangen verlieren und dafür einen Kallus an der Frakturstelle entwickeln. Die Interphalangealgelenke sollten auf Schwellungen, Schmerzhaftigkeit und Symmetrie untersucht werden, wobei die andere Hand zum Vergleich herangezogen wird.

Palpation der Weichteile

Die Untersuchung der Weichteile von Handwurzel und Hand wurde klinischen Regionen entsprechend unterteilt, um ein mehr klinisches Bild zu geben. Obwohl alle Regionen getrennt diskutiert werden, haben diese natürlich keine derart klare Begrenzung und sind klinisch und anatomisch eng verbunden.

Innerhalb des Handgelenks gibt es 6 dorsale Passagen oder Sehnenfächer (Abb. 47), in denen die Strecksehnen verlaufen. Auf der Palmarseite finden sich 2 Sehnenfächer, durch die Nerven, Arterien und Beugesehnen zur Hand ziehen. Diese Sehnenfächer und alle in ihnen liegenden Strukturen sind tastbar. Jede von ihnen wird im Detail innerhalb der betreffenden klinischen Region diskutiert.

Handgelenk: Region I – Processus styloideus radii

Tabatière. Diese Region liegt unmittelbar dorsal und distal vom Processus styloideus radii. Die sie begrenzenden Sehnen werden deutlicher, wenn der Daumen gestreckt ist (Abb. 45). An ihrer radialen Seite wird die Tabatière durch die Sehnen des M. abductor pollicis longus und des M. extensor pollicis brevis begrenzt. In ihrem Verlauf über den Processus styloideus radii graben sich diese beiden Sehnen eine kleine Rille an deren lateraler Seite (Abb. 44). Die Sehne des M. extensor pollicis longus und das Os scaphoideum stellen die ulnare Grenze der Tabatière dar (Abb. 43). Jede Schmerzhaftigkeit auf dem Boden der Tabatière deutet auf eine Fraktur hin. Gelegentlich läßt sich der tiefe Ast der A. radialis an der Stelle tasten, wo er das Os scaphoideum kreuzt (Abb. 46). Die Endäste des oberflächlich gelegenen N. radialis sind ebenfalls dort tastbar, wo sie die Sehne des M. extensor pollicis longus überkreuzen (Abb. 42).

Erstes Sehnenfach. Das in der Region I des Handgelenks liegende 1. Sehnenfach führt die Sehnen des M. abductor pollicis longus und des M. extensor pollicis brevis (Abb. 48). Wie bereits früher er-

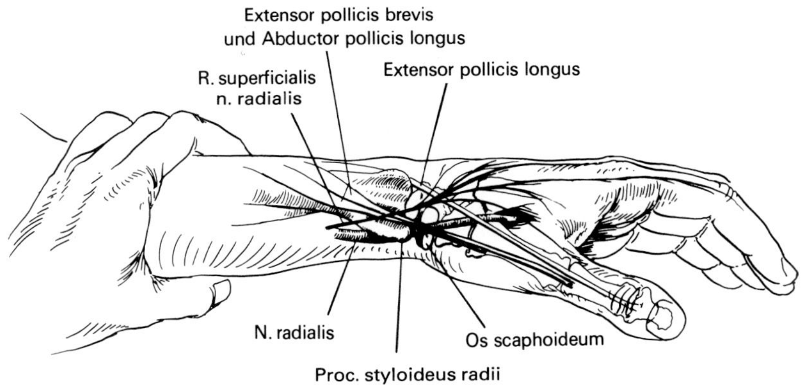

Abb. 42 Knochen- und Weichteilstrukturen im Bereich der Tabatière.

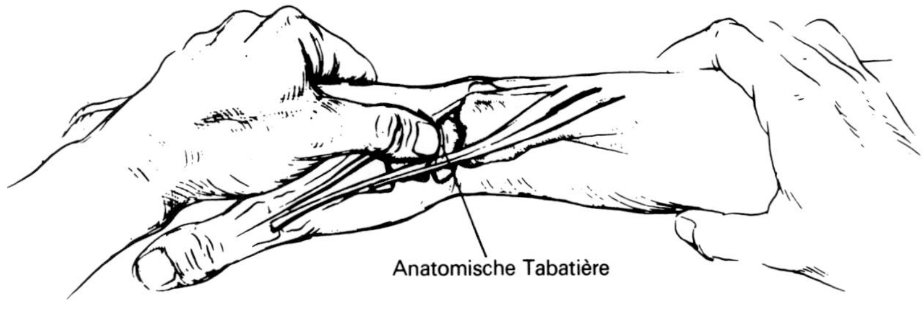

Abb. 43 Die Tabatière.

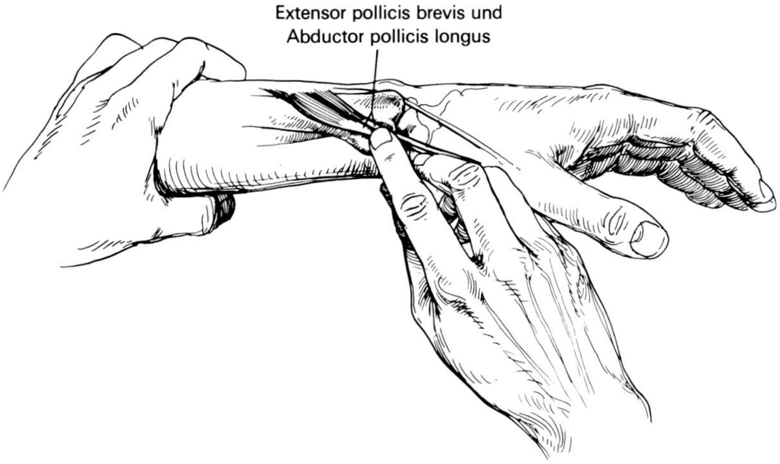

Abb. 44 Die radiale Begrenzung der Tabatière wird durch die Sehnen des Extensor pollicis brevis und des Abductor pollicis longus gebildet.

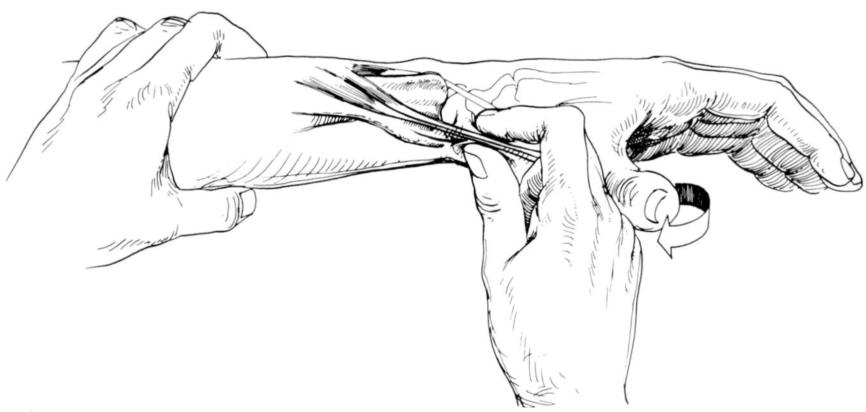

Abb. 45 Die Sehnen des Abductor pollicis longus und brevis lassen sich besser bei gestrecktem Daumen palpieren.

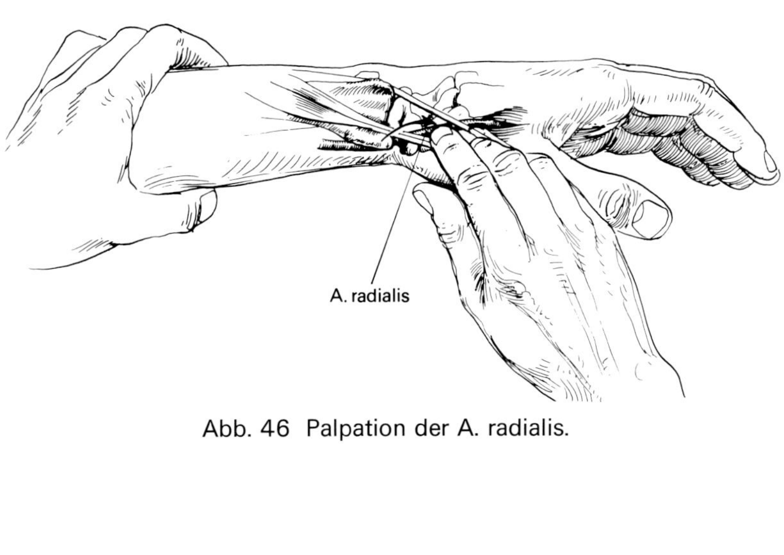

Abb. 46 Palpation der A. radialis.

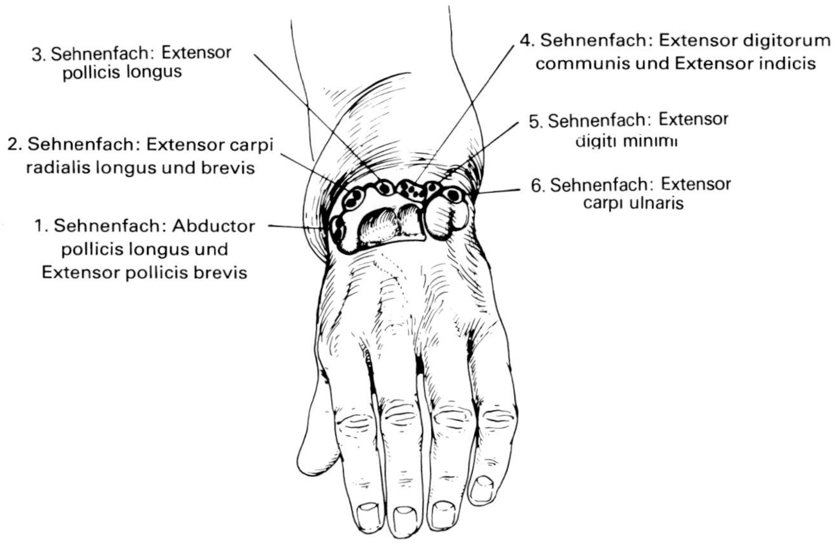

Abb. 47 Die Sehnenfächer des Handrückens mit den hindurchziehenden Strecksehnen.

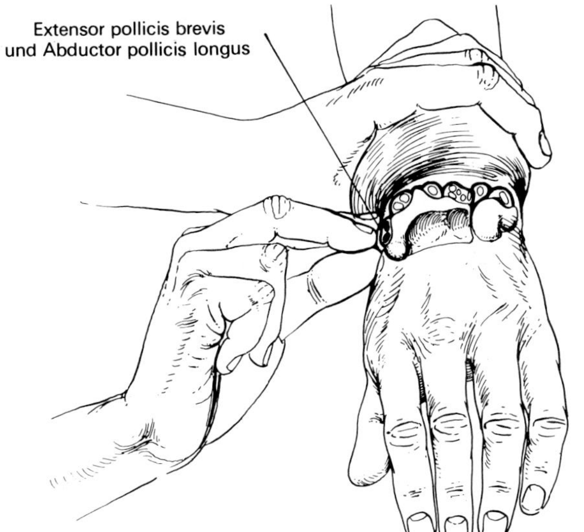

Abb. 48 Das erste Sehnenfach enthält die Sehnen des Abductor pollicis longus und des Extensor pollicis brevis.

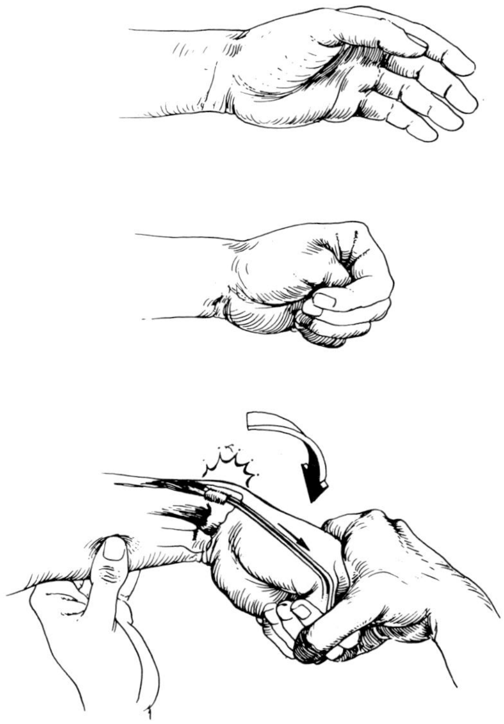

Abb. 49 Der Finkelstein-Test.

wähnt, stellen diese Sehnen die radiale Begrenzung der Tabatière dar. Bei gestrecktem Daumen können Sie beide Sehnen beim Verlassen des Sehnenfaches unterscheiden. Nahe ihrer Insertionsstelle und distal vom Sehnenfach liegt die Sehne des M. extensor pollicis brevis ulnar von der des M. abductor pollicis longus.

Wegen der dort auftretenden stenosierenden Tendovaginitis (DeQuervainsche Erkrankung) ist das erste Sehnenfach von klinischer Bedeutung, wobei eine Entzündung der auskleidenden Sehnenscheide die Tunnelöffnung verengt und zu Schmerzen bei Bewegung der Sehne führt. Schmerzhaftigkeit bei der Palpation dieser Gegend kann Zeichen einer derartigen Erkrankung sein.

Um gezielt nach einer stenosierenden Tendovaginitis der Sehnen im Bereich des ersten Sehnenfaches zu suchen, fordern Sie den Patienten auf, eine Faust zu machen und den Daumen unter die anderen Finger zu strecken. Fixieren Sie dann seinen Unterarm mit der einen Hand und winkeln Sie mit der anderen Hand das Handgelenk ulnarwärts ab. Fühlt der Patient dabei einen scharfen Schmerz im Gebiet des Sehnenfaches, so ist dies ein ausgesprochener Hinweis auf stenosierende Tendovaginitis (Finkelstein-Test) (Abb. 49).

Handgelenk: Region II – Das Listersche Höckerchen

Zweites Sehnenfach. Das zweite Sehnenfach auf der Radialseite des Listerschen Höckerchens enthält die Sehnen des M. extensor carpi radialis longus und des M. extensor carpi radialis brevis (Abb. 50).

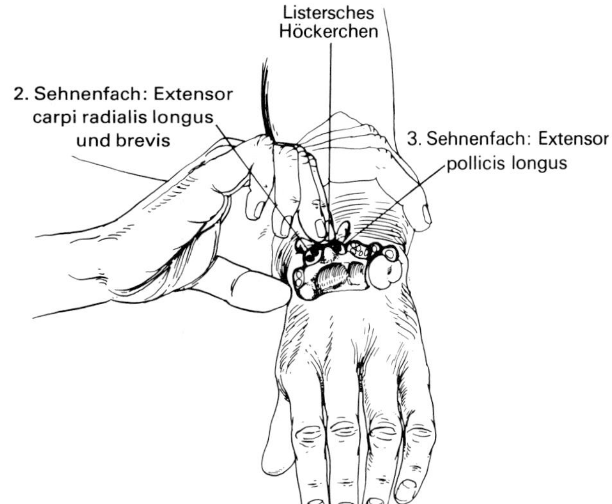

Abb. 50 Das zweite Sehnenfach enthält die Sehnen des Extensor carpi radialis longus und brevis.

Damit diese Sehnen palpiert werden können, muß der Patient seine Faust ballen. Die Sehnen springen dann etwas auf der Radialseite des Listerschen Hökkerchens hervor (Abb. 51). Sowohl die Sehne des M. extensor carpi radialis longus als auch die des brevis lassen sich als Sehnentransplantate verwenden (Abb. 52).

Drittes Sehnenfach. Das dritte Sehnenfach auf der Ulnarseite des Listerschen Höckerchens enthält die Sehne des M. extensor pollicis longus, der gleichzeitig die ulnare Grenze der Tabatière bezeichnet (Abb. 44, 50). An der Stelle, wo die Sehne des M. extensor pollicis longus das Listersche Höckerchen passiert, beschreibt sie eine Biegung von 45°. In ihrem weiteren Verlauf bis zum Daumen kreuzt sie dann die Sehnen der Mm. extensor carpi radialis longus et brevis des zweiten Sehnenfaches

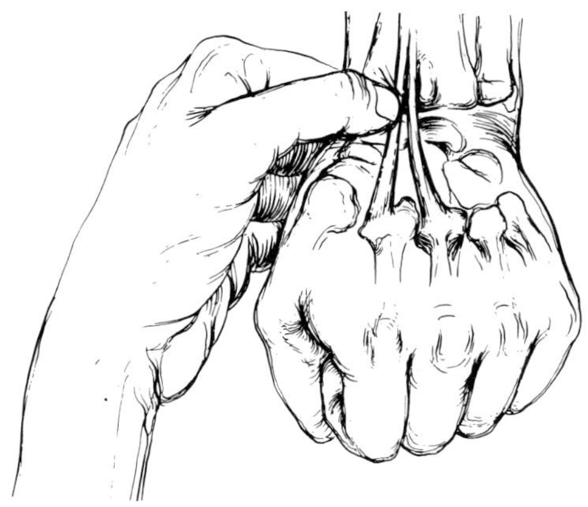

Abb. 51 Extensor carpi radialis longus und brevis werden sichtbar, wenn die Faust geballt ist.

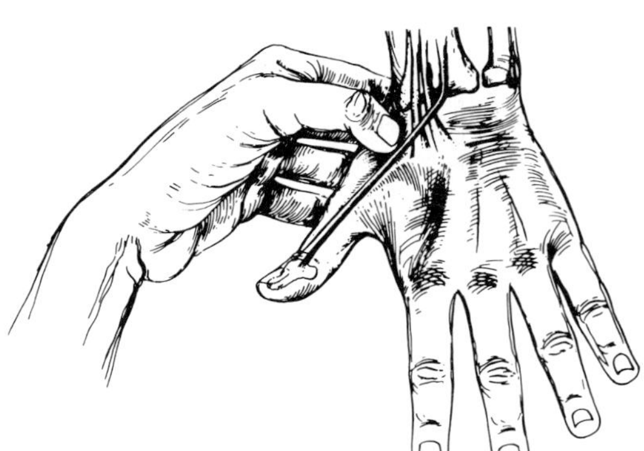

Abb. 52 Die Sehnen des Extensor carpi radialis longus und brevis verlaufen radial vom Tuberculum radii.

(Abb. 53). Achten Sie auf Zeichen einer Ruptur, während Sie die gesamte Länge der Sehne palpieren. Ist das Listersche Höckerchen durch eine Radiusfraktur in Mitleidenschaft gezogen (wobei eine Unregelmäßigkeit an dieser Stelle entsteht), so kann die Sehne des M. extensor pollicis longus infolge der zusätzlichen Reibung an dem aufgerauhten Tuberkulum reißen. Es ist durchaus nicht ungewöhnlich, eine Ruptur dieser Sehne im Zusammenhang mit einer rheumatischen Arthritis zu finden. Die im Gefolge dieser Erkrankung auftretende Synovitis erhöht die Reibung am Listerschen Höckerchen und führt zu einer Abnutzung der Sehne.

Viertes Sehnenfach. Das unmittelbar ulnar vom dritten Sehnenfach und radial vom Radioulnargelenk gelegene vierte Sehnenfach führt die Sehnen des M. extensor digitorum communis sowie die unabhängige Sehne des M. extensor indicis (Abb. 54).

Obgleich die Sehnen des M. extensor digitorum communis bei gestreckten Fingern zu fühlen sind, lassen sie sich doch nicht so deutlich palpieren, wie die Sehnen im ersten, zweiten und dritten Sehnenfach. Jede einzelne der Strecksehnen sollte im Bereich zwischen der Handwurzel und den Metakarpophalangealgelenken palpiert werden (Abb. 55). Nachdem Sie die Sehnen des M. extensor digitorum communis palpiert haben, fordern Sie den Patienten auf, seinen Zeigefinger zu beugen und zu strecken. Beachten Sie dabei die unabhängige Bewegung der Sehne des M. extensor indicis. Die Strecksehne des Zeigefingers sollte in ihrem Verlauf bis zum Zeigefinger selbst getastet werden. Beachten Sie, daß die Sehne in Höhe des Sehnenfaches nicht deutlich zu fühlen ist. Alle Strecksehnen des Handgelenks und der Finger können bei der rheumatoiden Arthritis mitbetroffen und dadurch bei einer Palpation schmerzhaft sein. Die Strecksehne des Zeigefingers wird manchmal chirurgisch transponiert, um die gerissene Sehne des Extensor pollicis longus zu ersetzen.

Zuweilen entwickelt sich eine zystische, erbsförmige Schwellung (Ganglion) mit gallertiger Konsistenz auf der Doral- oder Volarseite des Handge-

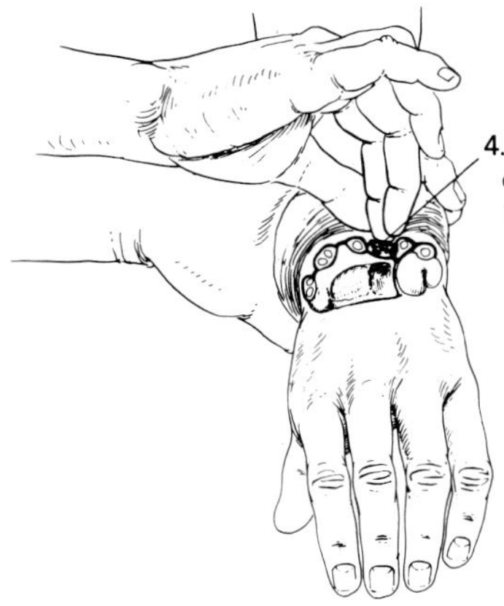

Abb. 54 Das vierte Sehnenfach enthält die Sehnen des Extensor digitorum und Extensor indicis.

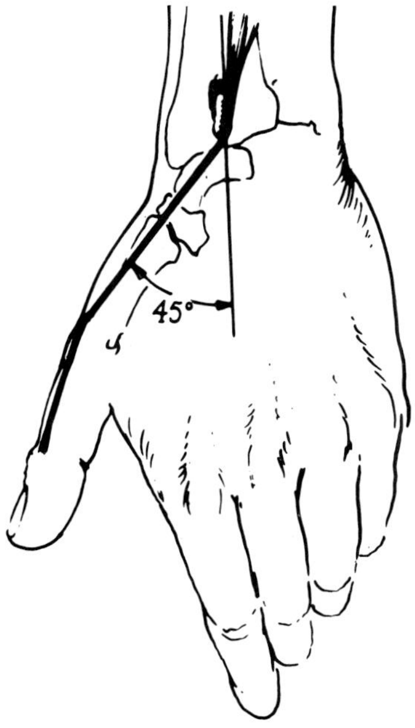

Abb. 53 Der Verlauf der Sehne des Extensor pollicis longus.

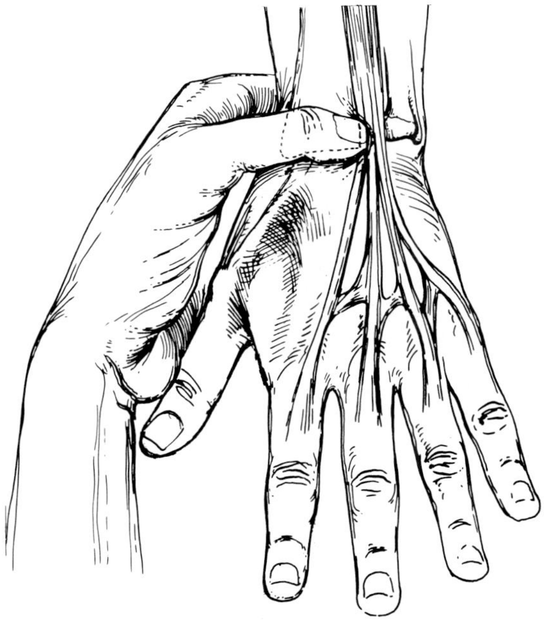

Abb. 55 Jede Sehne sollte an der Hand vom Karpus bis zum Metakarpophalangealgelenk palpiert werden.

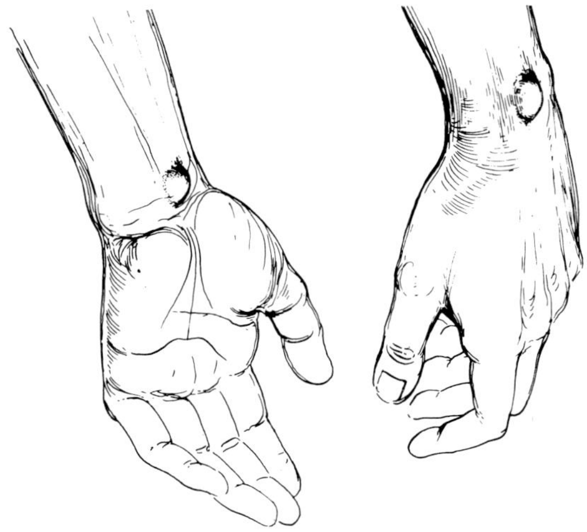

Abb. 56 Ganglien sind sowohl auf der Rück- als auch der Volarseite der Hand zu finden.

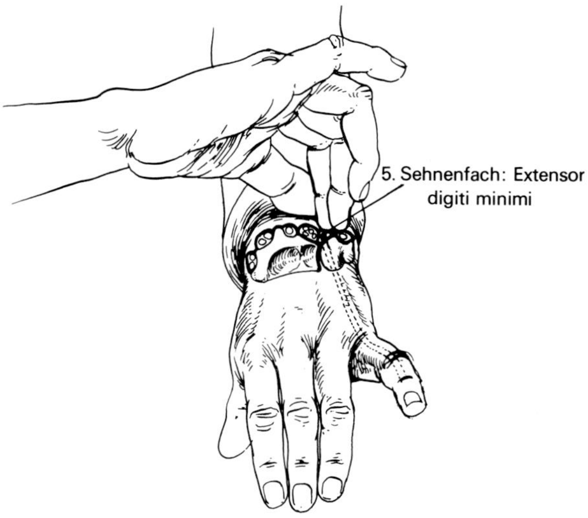

Abb. 57 Das fünfte Sehnenfach enthält den Extensor digiti minimi.

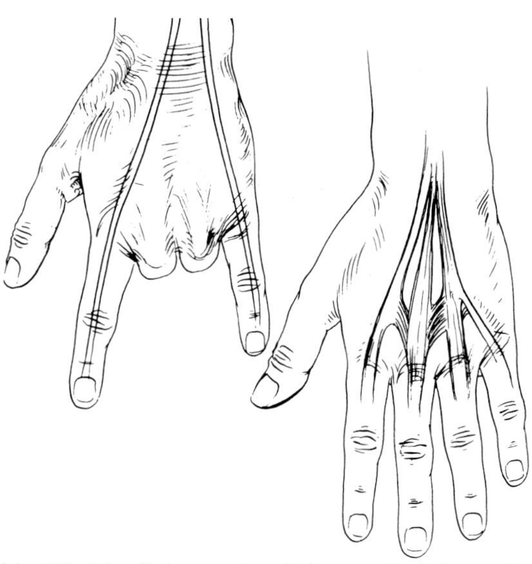

Abb. 58 Die Sehnen des Extensor indicis und des Extensor digiti minimi arbeiten unabhängig voneinander.

lenks. Im allgemeinen sind solche Ganglien nicht mit dem Bindegewebe verbacken und auch nicht bei der Palpation schmerzhaft (Abb. 56).

Handgelenk: Region III – Processus styloideus ulnae

Schmerzhaftigkeit in der Gegend des Processus styloideus ulnae ist entweder auf krankhafte Veränderungen im Griffelfortsatz selbst oder auf eine Radiusfraktur mit einer assoziierten Fraktur des Prozessus zurückzuführen. Wenn der Processus styloideus ulnae infolge einer rheumatoiden Arthritis erodiert ist, können sich lokaler Schmerz, Schwellung und möglicherweise Verformung entwickeln.

Fünftes Sehnenfach. Das fünfte Sehnenfach, das über dem distalen Ende des Radioulnargelenks auf dem Rücken des Handgelenks liegt, enthält die Sehne des M. extensor digiti minimi. Der Tunnel läßt sich als eine leichte Eindellung unmittelbar lateral vom Processus styloideus ulnae tasten. Zur Palpation der Sehne des M. extensor digiti minimi muß der Patient seine Handfläche auf einen Tisch oder ein Pult legen und dann seinen kleinen Finger abheben. Die Bewegung des Extensor digiti minimi kann dann in der Delle radial vom Processus styloideus ulnae gefühlt werden (Abb. 57). Gleich dem Extensor indicis kann sich die Sehne des Extensor digiti minimi unabhängig bewegen. Diese unabhängige Bewegung läßt sich dadurch demonstrieren, daß der Patient Zeige- und Kleinfinger streckt, während die anderen Finger gebeugt werden (im Volksmund «Hexenzeichen» genannt) (Abb. 58).

Die Sehne des Extensor digiti minimi liegt über dem Radioulnargelenk und kann bei einer rheumatoiden Arthritis des Gelenks beteiligt sein. Ebenso kann die Sehne entweder durch Reibung infolge einer dorsalen Luxation des Ulnaköpfchens oder durch eine Sehnenscheidenentzündung zerschlissen werden.

Sechstes Sehnenfach. Das in der Furche zwischen der Spitze des Processus styloideus ulnae und dem Ulnaköpfchen gelegene sechste Sehnenfach enthält die Sehne des M. extensor carpi ulnaris, die sich zwischen dem Processus styloideus und ihrer Insertion an der Basis des fünften Metakarpale tasten läßt (Abb. 59). Besser noch ist die Sehne des M. extensor carpi ulnaris tastbar, wenn das Handgelenk des Patienten gestreckt und ulnarwärts abgekippt ist (Abb. 60). Bei einer typischen Radiusfraktur mit Abriß des Processus styloideus ulnae kann das dorsale Ligament des sechsten Sehnenfaches reißen. Als Folge davon ist es möglich, daß die Extensorensehne während der Pronation über den

Processus styloideus luxiert. In diesem Falle tritt ein deutlich wahrnehmbares und hörbares Schnappen auf, das von Schmerz begleitet sein kann. Bei rheumatoider Arthritis kann die Sehne nach ulnar verlagert sein oder auch reißen.

Handgelenk: Region IV – Os pisiforme (Palmarseite)

M. flexor carpi ulnaris. Das Os pisiforme liegt über der Vorderfläche des Os triquetrum und wird durch den M. flexor carpi ulnaris eingeschlossen. Wenn das Handgelenk gegen einen Widerstand gebeugt wird, springt die Sehne des M. flexor carpi ulnaris proximal vom Os pisiforme auf der ulnaren Seite der Palmaris-longus-Sehne vor (Abb. 61). Palpieren Sie die Sehne am Unterarm nach proximal und kehren Sie dann zum Handgelenk zurück. Kalkablagerungen, die gelegentlich an der Insertion der Sehne auftreten, können starke Schmerzen verursachen. Die Sehne des M. flexor carpi ulnaris wird manchmal chirurgisch auf einen anderen Teil des Handgelenks und der Hand übertragen, um als Ersatz für eine Reihe pathologisch veränderter Muskel-Sehnen-Einheiten zu dienen.

Guyonscher Tunnel. Durch das Ligamentum pisohamatum wird die Vertiefung zwischen dem Os pisiforme und dem Os hamatum (Abb. 32, 33) in einen faserig-knöchernen Tunnel, das Guyonsche Fach umgewandelt. Das Guyonsche Fach ist von klinischer Bedeutung, weil es den N. ulnaris und die A. ulnaris enthält und Ort eines Kompressionstraumas sein kann. Obgleich weder Nerv noch Arterie deutlich unter der dicken Schicht der Weichteile über dem Fach tastbar sind, ist diese Gegend bei pathologischen Veränderungen ungewöhnlich schmerzhaft (Abb. 62, 63). Eine gewisse Schmerzhaftigkeit kann schon bei der Palpation jedes gesunden Nerven erwartet werden. Es ist deshalb wichtig, das Ausmaß der Schmerzhaftigkeit festzustellen und mit dem der anderen Seite zu vergleichen.

A. ulnaris. Der Puls der A. ulnaris ist proximal vom Os pisiforme tastbar, wo das Gefäß das Handgelenk an der Vorderseite der Ulna überkreuzt. Wenn Sie die Arterie gegen die Ulna pressen, können Sie den Pulsschlag fühlen (Abb. 64).

Handgelenk: Region V – M. palmaris longus und Karpaltunnel

M. palmaris longus. Die Palmaris-longus-Sehne halbiert die Plantarseite des Handgelenks. Ihr distales Ende markiert die palmare Oberfläche des Kar-

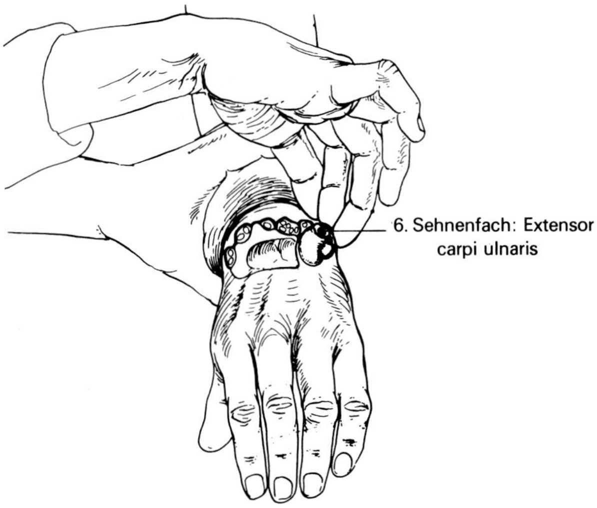

Abb. 59 Das sechste Sehnenfach enthält die Sehne des Extensor carpi ulnaris.

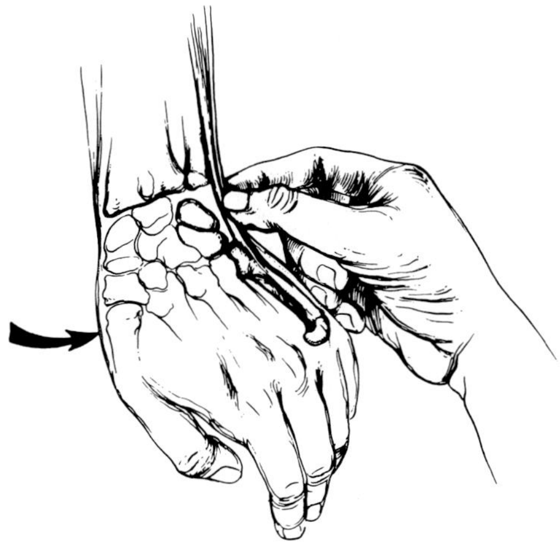

Abb. 60 Ulnare Abkippung der Hand erleichtert die Palpation der Sehne des Extensor carpi ulnaris.

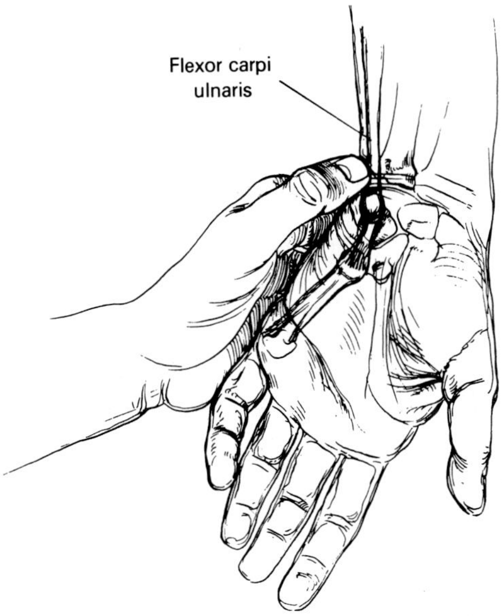

Abb. 61 Palpation der Sehne des Flexor carpi ulnaris.

paltunnels. Man erleichtert sich die Palpation dieser Sehne, wenn der Patient sein Handgelenk beugt und die Spitzen von Daumen und Kleinfinger zueinanderführt (Abb. 65). Hierbei tritt die Palmaris-longus-Sehne entlang der Mittellinie der palmaren Handgelenksseite deutlich hervor. Palpieren Sie die Sehne gradlinig hinauf zum Unterarm und dann wieder zurück bis zum Handgelenk.

Bei 7% der Bevölkerung fehlt die Palmaris-longus-Sehne. Solch ein Defekt ist unproblematisch, weil er die Funktion der Hand nicht behindert. Die Sehne ist von großer klinischer Bedeutung, weil sie häufig als Transplantat für den Ersatz verletzter Fingerbeugesehnen Verwendung findet.

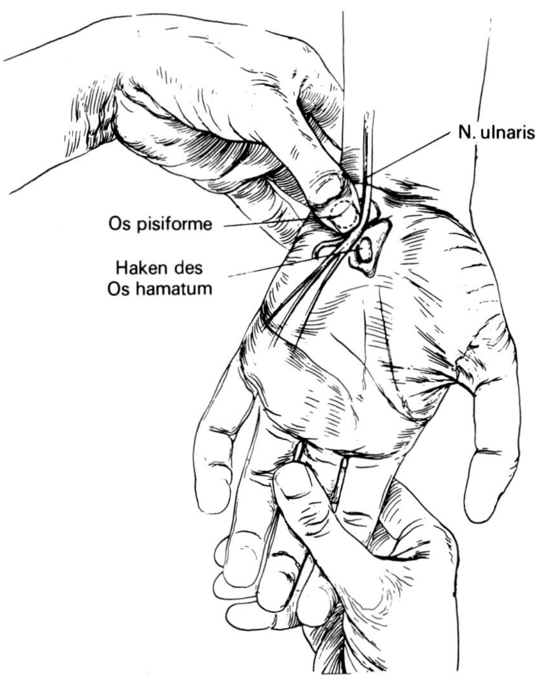

Abb. 62 Der Guyonsche Tunnel enthält den N. ulnaris und die A. ulnaris.

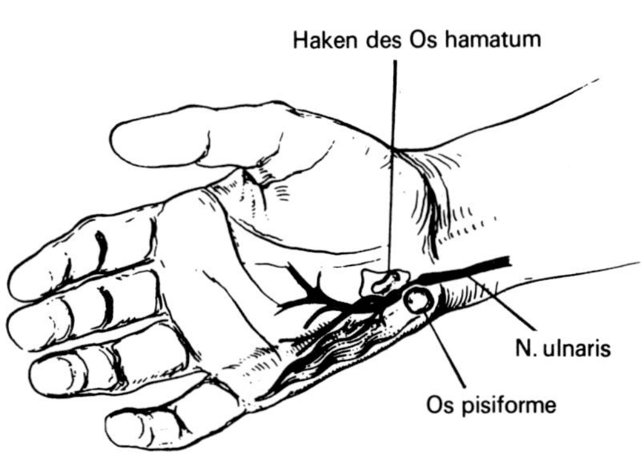

Abb. 63 Der Guyonsche Tunnel liegt zwischen dem Haken des Os hamatum und dem Os pisiforme. An dieser Stelle kann der N. ulnaris komprimiert werden.

Karpaltunnel. Der Karpaltunnel liegt tief unter der Palmaris-longus-Sehne und wird durch 4 knöcherne Vorsprünge begrenzt: Proximal durch das Os pisiforme und das Tuberculum ossis scaphoidei, distal durch das Os hamatum und das Tuberculum ossis trapezii (Abb. 66). Das Ligamentum carpi transversum ist Teil des Ligamentum carpi volare, verläuft zwischen diesen 4 Punkten und bildet eine fibröse Scheide, die den Karpaltunnel palmar innerhalb eines fasrigknöchernen Tunnels umschließt. Dorsal wird der Tunnel durch die Karpalknochen begrenzt. Der Tunnel führt den N. medianus und die Beugesehnen der Finger vom Unterarm zur Hand.

Der Karpaltunnel ist klinisch nicht nur wegen der in ihm verlaufenden Gebilde wichtig, sondern vor allem deshalb, weil eine Einengung des Karpaltunnels häufig zum sogenannten Karpaltunnelsyndrom und den daraus resultierenden klinischen Störungen führt. Bei diesem Syndrom kann die Kompression des N. medianus sowohl motorische als auch sensible Funktionen im Ausbreitungsgebiet des N. medianus in der Hand beeinträchtigen. Weniger häufig kann eine Verengung des Tunnels die in ihm verlaufenden Sehnen wie in einer Falle fangen und die Beugung der Finger einschränken, ja sogar verhindern. Eine Kompression des Karpaltunnels kann durch eine Reihe verschiedener Faktoren bedingt sein. Infrage kommen unter anderem die palmare Luxation des Os lunatum, Schwellungen nach einer typischen Radiusfraktur, Synovitis im Gefolge einer rheumatoiden Arthritis oder andere Ursachen, die

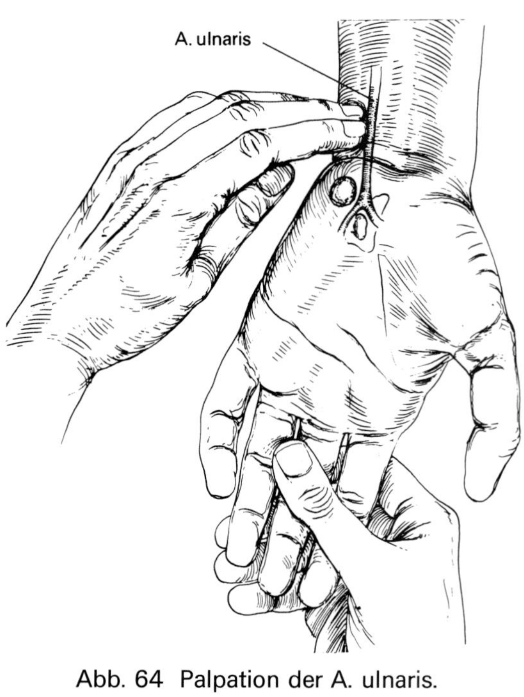

Abb. 64 Palpation der A. ulnaris.

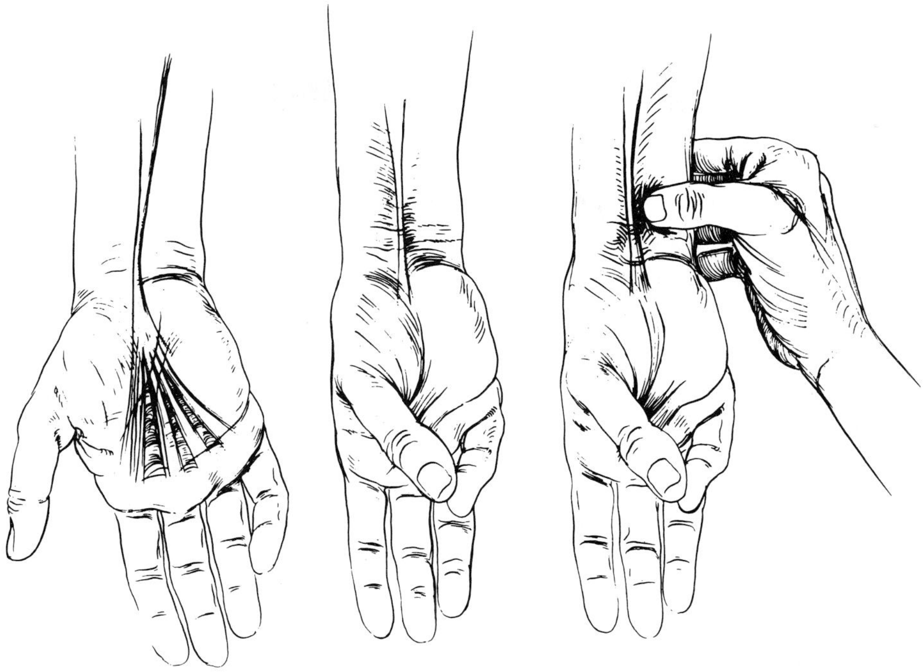

Abb. 65 Opposition von Daumen und Kleinfinger erleichtert die Palpation des Palmaris longus.

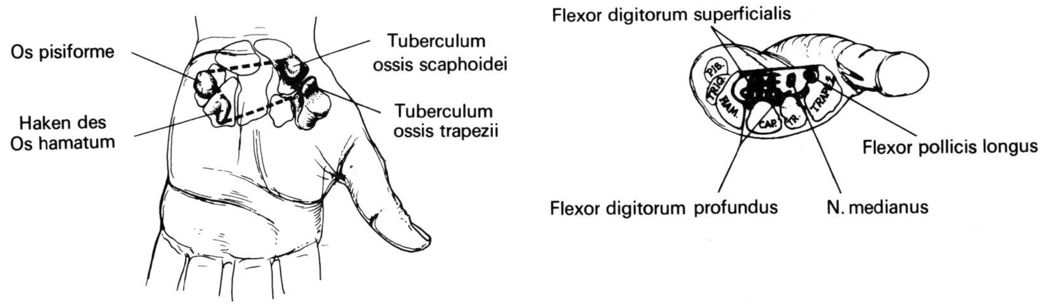

Abb. 66 Der Karpaltunnel enthält den N. medianus und die Beugesehnen der Finger. Proximal wird er durch das Os pisiforme und scaphoideum, distal durch den Haken des Os hamatum und das Os trapezium begrenzt.

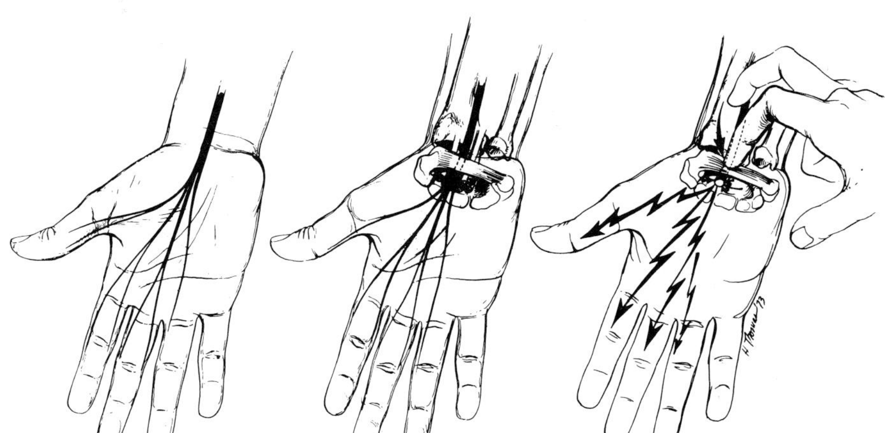

Abb. 67 Das Karpaltunnelsyndrom (links und Mitte). Rechts die Darstellung des Tinel-Zeichens.

eine Schwellung nach einem Trauma des Handgelenks nach sich ziehen. Dies können Zerrungen und zahlreiche Systemerkrankungen, wie Myxödem und Morbus Paget sein.

Die Diagnose eines Karpaltunnelsyndroms läßt sich dadurch bestätigen, daß Sie durch Beklopfen des Ligamentum carpi volare (Tinel-Zeichen) (Abb. 67) Schmerzen im Ausbreitungsgebiet des N. medianus hervorrufen oder reproduzieren.

Die für dieses Syndrom typischen Symptome, wie Kribbeln in den Fingern, können auch durch maximale Beugung des Handgelenks für mindestens eine Minute vorgerufen werden (Phalen-Test) (Abb. 68). Obgleich die anatomischen Gebilde im Karpaltunnel nicht tastbar sind, sollte sich der Untersucher ihrer Lokalisation bewußt sein, da nämlich deren Intaktheit von vitaler Bedeutung für die normale Funktion der Hand ist.

M. flexor carpi radialis. Die Sehne des M. flexor carpi radialis liegt radial von der Palmaris-longus-Sehne in Höhe des Handgelenks. Diese Sehne überkreuzt das Os scaphoideum, bevor sie an der Basis des zweiten Metakarpale inseriert und tritt in Höhe des Handgelenks mehr hervor, als dies bei der Sehne des M. flexor carpi ulnaris der Fall ist. Wenn der Patient sein Handgelenk beugt und die Hand nach radial abkippt, steht die Sehne neben der des M. palmaris longus hervor (Abb. 69). Palpieren Sie die Sehne nach proximal, bis sie unterhalb der Faszie undeutlich wird, die die Gruppe der Flexoren und Pronatoren bedeckt.

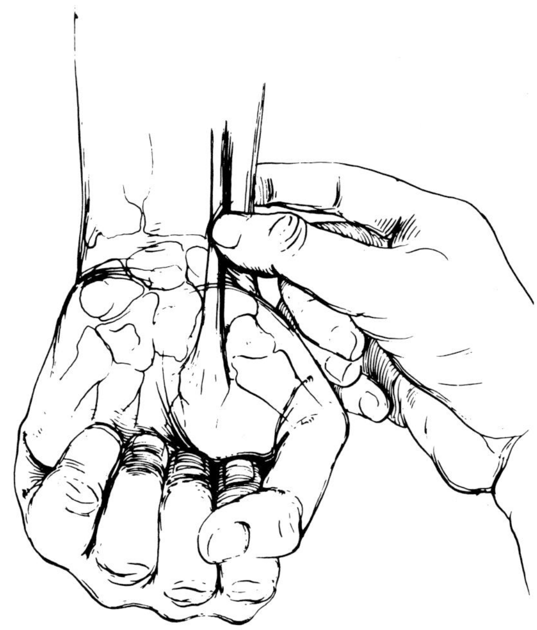

Abb. 69 Palpation der Sehne des Flexor carpi radialis.

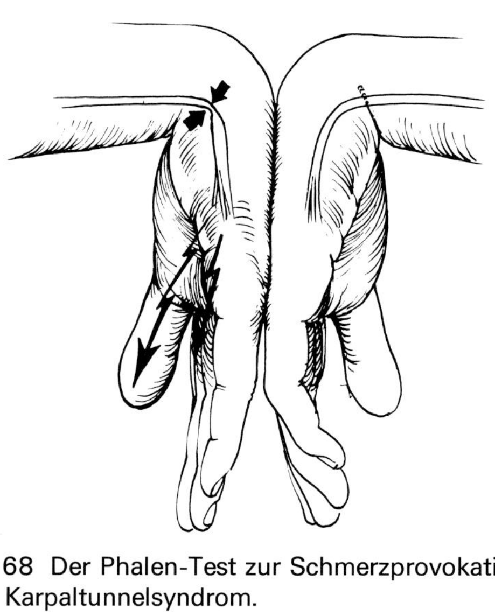

Abb. 68 Der Phalen-Test zur Schmerzprovokation beim Karpaltunnelsyndrom.

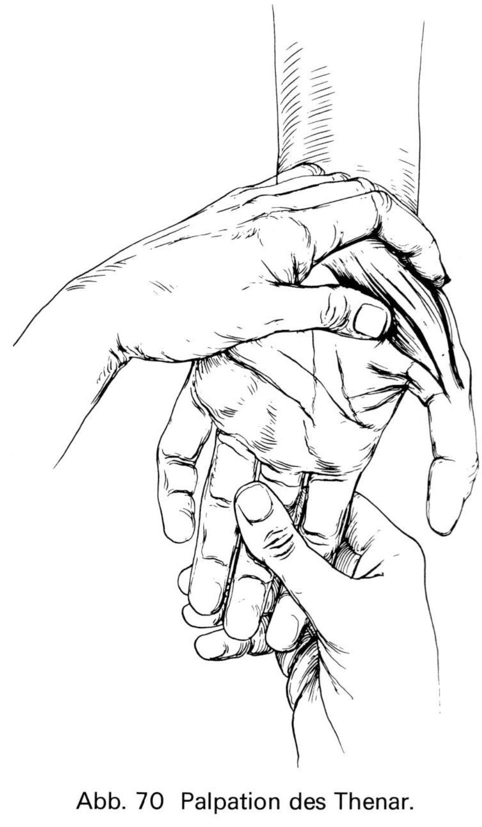

Abb. 70 Palpation des Thenar.

Hand: Region I – Daumenballen

Der Daumenballen liegt an der Basis des Daumens. Er setzt sich aus drei Muskeln zusammen, die die Bewegung des Daumens ermöglichen: M. abductor pollicis brevis (oberflächliche Schicht), M. opponens pollicis (mittlere Schicht), M. flexor pollicis brevis (tiefe Schicht). Er fühlt sich bei der Berührung fleischig an und ist beweglich, da ihn keine Faszie bedeckt (Abb. 70). Der Daumenballen der bevorzugten Hand sieht für gewöhnlich etwas stärker entwickelt aus als auf der anderen Seite. Bei der Untersuchung sollten Sie auf Hypertrophie oder Atrophie achten und gleichzeitig einen Vergleich mit der anderen Hand im Hinblick auf sichtbare oder tastbare Unterschiede in Größe, Form und Konsistenz anstellen.

Die Kompression des N. medianus im Karpaltunnel kann eine Atrophie des Daumenballens hervorrufen, da seine Muskeln durch den rückläufigen Ast des N. medianus versorgt werden. Achten Sie auf eine Atrophie des Daumenballens und ein besonders gut tastbares Metakarpale, falls Sie ein Karpaltunnelsyndrom vermuten. Im Anfangsstadium der Atrophie erscheint der Muskelballen zunächst abgeflacht. Später sind die Folgen der pathologischen Veränderungen augenscheinlicher, und anstelle des sonst vorspringenden Muskels erscheint eine Aushöhlung (Abb. 73).

Hand: Region II – Kleinfingerballen

Der Kleinfingerballen liegt unmittelbar proximal vom kleinen Finger und besitzt eine Längsausdehnung bis zum Os pisiforme. Auch dieser Muskelwulst besteht aus drei beweglichen Muskeln: dem M. abductor digiti minimi, dem M. opponens digiti minimi und dem M. flexor digiti minimi. Diese drei Muskeln lassen sich voneinander nicht unterscheiden, da sie in Schichten übereinander liegen (Abb. 71).

Der Kleinfingerballen sollte auf Hypertrophie oder Atrophie untersucht werden. Da er vom N. ulnaris versorgt wird, kann eine Kompression des N. ulnaris im Guyonschen Fach oder weiter proximal in der Extremität zu einer Atrophie führen (Abb. 72, 73). Eine Nervenkompression verändert auch die Gefühlsqualität im Ausbreitungsgebiet des N. ulnaris.

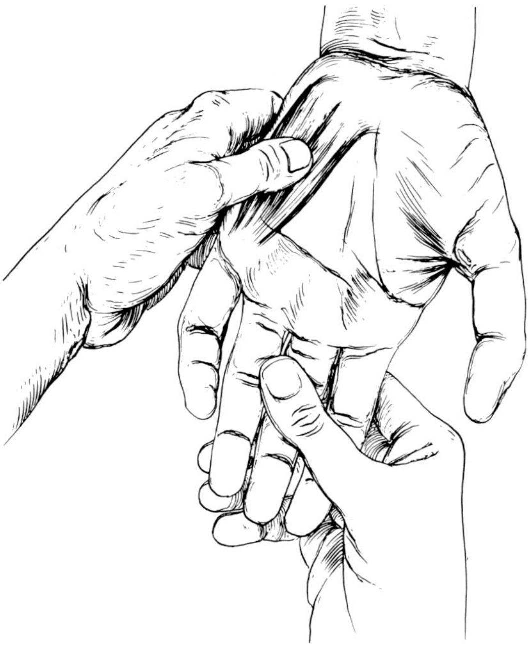

Abb. 71 Palpation des Hypothenar.

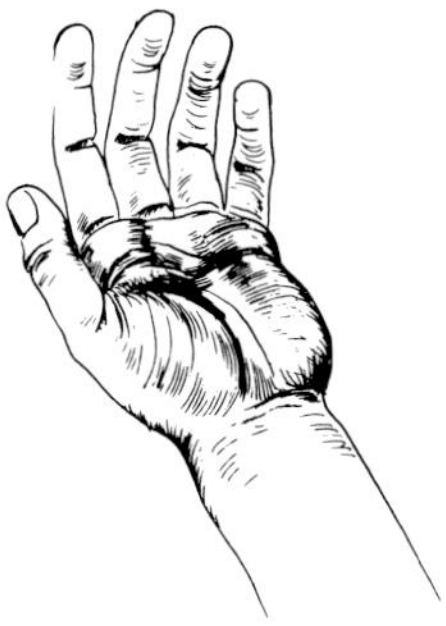

Abb. 72 Normal ausgeprägtes Thenar und Hypothenar.

Abb. 73 Atrophie von Thenar und Hypothenar.

Hand: Region III – Hohlhand

Die Strukturen innerhalb der Hohlhand sind wegen der dicken Muskelpolster (Daumen- und Kleinfingerballen) sowie der sie bedeckenden Palmarfaszie nicht deutlich zu tasten. Die tief unterhalb der Palmarfaszie gelegenen Beugesehnen sind kaum zu fühlen, Nerven und Blutgefäße der Hohlhand können überhaupt nicht palpiert werden.

Palmaraponeurose. Die Palmaraponeurose besteht aus vier breiten, auseinanderstrebenden Bändern, die bis zu den Fingerbasen reichen (Abb. 74). Die Palmarfaszie muß auf Verdickungen in Form diskreter Knötchen untersucht werden, die in der Regel auf der ulnaren Seite proximal vom Ring- und Kleinfinger zu finden sind. Diese diskreten Knötchen können eine Beugedeformität der Finger bedingen (Dupuytrensche Kontraktur) (Abb. 75).

Beugesehnen der Finger. Die Beugesehnen der Finger verlaufen in einer gemeinsamen Scheide tief unter den Fasern der Faszie und können gelegentlich tastbar sein, auch wenn sie es in der Regel nicht sind. Falls Sie die Beugesehenen tasten können, sollten Sie auf Schmerzhaftigkeit als Folge eines direkten Traumas achten.

Für die Sehnenpalpation muß der Patient die Finger beugen und strecken. Ein plötzlich auftretendes tastbares und hörbares Schnappen eines Fingers bei Bewegung deutet auf einen «springenden Finger» hin. Dieses Springen wird in der Regel durch ein Knötchen in der Beugesehne verursacht, das sich in dem engeren ringförmigen Bandapparat gegenüber dem Metakarpalköpfchen verfängt (Abb. 76). Es kann sowohl bei Beugung als auch Streckung auftreten. Ein ähnliches Geräusch bei der Bewegung des Daumens, das auf einen «springenden Daumen» hinweist, ist ein bekannter Befund.

Hand: Region IV – Handrücken

Strecksehnen. Die Strecksehnen verlaufen entlang dem Handrücken. Sie werden tastbar bei gestreckten Fingern und leicht gestrecktem Handgelenk. Bei Druck gegen die Rückseite der gestreckten Finger springen die Strecksehnen hervor, insbesondere an der Stelle, wo sie die Metakarpophalangealgelenke kreuzen.

Jede Sehne sollte proximal und distal von diesem Gelenk für sich palpiert werden. Jede Schmerzhaftigkeit kann das Resultat einer überspannten oder rupturierten Sehne sein. Bei rheumatoider Arthritis können die Strecksehnen auf die Ulnarseite der Metakarpophalangealgelenke verlagert sein und eine ulnarseitige Abweichung der Finger verursachen.

Hand: Region V – Phalangen

Die Finger selbst besitzen keine Muskeln und werden lediglich durch ihre Beuge- und Strecksehnen bewegt. Palpieren Sie zuerst die Weichteile um die proximalen Interphalangealgelenke. Die dorsalen und palmaren Oberflächen der proximalen In-

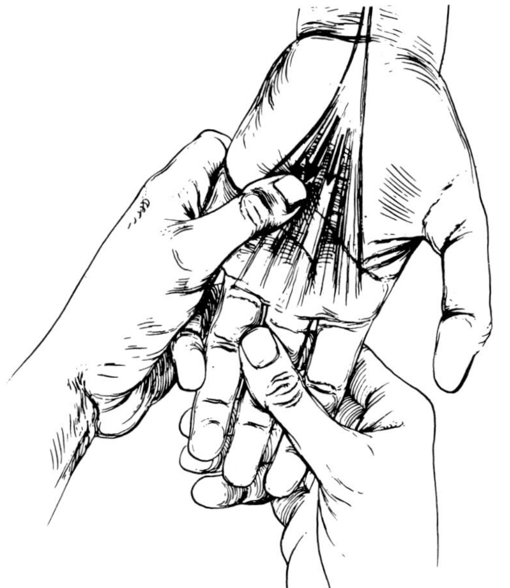

Abb. 74 Die Palmaraponeurose.

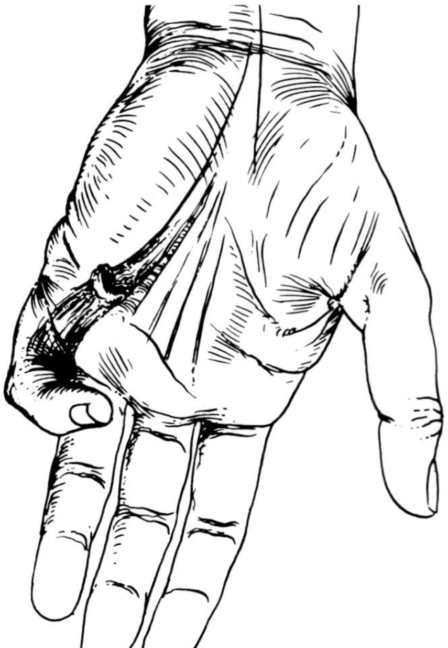

Abb. 75 Dupuytrensche Kontraktur.

terphalangealgelenke fühlen sich glatt an, weil die Beuge- und Strecksehnen der Finger über sie hinwegziehen. Lateral erscheinen die Gelenke spindelförmig, da sie von einer dicken Gelenkkapsel und den Seitenbändern bedeckt werden (Abb. 77). Verdickte Gelenke sollten sorgsam palpiert werden, da sie schmerzhaft sein können. Eine abnorme spindelförmige Auftreibung kann Zeichen einer Synovitis im Gefolge einer rheumatischen Arthritis sein (Bouchardsche Knoten). Eine rheumatoide Arthritis kann gelegentlich eine sogenannte Schwanenhalsdeformität hervorrufen, die dann entsteht, wenn das proximale Interphalangealgelenk überstreckt und das distale Interphalangealgelenk gebeugt ist (Abb. 79).

Wenn der zentrale Zügel der Sehne des M. extensor digitorum communis von seiner Insertion an der Basis der Mittelphalanx abgerissen ist, kommt es zu einer deutlichen Beugung im proximalen Interphalangealgelenk, während das distale Interphalangealgelenk gestreckt ist. Bei dieser Deformität, der «Knopflochdeformität», besteht eine Schmerzhaftigkeit der Mittelphalanx (Abb. 80).

Ähnlich wie beim proximalen Interphalangealgelenk sollte sich das distale Interphalangealgelenk auf seiner dorsalen und volaren Oberfläche glatt und an seinen Seiten spindelförmig anfühlen. Jede einseitige Schwellung oder Schmerzhaftigkeit bei der Palpation sollte vermerkt werden. Diskrete, aber tastbare knöcherne Knötchen (Heberdensche Knötchen), die sich an der dorsalen und seitlichen

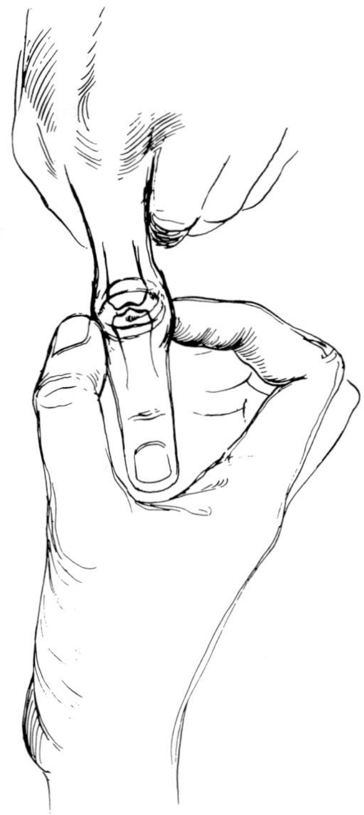

Abb. 77 Das proximale Interphalangealgelenk wird druch eine kräftige Gelenkkapsel und die Ligg. collateralia bedeckt.

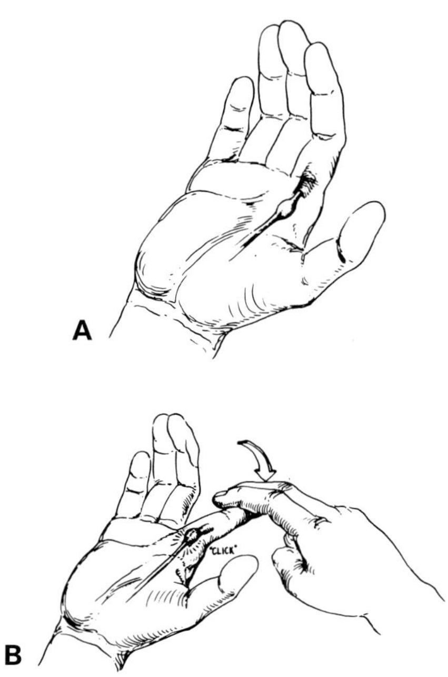

Abb. 76 A und B Schnellender Finger.

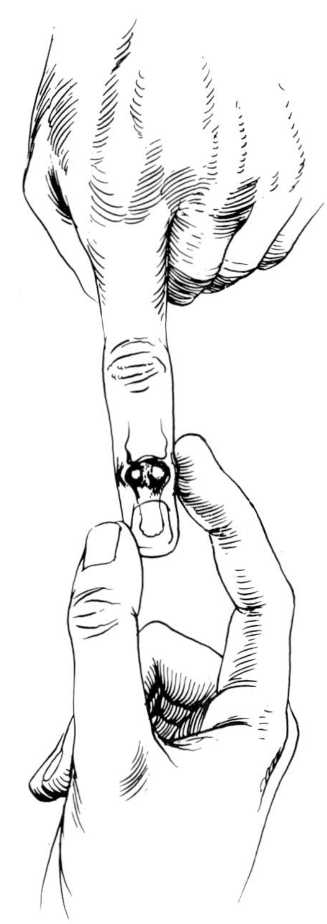

Abb. 78 Heberdensche Knötchen.

Abb. 79 Schwanenhalsdeformität.

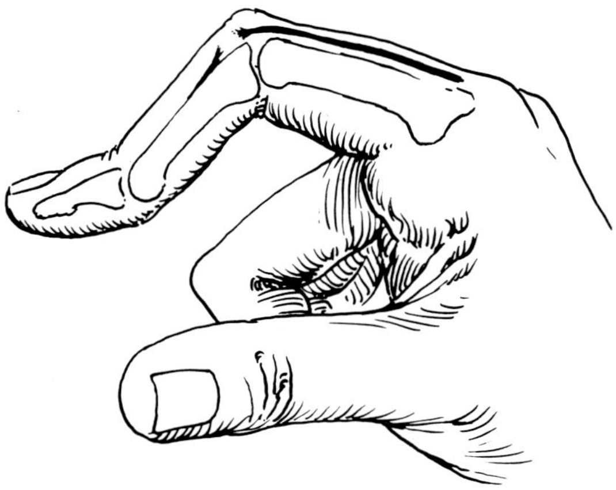

Abb. 80 Knopflochdeformität.

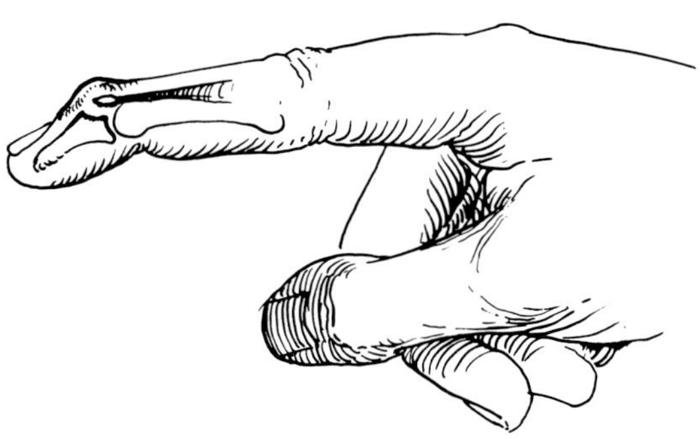

Abb. 81 Hammerfinger.

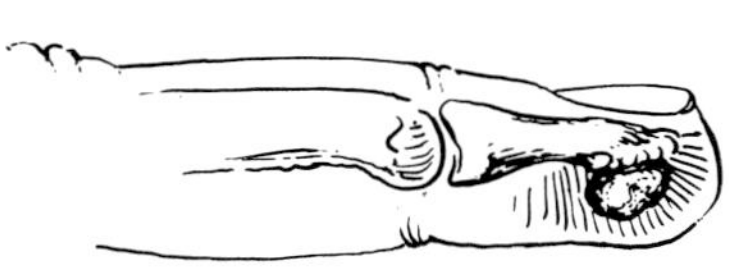

Abb. 82 Infektion der Fingerbeere (Panaritium).

Oberfläche der distalen Interphalangealgelenke finden (Abb. 78), können Hinweis auf eine Osteoarthritis sein.

Ist die distale Insertion der Sehne des M. extensor digitorum communis zusammen mit einem kleinen Knochenfragment aus der distalen Phalanx herausgerissen, läßt sich eine knöcherne Wucherung auf der dorsalen Oberfläche des distalen Interphalangealgelenks tasten. Das Gelenk kann schmerzhaft auf Berührung und der Patient unfähig sein, den Finger vollständig zu strecken. Diese Deformität ist bekannt unter dem Namen «Hammer-Finger» (Abb. 81).

Hand: Region VI – Fingerkuppen

Die an fast jeder Bewegung und Funktion der Hand teilnehmenden Fingerkuppen enthalten die meisten sensiblen Nervenendigungen. Pathologische Veränderungen der Fingerkuppen werden als gravierend angesehen, da durch sie die vitalen Handfunktionen beeinträchtigt werden.

Die Fingerenden sind besonders empfindlich gegenüber Infektionen. Eine umschriebene Infektion (eine Nagelbetteiterung) der Fingerkuppe besitzt keine Möglichkeit der Entlastung, da sie in den Septen zwischen Haut und Knochen eingeschlossen wird (Abb. 82). Bei einer solchen Infektion steigt der Druck im Verhältnis zur Menge des Eiters, so daß diese Stelle sehr schmerzhaft wird.

Da die Infektion eines Fingers sich nach proximal ausdehnen kann, sollte der Handrücken auf Schwellung und rote Streifen untersucht werden. Liegt eine Schwellung vor, sollten die suprakondylären und axillären Lymphknoten auf eine Vergrößerung hin untersucht werden, da die Drainage vom Infektionsort dem Verlauf der Lymphbahnen folgt.

Eine von den Fingerkuppen ausgehende Infektion kann sich auch entlang den Sehnenscheiden ausdehnen und die 4 Kanavelschen Zeichen hervorrufen: 1. die Finger werden in Beugestellung gehalten, 2. es besteht eine generelle Schwellung des Fingers, 3. passive Streckung des Fingers führt zu starkem Schmerz und 4. ist die Palpation der Sehnenscheiden schmerzhaft.

Ein Umlauf (Paronychie) beginnt gewöhnlich an der Seite des Fingernagels, bleibt aber nicht begrenzt, sondern dehnt sich auf die Nagelbasis aus (Abb. 83).

Bewegungsumfang

Handgelenk und Finger werden getrennt untersucht. Die Funktionen des Handgelenks sind:

1. Beugung
2. Streckung
3. Radiale Abduktion
4. Ulnare Abduktion
5. Supination des Unterarms
6. Pronation des Unterarms

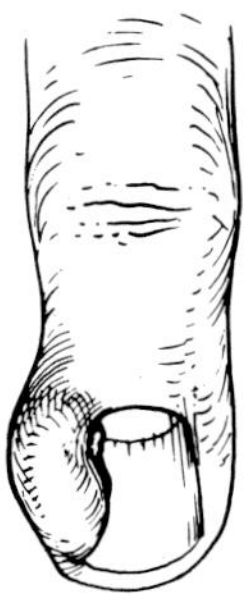

Abb. 83 Nagelwallpanaritium (Paronychie).

Die Untersuchung der Fingerbewegung erstreckt sich auf:

1. Beugung und Streckung in den Metakarpophalangealgelenken
2. Fingerbeugung und -streckung in den Interphalangealgelenken
3. Abduktion und Adduktion der Finger in den Metakarpophalangealgelenken
4. Beugung und Streckung des Daumens im Metakarpophalangealgelenk und im Interphalangealgelenk (transpalmare Abduktion und radiale Abduktion)
5. Abduktion und Adduktion des Daumens im Karpometakarpalgelenk (palmare Abduktion)
6. Opposition des Daumens

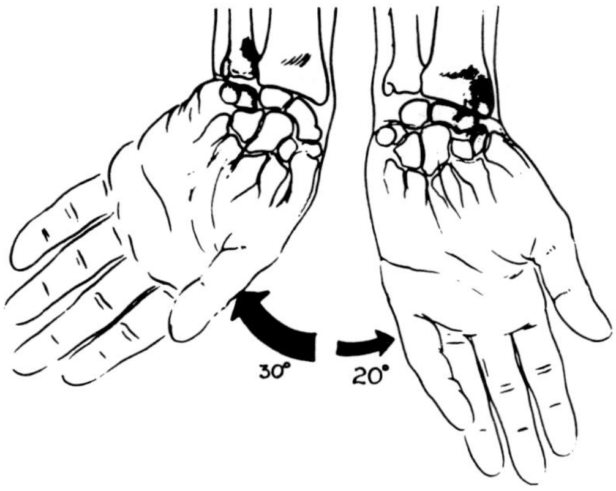

Abb. 84 Ulnare und radiale Abkippung im Handgelenk.

Aktive Beweglichkeit

Wenn Sie den Bewegungsumfang des Handgelenks und der Hand untersuchen, ist der Vergleich mit der anderen Seite hilfreich, um gegebenenfalls eine Einschränkung festzustellen. Der Patient sollte in der Lage sein, die aktiven Untersuchungen ohne Anstrengung oder Zeichen von Schmerz auszuführen. Ergeben sich jedoch Schwierigkeiten, oder sollte der Patient nicht in der Lage sein, die aktiven Tests befriedigend auszuführen, sind die passiven Untersuchungsmethoden angezeigt.

Beugung und Streckung des Handgelenks. Fordern Sie den Patienten auf, das Handgelenk zu beugen und zu strecken. Eine normale Beugung sollte bis 80°, gerechnet von der Neutralstellung, möglich sein. Für die Streckung gelten 70° als normal (Abb. 85).

Abkippung ulnar- und radialwärts. Fordern Sie den Patienten auf, sein Handgelenk von einer Seite zur anderen zu kippen, d. h. von ulnar- nach radialwärts. Dabei ist die ulnare Abkippung die größere, da die Ulna nicht so weit nach distal reicht wie der Radius und zudem nicht direkt mit der Handwurzel artikuliert. Bei der ulnaren Abduktion entsteht ein Winkel von etwa 30°, während das Handgelenk radialwärts etwa 20° gekippt werden kann (Abb. 84).

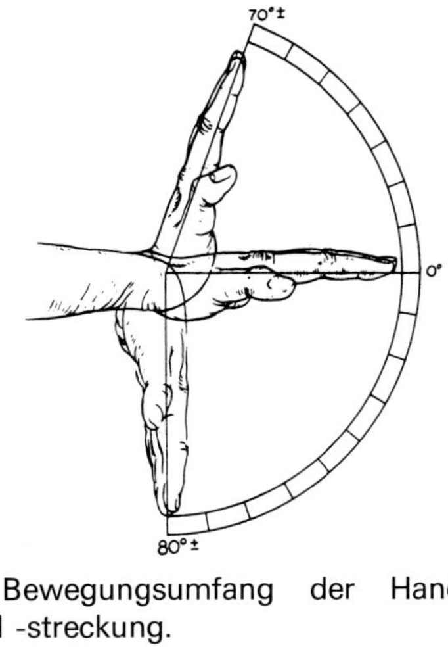

Abb. 85 Bewegungsumfang der Handgelenkbeugung und -streckung.

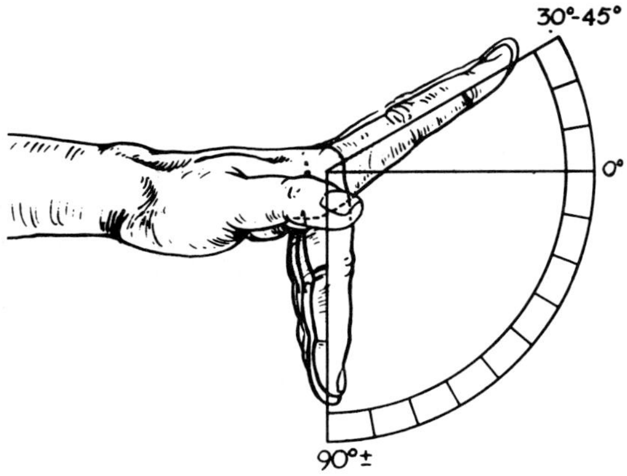

Abb. 86 Bewegungsumfang von Beugung und Streckung im Metakarpophalangealgelenk.

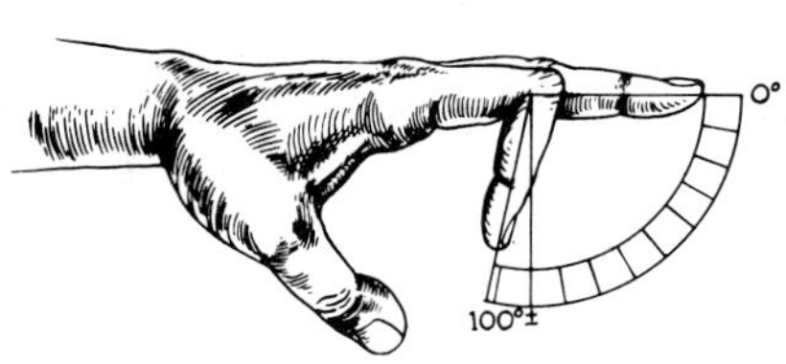

Abb. 87 Bewegungsumfang von Beugung und Streckung im proximalen Interphalangealgelenk.

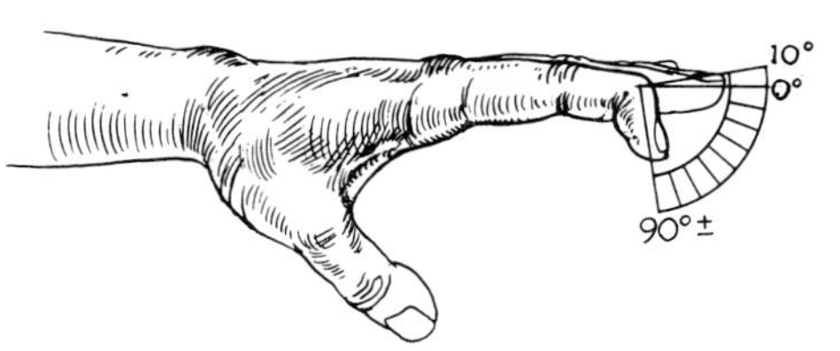

Abb. 88 Bewegungsumfang von Beugung und Streckung im distalen Interphalangealgelenk.

Supination und Pronation. Untersuchungen werden im Kapitel «Ellbogen», Seite 48 angegeben.

Beugung und Streckung der Finger. Um die Beugung und Streckung der Finger in den Metakarpophalangeal-, den proximalen und distalen Interphalangealgelenken zu untersuchen, muß der Patient zunächst eine Faust machen und dann die Finger strecken. Dabei stellen Sie zunächst fest, ob alle Finger gleichmäßig an dieser Bewegung teilnehmen. Bei der normalen Beugung schließen sich alle Finger zusammen in einer gleichmäßigen Bewegung, wobei sie die Hohlhand in Höhe der distalen Palmarfalte berühren (Abb. 86–88). Bei der normalen Streckung bewegen sich die Finger gleichermaßen und erreichen eine gestreckte, gelegentlich auch eine überstreckte Haltung. Die Streckung ist nicht innerhalb der Norm, wenn der Patient nur mit Schwierigkeiten einen oder mehrere Finger aus der Hohlhand herausbringen kann, wenn seine Finger eine unvollständige Streckung erreichen oder sich überhaupt nicht bewegen. Achten Sie auf eine plötzliche forcierte Bewegung, die die eingeschränkte Beweglichkeit eines einzelnen Fingers verschleiern kann.

Abduktion und Adduktion der Finger. Fordern Sie den Patienten auf, seine Finger zu spreizen und dann wieder zusammenzubringen (Abb. 89). Abduktion und Adduktion werden klinisch von einer Achse aus gemessen, die durch den Mittelfinger läuft. Bei der Abduktion sollten die Finger sich

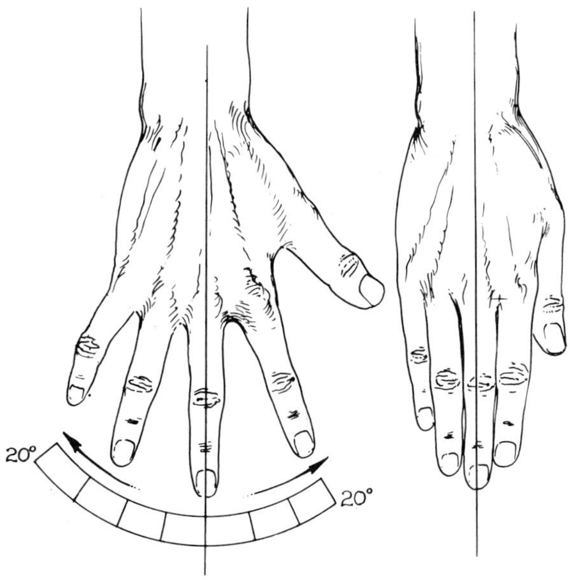

Abb. 89 Fingerabduktion und -adduktion.

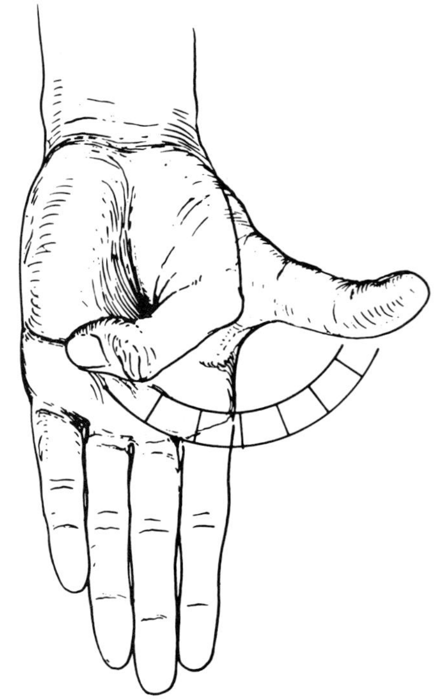

Abb. 90 Daumenbeugung und -streckung.

gleichmäßig um 20° von dieser Achse entfernen. Bei der Adduktion sollten sie zusammenkommen und einander berühren.

Beugung des Daumens. Lassen Sie den Patienten seinen Daumen über die Hohlhand legen und den Kleinfingerballen berühren (Abb. 90–92). Diese transpalmare Adduktion dient zur Untersuchung der aktiven Beugung im Metakarpophalangeal- sowie im Interphalangealgelenk des Daumens.

Streckung des Daumens (radiale Abduktion). Hierbei soll der Patient seinen Daumen seitwärts zu den Fingern bewegen. Der hierbei entstehende Winkel zwischen dem Daumen und dem Zeigefinger sollte etwa 50° betragen.

Palmare Abduktion und Adduktion des Daumens. Fordern Sie den Patienten auf, seinen Daumen vor die Hohlhand zu bewegen und dann zurückzuführen. Normalerweise beträgt der Winkel zwischen Daumen und Zeigefinger 70° bei voller Abduktion des Daumens (Abb. 93). Die Zurückführung des Daumens in die Handfläche beweist die Fähigkeit einer vollständigen Adduktion.

Opposition des Daumens. Im Normalfall sollte der Patient in der Lage sein, mit seinem Daumen die Spitzen der anderen Finger zu berühren (Abb. 94).

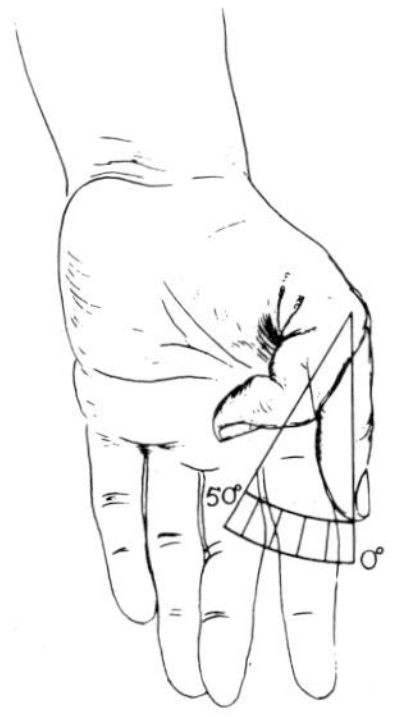

Abb. 91 Daumenbeugung und -streckung im Metakarpophalangealgelenk.

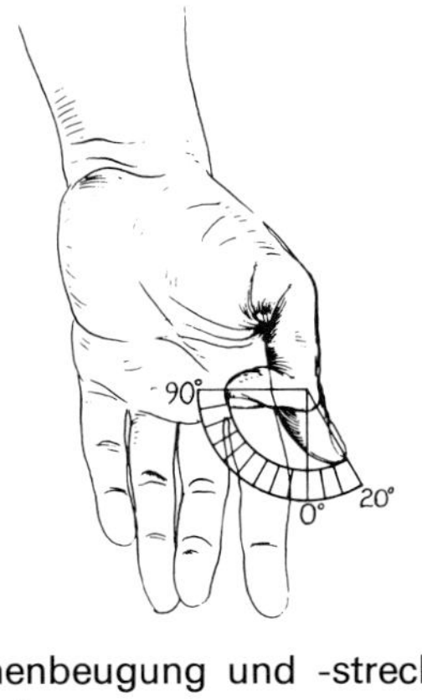

Abb. 92 Daumenbeugung und -streckung im Interphalangealgelenk.

Passive Beweglichkeit

Handgelenk:
Beugung – 80°
Streckung – 70°

Zur Vorbereitung auf die Beugung und Streckung des Handgelenks isolieren Sie das Handgelenk derart, daß Sie die fixierende Hand auf das distale Ende des Unterarms legen und die Hand des Patienten mit der anderen Hand halten. Führen Sie dann Beugung und Streckung des Handgelenks aus. Eine eingeschränkte Beweglichkeit des Handgelenks kann Folge einer Ankylose nach Infektion oder schlecht reponierter Radiusfraktur sein.

Handgelenk:
Ulnare Abkippung – 30°
Radiale Abkippung – 20°

Behalten Sie Ihre Hände in derselben Position wie für die vorangehende Untersuchung und bewegen Sie das Handgelenk des Patienten in die radiale und ulnare Abkippung (Abb. 84). Eine Einschränkung der ulnaren Abkippung kann Folge einer Radiustrümmerfraktur sein.

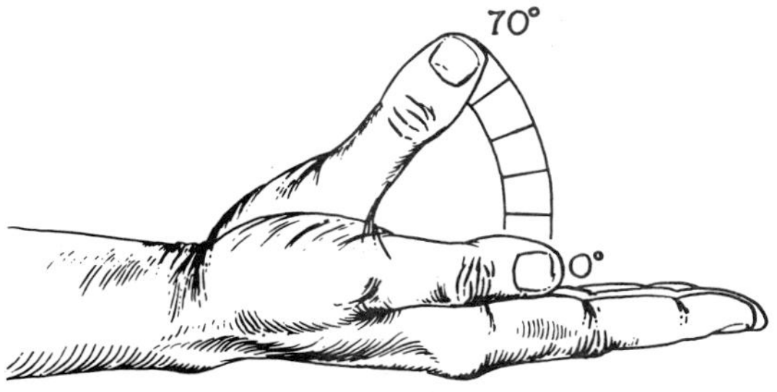

Abb. 93 Palmarabduktion und -adduktion des Daumens.

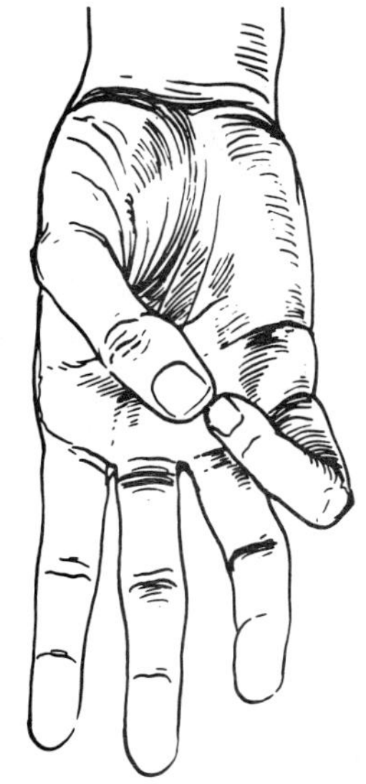

Abb. 94 Opposition von Daumen und Fingerspitzen.

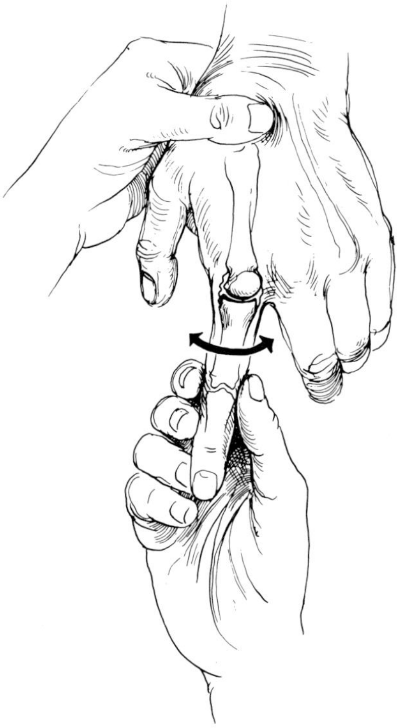

Abb. 95 In Streckstellung können die Fingergrundgelenke um einige Grad seitlich bewegt werden.

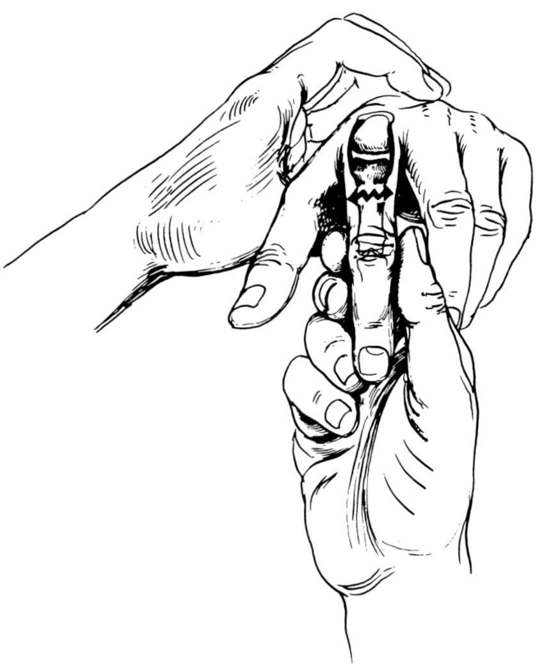

Abb. 96 In Beugestellung ist keine seitliche Bewegung der Fingergrundgelenke mehr möglich.

Finger: Beugung und Streckung in den Metakarpophalangealgelenken

Beugung – 90°

Streckung – 30° – 45°

Um den vollen Umfang der Beugung und Streckung in den Metakarpophalangealgelenken festzustellen, müssen Sie die Finger einzeln und gemeinsam untersuchen. Zur Vorbereitung dieser Untersuchung umgreifen Sie mit Ihrer fixierenden Hand die ulnare Seite der Hand des Patienten derart, daß Ihr Daumen in seiner Hohlhand und Ihre Finger auf dem Handrücken liegen. Ihre andere Hand liegt so, daß Ihr Daumen auf der palmaren Oberfläche der proximalen Phalangen und Ihre Finger auf der Rückseite der Finger liegen. Auf diese Weise werden die Metakarpophalangealgelenke der vier Finger isoliert. Jetzt bringen Sie die Metakarpophalangealgelenke in Beuge- und Streckstellung. Normalerweise können die Finger über das Maß der aktiven Streckung hinaus gestreckt werden (Abb. 86).

Um jeden Finger einzeln zu untersuchen, belassen Sie Ihre fixierende Hand in ihrer Position um die Hand und fassen dann die proximale Phalanx des Zeigefingers. Beugen und strecken Sie den Zeigefinger langsam in seinem Metakarpophalangealgelenk. Sie sollten den Zeigefinger um etwa 90° beugen und 45° überstrecken können. Dies trifft auch auf die anderen Finger zu. Da die Beugesehnen der Finger gemeinsam funktionieren, besteht die Möglichkeit, daß Sie einen gesunden Finger wegen der krankhaften Bewegungseinschränkung eines anderen nicht voll durchbewegen können. Während eine gewisse Seitbewegung in den Metakarpophalangealgelenken in Streckung möglich ist, gibt es diese in Flexion nicht (Abb. 95, 96). Dies beruht darauf, daß die Seitenbänder der Metakarpophalangealgelenke zwar entspannt in Streck-, hingegen angespannt in Beugestellung sind (Abb. 97). Bei Ruhigstellung der Hand im Gips muß das Metakarpophalangealgelenk gebeugt sein; andernfalls wird das Seitenband schrumpfen und die Beugung in diesem Gelenk behindern, wenn der Gipsverband entfernt wird.

Schema 1

FINGER

	Beugung	Streckung
Proximale Interphalangealgelenke	100°	0°
Distale Interphalangealgelenke	90°	20°

Zur Untersuchung der passiven Beweglichkeit in den Interphalangealgelenken müssen Sie jedes Gelenk isolieren. Dies kann erreicht werden, indem Sie die proximal und distal des betreffenden Gelenks gelegene Phalanx fixieren und das Gelenk mit Ihrer distalen Hand in Beuge- und Streckstellung bringen.

Wegen ihrer Gelenkflächenform sind die Interphalangealgelenke in Beugung und Streckung gleichermaßen stabil.

Finger:
Abduktion – 20°
Adduktion – 0°

Abduktion und Adduktion der Finger sind Funktionen der Metakarpophalangealgelenke. Bevor Sie diese Untersuchung ausführen, isolieren Sie das Gelenk durch Fixierung des betreffenden Mittelhandknochens und der proximalen Phalanx. Bewegen Sie jetzt die Finger in Abduktion und Adduktion. Während dieser Untersuchung müssen die Metakarpophalangealgelenke bis 0° gestreckt sein.

Schema 2

FINGER: DAUMEN

	Beugung	Streckung
Metakarpophalangealgelenk	50°	0°
Interphalangealgelenk	90°	20°

Beugung und Streckung des Daumens sollten sowohl im Metakarpophalangealgelenk als auch im Interphalangealgelenk untersucht werden. Das Gelenk sollte isoliert und der Daumen langsam von der Beugung in die Streckung bewegt werden.

Sie können die Beugung und Streckung des Daumens im Interphalangealgelenk dadurch untersuchen, daß Sie die proximale und distale Phalanx halten und dann in Beugung und Streckung bringen. Beide Gelenke des Daumens können gleichzeitig auf Beugung und Streckung untersucht werden.

Finger: Daumen
Abduktion – 70° (palmare Abduktion)
Adduktion – 0° (dorsale Adduktion)

Abduktion und Adduktion des Daumens sind Funktionen des Karpometakarpalgelenks, die sich dadurch isolieren lassen, daß Sie mit Ihrer fixierenden Hand das Gebiet unmittelbar proximal des Daumens in Höhe der Tabatière und des Processus styloideus radii umfassen, während Ihre andere Hand das erste Metakarpale ergreift. Zur Untersuchung der palmaren Abduktion müssen Sie den Daumen langsam aus der Hohlhand entfernen. Für die Untersuchung der Adduktion führen Sie den Daumen in die Hohlhand zurück.

Finger: Opposition

Die Opposition geschieht im wesentlichen im Karpometakarpalgelenk des Daumens. Für die Untersuchung der Opposition halten Sie den Metakarpalknochen des Daumens am Metakarpophalangealgelenk und bewegen dann den Daumen langsam in Richtung auf die Handfläche bis zu den Spitzen jedes einzelnen Fingers. Normalerweise berüht der Daumen die Fingerspitzen ohne Schwierigkeiten. Unter abnormen Bedingungen kann die Bewegung jedoch schwierig oder auch schmerzvoll für den Patienten sein. Achten Sie darauf, daß auch der M. opponens digiti minimi an der Opposition beteiligt ist.

Neurologische Untersuchung

Gewöhnlich beinhaltet die neurologische Untersuchung Einzeluntersuchungen, die die Unversehrtheit der Nerven in bezug auf Muskelkraft, Sensibilität und Reflexverhalten feststellen. Da es jedoch keine eigentlichen Reflexe des Handgelenks und der Hand gibt, wird hier lediglich die Untersuchung der Muskulatur und der Sensibilität abgehandelt.

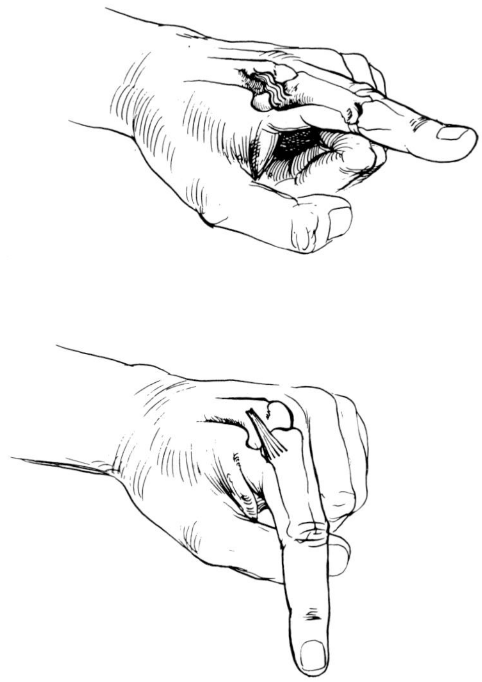

Abb. 97 Oben: In Streckstellung ist das Seitenband des Fingergrundgelenks schlaff. Unten: In Beugestellung wird das Band gespannt.

Muskeluntersuchung

Handgelenk:
1. Streckung
2. Beugung
3. Supination
4. Pronation

Finger:
1. Streckung
2. Beugung
3. Abduktion
4. Adduktion
5. Streckung des Daumens (Abduktion radialwärts)
6. Beugung des Daumens (transpalmare Adduktion)
7. Abduktion des Daumens (palmare Abduktion)
8. Adduktion des Daumens
9. Spitzgriff (Daumen und Zeigefinger)
10. Opposition (Daumen und Kleinfinger)

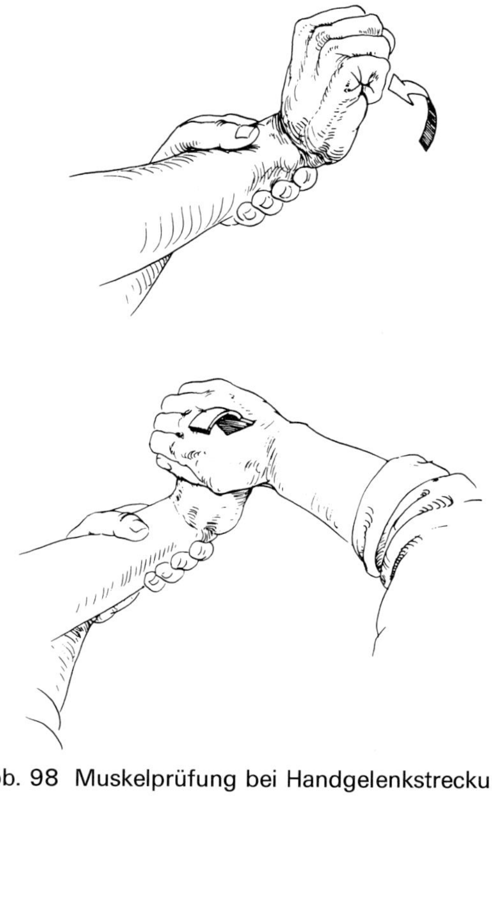

Abb. 98 Muskelprüfung bei Handgelenkstreckung.

Streckung des Handgelenks – C6

Primäre Extensoren:
1. M. extensor carpi radialis longus
   N. radialis, C6, (C7)
2. M. extensor carpi radialis brevis
   N. radialis, C6 (C7)
3. M. extensor carpi ulnaris
   N. radialis, C7

Zur Untersuchung der Handgelenkstreckung fixieren Sie den Unterarm des Patienten, indem Sie Ihre Hand auf die Rückseite des Handgelenks legen und dabei mit den Fingern das Gelenk umgreifen. Dann fordern Sie den Patienten auf, das Handgelenk zu strecken. Hat er dies getan, legen Sie Ihre Hand mit der Handfläche auf den Handrücken des Patienten und versuchen dann, das Handgelenk aus seiner gestreckten Lage zu bringen (Abb. 98). Normalerweise gelingt es nicht, das Handgelenk des Patienten aus seiner Stellung zu bringen. Ebenso sollten die gegenüberliegende Seite zum Vergleich untersucht und Ihre Befunde entsprechend der Muskelkrafttabelle (Tab. 1, Kapitel «Schulter») bewertet werden.

Beugung des Handgelenks – C7

Primäre Flexoren:
1. M. flexor carpi radialis
   N. medianus, C7
2. M. flexor carpi ulnaris
   N. ulnaris, C8 (Th1)

Der M. flexor carpi radialis ist der stärkere der beiden Beuger, obgleich auch der M. flexor carpi ulnaris deswegen Bedeutung hat, weil er einmal eine Achse für die Bewegungen darstellt, zum anderen das Handgelenk während der Beugung in die ulnare Abweichung führt.

Um die Flexion untersuchen zu können, fordern Sie den Patienten auf, eine Faust zu machen, dies deshalb, weil in einigen Fällen die Fingerflexoren auch als Handgelenkbeuger funktionieren können. Hat der Patient aber seine Hand zur Faust geballt, so entfallen die Fingerbeuger als aktive Faktoren der Handgelenksbeugung. Fixieren Sie jetzt das Handgelenk und bitten Sie den Patienten, die geschlossene Faust im Handgelenk zu beugen. Ist das Handgelenk gebeugt, legen Sie Ihre widerstandbietende Hand über die gebeugten Finger des Patienten und versuchen dann, das Handgelenk aus seiner Flexionsstellung herauszuziehen (Abb. 99).

Supination des Handgelenks – (Siehe Seite 48 Kapitel «Ellbogen»)

Pronation des Handgelenks – (Siehe Seite 48 Kapitel «Ellbogen»)

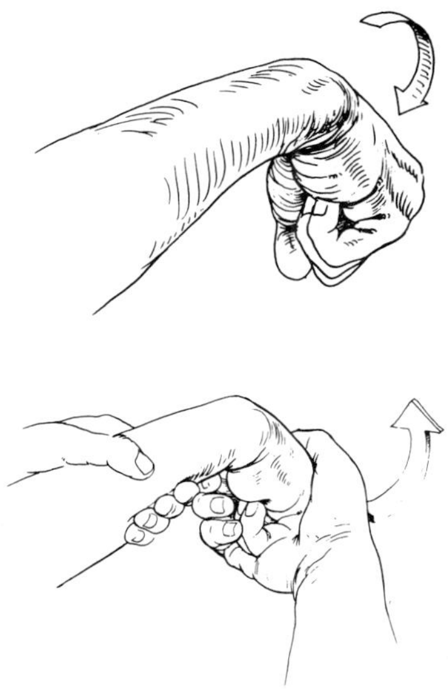

Abb. 99 Muskelprüfung bei Handgelenkbeugung.

Fingerstreckung – C7

Primäre Extensoren:

1. M. extensor digitorum communis
   N. radialis, C7
2. M. extensor indicis
   N. radialis, C7
3. M. extensor digiti minimi
   N. radialis, C7

Zur Untersuchung der Fingerstreckung muß zunächst das Handgelenk in neutraler Stellung fixiert werden. Dazu muß der Patient seine Metakarpophalangealgelenke strecken, während er die proximalen Interphalangealgelenke beugt. Die Beugung der Interphalangealgelenke verhindert, daß die Binnenmuskeln der Hand die Funktion der langen Fingerstrecker übernehmen. Jetzt legen Sie Ihre Hand auf die Rückseite der proximalen Phalangen und versuchen, sie zu flektieren (Abb. 100).

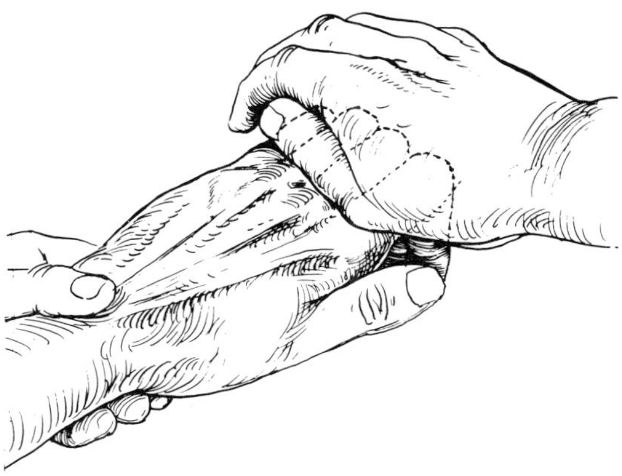

Abb. 100 Muskeluntersuchung bei Fingerstreckung.

Fingerbeugung – C8

Primäre Flexoren, distales Interphalangealgelenk:

1. M. flexor digitorum profundus
   N. ulnaris, C8, Th1
   Ramus interosseus antebrachii nervi mediani

Primäre Flexoren, proximales Interphalangealgelenk:

1. M. flexor digitorum superficialis
   N. medianus, C7, C8, Th1

Flexoren, Metakarpophalangealgelenk:

1. Mm. lumbricales
   Mediale zwei Mm. lumbricales:
   N. medianus C7
   Laterale zwei Mm. lumbricales:
   N. ulnaris C8

Abb. 101 Muskeluntersuchung bei Fingerbeugung.

Zur Beurteilung der Fingerbeugung fordern Sie den Patienten auf, seine Finger in allen Phalangealgelenken zu beugen. Jetzt verhaken Sie Ihre Finger mit denen des Patienten und versuchen, seine gebeugten Finger durch Zug zu öffnen (Abb. 101). Im Normalfall sollten alle Gelenke gebeugt bleiben. Bei der Beurteilung Ihrer Untersuchung muß festgehalten werden, welche Gelenke dem Zug nicht standgehalten haben. (Siehe Seite 96), Abschnitt über spezielle Untersuchungen dieses Kapitels: Unterscheidung von M. flexor digitorum profundus und superficialis).

Abduktion der Finger – Th1

Primäre Abduktoren:

1. Mm. interossei dorsales
   N. ulnaris, C8, Th1
2. M. abductor digiti minimi
   N. ulnaris, C8, Th1

Die Abduktion der Finger läßt sich dadurch untersuchen, daß Sie den Patienten seine gestreckten Finger von der Mittelachse der Hand weg spreizen lassen und dann jedes Fingerpaar zusammenzupressen versuchen. Drücken Sie den Zeigefinger jeweils mit dem Mittel-, Ring- und Kleinfinger zusammen. Tun Sie dasselbe mit dem Mittelfinger, den Sie mit dem Ring- und Kleinfinger zusammendrücken. Wiederholen Sie dann diese Untersuchung mit dem Ring- und Kleinfinger (Abb. 102, 103).

Adduktion der Finger – Th1

Primäre Adduktoren:

1. Mm. interossei palmares
   N. ulnaris, C8, Th1

Um die Adduktion der Finger zu prüfen, soll der Patient versuchen, seine gestreckten Finger zusammenzuhalten, während Sie sich bemühen, sie auseinanderzuziehen. Führen Sie diese Untersuchung paarweise wie folgt durch: Zeige- und Mittelfinger, Mittel- und Ringfinger, Ring- und Kleinfinger.

Die Untersuchung der Fingeradduktion kann auch so durchgeführt werden, daß Sie ein zwischen die ausgestreckten Finger geklemmtes Stück Papier herauszuziehen versuchen. Die Kraft, mit der der Patient das Papier festhält, sollte mit jener der anderen Hand verglichen werden (Abb. 104).

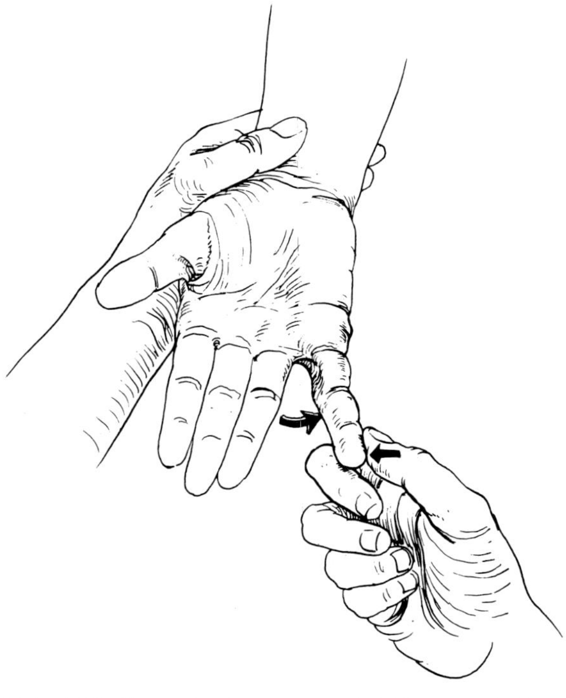

Abb. 102 Muskeluntersuchung bei Fingerabduktion.

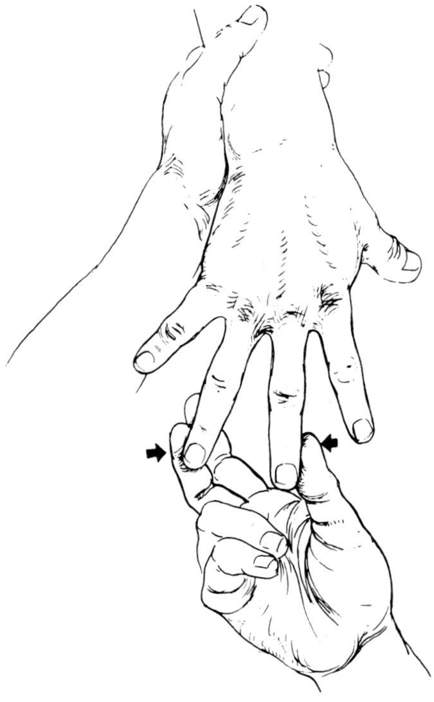

Abb. 103 Muskeluntersuchung bei Fingeradduktion.

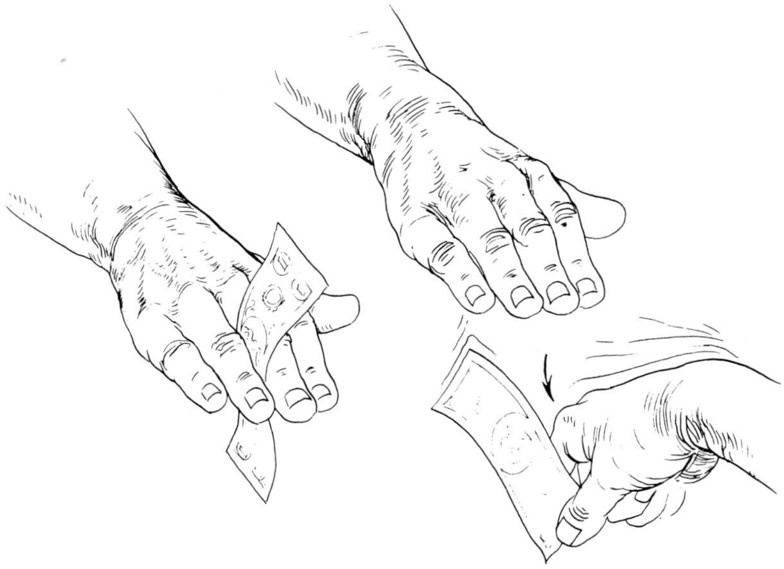

Abb. 104 Eine weitere Prüfungsart der Fingeradduktion.

Streckung des Daumens

Primäre Extensoren, Metakraphophalangealgelenk:
1. M. extensor pollicis brevis
   N. radialis, C7

Primäre Extensoren, Interphalangealgelenk:
1. M. extensor pollicis longus
   N. radialis, C7

Zunächst muß der Patient seinen Daumen strekken. Dann üben Sie einen Druck auf die distale Phalanx aus, um den Daumen in die Beugung zu zwingen. Achten Sie darauf, ob eines der beiden Gelenke ohne Anwendung starken Drucks gebeugt werden kann. Wenn die Daumenstrecker schwach oder funktionsuntüchtig sind, kann der Patient den Abduktor dazu verwenden, eine Streckung im Metakarpophalangealgelenk zu erzeugen.

Beugung des Daumens (transpalmare Adduktion)

Primäre Flexoren, Metakarpophalangealgelenk:
1. M. flexor pollicis brevis
   tiefer Anteil: N. ulnaris, C8
   oberflächlicher Anteil: N. medianus, C6, C7

Primäre Flexoren, Metakarophalangealgelenk:
1. M. flexor pollicis longus
   N. medianus, C8, Th1

Sie prüfen die Beugung des Daumens dadurch, daß der Patient den Kleinfingerballen mit seinem Daumen berührt. Jetzt haken Sie Ihren Daumen in seinen vollständig gebeugten Daumen und versuchen, ihn aus der Flexionsstellung zu ziehen.

Abduktion des Daumens (palmare Abduktion)

Primäre Abduktoren:
1. M. abductor pollicis longus
   N. radialis, C7
2. M. abductor pollicis brevis
   N. medianus, C6, C7

Die Untersuchung wird dadurch vorbereitet, daß Sie Ihre Hand um die ulnare Seite der Hand des Patienten legen und dadurch zunächst einmal die Metakarpalia fixieren. Jetzt fordern Sie den Patienten auf, seinen Daumen vollständig zu abduzieren, während Sie gleichzeitig versuchen, den Daumen zurück auf die Handfläche zu drücken. Wenn die Abduktoren des Daumens schwach oder funktionslos sind, kann der Patient die Daumenstrecker für die Abduktion benutzen (Abb. 105).

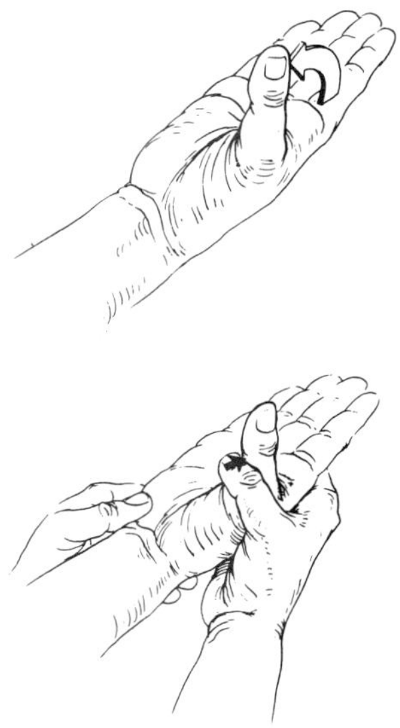

Abb. 105 Muskeluntersuchung bei Daumenabduktion.

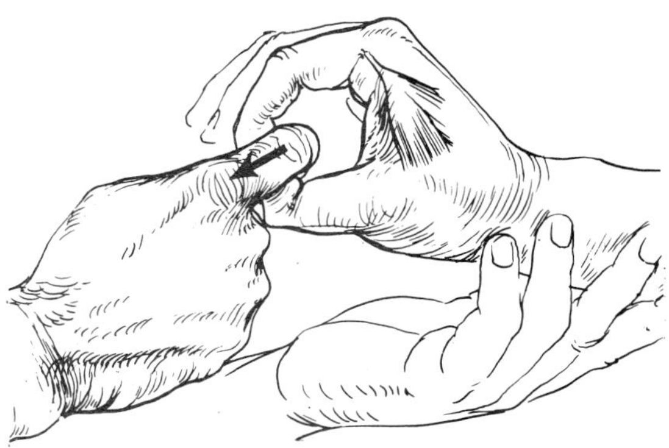

Abb. 106 Muskeluntersuchung beim Spitzgriff.

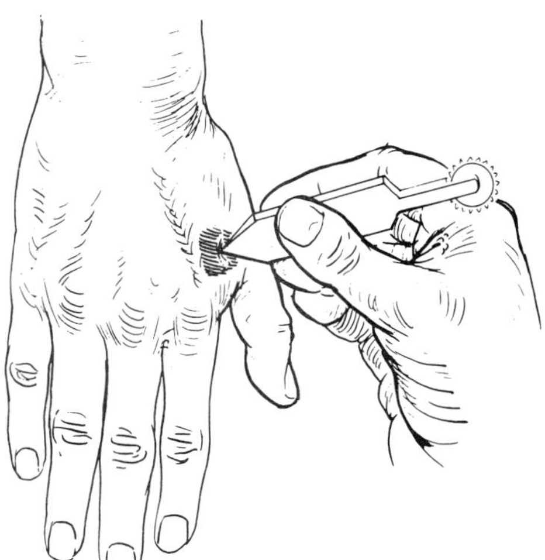

Abb. 107 Das Hautareal zwischen Daumen und Zeigefinger wird nahezu ausschließlich vom N. radialis versorgt.

Adduktion des Daumens

Primäre Adduktoren:

1. M. adductor pollicis (Caput obliquum und transversum)
   N. ulnaris, C8

Zuerst muß die Hand des Patienten entlang der ulnaren Handkante fixiert werden, wie Sie es bereits bei der Untersuchung der Abduktion getan haben. Sie halten seinen Daumen und fordern den Patienten auf, den Daumen zu adduzieren. Durch allmählich gesteigerten Widerstand bestimmen Sie die größte Kraft, die er noch überwinden kann.

Spitzgriff (Daumen und Zeigefinger)

Der Spitzgriff ist eine komplizierte Bewegung, an der sich verschiedene Muskeln beteiligen. Die langen Beuger und Strecker stabilisieren die Interphalangeal-, Metakarpophalangeal- und Karpometakarpalgelenke. Dadurch formen sie einen guten Bogen für Daumen und Zeigefinger, es entsteht der Spitzgriff in Form eines «O». Für den Spitzgriff ist es unerläßlich, daß die Mm. lumbricales und Mm. interossei voll funktionsfähig sind.

Sie prüfen den Spitzgriffmechanismus dadurch, daß Sie den Patienten Daumen- und Zeigefingerspitzen aufeinanderlegen lassen. Jetzt haken Sie Ihren Zeigefinger in den durch die beiden Finger geschaffenen Ring und versuchen, die Finger an ihrem Berührungspunkt auseinanderzubringen (Abb. 106). Normalerweise, d. h. mit mittelstarkem oder starkem Zug sollte es nicht möglich sein, die Form des «O» zu verändern oder die Finger des Patienten auseinanderzuziehen.

Opposition von Daumen und Kleinfinger

Primäre Opponensmuskeln:

1. M. opponens pollicis
   N. medianus, C6, C7
2. M. opponens digiti minimi
   N. ulnaris, C8

Für die Untersuchung der Opposition muß der Patient Daumen- und Kleinfingerspitzen zusammenbringen. Dann erfassen Sie den Daumenballen des Patienten mit der einen und den Kleinfingerballen mit der anderen Hand, wobei Sie gleichzeitig seine Finger auseinanderzuziehen versuchen, indem Sie die unter den beiden Ballen liegenden Metakarpalia von der Mittellinie der Hand wegzuziehen versuchen.

Prüfung der Sensibilität

Die Sensibilität der Handwurzel und der Hand sollte auf zwei Arten geprüft werden:

1. Untersuchung der größeren peripheren Nerven, die die Hand versorgen.
2. Untersuchung der einzelnen Dermatome.

Innervation durch periphere Nerven. Die Hand wird von drei größeren peripheren Nerven versorgt (siehe Tabelle 2, Kapitel «Halswirbelsäule», Seite 123): 1. N. radialis, 2. N. medianus und 3. N. ulnaris.

Nervus radialis. Der N. radialis versorgt sowohl den Handrücken radial vom dritten Metakarpale als auch die Rückseiten des Daumens, Zeige- und Mittelfingers bis zu den distalen Interphalangealgelenken. Die Hautfalte zwischen Daumen und Zeigefinger wird auf ihrer dorsalen Seite fast ausschließlich durch den N. radialis versorgt (Abb. 107).

Nervus medianus. Der N. medianus versorgt die radiale Seite der Hohlhand und die Beugefläche von Daumen, Zeige- und Mittelfinger. Er kann auch die Rückfläche der Fingerendphalangen versorgen. Ausschließlich vom N. medianus wird die Palmarseite der Zeigefingerspitze innerviert (Abb. 108).

Nervus ulnaris. Der N. ulnaris versorgt die ulnare Seite der Hand sowohl auf der dorsalen als auch auf der palmaren Fläche, ebenso den Ring- und Kleinfinger. Ausschließlich durch den N. ulnaris versorgt wird die Volarfläche der Kleinfingerspitze (Abb. 108).

Sensibilität der Hand entsprechend den Dermatomen. Die Sensibilität der Hand wird von drei neurologischen Etagen vermittelt (siehe Tabelle 1, Kapitel «Halswirbelsäule», Seite 122):

C6. Die über C6 geleitete Sensibilität umfaßt den Daumen, den Zeigefinger und die Hälfte des Mittelfingers. Der für die Funktion der Hand so wichtige Spitzgriff erhält seine sensible Nervenversorgung von C6 über den N. medianus.

C7. C7 versorgt den Mittelfinger zusammen mit Anteilen von C6 und C8.

C8. C8 versorgt den Ring- und Kleinfinger (Abb. 109).

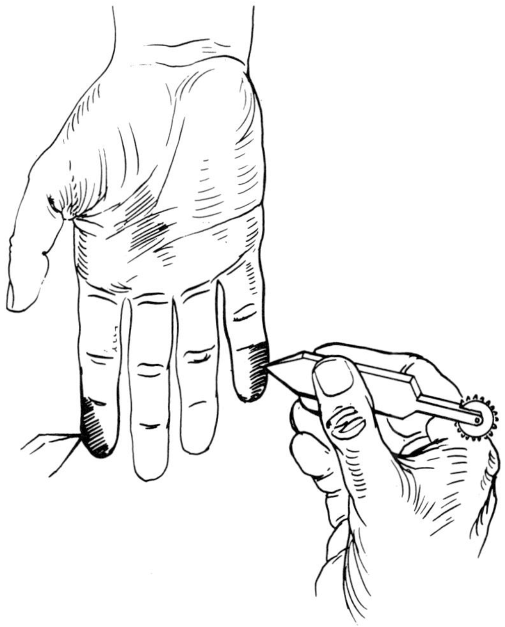

Abb. 108 Der N. medianus versorgt die radiale Hälfte der Handfläche, der N. ulnaris die ulnare Hälfte.

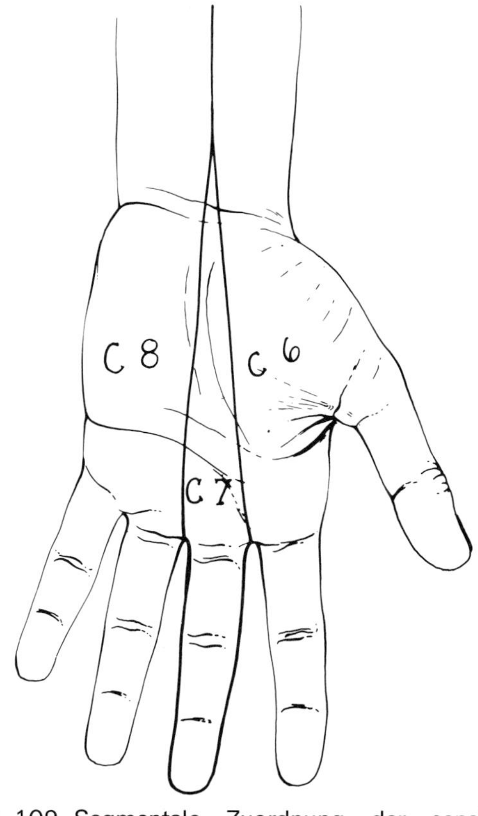

Abb. 109 Segmentale Zuordnung der sensiblen Innervation der Hand.

Spezielle Untersuchungen

Untersuchung der langen Fingerbeuger. Die im folgenden beschriebenen zwei Tests erfassen den Zustand der Mm. flexor digitorum superficialis und profundus. Sie stellen fest, ob diese intakt sind und funktionieren oder nicht.

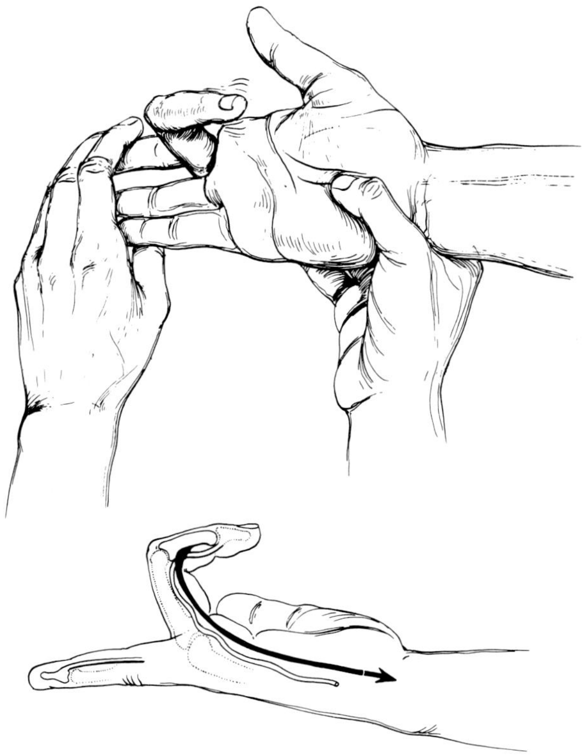

Abb. 110 Prüfung der Sehne des M. flexor digitorum superficialis.

Untersuchung des M. flexor digitorum superficialis. Um diese Untersuchung durchzuführen, halten Sie die Finger des Patienten in Streckstellung mit Ausnahme des Fingers, den Sie untersuchen wollen. Damit isolieren Sie die Sehne des M. flexor digitorum superficialis. Sie fordern nun den Patienten auf, den betreffenden Finger im proximalen Interphalangealgelenk zu beugen (Abb. 110). Kann er den Finger in dem besagten Gelenk beugen, ist die Superfizialissehne intakt. Ist der Patient jedoch dazu nicht in der Lage, ist die Superfizialissehne entweder durchtrennt, oder sie fehlt. Sie ist die einzig wirksame Sehne am proximalen Interphalangealgelenk, da sie wegen der besonderen Stellung des Fingers unabhängig arbeiten kann. Dies läßt sich beweisen, wenn Sie mit dem distalen Interphalangealgelenk des betreffenden Fingers eine Wackelbewegung ausführen. Das durch den Flexor digitorum profundus bewegte distale Interphalangealgelenk hat keine Beugekraft, wenn die anderen Finger in Streckstellung gehalten werden und die Fingerspitze lose und ohne Kontrolle durch den Patienten ist.

Untersuchung des M. flexor digitorum profundus. Die Sehnen des M. flexor digitorum profundus können nur gemeinsam arbeiten. Behindern Sie drei von ihnen, wird auch die vierte behindert. Dieses

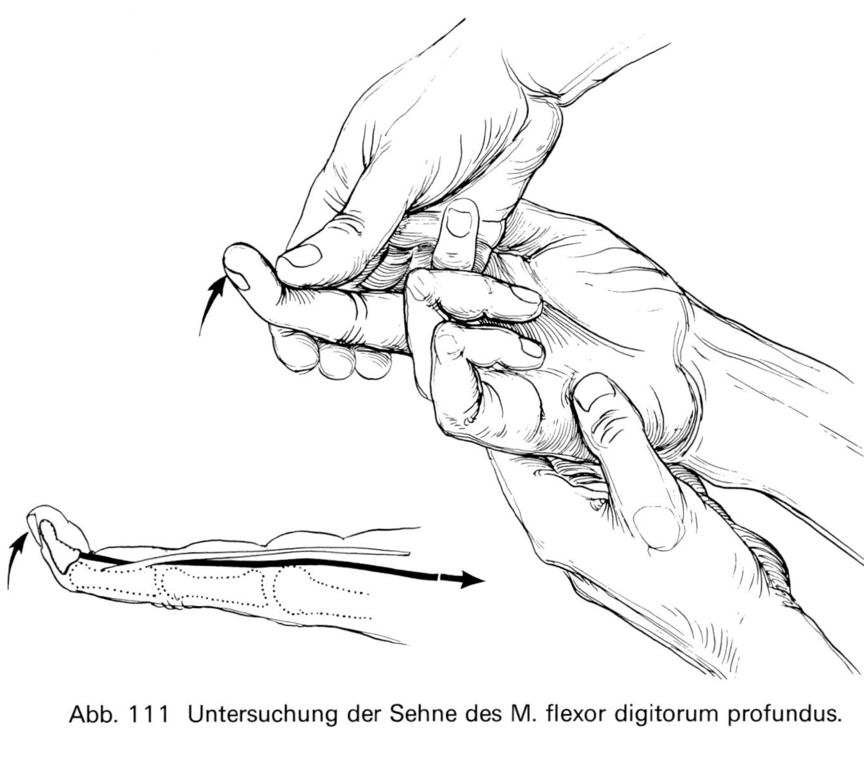

Abb. 111 Untersuchung der Sehne des M. flexor digitorum profundus.

Phänomen läßt sich dadurch demonstrieren, daß Sie den Patienten irgendeines der distalen Interphalangealgelenke beugen lassen. Da diese Sehnen stets gemeinsam funktionieren, kann der Patient keine Einzelbeugung ausführen.

Um den M. flexor digitorum profundus zu untersuchen, isolieren Sie das distale Interphalangealgelenk (welches ausschließlich durch diese Sehne bewegt wird), indem Sie die Metakarpophalangeal- und Interphalangealgelenke in Streckstellung festhalten. Dann fordern Sie den Patienten auf, seinen Finger im distalen Interphalangealgelenk zu beugen (Abb. 111). Wenn er das tun kann, ist die Sehne in Ordnung. Kann der Patient jedoch diese Bewegung nicht ausführen, ist die Sehne entweder durchtrennt oder der Muskel denerviert.

Bunnel-Littler-Test. Dieser Test weist Kontrakturen der Handbinnenmuskeln (Lumbrikales und Interossei) nach. Mit diesem Test kann man auch differenzieren, ob eine Beugehemmung im proximalen Interphalangealgelenk die Folge zu straffer Binnenmuskeln oder einer Gelenkkapselschrumpfung ist, wobei die Finger jeweils nicht zur Hohlhand gekrümmt werden können.

Um Kontrakturen der Binnenmuskulatur zu untersuchen, halten Sie die Metakarpophalangealgelenke in leichter Überstreckung (Abb. 112) und versuchen dann, das proximale Interphalangealgelenk in Beugung zu bringen (Abb. 113). Wenn das proximale Interphalangealgelenk in dieser Stellung gebeugt werden kann, sind die Binnenmuskeln nicht kontrakt und behindern auch nicht die Beugung. Können jedoch die proximalen Interphalangealgelenke nicht gebeugt werden, sind entweder die Binnenmuskeln kontrakt, oder es liegt eine Schrumpfung der Gelenkkapsel vor.

Sie können zwischen einer Kontraktur der Binnenmuskeln und einer Gelenkkapselschrumpfung

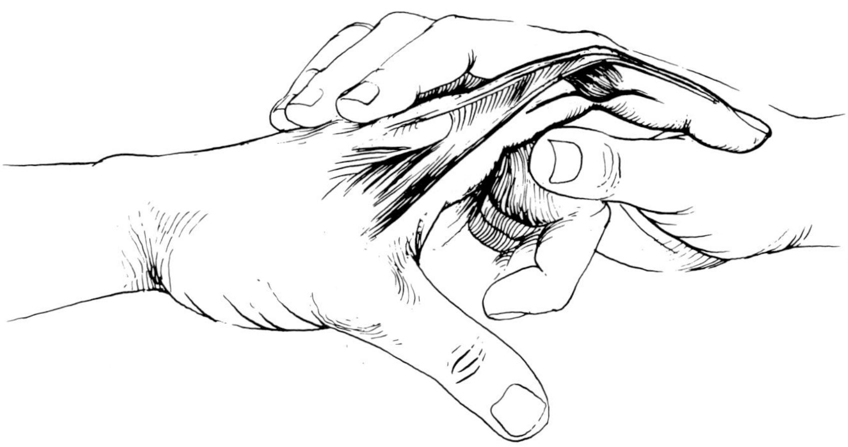

Abb. 112 Bunnel-Littler-Test zur Prüfung des Tonus der Handbinnenmuskeln.

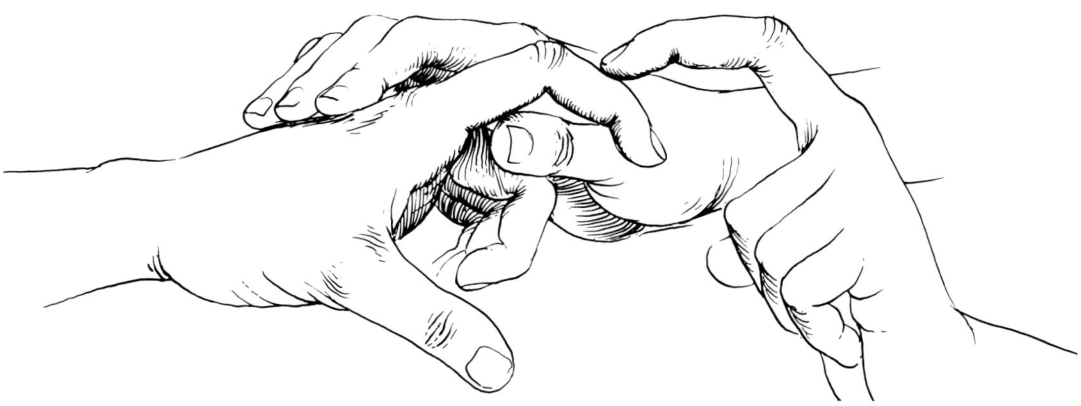

Abb. 113 Bunnel-Littler-Test: Versuchen Sie, bei leicht gestrecktem Fingergrundgelenk das proximale Interphalangealgelenk zu beugen. Läßt sich das Gelenk nicht beugen, sind entweder die Handbinnenmuskeln kontrakt, oder es liegt eine Gelenkkapselschrumpfung vor.

unterscheiden, indem Sie den betreffenden Finger leicht im Metakarpophalangealgelenk beugen. Dabei werden die Binnenmuskeln entspannt. Dann führen Sie eine Beugung im proximalen Interphalangealgelenk aus. Wenn sich das Gelenk jetzt voll beugen läßt, sind die Binnenmuskeln wahrscheinlich kontrakt (Abb. 114). Läßt sich das Gelenk aber immer noch nicht vollständig beugen, so ist die Behinderung wahrscheinlich durch eine Schrumpfung der Kapsel des proximalen Interphalangealgelenks bedingt (Abb. 115).

Untersuchung des Bandapparates. Diese Untersuchung bestätigt eine Kontraktur des Bandapparates. Sie können damit feststellen, ob eine Behinderung der Beugung im distalen Interphalangealgelenk durch Kontrakturen des Bandapparates oder Kapselschrumpfung hervorgerufen wird. Zur Durchführung dieser Untersuchung halten Sie das proximale Interphalangealgelenk in Neutralstellung und versuchen dann, das distale Interphalangealgelenk zu beugen (Abb. 116). Läßt sich das Gelenk nicht beugen, ist die Behinderung entweder auf eine Schrumpfung der Gelenkkapsel oder Kontraktur des Bandapparates zurückzuführen. Um zwischen diesen beiden Ursachen zu differenzieren, beugen Sie jetzt das proximale Interphalangealge-

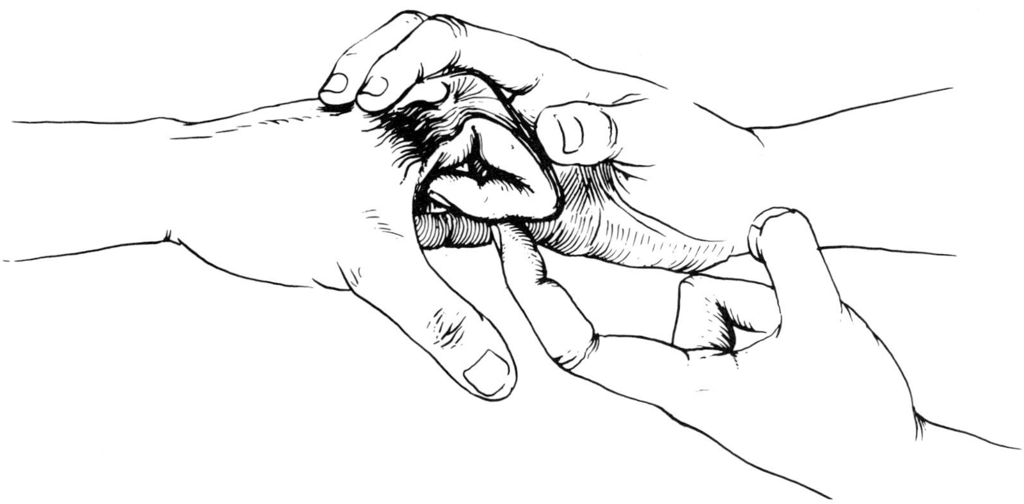

Abb. 114 Bringen Sie das Fingergrundgelenk in leichte Beugestellung, um die Handbinnenmuskeln zu entspannen. Kann jetzt das Gelenk vollständig gebeugt werden, so sind die Binnenmuskeln kontrakt.

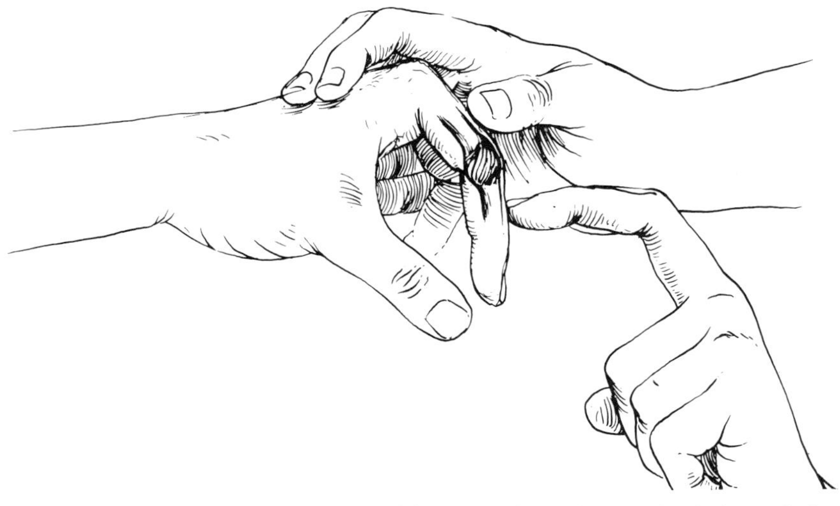

Abb. 115 Läßt sich bei entspannten Binnenmuskeln das proximale Interphalangealgelenk immer noch nicht beugen, dann liegt eine Beugehemmung durch Kapselschrumpfung vor.

lenk etwas, um den Bandapparat zu entspannen. Wenn sich jetzt das distale Interpahlangealgelenk beugen läßt, ist der Bandapparat kontrakt. Ist aber eine Beugung des Gelenks immer noch nicht möglich, so liegt wahrscheinlich eine Schrumpfung der Kapsel des distalen Interphalangealgelenks vor (Abb. 117).

Allen-Test. Mit diesem Test können wir feststellen, ob die Aa. radialis und ulnaris die Hand mit voller Kapazität versorgen.

Sie führen diese Untersuchung aus, indem Sie den Patienten mehrere Male schnell die Faust öffnen und schließen, dann ganz fest ballen lassen, so daß das venöse Blut aus der Hohlhand gepreßt wird. Legen Sie Ihren Daumen auf die A. radialis und Ihren Zeige- und Mittelfinger auf die A. ulnaris und drücken Sie diese auf die darunterliegenden Knochen, um die Gefäße zu verschließen (Abb. 118). Noch während der Gefäßkompression soll der Patient seine Hand öffnen. Dabei sollte die Handfläche blaß aussehen. Dann geben Sie eine Arterie frei, komprimieren aber weiterhin die andere. Normalerweise nimmt die Hand sofort ein rosiges Aussehen an. Wenn die Hand nicht reagiert oder nur sehr langsam ihre Farbe zurückgewinnt, dann ist die freigegebene Arterie entweder teilweise oder vollständig verschlossen (Abb. 119). Die andere Arterie sollte in gleicher Weise untersucht werden, ebenso die andere Hand zum Vergleich.

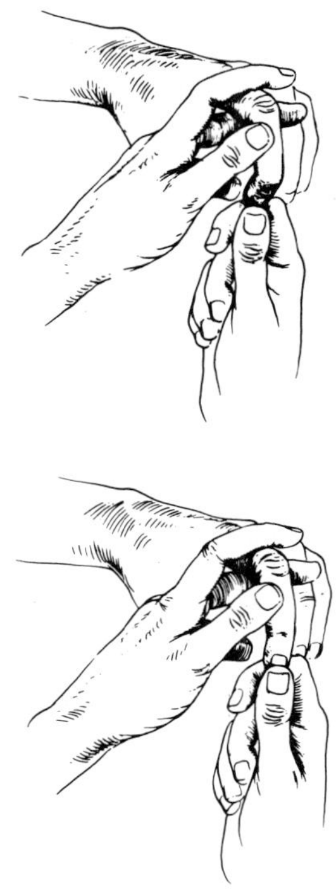

Abb. 117 Oben: Beugung des proximalen Interphalangealgelenks entspannt das Retinakulum. Läßt sich jetzt das distale Interphalangealgelenk beugen, so ist der Bandapparat intakt. Unten: Beugeunfähigkeit im distalen Interphalangealgelenk deutet auf eine Kapselschrumpfung hin.

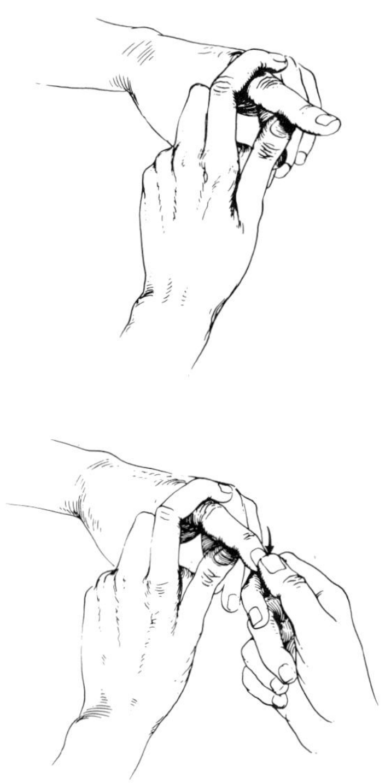

Abb. 116 Prüfung der Festigkeit der Retinakula.

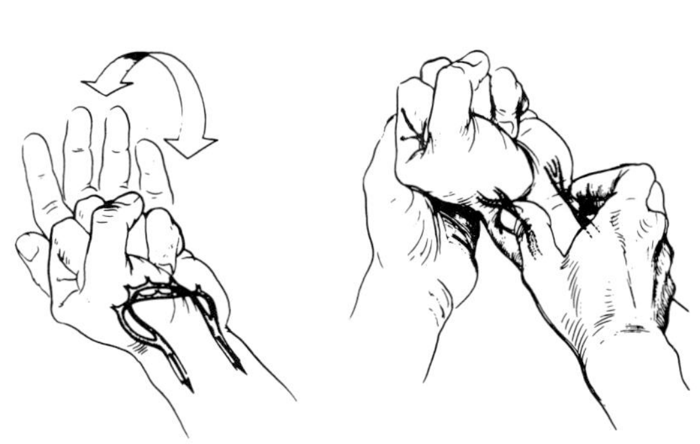

Abb. 118 Der Allen-Test prüft die Blutversorgung der Hand. Links: Der Patient öffnet und schließt die Hand zunächst mehrmals. Rechts: Bei geschlossener Faust werden die Aa. radialis und ulnaris durch Fingerdruck verschlossen.

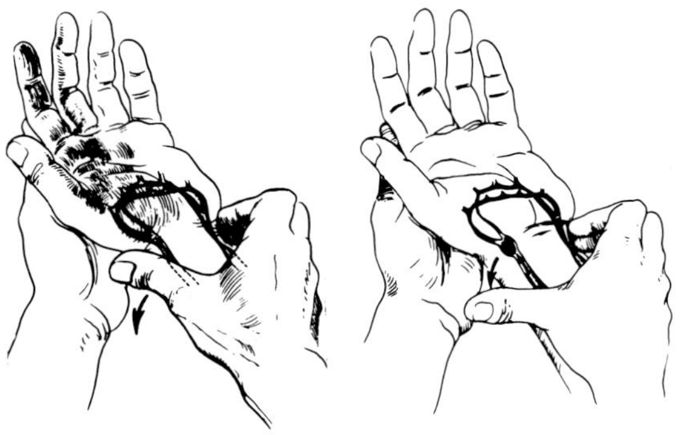

Abb. 119 Links: Beim Öffnen der Faust wird eine der beiden Arterien freigegeben, dabei sollte sich die Hand sofort röten. Rechts: Tritt keine oder nur eine verzögerte Rötung ein, so ist die Arterie stenosiert oder verschlossen.

Eine modifizierte Form des Allen-Tests gestattet, die Durchgängigkeit der Fingerarterien zu bestimmen. Fordern Sie Ihren Patienten wieder auf, seine Faust mehrere Male schnell zu öffnen und zu schließen, dann sie ganz fest zu ballen, damit das venöse Blut aus der Volarfläche der Finger gedrückt wird. Noch während die Hand zur Faust geballt ist, legen Sie Ihren Daumen und Zeigefinger an die Seiten der Fingerbasis und drücken beide Finger gegen den Knochen, um die Fingerarterien zu verschließen. Wenn der Patient seine Hand öffnet, sollte der untersuchte Finger blasser als die anderen sein. Im Normalfall wird der Finger sofort wieder rosig, wenn die Kompression von einer der beiden Arterien genommen ist (Abb. 120). Geschieht dies nicht, muß die Durchgängigkeit dieses Gefäßes bezweifelt werden (Abb. 121). In der gleichen Weise sollte die andere Fingerarterie untersucht werden, ebenso zum Vergleich der entsprechende Finger der anderen Hand.

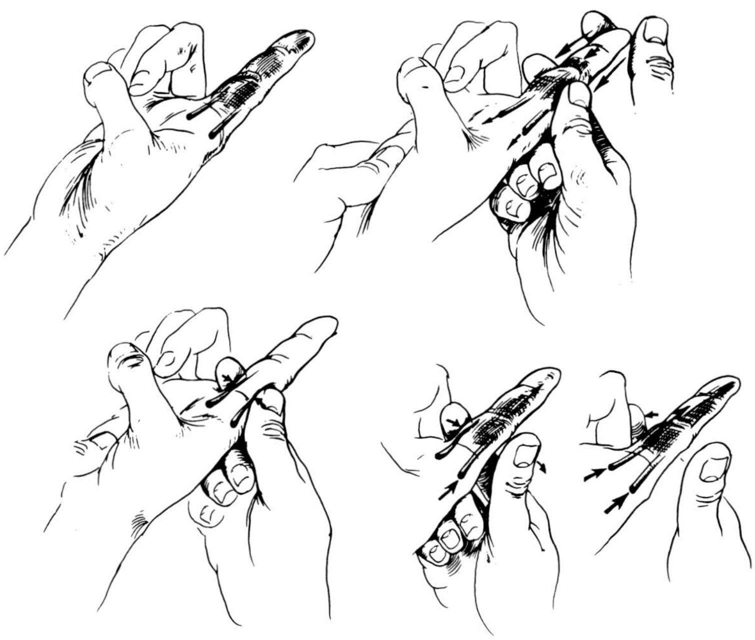

Abb. 120 Analog zum Allen-Test wird die Durchgängigkeit der Fingerarterien geprüft.

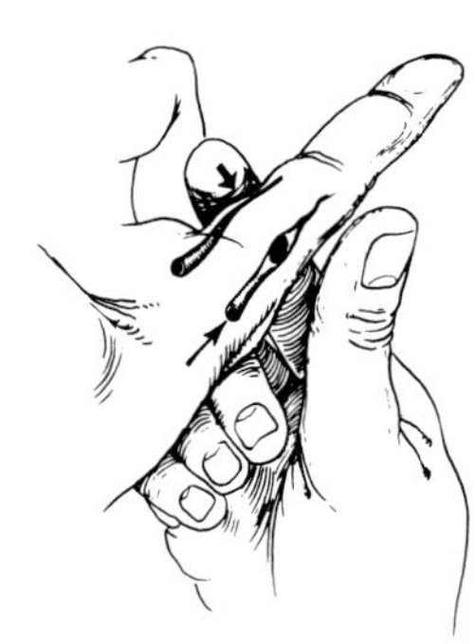

Abb. 121 Rötet sich der Finger nach Freigabe einer der beiden Arterien nicht, ist die Durchgängigkeit dieses Gefäßes fraglich.

Untersuchung der benachbarten Gebiete

Krankheitssymptome können vom Ellbogen, der Schulter und der Halswirbelsäule aus in die Hand fortgeleitet werden. Ein in das Handgelenk und die Hand fortgeleiteter Schmerz kann folgende Ursachen haben: Bandscheibenvorfall der Halswirbelsäule, Osteoarthritis, Plexus-Wurzel-Syndrome und das Schulter-Arm-Syndrom. Um die wirkliche Ätiologie der am Handgelenk und an der Hand auftretenden Symptome aufzudecken, ist die sorgfältige Untersuchung der benachbarten klinischen Gebiete nötig (Abb. 122).

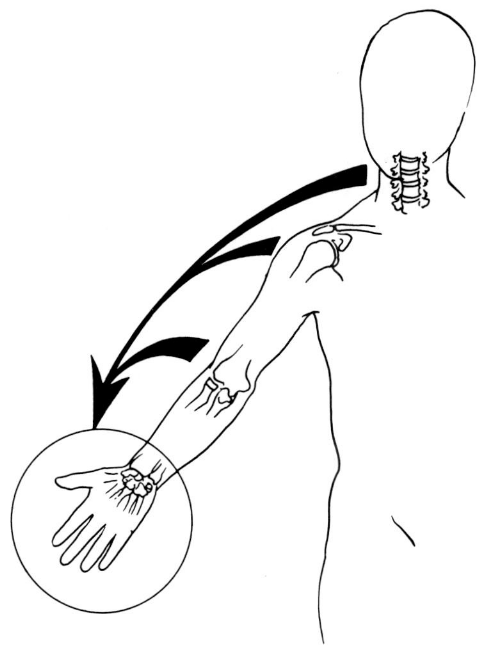

Abb. 122 Erkrankungen der Halswirbelsäule, der Schulter und des Ellbogens können Beschwerden im Handgelenk und in der Hand verursachen.

Klinische Untersuchung der Halswirbelsäule und des Temporomandibulargelenks

4

Die Halswirbelsäule hat drei Aufgaben: 1. sie unterstützt und stabilisiert den Kopf, 2. mit ihren Gelenkflächen schafft sie die Voraussetzung für die Bewegungen des Kopfes und 3. umschließt und leitet sie das Rückenmark sowie die Aa. vertebrales.

In diesem Kapitel wird besonderer Nachdruck auf die neurologische Untersuchung gelegt werden, da pathologische Veränderungen der Halswirbelsäule, die in sich selbst schon ein Problem darstellen, sich an der oberen Extremität in Form von Muskelschwäche, Reflex- oder Sensibilitätsveränderungen sowie Schmerzen kundtun. Da diese Symptome Ergebnis einer Beeinträchtigung der peripheren Nerven im Bereich C5 bis Th1 (Plexus brachialis) der Halswirbelsäule sein können, verschafft uns eine ausgiebige neurologische Untersuchung ein besseres Bild von der Unversehrtheit des Plexus brachialis wie auch von pathologischen Zeichen und Symptomen in der oberen Extremität.

Inspektion

Die Inspektion beginnt in dem Augenblick, wo der Patient den Untersuchungsraum betritt. Achten Sie bei seinem Eintritt auf Haltung und Stellung des Kopfes. Normalerweise wird der Kopf aufrecht und lotrecht zum Fußboden gehalten. Dabei bewegt er sich in einem fließenden Zusammenspiel mit den Bewegungen des Körpers. Da immer die Möglichkeit fortgeleiteter pathologischer Veränderungen besteht, muß sich der Patient bei der Untersuchung des Halses bis zu den Hüften frei machen, damit sowohl der Hals als auch die gesamte obere Extremität der Untersuchung zugänglich werden. Während der Patient sich auszieht, sollte sich sein Kopf natürlich mit dem Körper bewegen. Wenn er seinen Kopf steif zu einer Seite hält, um einen schmerzhaften Abschnitt zu schützen oder ruhigzustellen, kann eine pathologische Veränderung Ursache für eine derartige Haltung sein.

Jetzt sollte die Halsregion auf ihre normalen Charakteristika, aber auch auf abnorme Veränderungen hin, wie beispielsweise Blasen, Narben, und Verfärbungen untersucht werden.

Chirurgische Narben an der Vorderseite des Halses weisen meistens auf einen vorangegangenen Eingriff an der Schilddrüse hin, während unregelmäßige, eingezogene Narben im vorderen Halsdreieck wahrscheinlich Zeichen einer früheren tuberkulösen Lymphknotenentzündung sind.

Palpation der Knochen

Die Palpation des Halses sollte am liegenden Patienten geschehen, da die über die tieferen Schichten ausgebreiteten Muskeln des Halses in dieser Lage entspannt und die knöchernen Strukturen besser abgrenzbar sind.

Vorderseite

Um die vorderen knöchernen Strukturen des Halses zu palpieren, stehen Sie seitlich vom Patienten und unterstützen den Hals von hinten mit einer Hand, wobei die andere Hand für die Palpation frei bleibt. Eine feste Unterstützung an der Basis des Halses gibt dem Patienten ein Gefühl der Sicherheit und läßt ihn besser entspannen.

Zungenbein. Das wie ein Hufeisen geformte Zungenbein liegt oberhalb des Schildknorpels. In der Horizontalebene befindet es sich gegenüber dem 3. Halswirbel. Um das Zungenbein zu tasten, müssen Sie Ihre Hand um die Vorderseite des Halses dicht oberhalb des Schildknorpels legen. Mit Daumen und Zeigefinger palpieren Sie zangenförmig die beiden Hörner. Diese beiden langen, dünnen Fortsätze beginnen in der Mittellinie des Halses und setzen sich dann nach seitlich und hinten fort (Abb. 1). Fordern Sie den Patienten auf zu schlucken. Dabei ist die Bewegung des Zungenbeins fühlbar.

Schildknorpel. Gleiten Sie jetzt mit Ihren Fingern in der Mittellinie nach unten, bis Sie mit dem Schildknorpel und seinem kleinen oberen Einschnitt in Kontakt kommen. Von hier aus palpieren Sie den vorgewölbten oberen Teil des Knorpels (Abb. 2). Die Spitze des Knorpels, auch Adamsapfel genannt, entspricht der Höhe des 4. Halswirbels. Der untere Abschnitt liegt auf der Höhe von C5. Obgleich der Schildknorpel nicht so breit ist wie das Zungenbein, ist er doch in der kraniokaudalen Richtung länger.

1. Ringknorpel. Der 1. Ringknorpel liegt unmittelbar unterhalb der scharfen unteren Kante des Schildknorpels und gegenüber C6. Er ist der einzige vollständige Ring in der Reihe der Ringknorpel, die einen integralen Teil der Trachea darstellen und liegt unmittelbar oberhalb der für eine Tracheotomie benutzten Stelle. Der Ring sollte vorsichtig palpiert werden, da zu viel Druck einen Würgereiz auslösen kann. Fordern Sie den Patienten auf zu schlucken. Dabei ist die Bewegung des 1. Ringknorpels tastbar, obgleich diese nicht so deutlich ist wie beim Schildknorpel (Abb. 3).

Tuberculum caroticum. Wenn Sie etwa 2–3 cm nach lateral vom 1. Ringknorpel gehen, stoßen Sie auf das Tuberculum caroticum, den vorderen Vor-

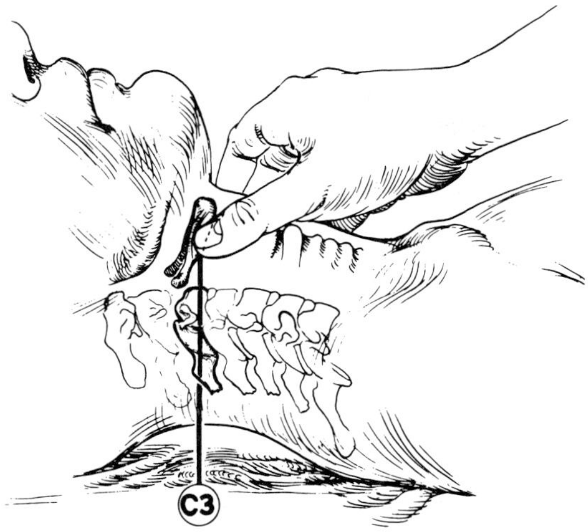

Abb. 1 Das Zungenbein.

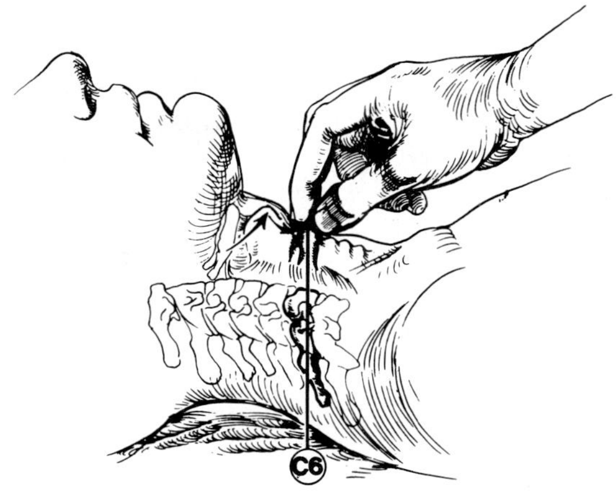

Abb. 3 Der Ringknorpel.

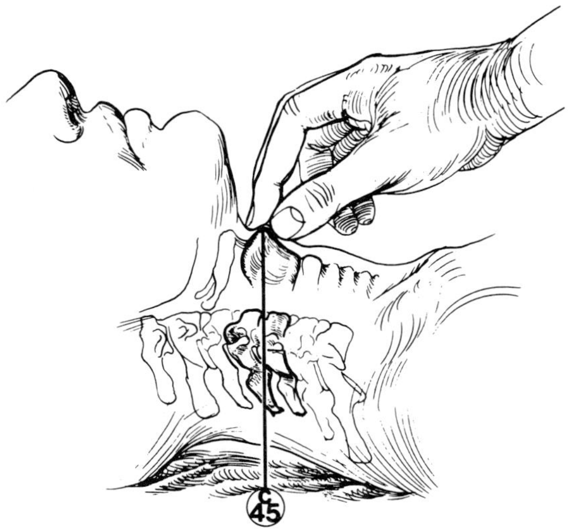

Abb. 2 Der Schildknorpel.

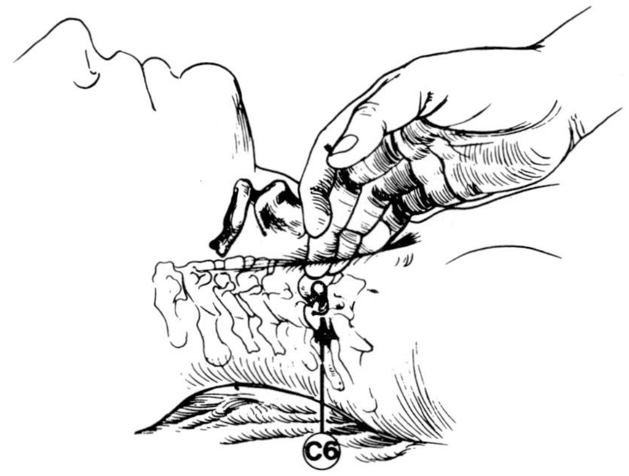

Abb. 4 Das Tuberculum caroticum.

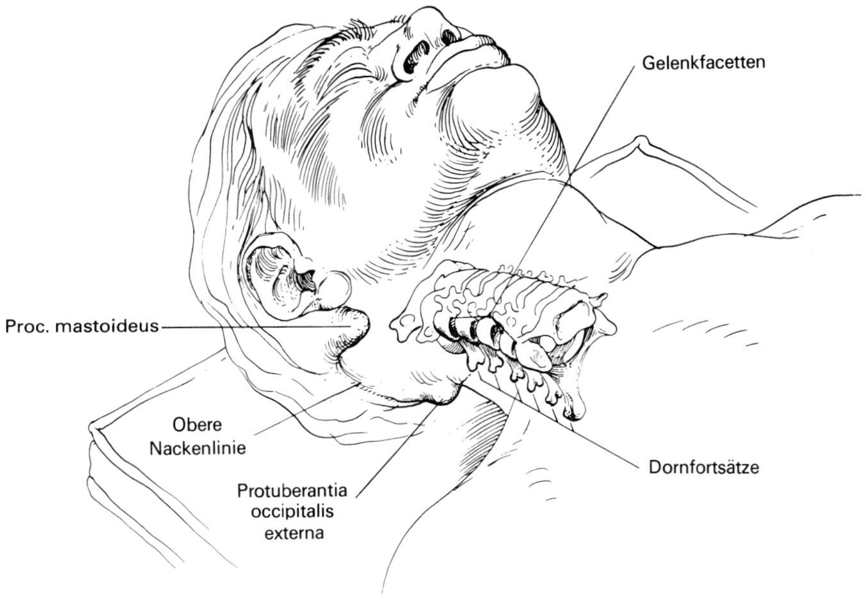

Abb. 5 Anatomie des Halses (Rückseite).

sprung des Querfortsatzes vom 6. Halswirbel. Das Tuberculum caroticum ist klein und liegt seitlich der Mittellinie tief unter den darüberliegenden Muskeln; trotzdem ist es deutlich zu tasten. Man kann es fühlen, wenn die Finger von außen schräg nach hinten drücken (Abb. 4). Jedes Tuberculum caroticum am 6. Halswirbel sollte einzeln palpiert werden, da eine gleichzeitige Palpation den Blutdurchfluß beider Halsschlagadern, die neben den Tuberkula verlaufen, verringern kann. Dadurch kann es zum Karotisreflex kommen. Das Tuberculum caroticum wird häufig als Orientierungspunkt für einen chirurgischen Eingriff bei C5 und C6 benutzt und auch als Injektionsstelle für die Stellatumblockade.

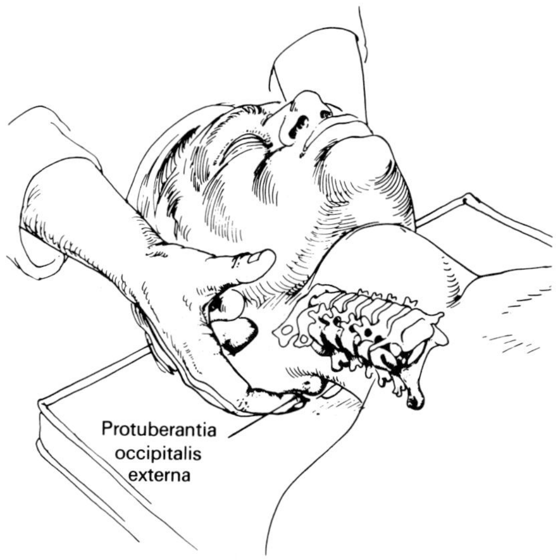

Abb. 6 Die Protuberantia occipitalis externa (Inion).

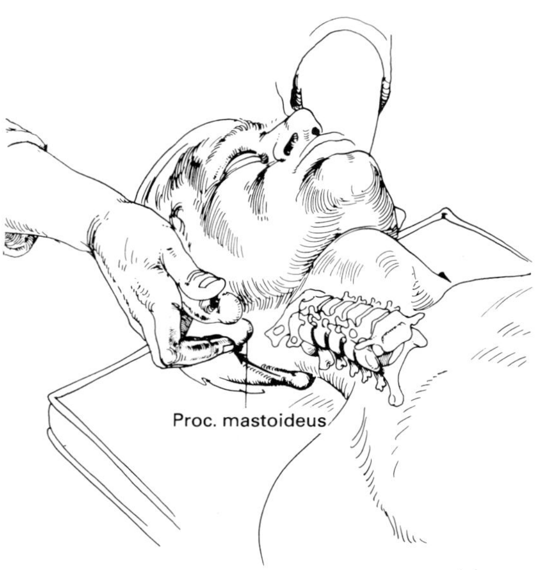

Abb. 7 Der Processus mastoideus.

Während Sie die Vorderseite des Halses untersuchen, sollen Sie auch die kleine harte Verdickung am Querfortsatz von C1 lokalisieren. Diese liegt zwischen dem Unterkieferwinkel und dem unmittelbar hinter dem Ohr gelegenen Processus styloideus. Als breitester Querfortsatz der Halswirbelsäule ist er leicht zu palpieren und kann als Orientierungspunkt verwendet werden, obgleich er klinisch nur geringe Bedeutung hat.

Rückseite

Die dorsalen Markierungspunkte des Halses (Abb. 5) sind etwas leichter zu palpieren, wenn Sie hinter dem Kopf des Patienten stehen und Ihre Hände so um den Hals schließen, daß die Fingerspitzen einander in der Mittellinie berühren. Da angespannte Muskeln die Palpation der tieferen dorsalen Knochenvorsprünge nachweislich verhindern, müssen Sie den Kopf des Patienten derart halten, daß er seine Muskulatur nicht zur Unterstützung benötigt. Ermutigen Sie den Patienen zu entspannen.

Hinterhaupt. Die Palpation der dorsalen Seite beginnt mit dem Hinterhaupt, dem hinteren Anteil des Schädels.

Protuberantia occipitalis externa (Inion). Die Protuberanz, eine kuppelartige Vorwölbung (Weisheitsknochen), liegt in der Mittellinie der Hinterhauptsregion und markiert das Zentrum der oberen Nackenlinie (Abb. 6).

Linea nuchae superior. Gehen Sie von der Protuberanz nach seitwärts, um die obere Nackenlinie zu palpieren. Hierbei handelt es sich um einen kleinen, querverlaufenden Grat, der sich beiderseits der Protuberanz erstreckt.

Warzenfortsatz. Wenn Sie vom lateralen Ende der oberen Nackenlinie noch weiter seitlich gehen, werden Sie den gerundeten Warzenfortsatz des Schädels fühlen (Abb. 7).

Dornfortsätze der Halswirbelsäule. Die Dornfortsätze liegen auf der Rückseite in der Mittellinie der Halswirbelsäule. Sie können sie dadurch tasten, daß Sie eine Hand seitlich um den Hals legen und mit den Fingerspitzen an der Mittellinie entlang fahren. Da kein Muskel die Mittellinie überkreuzt, wirkt sie gezähnelt. Die seitlichen Vorwölbungen der Weichteile, die diese gezähnelte Linie begrenzen, setzen sich aus den tiefen paraspinalen Muskeln und dem oberflächlichen M. trapezius zusammen. Beginnen Sie an der Schädelbasis. Der Dornfortsatz von C2 ist der erste, den Sie fühlen können. Der Dornfortsatz von C1 ist nur ein kleines Tuberkulum, welches in der Tiefe liegt. Bei der Palpation der Dornfortsätze von C2 bis Th 1 beachten Sie die physiologische Lordose der Halswirbelsäule (Abb. 8). Bei einigen Patienten werden Sie die Dornfortsätze C3 bis C5 verdoppelt vorfinden. Sie sind geteilt und bestehen aus zwei kleinen knöchernen Vorsprüngen. Die Dornfortsätze von C7 und Th1 sind größer als die darüberliegenden (Abb. 9). In der Regel liegen die Dornfortsätze in einer Linie. Eine Seitenverschiebung kann entweder auf Luxation eines Wirbelgelenks oder Fraktur eines Dornfortsatzes infolge eines Traumas beruhen (Abb. 11).

Wirbelgelenke. Ausgehend vom Dornfortsatz C2 gleiten Sie mit jeder Hand etwa 2,5 cm nach lateral und beginnen, die Wirbelgelenke zu palpieren, die zwischen den Halswirbeln liegen. Diese Gelenke verursachen oft Schmerzsymptome in der Halsregion. Die Gelenke fühlen sich wie kleine Kuppeln an und liegen tief unter dem M. trapezius. Nicht immer sind sie deutlich zu palpieren, und der Patient muß vollständig entspannt sein, damit Sie die Gelenke ausmachen können. Achten Sie auf jede Schmerzhaftigkeit und palpieren Sie die Gelenke beiderseits bis hinunter zu C7 und Th1 (Abb. 10). Die Gelenkfacetten zwischen C5 und C6 sind am häufigsten pathologisch verändert (Osteoarthritis) und deshalb auch am häufigsten schmerzhaft (möglicherweise auch etwas vergrößert). Bestehen Zweifel an der Zuordnung eines Gelenks entsprechend der Höhe, so kann diese durch eine Projektion auf die an der Vorderseite des Halses gelegenen Strukturen

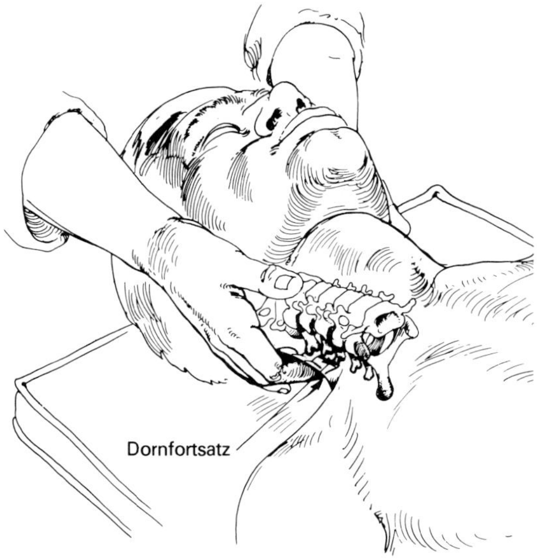

Abb. 8 Palpation der zervikalen Dornfortsätze.

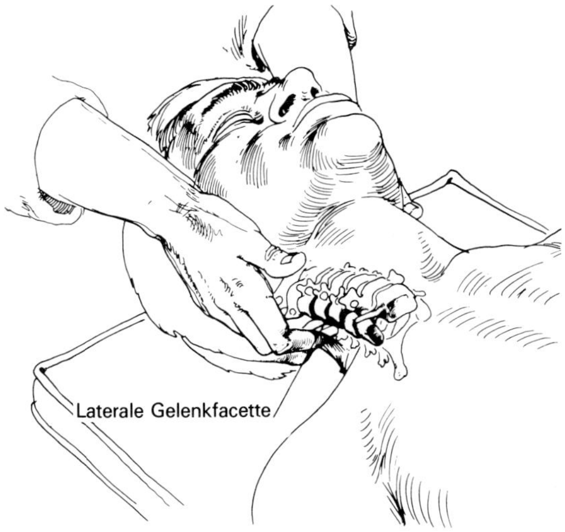

Abb. 10 Palpation der Gelenkfacetten.

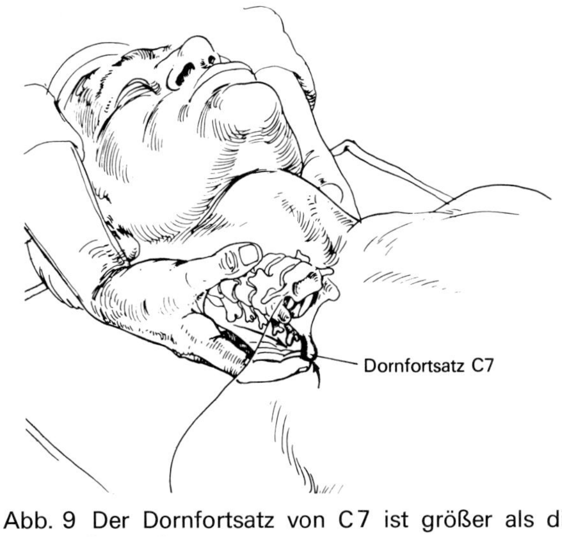

Abb. 9 Der Dornfortsatz von C7 ist größer als die darüberliegenden.

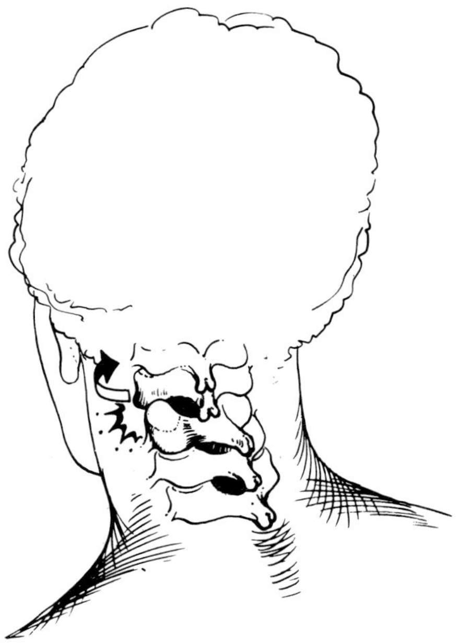
Abb. 11 Einseitige Facettenluxation.

bestimmt werden. Das Zungenbein entspricht C3, der Schildknorpel C4 und C5, der erste Ringknorpel C6 (Abb. 12).

Palpation der Weichteile

Die Palpation der Weichteile des Halses wird in zwei klinische Zonen eingeteilt: 1. Vorderseite (vorderes Halsdreieck), 2. Rückseite. Die bei der vorangegangenen Untersuchung festgestellten knöchernen Orientierungspunkte in diesem Abschnitt können Ihrer Untersuchung als nützlicher Anhalt dienen.

Region I – Vorderseite

Die Vorderseite wird lateral durch die beiden Mm. sternocleidomastoidei, oben durch den Unterkiefer und unten durch das Jugulum begrenzt. Hierbei entsteht in etwa ein Dreieck. Es ist leichter, das vordere Halsdreieck am liegenden Patienten zu untersuchen, da dann seine Muskeln mehr entspannt sind.

Kopfnickermuskel. Dieser Muskel, der vom Sternoklavikulargelenk bis zum Warzenfortsatz reicht, wird häufig durch ein Hyperextensionstrauma des Halses während eines Autounfalls gedehnt (Abb. 13). Sie erleichtern sich die Palpation des Kopfnickers, wenn Sie den Patienten auffordern, seinen Kopf jeweils zur anderen Seite zu drehen. Wenn der Patient dies tut, steht der Muskel nahe seinem sehnigen Ursprung deutlich hervor. Der Kopfnicker ist lang und röhrenförmig und vom Ursprung bis zum Ansatz tastbar (Abb. 14). Der Muskel der anderen Seite sollte ebenfalls im Hinblick auf etwaige Differenzen in Größe, Form oder Tonus untersucht werden. Umschriebene tastbare Schwellungen innerhalb des Muskels können durch ein Hämatom hervorgerufen sein und eine abnorme Drehung des Kopfes zu einer Seite nach sich ziehen (Tortikollis). Eine bei der Palpation festgestellte Schmerzhaftigkeit kann von einem Überstreckungstrauma des Halses herrühren.

Lymphknotenkette. Die Lymphknotenkette erstreckt sich entlang dem medialen Rand des Kopfnickers. Bei normaler Größe sind die Lymphknoten gewöhnlich nicht tastbar. Sind sie jedoch vergrößert, können sie als kleine Knötchen palpiert werden, die oft auf Berührung schmerzen (Abb. 15). Eine Vergrößerung der Lymphknoten im Bereich des Kopfnickers weist gewöhnlich auf eine Infektion in den oberen Luftwegen hin und kann gleichfalls einen Tortikollis bedingen.

Schilddrüse. Der Schildknorpel liegt zentral in der vorderen Mittellinie des Halses und gegenüber den Wirbeln C4 und C5. Die Schilddrüse liegt über dem Knorpel in Form eines «H». Ihre beiden größeren Lappen liegen seitlich, während sich zwischen ihnen der dünnere Isthmus findet. Die normale Schilddrüse fühlt sich glatt und unbestimmt an, während die

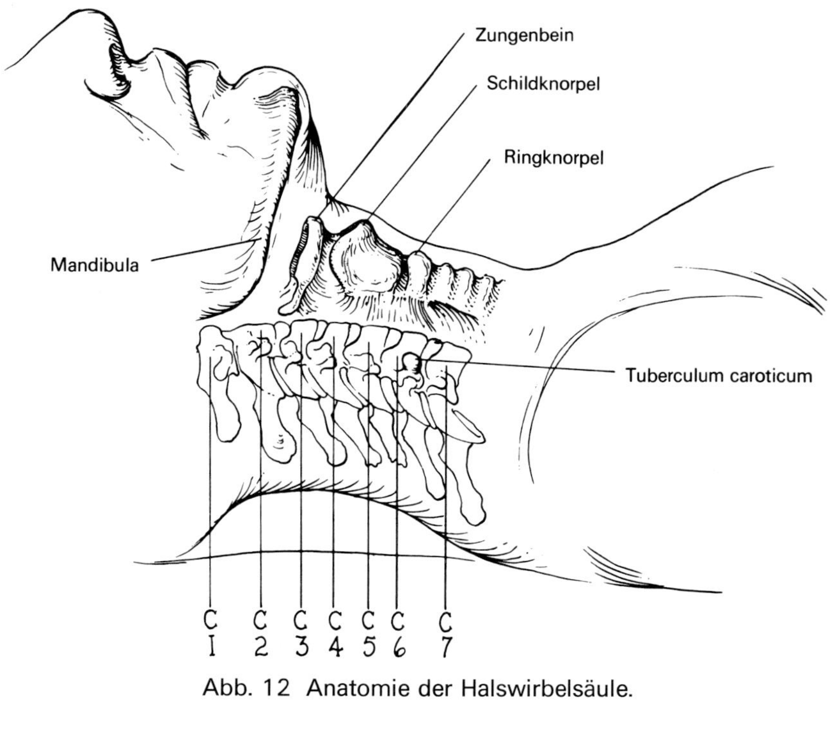

Abb. 12 Anatomie der Halswirbelsäule.

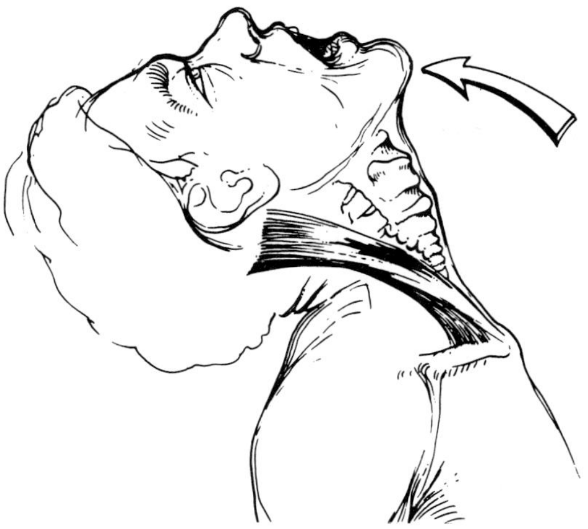

Abb. 13 Hyperextensionstrauma beider Mm. sternocleidomastoidei.

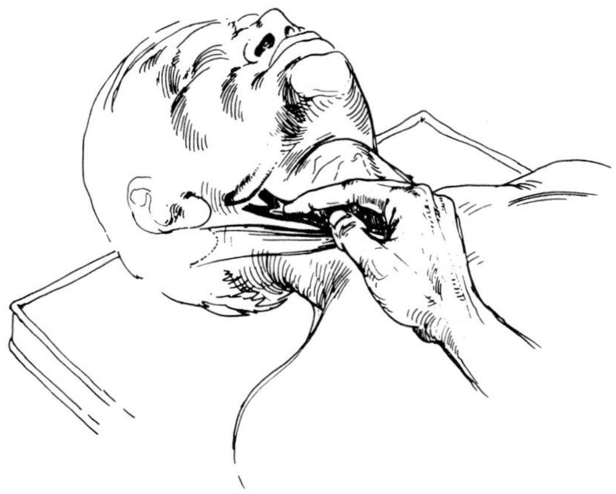

Abb. 16 Der Karotispuls.

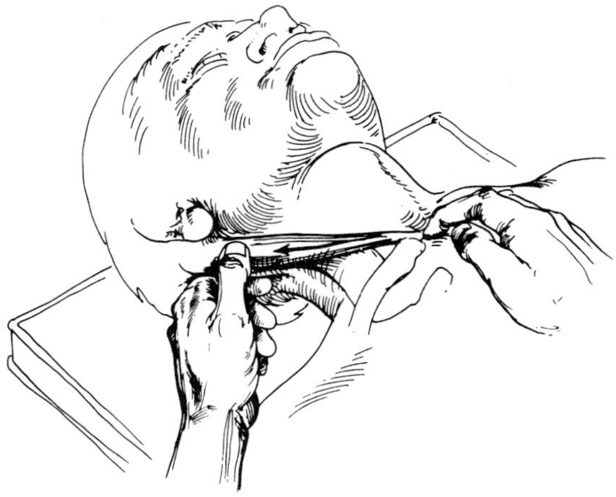

Abb. 14 Der M. sternocleidomastoideus ist von seinem Ursprung bis zum Ansatz tastbar.

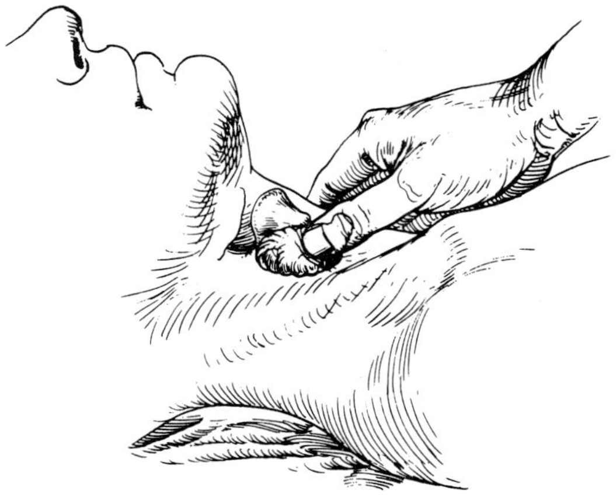

Abb. 17 Die normale Schilddrüse ist glatt und schwer abgrenzbar.

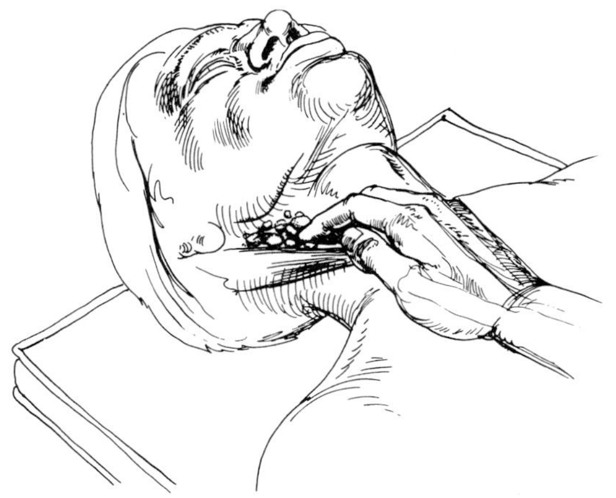

Abb. 15 Die Lymphknotenkette entlang dem Vorderrand des M. sternocleidomastoideus.

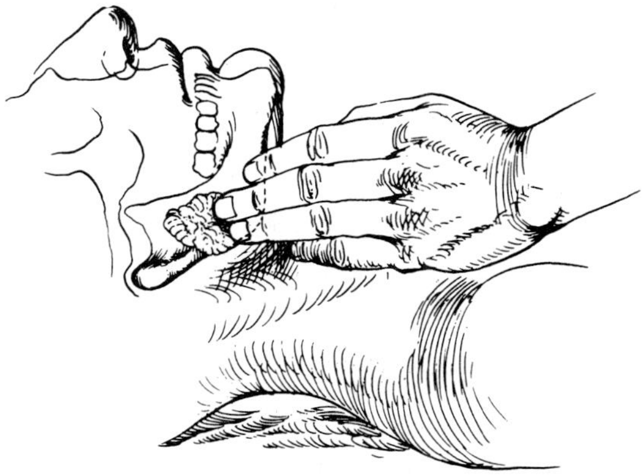

Abb. 18 Palpation der Schilddrüse.

veränderte Drüse ungewöhnliche, umschriebene Vergrößerungen bei Zysten oder Knoten enthalten kann. Sie ist oft bei der Palpation schmerzhaft. Bei einiger Übung kann die Drüse im Zusammenhang mit dem Schildknorpel palpiert werden (Abb. 17).

Karotispuls. Die A. carotis liegt neben dem Tuberculum caroticum von C6. Der Puls der Schlagader ist tastbar, wenn Sie an dieser Stelle einen Druck mit der Spitze von Zeige- und Mittelfinger ausüben (Abb. 16). Palpieren Sie jeweils nur eine Seite, da die gleichzeitige Palpation beider Karotiden einen Karotissinusreflex hervorrufen kann. Die Pulse sollten auf jeder Halsseite annähernd gleich sein. Beide sollten untersucht werden, um ihre relative Stärke zu bestimmen.

Parotis. Die Parotis bedeckt teilweise den spitzen Winkel des Unterkiefers. Die Drüse selbst läßt sich nicht deutlich tasten, aber man fühlt den Unterkieferwinkel scharf und knöchern, wenn sie normal ist (Abb. 18). Ist die Drüse geschwollen (wie bei Mumps), wird der Unterkieferwinkel durch eine teigig-weiche Drüse bedeckt und ist dann auch nicht mehr als scharf begrenzte Struktur zu tasten.

Schlüsselbeingrube. Die Schlüsselbeingrube liegt oberhalb des Schlüsselbeins und seitlich vom Jugulum. Sie sollte auf ungewöhnliche Schwellungen oder Knoten untersucht werden. Zwar überspannt das Platysma die Grube, füllt aber deren Konturen nicht aus. Aus diesem Grunde beschreibt die Grube eine glatte Einsenkung, wobei das subkutan gelegene Schlüsselbein ihre Tiefe noch betont. Schwellungen innerhalb der Grube können durch ein Ödem infolge eines Traumas, etwa einer Schlüsselbeinfraktur, hervorgerufen sein. Eine Vergrößerung der Lymphknoten in der Grube kann sich in Form kleiner Knoten manifestieren. Obgleich die bis in die Grube sich erstreckende Lungenspitze selbst nicht tastbar ist, wird sie manchmal durch ein penetrierendes Trauma verletzt, etwa bei einer Schlüsselbeinfraktur oder der Biopsie eines vergrößerten Lymphknotens. Liegt eine Halsrippe vor, kann sie in der Grube getastet werden. Denken Sie daran, daß eine Halsrippe vaskuläre oder neurologische Symptome an der oberen Extremität verursachen kann.

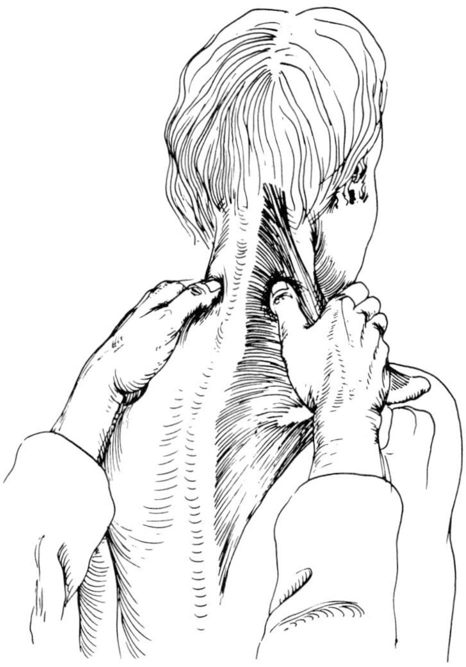

Abb. 19 Palpation des Trapeziusmuskels von seinem Ursprung bis zum Ansatz.

Region II – Rückseite

Für die Palpation der dorsalen Halsseite stellen Sie sich hinter den sitzenden Patienten. Wenn der Patient sitzt, sind die Weichteile der hinteren Halsseite besser zugänglich. Sollte das Sitzen jedoch für den Patienten schmerzvoll sein, kann er auch liegen.

M. trapezius. Der breite Ursprung dieses Muskels reicht von der Protuberantia occipitalis bis Th12. Er setzt dann in einem ununterbrochenen Bogen am Schlüsselbein, dem Akromion und der Spina scapulae an. Palpieren Sie den Trapezius von seinem Ursprung bis zu seinem Ansatz, indem Sie bei den etwas vorspringenden Anteilen an der Halsseite beginnen und dann in Richtung auf das Akromion zugehen. Der obere Anteil des Trapezius wird häufig bei einem Flexionstrauma der Halswirbelsäule gezerrt, wie es bei Autounfällen vorkommt. Wenn Ihre Fingerspitzen die Rückfläche des Akromions erreicht haben, folgen Sie seinem Verlauf, bis Sie die Spina scapulae erreichen. Obgleich der Ansatz des Trapezius selbst nicht sehr deutlich zu fühlen ist, können Sie doch eine auffällige Schmerzhaftigkeit in diesem Gebiet fühlen, die gewöhnlich Folge einer Läsion oder eines Hämatoms infolge eines Flexions-Extensionstraumas des Halses auftritt. Lassen Sie jetzt Ihre Fingerspitzen entlang den Längswülsten des Trapeziusmuskels gleiten, die sich auf beiden Seiten der Dornfortsätze finden. Fahren Sie mit Ihrer Untersuchung bis zur oberen Nackenlinie fort. Am besten wird der Trapeziusmuskel auf beiden Seiten gleichzeitig untersucht, um einen sofortigen Vergleich zu erhalten. Jeder Unterschied in Größe oder Gestalt einer Seite sowie Schmerzhaftigkeit, mag sie nun einseitig oder beidseitig bestehen, sollte festgestellt werden. Schmerzhaftigkeit tritt am häufigsten im oberen lateralen Bereich auf (Abb. 19).

Der Trapezius- und der Sternokleidomastoidmuskel besitzen einen gemeinsamen kontinuierlichen Ansatz entlang der Schädelbasis bis zum Warzenfortsatz, wo sie sich aufteilen. Von hier ab hat jeder Muskel einen unterschiedlichen und unterbrochenen Ansatz entlang dem Schlüsselbein. Während der Embryonalperiode bilden Trapezius und Sternokleidomastoideus einen einzigen Muskel, teilen sich dann aber während der späteren Entwicklung. Wegen ihres gemeinsamen Usprunges besitzen diese Muskeln dieselbe Nervenversorgung durch den N. accessorius (XI).

Lymphknoten. Die Lymphknoten an der Vorderaußenseite des Trapezius sind normalerweise nicht tastbar, können aber unter pathologischen Bedingungen, wie einer Infektion, schmerzhaft und vergrößert sein. Mit zunehmender Erfahrung können Sie die Palpation der Lymphknotenkette in die Palpation des Trapezius einbeziehen (Abb. 20).

N. occipitalis major. Sie gehen vom Trapezius zur Schädelbasis und untersuchen auf beiden Seiten der Protuberantia den N. occipitalis major. Wenn diese Nerven entzündet sind (gewöhnlich als Folge eines Traumas bei Peitschenschlagverletzung) sind sie deutlich zu tasten. Entzündungen des N. occipitalis major äußern sich gewöhnlich in Kopfschmerz (Abb. 21).

Ligamentum nuchae. Dieses Band entspringt von der Protuberantia occipitalis an der Schädelbasis und reicht bis zum Dornfortsatz C7. Es liegt über den Dornforsätzen der Halswirbelsäule, mit denen es durch Fasern verbunden ist. Sie können es unmittelbar unter Ihren Fingerspitzen während der Palpation der Dornfortsätze fühlen. Obgleich das Nackenband nicht sehr deutlich zu palpieren ist, sollte das Gebiet, in dem es sich befindet, auf Schmerzhaftigkeit hin untersucht werden. Schmerzhaftigkeit kann entweder ein gedehntes Ligament als Folge eines Flexionstraumas der Halswirbelsäule oder eine mögliche Läsion innerhalb des Ligaments selbst andeuten (Abb. 22).

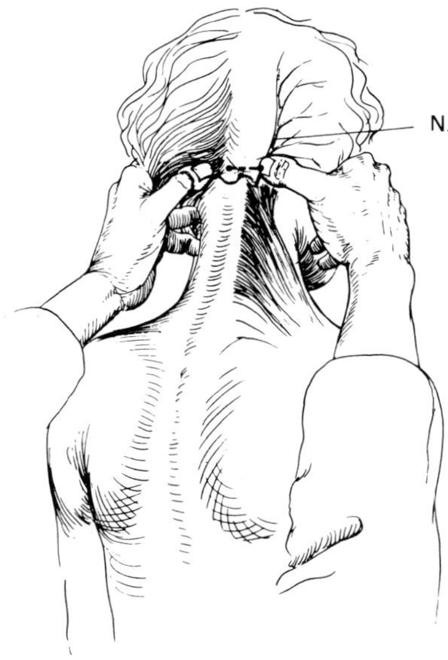

Abb. 21 Palpation der Nn. occipitales majores.

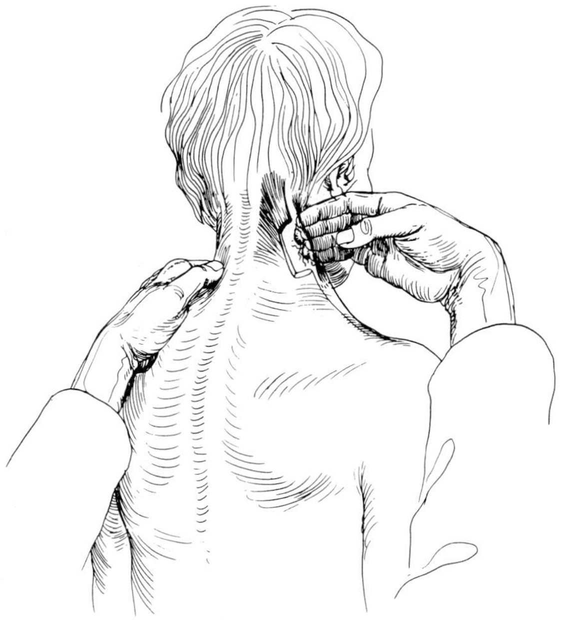

Abb. 20 Lymphknoten an der Vorderaußenseite des M. trapezius.

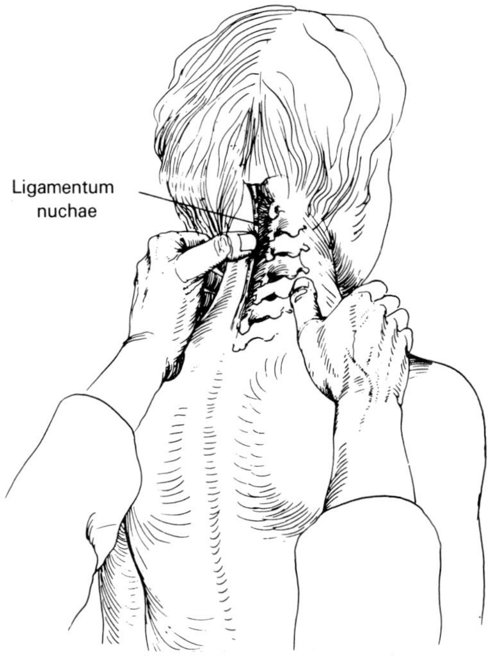

Abb. 22 Das Ligamentum nuchae.

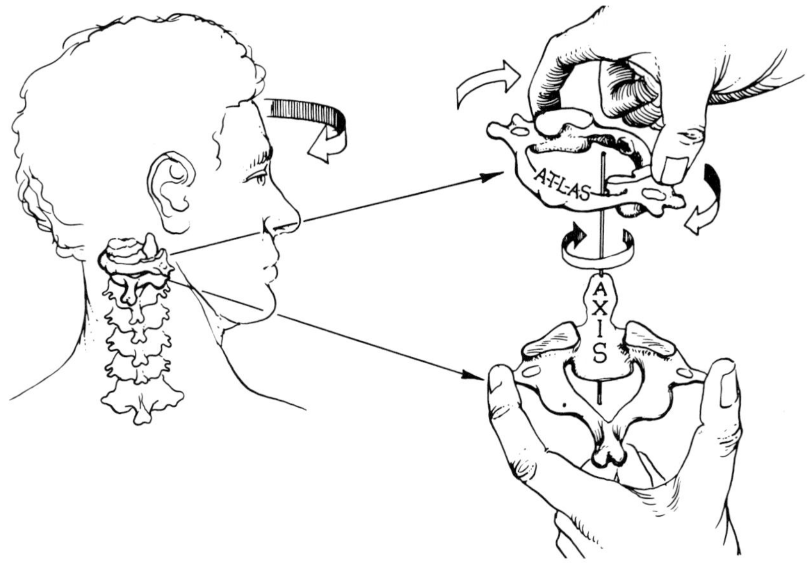

Abb. 23 Die besondere Form von C1 (Atlas) und C2 (Axis) ermöglicht eine Rotationsbewegung.

Beweglichkeit

Die normale Beweglichkeit des Halses sorgt nicht nur für ein ausgedehntes Sehfeld des Patienten, sondern gleichzeitig auch für eine schnelle Gleichgewichtsreaktion. Die Beweglichkeit in der Halsregion beinhaltet die folgenden Grundbewegungen: 1. Beugung, 2. Streckung, 3. Seitrotation nach links und rechts und 4. Seitbeugung nach links und rechts. Diese spezifischen Bewegungen werden auch in Kombination gebraucht, wodurch Kopf und Hals die Fähigkeit einer außerordentlich vielseitigen Bewegung erhalten. Obgleich die gesamte Halswirbelsäule bei der Bewegung von Kopf und Hals beteiligt ist, konzentriert sich die Hauptbewegung folgendermaßen: etwa 50% der Beugung und Streckung erfolgen zwischen dem Hinterhaupt und C1, während die übrigen 50% relativ gleichmäßig auf die anderen Halswirbel verteilt sind (mit einer leichten Vermehrung zwischen C5 und C6) (nach William Fielding). Etwa 50% der Rotation erfolgen zwischen C1 (Atlas) und C2 (Axis). Diese zwei Halswirbel besitzen eine Form, die eine größere Rotationsbewegung ermöglicht (Abb. 23). Die übrigen 50% der Rotation sind etwa gleichmäßig auf die anderen fünf Halswirbel verteilt. Obgleich die Seitwärtsbeugung eine Funktion aller Halswirbel ist, geschieht diese nicht als eine reine Bewegung, sondern verläuft eher im Zusammenhang mit einem Rotationsanteil. Die deutliche Einschränkung einer Einzelbewegung kann durch Blockade jener Gelenke verursacht werden, die den größten Umfang dieser Bewegung gestatten, wie z. B. bei der Klippel-Feil-Erkrankung, wo die Körper zweier oder mehrerer Wirbel miteinander verschmolzen sind.

Aktive Beweglichkeitsuntersuchung

Beugung und Streckung. Um die aktive Beugung und Streckung des Halses zu untersuchen, fordern Sie den Patienten auf, mit dem Kopf wie bei einer «Ja»-Antwort zu nicken. Dabei sollte er in der Lage sein, mit seinem Kinn die Brust zu berühren (normaler Beugungsumfang) und direkt auf die Decke über sich zu schauen (normaler Streckungsumfang) (Abb. 24). Während er seinen Kopf bewegt, achten Sie darauf, ob sein Bewegungsbogen glatt und nicht

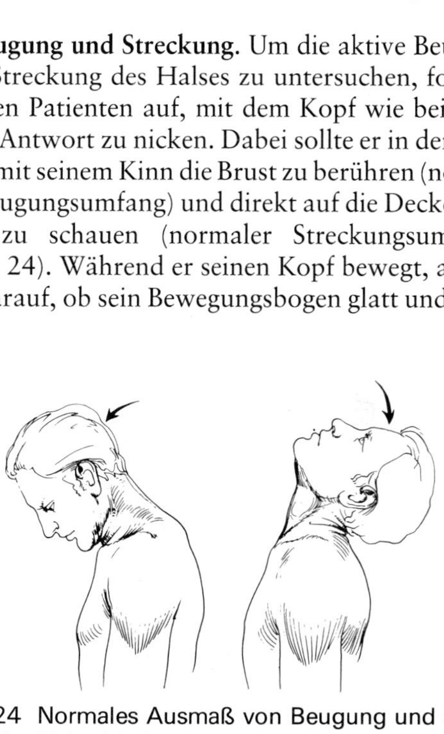

Abb. 24 Normales Ausmaß von Beugung und Streckung der Halswirbelsäule.

zögernd ist. Ein Autounfall, der die Weichteile der Halswirbelsäule traumatisieren kann, kann gleichzeitig auch den Bewegungsumfang einschränken und den gleichmäßigen, glatten Bewegungsablauf unterbrechen.

Rotation. Bitten Sie den Patienten, seinen Kopf von einer Seite zur anderen zu drehen. Hierbei sollte er in der Lage sein, seinen Kopf nach beiden Seiten so weit zu drehen, daß sein Kinn fast über der Schulter steht (Abb. 25). Beobachten Sie wieder die Bewegung, um festzustellen, ob der Kopf voll rotiert und mühelos in einem glatten Bogen bewegt wird. Ein häufiges Hindernis der Halsbewegung ist der Tortikollis.

Seitwärtsbeugung. Um die aktive Seitwärtsbeugung (mit Elementen der Rotation) zu untersuchen, soll der Patient versuchen, mit seinem Ohr die Schulter zu berühren. Dabei darf er jedoch nicht eine eingeschränkte Halsbewegung durch das Anheben der Schulter kompensieren. Im Normalfall sollte der Patien in der Lage sein, seinen Kopf etwa um 45° in Richtung auf jede Schulter zu neigen (Abb. 26). Vergrößerte Lymphknoten können eine Bewegung einschränken, speziell die Seitwärtsbeugung.

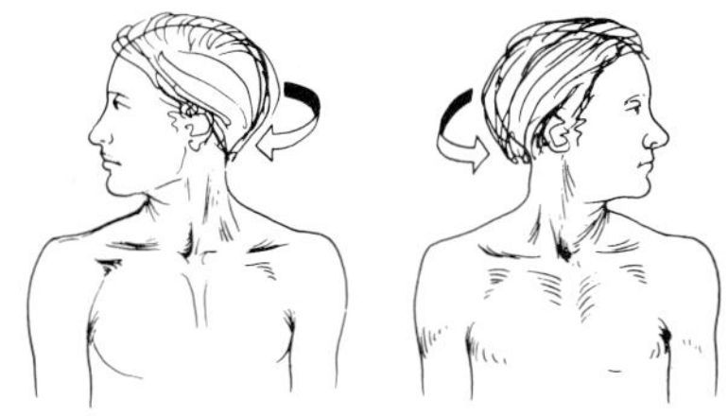

Abb. 25 Normaler Umfang der Halsrotation.

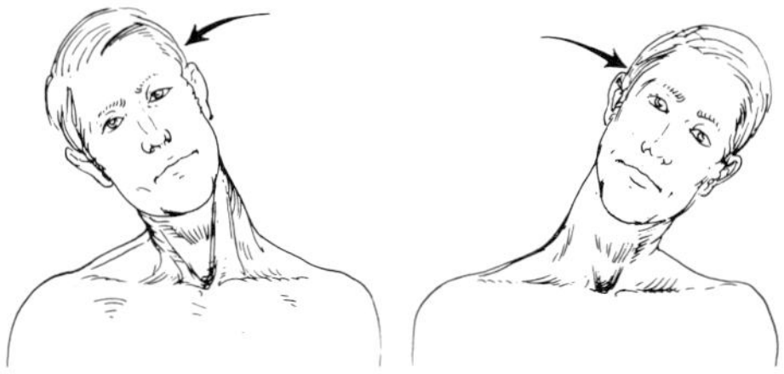

Abb. 26 Normaler Umfang der Seitwärtsneigung.

Prüfung der passiven Beweglichkeit

Da die Muskulatur eine Bewegung einschränken kann, muß der Patient sich während der Untersuchung der passiven Beweglichkeit vollständig sicher fühlen, so daß seine Muskulatur entspannt bleibt.

Beugung und Streckung. Um die Untersuchung der passiven Beweglichkeit bei Beugung und Streckung des Halses durchzuführen, legen Sie Ihre Hände auf beide Seiten des Kopfes und beugen dann den Kopf des Patienten nach vorn. Bei einer normalen Beugung können Sie das Kinn gegen den Brustkorb drücken. Heben Sie jetzt den Kopf des Patienten wieder an und beugen ihn nach hinten. Ist die Beweglichkeit uneingeschränkt, kann er dabei die Decke unmittelbar über sich sehen. Bedenken Sie, daß der Kopf normalerweise nicht so weit gestreckt werden kann, daß er die Dornfortsätze der Halswirbelsäule berührt.

Rotation. Um die Rotation zu prüfen, bringen Sie den Kopf zunächst in die Neutralstellung und bewegen ihn dann von einer Seite zur anderen wie bei einer «Nein»-Bewegung. Normal ist, wenn der Kopf so weit gedreht werden kann, daß das Kinn fast über der Schulter steht und diese dabei fast berührt. Das Ausmaß der Rotation sollte beiderseits verglichen werden.

Seitwärtsbeugung. Beginnen Sie wieder von der Neutralstellung aus und beugen Sie den Kopf seitwärts in Richtung auf die Schulter. Die normale Seitwärtsbeugung erlaubt dem Kopf eine Neigung von etwa 45° zur Schulter. Das Ergebnis der Seitwärtsbeugung sollte verglichen werden, jedes Zeichen einer eingeschränkten Bewegung sofort vermerkt werden.

Eine Warnung! Wenn Sie den Verdacht haben, daß bei einem Patienten eine instabile Wirbelsäule (beispielsweise nach Trauma) besteht, sollten Sie auf keinen Fall die passive Beweglichkeit testen. Sie könnten dabei möglicherweise neurologische Schäden verursachen.

Neurologische Untersuchung

Die neurologische Untersuchung der Halsregion wird in zwei Abschnitte unterteilt: I. Untersuchung der Halsbinnenmuskeln, II. Neurologische Untersuchung der gesamten oberen Extremität nach neurologischen Segmenten.

Der erste Abschnitt der neurologischen Untersuchung befaßt sich mit den Binnenmuskeln des Halses und der Halswirbelsäule entsprechend den funktionellen Gruppen. In dieser Hinsicht weist die Untersuchung der Muskulatur auf eine etwaige motorische Schwäche hin, die die Bewegung des Halses beeinflußt. Zusätzlich kann die Untersuchung die Unversehrtheit der Nervenversorgung belegen.

Der zweite Abschnitt der Untersuchung folgt einem anderen Muster. In den vorangehenden Kapiteln wurden funktionelle Muskelgruppen, Reflexe und Sensibilitätsgebiete insofern untersucht, wie sie ein spezifisches Gelenk betrafen. Da jedoch die

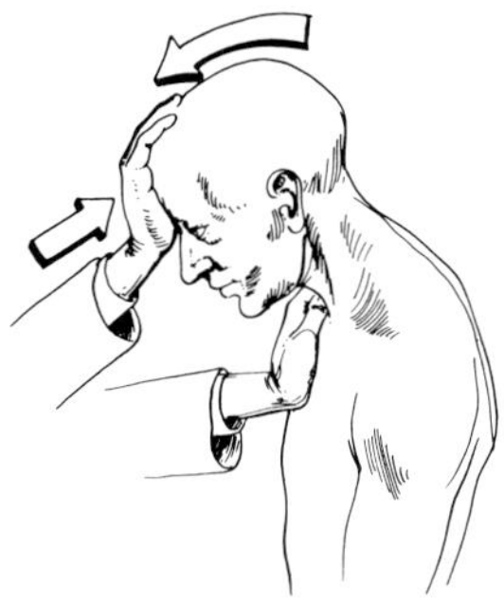

Abb. 27 Haltung der Hände bei der Muskeluntersuchung der Halsbeugung.

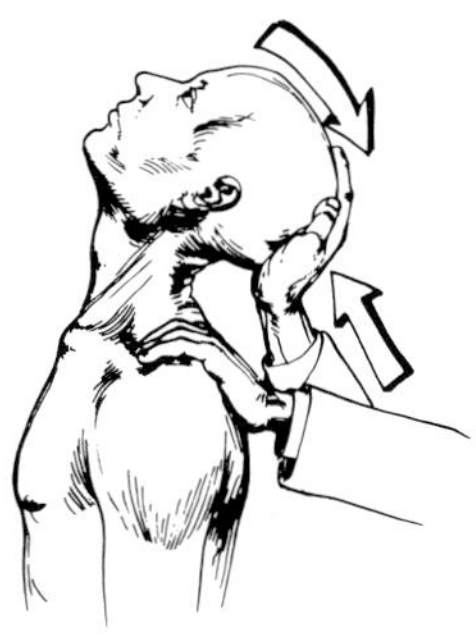

Abb. 28 Haltung der Hände bei der Muskeluntersuchung der Halsstreckung.

obere Extremität durch Nerven aus der Halswirbelsäule versorgt wird, werden wir an zweiter Stelle die neurologischen Störungen, die an der oberen Extremität auftreten können, auf ihren möglichen Entstehungsort an der Halswirbelsäule zurückführen.

Phase I – Untersuchung der Binnenmuskeln

Die Muskeluntersuchungen werden am sitzenden Patienten ausgeführt, es sei denn, daß er seinen Kopf nicht aufrecht halten kann. In diesem Fall kann der Patient liegen. Liegt der Patient während der Untersuchung, so kann die Schwerkraft als eine Variable ausgeschlossen werden.

Flexion

Primäre Flexoren:

1. M. sternocleidomastoideus (beidseitig)
   N. accessorius

Sekundäre Flexoren:

1. M. scalenus
2. Die prävertebralen Muskeln

Um die Beugung des Halses zu untersuchen, stabilisieren Sie den oberen Thorax (Sternum) des Patienten mit einer Hand, um die Beugung des Thorax als Ersatz für die Beugung des Halses zu verhindern. Legen Sie die Hand, mit der Sie Widerstand bieten, gegen die Stirn des Patienten und umschließen Sie die Stirn mit Ihrer Hand, um eine feste und breite Unterstützung zu sichern (Abb. 27). Dann fordern Sie den Patienten auf, seinen Hals langsam zu beugen. Während er dies tut, vergrößern Sie ständig den Widerstandsdruck gegen seinen Kopf, bis Sie den größten Widerstand ermittelt haben, den er überwinden kann. Legen Sie Ihre Befunde entsprechend der Muskelkrafttabelle nieder, wie sie im Kapitel «Schulter», Seite 24, beschrieben ist.

Extension

Primäre Extensoren:

1. Die paravertebralen Extensoren (M. splenius, M. semispinalis, M. capitis)
2. M. trapezius
   N. accessorius (XI)

Sekundäre Extensoren:

1. Verschiedene kleine Binnenmuskeln des Halses

Bevor Sie die Streckung des Halses untersuchen, legen Sie Ihre fixierende Hand auf die Mittellinie der oberen Thoraxrückseite und der Skapula. Diese Fixierung wird den Patienten daran hindern, mit der Streckung des Rumpfes eine reine Halsstreckung vorzutäuschen. Desgleichen wird der Patient nicht in der Lage sein, durch Zurücklehnen den Eindruck einer Halsstreckung zu erwecken. Umschließen Sie mit Ihrer Hohlhand die Hinterhauptsgegend des Schädels, um eine feste Unterstützung zu bieten (Abb. 28).

Fordern Sie den Patienten auf, seinen Hals zu strecken. Während er dies tut, vermehren Sie langsam und stetig den Widerstandsdruck, bis Sie die maximale Kraft bestimmt haben, die er noch überwinden kann. Um den Tonus des Trapezius zu bewerten, tasten Sie ihn mit Ihrer fixierenden Hand (Abb. 19).

Seitenrotation

Primäre Rotatoren:

1. Mm. sternocleidomastoidei
   N. accessorius (XI)

Sekundäre Rotatoren:

1. Die kleinen Binnenmuskeln des Halses

Ein für sich allein funktionierender Sternokleidomastoideus sorgt für den primären Rotationszug nach der Seite, die untersucht wird. Um den Muskel bei der Rechtsrotation des Halses zu untersuchen, stellen Sie sich vor den Patienten und legen Ihre fixierende Hand auf seine linke Schulter. Damit verhindern Sie eine Rotation der thorakolumbalen Wirbelsäule als Ersatz für die Rotation der Halswirbelsäule. Legen Sie die flache Hand, mit der Sie Widerstand gegeben haben, auf die rechten Seite des Unterkiefers (Abb. 29).

Fordern Sie den Patienten auf, seinen Kopf wie bei einer «Nein»-Antwort in Richtung auf Ihre widerstandgebende Hand zu rotieren. Dann vergrößern Sie den Druck, bis Sie den maximalen Widerstand festgestellt haben, den der Patient überwinden kann. Um den rechten Sternokleidomastoideus zu bewerten, wechseln Sie die Position Ihrer Hände auf die andere Schulter und Unterkieferhälfte. Dann vergleichen Sie Ihre Befunde.

Seitwärtsbeugung

Primäre Seitwärtsbeuger:

1. M. scalenus anterior, medius und posterior
   Aus den Rami anteriores der kaudalen zervikalen Nerven.

Sekundäre Seitwärtsbeuger:

1. Kleine Binnenmuskeln des Halses

Untersuchen Sie die Muskeln, welche den Kopf zur rechten Seite beugen, indem Sie Ihre fixierende Hand auf die rechte Schulter legen, um die Hebung dieser Schulter zu verhindern. Legen Sie dann die Handfläche Ihrer widerstandgebenden Hand an die rechte Seite des Kopfes. Zur Ausübung eines sicheren Widerstandes ist es vorteilhaft, wenn Sie Ihre Handfläche auf die Schläfe legen, wobei die Finger nach hinten gerichtet sind.

Fordern Sie den Patienten auf, seinen Kopf seitwärts in Richtung Ihrer Hand zu beugen oder das Ohr auf seine Schulter zu legen. Während der Kopfbeugung vermehren Sie allmählich Ihren Widerstand, bis Sie die maximale Kraft ermittelt haben, die der Patient noch überwinden kann (Abb. 30).

Phase II – Untersuchung nach neurologischen Etagen

Diese Phase der Untersuchung gründet sich auf die Tatsache, daß pathologische Veränderungen der Halswirbelsäule, wie etwa ein Bandscheibenvorfall, häufig über den Plexus brachialis (C5 – Th1), der die gesamte Extremität innerviert, in diese projiziert werden.

Die folgenden diagnostischen Tests können dabei helfen, eine Beziehung zwischen neurologischen Störungen der oberen Extremität und ihrer primären Ursache im Hals zu unterscheiden. Muskelkraft, Reflexe und Sensibilitätsgebiete werden entsprechend dem neurologischen Segment untersucht.

Neuroanatomie. Während es 8 Nerven gibt, die das Halsmark verlassen, haben wir nur 7 Halswirbel. Die sieben oberen Halsnerven verlassen die Wirbelsäule oberhalb der Wirbelkörper mit der entsprechenden Nummer, während der 8. Halsnerv unterhalb des 7. Halswirbels und oberhalb des 1. Thorakalwirbels austritt. Der 1. Thorakalnerv tritt dementsprechend unterhalb des 1. Thorakalwirbels aus (Abb. 31).

Der Plexus brachialis setzt sich aus Nerven zusammen, die aus der 1. Thorakalwurzel und den 4 kaudalen Zervikalwurzeln zusammengesetzt sind (C5 – Th1). Kurz nachdem diese die Wirbelkörper verlassen haben und zwischen den Mm. scalenus anterior und medius hindurchgetreten sind, bilden die Nervenwurzeln von C5 und C6 den oberen Strang. Die Nervenwurzeln von C8 und von Th1 vereinigen sich, um den unteren Strang zu bilden. C7 vereint sich mit keiner der anderen Nervenwurzeln und bildet für sich allein den mittleren Strang. Während die Stränge unterhalb des Schlüsselbeins

Abb. 29 Haltung der Hände bei der Muskeluntersuchung der Rotation.

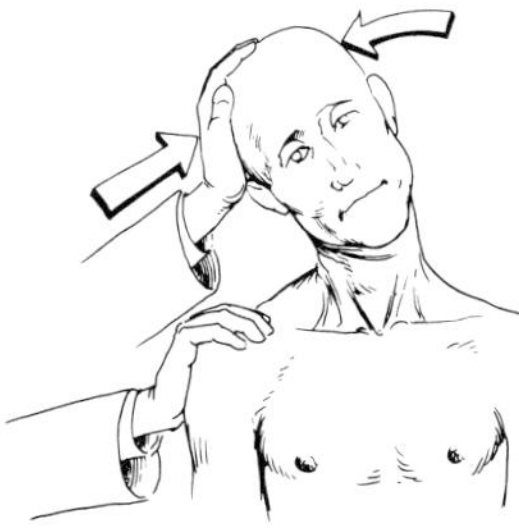

Abb. 30 Muskeluntersuchung bei der Seitneigung.

hindurchziehen, teilen sie sich in Faszikel. Der obere Strang (C5 und C6) und der untere Strang (C8 und Th1) geben Teile an den mittleren Strang (C7) ab, wobei sie den hinteren Faszikel bilden. Der mittlere Strang entsendet seinerseits einen Teil, um mit C5 und C6 den lateralen Faszikel zu bilden. Die Reste von C8 und Th1 bilden den mittleren Faszikel. Diese Faszikel werden nach ihrem topographischen Verhältnis zum zweiten Abschnitt der A. axillaris «posterior», «lateral» und «medial» benannt.

Die Äste (oder die mit Namen versehenen peripheren Nerven) gehen aus den Faszikeln hervor. Der seitliche Faszikel entsendet einen Ast, den N. musculocutaneus. Der andere Ast des lateralen Faszikels vereint sich mit einem Ast des medialen Faszikels und bildet dabei den N. medianus. Der zweite Ast des medialen Faszikels wird zum N. ulnaris. Der hintere Faszikel teilt sich in zwei Äste: den N. axillaris und N. radialis. Die Äste der Faszikel können folgendermaßen zusammengefaßt werden:

Vom lateralen Faszikel:
1. N. musculocutaneus
2. Ast zum N. medianus

Vom medialen Faszikel:
1. N. ulnaris
2. Ast zum N. medianus

Vom posterioren Faszikel:
1. N. axillaris
2. N. radialis

Die in diesem Schema beschriebenen Nerven stellen die Hauptnervenversorgung der oberen Extremität dar. Wo es angebracht erscheint, werden andere aus dem Plexus brachialis entspringende periphere Nerven diskutiert werden.

Sensible Versorgung. Von C5 bis Th1 versorgt jedes neurologische Segment einen Teil der Extremität sensibel, wobei es zu einer Folge von Dermatomen um die Extremität herum kommt. Die folgende Aufzählung nennt die wichtigsten Nerven, die an der sensiblen Innervation durch den Plexus brachialis beteiligt sind:

C5 – laterale Oberarmhälfte
N. axillaris

C6 – laterale Unterarmhälfte, Daumen, Zeigefinger und die radiale Hälfte des Mittelfingers
sensible Äste des N. musulocutaneus

C7 – Mittelfinger

C8 – Ring- und Kleinfinger, mediale Unterarmhälfte
N. cutaneus antebrachii medialis (aus dem hinteren Faszikel)

Th1 – mediale Oberarmhälfte
N. cutaneus brachii medialis (aus dem hinteren Faszikel) (Abb. 32).

Mit der obigen Aufstellung vor Augen gehen Sie daran, die obere Extremität entsprechend den neurologischen Segmenten zu untersuchen.

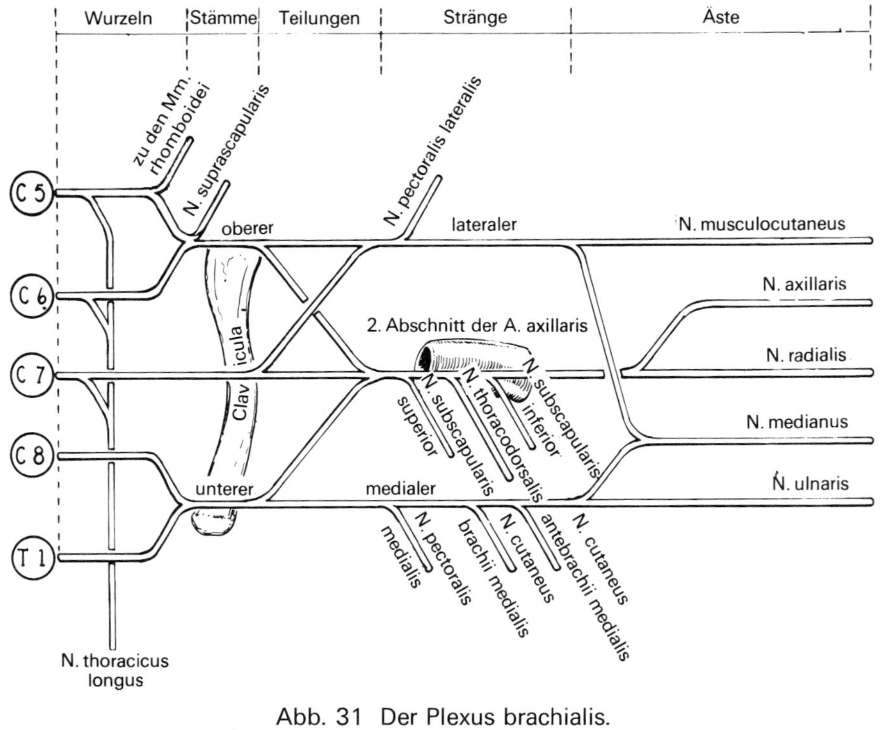

Abb. 31 Der Plexus brachialis.

Neurologische Etage C5 (Abb. 33)

Untersuchung der Muskulatur

Der Deltamuskel und der Bizeps werden von C5 innerviert und sind leicht zu untersuchen. Während der M. deltoideus fast ausschließlich von C5 versorgt wird, besitzt der Bizeps eine zweifache Innervation, und zwar sowohl von C5 als auch von C6. Aus diesem Grunde ist die Prüfung von C5 durch die Untersuchung des Bizeps allein wenig genau.

M. deltoideus: C5 N. axillaris

Der Deltoideus besteht aus drei Muskelanteilen: 1. der vordere Teil beugt, 2. der mittlere Deltoideusanteil abduziert und 3. der hintere Deltoideusanteil streckt die Schulter. Um die Stärke des Deltoideus zu untersuchen, erschweren Sie die Bewegungen der Schulterflexion, -abduktion und -extension, wie auf den Seiten 24, 25 (Abb. 57–59), im Kapitel «Schulter» beschrieben.

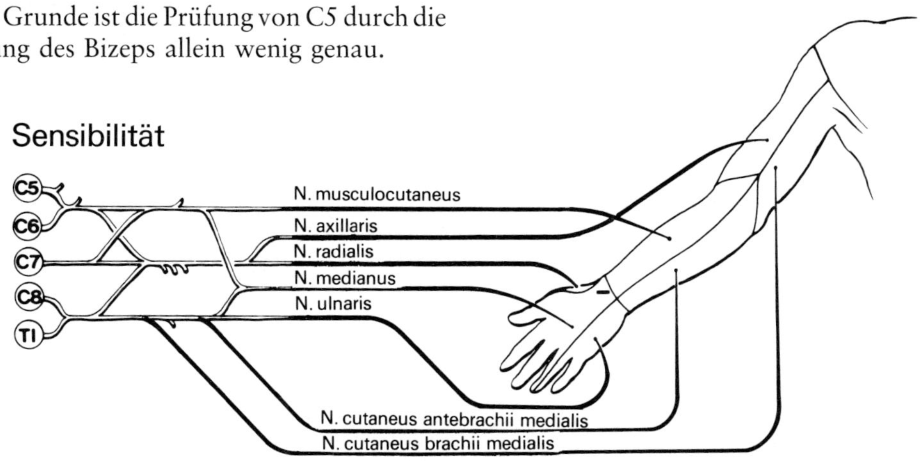

Abb. 32 Die sensiblen Leitungsbahnen des Plexus brachialis.

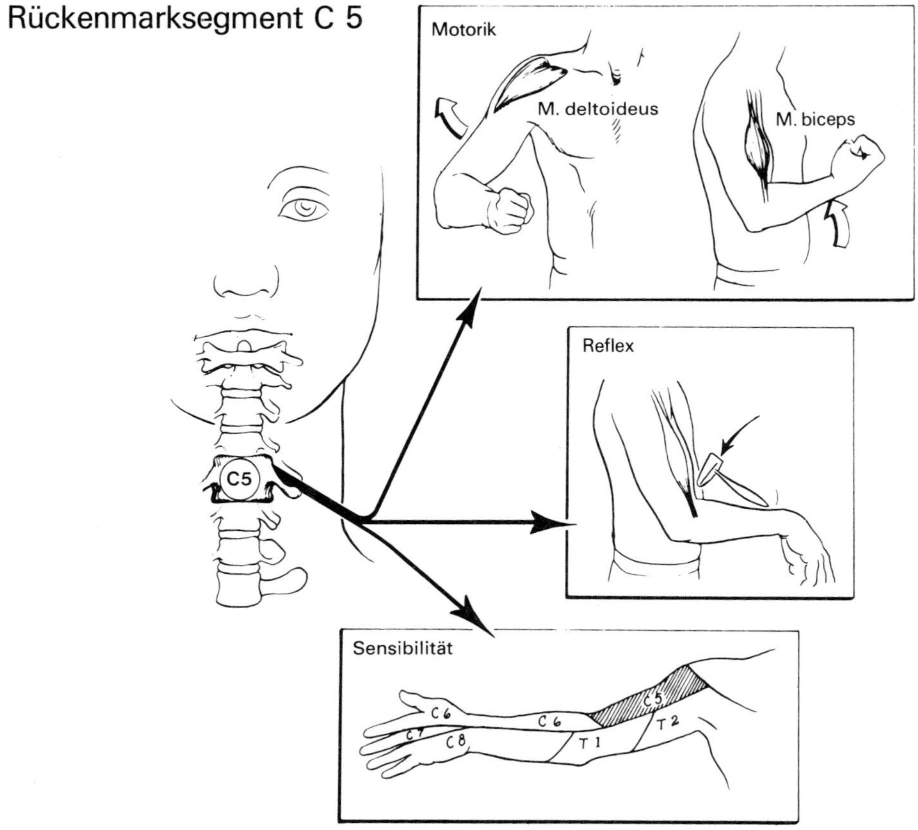

Abb. 33 Das Rückenmarksegment C5.

M. biceps: C5 – C6 N. musculocutaneus

Der Bizeps fungiert als Beuger für die Schulter und den Ellbogen sowie als Supinator für den Unterarm. Sie bestimmen die Stärke des Bizeps in Bezug auf die Ellbogenbeugung, um seine intakte neurologische Versorgung zu bestimmen. Da der M. brachialis (der andere Hauptbeuger des Ellbogens) ebenfalls durch den N. musculocutaneus innerviert wird, sollte der Beugetest des Ellbogens einen angemessenen Hinweis auf die Integrität von C5 erbringen.

Um die Beugung des Ellbogens zu untersuchen, fordern Sie den Patienten auf, seinen Ellbogen mit supiniertem Unterarm langsam zu beugen, während Sie seiner Bewegung Widerstand entgegensetzen. Weitere Einzelheiten siehe Seite 49 (Abb. 38, Kapitel «Ellbogen»).

Untersuchung der Reflexe

Bizepsreflex

Der Bizepsreflex deutet im wesentlichen auf die neurologische Integrität von C5 hin. Dabei ist jedoch zu bedenken, daß der Reflex auch eine Komponente von C6 beinhaltet.

Da die Innervation dieses Muskels aus zwei neurologischen Etagen stammt, bedeutet schon ein verminderter Reflex (im Vergleich zur anderen Seite) eine pathologische Veränderung.

Die Untersuchung des Bizeps-Reflexes ist auf Seite 51 beschrieben.

Prüfung der Sensibilität

Außenseite des Oberarmes: N. axillaris

Sensibel wird die Außenseite des Oberarmes durch C5 versorgt. Am eindeutigsten wird die sensible Leistung des N. axillaris im lateralen Armbereich in einem Hautbezirk, der den seitlichen Anteil des M. deltoideus bedeckt. Dieser umschriebene Bezirk ist hilfreich bei der Diagnose von Verletzungen des N. axillaris oder der Nervenwurzel von C5 (Abb. 33).

Neurologische Etage C6 (Abb. 34)

Untersuchung der Muskeln

Keine der Prüfungen der durch C6 versorgten Muskeln ist eindeutig. Die Gruppe der Handgelenkstrecker wird zum Teil durch C6, zum Teil durch C7

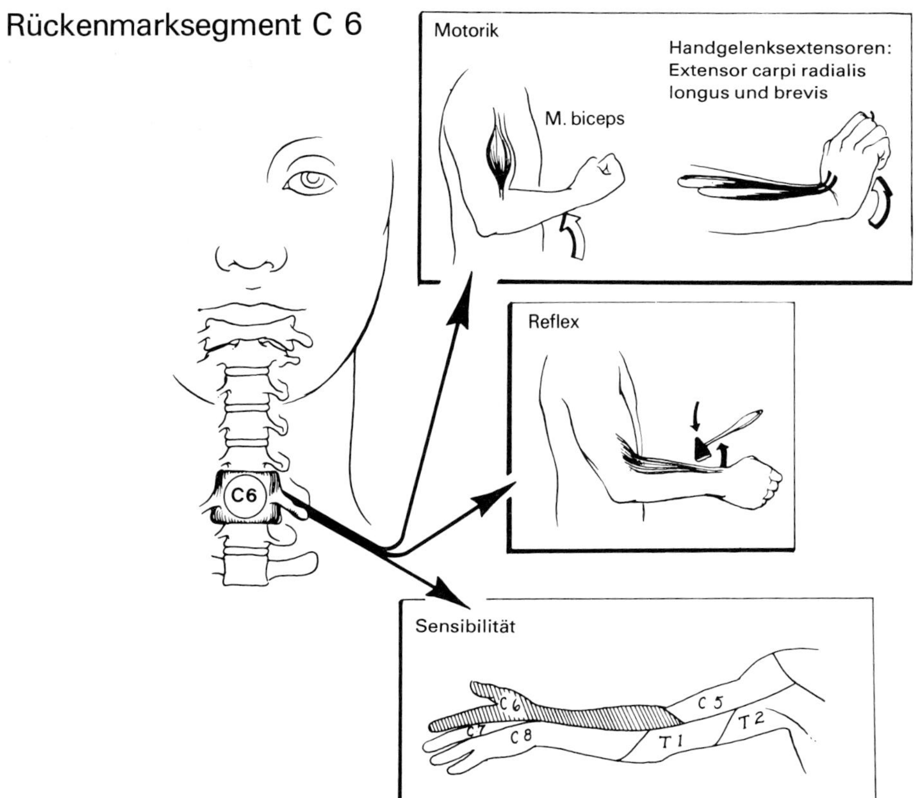

Abb. 34 Das Rückenmarksegment C6.

innerviert, während der Bizeps seine Innervation von C5 und C6 erhält.

Handgelenkstrecker: C6 – N. radialis
Die Gruppe der Handgelenkstrecker setzt sich aus 3 Muskeln zusammen: 1. dem M. extensor carpi radialis longus (C6), 2. dem M. extensor carpi radialis brevis (C6) und 3. dem M. extensor carpi ulnaris (C7). Um die Stärke der Handgelenkstrecker genau zu bestimmen, führen Sie die Untersuchung auf beiden Seiten durch und stellen dabei die relative Stärke der betroffenen Seite anhand des Muskelkraftschemas fest (Kapitel «Schulter», Seite 24). Weitere Details siehe Seite 90.

Bizeps: C6 – N. musculocutaneus
Die Untersuchung des Bizeps ist auf Seite 16 beschrieben.

Untersuchung der Reflexe

Brachioradialisreflex
Der Brachioradialisreflex wird proximal vom Handgelenk untersucht, wo der Muskel unmittelbar vor seiner Insertion am Radius in seine Sehne übergeht. Einzelheiten siehe Seite 53.

Bizepsreflex
Da der Bizeps sowohl durch C5 als auch durch C6 innerviert wird, braucht die Stärke des Reflexes nur wenig geringer als die auf der anderen Seite zu sein, um eine neurologische Störung anzuzeigen. Einzelheiten der Untersuchung siehe Seite 53.

Untersuchung der Sensibilität

Unterarmaußenseite – N. musculocutaneus
C6 versorgt sensibel den seitlichen Unterarm, den Daumen, den Zeigefinger und die radiale Hälfte des Mittelfingers. Als Gedankenstütze für die aus C6 stammende sensible Versorgung können Sie die Ziffer 6 mit Ihrem Daumen und Zeigefinger sowie dem Mittelfinger dadurch bilden, daß Sie Daumen und Zeigefinger zusammenkneifen und den Mittelfinger ausstrecken.

Neurologische Etage C7 (Abb. 35)

Untersuchung der Muskeln

Trizeps: C7, N. radialis
Der Trizeps streckt den Ellbogen. Um diesen Muskel zu untersuchen, fordern Sie den Patienten auf, aus der Beugestellung heraus gegen Ihren Widerstand zu strecken. Einzelheiten siehe Seite 50 (Abb. 39, Kapitel «Ellbogen»).

Gruppe der Handgelenksbeuger: C7, Nn. medianus und ulnaris
Die Gruppe der Handgelenksbeuger setzt sich aus zwei Muskeln zusammen: 1. dem M. flexor carpi radialis (N. medianus), 2. dem M. flexor carpi ulnaris (N. ulnaris). Der Flexor carpi radialis (C7) ist der wichtigere dieser beiden Muskeln, da hauptsächlich er die Beugung des Handgelenks bewirkt. Der Flexor carpi ulnaris, der vor allem durch C8 innerviert wird, ist weniger kräftig.

Um die Beugung des Handgelenks zu untersuchen, fordern Sie den Patienten auf, eine Faust zu machen und sein Handgelenk zu beugen, während Sie Widerstand gegen die Palmarfläche seiner geschlossenen Faust leisten. Einzelheiten dieser Untersuchung sind auf Seite 91 beschrieben (Abb. 99, Kapitel «Hand und Handgelenk»).

Fingerstrecker: C7, N. radialis
Die Fingerstreckung wird durch drei Muskeln bewirkt: 1. den M. extensor digitorum communis, 2. den M. extensor digiti indicis und 3. den M. extensor digiti minimi. Um die Streckung der Finger zu untersuchen, drücken Sie gegen die Dorsalfläche der gestreckten Finger. Einzelheiten siehe Seite 91 (Abb. 100, Kapitel «Hand und Handgelenk»).

Alle oben beschriebenen Muskelgruppen haben Anteile von C8, obgleich sie im wesentlichen von C7 innerviert werden.

Untersuchung der Reflexe

Trizepsreflex
Um den Trizepsreflex zu untersuchen, beklopfen Sie die Sehne des M. triceps an der Stelle, wo sie die Fossa olecrani des Ellbogens kreuzt. Einzelheiten siehe Seite 52 (Kapitel «Ellbogen»).

Untersuchung der Sensibilität

Mittelfinger
Die sensible Versorgung des Mittelfingers stammt aus C7, gelegentlich auch aus C6 und C8.

Neurologische Etage C8 (Abb. 36)

Da es keinen mit C8 zusammenhängenden Reflex gibt, wird die Untersuchung der Muskelkraft und der Sensibilität benutzt, um die Integrität dieses neurologischen Segments festzustellen.

Rückenmarksegment C 7

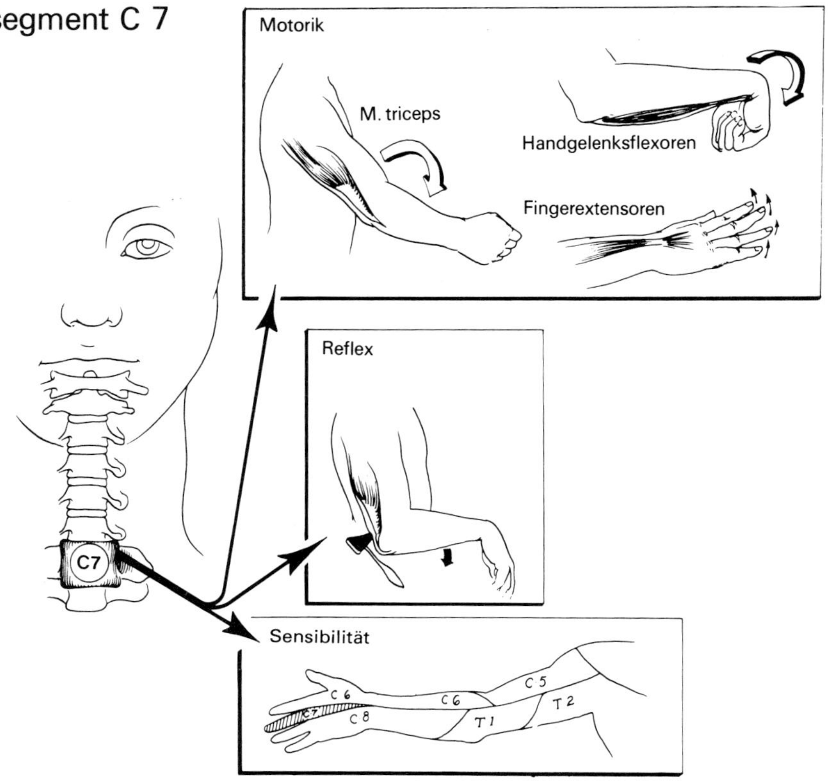

Abb. 35 Das Rückenmarksegment C7.

Rückenmarksegment C 8

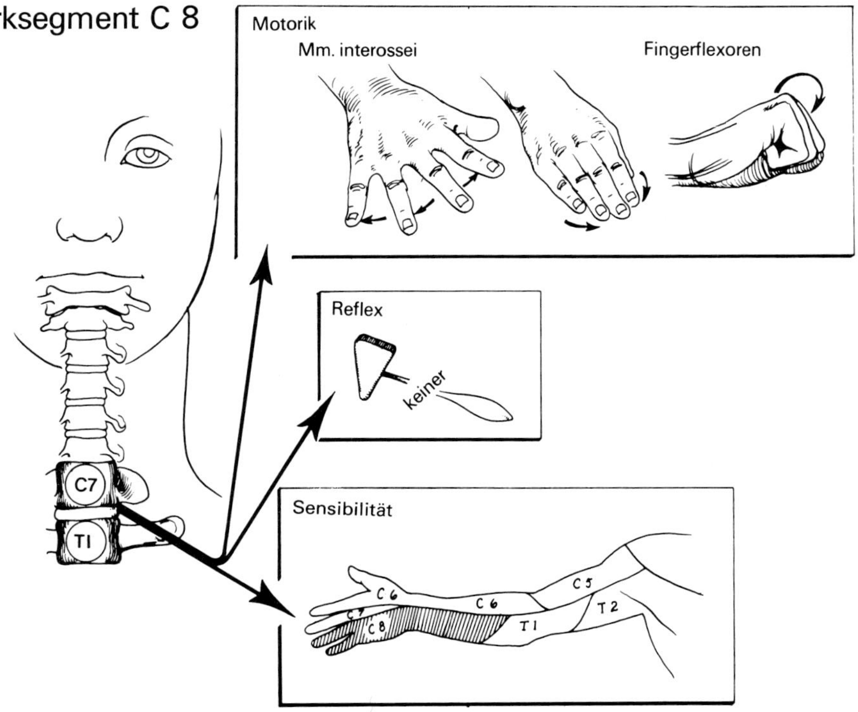

Abb. 36 Das Rückenmarksegment C8.

Untersuchung der Muskeln

Fingerbeuger

Die beiden Muskeln, die die Finger beugen, sind 1. der M. flexor digitorum superficialis (der die proximalen Interphalangealgelenke beugt) und 2. der M. flexor digitorum profundus (welcher die distalen Interphalangealgelenke beugt). Der Flexor digitorum superficialis erhält seine Innervation vom N. medianus. Der Flexor digitorum profundus hingegen wird zur Hälfte vom N. ulnaris (auf der ulnaren Seite) und zur anderen Hälfte vom N. medianus (auf der radialen Seite) versorgt.

Um die Fingerbeugung zu untersuchen, krümmen oder verhaken Sie Ihre Finger mit den gebeugten Fingern des Patienten und versuchen dann, diese aus ihrer Beugestellung herauszuziehen. Untersuchen Sie auch die andere Seite in derselben Weise und quantifizieren und dokumentieren Sie Ihre Befunde (Abb. 101, Kapitel «Handgelenk und Hand»).

Untersuchung der Sensibilität

Aus C8 stammt die Sensibilität für den Ring- und Kleinfinger der Hand sowie für die distale Hälfte des Unterarms auf der ulnaren Seite. Die ulnare Seite des Kleinfingers repräsentiert am eindeutigsten die sensible Innervation durch den N. ulnaris (vornehmlich C8) (Abb. 108, Kapitel «Handgelenk und Hand»).

Neurologische Etage Th1

Da Th1 ähnlich wie C8 keinen eigenen Reflex besitzt, wird diese neurologische Etage anhand ihrer motorischen und sensiblen Komponenten bewertet (Abb. 37).

Untersuchung der Muskeln

Fingerabduktoren

Die durch den N. ulnaris innervierten Fingerabduktoren sind: 1. die Mm. dorsales interossei und 2. der M. abductor digiti minimi. Sie bestimmen die Fingerabduktion durch das Zusammendrücken der abduzierten Finger, wie es auf Seite 92 beschrieben ist (Abb. 103, Kapitel «Handgelenk und Hand»).

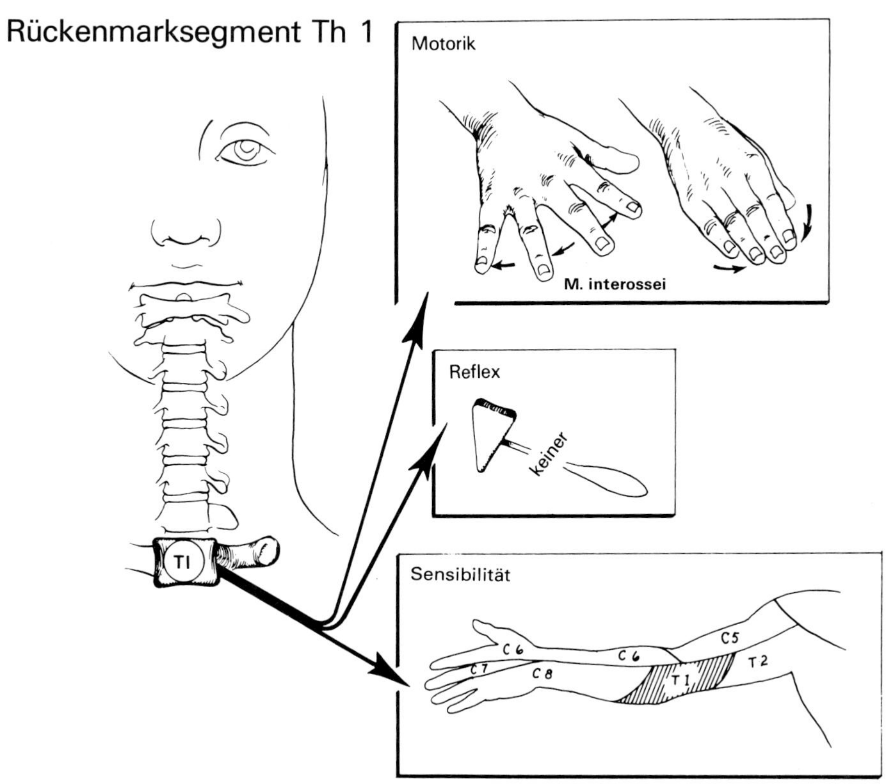

Abb. 37 Das Rückenmarksegment Th1.

Untersuchung der Sensibilität

Innenseite des Armes: N. cutaneus antebrachii medialis

Die sensible Innervation der medialen Seite der oberen Unterarmhälfte sowie des Oberarms stammt aus Th1.

Die folgende Aufstellung faßt das Vorgehen sowie die Anatomie in Bezug auf die Untersuchung der einzelnen neurologischen Etagen zusammen (Tab. 1). Die Tab. 1 zeigt ferner die klinische Anwendung der neurologischen Untersuchung nach Etagen bei zervikalem Bandscheibenprolaps.

Es erscheint angezeigt, zunächst alle motorischen Etagen, danach alle Reflexe und schließlich alle sensiblen Dermatome der oberen Extremität in folgender Weise zu untersuchen:

Motorische Etagen	Reflexe	Sensible Etagen
Schulterabduktion C5	Bizeps C5	Lateraler Oberarm C5
Handgelenkstreckung C6	Brachioradialis C6	Lateraler Unterarm C6
Handgelenkbeugung C7	Triceps C7	Mittelfinger C7
Fingerstreckung C7		Medialer Unterarm C8
Fingerbeugung C8		Medialer Oberarm Th1
Fingerabduktion Th1		

Tab. 1 Innervation der oberen Extremität.

Bandscheiben	Wurzel	Reflex	Muskeln	Sensibilität
C4 – C5	C5	Bizepsreflex	Bizeps M. deltoideus	*Lateraler Oberarm* N. axillaris
C5 – C6	C6	Brachioradialisreflex (Bizepsreflex)	Handgelenkstrecker Bizeps	*Lateraler Unterarm* N. musculocutaneus
C6 – C7	C7	Trizepsreflex	Handgelenkbeuger Fingerstrecker Trizeps	*Mittelfinger*
C7 Th1	C8	–	Fingerbeuger Binnenmuskeln der Hand	*Medialer Unterarm* N. cutaneus antebrachii medialis
Th1 – Th2	Th1	–	Binnenmuskeln der Hand	*Medialer Oberarm* N. cutaneus brachii medialis

Untersuchung der größeren peripheren Nerven

Nachdem die Innervation der oberen Extremität entsprechend den neurologischen Etagen bestimmt wurde, können die einzelnen peripheren Nerven untersucht werden. Dabei mag die folgende Tabelle zur Orientierung dienen (Tab. 2).

Spezielle Untersuchungen

Fünf spezielle Tests prüfen die Halswirbelsäule selbst: 1. der Distraktionstest, 2. der Kompressionstest, 3. das Valsalva-Manöver, 4. der Schlucktest und 5. der Adson-Test.

Der Distraktionstest. Dieser Test demonstriert die Schmerzlinderung, die ein Zug am Hals bewir-

Tab. 2 Die größeren peripheren Nerven.

Nerv	Bewegungsuntersuchung	Untersuchung d. Sensibilität
N. radialis	Streckung d. Handgelenks Daumenstreckung	Dorsale Fläche der Hautfalte zwischen Daumen und Zeigefinger
N. ulnaris	Abduktion d. Kleinfingers	Ulnarseite des Kleinfingerendglieds
N. medianus	Daumenspitzgriff Opposition d. Daumens Abduktion d. Daumens	Radialseite des Zeigefingerendglieds
N. axillaris	M. deltoideus	Oberarmaußenseite – Deltoideusfleck am Oberarm
N. musculo-cutaneus	M. biceps brachii	Unterarmaußenseite

ken kann. Der Zug mindert einen Schmerz, der durch Einengung des Foramen intervertebrale (und daraus resultierende Kompression der Nervenwurzel) entsteht, indem er das Foramen erweitert. Zug am Hals vermindert gleichfalls Schmerz in der Halswirbelsäule, indem der Druck auf die Gelenkkapseln um die Gelenkflächen verringert wird. Darüber hinaus kann er helfen, einen Muskelspasmus durch Entspannung der kontrakten Muskeln zu verringern.

Um den Distraktionstest der Halswirbelsäule durchzuführen, legen Sie eine Hand flach unter das Kinn des Patienten, die andere Hand auf das Okziput. Dann heben Sie allmählich den Kopf, um sein Gewicht vom Halse zu nehmen (Abb. 38).

Der Kompressionstest. Einengung des Foramen intervertebrale, Druck auf die Gelenkfacetten oder ein Muskelkrampf können bei Kompression vermehrt Schmerzen verursachen. Zusätzlich kann der Kompressionstest exakt einen Schmerz reproduzieren, der von der Halswirbelsäule in die obere Extremität fortgeleitet wird. Auf diese Weise kann dieser Test dazu helfen, die zervikale Segmenthöhe einer pathologischen Veränderung festzustellen.

Um den Kompressionstest durchzuführen, drücken Sie von oben auf den Kopf des Patienten, wobei dieser entweder sitzt oder liegt. Verstärkt sich hierdurch der Schmerz in der Halswirbelsäule oder der oberen Extremität, stellen Sie seine genaue Ausbreitung fest und bestimmen gleichzeitig, ob sie einem der zuvor beschriebenen Dermatome entspricht (Abb. 39).

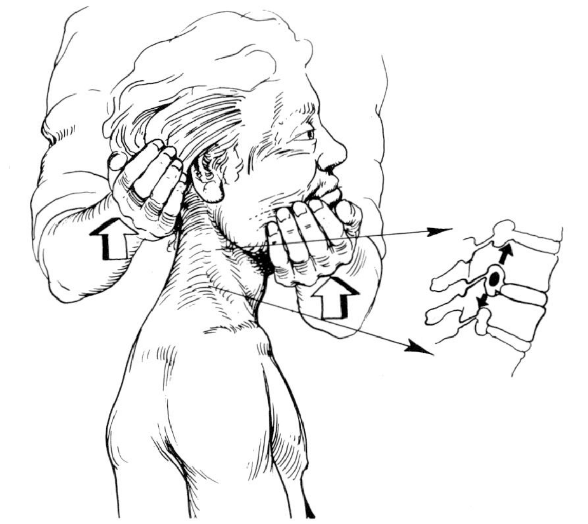

Abb. 38 Der Streckungstest.

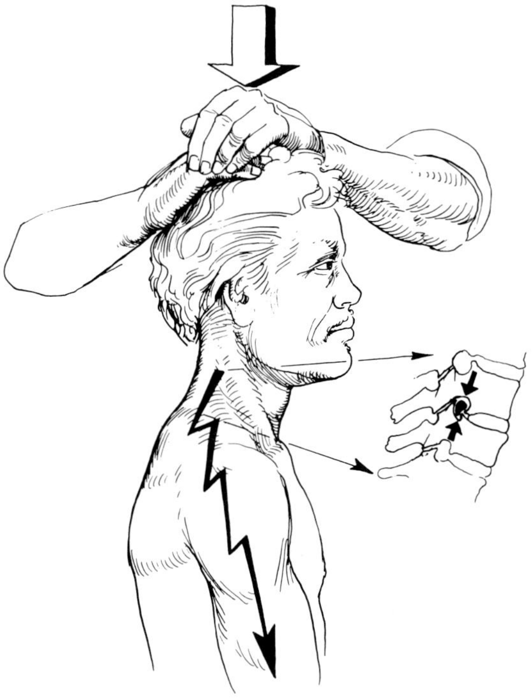

Abb. 39 Der Kompressionstest.

Abb. 40 Der Valsalva-Versuch.

Das Valsalva-Manöver. Dieser Test führt zu einem intrathekalem Druckanstieg. Liegt eine raumfordernde Läsion, wie etwa ein Bandscheibenvorfall oder ein Tumor in der Halswirbelsäule vor, so kann der Patient Schmerzen in der Halswirbelsäule aufgrund des vermehrten Druckes entwickeln. Dieser Schmerz kann auch in das Dermatom ausstrahlen, das der neurologischen Etage der pathologischen Veränderung an der Halswirbelsäule entspricht.

Um das Valsalva-Manöver auszuführen, soll der Patient seinen Atem anhalten und wie bei der Defäkation pressen. Fragen Sie ihn dann, ob er einen vermehrten Schmerz empfindet und falls ja, ob er dessen Lokalisation angeben kann (Abb. 40). Bedenken Sie, daß das Valsalva-Manöver ein subjektiver Test ist, der vom Patienten eine genaue Antwort verlangt.

Der Schlucktest. Schwierigkeiten oder Schmerzen beim Schlucken können gelegentlich durch pathologische Veränderungen der Halswirbelsäule, wie knöcherne Vorsprünge, Osteophyten oder Weichteilschwellungen bei Hämatom, Infektion oder Tumor im vorderen Anteil der Halswirbelsäule bedingt sein (Abb. 41).

Der Adson-Test. Dieser Test wird angewandt, um eine Kompression der A. subclavia festzustellen. Dieses Gefäß kann durch eine zusätzliche Halsrippe oder durch einen straffen M. scalenus anterior oder medius komprimiert werden. Diese Muskeln können die Arterie an der Stelle zusammendrücken, wo sie zwischen ihnen auf dem Wege zur oberen Extremität hindurchläuft.

Um den Adson-Test durchzuführen, tasten Sie den Puls des Patienten am Handgelenk. Während Sie weiterhin den Puls fühlen, abduzieren, strecken und rotieren Sie den Arm des Patienten auswärts. Dann fordern Sie den Patienten auf, tief einzuatmen und seinen Kopf in Richtung auf den untersuchten Arm zu drehen (Abb. 42, 43). Handelt es sich um eine Kompression der A. subclavia, so werden Sie eine deutliche Abschwächung oder ein Fehlen des Radialispulses feststellen.

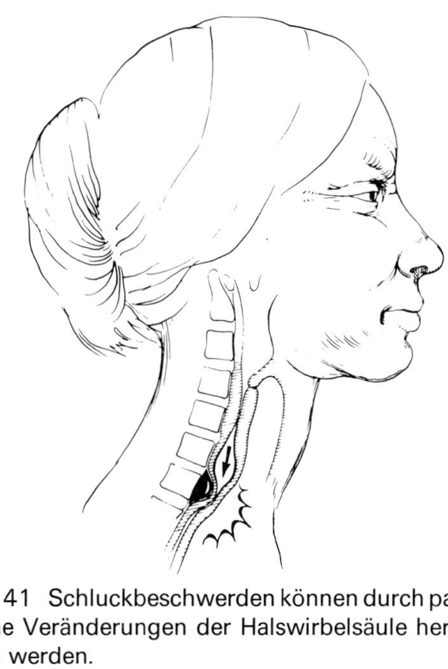

Abb. 41 Schluckbeschwerden können durch pathologische Veränderungen der Halswirbelsäule hervorgerufen werden.

Untersuchung der benachbarten Gebiete

In den meisten Fällen ist es die Halswirbelsäule, die zur Ausstrahlung der Schmerzen in andere Gebiete der oberen Extremität führt. Es ist jedoch auch möglich, daß pathologische Veränderungen des Kiefergelenks, Infektionen des Unterkiefers, der Zähne oder der Kopfhaut zur Schmerzprojektion in den Hals führen können.

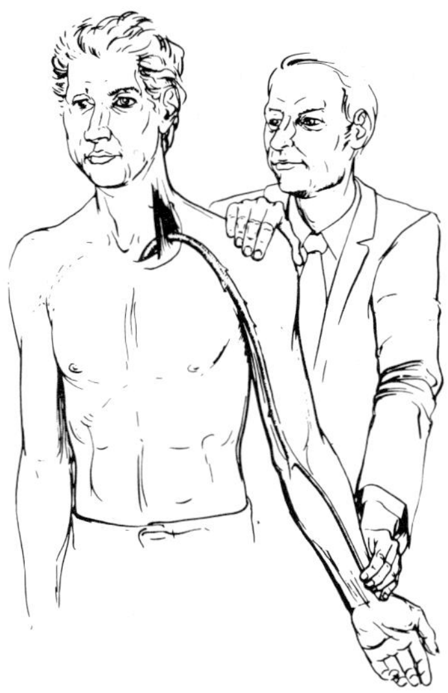

Abb. 42 Der Adson-Test.

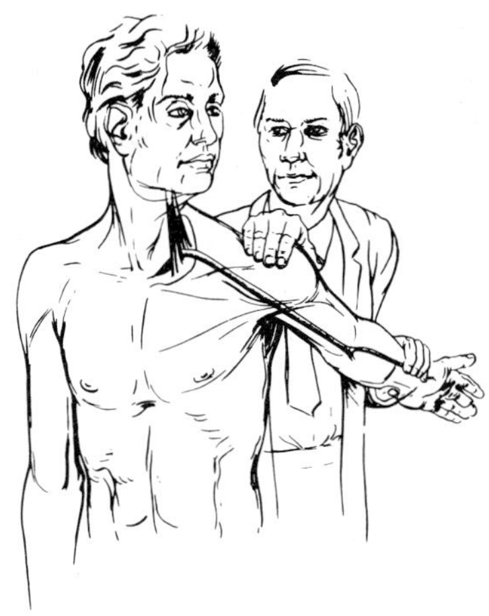

Abb. 43 Adson-Test: Pulsverlust oder -abschwächung bei Kopfdrehung zeigt eine Kompression der A. subclavia an.

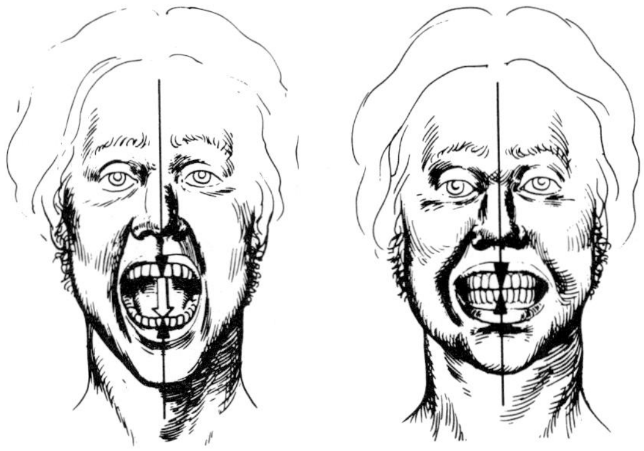

Abb. 44 Normale Unterkieferbewegung.

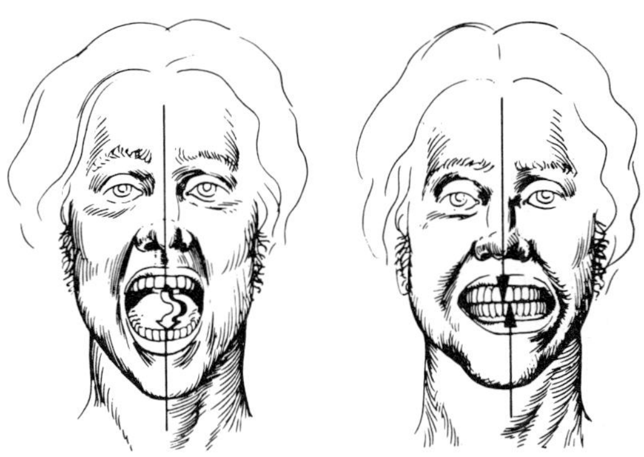

Abb. 45 Asymmetrische Unterkieferbewegung. Links: Öffnungsphase. Rechts: Schließphase.

Das Kiefergelenk

Das Kiefergelenk ist das am häufigsten gebrauchte Gelenk des Körpers. Während eines Tages öffnet und schließt es sich etwa 1500- bis 2000mal während seiner verschiedenen Bewegungen beim Kauen, Sprechen, Schlucken, Gähnen und Schnarchen.

Inspektion

Das unmittelbar vor dem äußeren Gehörgang gelegene Unterkiefergelenk zeigt keine deutliche Oberflächenkontur auf der Haut, da seine äußere Oberfläche von Muskeln überzogen wird. Beobachten Sie während der Inspektion den Unterkiefer bei seiner Bewegung. Beachten Sie, daß er zwei Gelenke, je eins auf jeder Seite besitzt.

Ähnlich wie die untere Extremität hat das Unterkiefergelenk zwei Phasen in seinem Bewegungsablauf: 1. eine schwingende Phase, solange sich das Gelenk in Bewegung befindet, und 2. eine Schließphase, wenn der Mund geschlossen ist.

Beobachten Sie den Rhythmus des Öffnens und Schließens vom Unterkiefer in der Schwingphase. Der normale Bewegungsablauf ist kontinuierlich und ununterbrochen, ohne Zeichen einer asymmetrischen oder zur Seite abweichenden Unterkieferbewegung. Der Unterkiefer sollte sich in einer geraden Linie öffnen und schließen, wobei die Zähne mühelos zusammenkommen und sich wieder trennen (Abb. 44). Unter abnormen Umständen öffnet und schließt sich der Mund ungeschickt, der Bewegungsablauf ist dann entweder unterbrochen oder zeigt eine auffallende Bewegung zur einen oder anderen Seite (Abb. 45). Eine solche Abweichung kann das Ergebnis einer krankhaften Veränderung in einem oder beiden Gelenken sein, aber auch von einer fehlerhaften Zahnstellung herrühren. Das betroffene Gelenk kann dabei unfähig werden, die natürliche Bewegung auszuführen. In diesem Falle muß der Patient eine ineffiziente, asymmetrische Bewegung für eine solche einsetzen, die einmal effizient war, jetzt aber behindert oder schmerzhaft wurde.

In der Ruhephase ist der Unterkiefer normalerweise zentriert, die Zähne schließen dabei symmetrisch zur Mittellinie (Abb. 44). Da der Druck über die Zähne auf den Oberkiefer übertragen wird, ist das Unterkiefergelenk in der Schließphase kein druckbelastetes Gelenk. Schlechte Zahnstellung oder fehlerhafter Biß können das Gelenk jedoch gleichfalls unter Druckbelastung bringen. Wenn ein Patient mit schlechter Zahnstellung in einen zervikalen Zug gebracht wird, verwandelt man dabei sein Unterkiefergelenk oft in ein druckbelastetes Gelenk, was Schmerz und Kopfschmerz verursachen kann.

Wenn Sie das Kiefergelenk inspizieren, so achten Sie dabei auf die Gelenkbewegungen im Sinne einer Scharnier- und Gleitfunktion. Das Gelenk hängt in der Fossa glenoidalis und gleitet vorwärts bis zum Tuberculum articulare (Abb. 46). Wie in anderen Gelenken mit mehr als einer Bewegungsfunktion unterteilt ein Meniskus den Gelenkraum in zwei Etagen, und zwar einen oberen Anteil für die Scharnierfunktion sowie einen unteren Anteil für den Gleitvorgang. Um dies zu bewirken, arbeiten die zwei Köpfe eines jeden M. pterygoideus externus asynchron, wobei ein Kopf den Meniskus nach vorne zieht, während der zweite das Gelenk öffnet (Abb. 47).

Palpation der Knochen

Für die Palpation des Unterkiefergelenks legen Sie Ihren Zeigefinger in den äußeren Gehörgang des Patienten und drücken nach vorn (Abb. 48). Fordern Sie den Patienten auf, seinen Mund langsam zu öffnen und zu schließen. Während er dies tut, wird die Bewegung des Unterkieferköpfchens an Ihrer Fingerspitze tastbar (Abb. 49). Beide Seiten sollten gleichzeitig palpiert werden. Die Bewegung sollte sich glatt und beiderseits symmetrisch anfühlen. Jegliche Abweichung vom normalen Bewegungstyp sollte beachtet werden (Abb. 50). Tastbare Krepitation oder Knacken kann entweder Folge eines verletzten Meniskus im Unterkiefergelenk oder einer posttraumatischen Synoviaschwellung sein. Bitten Sie den Patienten, seinen Mund so weit wie möglich zu öffnen, damit Sie feststellen können, ob dabei sein Unterkiefergelenk luxiert oder nicht (Abb. 51). Sie können aber auch das Unterkieferköpfchen dadurch tasten, daß Sie den Zeigefinger unmittelbar vor das Ohr legen und dann den Patienten bitten, seinen Mund zu öffnen.

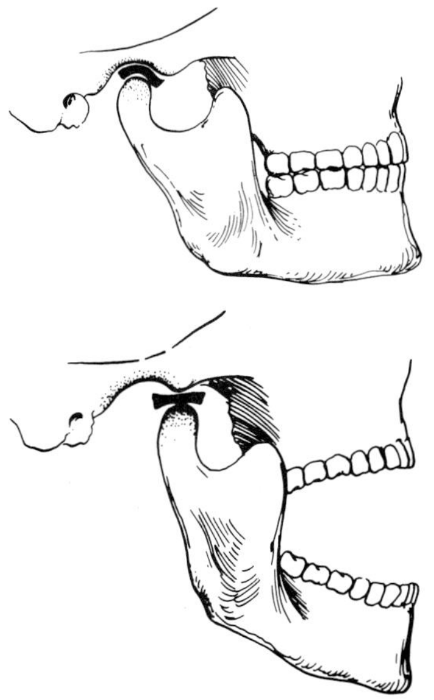

Abb. 46 Scharnier- und Gleitbewegung des Kiefergelenks. Der Meniskus teilt das Gelenk in eine obere und eine untere Etage.

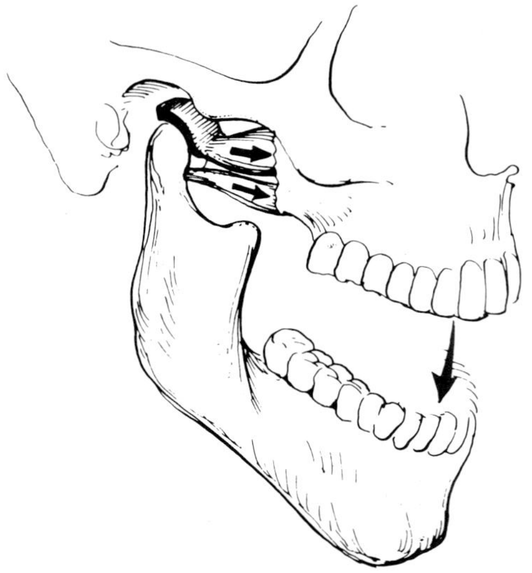

Abb. 47 Die zwei Köpfe des M. pterygoideus lateralis arbeiten bei der Öffnung des Kiefergelenks asynchron.

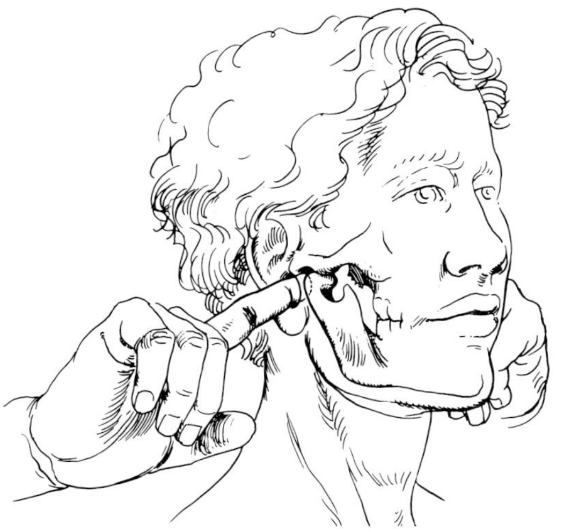

Abb. 48 Zur Palpation des Kiefergelenks führt man den Zeigefinger in den äußeren Gehörgang ein.

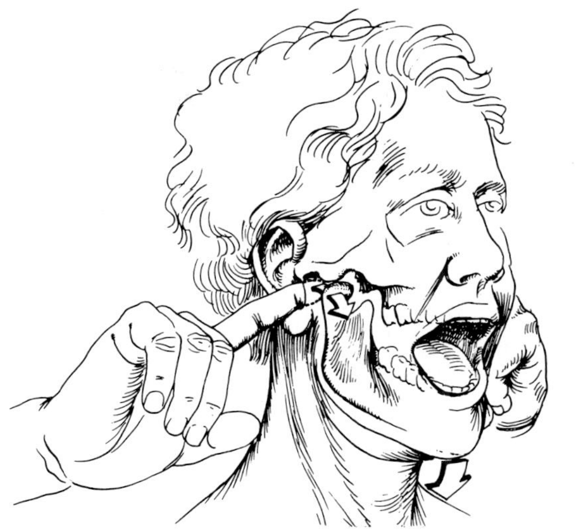

Abb. 49 Die Bewegung des Kiefergelenks ist fühlbar, wenn der Patient den Mund öffnet.

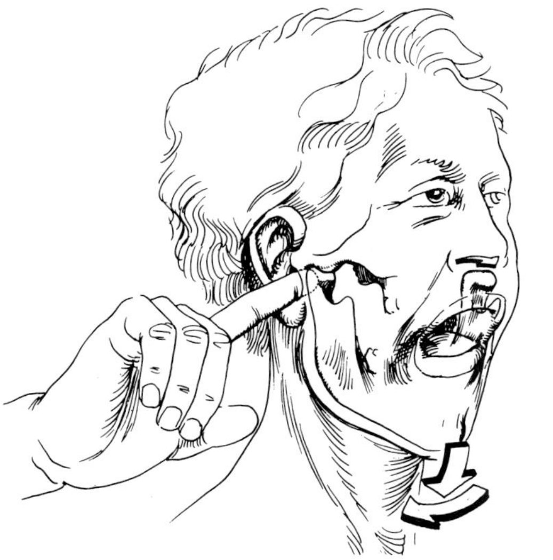

Abb. 50 Beispiel eines anomalen Bewegungsablaufs im Kiefergelenk.

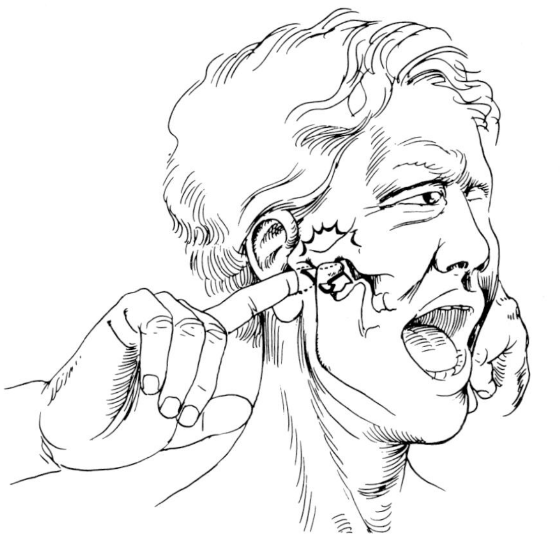

Abb. 51 Luxation des Kiefergelenks.

Abb. 52 Ein Hyperextensionstrauma kann zur Luxation des Kiefergelenks führen.

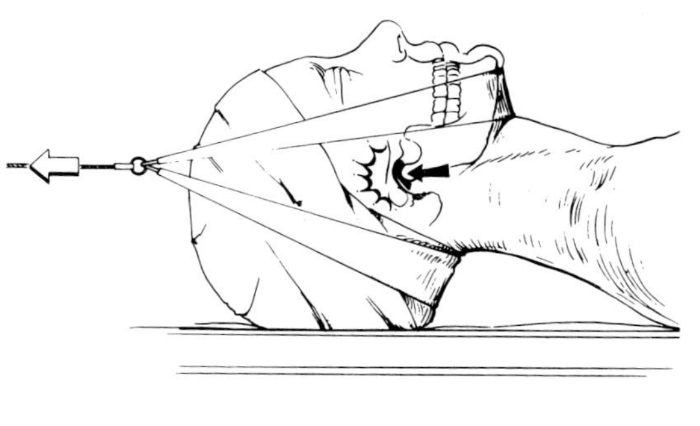

Abb. 53 Bei Halsverletzungen mit Luxation des Kiefergelenks übt die Zugbehandlung zusätzlichen Druck auf das Gelenk aus und verstärkt den Schmerz.

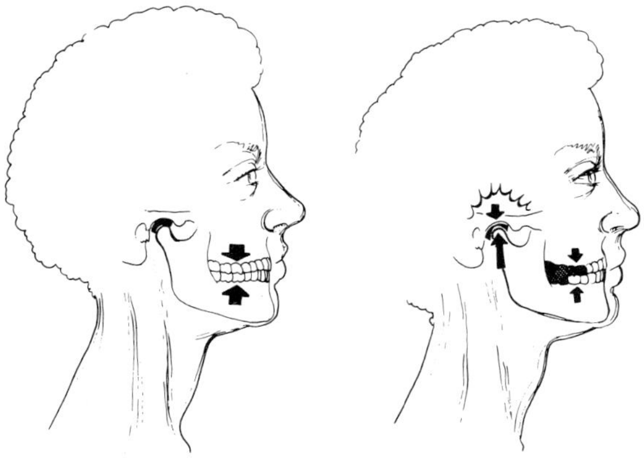

Abb. 54 Ein unsymmetrisches Gebiß oder mangelhafte Okklusion können ein Knacken im Kiefergelenk verursachen.

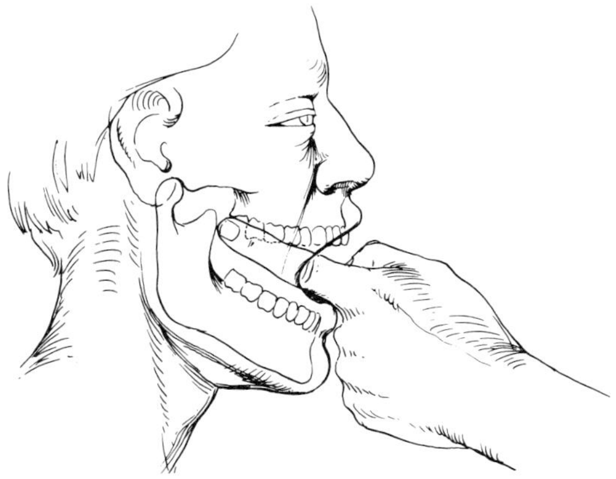

Abb. 55 Palpation des M. pterygoideus lateralis.

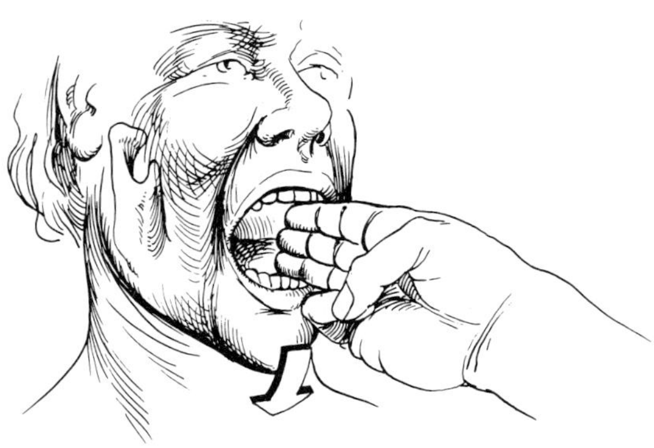

Abb. 56 Normalerweise öffnet sich der Mund so weit, daß drei Finger quer zwischen die Schneidezähne passen.

Palpation der Weichteile

Das Kiefergelenk ist durch eine Reihe verschiedener Traumen verletzbar. Gewöhnlich ist dies der Fall, wenn das Gelenk luxiert oder gezwungen wird, Druck zu tragen. Das kann passieren, wenn Beschleunigungs-, Abbremsungs- oder Stoßtraumen den Kopf in extreme Hyperextension zwingen. Diese reißen den Mund in einer unkontrollierten Bewegung auf und forcieren eine Luxation des Unterkiefergelenks (Abb. 52). Eine solche Luxation zieht eine Weichteilschädigung an der Gelenkkapsel und den Ligamenten nach sich. Sie kann auch den Meniskus des Gelenks zerreißen. Zusätzlich können die Mm. pterygoidei externi überdehnt werden, wodurch ein Muskelspasmus resultiert. Viele Patienten werden dann wegen eines Begleittraumas am Hals mit einer Extension der Halswirbelsäule behandelt. Dieser Zug kann das bereits geschädigte Gelenk weiter überlasten und es zwingen, noch mehr Druck zu tragen. Dies führt zu noch mehr Schmerz und Unannehmlichkeiten für den Patienten (Abb. 53). Besonders trifft dies für Patienten mit schlechtem Gebiß zu.

Ein asymmetrisches Gebiß oder ein schlechter Zahnschluß können allein schon das Gelenk überlasten und ein tastbares Knacken im äußeren Gehörgang verursachen (Abb. 54). Fortwährendes Knirschen oder Zusammenbeißen der Zähne kann gleichfalls das Gelenk überfordern und schließlich zu klinisch manifesten Störungen führen.

M. pterygoideus lateralis. Dieser Muskel wird auf Spasmus oder Schmerzhaftigkeit hin palpiert. Legen Sie Ihren Zeigefinger in den Mund des Patienten zwischen Wangenschleimhaut und Gaumen, wobei die Fingerspitze am letzten oberen Backenzahn vorbei auf den Hals des Unterkiefers nach hinten weist. Jetzt fordern Sie den Patienten auf, seinen Mund langsam zu öffnen und zu schließen. Während der Hals des Unterkiefers nach vorn schwingt und der Mund sich öffnet, können Sie fühlen, wie der M. pterygoideus lateralis sich gegen Ihren Finger anspannt (Abb. 55). Ist der M. pterygoideus lateralis traumatisiert oder spastisch, kann der Patient Schmerz oder Druckempfindlichkeit fühlen. Der M. pterygoideus lateralis hat deshalb klinische Bedeutung, weil er als Folge eines Überstreckungstraumas verletzt sein kann und dann einen Spasmus entwikkelt. Dabei verursacht er Schmerzen im Unterkiefergelenk und führt zu einer asymmetrischen, zur Seite gerichteten Bewegung des Unterkiefers.

Bewegungsumfang

Aktive Beweglichkeit

Fordern Sie den Patienten auf, seinen Mund zu öffnen und zu schließen. Normalerweise läßt sich der Mund so weit öffnen, daß drei Finger übereinander zwischen die Schneidezähne gelegt werden können (etwa 35–40 mm) (Abb. 56).

Das Unterkiefergelenk ermöglicht auch, daß der Unterkiefer nach vorn gleiten oder vorgestreckt werden kann. Fordern Sie den Patienten auf, seinen Unterkiefer vorzuschieben. Normalerweise sollte dies soweit möglich sein, daß er seine untere Zahnreihe vor die obere setzen kann.

Passive Beweglichkeit

Ist der Patient nicht in der Lage, eine aktive Bewegung voll auszuführen oder sind die Untersuchungsergebnisse nicht eindeutig, untersuchen Sie ihn auf folgende Weise: Legen Sie einen Finger auf die unteren Schneidezähne des Patienten und drükken den Mund soweit wie möglich auf. Behinderungen in der Beweglichkeit des Unterkiefers kommen gewöhnlich bei einer rheumatoiden Arthritis, angeborenen Anomalien des Knochens, Ankylosen der Weichteile oder Knochen, Osteoarthritis des Kiefergelenks oder Muskelspasmus vor.

Neurologische Untersuchung

Untersuchung der Muskeln

Öffnen des Mundes

Primäre Mundöffner:
1. M. pterygoideus lateralis
   N. trigeminus – Unterkieferast, Pterygoideus-Ast

Sekundäre Mundöffner:
1. Mm. hyoidei
2. Schwerkraft

Um die Muskeln, die den Mund öffnen, zu untersuchen, legen Sie die offene Handfläche Ihrer widerstandgebenden Hand unter den Unterkiefer des Patienten und fordern ihn dann auf, seinen Mund zu öffnen. Während er dies tut, verstärken Sie allmählich den Gegendruck, bis Sie den maximalen Widerstand bestimmt haben, den er überwindet. Normalerweise sollte er in der Lage sein, seinen Mund auch gegen den größten Widerstand zu öffnen.

Schließen des Mundes

Primäre Mundschließer:
1. M. masseter
   N. trigeminus
2. M. temporalis
   N. trigeminus

Sekundäre Schließer:
1. M. pterygoideus medialis

Die Unfähigkeit, den Mund zu schließen, ist häufiger ein gesellschaftliches denn ein klinisches Problem. Sie können die Schließfunktion dadurch untersuchen, daß Sie den geschlossenen Mund mit Ihrer Handfläche zu öffnen versuchen.

Untersuchung der Reflexe

Unterkieferreflex. Der Unterkieferreflex ist ein Dehnungsreflex, an dem der Masseter und der M. temporalis beteiligt sind. Der 5. Hirnnerv (N. trigeminus) innerviert diese Muskeln und vermittelt den Reflexbogen. Um diesen Reflex zu prüfen, legen Sie einen Finger auf die Kinnspitze, während sich der Mund in seiner physiologischen Ruhestellung (leicht geöffnet) befindet. Beklopfen Sie dann Ihren Finger mit einem Reflexhammer. Der dabei ausgelöste Reflex wird den Mund schließen. Fehlt der Reflex oder ist er abgeschwächt, so kann es sich dabei um eine krankhafte Veränderung im Verlauf des 5. Hirnnerven handeln. Ein lebhafter Reflex kann Folge einer Läsion des zentralen motorischen Neurons sein (Abb. 57).

Abb. 57 Der Unterkieferreflex.

Abb. 58 Das Chvostek-Zeichen.

Spezielle Untersuchungen

Chvostek-Test. Dies ist eine Untersuchungsmethode für den 7. Hirnnerven. Beklopfen Sie den Teil der Parotis, die über dem Masseter liegt. Wenn der Blutkalziumspiegel niedrig ist, wird es zu einer Zukkung der Gesichtsmuskeln kommen (Abb. 58).

Benachbarte Gebiete

Es kommt nicht häufig vor, daß Schmerz in das Unterkiefergelenk fortgeleitet wird. Häufiger hingegen projizieren sich Schmerzen des Gelenks in andere Gebiete. Ein Zahnabszeß im Unterkiefer kann Schmerzen in das Gelenk und den Hals fortleiten. Bei krankhaften Veränderungen und Funktionsstörungen des Unterkiefergelenks können Schmerzen in Kopf und Hals ausstrahlen, wobei sie Kopf- oder Unterkieferschmerz verursachen.

5

Untersuchung des Ganges

Die untere Extremität dient der wichtigen Aufgabe des Gewichttragens und der Fortbewegung. Ihre Intaktheit ist wesentlich für ein normales und wirkungsvolles tägliches Funktionieren. Da pathologische Veränderungen der unteren Extremität sich oft am deutlichsten im Gang ausdrücken, müssen wir die Merkmale eines normalen und abnormen Ganges abhandeln, damit wir charakteristische pathologische Veränderungen erkennen und behandeln können, wenn sie auftreten.

Im Verlauf des normalen Bewegungsablaufes gibt es zwei Phasen: die Standphase, solange der Fuß sich auf dem Boden befindet, und die Schwungphase, wenn er sich nach vorn bewegt. 60% des normalen Ablaufs verbringt der Fuß in der Standphase (davon 25% im beidfüßigen Stand) und 40% in der Schwungphase. Weiterhin wird jede dieser Phasen noch in kleinere Komponenten unterteilt (Abb. 1, 2).

Standphase	Schwungphase
1. Aufsetzen der Ferse	1. Beschleunigung
2. Aufsetzen des Fußes	2. Mittlere Schwungphase
3. Mittlere Standphase	3. Abbremsung
4. Abstoß (Abheben der Zehen)	

Die meisten Störungen werden in der Standphase offenkundig, weil hierbei das Gewicht getragen wird und sie auch den Hauptteil des Ganges ausmacht. Während dieser Phase tritt auch die größere Belastung auf.

Die Untersuchung des Ganges beginnt, sobald der Patient den Untersuchungsraum betritt. Achten Sie auf auffälliges Hinken oder eine Deformität der Extremität, die den normalen Gang beeinflußt und versuchen Sie festzustellen, in welcher Phase und Teilphase das Problem auftritt. Da jede Gehphase

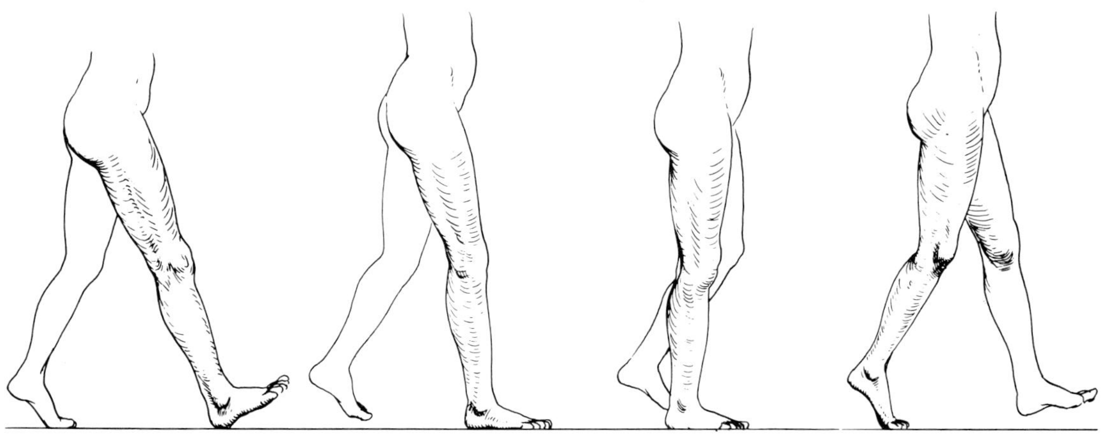

Abb. 1 Die Gangphasen. Standphase: a) Fersenkontakt, b) Sohlenkontakt, c) mittlere Standphase und d) Abstoß der Zehen.

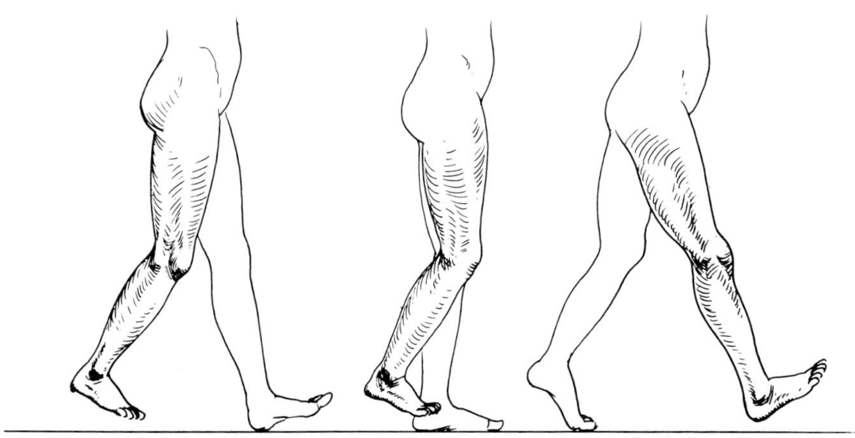

Abb. 2 Die Gangphasen. Schwungphase: a) Beschleunigung, b) mittlere Schwungphase und c) Abbremsung.

ihre charakteristische Eigenart hat, ist die genaue Erfassung der betroffenen Komponente ein ausgezeichneter erster Schritt, um die Ätiologie der Störung festzulegen. Bei der Untersuchung des Gangbildes bedenken Sie folgende zusätzliche Größen (nach Inman):

1. *Die Breite der Basis* sollte nicht mehr als 5–10 cm von Ferse zu Ferse betragen. Wenn Sie feststellen, daß der Patient mit einer breiteren Basis geht, sollten Sie bereits Verdacht auf krankhafte Ursachen schöpfen. Gewöhnlich verbreitern Patienten ihre Basis, wenn sie sich schwindelig oder unsicher fühlen. Dies kann der Fall bei Erkrankungen des Kleinhirns oder bei herabgesetzter Sensibilität der Fußsohle sein (Abb.3).

2. *Der Schwerpunkt des Körpers* liegt 5 cm vor dem zweiten Sakralwirbel. Beim normalen Gang verschiebt er sich nicht mehr als 5 cm in der vertikalen Achse. Eine kontrollierte vertikale Schwingung sichert eine flüssige Gangform bei der Fortbewegung des Körpers. Verstärkte vertikale Bewegung kann bereits pathologische Veränderungen anzeigen (Abb. 4).

3. *Während aller Abschnitte der Standphase sollte das Knie gebeugt bleiben* (mit Ausnahme des Fersenauftritts), um eine übermäßige vertikale Verschiebung des Schwerpunktes zu verhindern. So wird beispielsweise beim Zehenabstoß, während dessen eine Plantarflexion von 20° erfolgt, die den Körperschwerpunkt anheben könnte, das Knie um ca. 40° gebeugt und damit der Anhebung des Schwerpunktes entgegengewirkt. Patienten, bei denen die Kniegelenke in Streckstellung versteift sind, können unfähig sein, den Überschuß der Bewegung im Sprunggelenk zu kompensieren und verlieren dadurch den fließenden Ablauf ihres Ganges.

4. *Becken und Rumpf verschieben sich während des Ganges* etwa um 2,5 cm *lateral* zur gewichttragenden Seite, damit das Gewicht über die Hüfte verlagert wird. Besteht bei dem Patienten eine Schwäche des Glutaeus medius, so ist die seitliche Bewegung von Rumpf und Becken deutlich verstärkt (Abb. 5).

5. *Die durchschnittliche Länge eines Schrittes beträgt etwa 45 cm.* Bei Schmerz, fortgeschrittenem

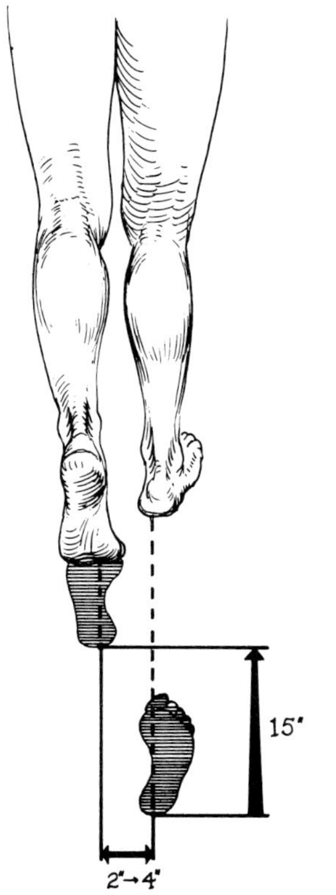

Abb. 3 Die Breite der Schrittspur beträgt zwischen 5 und 10 cm. Die normale Schrittlänge beträgt ungefähr 37 cm.

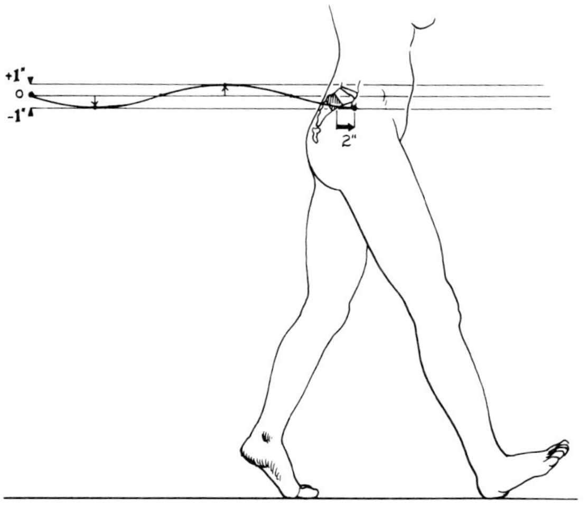

Abb. 4 Während des Gehens schwingt der Körperschwerpunkt um circa 5 cm in vertikaler Richtung.

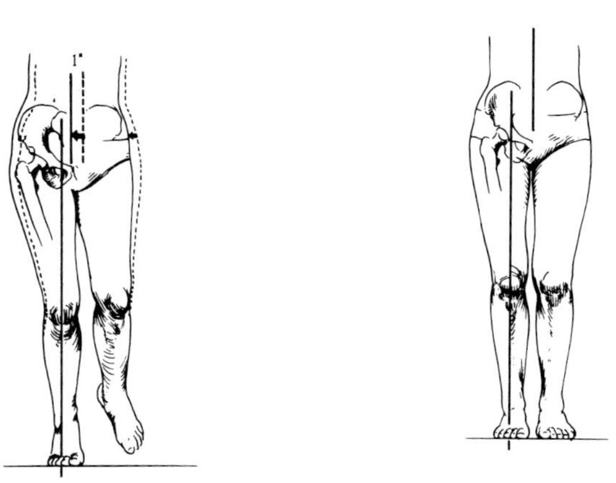

Abb. 5 Becken und Rumpf bewegen sich während des Ganges etwa 2,5 cm seitlich.

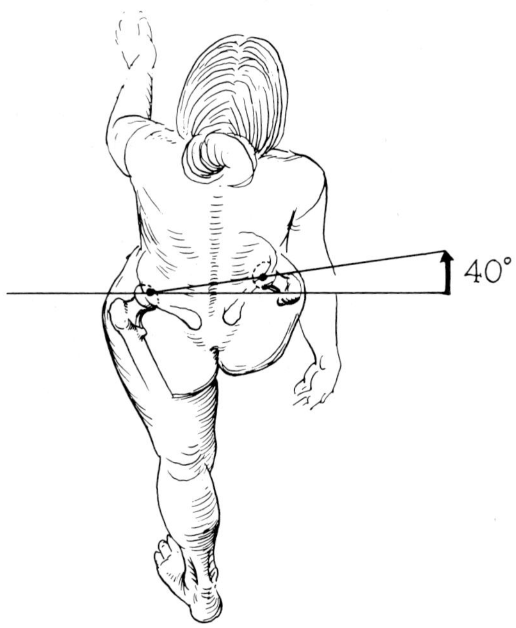

Abb. 6 In der Schwungphase rotiert das Becken um 40° nach vorne. Dabei wirkt die Hüfte des Standbeines als Drehpunkt.

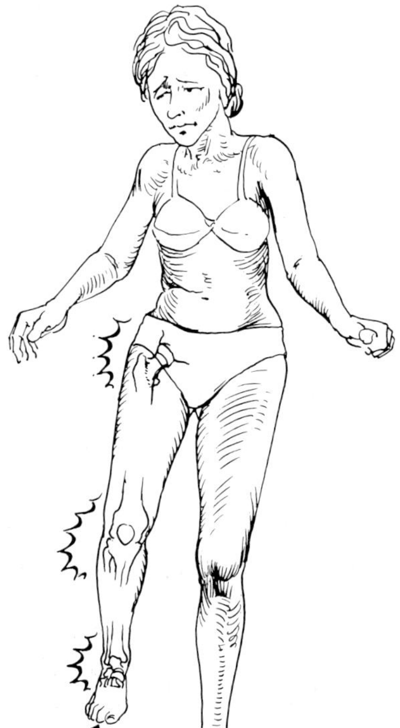

Abb. 7 Durch den Versuch, eine schmerzhafte Gangphase zu vermeiden, bedient sich der Patient eines schmerzlindernden Ganges.

Alter, Müdigkeit oder pathologischen Veränderungen der unteren Extremität kann die Schrittlänge sich verringern (Abb. 3).

6. *Der durchschnittliche Erwachsene macht 90 bis 120 Schritte in der Minute* bei einem durchschnittlichen Energieaufwand von nur 66 Kilokalorien pro Kilometer. Abweichungen von einem glatten, koordinierten Gang reduzieren die Effizienz deutlich und steigern den Energiebedarf erheblich. Höheres Alter, Müdigkeit oder Schmerzen verringern die Zahl der Schritte pro Minute. Ist die Oberfläche, auf der der Patient läuft, schlüpfrig oder ist sein Halt unsicher, verringert sich die Zahl seiner Schritte pro Minute gleichfalls.

7. *Während der Schwungphase rotiert das Becken um 40° nach vorn,* während das Hüftgelenk der Gegenseite (die sich in der Standphase befindet) als Drehpunkt für die Rotation fungiert. Im allgemeinen rotieren Patienten nicht um eine steife oder schmerzhafte Hüfte (Abb. 6).

Lassen Sie uns jetzt bestimmen, inwieweit eine einzelne Gangkomponente durch pathologische Veränderungen in einem Gelenk der unteren Extremität während der Fortbewegung betroffen sein kann.

Standphase

Die häufigsten Störungen der Standphase resultieren in Schmerz und zwingen den Patienten, einen schmerzmindernden Gang anzunehmen: Hierbei verharrt er so kurz wie möglich auf der betroffenen Extremität, er kann sogar versuchen, die schmerzhafte Komponente vollständig zu meiden (Abb. 7).

Die Standphase ist auch häufig durch schlechtes Schuhwerk beeinträchtigt, welches während der ganzen Phase Schmerzen verursachen kann. Schmerzen können durch Nägel, die durch den Schuhabsatz ragen, bedingt sein, ebenso durch ein aufgeworfenes oder zu rauhes Futter, durch einen lose im Schuh liegenden Fremdkörper oder durch die Schuhgröße selbst (der Schuh kann zu klein oder zu groß oder die Spitze des Schuhes zu eng und einschnürend sein).

Fahren Sie fort, die einzelnen Komponenten der Standphase zu untersuchen, wobei Sie die charakteristischen Probleme jedes einzelnen Gelenkes beobachten.

Aufsetzen der Ferse

Fuß. Fußschmerz kann das Zeichen eines Fersensporns sein, wobei es sich um einen knöchernen

Stachel handelt, der vom Tuberculum mediale auf der plantaren Fläche des Fersenbeins vorspringt. Dieser verursacht gewöhnlich einen sehr scharfen Schmerz, wenn der Patient seine Ferse hart auf dem Boden aufsetzt. Nach einer gewissen Zeit kann sich ein schützender Schleimbeutel über dem Sporn entwickeln. Dann kann eine Bursitis folgen, die vermehrten Schmerz verursacht. Der Patient kann dann versuchen, auf dem betreffenden Fuß zu hüpfen, um das Aufsetzen der Ferse vollständig zu vermeiden und dadurch den Schmerz zu verringern (Abb. 8).

Knie. Beim Aufsetzen der Ferse ist das Knie normalerweise gestreckt. Bei Streckunfähigkeit als Folge einer Quadrizepsschwäche (Gang bei instabilem Kniegelenk) oder bei einem in Beugestellung versteiften Kniegelenk kann der Patient versuchen, das Gelenk mit seiner Hand in die Streckstellung zu bringen. Ist er dazu nicht in der Lage, so bleibt das Knie während des Aufsetzens der Ferse instabil (Abb. 9).

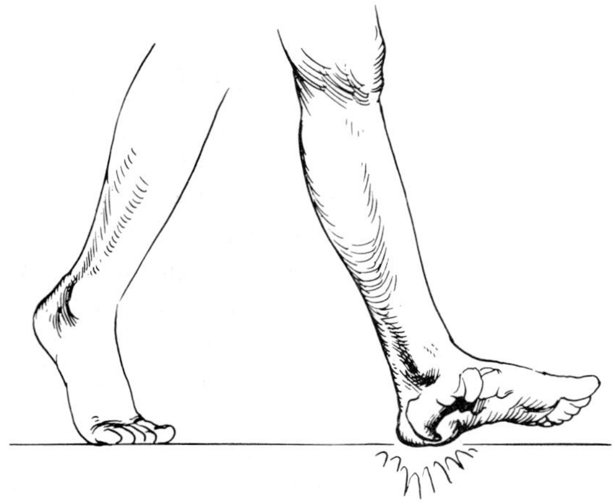

Abb. 8 Ein Knochenstachel, der von der plantaren Fläche des medialen Tuberkulums des Fersenbeines ausgeht, wird Fersensporn genannt.

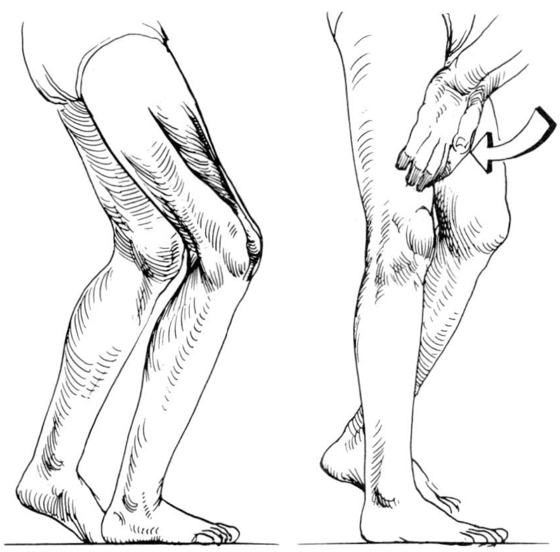

Abb. 9 Eine Quadrizepsschwäche bedingt beim Fersenkontakt eine Kniegelenksinstabilität, so daß der Patient unter Umständen das Knie mit der Hand strecken muß.

Auftreten mit dem ganzen Fuß

Fuß. Die Fußheber (M. tibialis anterior, M. extensor digitorum longus und M. extensor hallucis longus) erlauben dem Fuß, in eine Plantarflexion zu gehen, indem sie verlängert werden können, damit der Fuß sich sanft auf dem Boden ausbreiten kann. Patienten mit schwachen oder nicht funktionierenden Fußhebern lassen ihren Fuß nach dem Auftreten mit der Ferse auf den Boden klappen, anstatt ihn sanft auftreten zu lassen. Patienten mit versteiften Knöcheln können unfähig sein, den Fuß bis zur mittleren Standphase flach aufzusetzen (Abb. 10).

Mittlere Standphase

Fuß. Im Normalfall wird das Gewicht gleichmäßig von allen Teilen des Fußes getragen. Patienten mit starrem Plattfuß und subtalarer Arthritis können Schmerzen entwickeln, wenn sie auf unebenem Boden laufen. Patienten mit eingesunkenem Quergewölbe des Vorfußes können eine schmerzhafte Schwiele über den Metatarsalköpfchen entwickeln (Abb. 11, 12). Hühneraugen auf der Dorsalfläche der Zehen können in der mittleren Standphase schmerzhaft werden, da sie in dem Augenblick gegen den Schuh drücken, wo die Zehen den Boden zu greifen beginnen (Abb. 13).

Knie. Die Quadrizepsmuskeln kontrahieren sich, um das Knie zu stabilisieren, da es normalerweise nicht ganz gestreckt ist. Ein geschwächter Quadri-

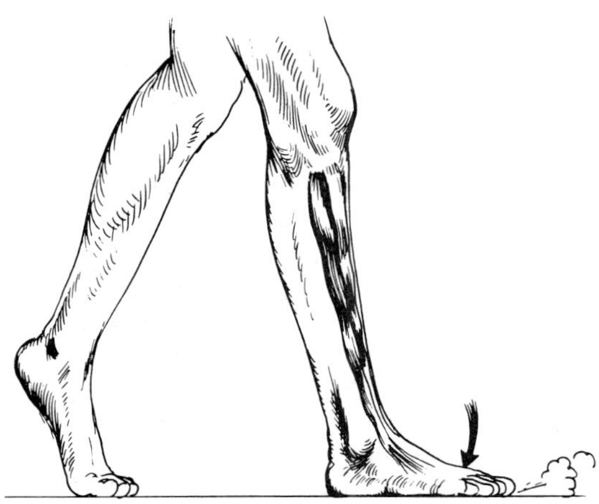

Abb. 10 Eine Schwäche der Fußheber läßt den Fuß nach dem Fersenkontakt flach aufschlagen.

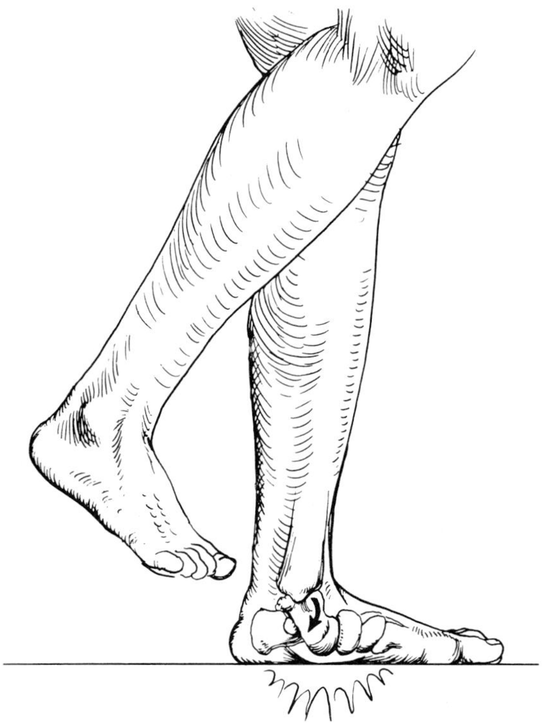

Abb. 11 Eingesunkenes Längsgewölbe beim Plattfuß.

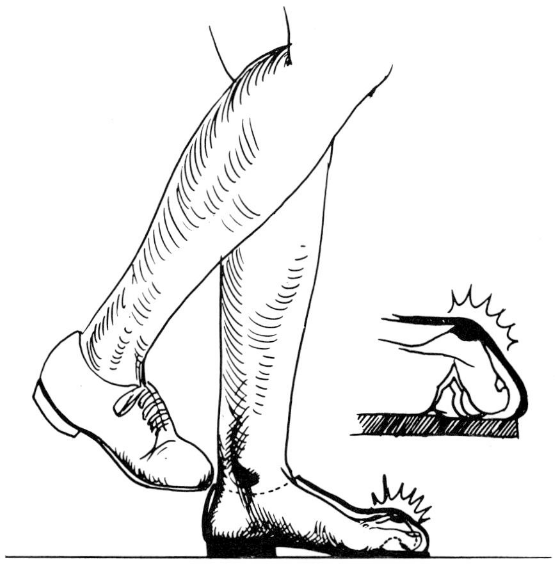

Abb. 13 Ein Hühnerauge auf dem Rücken einer Klauenzehe verursacht Schmerzen während der Standphase.

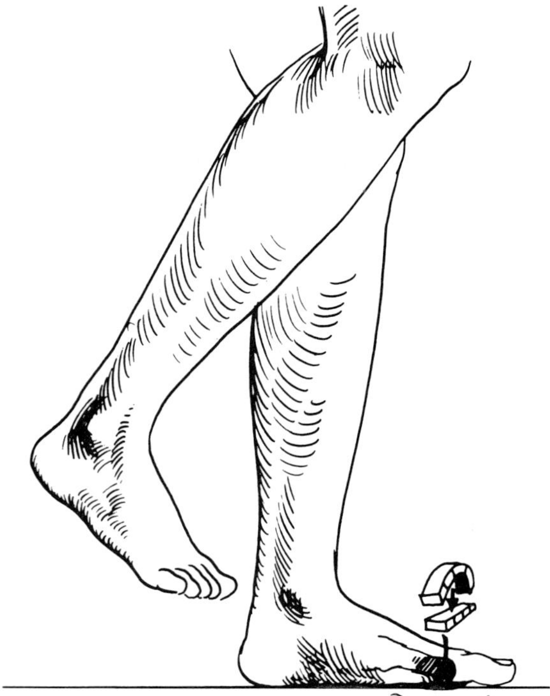

Abb. 12 Schwielen über den Metatarsalköpfchen als Folge eines eingesunkenen Quergewölbes können außerordentlich schmerzhaft sein.

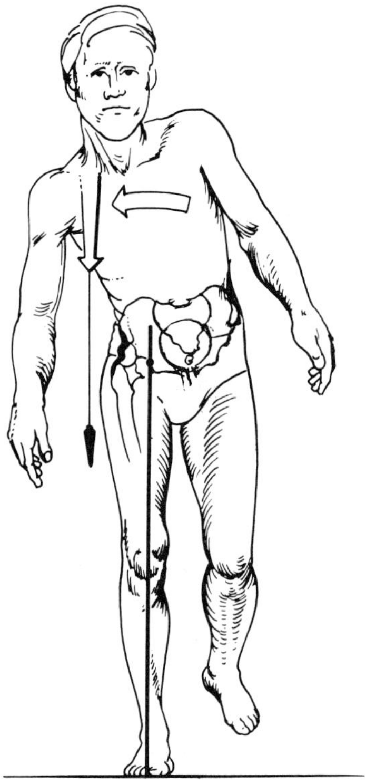

Abb. 14 Abduktions- oder Glutaeus-medius-Schwanken beim Trendelenburgschen Hinken (Kompensationsmechanismus).

zeps kann eine verstärkte Beugung und ein relativ instabiles Knie zur Folge haben.

Hüfte. Während der mittleren Standphase erfolgt eine seitliche Verlagerung der Hüfte zur gewichttragenden Seite von etwa 2,5 cm. Ein in seiner Kraft herabgesetzter Glutaeus medius zwingt den Patienten, in Richtung auf die betroffene Seite zu schwingen, um den Schwerpunkt über die Hüfte zu bringen. Eine solche Bewegung wird Trendelenburgsches Hinken genannt (Abb. 14).

Ist der Glutaeus maximus geschwächt, muß der Patient seinen Thorax nach hinten werfen, um die Hüftstreckung aufrecht zu halten (Extensoren- oder Glutaeus-maximus-Schwanken) (Abb. 15).

Abstoß des Fußes

Fuß. Wenn der Patient unter einer Osteoarthritis oder teilweisen oder auch vollständigen Versteifung der Metatarsophalangealgelenke leidet (Hallux rigidus), so kann er entweder unwillig oder unfähig sein, das Metatarsophalangealgelenk seiner Großzehe zu überstrecken und dadurch gezwungen sein, sich mit der Seitenkante seines Vorderfußes abzustoßen, ein Manöver, das eventuell Schmerz verursachen kann. Der Schmerz kann durch erhöhten Druck auf die Metatarsalköpfchen verstärkt werden, wenn sich durch ein abgesunkenes Köpfchen eine Schwiele entwickelt hat (Metatarsalgie). Eine weiche Hornhaut zwischen der 4. und 5. Zehe aufgrund eines zusätzlichen Druckes kann selbst außerordentlich schmerzvoll werden. Dieser Umstand kann oft schon durch die Untersuchung des Schuhes diagnostizert werden. Anstatt der normalen Querfalte über den Schuhen findet sich eine schräg verlaufende Falte, die über Zehen und Vorfuß verläuft (siehe Kapitel «Fuß und Sprunggelenk», Abb. 78).

Knie. Gastroknemius, Soleus und Flexor hallucis longus sind wesentlich für das Abstoßen. Eine Schwäche dieser Muskeln kann zu einem plattfüßigen oder Fersenbeingang führen.

Schwungphase

Während der Schwungphase werden weniger Störungen als in der Standphase deutlich, da die Extremität nicht mehr der Belastung durch Gewichttragen und Unterstützung unterworfen ist.

Abb. 15 Extensoren- oder Glutaeus-maximus-Schwanken.

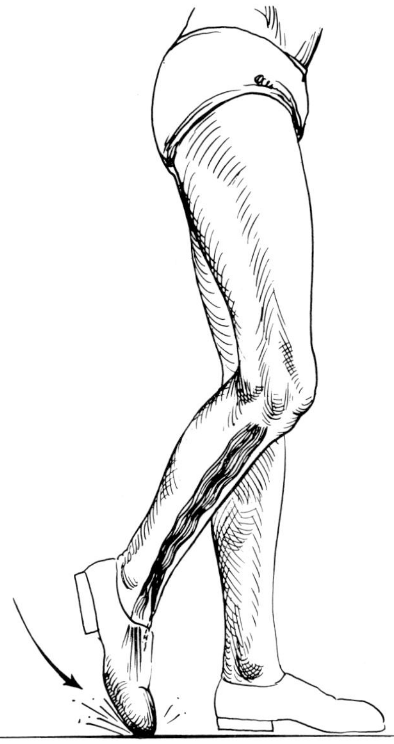

Abb. 16 Der Ausfall der Streckung im Sprunggelenk kann schuld daran sein, daß der Patient mit der Schuhspitze über den Boden schleift.

Beschleunigung

Fuß. Die Fußheber sind während der gesamten Schwungphase aktiv. Indem sie den Knöchel in Neutralstellung halten, helfen sie, die Extremität zu verkürzen, damit diese den Boden nicht berührt.

Knie. Das Knie erreicht seine stärkste Beugung von etwa 65° zwischen Zehenabstoß und Mittelschwung. Durch die Beugung wird die Extremität weiter verkürzt, so daß sie vom Boden freikommt.

Hüfte. Unmittelbar vor dem Abstoß der Zehen beginnt der Quadrizeps, sich zu kontrahieren, um den Vorwärtsschwung des Beines einzuleiten. Hat der Patient eine schlechte Quadrizepsfunktion, so kann er das Becken in einer übertriebenen Bewegung nach vorn rotieren, um den Vorwärtsschwung für das Bein zu gewinnen.

Mittlere Schwungphase

Fuß. Sind die Fußheber nicht funktionsfähig, so schlürft die Schuhspitze über den Boden und verursacht dadurch ein typisches Schuhkratzen (Abb. 16). Als Ausgleich kann der Patient die Hüfte verstärkt beugen, um das Knie beugen zu können, damit der Fuß vom Boden abhebt (Steppergang) (Abb. 17).

Abb. 17 Steppergang: Das Knie wird höher als normal angebogen, damit der Fuß vom Boden freikommt.

Abbremsung

Knie. Um den Schwung abzubremsen, kontrahieren sich die Kniebeuger kurz vor dem Auftreten der Ferse, so daß die Ferse den Boden in einer ruhigen, kontrollierten Bewegung berührt. Bei schwachen Kniebeugern kann das Aufsetzen der Ferse außerordentlich grob sein, wodurch eine Verdickung der Fersenhaut entsteht. Außerdem kann das Knie überstreckt werden.

Zusammenfassung

Standphase

Muskelschwäche

1. Patienten mit einer Schwäche des M. tibialis anterior (L4) können einen Steppergang haben (Abb. 16,17).
2. Patienten mit einer Schwäche des M. glutaeus medius (L5) können ein Abduktoren- oder Trendelenburgsches Hinken haben (Abb. 14).
3. Patienten mit einer Schwäche des M. glutaeus maximus (S1) können ein Extensoren- oder Glutaeus-maximus-Schwanken haben (Abb. 15).
4. Patienten mit einer Schwäche der Gastroknemius-Soleus-Gruppe (S1, S2) können einen plattfüßigen Gang mit kraftlosem Zehenstoß haben (Abb. 18).

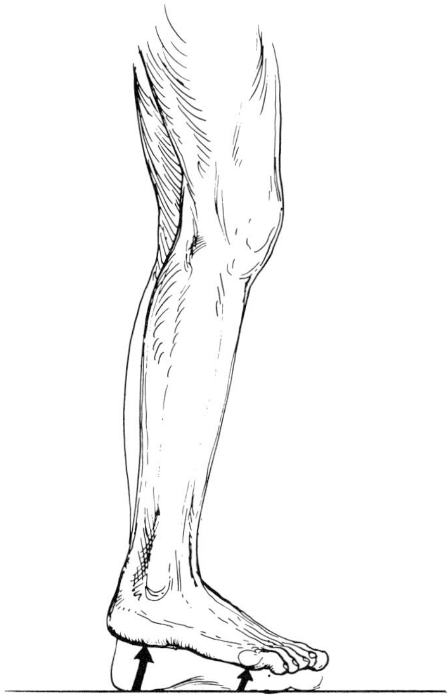

Abb. 18 Gangbild beim Plattfuß mit fehlendem Zehenabstoß.

5. Patienten mit einer Schwäche des Quadrizeps (L2, 3, 4) können mit überstrecktem Knie laufen, um dieses in Extension zu halten (Abb. 9).

Instabilität

1. Patienten mit einer Instabilität verbreitern ihre Gangbasis auf mehr als 10 cm.
2. Patienten mit einer verminderten Sensibilität der Fußsohlen (als Folge von Diabetes mellitus, Syphilis oder einer peripheren Neuropathie) verbreitern ihre Gangbasis, um Stabilität zu gewinnen. Zusätzlich schauen sie auf ihre Füße, um sich im Raum und zum Boden orientieren zu können.
3. Patienten mit Kleinhirnerkrankungen können Schwierigkeiten bei der Aufrechterhaltung der Balance haben und demzufolge ihre Gangbasis verbreitern.
4. Patienten mit einer Patellaluxation haben instabile Knie, die unvermittelt in eine auffällige Flexion springen können.
5. Patienten mit Meniskusrissen haben instabile Knie, die einknicken können.
6. Patienten mit Zerreißung der Seitenbänder haben instabile Knie, die einknicken können.

Schmerz

1. Patienten mit nicht passenden Schuhen können Schmerzen in allen Abschnitten der Standphase haben, was zu einer schmerzvermeidenden Gangart führt.
2. Patienten mit einem Fersensporn können Schmerz beim Fersenkontakt der Standphase haben (Abb. 8).
3. Patienten mit einer Osteorthritis des Knies oder der Hüfte können Schmerzen während der gesamten Standphase haben. Im allgemeinen verweilen sie wegen des Schmerzes so kurz wie möglich in der Standphase (schmerzvermeidende Gangart).
4. Patienten mit einer Versteifung der Großzehe (Hallux rigidus) können unfähig sein, sich wegen des Schmerzes in der gewohnten Weise abzustoßen. Dadurch entsteht ein plattfüßiger Gang.

Gelenkversteifungen

1. Patienten mit versteiften Knöcheln, Knien oder Hüften können Schwierigkeiten während aller Gangphasen haben. Ist nur ein Gelenk versteift, kann der Patient dies gewöhnlich ausgleichen, so daß selbst eine erhebliche Störung nicht deutlich wird (Abb. 19).

Schwungphase

Muskelschwäche

1. Patienten mit schwachen Fußhebern können einen Steppergang entwickeln, bei dem sie das Knie höher als gewöhnlich anheben, so daß der Fuß vom Boden abgehoben werden kann (Abb. 16, 17).
2. Patienten mit einer Schwäche des Quadrizeps können unfähig sein, ohne abnorme Hüftrotation das Bein vorzusetzen (Abb. 19).
3. Patienten mit einer Schwäche der Kniebeuger können unfähig sein, kurz vor dem Fersenkontakt richtig abzubremsen.

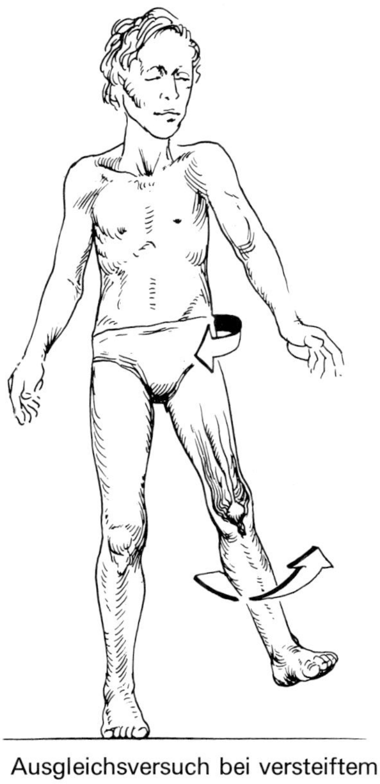

Abb. 19 Ausgleichsversuch bei versteiftem Gelenk.

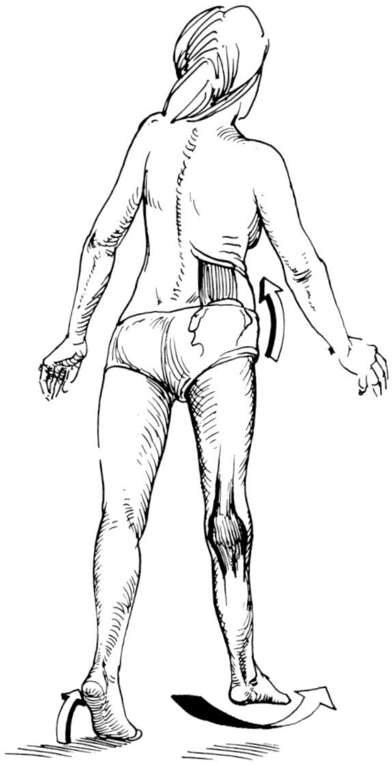

Abb. 20 Ein versteiftes Knie kann den Patienten zwingen, die Hüfte anzuheben, damit der Fuß vom Boden freikommt.

Gelenkversteifungen

1. Ein versteiftes Knie kann den Patienten dazu zwingen, die Hüfte der betreffenden Seite anzuheben, so daß der Fuß vom Boden abgehoben werden kann (Abb. 20).

Die Untersuchung des Ganges sollte mit der Untersuchung der gesamten unteren Extremität verbunden werden.

Die obere Extremität ist insofern mit dem Gang verbunden, als der Arm gleichsinnig mit dem gegenseitigen Bein schwingt, um einen ebenmäßig fließenden, ausgeglichenen Gang zu erzielen.

Klinische Untersuchung der Hüfte und des Beckens

6

Der Beckengürtel weist 3 Gelenke auf: 1. das Hüftgelenk (Articulatio coxae), 2. das Iliosakralgelenk und 3. die Symphyse. Alle drei arbeiten zusammen, um dem Körper Mobilität und Stabilität zu geben. Die Kugel- und Pfannengestalt der Hüfte ist besonders dazu geschaffen, diese Doppelfunktion zu erfüllen.

Die Iliosakralfuge und die Symphyse sind praktisch unbewegliche Gelenke und verursachen, selbst wenn sie krankhaft verändert sein sollten, selten eine Funktionseinschränkung oder Schmerz. Andererseits ist das Hüftgelenk mobil, und eine krankhafte Veränderung wird während des Gehens als Schmerz oder eingeschränkte Bewegung sofort offenkundig.

Inspektion

Besondere Aufmerksamkeit sollte dem Gangbild des Patienten bereits in dem Augenblick gewidmet werden, in dem er den Raum betritt. Wie wir bereits im vorangegangenen Kapitel diskutierten, manifestieren sich viele Hüfterkrankungen am deutlichsten während des Gehens.

Um eine gründliche Untersuchung des Hüftgelenks und der benachbarten Gebiete zu gewährleisten, sollte sich der Patient vollständig entkleiden. Sollte er dies als unbequem oder peinlich empfinden, so kann er auch seine Unterwäsche anbehalten. Während der Patient sich auszieht, stellen Sie fest, ob er Bewegungen ausführt, die schmerzvoll oder ineffizient erscheinen; denn oft wird eine Bewegung einer weniger effizienten geopfert, die dafür aber geringere Schmerzen macht.

Untersuchen Sie die Hüfte und das gesamte Bekkengebiet auf Abschürfungen, Verfärbungen, Geburtsmale, Blasen, Ausscheidungen aus einem offenen Sinus und besonders auf abnorme Schwellungen, Vorwölbungen oder Hautfalten.

Wenden Sie sich dann der Art zu, wie der Patient steht und prüfen dabei, ob die vorderen Darmbeinstachel in gleicher Höhe stehen. Ist dies nicht der Fall, kann ein Beckenschiefstand infolge einer Beinlängendifferenz vorliegen.

Von der Seite gesehen zeigt der Lumbalabschnitt der Wirbelsäule normalerweise eine leichte Lordose (nach vorn gerichtete Krümmung der Wirbelsäule), die weder übertrieben lordotisch noch flach ist. Ein Fehlen der normalen Lordose kann auf einen Spasmus der paravertebralen Muskeln hinweisen. Zeigt die Wirbelsäule eine verstärkte Krümmung, so können die vorderen Bauchmuskeln schwach sein, da sie normalerweise mithelfen, eine zunehmende Lordose der Lendenwirbelsäule zu verhindern. Eine verstärkte lumbale Lordose kann auch durch eine Beugekontraktur des Hüftgelenks verursacht sein. In diesem Falle kann die übertriebene Lordose Ersatz für die echte Streckung der Hüfte sein.

Während Sie die Rückseite der Hüfte betrachten, achten Sie darauf, daß die untere Begrenzung der Gesäßbacken durch die Glutäalfalten markiert wird (lateral und etwas unterhalb der Mittellinie des Oberschenkels). Größe und Tiefe dieser Falten verstärken sich bei der Streckung der Hüfte und vermindern sich in der Beugung.

Bei Kindern liegen die Hautfalten symmetrisch um die Leistenbeugen und entlang dem Oberschenkel. Asymmetrische Falten können durch eine angeborene Hüftluxation, Muskelatrophie, Beckenschiefstand oder ungleiche Beinlänge verursacht sein.

Achten Sie auf die zwei deutlich auszumachenden Grübchen, die über den hinteren Darmbeinstacheln direkt oberhalb der Gesäßbacken liegen. Sie sollten sich in gleicher Höhe befinden. Im Falle eines Höhenunterschieds liegt ein Hinweis auf Beckenschiefstand vor.

Palpation der Knochen

Der Patient kann entweder stehen oder liegen, je nach dem, wie es für ihn am bequemsten ist. Nach Möglichkeit sollte ein Teil der Untersuchung im Stehen durchgeführt werden, da pathologische Veränderungen, die unter belastungsfreien Bedingungen übersehen werden können, unter Belastung sofort deutlich werden.

Vorderseite

Ihr erster Kontakt sollte sanft, aber fest sein. Während Sie palpieren, schätzen Sie die Hauttemperatur und achten auf jede Schmerzhaftigkeit. Am besten ist es, beide Seiten gleichzeitig zu palpieren, um einen Seitenvergleich zu erhalten.

Spina iliaca anterior superior. Stellen Sie sich vor den Patienten und legen Ihre Hände auf die Taillen, wobei Ihre Daumen auf dem vorderen Darmbeinstachel, Ihre Finger auf dem vorderen Anteil des Darmbeinkamms ruhen (Abb. 1). Bei dünnen Patienten liegen diese Knochenvorsprünge subkutan, bei adipösen Patienten sind sie durch Fettgewebe bedeckt und können schwer aufzufinden sein.

Der Darmbeinkamm. Der subkutan gelegene Darmbeinkamm dient entweder als Ursprung oder Ansatz für eine Reihe von Muskeln. Keiner dieser Muskeln überkreuzt den knöchernen Kamm, so daß dieser stets zu tasten ist. Normalerweise befinden sich die Darmbeinkämme auf derselben Höhe. Tun sie dies nicht, so liegt gewöhnlich ein Beckenschiefstand vor (Abb. 5).

Tuberculum iliacum. Behalten Sie Ihren Daumen auf dem vorderen Darmbeinstachel und bewegen Ihre Hände entlang der seitlichen Lippe des Darmbeinkammes nach hinten. Ungefähr 9 cm vom Scheitelpunkt des Darmbeinkammes entfernt können Sie einen knöchernen Vorsprung fühlen, der die am weitesten voneinander entfernt liegenden Punkte beider Darmbeinkämme bezeichnet (Abb. 2).

Trochanter major. Ihre Daumen verbleiben weiterhin auf den vorderen Darmbeinstacheln, und Ihre Finger gleiten abwärts von der eben bezeichneten Stelle bis zum Trochanter major der Oberschenkel (Abb. 3). Die hintere Kante des Trochanter major ist ziemlich unbedeckt und deshalb leicht zu palpieren. Die vorderen und seitlichen Anteile werden durch den M. tensor fasciae latae sowie durch den M. glutaeus medius bedeckt und sind deshalb der Palpation weniger zugänglich. Normalerweise befinden sich die Trochanteren auf derselben Höhe. Eine angeborene Hüftgelenksluxation oder eine in

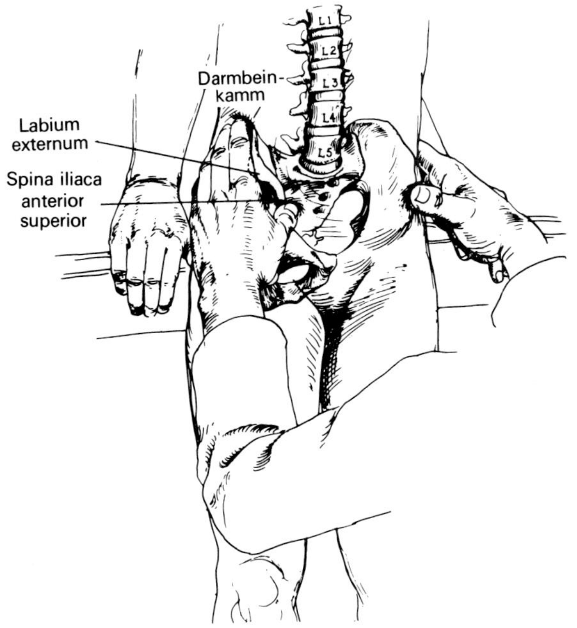

Abb. 1 Haltung der Hände bei der Palpation der Darmbeinkämme.

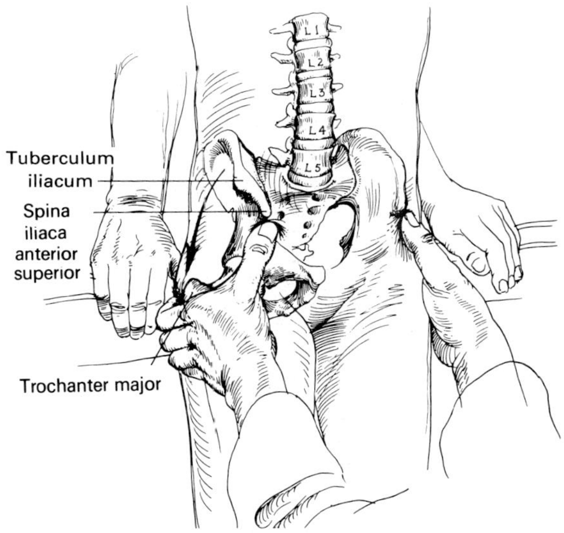

Abb. 3 Der Trochanter major (Vorderansicht).

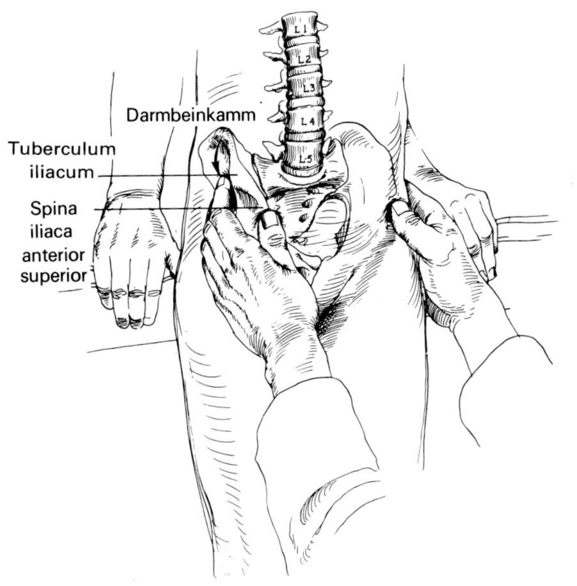

Abb. 2 Das Tuberculum iliacum ist der lateralste Punkt des Darmbeinkamms.

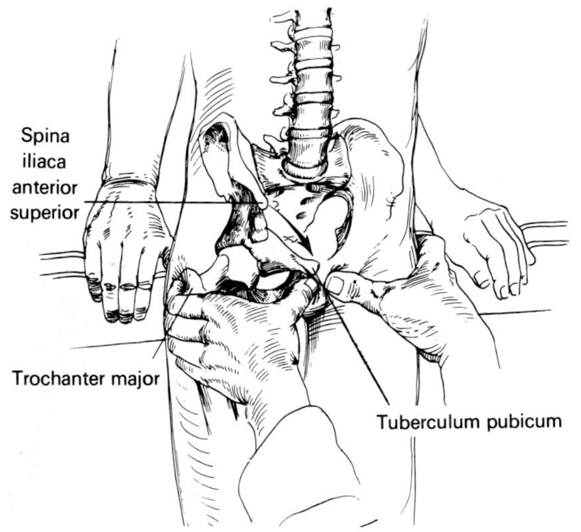

Abb. 4 Die Schambeinhöcker.

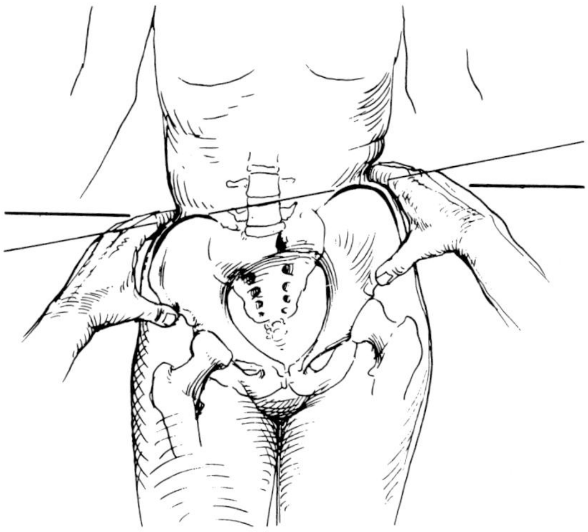

Abb. 5 Beckenschiefstand.

Defektstellung geheilte Fraktur der Hüfte können einen ungleichen Trochanterstand bedingen.

Tuberculum pubicum. Während Ihre Finger fest dem Trochanter anliegen, lassen Sie Ihre Daumen in den Leistenbeugen nach medial und schräg abwärts gleiten, bis Sie die Tubercula pubica fühlen können (Abb. 4). Obgleich unter dem Schamhaar und dem Mons pubis verborgen, sind die Tubercula pubica tastbare knöcherne Vorsprünge. Beachten Sie, daß sie sich in derselben Höhe wie die Spitze des Trochanter major befinden.

Rückseite

Für diesen Teil der Hüftgelenksuntersuchung sollte der Patient mit gebeugten Hüften auf der Seite liegen (Abb. 6).

Spina iliaca posterior superior. Diese ist leicht zu lokalisieren; denn sie liegt direkt unter dem sichtbaren Grübchen unmittelbar oberhalb der Gesäßbakken. Die Spinae befinden sich subkutan und sind mühelos zu tasten. Während der Patient auf der Seite liegt, fixieren Sie Ihren Daumen an der Spina iliaca posterior superior, Ihre andere Hand palpiert entlang dem hinteren Anteil des Darmbeinkammes bis zum oben erwähnten Knochenvorsprung (Abb. 7). Die gesamte Kante des Darmbeinkammes von der Spina iliaca posterior superior bis zum vorderen Darmbeinstachel liegt subkutan.

Trochanter major. Sie behalten weiterhin Ihren Daumen auf der Spina iliaca posterior superior und bewegen Ihre Finger dann abwärts. Jetzt können Sie den dorsalen Anteil des Trochanter major palpieren (Abb. 8).

Tuber ischiadicum. Der Sitzbeinknorren liegt etwa in Höhe der Glutäalfalte (Abb. 9). Ihre Finger befinden sich auf dem Trochanter major. Ihr Daumen gleitet von der Spina iliaca posterior superior abwärts zum Sitzbeinknorren. Dieser Knorren ist bei gestrecktem Hüftgelenk schwer zu tasten, da Glutaeus maximus und Fettpolster ihn bedecken. Ist jedoch die Hüfte gebeugt, so bewegt sich der Glu-

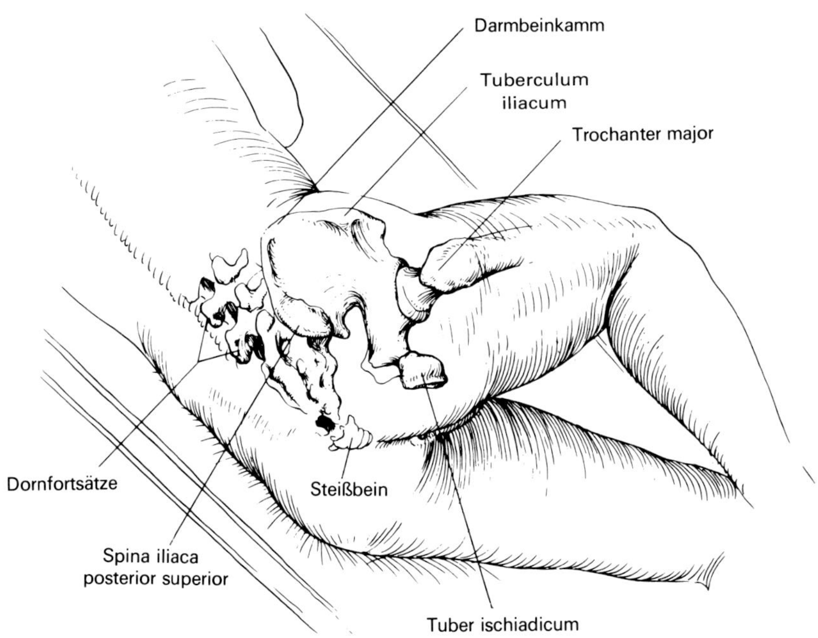

Abb. 6 Anatomie der Hüfte und des Beckens (Rückseite).

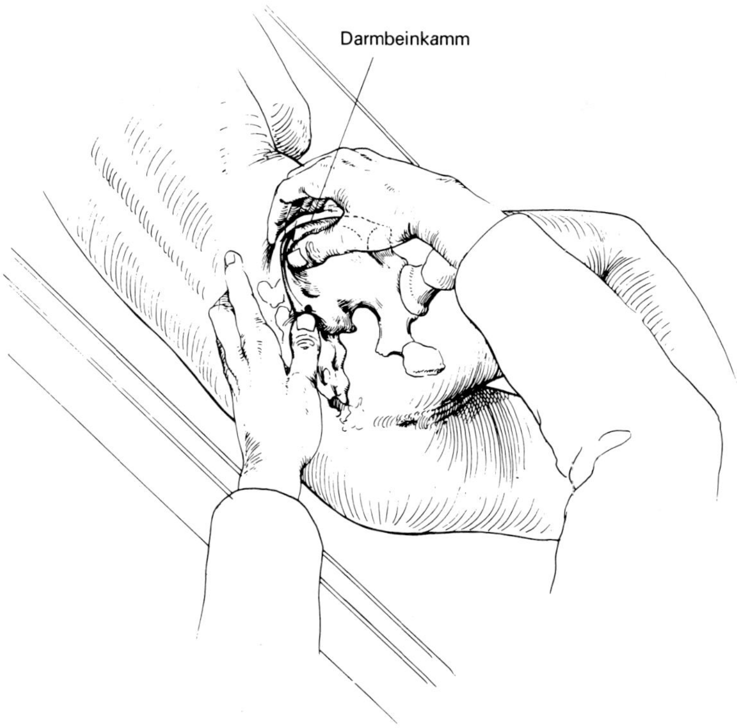

Abb. 7 Der Darmbeinkamm und dessen Tuberculum.

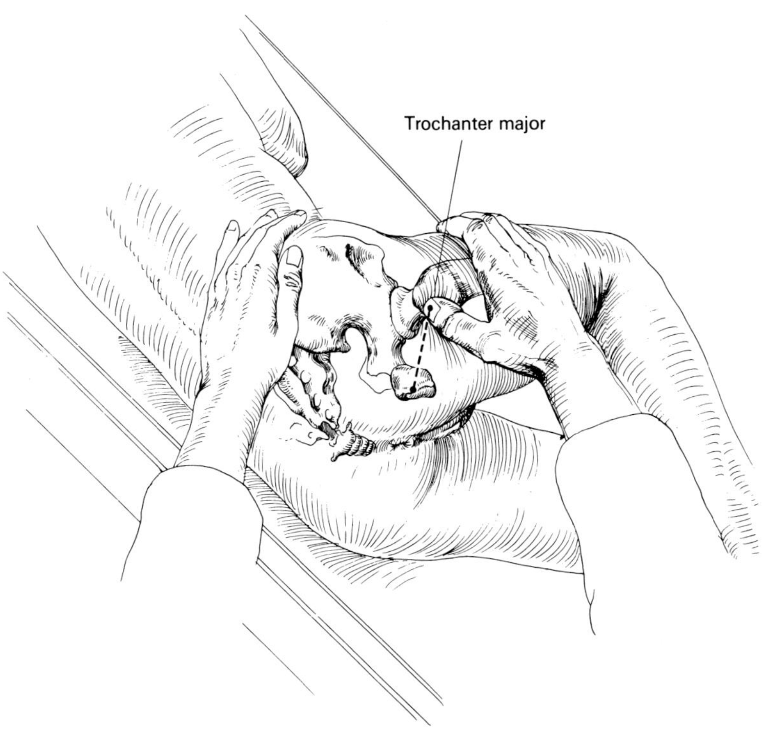

Abb. 8 Der Trochanter major (Rückseite).

taeus maximus aufwärts, und der Sitzbeinknorren ist leicht zu tasten. Die Sitzbeinknorren liegen in derselben Horizontalebene wie die kleinen Trochanteren.

Iliosakralfuge. Die Iliosakralfuge läßt sich nicht tasten, da einmal das Ilium überhängt, zum anderen die unterstützenden Bänder sie verdecken. Die Fuge ist selten an pathologischen Veränderungen beteiligt. Das in Höhe von S2 liegende Zentrum des Gelenks wird von einer die beiden Spinae iliacae posteriores superiores verbindenden Linie gekreuzt. Eine zwischen den Scheitelpunkten der Darmbeinkämme gezogene Linie kreuzt die Wirbelsäule zwischen den Dornfortsätzen L4 und L5 (Abb. 10). Diese anatomischen Richtlinien machen eine genaue Identifizierung der lumbalen Dornfortsätze möglich (Abb. 11).

Da das Hüftgelenk in der Tiefe liegt und von dicken Muskelschichten bedeckt wird, sind weder seine Komponenten noch mögliche pathologische Veränderungen, wie etwa eine Fraktur des proximalen Femurendes oder des Azetabulums tastbar. Die Kombination eines sichtlich verkürzten Beines, Außenrotation der Hüfte und Schmerz bei Bewegung sind jedoch ein starker Hinweis auf eine Hüftfraktur.

Palpation der Weichteile

Die Untersuchung von Hüfte und Beckenregion erfolgt in 5 klinischen Regionen: 1. Oberschenkeldreieck, 2. großer Trochanter, 3. N. ischiadicus, 4. Darmbeinkamm und 5. Hüfte und Beckenmuskeln.

Region I – Oberschenkeldreieck (Trigonum femorale Scarpae)

Das Oberschenkeldreieck wird nach oben durch die Leistenbeuge, medial durch den M. adductor longus und lateral durch den M. sartorius begrenzt (Abb. 12). Der Boden des Dreiecks wird durch Anteile des Adductor longus, Pectineus und Iliopsoas geformt. Die A. femoralis sowie die Lymphknoten liegen oberflächlich vom Iliopsoas, während der Psoasschleimbeutel und das Hüftgelenk in der Tiefe liegen.

Die Weichteile des Oberschenkeldreiecks können am besten untersucht werden, wenn der Patient auf dem Rücken liegt und die Ferse des Beines, das gerade untersucht wird, auf das andere Knie legt.

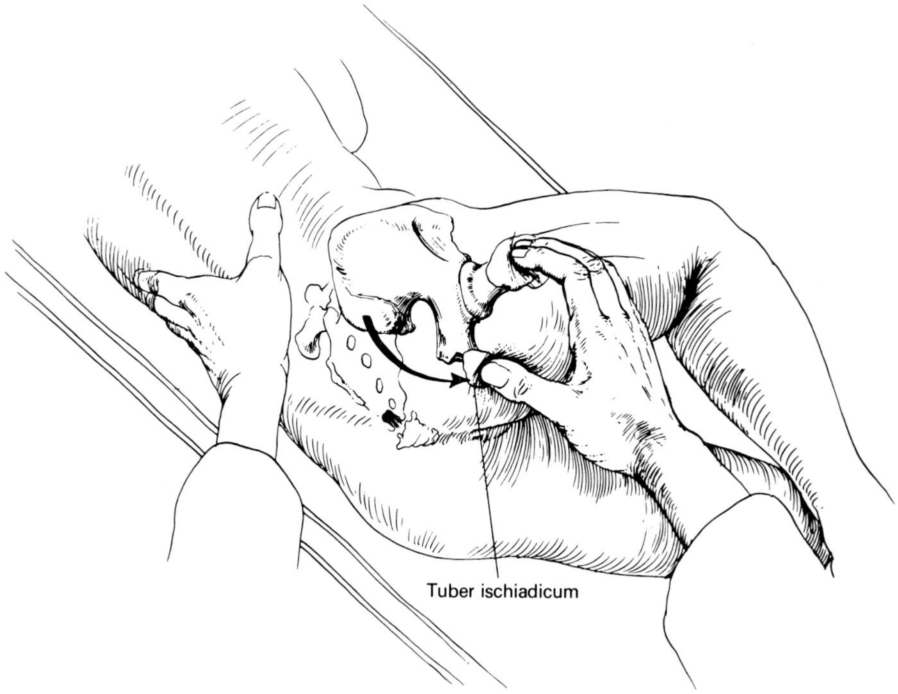

Abb. 9 Das Tuber ischiadicum.

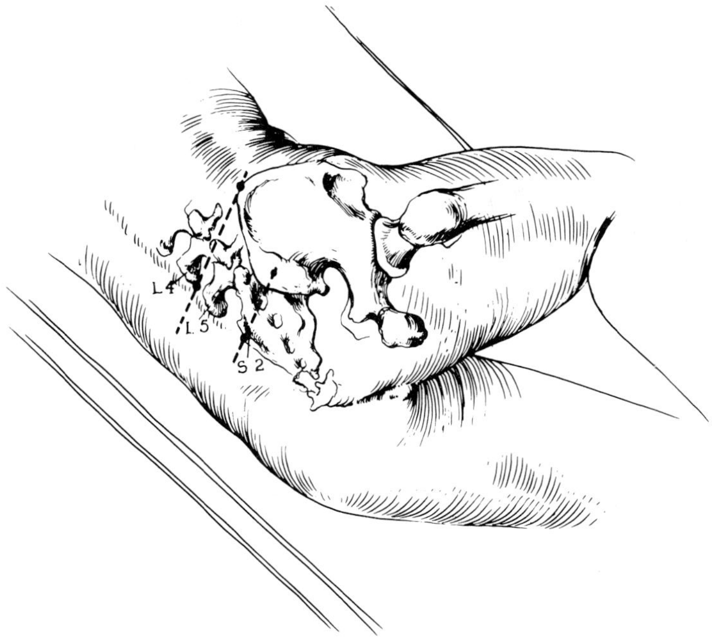

Abb. 10 Die Iliosakralfuge. Eine gedachte Linie zwischen den Spinae iliacae posteriores superiores kreuzt S 2 und die Mitte der Iliosakralfuge. Eine gedachte Linie zwischen den Hinterrändern der Darmbeinkämme schneidet die Wirbelsäule zwischen dem 4. und 5. LWK.

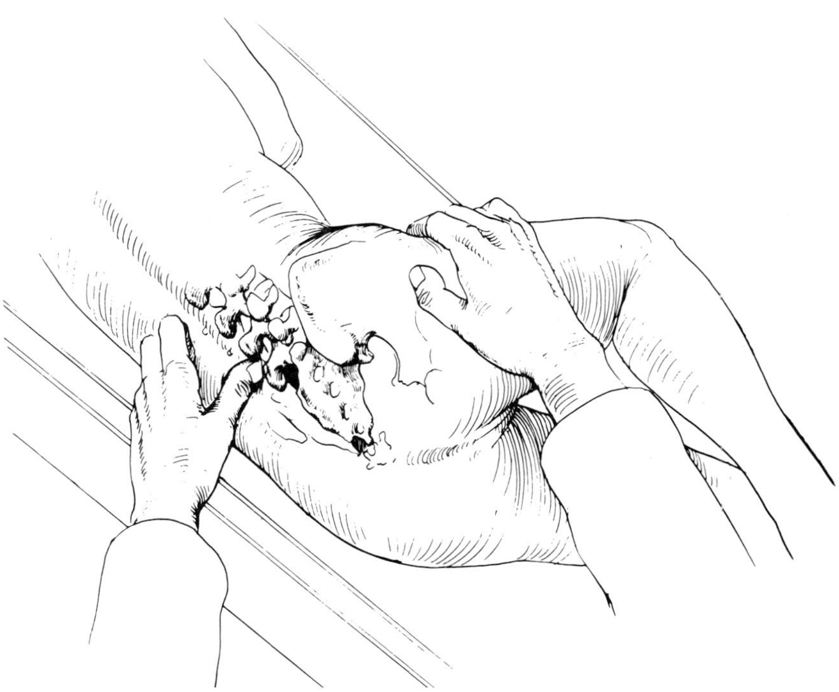

Abb. 11 Palpation der Dornfortsätze von L4 und L5.

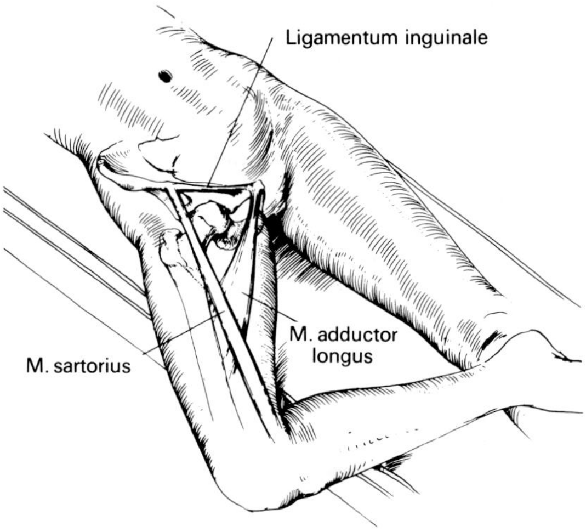

Abb. 12 Das Oberschenkeldreieck (Trigonum femorale Scarpae).

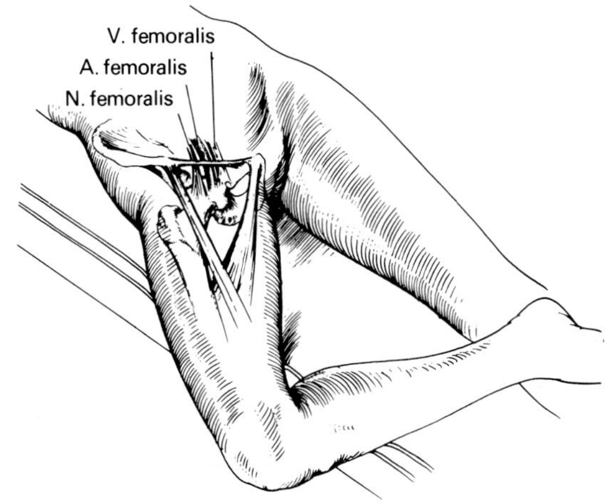

Abb. 15 V. und N. femoralis sind gewöhnlich nicht zu tasten.

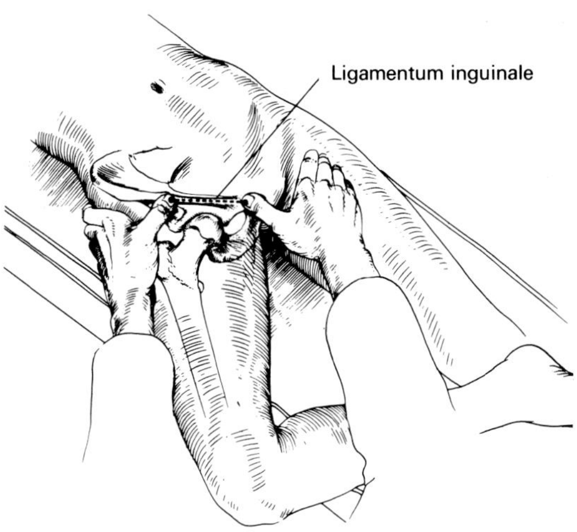

Abb. 13 Das Leistenband.

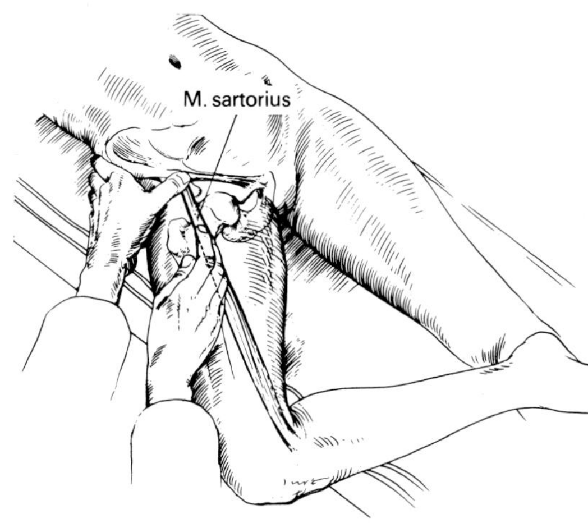

Abb. 16 Palpation des M. sartorius.

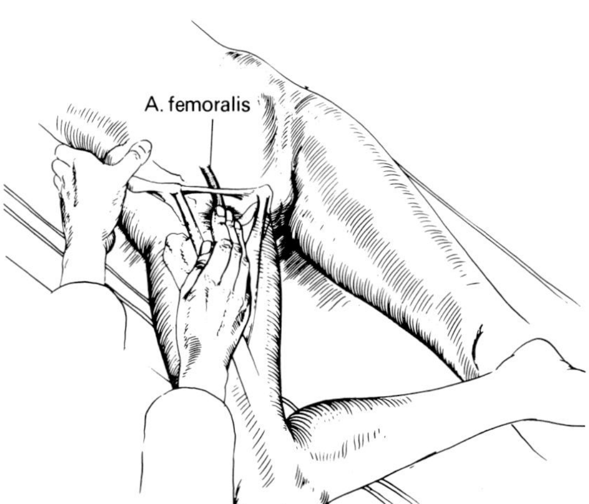

Abb. 14 Palpation des Femoralispulses.

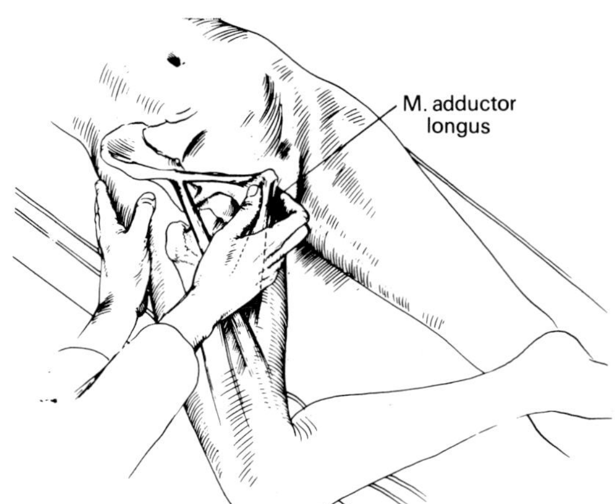

Abb. 17 Palpation des M. adductor longus.

Diese Stellung bringt die Hüfte in Flexion, Abduktion und Außenrotation.

Leistenband. Das Leistenband findet sich zwischen der Spina iliaca anterior superior und dem Tuberculum pubicum. Jede ungewöhnliche Schwellung im Verlauf dieses Bandes kann Hinweis auf eine Leistenhernie sein (Abb. 13).

A. femoralis. Die A. femoralis unterkreuzt das Leistenband etwa in dessen Mitte. Ihr Puls ist unmittelbar unter dem Leistenband an einem Punkt tastbar, der sich in der Mitte zwischen der Spina iliaca anterior superior und dem Tuberculum pubicum befindet (Abb. 14). Normalerweise ist der Puls ziemlich stark. Sind aber die A. iliaca communis oder die A. iliaca externa teilweise verschlossen, so kann der Puls abgeschwächt sein. Der Oberschenkelkopf liegt tief unter der A. femoralis. Da er aber durch die dicke vordere Gelenkkapsel (Ligamentum iliofemorale) sowie Sehne und Fasern des Psoas bedeckt ist, läßt er sich nicht tasten.

N. femoralis. Der N. femoralis liegt lateral von der A. femoralis. Er ist nicht tastbar.

V. femoralis. Die medial von der Arterie verlaufende V. femoralis eignet sich als Ort für eine Venenpunktion. Unter normalen Bedingungen ist sie nicht tastbar (Abb. 15).

M. sartorius. Der die seitliche Begrenzung des Oberschenkeldreiecks darstellende M. sartorius ist der längste Muskel des Körpers. Er ist an seinem Ursprung tastbar (etwas unterhalb der Spina iliaca anterior superior) und kaum einmal pathologisch verändert (Abb. 16).

M. adductor longus. Dieser Muskel ist tastbar, wenn die Beine von der Mittellinie weg abduziert werden. Er formt dann einen deutlichen Strang, der sich von der Symphyse bis zur Mitte des Oberschenkels erstreckt. Speziell das proximale, bandartige Ende des Muskels tritt besonders hervor. Bei spastischen Kindern muß dieser Muskel gelegentlich tenotomiert werden, um die Extremität von einer schweren Adduktion zu befreien und eine mögliche Luxation der Hüfte zu verhindern (Abb. 17).

Das Gebiet innerhalb des Oberschenkeldreiecks sollte auch auf vergrößerte Lymphknoten untersucht werden, die Zeichen einer von der unteren Extremität aufsteigenden Infektion sein können oder auf lokale Erkrankungen des Beckens hinweisen (Abb. 18). Die Lymphknoten sind die am meisten medial gelegenen Strukturen des Dreiecks.

Region II – Trochanter major

Zur Palpation des Trochanter major lassen Sie den Patienten auf der Seite liege.

Bursa trochanterica. Die über den hinteren knöchernen Anteil des Trochanter major hinwegziehenden Weichteile werden durch einen Schleimbeutel geschützt (Abb. 19). Palpieren Sie den Trochanter auf Schmerzhaftigkeit, die eine Bursitis anzeigen kann. Die Bursa selbst ist nicht palpabel, es sei denn, daß sie vergrößert oder entzündet ist. Bei einer Entzündung fühlt sich die Gegend in ihrer Umgebung teigig an und kann bei Palpation schmerzhaft sein.

M. glutaeus medius. Dieser Muskel setzt am oberen seitlichen Anteil des Trochanter an. Wenn die Hüfte gebeugt, adduziert und belastet ist, kann er gelegentlich vor den Trochanter major treten. Wenn er dann in eine neutrale Lage zurückkehrt, ist ein hörbares und tastbares Schnappen vernehmbar. Dieses Schnappen tritt gewöhnlich beim Klettern oder Treppensteigen auf. Wenngleich dieser Zustand einen leichten Schmerz oder auch eine Bursitis trochanterica hervorrufen kann, stellt die schnappende Hüfte kaum ein bedeutsames Problem dar.

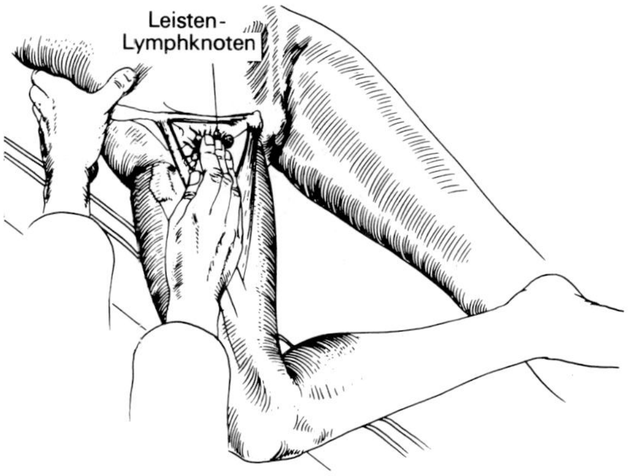

Abb. 18 Schmerz und Schwellung im Oberschenkeldreieck können auf vergrößerte Lymphknoten als Folge einer aufsteigenden Infektion oder einer Erkrankung im Bereich des Beckens hinweisen.

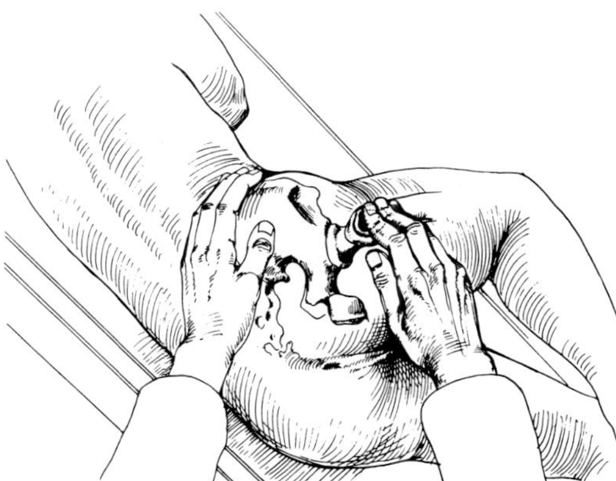

Abb. 19 Die Bursa trochanterica: Trochanterschmerz kann mit einer Ischialgie verwechselt werden.

Region III – N. ischiadicus

Zur Palpation der Weichteile in dieser Zone lassen Sie den Patienten auf der Seite und mit dem Rücken zu Ihnen gekehrt liegen.

N. ischiadicus. Der N. ischiadicus liegt in der Mitte zwischen dem Trochanter major und dem Sitzbeinknorren. Bei gestreckter Hüfte wird der N. ischiadicus durch den Glutaeus maximus bedeckt. Ist die Hüfte jedoch gebeugt, bewegt sich der Glutaeus maximus nach oben. Palpieren Sie noch einmal den Trochanter major und den Sitzbeinknorren, um den Mittelpunkt zwischen ihnen zu bestimmen. Wenn Sie fest in die Weichteileinsenkung an diesem Mittelpunkt drücken, können Sie unter Umständen den N. ischiadicus unter dem Fettgewebe palpieren (Abb. 20–22). Eine Schmerzhaftigkeit des Nerven kann Folge eines Bandscheibenvorfalls im Bereich der Lendenwirbelsäule, eines Spasmus des M. piriformis oder eines den Nerven direkt treffenden Traumas, wie beispielsweise eine Injektion an falscher Stelle, sein. Beachten Sie, daß über dem Sitzbeinknorren eine Bursa liegt. Eine während der Palpation des Sitzbeinknorrens entdeckte Schmerzhaftigkeit kann von einer Bursitis ischiadica herrühren, die allerdings einen seltenen Befund darstellt. Ein Ischiasschmerz kann leicht mit einer Bursitis ischiadica verwechselt werden. Deshalb müssen die beiden Strukturen auseinandergehalten und der genaue Ort der Schmerzhaftigkeit bestimmt werden, um einen derartigen Irrtum zu vermeiden (Abb. 23).

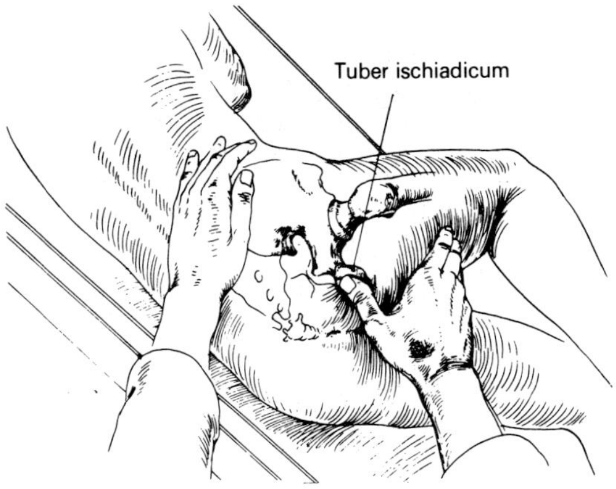

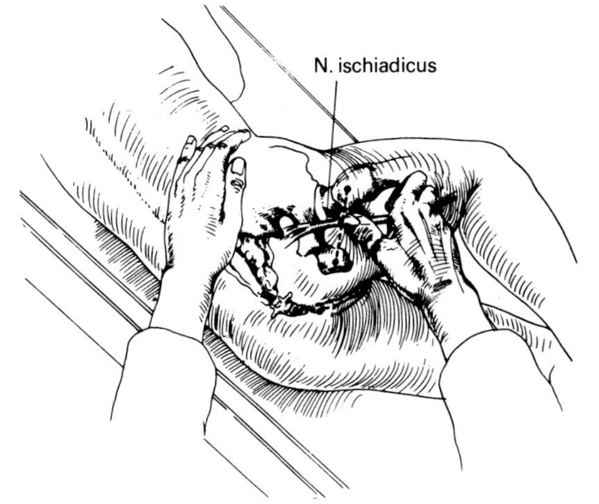

Abb. 20, 21 und 22 Palpation des N. ischiadicus: Der Ischiasnerv liegt in der Mitte zwischen dem Tuber ossis ischii und dem Trochanter major.

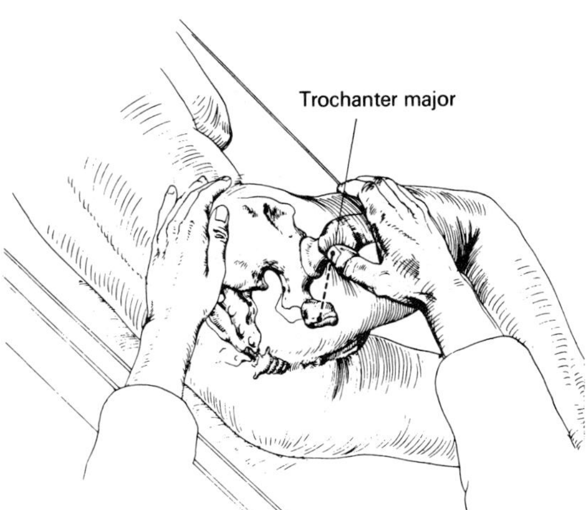

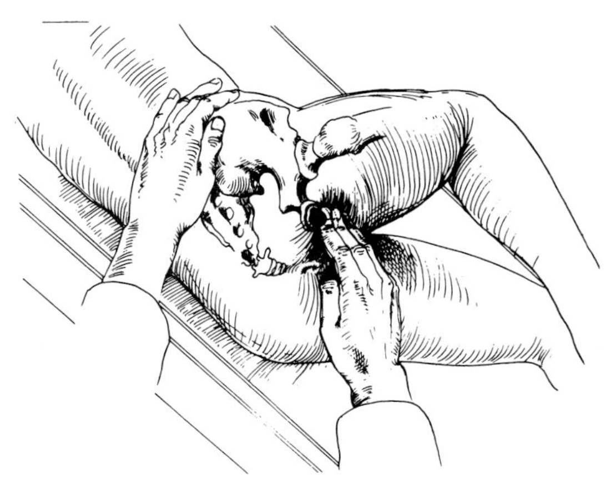

Abb. 23 Eine Bursitis ischiadica kann leicht mit Ischiasschmerzen verwechselt werden, es sei denn, beide Gebiete sind gut abgrenzbar und die Schmerzregion exakt ausmachbar.

Region IV – Darmbeinkamm

Der Darmbeinkamm ist aus zwei Gründen von klinischer Bedeutung: einmal kreuzen ihn die Nn. clunium, zum anderen entspringen die Mm. glutaeus und sartorius unmittelbar unter ihm.

Nn. clunium. Die Nn. clunium versorgen die Haut über dem Darmbeinkamm zwischen der Spina iliaca posterior superior und der Mitte des Darmbeinkamms sensibel. Wenn ein Stück des Darmbeinkammes für ein Knochentransplantat entnommen wurde, sind diese Nerven oft durchschnitten. Der Darmbeinkamm sollte dann auf ein möglicherweise vorliegendes Neurom der Nn. clunium untersucht werden (Abb. 24). Es kann vorkommen, daß sich lipofibröse Knoten entlang dem Darmbeinkamm finden. Derartige tastbare Vergrößerungen sind schmerzhaft und außerordentlich empfindlich bei Berührung (Kapitel «Lendenwirbelsäule», Abb. 22, Seite 245).

Region V – Hüfte und Beckenmuskulatur

Die oberflächlichen Muskeln der Hüfte und der Beckenregion liegen in Quadranten, entsprechend ihrer Bedeutung und Funktion (Abb. 25):

1. die Flexorengruppe – vorderer Quadrant
2. die Adduktorengruppe – medialer Quadrant
3. die Abduktorengruppe – lateraler Quadrant
4. die Extensorengruppe – hinterer Quadrant

Flexorengruppe

M. iliopsoas. Der Iliopsoas ist der primäre Hüftbeuger. Der Muskel selbst ist nicht zu tasten, da er tief unter anderen Muskeln und einer Faszie liegt.

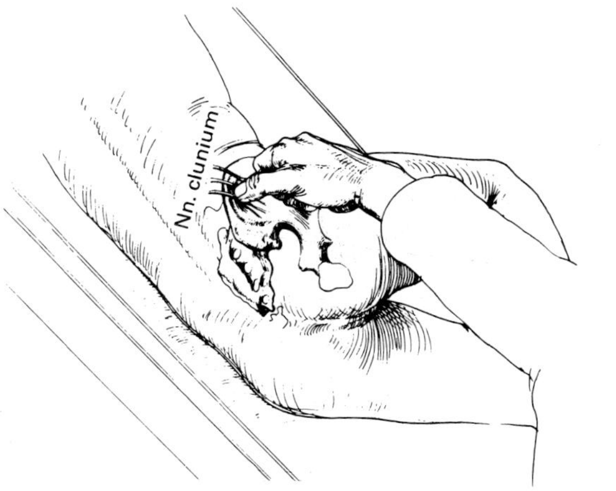

Abb. 24 Palpation der Nn. clunium über dem Darmbeinkamm.

Unter dem Iliopsoas liegt die Bursa iliopectinea. Es kommt gelegentlich vor, daß sich der Iliopsoas über einem entzündeten Schleimbeutel kontrahiert und dann Schmerz in der Leistengegend verursacht (Abb. 26). (Gewöhnlich verursacht eine Osteoarthritis der Hüfte eine Entzündung der Bursa iliopec-

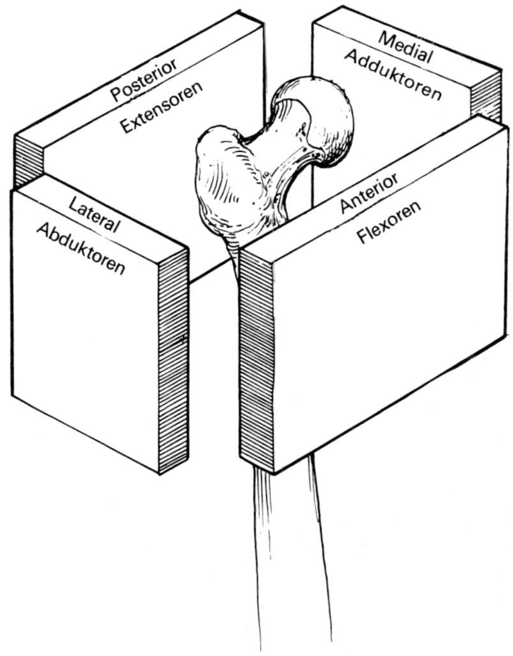

Abb. 25 Die oberflächlichen Hüft- und Beckenmuskeln. Schematische Darstellung ihrer Lage und Funktion nach Quadranten.

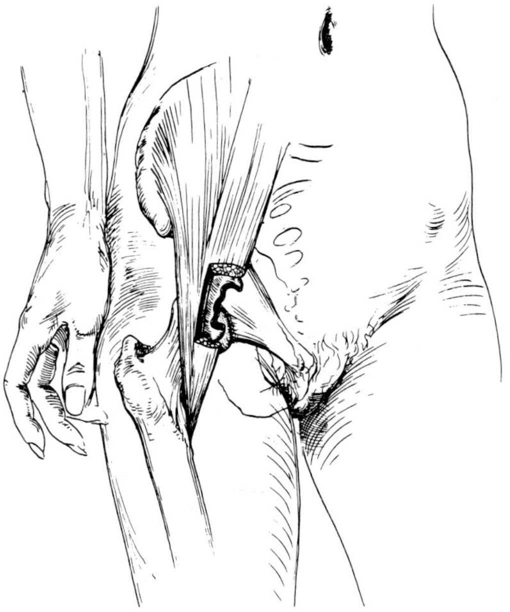

Abb. 26 Der M. iliopsoas löst einen Leistenschmerz aus, wenn er sich über einem entzündeten Schleimbeutel kontrahiert.

tinea). Eine abnormale Kontraktur des Iliopsoas kann zu einer Beugekontraktur der Hüfte führen.

M. Sartorius. Der Sartorius ist ein langer, riemenartiger Muskel, der schräg nach unten über die Vorderseite des Oberschenkels läuft (Abb. 16). (Zu seiner Palpation siehe Seite 149).

M. rectus femoris. Der Rectus femoris überkreuzt sowohl das Hüft- als auch das Kniegelenk, wobei er für die Hüfte als Beuger und für das Knie als Strekker fungiert (Abb. 27). Er ist der einzige Muskel in der Quadrizepsgruppe, der über zwei Gelenke hinwegzieht. Der Rectus femoris hat einen zweifachen Ursprung, und zwar einen direkten und einen indirekten Kopf. Keiner der beiden Köpfe ist deutlich zu tasten, da der Muskel proximal in der Vertiefung zwischen dem Sartorius und dem Tensor fasciae latae verschwindet. Jeder der beiden Köpfe (oder beide) kann von seinem Ursprung abgerissen sein; deshalb sollte dieses Gebiet auf Schmerzhaftigkeit hin palpiert werden. Der von der Spina iliaca anterior inferior entspringende Kopf ist häufiger, gewöhnlich bei Sportunfällen, von einem Abriß betroffen.

Obgleich es schwierig ist, den Rectus femoris von der übrigen Quadrizepsgruppe zu unterscheiden, läßt sich doch ein offensichtlicher Defekt oder eine Ruptur des Muskelbauches entdecken. Die drei anderen Muskeln der Quadrizeps-Gruppe, der Vastus lateralis, der Vastus medialis und der Vastus intermedius werden im Kapitel «Knie» diskutiert, Seite 176 (Abb. 28).

Adduktorengruppe

Die Adduktorengruppe besteht aus fünf Muskeln:

1. dem M. gracilis, 2. dem M. pectineus, 3. dem M. adductor longus, 4. dem M. adductor brevis und 5. dem M. adductor magnus. Von diesen liegt der Adductor longus am oberflächlichsten und ist auch der einzige Muskel, der einer Palpation zugänglich ist. Einzelheiten zu seiner Untersuchung finden Sie auf Seite 149 (Abb. 17).

Abduktorengruppe

Die Abduktorengruppe besteht im wesentlichen aus dem Glutaeus medius und minimus. Der Glutaeus minimus liegt tief unter dem Glutaeus medius und ist nicht tastbar.

M. glutaeus medius. Der Glutaeus medius stellt den Hauptabduktor der Hüfte dar. Er läßt sich am leichtesten tasten, wenn der Patient auf der Seite liegt und das freie Bein um einige Grad abduziert. In dieser Stellung springt der Muskel deutlich hervor (Abb. 51). Palpieren Sie den Ursprung des Glutaeus medius unmittelbar unterhalb des Darmbeinkammes und achten dabei auf Schmerzhaftigkeit infolge von Muskelrissen oder -lücken.

Der Muskelbauch ist tastbar bis zu seinem Ansatz an der Vorder- und Außenseite des Trochanter major. Eine Schwäche des Muskels zieht das sogenannte Trendelenburgsche Hinken («Glutaeus-medius-Schwanken») nach sich (siehe Kapitel «Gang», Seite 137).

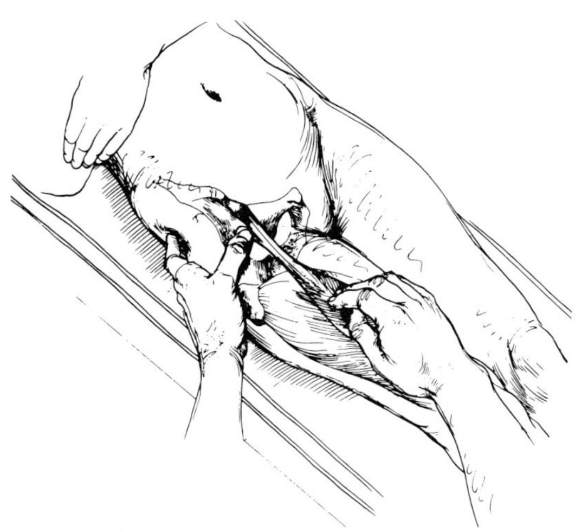

Abb. 27 Palpation der beiden Köpfe des M. rectus femoris.

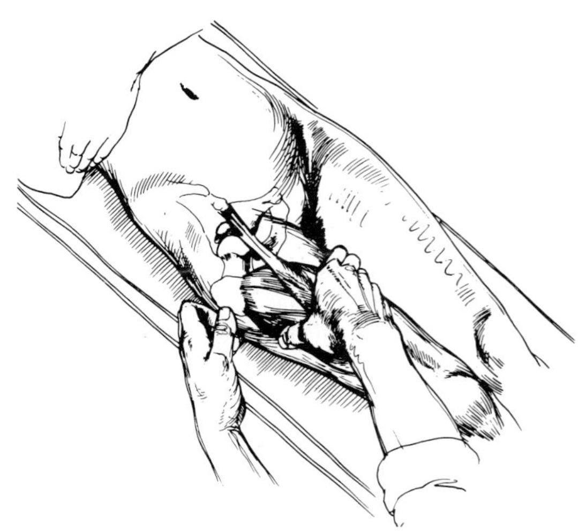

Abb. 28 Palpation des M. quadriceps.

Extensorengruppe

Die Extensorengruppe besteht aus dem Glutaeus maximus und den Kniebeugern.

M. glutaeus maximus. Der Glutaeus maximus, ein kräftiger, grobfasriger Muskel, ist der wichtigste Strecker der Hüfte. Sein Ursprung und Ansatz sind schwer zu tasten. Die Ausdehnung des Glutaeus maximus kann dadurch bestimmt werden, daß man sich bei der Palpation der Knochen einiger Orientierungspunkte bedient: eine gedachte Linie zwischen dem Steißbein bis zum Sitzbeinknorren entspricht der unteren Begrenzung des Glutaeus maximus. Eine andere, von der Spina iliaca posterior superior bis etwas oberhalb des Trochanter major gezogene Linie stellt die obere Begrenzung des Muskels dar. Eine dritte zwischen der Spina iliaca posterior superior und dem Steißbein verlaufende Linie vervollständigt den Umriß (Abb. 29).

Der Glutaeus maximus ist am besten zu palpieren, wenn der Patient auf dem Bauch liegt und seine Gefäßbacken zusammenpreßt. Der Muskel wird ebenso deutlich, wenn der Patient in Bauchlage seine Hüften streckt und die Knie beugt (Abb. 50). Beide Glutaei maximi sollten gleichzeitig palpiert werden, damit Sie einen unmittelbaren Vergleich von Tonus, Größe, Form und Qualität erhalten.

Kniebeuger. Die Kniebeuger bestehen aus dem lateral gelegenen Biceps femoris und dem medial gelegenen Semitendinosus und Semimembranosus (siehe Kapitel «Knie», Abb. 35, 39 und 54). Diese Muskeln sind von ihrem Ursprung bis zum Ansatz tastbar. Um ihren gemeinsamen Ursprung am Sitzbein palpieren zu können, fordern Sie den Patienten auf, sich auf die Seite zu drehen und seine Knie an die Brust zu ziehen. Die Muskeln sollten beidseitig und auf ihre Konsistenz und Symmetrie in bezug auf Größe und Form palpiert werden.

Jede Schmerzhaftigkeit während der Untersuchung der Kniebeuger kann Folge einer Bursitis ischiadica oder einer direkten Schädigung der Kniebeuger durch eine schwere Verletzung sein. Generalisierte Schmerzhaftigkeit oder Spasmus der Muskeln können von übertriebener sportlicher Betätigung herrühren (Beugerzerrung). Darüber hinaus kann eine spastische Veränderung der Kniebeuger durch Bandscheibenvorfall der unteren Lendenwirbelsäule oder Wirbelgleiten (Spondylolisthesis) verursacht werden.

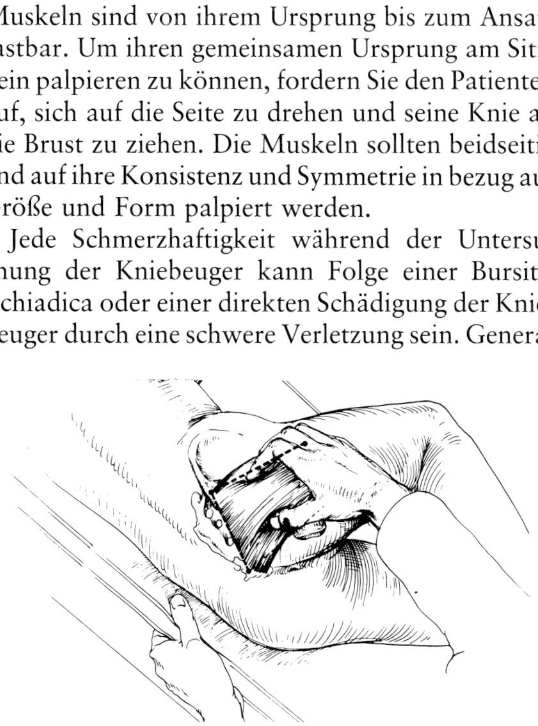

Abb. 29 Der Ursprung des M. glutaeus maximus.

Bewegungsumfang

Untersuchung der passiven Beweglichkeit

Es gibt eine Reihe von schnell durchführbaren Untersuchungen, mit deren Hilfe Sie feststellen können, ob eine grobe Einschränkung der Hüftbeweglichkeit vorliegt oder nicht.

Abduktion. Fordern Sie den Patienten auf zu stehen und seine Beine so weit wie möglich zu spreizen. Er sollte in der Lage sein, jedes Bein mindestens 45° von der Mittellinie zu abduzieren.

Adduktion. Weisen Sie den Patienten an, seine Beine aus der Abduktionsstellung zusammenzubringen und dann wechselseitig zu überkreuzen, zuerst mit dem rechten Bein, dann mit dem linken. Hierbei sollte er in der Lage sein, eine Adduktion von mindestens 20° zu erreichen.

Beugung. Fordern Sie den Patienten auf, jedes Knie soweit wie möglich an die Brust zu ziehen, ohne dabei den Rücken zu beugen. Er sollte es schaffen, die Knie fast an den Brustkorb zu ziehen (etwa 135° Flexion).

Beugung und Adduktion. Lassen Sie den Patienten auf einem Stuhl sitzen und bitten Sie ihn dann, einen Oberschenkel über den anderen zu schlagen.

Beugung, Abduktion und Außenrotation. Lassen Sie hierbei den Patienten seinen Oberschenkel wieder zurücknehmen und den äußeren Fußrand auf das gegenseitige Knie legen.

Streckung. Bitten Sie den Patienten, seine Arme vor der Brust zu verschränken und mit geradem Rücken aufzustehen.

Innen- und Außenrotation. Zwar gibt es keine spezifischen, schnellen Untersuchungsmethoden für die Innen- und Außenrotation des Femur, doch lassen sich diese Funktionen durchaus im Zusammenhang mit den vorangehenden Tests erfassen.

Untersuchungen der passiven Beweglichkeit

Unter Umständen kann ein Patient Bewegungen des Beckens und der Lendenwirbelsäule einsetzen, um eine verminderte Beweglichkeit in der Hüfte

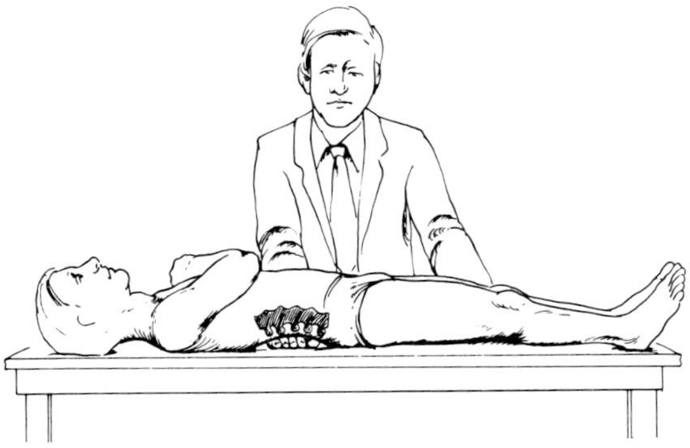

Abb. 30 Der Thomassche Handgriff zum Nachweis einer Beugekontraktur der Hüfte.

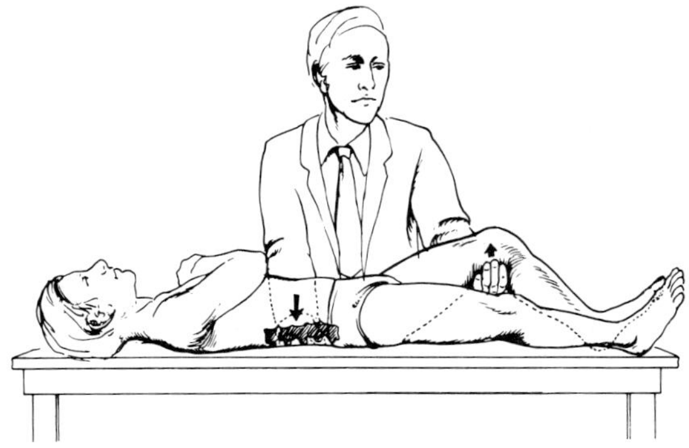

Abb. 31 Bei gebeugter Hüfte flacht sich die Lendenwirbelsäule ab, und das Becken wird stabilisiert. Eine weitergehende Beugung kann deshalb nur in der Hüfte erfolgen.

Abb. 32 Die normale Grenze der Hüftbeugung liegt bei ca. 135°.

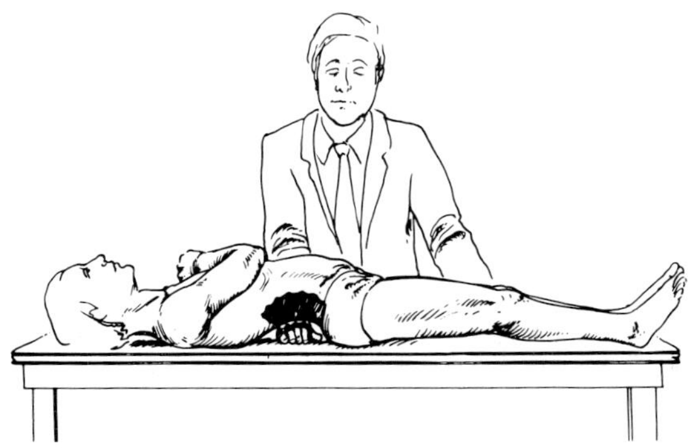

Abb. 33 Eine fixierte Beugekontraktur ist durch die Unfähigkeit gekennzeichnet, das Bein ohne Anheben der BWS zu strecken.

Abb. 34 Das Ausmaß der Beugekontraktur kann durch Schätzung des Winkels zwischen Tischplatte und Oberschenkel des Patienten bestimmt werden.

Abb. 35 Untersuchung der Hüftstreckung.

auszugleichen. Um die Beweglichkeit in der Hüfte genau zu bestimmen, müssen derartige kompensatorische Bewegungen unterbunden werden. Während der folgenden Tests muß deshalb das Becken fixiert werden.

Beugung (Thomasscher Handgriff) – 120°. Obgleich dieser eine spezifische Methode ist, um eine Beugekontraktur der Hüfte zu entdecken, kann er auch zur Untersuchung der Hüftbewegung verwendet werden.

Der Patient sollte auf dem Untersuchungstisch liegen, wobei sein Becken quer zur Längsrichtung seines Rumpfes liegt, so daß eine zwischen den beiden vorderen Darmbeinstacheln gezogene Linie senkrecht auf der Längsachse des Körpers steht. Stabilisieren Sie sein Becken, indem Sie Ihre Hand unter die Lendenwirbelsäule des Patienten legen und seine Hüfte beugen, wobei der Oberschenkel auf den Rumpf gebracht wird. Während Sie die Hüfte beugen, achten Sie auf den Punkt, an dem sein

Rücken Ihre Hand berührt. Die vorher bestehende Lordose der Lendenwirbelsäule flacht sich dann ab, das Becken ist fixiert, und jede weitere Beugung kann nur noch aus dem Hüftgelenk heraus erfolgen (Abb. 30, 31). Beugen Sie die Hüfte so weit wie möglich. Eine normale Beugung erlaubt der Vorderseite des Oberschenkels, sich dem Bauch anzulegen und fast die Brustwand zu berühren (Abb. 32). Beugen Sie die andere Hüfte in gleicher Weise. Dann lassen Sie den Patienten ein Bein an die Brust ziehen, während das andere flach auf dem Tisch liegt. Streckt sich die Hüfte hierbei nicht vollständig, kann der Patient eine fixierte Beugekontraktur dieser Hüfte haben (Abb. 33). Wenn er beim Herunterlegen des Beines nach vorn schaukelt, seine Brustwirbelsäule vom Tisch abhebt, den Rücken einzieht und die Lumballordose wieder herstellt, läßt sich daraus wiederum auf eine fixierte Beugekontraktur schließen, da Schaukeln und Einziehen des Rückens Kompensationsmechanismen sind, die ein Absinken der kontrakten Hüfte ermöglichen. Das Ausmaß der Beugekontraktur kann geschätzt werden, wenn Sie den Patienten von der Seite beobachten und den Winkel zwischen Bein und Tisch während der größten Streckung festlegen (Abb. 34).

Streckung – 30°. Fordern Sie den Patienten auf, bäuchlings auf dem Untersuchungstisch zu liegen und fixieren Sie das Becken derart, daß Sie Ihren Arm über den Darmbeinkamm und die untere Lendenwirbelsäule legen. Dann lassen Sie den Patienten seine Knie etwas beugen, um die Kniebeuger zu entspannen, damit diese bei Streckung der Hüfte nicht beteiligt werden. Jetzt legen Sie Ihre Hand unter den Oberschenkel und heben das Bein an (Abb. 35). Wenn die Hüfte nicht gestreckt werden kann, ist wahrscheinlich eine Beugekontraktur daran schuld. Wiederholen Sie den Test auf der anderen Seite und vergleichen Sie dann dann die Bewegungsumfänge.

Abduktion – 45° bis 50°. Sie fixieren das Becken des Patienten, der mit den Beinen in Neutralstellung auf dem Rücken liegt, indem Sie Ihren Unterarm über den Bauch und Ihre Hand auf den gegenseitigen vorderen Darmbeinstachel legen. Dann erfassen Sie einen Knöchel und abduzieren das Bein vorsichtig, soweit es möglich ist (Abb. 36). Gegen Ende der Abduktion können Sie fühlen, wie sich das Becken zu bewegen beginnt. Die Abduktion beider Hüftgelenke kann leicht verglichen werden, wenn das Bein in dieser Position verharrt, während Sie denselben Versuch mit dem anderen Bein ausführen.

Die Abduktion in der Hüfte kann genau bestimmt werden, indem Sie den Grad der Abduktion jedes Beines festlegen. Dazu messen Sie den Abstand zwischen den Innenknöcheln während der vollen Abduktion (Abb. 38). Die Abduktion ist häufiger durch pathologische Veränderungen behindert als die Adduktion.

Adduktion – 20° bis 30°. Während der Patient weiterhin auf dem Rücken liegt, fixieren Sie das Becken und führen das Bein über die Mittellinie des Körpers über die andere Extremität hinweg, indem Sie das Sprunggelenk festhalten. Sie können fühlen, wie sich das Becken am Ende der Adduktion zu bewegen beginnt. Messen Sie den Umfang der Adduktion und wiederholen Sie dann das Manöver auf der anderen Seite (Abb. 37). Bedenken Sie, daß Oberschenkel mit großem Umfang durch ihre Weichteile einen gewissen Widerstand gegen eine volle Adduktion bieten können.

Innenrotation –35°. Außenrotation – 45°. Es ist wichtig, daß der Umfang der Oberschenkelrotation in Beuge- *und* Streckstellung der Hüfte untersucht wird, da die Rotation in der einen Position zwar möglich sein kann, während sie in der anderen eingeschränkt ist. Es ist vielleicht aber noch wichtiger, daß die Rotation bei gestreckter Hüfte untersucht wird, da die Hüftstreckung für die Fortbewegung bedeutsam ist.

Der Patient soll liegen, wobei seine Beine gestreckt sind. Stellen Sie sich an das Fußende des Tisches und halten Sie die Füße dicht über den Knöcheln, dann rotieren Sie die Beine nach außen und innen und benutzen das proximale Ende der Patella als Anhaltspunkt, um den Umfang der Rotation zu bewerten (Abb. 39, 40).

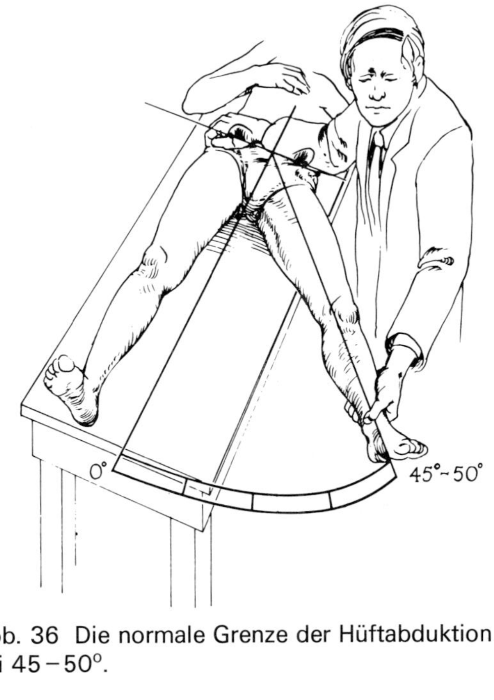

Abb. 36 Die normale Grenze der Hüftabduktion liegt bei 45–50°.

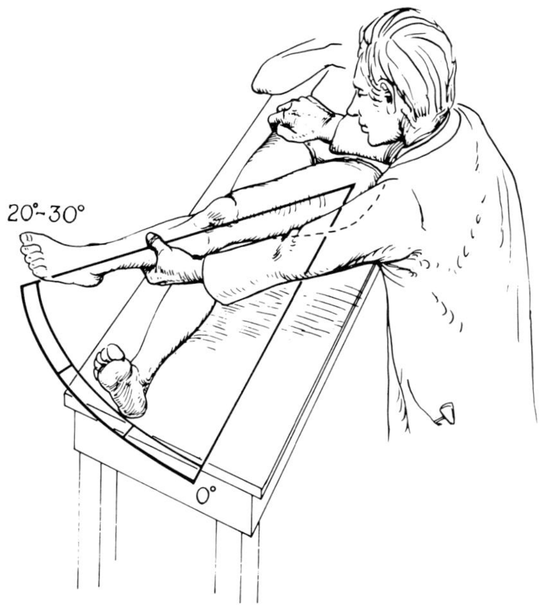

Abb. 37 Die normale Grenze der Hüftabduktion liegt bei 20–30°.

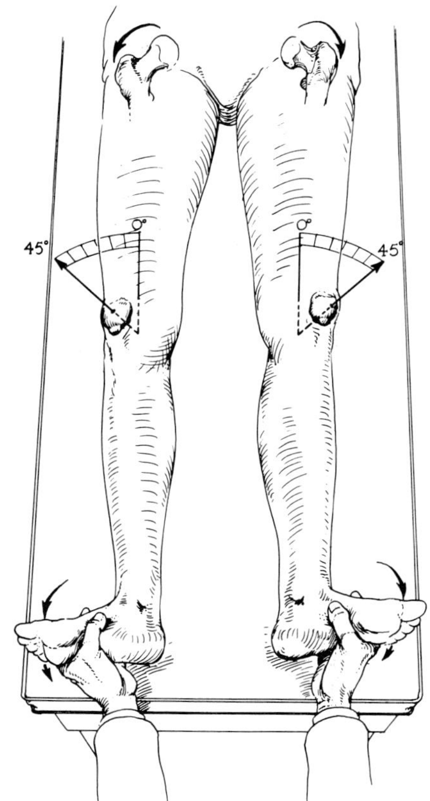

Abb. 39 Die normale Außenrotation beträgt 45°.

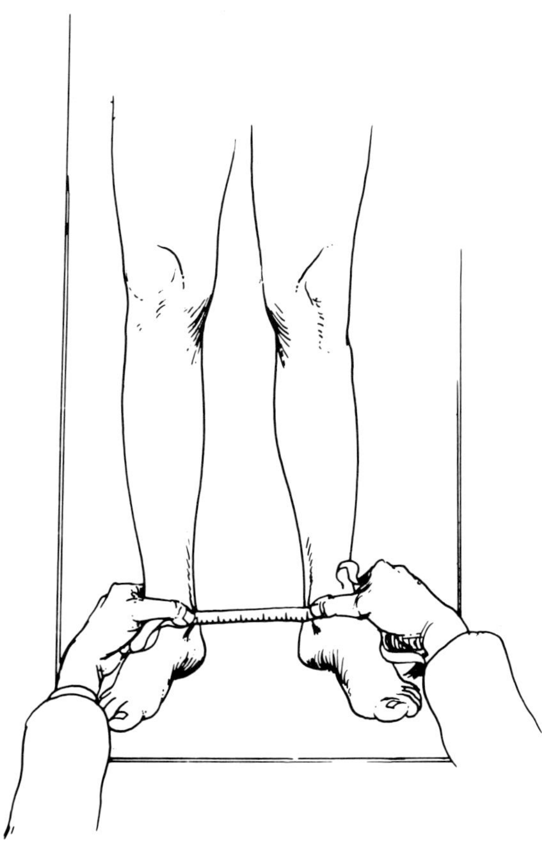

Abb. 38 Die Hüftabduktion kann auch durch Messung des intermalleolaren Abstandes bestimmt werden.

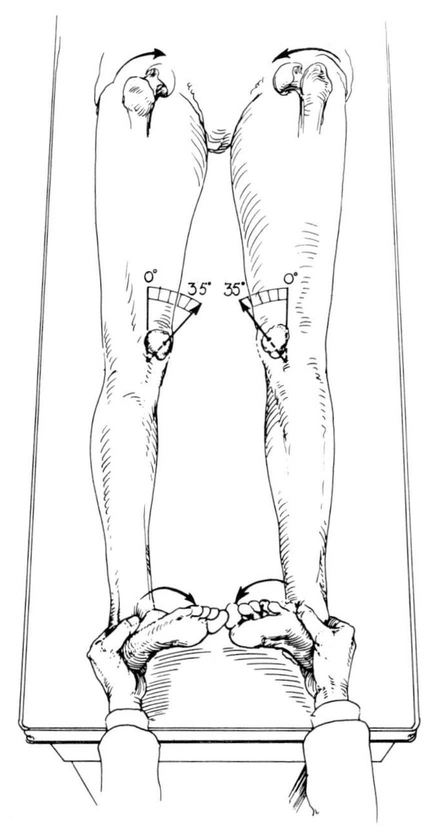

Abb. 40 Die normale Innenrotation beträgt 35°.

Alternative Untersuchungsmethoden. Der Patient befindet sich weiterhin in Rückenlage. Seine Beine hängen über die Kante des Tisches, die Knie sind gebeugt. Fixieren Sie seinen Oberschenkel, damit das Femur nicht während der Untersuchung von einer Seite auf die andere gezogen wird. Erfassen Sie das unteren Ende der Tibia und rotieren das ganze Glied nach außen und innen, wobei Sie Tibia und Fibula als Hebelarm benutzen. In dieser Position kann die Tibia als nützlicher Zeiger dienen und wird auch geringe Differenzen in der Rotation deutlich werden lassen. Dieser Test sollte an der anderen Extremität wiederholt und die Befunde verglichen werden.

Gelegentlich kann das Ausmaß der Rotation bei gestreckter und gebeugter Hüfte differieren. Um die Rotation an der gebeugten Hüfte zu untersuchen, fordern Sie den Patienten auf, sich am Tischende aufzusetzen, so daß beide Hüften und Knie rechtwinklig gebeugt sind. Fixieren Sie das Femur, so daß es während der Untersuchung nicht von einer Seite zur anderen ausweichen kann. Dann erfassen Sie das untere Ende der Tibia und rotieren das Bein nach innen und außen, indem Sie wieder Tibia und Fibula wie im vorangegangenen Test als Hebel benutzen (Abb. 41).

Ein möglicher Grund für die exzessive Innen- und Außenrotatierbarkeit der Hüfte ist die Ante- oder Retroversion des Schenkelhalses. Normalerweise steht der Schenkelhals nach vorn in einem Winkel von 15° zur Frontalebene, bezogen auf den Femurschaft und die Femurkondylen (Abb. 42, 43). Jede Zunahme dieses nach vorn gerichteten Winkels (exzessive Anteversion) führt zu einer größeren Innenrotation. Patienten, die über die Großzehe laufen, können eine verstärkte Anteversion haben. Umgekehrt folgt aus einer verminderten Winkelstellung des Schenkelhalses (Retroversion) eine stärkere Au-

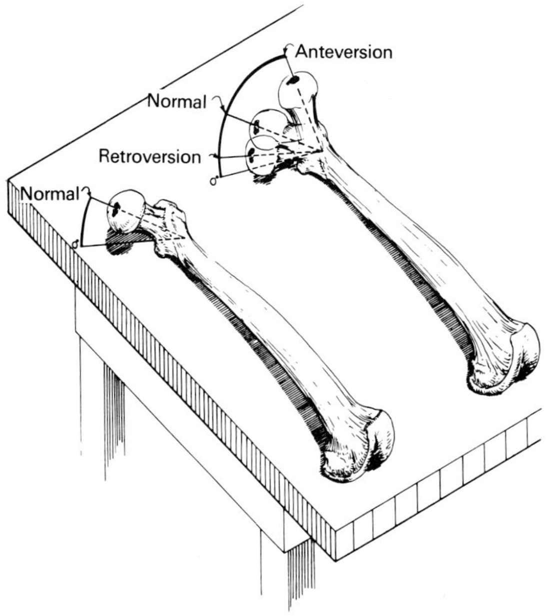

Abb. 42 Links: Normaler Anteversionswinkel des Schenkelhalses. Rechts: Ante- und Retroversion des Schenkelhalses.

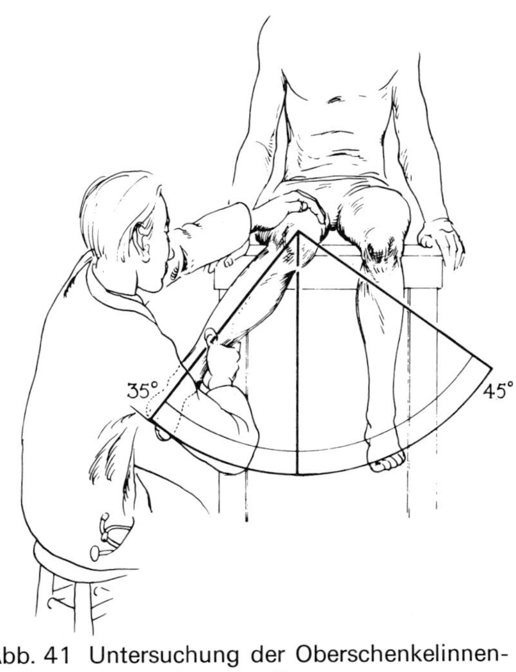

Abb. 41 Untersuchung der Oberschenkelinnen- und Außenrotation in Beugestellung.

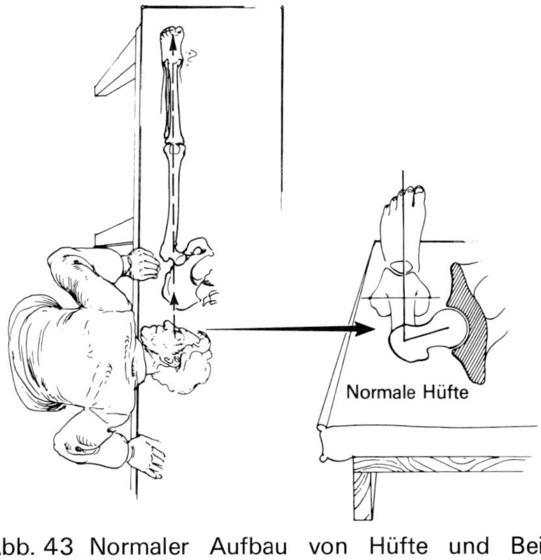

Abb. 43 Normaler Aufbau von Hüfte und Bein: «Tunnelblick».

ßenrotation. Patienten, die mit nach außen gerichteten Großzehen laufen, können eine besonders starke Retroversion haben. Im allgemeinen haben Kinder eine stärkere Anteversion als Erwachsene (Abb. 44 bis 48). Während der Periode verstärkten Wachstums in der Pubertät können junge Patienten eine Epiphysiolyse des Femurkopfes entwickeln (Abgleiten der oberen Femurepiphyse nach unten und hinten), die gewöhnlich eine relative Retroversion zur Folge hat und die Innenrotation einschränkt, während die Außenrotation vermehrt wird.

Eine Osteoarthritis kann die Bewegung in allen Ebenen einschränken, am häufigsten jedoch betrifft sie Innenrotation und Abduktion.

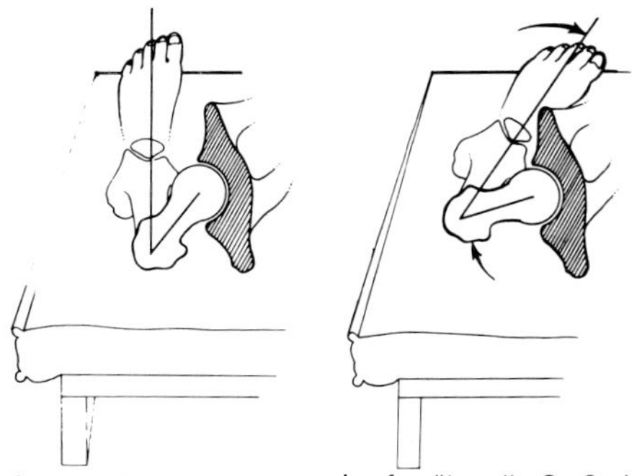

Antevertierte Hüfte — Laufen über die Großzehe als Folge einer antevertierten Hüfte

Abb. 44 Verstärkte Anteversion des Schenkelhalses kann einen Gang über die Großzehe nach sich ziehen.

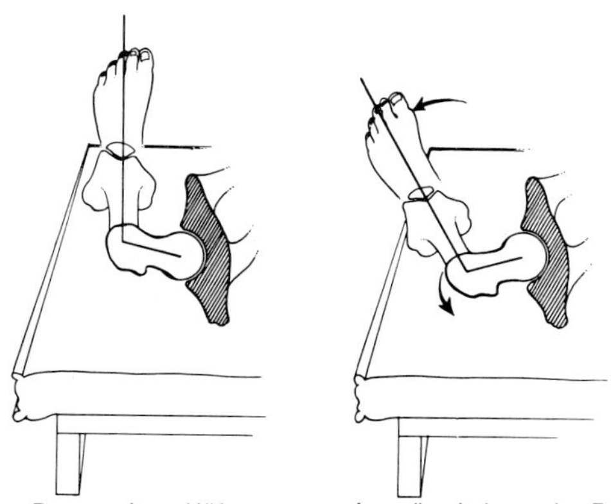

Retrovertierte Hüfte — Auswärtsdrehung des Fußes durch retrovertierte Hüfte

Abb. 45 Retroversion des Schenkelhalses kann eine Außendrehung des Fußes verursachen.

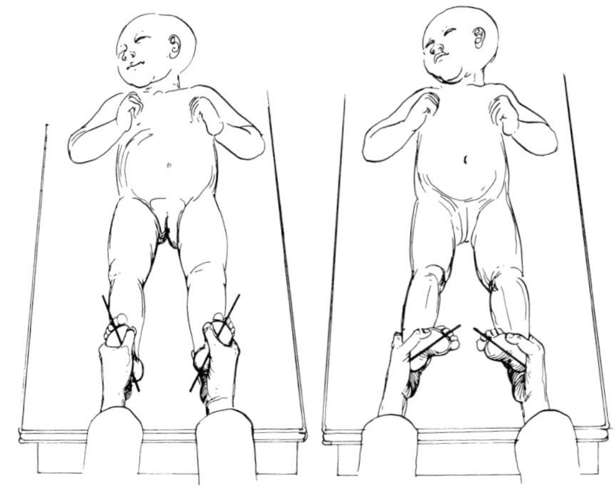

Eingeschränkte Außenrotation bei antevertierter Hüfte — Verstärkte Innenrotation bei antevertierter Hüfte

Abb. 47 Verstärkte Anteversion kommt häufiger bei Kleinkindern als bei Erwachsenen vor.

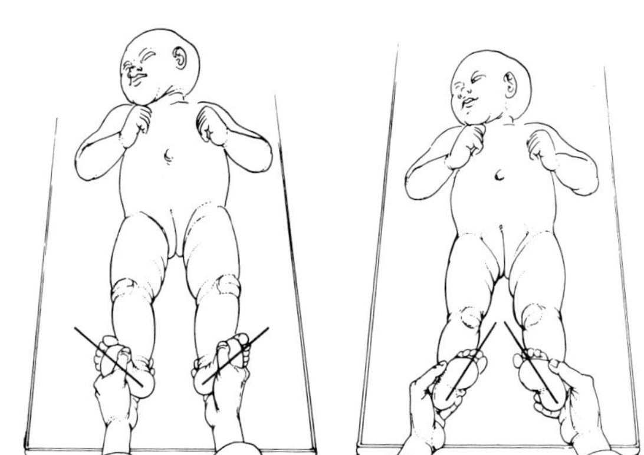

Normale Außenrotation — Normale Innenrotation

Abb. 46 Normale Femurrotation bei Kleinkindern.

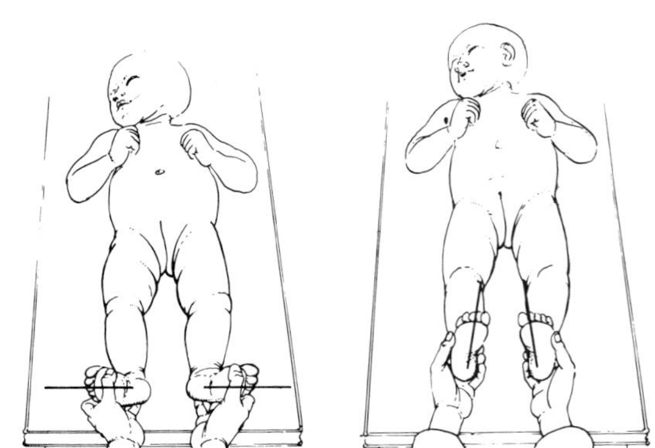

Verstärkte Außenrotation bei retrovertierter Hüfte — Eingeschränkte Innenrotation bei retrovertierter Hüfte

Abb. 48 Verstärkte Retroversion des Schenkelhalses.

Neurologische Untersuchung

Die neurologische Untersuchung der Hüfte gliedert sich in zwei Abschnitte:
1. Untersuchung der Muskeln und 2. Untersuchung der Sensibilität.

Untersuchung der Muskeln

Die Muskeln werden entsprechend den funktionellen Gruppen untersucht: Flexoren, Extensoren, Adduktoren und Abduktoren. Diese Art der Untersuchung ist aus klinischen Gründen wichtig, da jede funktionelle Gruppe ihre Innervation von einem anderen peripheren Nerven empfängt, in den meisten Fällen auch von einer anderen neurologischen Etage. Die Unversehrtheit der Nervenversorgung vom Rückenmark bis zum Muskel kann teilweise dadurch erfaßt werden, daß man die Stärke dieser Muskeln untersucht.

Flexoren

Primäre Flexoren:
M. iliopsoas
N. femoralis, L1, 2, 3
Sekundäre Flexoren:
M. rectus femoris

Um den Iliopsoas zu untersuchen, lassen Sie den Patienten an der Kante des Untersuchungstisches sitzen und seine Beine herabbaumeln. Fixieren Sie das Becken, indem Sie Ihre Hand auf den Darmbeinkamm legen und fordern Sie dann den Patienten auf, seinen Oberschenkel vom Tisch abzuheben. Legen Sie dann die andere Hand auf das distale Ende des Oberschenkels und bitten den Patienten, seinen Oberschenkel noch weiter abzuheben, während Sie nach unten drücken (Abb. 49). Nachdem Sie den größten Widerstand, den der Patient noch überwinden kann, bestimmt haben, wiederholen Sie diese Untersuchung am anderen Iliopsoas, so daß die Muskelstärke verglichen werden kann. Der Iliopsoas ist oft nach chirurgischen Eingriffen am Knie reflektorisch geschwächt. Eine Abszeßbildung (durch Tuberkulose oder Staphylokokkeninfektion) innerhalb des Muskels schwächt ihn ebenfalls. Nachdem Sie den größten Widerstand festgestellt haben, den der Patient noch überwinden kann, tragen Sie Ihre Befunde entsprechend der Muskelkrafttabelle ein (Tab. 1).

Extensoren

Primäre Extensoren:
M. glutaeus maximus
N. glutaeus inferior, S1
Sekundäre Extensoren:
Kniebeuger

Zur Prüfung des Glutaeus maximus lassen Sie den Patienten auf dem Bauch liegen und seine Knie beugen, um die Kniebeugermuskeln zu entspannen, damit sie sich nicht mit dem Glutaeus maximus an der Hüftstreckung beteiligen können. Legen Sie Ihren Unterarm über den Darmbeinkamm, um das Becken zu fixieren und fordern Sie den Patienten

Tab. 1 Einteilung der Muskelkraft

Muskelkraft-einteilung	Beschreibung
5 – normal	Voller Bewegungsumfang gegen Schwerkraft mit vollem Widerstand.
4 – gut	Voller Bewegungsumfang gegen Schwerkraft mit einigem Widerstand.
3 – befriedigend	Voller Bewegungsumfang gegen Schwerkraft.
2 – schlecht	Voller Bewegungsumfang bei Aufhebung der Schwerkraft.
1 – Spur	Zeichen einer leichten Kontraktion. Keine Gelenkbewegung.
0 – Nichts	Keine Zeichen einer Kontraktion.

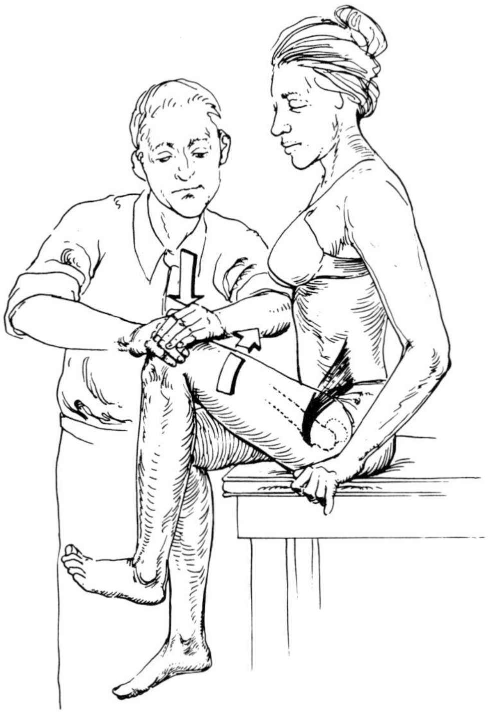

Abb. 49 Untersuchung des M. iliopsoas bei der Hüftbeugung.

auf, das Bein vom Tisch abzuheben. Mit Ihrer anderen Hand leisten Sie gegen diese Bewegung Widerstand, indem Sie gegen die Rückseite des Oberschenkels kurz oberhalb des Knies drücken. Während dieser Untersuchung sollte der Glutaeus maximus auf seinen Tonus hin palpiert werden (Abb. 50). Untersuchen Sie die andere Seite und vergleichen Sie Ihre Befunde.

Die Untersuchung der Kniebeuger wird im Kapitel «Knie» auf Seite 189 abgehandelt.

Abduktoren

Primäre Abduktoren:
M. glutaeus medius
N. glutaeus superior, L5
Sekundäre Abduktoren:
M. glutaeus minimus

Um die Abduktion zu prüfen, lassen Sie den Patienten auf der Seite liegen. Fixieren Sie sein Becken, indem Sie Ihre Hand auf den Darmbeinkamm legen. Dann fordern Sie den Patienten auf, sein Bein zu abduzieren. Hat er dies getan, versuchen Sie, durch Druck auf die Oberschenkelaußenseite das Bein zurückzubringen. Während Sie diese Untersuchung durchführen, palpieren Sie auch den Glutaeus medius (Abb. 51).

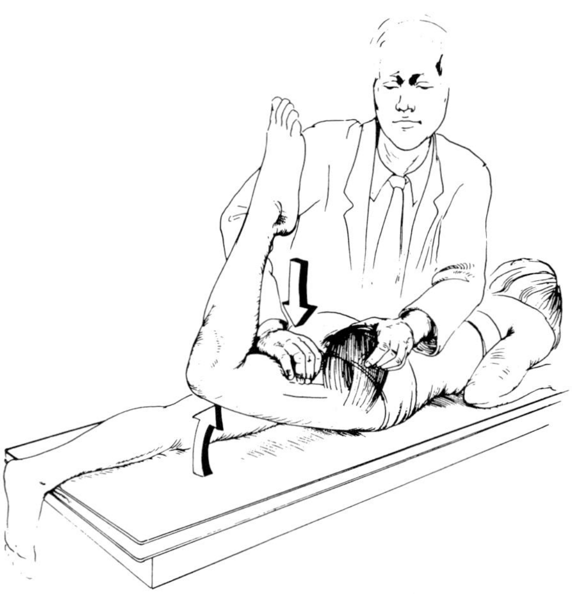

Abb. 50 Untersuchung des M. glutaeus maximus.

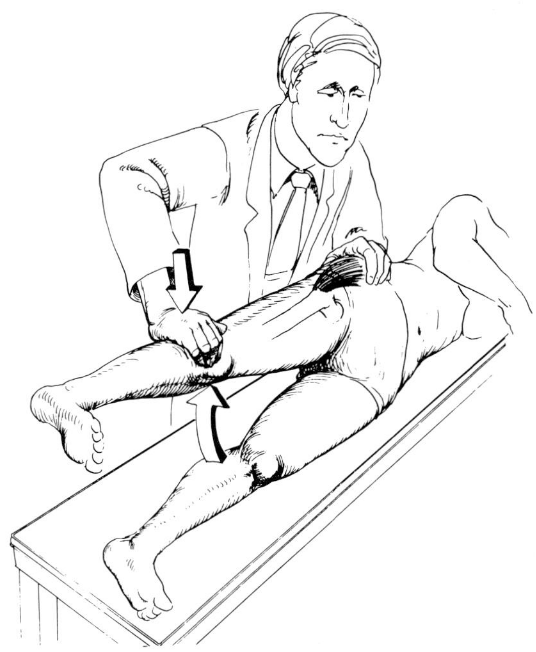

Abb. 51 Muskeluntersuchung bei der Abduktion.

Andere Untersuchungsmethoden. Am auf dem Rücken liegenden Patienten, dessen Beine um 20° abduziert sind, legen Sie Ihre Hände auf die Außenseite seiner Knie und leisten Widerstand gegen weitere Abduktion. Auf diese Weise können die Abduktoren gleichzeitig verglichen werden (Abb. 52).

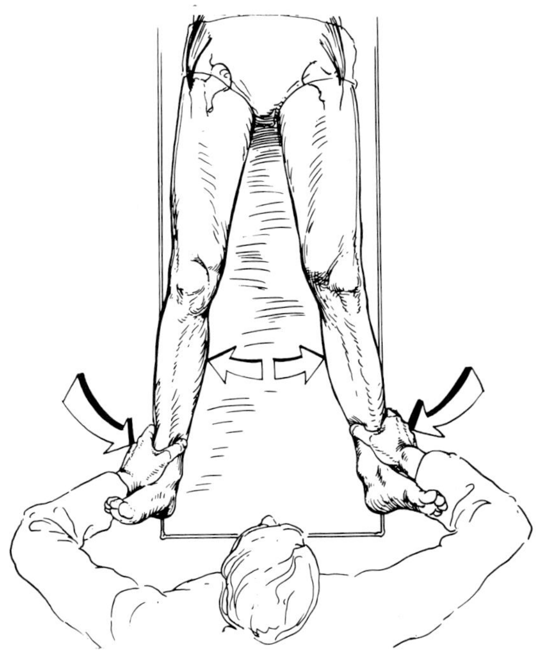

Abb. 52 Eine weitere Möglichkeit der Muskeluntersuchung bei der Abduktion (M. glutaeus medius).

Adduktoren

Primäre Adduktoren:
M. adductor longus
N. obturatorius, L2, 3, 4
Sekundäre Adduktoren:
M. adductor brevis
M. adductor magnus
M. pectineus
M. gracilis

Lassen Sie den Patienten auf der Seite liegen und sein Bein abduzieren. Dann legen Sie Ihre Hand auf die Innenseite seines Knies und fordern ihn auf, das Bein gegen Ihren Widerstand zur Körpermittellinie zurückzuziehen. Nachdem Sie den größten Widerstand bestimmt haben, den er überwinden kann, untersuchen Sie die andere Seite und vergleichen Ihre Befunde.

Alternative Untersuchungsmethode. Der Patient sollte entweder sitzen oder auf dem Rücken mit abduzierten Beinen liegen. Jetzt lassen Sie ihn seine Beine adduzieren, während Sie einen Widerstand gegen die Innenseite beider Knie ausüben. Dieser Test erlaubt den unmittelbaren Vergleich der Stärke der Adduktoren (Abb. 53).

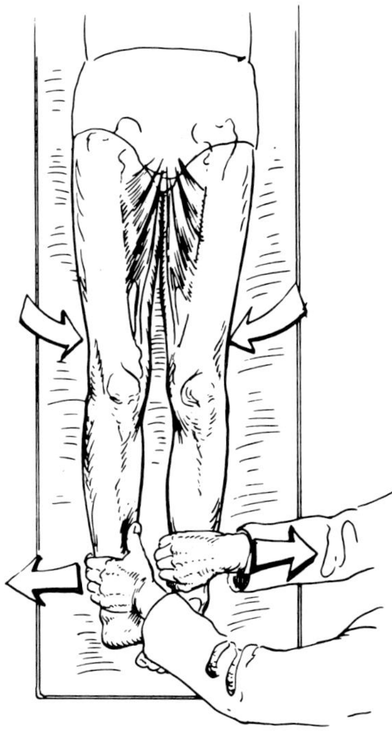

Abb. 53 Untersuchung der groben Kraft der Adduktoren.

Untersuchung der Sensibilität

Die Sensibilität von Hüfte, Becken und Oberschenkel wird durch Nerven vermittelt, die aus der unteren Brust- und der Lendenwirbelsäule sowie dem Sakrum entspringen. Die durch jedes einzelne neurologische Segment versorgten Gebiete werden grob als Bänder oder Dermatome bezeichnet, welche bestimmte Hautgebiete umfassen. Allgemein verlaufen die Dermatome der vorderen Bauchwand in queren, leicht schrägen Streifen: der Streifen in Höhe des Nabels wird von Th10 versorgt, der Streifen unmittelbar oberhalb der Leistenbeugen von Th12 und das dazwischen liegende Gebiet von Th11. Die Sensibilitätszone von L1 liegt unmittelbar unterhalb vom Leistenband und parallel dazu auf dem oberen vorderen Abschnitt des Oberschenkels. Ein schräges Band direkt über der Kniescheibe repräsentiert L3, das Gebiet zwischen L1 und L3 in

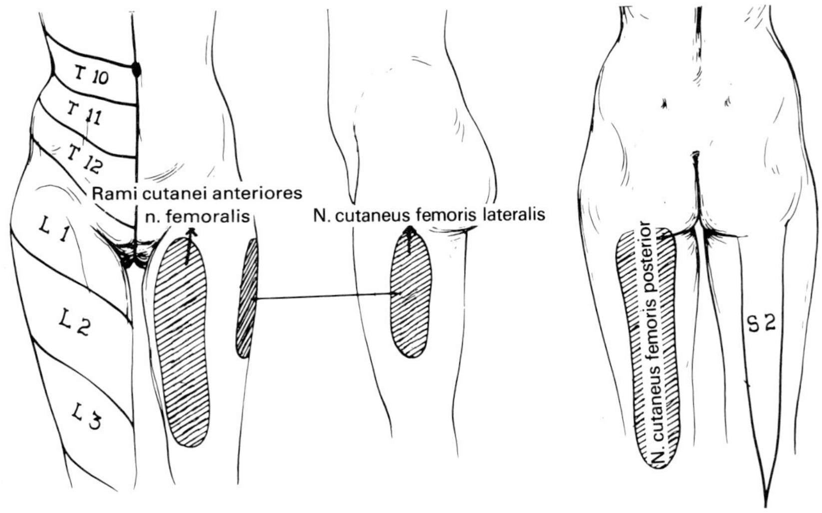

Abb. 54 Sensible Innervation von Hüfte und Becken.

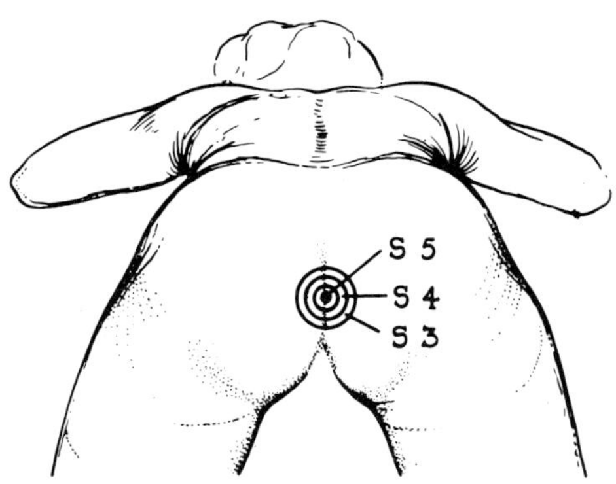

Abb. 55 Sensible Versorgung der Analregion.

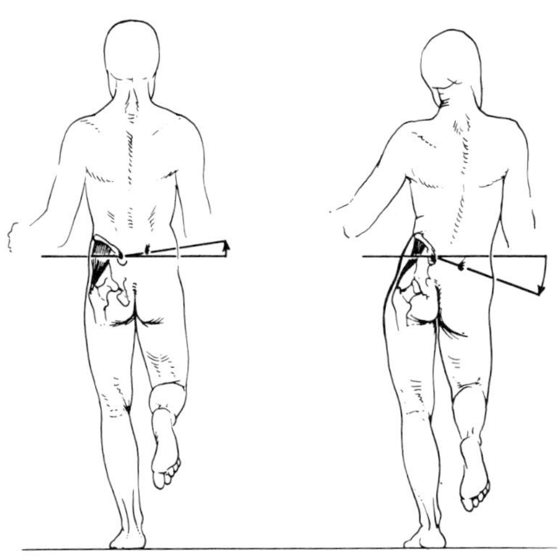

Abb. 56 Trendelenburg-Zeichen.
Links: Negativ. Rechts: Positiv.

der Mitte des Oberschenkels wird von L2 versorgt (Abb. 54). Die Nn. clunium (Radix posterior von L1, 2, 3) überkreuzen den hinteren Anteil des Darmbeinkammes und versorgen sensibel 1. die Haut über dem Darmbeinkamm, 2. das Gebiet zwischen der Spina iliaca posterior superior und der Mitte des Darmbeinkamms, 3. die Haut über den Gesäßbakken (Abb. 24). Der N. cutaneus femoris posterior (S2) versorgt einen länglichen Streifen auf der Rückseite des Oberschenkels, der sich von der Gesäßfalte bis über die Kniekehle hinaus erstreckt. Der N. cutaneus femoris lateralis (S3) versorgt die Außenseite des Oberschenkels sensibel in einem breiten ovalen Hautgebiet (Abb. 54). Die Dermatome um den Anus sind in drei konzentrischen Ringen angeordnet, die ihre Innervation von S3 (äußerer Ring), S4 und S5 (innerer Ring) erhalten (Abb. 55).

Spezielle Untersuchungen

Trendelenburg-Test. Diese Untersuchung eignet sich dazu, die Stärke des M. glutaeus medius zu bestimmen. Sie stehen dazu hinter dem Patienten und beobachten die Grübchen, die sich auf den beiden Spinae iliacae posteriores superiores abzeichnen. In der Regel befinden sich diese Grübchen auf gleicher Höhe, wenn der Patient sein Körpergewicht gleichmäßig mit beiden Beinen trägt. Fordern Sie dann den Patienten auf, auf einem Bein zu stehen. Wenn der Patient aufrecht steht, kontrahiert sich der Muskel auf der Standseite und hebt das Becken auf der nicht unterstützten Seite. Dieses Anheben ist ein Zeichen dafür, daß der Glutaeus medius auf der unterstützten Seite voll funktionstüchtig ist (negatives Trendelenburg-Zeichen) (Abb. 56). Wenn dagegen das Becken auf der nicht unterstützten Seite seine Stellung beibehält oder sogar absinkt, ist der Glutaeus medius auf der unterstützten Seite entweder schwach oder nicht funktionsfähig (positives Trendelenburg-Zeichen) (Abb. 56).

Während des Gehens funktioniert der Glutaeus medius wie ein Stützbalken, indem er das Absinken der nicht unterstützten Hüfte und damit die Instabilität verhindert. Ist der Glutaeus medius schwach, kann der Patient das typische Trendelenburg-Zeichen aufweisen. Es kommt dann zum typischen Trendelenburgschen Watschelgang oder Trendelenburgschen Hinken, womit der durch die heruntersinkende Hüfte verursachten Imbalance entgegengewirkt wird (siehe Kapitel «Gang», Seite 137).

Es gibt zahlreiche Gründe für eine Schwäche des Glutaeus medius. Dafür kommen beispielsweise alle diejenigen Zustände infrage, die den Ursprung des Muskels näher an seinen Ansatz bringen, wie etwa Coxa vara, Frakturen des Trochanter major oder eine Epiphysiolyse des Femurkopfes. Eine andere Möglichkeit ist die angeborene Hüftluxation, die nicht nur den Muskelursprung näher an den Ansatz bringt, sondern auch den normalen Drehpunkt zerstört, um den herum der Muskel sich kontrahiert. Darüber hinaus können neurologische Erkrankungen, einschließlich Poliomyelitis, Meningomyelozele oder einer Nervenwurzelläsion innerhalb des Spinalkanals zu einer Denervation des Glutaeus medius führen.

Methoden der Beinlängenuntersuchung. Wenn Sie während der Inspektionsphase Ihrer Untersuchung den Verdacht haben, daß ein Bein des Patienten kürzer als das andere sein könnte, so werden Ihnen die folgenden Untersuchungsmethoden bei der Feststellung helfen, ob es sich um einen echten oder nur scheinbaren Längenunterschied handelt.

Echte Beinlängendifferenz. Um die wahre Beinlänge zu ermitteln, bringen Sie zuerst die Beine des Patienten in genau vergleichbare Position. Dann messen Sie den Abstand von den Spinae iliacae anteriores superiores bis zu den Innenknöcheln (von einem knöchernen Fixpunkt zum anderen) (Abb. 57). Beginnen Sie Ihre Messung an der leichten Einsenkung unmittelbar unterhalb der Spina iliaca anterior superior, da das Bandmaß sich etwas verschieben kann, wenn Sie direkt auf die Spina drücken. Ungleiche Längen zwischen diesen Fixpunkten beweisen, daß eine Extremität kürzer als die andere ist (Abb. 58).

Um rasch zu bestimmen, wo der Unterschied liegt (ob in der Tibia oder im Femur), lassen Sie den Patienten auf dem Rücken liegen, wobei seine Knie rechtwinklig gebeugt sind und seine Füße flach auf dem Tisch stehen. Wenn eines der Knie höher als das andere erscheint, so ist die Tibia dieser Extremität länger (Abb. 59A). Wenn ein Knie weiter nach vorn ragt als das andere, so ist das Femur dieser Extremität länger (Abb. 59B). Eine echte Beinverkürzung kann das Resultat einer Poliomyelitis oder einer Fraktur sein, die im Kindesalter die Epiphyse durchsetzt hat.

Scheinbare Beinlängendifferenz. Bevor Sie einen Patienten auf scheinbare Beinlängendifferenz untersuchen, in der es ja keinen echten Unterschied der Knochenlänge gibt, müssen Sie eine echte Längendifferenz ausschließen. Eine scheinbare Verkürzung kann von einem Beckenschiefstand oder auch von einer Adduktions- oder Flexionskontraktur im Hüftgelenk herrühren. Bereits während der Inspektion manifestiert sich ein Beckenschiefstand am stehenden Patienten dadurch, daß die durch die Spinae iliacae anteriores oder posteriores gezogenen Verbindungslinien schräg verlaufen.

Lassen Sie den Patienten auf dem Rücken liegen und seine Beine so weit wie möglich in eine neutrale

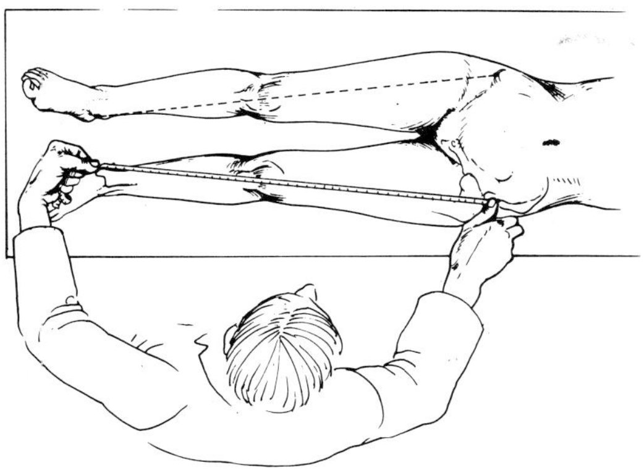

Abb. 57 Man mißt die Distanz zweier fixer Knochenpunkte, um die wirkliche Beinlänge zu bestimmen.

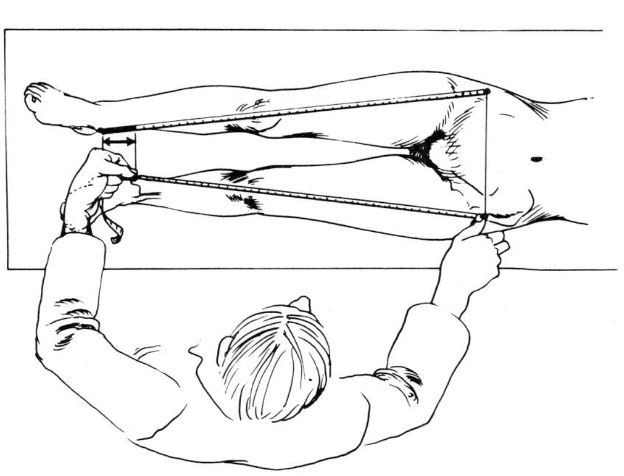

Abb. 58 Echter Beinlängenunterschied.

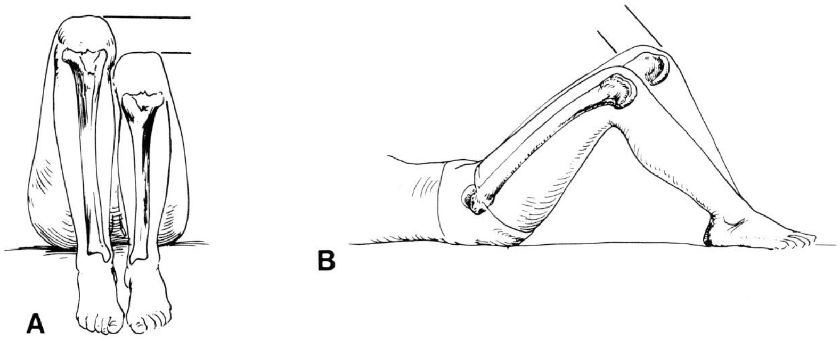

Abb. 59 A Unterschiedliche Tibialänge. B Unterschiedliche Femurlänge.

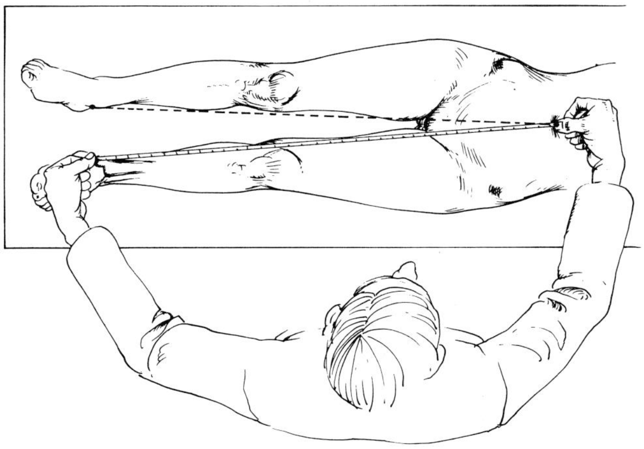

Abb. 60 Messung zwischen einem mobilen und einem fixen Punkt, um eine scheinbare Beinlängendifferenz zu ermitteln.

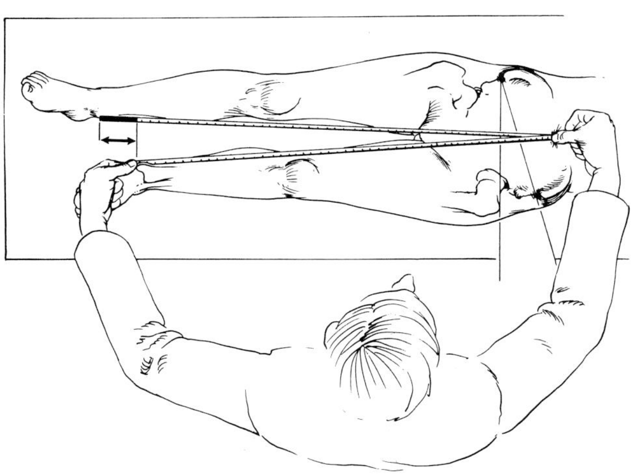

Abb. 61 Mit Beckenschiefstand verbundene scheinbare Beinlängendifferenz.

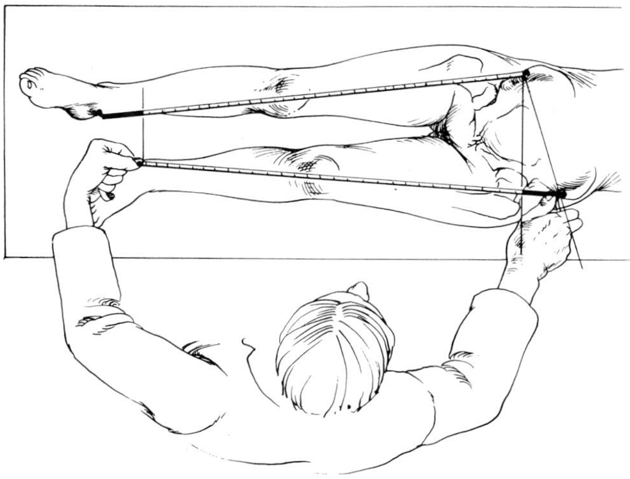

Abb. 62 Trotz scheinbarer Differenz sind beide Beine gleich lang.

Abb. 63 Der Ober-Test zum Nachweis einer Kontraktur der Fascia lata.

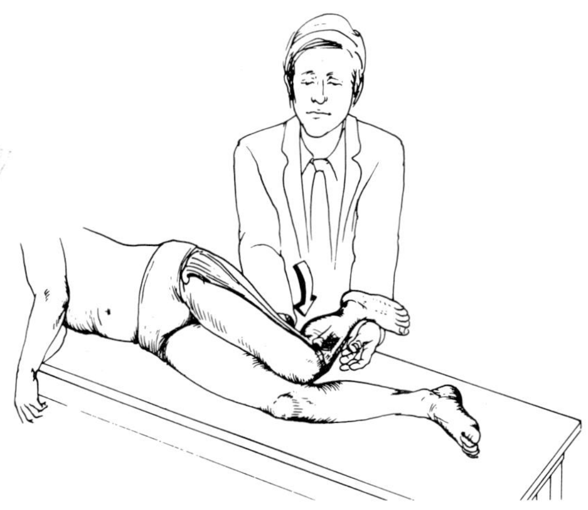

Abb. 64 Negatives Ober-Zeichen.

Lage bringen. Jetzt messen Sie vom Nabel (oder vom Schwertfortsatz des Sternum) bis zum Innenknöchel (also von einem nicht fixen Punkt zu einem fixen Knochenpunkt) (Abb. 60). Ungleiche Längenmäße bedeuten eine scheinbare Längendifferenz der Beine (Abb. 61), insbesondere, wenn die Messung der wahren Beinlänge gleiche Werte ergeben hat (Abb. 62).

Ober-Test bei Kontraktur des Tractus iliotibialis. Der Patient liegt auf der Seite mit dem betreffenden Bein oben. Abduzieren Sie das Bein soweit wie möglich und beugen das Knie bis 90°, während das Hüftgelenk in Neutralstellung gehalten wird, um den Tractus iliotibialis zu entspannen (Abb. 63). Dann geben Sie das abduzierte Bein frei. Wenn der Tractus iliotibialis normal ist, sollte der Oberschenkel in eine Adduktionsstellung fallen (Abb. 64). Liegt jedoch eine Kontraktur der Fascia lata oder des Tractus iliotibialis vor, bleibt der Oberschenkel abduziert, nachdem Sie das Bein freigegeben haben (Abb. 65). Eine derart persistierende Abduktion

Abb. 65 Positives Ober-Zeichen.

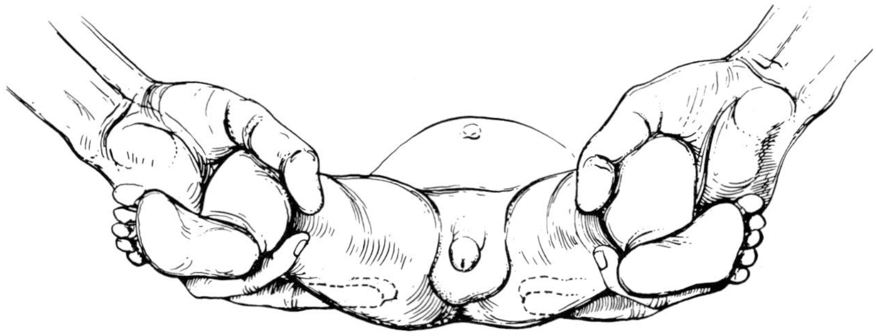

Abb. 66 Beim Neugeborenen können beide Hüften gleichermaßen gebeugt, abduziert und außenrotiert werden, ohne daß dabei ein «Klicken» entsteht.

Abb. 67 Die Diagnose der angeborenen Hüftluxation kann durch das Ortolani-Zeichen bestätigt werden. Die betroffene Hüfte kann nicht genauso weit wie die andere abduziert werden. Außerdem entsteht bei der Rückführung des Oberschenkels ein Klicken.

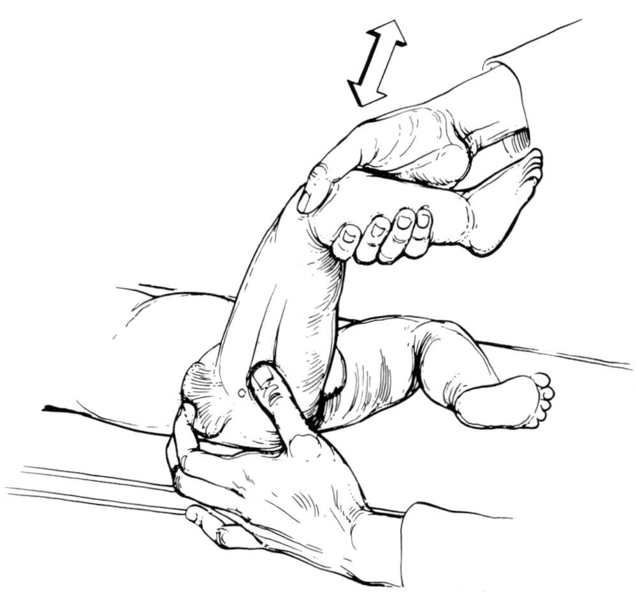

Abb. 68 Das Teleskop-Zeichen des Oberschenkels als diagnostisches Hilfsmittel bei angeborener Hüftluxation.

(positiver Ober-Test) kann durch Poliomyelitis oder eine Meningomyelozele verursacht werden.

Thomasscher Handgriff bei Beugekontraktur. Der Thomassche Handgriff wurde bereits früher im Zusammenhang mit den Untersuchungen der passiven Hüftbeugung beschrieben (Seite 154).

Untersuchungen bei angeborener Hüftluxation

Ortolani-Phänomen. Wenn im Zusammenhang mit einer angeborenen Hüftluxation der gebeugte Oberschenkel abduziert und außenrotiert wird, kann der Hüftkopf über den Pfannenrand gleiten und dabei ein tastbares Knacken oder Rucken verursachen. Das Knacken kann auch hörbar sein, wenn der Hüftkopf in die Gelenkpfanne eintritt oder sie verläßt. Eine angeborene Luxation der Hüfte schränkt die Abduktion auf der befallenen Seite ein (Abb. 66, 67).

Teleskop-Zeichen. Eine angeborene Luxation der Hüfte kann auch dadurch diagnostiziert werden, indem man das Femur im Verhältnis zum Becken nach unten zieht und nach oben drückt. Mit einer Hand ziehen Sie am Femur in Höhe des Knies. Mit der anderen Hand fixieren Sie das Becken und legen Ihren Daumen auf den Trochanter major. Sie können fühlen, wie der Trochanter major nach unten gleitet, wenn Sie am Femur ziehen und beim Nachlassen des Zuges wieder in seine frühere Stellung zurückkehrt. Diese abnorme Hin- und Herbewegung des Trochanter major wird «Teleskopieren» genannt. Dieses Phänomen zeigt eine angeborene Hüftluxation an (Abb. 68).

Adduktionskontraktur. Beugen Sie die Hüfte des Patienten bis 90° und abduzieren Sie diese. Normalerweise sollten Sie auf beiden Seiten eine Abduktion von 90° erreichen. Kinder mit einer angeborenen Hüftluxation haben eine eingeschränkte Abduktion von 20° oder weniger. Hat ein Baby eine einseitige Hüftluxation, so sollten Sie die unterschiedliche Abduktionsfähigkeit beider Hüften erkennen (Abb. 67).

Untersuchung der benachbarten Gebiete

In der Mehrzahl der Fälle wird der von der Hüfte ausgehende Schmerz als Schmerz in der Leistengegend empfunden. Schmerzsymptome an der Rückseite der Hüfte sind gewöhnlich von der Wirbelsäule fortgeleitet und verlaufen entlang dem N. ischiadicus. In einigen Fällen kann Schmerz auch vom Knie zur Hüfte projiziert werden (Abb. 69).

Rektale Untersuchung

Diese ist ein wesentlicher Teil der Untersuchung im Beckengebiet, da es sich hierbei um die beste Art handelt, das Steißbein und das sakrokokzygeale Gelenk zu tasten. Um das Rektum zu untersuchen, lassen Sie den Patienten auf der Seite liegen. Zunächst sollte der Anus darauf hin betrachtet werden, ob er die normale Fältelung besitzt. Fehlt der Sphinktertonus, so erscheint der Anus abgeflacht, und es fehlt auch die Fältelung der Haut und des Muskels um den Anus (offener Anus).

Ziehen Sie einen Gummihandschuh an und bestreichen Sie den Zeigefinger mit einem Gleitmittel. Achten Sie bei der ersten Berührung darauf, ob der oberflächliche Analreflex auslösbar ist oder nicht. Dann lassen Sie den Patienten wie zum Stuhlgang pressen, damit der Sphinkter entspannt wird und Ihrem Finger den Eintritt ins Rektum ohne zu große Beschwerden erlaubt. Die inneren Konturen des Anus sollten glatt sein. Während Sie palpieren, sollten Sie fühlen, wie der innere Sphinktermuskel Ihren

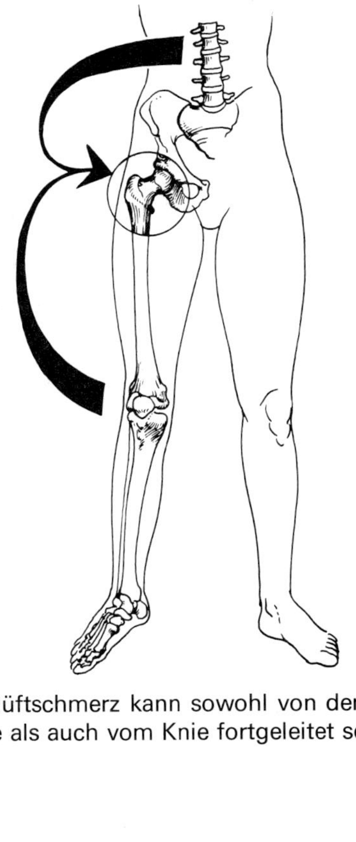

Abb. 69 Hüftschmerz kann sowohl von der Lendenwirbelsäule als auch vom Knie fortgeleitet sein.

Finger umschließt (tiefer Analreflex, S5). Das Fehlen des tiefen Analreflexes deutet auf einen Defekt in Höhe von S5 hin.

Führen Sie Ihren Finger so tief in das Rektum ein wie möglich, dann rotieren Sie ihn, bis Ihre Fingerbeere am Steißbein liegt. Palpieren Sie das Steißbein mit dem Daumen außerhalb des Rektums und dem Zeigefinger innerhalb. Bewegen Sie beide Finger zusammen und schütteln mit ihnen am sakrokokzygealen Gelenk (Abb. 70). Jede größere Schmerzhaftigkeit (Kokozygodynie) hierbei sollte vermerkt werden.

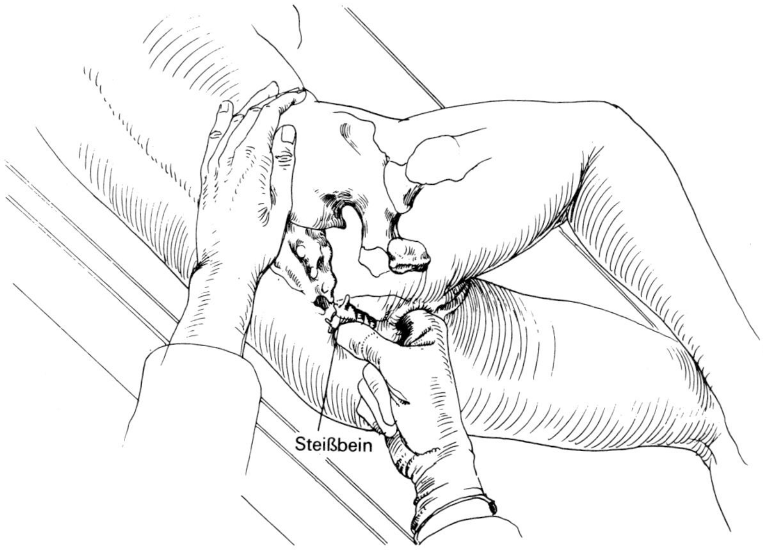

Abb. 70 Palpation des Steißbeins und des Sakrokokzygealgelenks.

Klinische Untersuchung des Kniegelenks

7

Das Knie ist das größte Gelenk des Körpers. Es ist ein Scharniergelenk, und als solches gestattet es einen relativ weiten Bewegungsumfang. Wie beim Ellbogen liegt die größte Beweglichkeit des Knies in Beugestellung vor.

Das Knie ist deshalb für eine Verletzung besonders anfällig, weil es maximaler Belastung ausgesetzt wird, zumal es am Ende zweier langer Hebelarme, der Tibia und dem Femur liegt. Hinzu kommt, daß das Knie nicht durch Fettschichten oder Muskelmassen bedeckt wird, so daß seine Exposition als auch sein anatomischer Aufbau zu seiner hohen Verletzungsrate beitragen.

Die knöchernen Konturen des Knies stehen hervor und sind mühelos zu tasten; deshalb ist die Diagnostik hier leichter als bei den anderen Gelenken.

Inspektion

Wenn der Patient das Untersuchungszimmer betritt, sollte sein Gang in einer glatten, rhythmischen Bewegung fließen. Wie bereits im Kapitel «Gang» beschrieben, ist das Knie während der Schwungphase gebeugt. Der Quadrizeps kontrahiert sich, um die Beschleunigung des Unterschenkels einzuleiten. Nach dem Höhepunkt der Schwungphase kontrahieren sich die Kniebeuger, um das Bein als Vorbereitung für das Aufsetzen der Ferse abzubremsen. Beim Fersenkontakt sollte das Knie vollständig gestreckt sein. Danach bleibt es während aller Stadien der Standphase gebeugt.

Nachdem Sie das Gangbild des Patienten analysiert haben, bitten Sie ihn, sich von der Hüfte abwärts zu entkleiden (die Unterwäsche braucht nicht ausgezogen zu werden). Während er seine Kleidung ablegt, beobachten Sie sorgfältig, wie er sich beim Ausziehen der Schuhe und Strümpfe beugt. Achten Sie auf jegliche abnorme Bewegung, die er zum Ausgleich von Kniegelenkschmerzen oder -versteifungen benutzt.

Knieschwellungen teilt man in zwei Gruppen ein, entweder umschriebene (im Schleimbeutel) oder allgemeine (intraartikuläre). Eine Schwellung der Bursa wird häufiger über der Patella gefunden (Bursitis praepatellaris), sie kann sich aber auch über der Tuberositas tibiae finden (Bursitis infrapatellaris). Manchmal kann es auch zu einer umschriebenen Schwellung in der Fossa poplitea infolge einer Zyste oder über der Innenseite der Tuberositas tibiae kommen (Bursitis pedis anserini).

Ein blutiger Gelenkerguß, Reizung der Synovia mit vermehrter Sekretion von Synovialflüssigkeit oder eine Verdickung der Synovia können eine generalisierte Schwellung hervorrufen, die das ganze Knie in Mitleidenschaft zieht. Eine generalisierte Schwellung verwischt entweder teilweise oder gänzlich die normalen Konturen des Knies. Das Knie ist dann gewöhnlich etwas gebeugt, um sich der Schwellung anzupassen, da das Volumen der Gelenkhöhle bei teilweiser Beugung größer als bei Streckung ist.

Betrachten Sie die Symmetrie der Muskelkonturen oberhalb des Knies auf jede sichtbare Muskelatrophie, speziell an der Stelle, wo die Muskeln sich dem Knie nähern. Achten Sie dabei besonders auf den Vastus medialis, der oft nach chirurgischem Eingriff am Knie atrophiert.

Um die Vorderseite des Knies zu betrachten, lassen Sie den Patienten mit durchgedrückten Knien aufrecht stehen. Die Kniescheiben sollten symmetrisch und in gleicher Höhe sein. Normalerweise

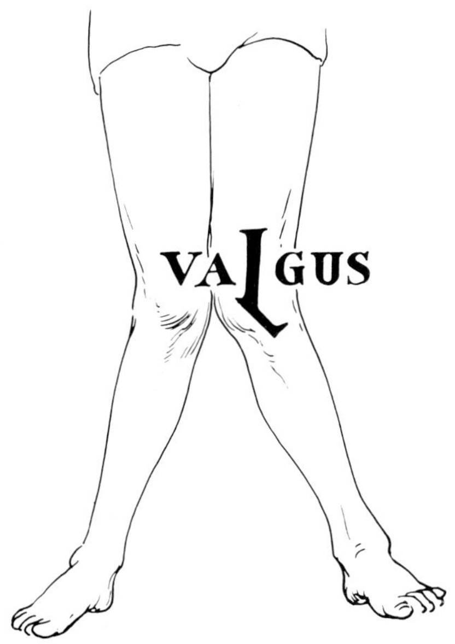

Abb. 1 Extremer Valguswinkel.

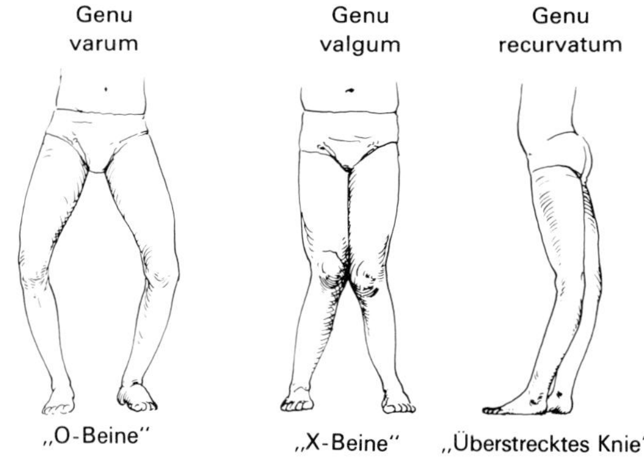

Abb. 2 Häufige Formen der Kniegelenkdeformität.

besitzt die Tibia im Verhältnis zum Femur eine leichte Valgusstellung (Abb. 1). («valgus» bezieht sich auf den Knochen distal vom Gelenk, beim Knie also auf die Tibia. Erinnern Sie sich als Gedächtnisstütze, daß Valgus sich auf lateral bezieht und assoziieren Sie das «l» in lateral mit dem «l» im Wort valgus). Der Valguswinkel ist bei Frauen gewöhnlich etwas ausgeprägter. Extremer Valgus- (X-Beine) oder Varuswinkel (O-Beine) sind zwei häufige Deformitäten am Kniegelenk (Abb. 2).

Von der Seite betrachtet sollte das Knie beim stehenden Patienten vollständig gestreckt sein. Leicht gebeugte Knie deuten auf eine pathologische Veränderung hin, wenn der Patient sie nach Aufforderung nicht strecken kann, besonders, wenn die Beugung einseitig ist. Eine leichte Überstreckung ist solang normal, wie sie auf beiden Seiten besteht. Überstreckung in den Kniegelenken (Genu recurvatum) kommt beim weiblichen Geschlecht und bei Bänderschwäche häufiger vor (Abb. 2).

Palpation der Knochen

Bereiten Sie die Palpation dadurch vor, daß der Patient auf der Kante des Untersuchungstisches sitzt. Das Knie ist besser zugänglich, wenn Sie auf einem Hocker dem Patienten gegenüber sitzen. In dieser Position können Sie seine Beine zwischen den Ihrigen fixieren, so daß beide Hände für die Untersuchung frei bleiben. Ein bettlägeriger Patient sollte in Rückenlage mit rechtwinkelig gebeugten Knien untersucht werden.

Da einige Konturen des Knies bei der Streckung vollständig verschwinden, ist es leichter, sie in Beugestellung zu palpieren, wobei sich die Haut straff über den Knochen anspannt und die Skelettpunkte deutlicher hervortreten läßt. Hinzu kommt, daß die Muskeln, Sehnen und Ligamente in Beugung, d. h. ohne Zugbelastung, entspannt sind, wodurch die knöchernen Vorsprünge und Gelenkbegrenzungen leichter zu tasten sind.

Innenseite

Um sich bei der Palpation zu orientieren, legen Sie Ihre Hände so auf das Gelenk, daß Ihre Finger sich zur Fossa poplitea krümmen. Legen Sie Ihre Daumen auf die Vorderfläche des Knies und drücken Sie in die Weichteilgrube auf jeder Seite des Ligamentum patellae (Abb. 3, 4). Diese Vertiefungen dienen als Hauptorientierungspunkte für die Palpation der Innenseite des Kniegelenks. Indem Sie gegen diese drücken, palpieren Sie bereits einen Teil der Gelenklinie zwischen Femur und Tibia.

Mediales Tibiaplateau. Drücken Sie Ihren Daumen nach unten in die Weichteilvertiefung, bis Sie die scharfe obere Kante des medialen Tibiaplateaus fühlen (Abb. 5). Die obere, nicht artikulierende Kante des Plateaus ist hinten von der Verbindung des tibialen Plateaus und des Condylus femoris und vorn bis zum Ligamentum patellae zu tasten. Das Plateau selbst dient als Ansatzpunkt für den medialen Meniskus (Abb. 6).

Tuberositas tibiae. Folgen Sie dem Ligamentum patellae nach distal bis zu der Stelle, wo es an der Tuberositas tibiae ansetzt (Abb. 7, 8). Unmittelbar medial von der Tuberositas liegt die subkutane Oberfläche der Tibia unter dem Wulst des Tibiaplateaus (Abb. 9). Diese Gegend ist durch den Ansatz des Pes anserinus und wegen der dort liegenden Bursa anserina von klinischer Bedeutung.

Condylus medialis femoris. Wenn Sie jetzt Ihren Daumen nach aufwärts bewegen, treffen Sie auf den Condylus medialis femoris (Abb. 10), dessen einer Teil direkt medial von der Patella zu tasten ist. In noch größerem Umfang ist dieser Kondylus der Palpation zugänglich, wenn das Knie über 90° gebeugt ist. Gelegentlich können Sie einen Defekt in der knorpeligen Oberfläche als Folge osteochondraler Fragmente oder einer Osteoarthritis fühlen. Entlang seiner scharfen medialen Kante ist der Kondylus nach proximal bis zum oberen Anteil der Patella und nach distal bis zur Verbindung von Tibia und Femur zu tasten (Abb. 11). Bei Personen mit Osteoarthritis des Knies sind oft kleine knöcherne Anlagerungen (Osteophyten) zu tasten.

Tuberculum adductorium. Kehren Sie zur medialen Oberfläche des Condylus medialis femoris zurück (Abb. 12) und gehen dann weiter nach hinten, bis Sie das Tuberculum adductorium am distalen Ende der natürlichen Einsenkung zwischen dem Vastus medialis und den Kniebeugern erreichen (Abb. 13, 14).

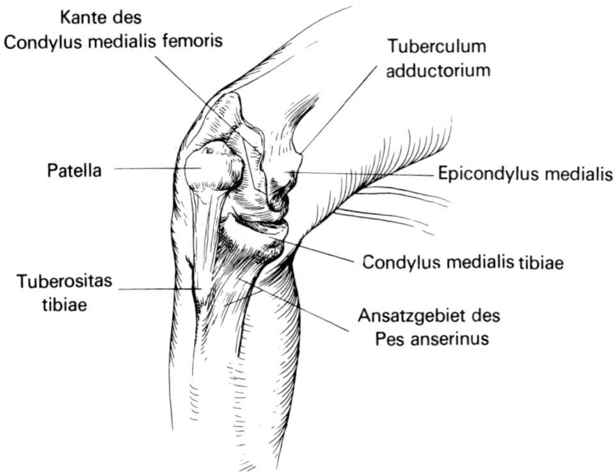

Abb. 3 Anatomie des Kniegelenks (Innenseite).

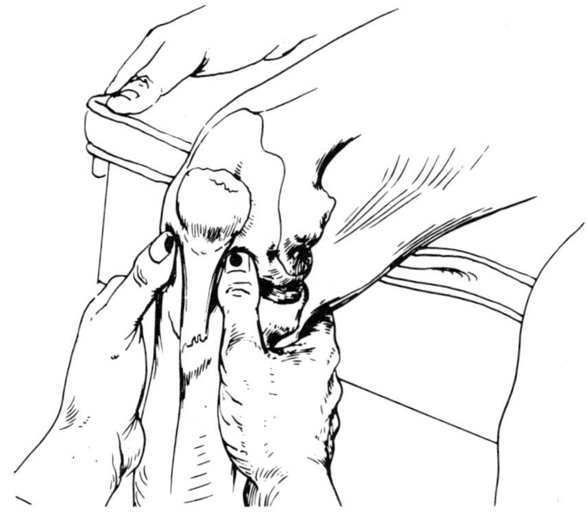

Abb. 4 Orientierungspunkte bei der Palpation des Knies.

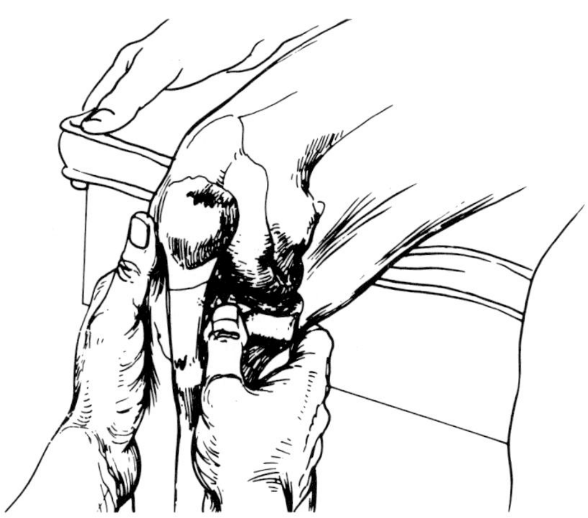

Abb. 5 Das mediale Tibiaplateau.

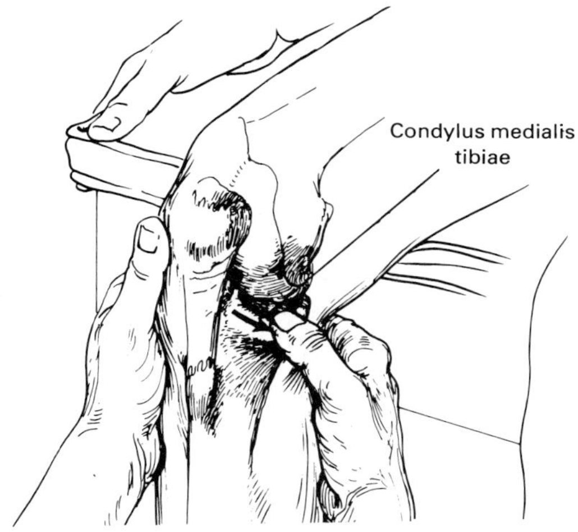

Abb. 6 Das Tibiaplateau bildet einen Ansatzpunkt für den Innenmeniskus.

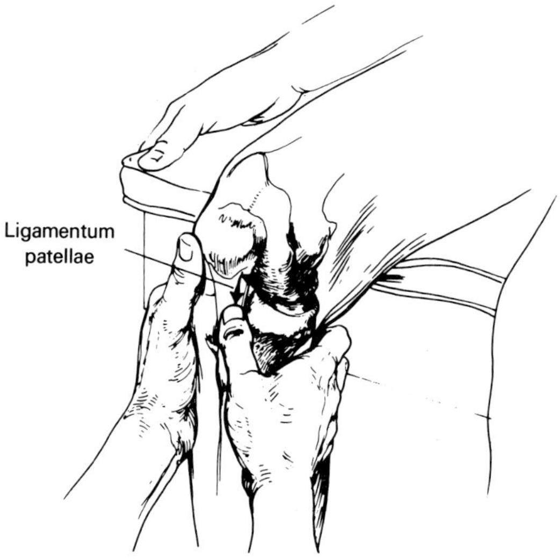

Abb. 7 Das Ligamentum wird in Richtung auf seinen Ansatz palpiert.

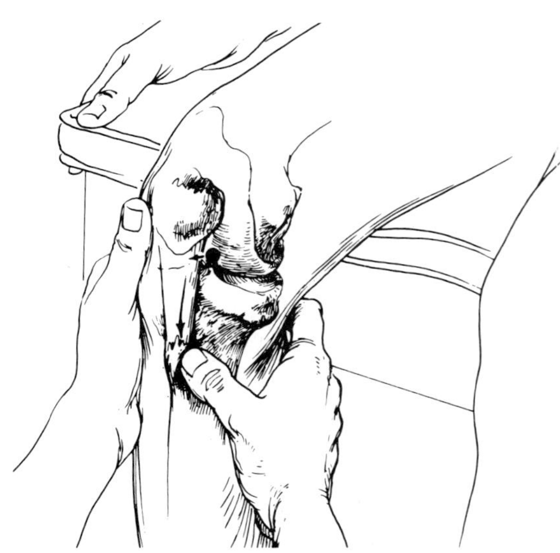

Abb. 8 Die Tuberositas tibiae.

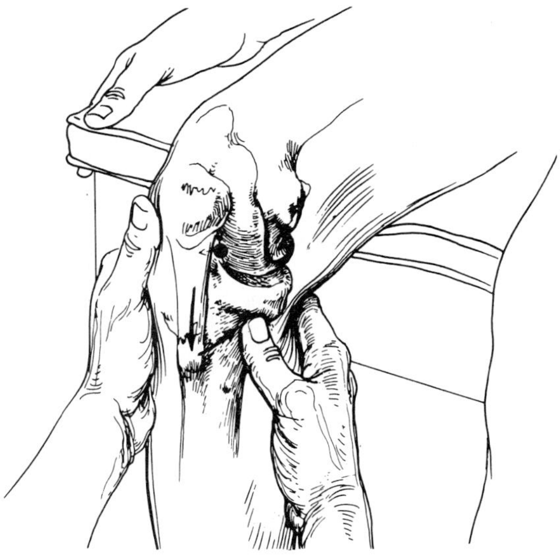

Abb. 9 Unterhalb des Tibiaplateaus liegen der Pes anserinus sowie eine Bursa.

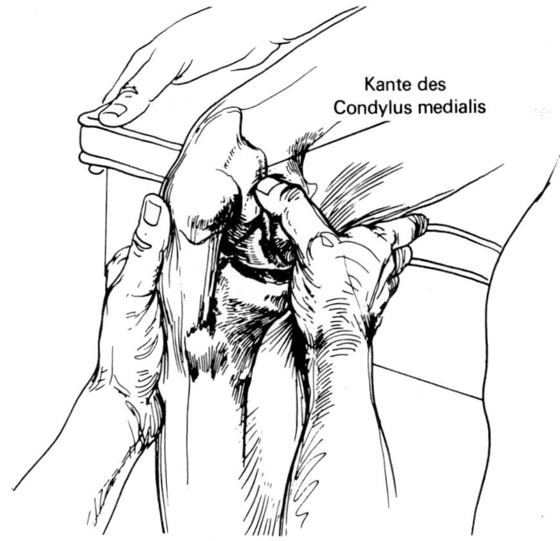

Abb. 10 Der Condylus medialis femoris besitzt eine scharfe mediale Kante.

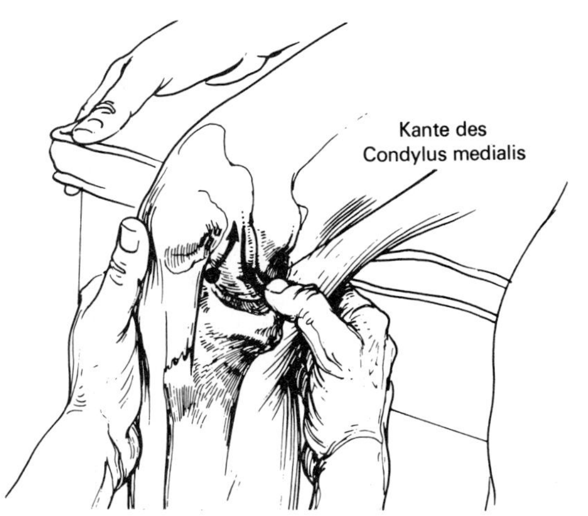

Abb. 11 Der Condylus medialis femoris ist proximal vom Kniegelenkspalt tastbar.

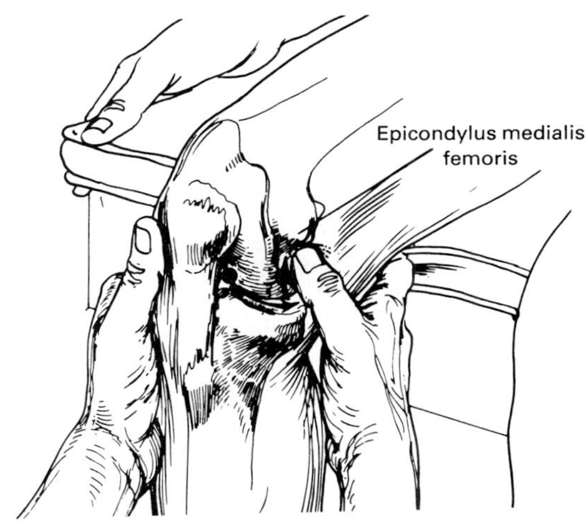

Abb. 12 Die mediale Oberfläche des Condylus medialis femoris mit dem Epicondylus medialis.

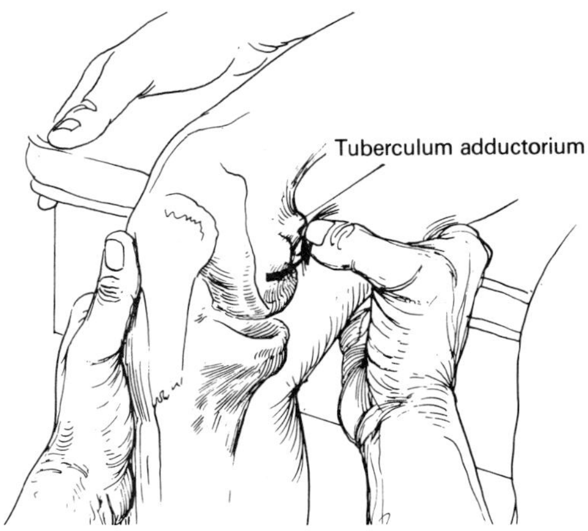

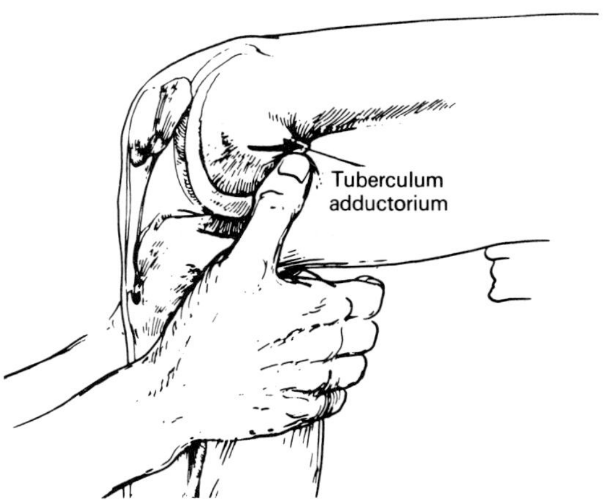

Abb. 13 und 14 Das Tuberculum adductorium liegt posteromedial vom Epicondylus medialis.

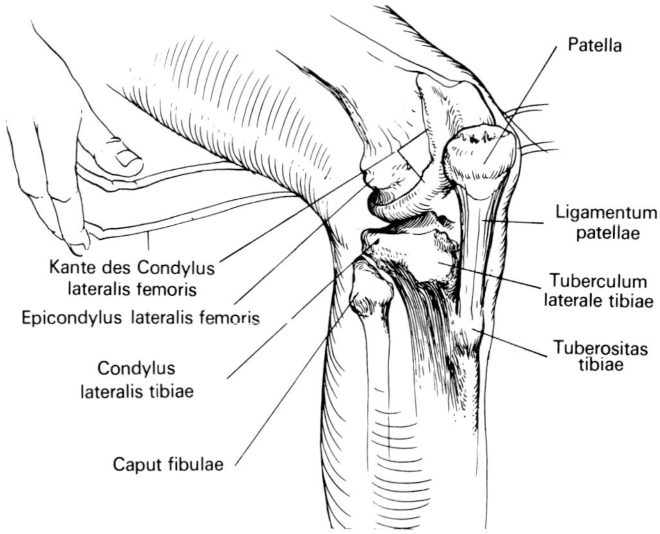

Abb. 15 Anatomie des Kniegelenks (Seitansicht).

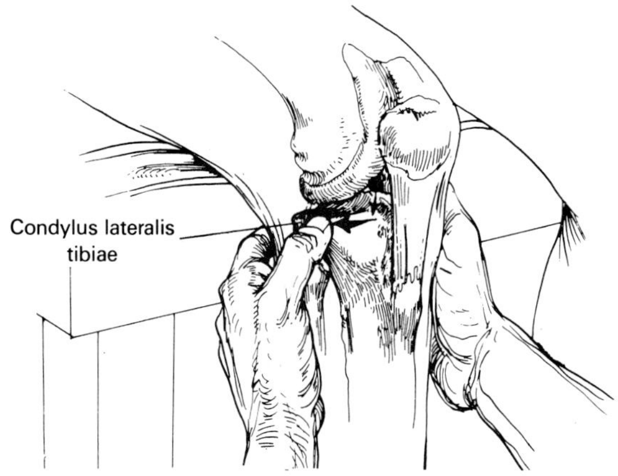

Abb. 16 Das laterale Tibiaplateau.

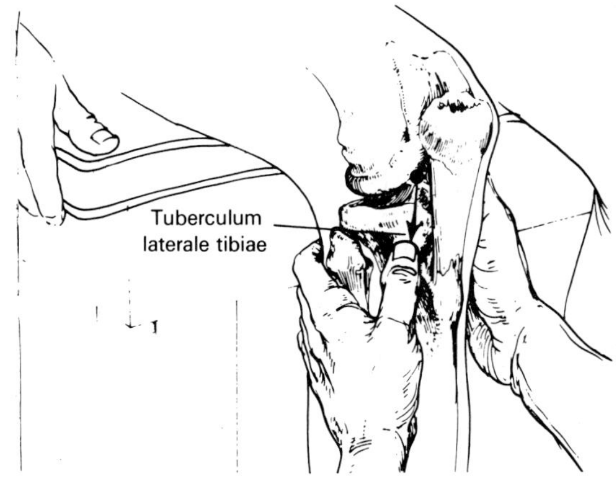

Abb. 17 Palpation des Tuberculum laterale tibiae.

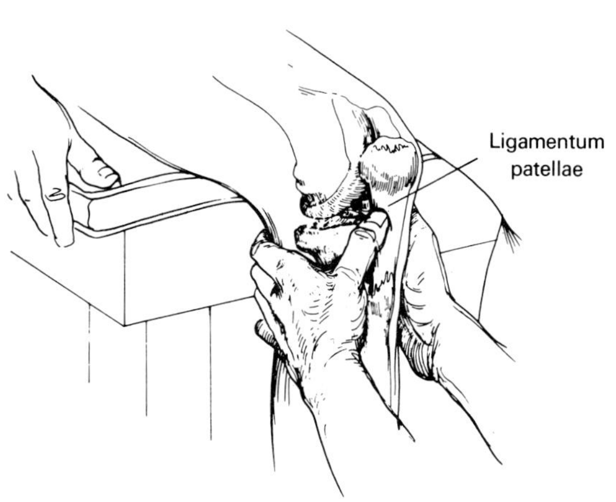

Abb. 18 Palpation des Ligamentum patellae.

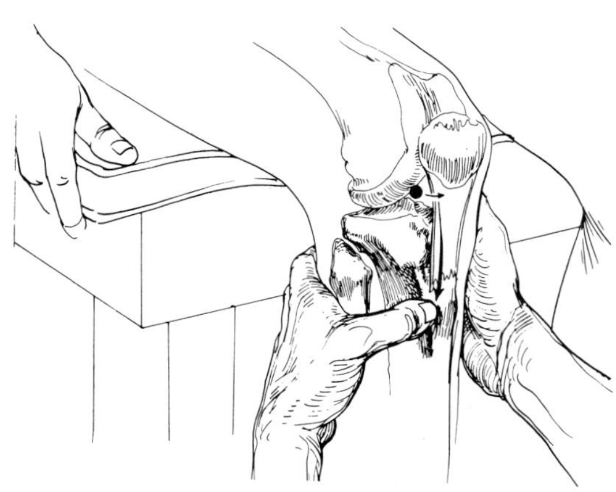

Abb. 19 Palpation des Ligamentum patellae und der Tuberositas tibiae.

Außenseite

Die Weichteileinsenkung unmittelbar lateral vom Ligamentum patellae ist der Orientierungspunkt bei der Palpation der Knochenpunkte an der Außenseite (Abb. 15).

Laterales Tibiaplateau. Drücken Sie in die Tiefe der Weichteile, bis Sie die obere Kante des lateralen Tibiaplateaus fühlen (Abb. 16). Tasten Sie entlang ihrer scharfen Kante (laterale Gelenklinie) bis zur Verbindung von Tibia und Femur.

Condylus lateralis tibiae. Der Condylus lateralis tibiae ist der große Knochenvorsprung unmittelbar unterhalb des lateralen Tibiaplateaus (Abb. 17). Sie fühlen ihn, indem Sie sich noch einmal an dem Ligamentum patellae und der Tuberositas tibiae orientieren (Abb. 18, 19).

Condylus lateralis femoris. Kehren Sie zu der Weichteileinsenkung zurück und gleiten dann aufwärts und nach lateral bis auf die scharfe Kante des Condylus lateralis femoris (Abb. 20). Entlang ihrer glatten Oberfläche ist sie bis zur Verbindung von Tibia und Femur zu palpieren (Abb. 21). Da ihr größter Teil durch die Patella bedeckt wird, läßt sich am Condylus lateralis femoris weniger von seiner Oberfläche tasten als am Condylus medialis. Ist das Knie jedoch mehr als 90° gebeugt, wird ein größerer Teil der Gelenkfläche vom Kondylus palpabel.

Epicondylus femoris lateralis. Der Epicondylus femoris lateralis liegt lateral vom Condylus lateralis femoris (Abb. 22).

Fibulaköpfchen. Ausgehend vom Epicondylus femoris lateralis gehen Sie mit Ihrem Daumen nach unten und hinten über die Gelenklinie hinweg. Das Fibulaköpfchen liegt etwa in derselben Höhe wie die Tuberositas tibiae (Abb. 23).

Facies patellaris und Patella

Die Facies patellaris ist die Bahn, in der die Patella gleitet. Sie ist von Gelenkknorpel bedeckt, artikuliert selbst aber nicht mit der Tibia.

Nachdem Sie Ihren Daumen auf die mediale und laterale Gelenklinie gelegt haben, gehen Sie aufwärts entlang den beiden Femurkondylen bis zum

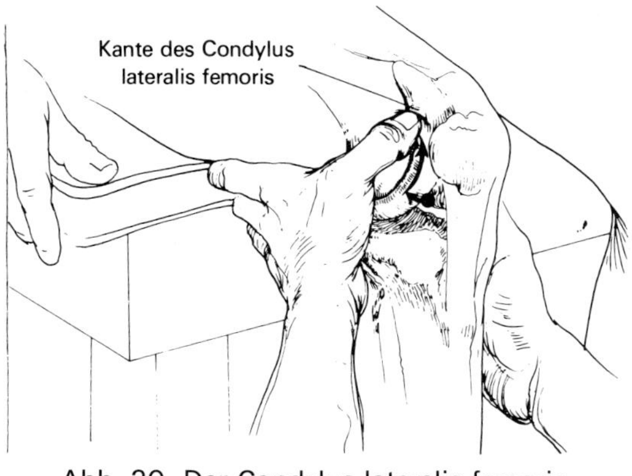

Abb. 20 Der Condylus lateralis femoris.

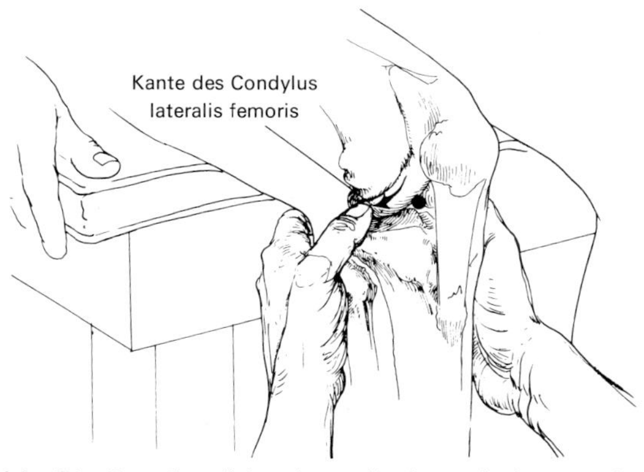

Abb. 21 Der Condylus lateralis femoris ist proximal vom Kniegelenkspalt zu tasten.

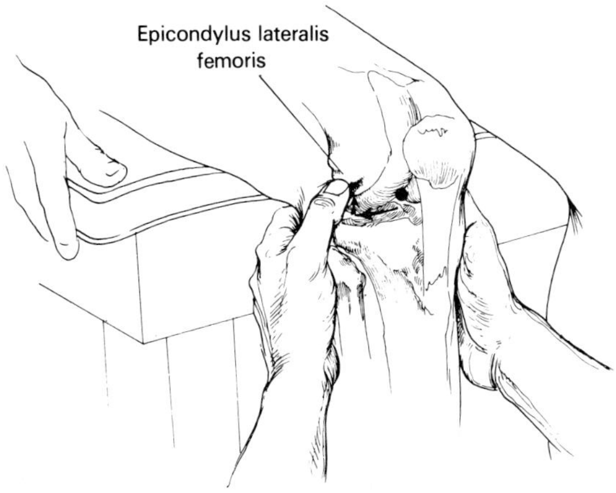

Abb. 22 Der Epicondylus lateralis femoris.

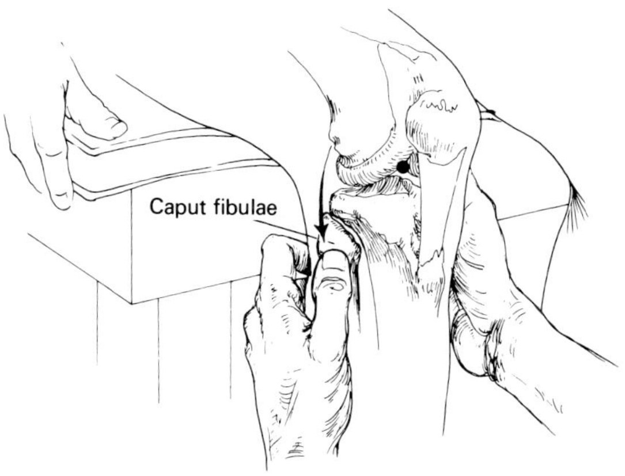

Abb. 23 Das Wadenbeinköpfchen.

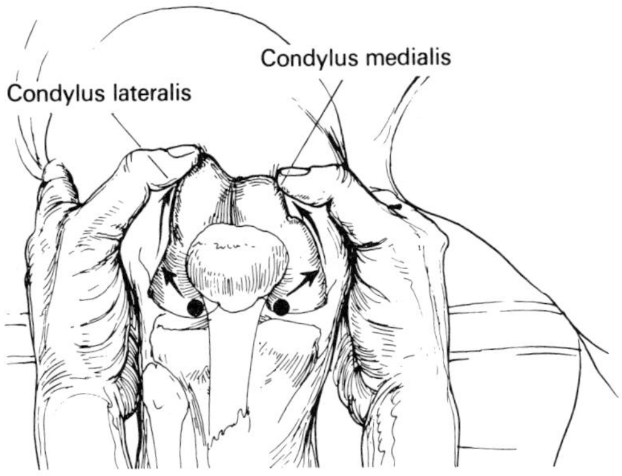

Abb. 24 Palpation der Innen- und Außenfläche der Facies patellaris. Man beachte, daß die laterale Fläche höher ist.

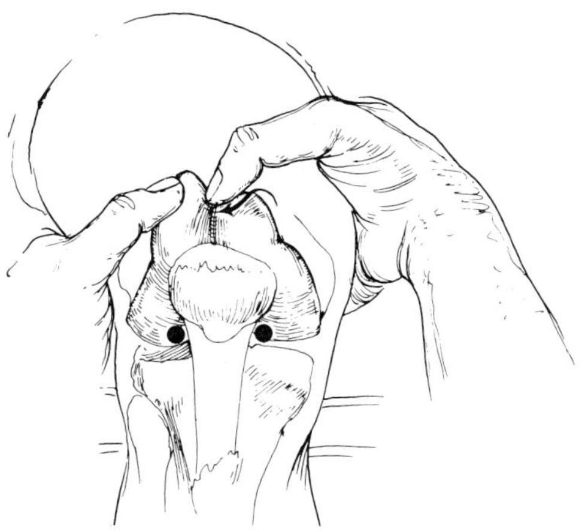

Abb. 25 Palpation der Rinne in der Facies patellaris.

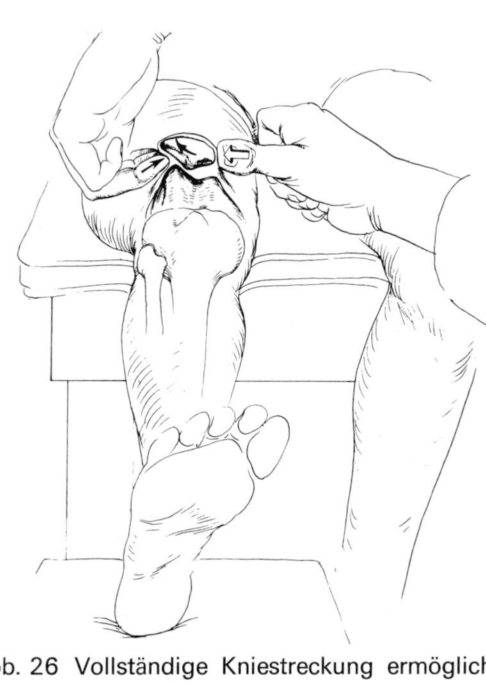

Abb. 26 Vollständige Kniestreckung ermöglicht die Palpation der Patellarückseite.

oberen Rand der Patella (Abb. 24). Oberhalb der Patella palpieren Sie dann in Richtung auf die Mittellinie, bis Sie die Einsenkung der Facies patellae erreicht haben (Abb. 25).

Während der Beugung wird die Patella in der Facies patellaris fixiert, während sie in der Streckstellung mobil ist. Aus diesem Grunde sind die medialen und lateralen Anteile der Patellarückfläche weit besser zugänglich, wenn das Knie gestreckt ist (Abb. 26). Beachten Sie, daß es weit einfacher ist, die Patella nach medial zu schieben als nach lateral. Gelegentlich können Sie unter der Patella einen Knorpeldefekt oder auch einen aufgerauhten Patellarand als Folge einer Osteoarthritis finden.

Palpation der Weichteile

Die Palpation der Weichteile erfolgt in 4 klinischen Regionen: 1. Vorderseite, 2. Innenseite, 3. Außenseite und 4. Rückseite.

Man erleichtert sich die Palpation der Weichteile am Knie dadurch, daß der Patient auf der Kante des Untersuchungstisches sitzt und seine Knie um 90° gebeugt hat. Sie sitzen auf einem Schemel ihm gegenüber.

Region I – Vorderseite

M. quadriceps. Der Quadrizeps setzt gewöhnlich als eine Gruppe am oberen und medialen Rand der Patella an. Die Quadrizepssehne geht über die Patella hinweg und bildet das Ligamentum patellae, das an der Tuberositas tibiae ansetzt. Zwei Muskeln der Quadrizepsgruppe, nämlich der Vastus medialis und der Vastus lateralis formen sichtbare Wülste an der medialen und lateralen Seite des Knies und sind auch leicht zu tasten. Bei isometrischer Kontraktion stehen sie deutlicher hervor. Beachten Sie, daß die Muskulatur des Vastus medialis weiter nach distal reicht als die des Vatus lateralis. Da die anderen Quadrizepsanteile von einer gemeinsamen Faszie eingehüllt werden, ist es schwierig, sie zu tasten. Sie sollten sie deshalb als eine Einheit untersuchen. Palpieren Sie beide Oberschenkel gleichzeitig und vergleichen Sie den Quadrizeps auf Symmetrie seiner Begrenzung, wobei Sie gleichzeitig auf Defekte wie Rupturen und Einrisse achten sollten. Muskeldefekte werden am häufigsten distal im Rectus femoris oder Vastus intermedius unmittelbar oberhalb der Patella gefunden (Abb. 27). Sie sind als querverlaufende Defekte anzutreffen, die sich weicher als der normalerweise feste Quadrizepsmuskel anfühlen. Suchen Sie besonders am Vastus medialis

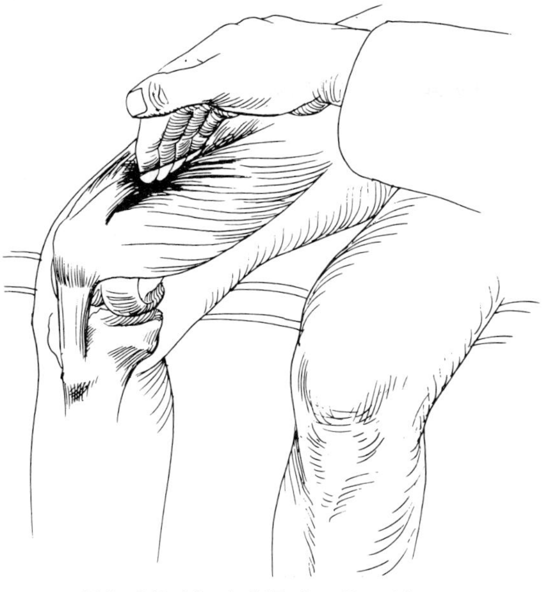

Abb. 27 Muskelriß des Quadrizeps.

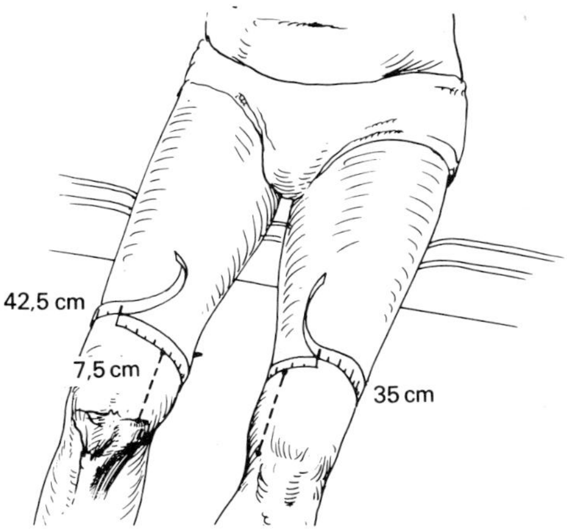

Abb. 28 Eine Quadrizepsatrophie kann man durch Messung des Oberschenkelumfangs 7,5 cm oberhalb des Tibiaplateaus feststellen.

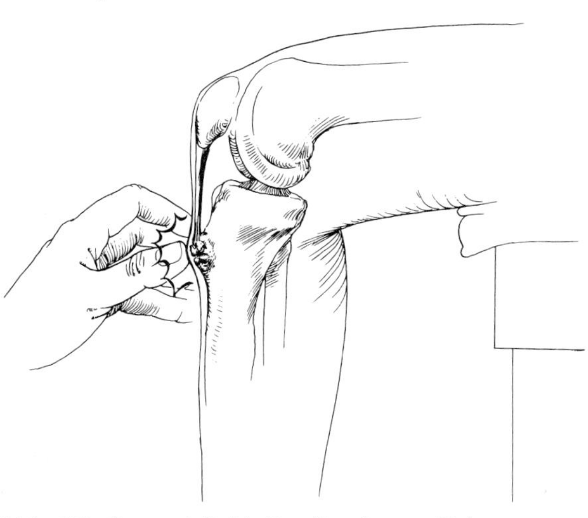

Abb. 29 Osgood-Schlatter-Syndrom. Schmerz und Schwellung an der Insertionsstelle des Ligamentum patellae.

nach Zeichen einer Atrophie, die häufig im Gefolge eines Gelenkergusses oder eines chirurgischen Eingriffs am Knie auftritt. Verifizieren Sie eine Atrophie des Quadrizeps, indem Sie die Kante des Tibiaplateus als fixen Punkt benutzen und den Umfang des Oberschenkels etwa 7,5 cm oberhalb des Knies messen. Jede Umfangsdifferenz ist signifikant (Abb. 28).

Ligamentum patellae. Dieses Band läuft vom Unterrand der Patella abwärts und ist bis zu seinem Ansatz an der Tuberositas tibiae zu tasten. Bei jungen Menschen ist dieser Ansatzpunkt oft schmerzhaft (Osgood-Schlatter-Syndrom) (Abb. 29). Das infrapatellare Fettpolster liegt unmittelbar hinter dem Ligamentum patellae in Höhe der Gelenklinie. Jede Schmerzhaftigkeit an dieser Stelle kann Zeichen einer Hypertrophie oder Kontusion des Fettpolsters sein. Ist das Ligamentum patellae von seinem Ansatz abgerissen, so fühlt es sich nicht mehr straff an. Stattdessen entwickelt sich ein tastbarer Defekt, der von starker Druckschmerzhaftigkeit in der Gegend der Tuberositas tibiae begleitet wird.

Da die Bursitis ein recht häufiges Leiden am Kniegelenk ist, sollte der Untersucher mit der Lage der klinisch bedeutenden Schleimbeutel in diesem Gebiet vertraut sein (Abb. 30). Die meisten dieser Schleimbeutel liegen im vorderen Kniegelenksbereich.

Bursa infrapatellaris superficialis. Der oberflächliche infrapatellare Schleimbeutel liegt vor dem Ligamentum patellae und kann sich infolge häufigen Knieens entzünden.

Bursa praepatellaris. Die Bursa praepatellaris liegt auf der Vorderfläche der Patella. Ihre Entzündung kann aus der Kombination häufigen Knieens und einer Vorwärtsneigung resultieren (Hausmädchen-Knie). Achten Sie darauf, daß die Haut über der Patella bei gestrecktem Bein ähnlich wie die Haut über dem Olekranon abgehoben werden kann. Die Bursa praepatellaris gestattet der Haut, insbesondere bei gebeugtem Knie ungehindert über die Patella zu gleiten.

Bursa anserina. Die Bursa anserina liegt zwischen den Sehnen des Sartorius, Grazilis und Semitendinosus einerseits (Ansatz des Pes anserinus) und dem kraniomedialen Bereich der Tibia unmittelbar medial vom Tuberculum tibiale andererseits. Die Bursa selbst ist nicht tastbar. Bei Entzündung können Sie einen Erguß und eine Verdickung feststellen.

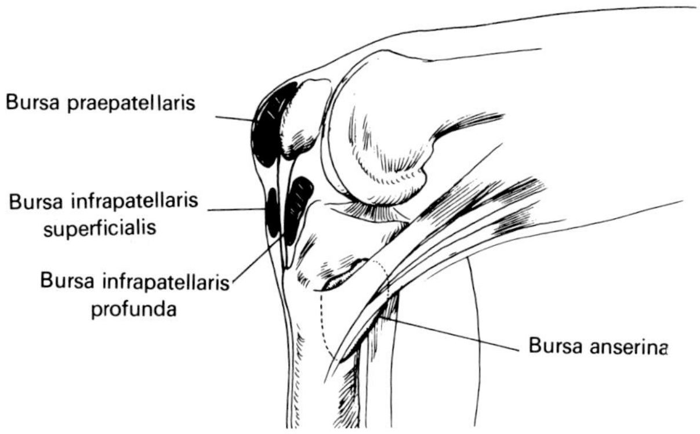

Abb. 30 Klinisch wichtige Schleimbeutel des Knies.

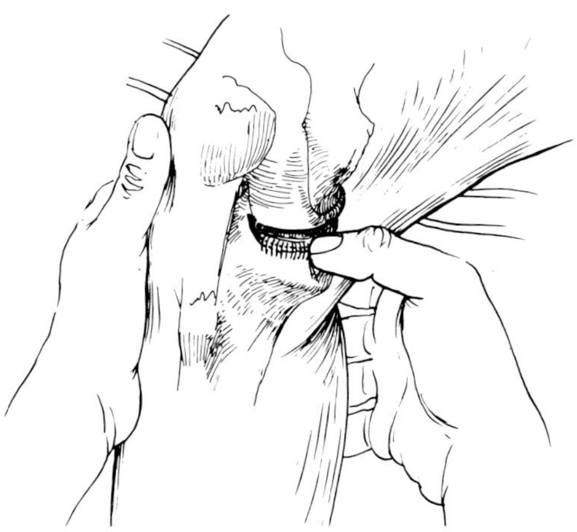
Abb. 31 Palpation des Innenmeniskus (Vorderhorn und Bandapparat).

Region II – Innenseite

Beginnend an der medialen Weichteileinsenkung, gleiten Sie mit Ihrem Daumen entlang der Oberkante des Tibiaplateus nach medial und hinten, bis Sie die Verbindung von Tibia und Femur gefunden haben.

Innenmeniskus. Der Innenmeniskus ist an der Oberkante des Plateaus durch kleine kranzartige Bänder befestigt. Diese Bänder sind schwer zu tasten. Dort, wo der Meniskus als Folge eines Kreuzbandrisses abgelöst ist, kann ein Druckschmerz im Randgebiet des Gelenks hervorgerufen werden. Der Vorderrand des Innenmeniskus liegt tief im Gelenkspalt und ist eben noch tastbar (Abb. 31). Der Meniskus ist etwas beweglich; seine mediale Kante wird deutlicher und besser tastbar, wenn die Tibia innenrotiert ist. Umgekehrt zieht sich der Meniskus zurück, wenn die Tibia außenrotiert ist und läßt sich dann auch nicht tasten (Abb. 32). Bei einem Meniskusriß wird das ganze Gebiet um die mediale Gelenklinie bei Palpation schmerzhaft. Risse im Innenmeniskus ereignen sich weit häufiger als im Außenmeniskus.

Mediales Seitenband. Das mediale Seitenband, ein breites, fächerartiges Ligament, verbindet den Epicondylus femoris medialis mit der Tibia. Am Ligament unterscheiden wir einen tiefen und einen oberflächlichen Anteil. Der tiefe Anteil setzt unmittelbar an der Kante des Tibiaplateaus und des Meniskus an, während der oberflächliche Anteil mehr

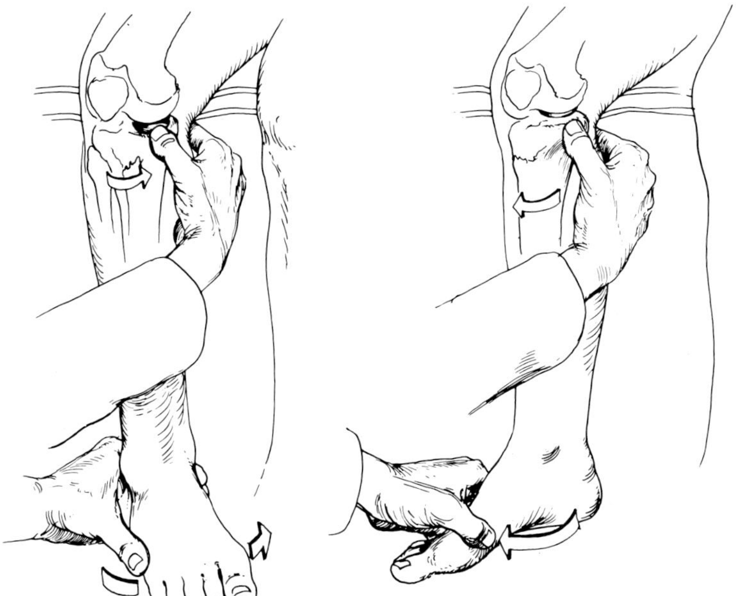
Abb. 32 Links: Bei innenrotierter Tibia wird der mediale Meniskus tastbar. Rechts: Ist die Tibia außenrotiert, zieht sich der Innenmeniskus zurück.

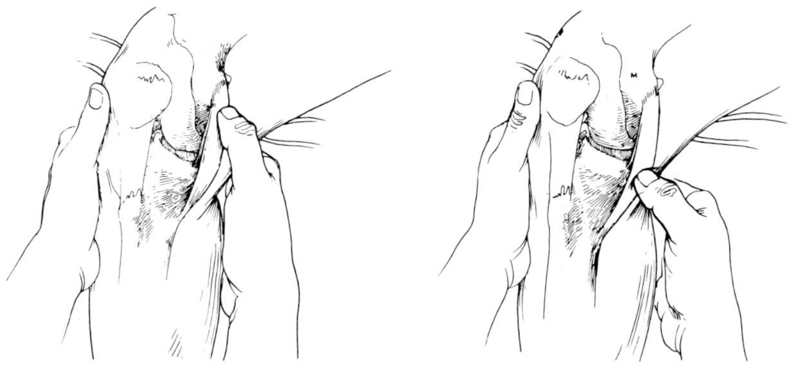

Abb. 33 Palpation des Ligamentum collaterale mediale.

distal an der Tibia selbst ansetzt. Um das anatomische Gebiet des medialen Längsbandes zu palpieren (das Ligament selbst ist nicht deutlich tastbar), suchen Sie zunächst den medialen Gelenkspalt auf. Wenn Sie jetzt nach medial und hinten der Gelenklinie folgen, liegt das Band direkt unter Ihren Fingerspitzen. Das mediale Seitenband formt einen Teil der Gelenkkapsel und wird häufig bei Verletzungen betroffen, die das Knie im Sinne einer Valgisierung beanspruchen, wie das bei Fußballunfällen vorkommt. Tasten Sie die Gegend des Seitenbandes von dessen Ursprung bis zu seinem Ansatz auf Schmerzhaftigkeit und Kontinuitätsunterbrechung ab (Abb. 33). Wenn das Band vom Epicondylus femoris medialis abgerissen ist, kann ein kleines Knochenfragment mit ausreißen. In diesem Falle ist der Ursprung druckschmerzhaft. Wenn das Ligament in seiner Mitte zerrissen ist, können die Sehne und das darüberliegende Weichteilgewebe ausgefasert sein. In diesem Falle läßt sich der Defekt tasten, wobei man auch eine Schmerzhaftigkeit in Höhe der medialen Gelenklinie findet.

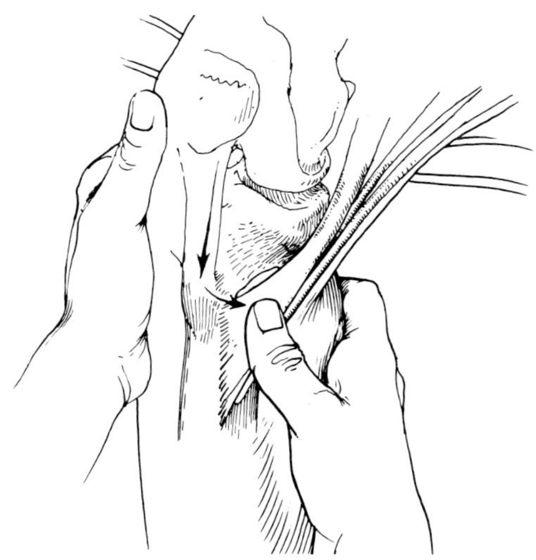

Abb. 34 Ansatz der Mm. sartorius, gracilis und semitendinosus.

Mm. sartorius, gracilis und semitendinosus. Bevor die Sehnen dieser Muskeln am unteren Anteil des medialen Tibiaplateaus ansetzen, bilden sie an der posteromedialen Seite des Knies eine sichtbare Kante, die das Gelenk überkreuzt (Abb. 34). Sie sind an der Unterstützung des Knies auf der medialen Seite beteiligt, zumal das Kniegelenk während des Gehens eine beträchtliche Belastung erfährt. Diese geschieht durch den Valguswinkel zwischen Femur und Tibia.

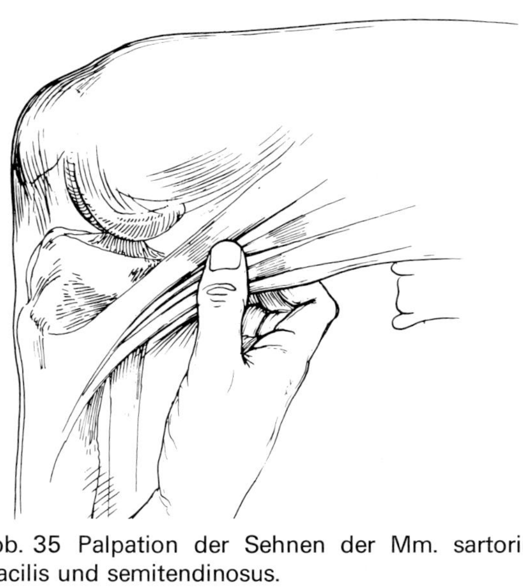

Abb. 35 Palpation der Sehnen der Mm. sartorius, gracilis und semitendinosus.

Um diese Sehnen zu tasten, müssen Sie die Beine des Patienten fixieren, indem Sie sie mit Ihren eigenen Beinen festhalten. Dies macht Ihre Hände für die Palpation frei. Darüber hinaus können Sie einen Widerstand gegen die Kniebeugung leisten, was die Sehnen mehr hervortreten läßt. Umschließen Sie mit Ihren Fingern das Knie und fühlen Sie die Spannung der Sehnen (Abb. 35). In dieser Sehnengruppe ist

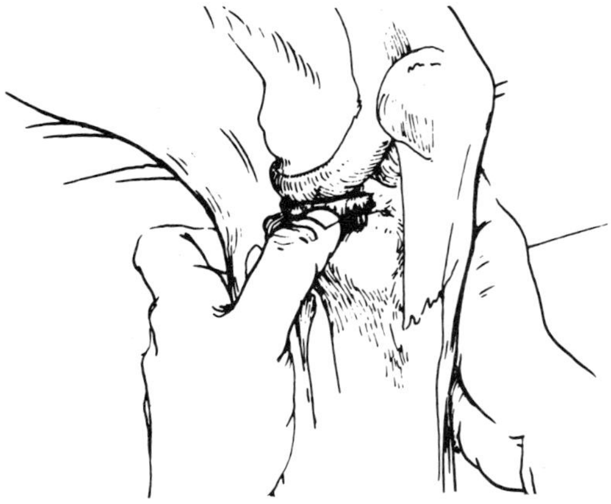

Abb. 36 Der Außenmeniskus und seine Befestigung.

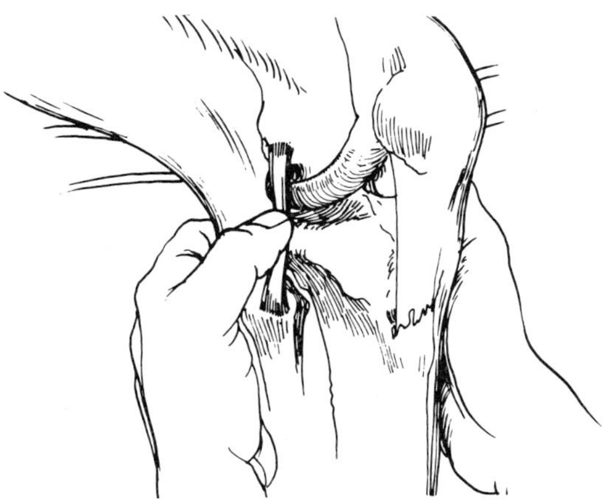

Abb. 37 Das Ligamentum collaterale laterale.

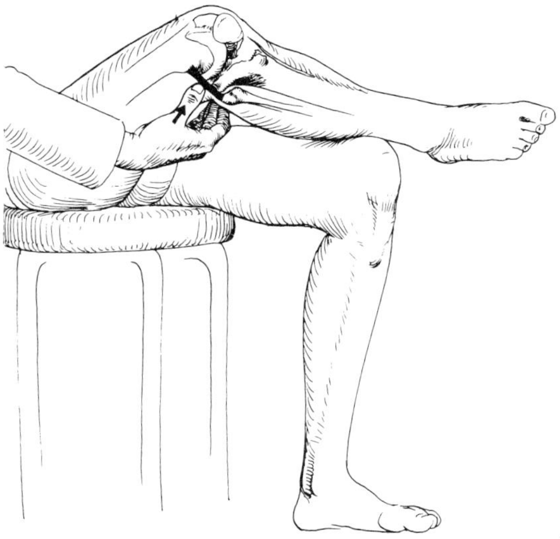

Abb. 38 Das Ligamentum collaterale laterale ist am besten zu tasten, wenn das Knie um 90° gebeugt und die Hüfte abduziert und außenrotiert ist.

der Semitendinosus die am meisten hinten und unten liegende Sehne, die Sie fühlen können. Die nächste, dem Grazilis angehörende Sehne, liegt etwas vorn und medial vom Semitendinosus. Der Grazilis tritt noch mehr hervor, wenn Sie der Innenrotation des Beines Widerstand entgegen setzen. Die Sehnen des Semitendinosus und Grazilis sind rund und sollten nicht mit der Sehne des tiefer gelegenen Semimembranosus verwechselt werden, der bis zu seinem Ansatz muskulös bleibt. Das breite dicke Muskelband dicht oberhalb der Grazilissehne ist der Sartorius. Da dieser nicht so sehnig wie der Grazilis und Semitendinosus ist, bleibt die Sartoriussehne schwierig zu tasten. Der Ansatz des Semimembranosus liegt tief unter der Semitendinosusgruppe an der Rückseite der Tibia. Sie können ihn fühlen, wenn Sie Ihre Finger tief zwischen die Semitendinosus- und Grazilissehne hineindrücken. Der Semimembranosus ist selten pathologisch verändert, außer in solchen Fällen, wo ein massives Trauma das Knie getroffen hat. Er wird manchmal als Muskeltransplantat verwendet, um die mediale Seite des Knies zu verstärken. Am gemeinsamen Ansatz dieser Muskeln liegt die Bursa anserina, die sich entzünden und dann auch Schmerz während der Bewegung verursachen kann.

Region III – Außenseite

Außenmeniskus. Der Außenmeniskus läßt sich am besten palpieren, wenn sich das Knie des Patienten in leichter Beugestellung befindet, da der Meniskus gewöhnlich bei gestrecktem Knie im Gelenk verschwindet. Der Außenmeniskus ist an der Kante des Tibiaplateaus durch Kranzbänder befestigt, deren Zerreißung zu einer Ablösung des Meniskus führen kann. In einem solchen Fall wird das ganze Gebiet bei der Palpation schmerzhaft (Abb. 36).

Wenn Sie den seitlichen Gelenkraum fest mit Ihrem Daumen untersuchen, kann es sein, daß Sie den Vorderrand des Außenmeniskus fühlen. Der Meniskus ist mit dem M. popliteus, nicht jedoch mit dem lateralen Seitenband verbunden. Er ist deshalb beweglicher als der mediale Meniskus. Der laterale Meniskus reißt auch selten, vielleicht gerade wegen seiner Beweglichkeit. Kommt es jedoch zu einer Zerreißung, so ist die Gegend um die laterale Gelenklinie druckschmerzhaft. Gelegentlich entwikkelt sich am Außenmeniskus eine Zyste in der Gelenklinie. Diese stellt sich bei der Palpation als eine stark empfindliche Masse dar.

Laterales Seitenband. Das laterale Seitenband ist ein robuster Strang, der den lateralen Femurepikondylus und das Wadenbeinköpfchen verbindet. Das

Seitenband ist nicht mit der Gelenkkapsel verwachsen (Abb. 37). Um das Band zu palpieren, lassen Sie den Patienten seine Beine derart kreuzen, daß ein Knöchel auf dem gegenüberliegenden Knie ruht. Bei rechtwinklig gebeugtem Knie und abduzierter, außenrotierter Hüfte entspannt sich der Tractus iliotibialis und erleichtert die Auffindung des lateralen Seitenbandes. Das Band ist deutlich vom Gelenk abgesetzt und liegt seitlich und hinten entlang der Gelenklinie (Abb. 38). Bei manchen Knieverletzungen kann das Band zerrissen werden, doch die Häufigkeit einer solchen Ruptur ist nicht so hoch wie die des medialen Seitenbandes. Ist das Band gerissen, so wird es druckschmerzhaft. Gelegentlich ist das laterale Seitenband nicht angelegt und fehlt dann.

Ligamentum capititis fibulae anterius. Dieses Ligament liegt über dem Spalt zwischen Tibia und Fibulaköpfchen. Wenn Sie vom Fibulaköpfchen aus nach vorne und innen gehen, so fühlen Sie das Ligamentum capibis fitulae anterius, wie es das tibiofibulare Gelenk überspannt. Die Palpation dieses Ligaments geschieht mehr aus Gründen der anatomischen Orientierung, da es nur selten pathologisch verändert ist.

Sehne des M. biceps femoris. Wenn das Knie gebeugt ist, steht die Sehne des Biceps femoris dort deutlicher hervor, wo sie das Kniegelenk kreuzt, bevor sie am Fibulaköpfchen ansetzt (Abb. 39). Die Sehne sollte nahe ihrem Ansatz auf mögliche Läsionen untersucht werden. Selten ist die Sehne zerrissen, sie kann aber bei einem schweren Trauma aus der Fibula herausgerissen werden. Muskel und Sehne des Biceps femoris sollten nicht mit dem Tractus iliotibialis verwechselt werden.

Tractus iliotibialis. Der Tractus iliotibialis liegt mehr vorn an der Knieaußenseite. Er ist bis zu dem Punkt zu tasten, wo er am Condylus lateralis tibiae ansetzt. Der Tractus iliotibialis ist weder ein Muskel noch eine Sehne, sondern vielmehr ein langes dickes Faszienband. Der Traktus ist einfacher zu tasten, wenn das Knie gestreckt und das Bein hochgehoben werden. Sie können auch das Knie gegen einen Widerstand beugen lassen. Die vordere Begrenzung des Tractus unmittelbar seitlich vom oberen Pol der Patella läßt sich am leichtesten tasten (Abb. 40). Kontrakturen des Traktus stellen oft die Ursache einer Kniedeformität bei Patienten mit einer Paralyse dar, wie wir sie von der Poliomyelitis und der Meningomyelozele kennen.

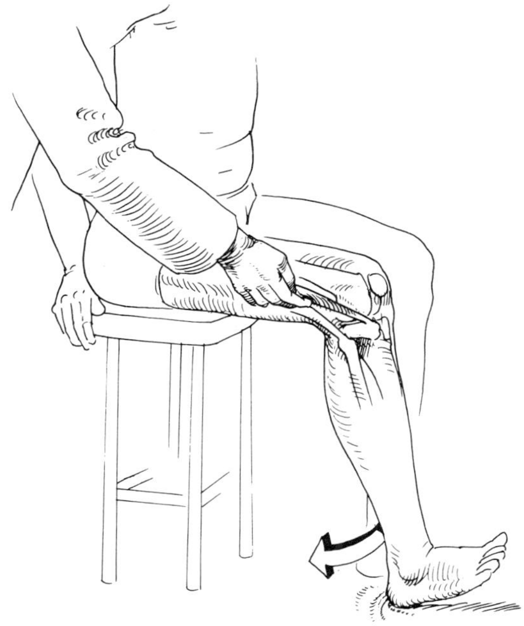

Abb. 40 Palpation des Tractus iliotibialis.

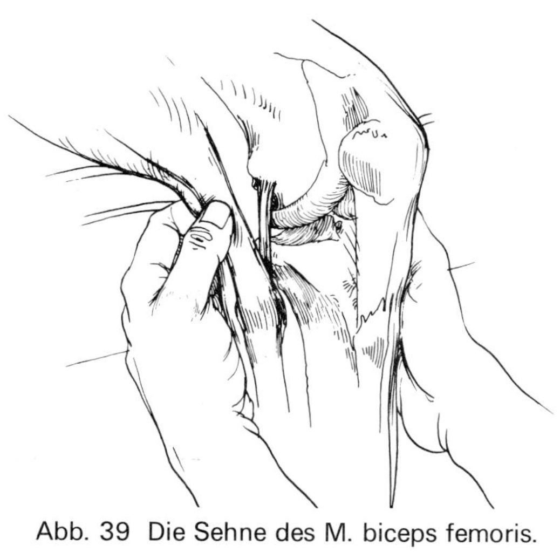

Abb. 39 Die Sehne des M. biceps femoris.

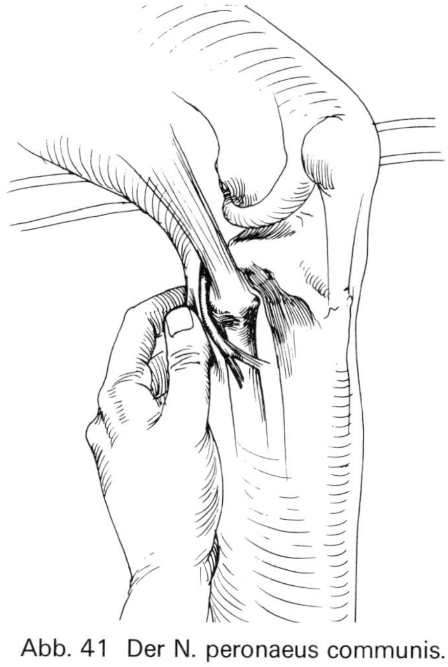

Abb. 41 Der N. peronaeus communis.

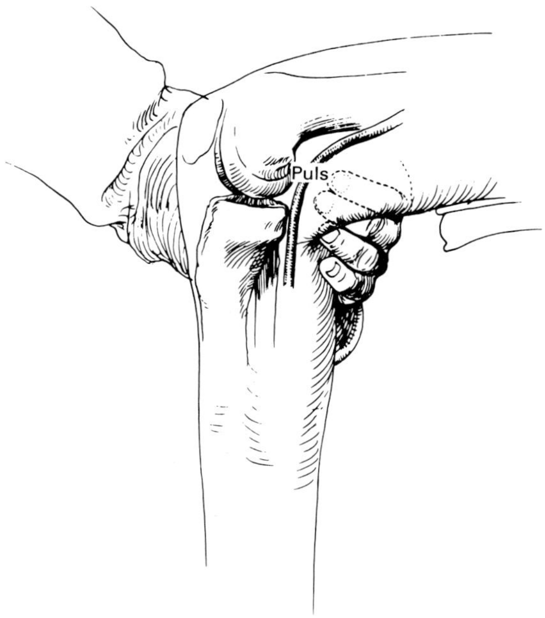

Abb. 42 Die Arteria poplitea.

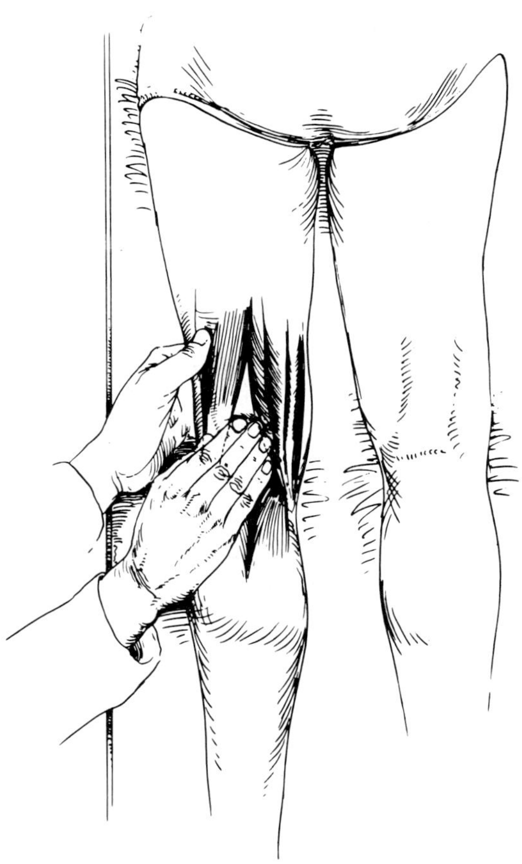

Abb. 43 Palpation der Fossa poplitea zum Nachweis einer Bakerschen Zyste.

Nervus peronaeus communis. Der N. peronaeus communis ist an der Stelle tastbar, wo er den Hals der Fibula überkreuzt. Der Nerv läßt sich behutsam zwischen den Fingerspitzen und dem Hals der Fibula dicht unterhalb des Ansatzes des M. biceps femoris hin- und herrollen (Abb. 41). Der N. peronaeus communis darf nur mit äußerster Vorsicht palpiert werden, da übermäßiger Druck ihn verletzen und einen Hängefuß verursachen kann.

Region IV – Rückseite

Fossa poplitea. Die obere seitliche Begrenzung der Fossa poplitea wird durch die vorstehende Sehne des Biceps femoris gebildet. Die Sehnen des Semimbranosus und des Semitendinosus stellen die obere mediale Begrenzung dar, während die untere Grenze durch die beiden Köpfe des Gastroknemius an der Stelle, wo sie aus der Fossa austreten und den Wadenmuskel formen, gebildet wird. Eine Gruppe wichtiger Strukturen zieht durch das Gebiet der Kniekehle:

N. tibialis. Der N. tibialis, ein Ast des N. ischiadicus, zieht am oberflächlichsten durch die Kniekehle.

V. poplitea. Die Vena poplitea liegt direkt unter dem N. tibialis.

A. poplitea. Das tiefste Gebilde in diesem Gebiet, die A. poplitea, verläuft unmittelbar auf der Gelenkkapsel.

Bei gestrecktem Knie wird die über die Fossa poplitea verlaufende Faszie straffgezogen, so daß die darunter liegenden Strukturen schwierig zu tasten sind. Ist das Knie jedoch gebeugt, so entspannen sich Faszie und Muskeln. Dabei werden dann die tieferen Teile der Fossa der Palpation zugänglich (Abb. 42). Da die A. poplitea von der Faszie, dem Nerven und der Vene bedeckt wird, kann es schwierig sein, ihren Puls zu tasten. Fehlen des Pulses kann Zeichen einer Verschlußkrankheit in einem höheren Abschnitt der Extremität sein. Eine umschriebene Schwellung in der Fossa kann auf eine sogenannte Baker-Zyste (gewöhnlich eine Vergrößerung des Schleimbeutels am Gastroknemius und Semimembranosus) hindeuten. Diese Zyste ist im allgemeinen schmerzlos und zeigt sich als eine gut verschiebbare Schwellung an der medialen Seite der Fossa poplitea. Sie ist leichter zu tasten, wenn das Knie des Patienten gestreckt ist (Abb. 43).

M. gastrocnemius. Wenn der Patient sein Knie gegen einen Widerstand beugen muß, sind die beiden Köpfe des Muskels an ihrem Ursprung auf der Rückseite des Femur direkt oberhalb des medialen und lateralen Kondylus zu tasten. Die Muskelköpfe sind nicht so deutlich auszumachen wie die Kniebeugersehnen direkt über ihnen. Bei einem Gastroknemiusriß können Sie einen kleinen Defekt im Muskelbauch fühlen. Häufiger jedoch wird die Palpation des Muskels lediglich eine leichte Schmerzhaftigkeit hervorrufen.

Untersuchung der Gelenkstabilität

Das Kniegelenk verdankt seine Stabilität einer kräftigen und ausgedehnten Gelenkkapsel, den Seitenbändern, den Kreuzbändern sowie den umgebenden Muskeln und Sehnen. Die folgenden Tests erfassen die Stärke und Unversehrtheit dieser Strukturen.

Seitenbänder

Fordern Sie den Patienten auf, rücklings auf dem Tisch zu liegen und das Knie gerade soweit zu beugen, daß es nicht ganz gestreckt ist. Zur Untersuchung des medialen Längsbandes sichern Sie den Knöchel mit einer Hand und legen die andere Hand so um das Knie, daß Ihr Thenar am Wadenbeinköpfchen ruht. Dann drücken Sie in medialer Richtung gegen das Knie und bewegen den Knöchel nach lateral, so als ob Sie das Kniegelenk auf der Innenseite öffnen wollten (Valgusbelastung) (Abb. 44). Palpieren Sie die mediale Gelenklinie auf ein Klaffen, das sogar sichtbar sein kann. Entsteht eine Lücke, so unterstützt das mediale Längsband das Knie nicht ausreichend. Beim Nachlassen des Drucks auf ein verletztes Gelenk können Sie fühlen, wie Tibia und Femur dann wieder aufeinanderstoßen.

Um die Stabilität der Knieaußenseite zu prüfen, wechseln Sie die Position Ihrer Hände und drücken nach lateral gegen das Knie und nach medial gegen den Knöchel, damit sich das Kniegelenk auf der lateralen Seite öffnet (Varusbelastung). Palpieren Sie wieder die laterale Gelenklinie auf eine Lücke (Abb. 45). Wie auf der medialen Seite kann eine solche Lücke tastbar und sichtbar sein. Bei Beendigung der Varusbelastung können Tibia und Femur in ihre Kontaktstellung zurückkehren.

Sollten Ihre Finger zu kurz sein, um das Knie zu umfassen und die Gelenklinien zu tasten, so können Sie den Fuß des Patienten zwischen Ihrem Arm und Körper in der Axilla fixieren, damit Ihre Hände zur Palpation freiwerden. Auf diese Weise benutzen Sie Ihren Körper als Hebel auf den Fuß, der je nach Bedarf eine Varus- oder Valgusbelastung des Kniegelenks ausüben kann (Abb. 44, 45).

Da das mediale Längsband kritische Bedeutung

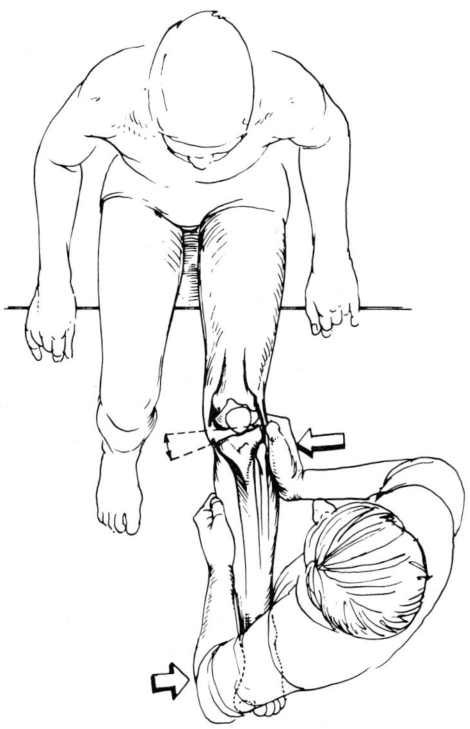

Abb. 44 Zur Prüfung des Ligamentum collaterale mediale üben Sie eine Valgusbelastung aus, um das Knie medial aufzuklappen.

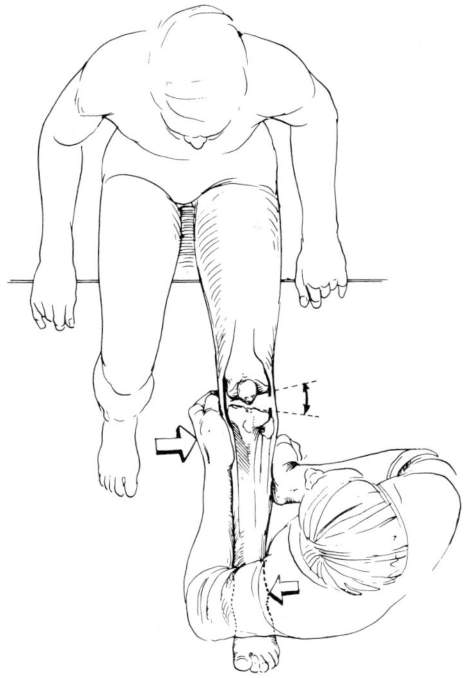

Abb. 45 Zur Prüfung der Stabilität des lateralen Seitenbandes üben Sie eine Varusbelastung aus, um das Knie lateral aufzuklappen.

für die Stabilität besitzt, führt bereits ein isolierter Riß dieses Bandes zur Instabilität des Gelenkes. Eine ähnliche Läsion am lateralen Längsband hingegen braucht nur geringe Folgen zu haben. Die meisten Bandverletzungen am Knie treten an der medialen Seite auf.

Kreuzbänder

Vorderes und hinteres Kreuzband sind entscheidend dafür verantwortlich, daß keine Luxation der Tibia gegenüber dem Femur auftritt. Diese Bänder liegen innerhalb der Kapsel, entspringen von der Tibia und setzen an den Innenseiten der Femurkondylen an.

Um die Unversehrtheit des vorderen Kreuzbandes zu prüfen, muß der Patient auf dem Rücken liegen und seine Knie rechtwinklig beugen. Die Füße ruhen dabei flach auf dem Tisch. Sie befinden sich an der Tischkante und fixieren den Fuß des Patienten dadurch, daß Sie sich darauf setzen. Dann umschließen Sie mit Ihren Händen das Kniegelenk, wobei Ihre Finger an den Ansätzen der medialen und lateralen Kniebeuger, Ihre Daumen an der medialen und lateralen Gelenklinie liegen. Ziehen Sie jetzt die Tibia auf sich zu (Abb. 46). Gleitet die Tibia unter dem Femur nach vorn (positives vorderes Schubladenphänomen), so kann das vordere Kreuzband zerrissen sein (Abb. 47). Eine geringe Beweglichkeit nach vorn ist normal, solange sie auch auf der anderen Seite besteht.

Wenn Sie ein positives vorderes Schubladenphänomen finden, so ist es wichtig, dieses Manöver am innen- und außenrotierten Bein zu wiederholen. Eine Außenrotation des Beines strafft den posteromedialen Anteil der Gelenkkapsel. Normalerweise sollte dadurch die Vorwärtsbewegung der Tibia gegenüber dem Femur verringert sein, selbst wenn das vordere Kreuzband zerrissen ist. Ist deshalb die Vorwärtsbewegung bei außenrotiertem und in Neutralstellung stehendem Bein gleich groß, so können sowohl das vordere Kreuzband als auch der posteromediale Teil der Gelenkkapsel (dazu möglicherweise das mediale Seitenband) geschädigt sein. Eine Innenrotation strafft die Strukturen auf der posterolateralen Seite des Knies. Normalerweise sollte die Bewegung verringert sein, wenn das Bein nach vorn gezogen wird, selbst wenn das vordere Kreuzband zerrissen ist. Ist aber das Ausmaß der Vorwärtsbewegung der Tibia gegenüber dem Femur bei Innenrotation gleich dem bei Neutralstellung, können sowohl das vordere Kreuzband als auch der posterolaterale Anteil der Gelenkkapsel zerrissen sein. Das vordere Kreuzband kann gemeinsam mit Einrissen des medialen Seitenbandes abgerissen sein.

Untersuchen Sie das hintere Kreuzband in entsprechender Weise. Dazu bleiben Sie in derselben Position und drücken die Tibia nach hinten (Abb. 48). Bewegt sich die Tibia gegenüber dem Femur nach hinten, so ist wahrscheinlich das hintere Kreuzband beschädigt (positives hinteres Schubladenphänomen). Das vordere Schubladen-Phänomen ist häufiger als das hintere, da das vordere

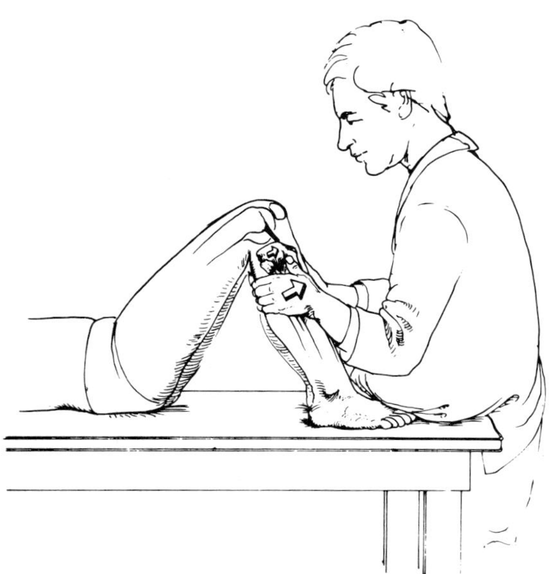

Abb. 46 Untersuchungsstellung zur Prüfung des vorderen Schubladenphänomens.

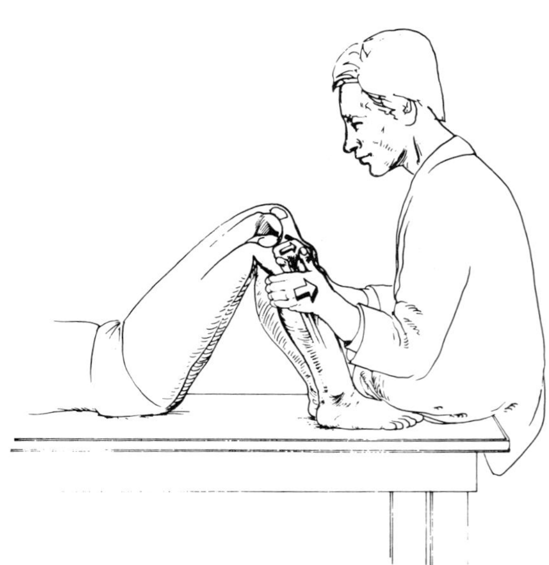

Abb. 47 Positives vorderes Schubladenphänomen: Vorderer Kreuzbandriß.

Kreuzband häufiger verletzt wird als das hintere. Ein isolierter Riß des hinteren Kreuzbandes ist selten.

Diese Untersuchungen auf Stabilität des vorderen und hinteren Kreuzbandes werden gewöhnlich in einer kontinuierlichen Bewegung ausgeführt und wurden hier nur zum Zwecke der Darstellung getrennt behandelt. Alle Vorgänge sollten beidseits durchgeführt und die Befunde verglichen werden.

Bewegungsumfang

Im Kniegelenk gibt es drei Grundbewegungen: 1. Beugung (verbunden mit Gleiten), 2. Streckung (verbunden mit Gleiten) sowie 3. Innen- und Außenrotation. Beugung und Streckung stellen in der Hauptsache das Ergebnis einer Bewegung zwischen Femur und Tibia dar. Innen- und Außenrotation schließen eine Verlagerung der Menisken auf der Tibia sowie eine Bewegung zwischen Tibia und Femur mit ein. Die Streckung wird durch den Quadrizeps ausgeführt, während die Beugung durch die Kniebeuger sowie die Schwerkraft erfolgt. Innen- und Außenrotation (die bei leicht gebeugtem Knie erfolgen) werden durch die wechselseitige Arbeit des Semimembranosus, Semitendinosus, Grazilis und Sartorius auf der medialen Seite und die des Bizeps auf der lateralen Seite bewirkt.

Untersuchung der aktiven Beweglichkeit

Die folgenden schnell durchführbaren Tests stellen fest, ob eine grobe Einschränkung der Kniebeweglichkeit vorliegt oder nicht.

Beugung. Fordern Sie den Patienten auf, in einer tiefen Hocke zu sitzen. Er sollte in der Lage sein, beide Knie gleich stark zu beugen.

Streckung. Bitten Sie den Patienten, aus der Hokke aufzustehen. Achten Sie dabei sorgfältig darauf, ob er mit durchgedrückten Knien geradestehen kann oder ob er sich bei dieser Bewegung mehr auf ein Bein als auf das andere stützt. Sie können ihn auch auf der Tischkante sitzen und das Knie ganz strecken lassen (Abb. 49). Der Bewegungsablauf von der Beugung zur Streckung sollte glatt sein. Gelegentlich kann ein Patient das Knie nicht die letzten 10° durchstrecken und wird dann die restliche Streckung zögernd und nur unter großer Anstrengung zustandebringen. Wir sprechen hier von einer Streckhemmung (Abb. 50). Diese geht oft mit einer Quadrizepsschwäche einher.

Beachten Sie, daß das Bein aufgrund des anatomischen Baus des Kniegelenks und seiner Kreuzbänder

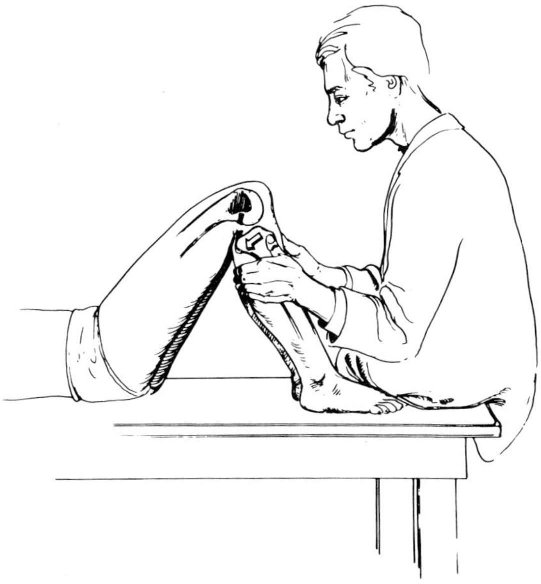

Abb. 48 Positives hinteres Schubladenphänomen: Hinterer Kreuzbandriß.

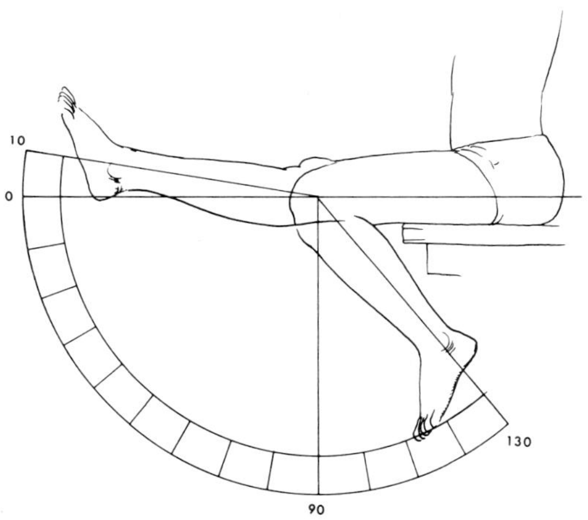

Abb. 49 Umfang der Kniebeugung und -streckung.

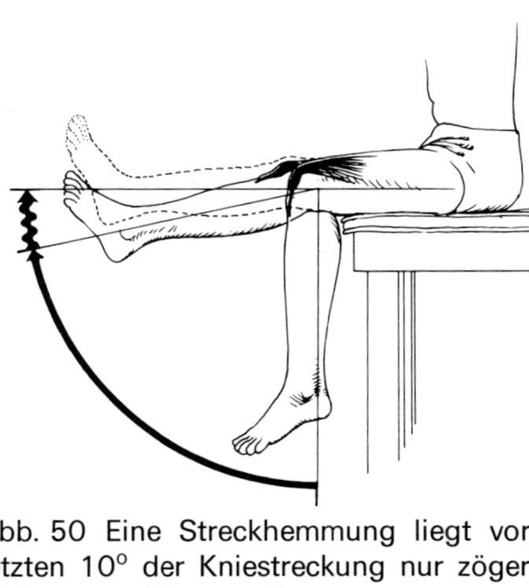

Abb. 50 Eine Streckhemmung liegt vor, wenn die letzten 10° der Kniestreckung nur zögernd und mit Mühe ausgeführt werden.

(«Helix» nach A. Helfet) nicht ohne ein gewisses Maß von Außenrotation der Tibia gegenüber dem Femur voll gestreckt werden kann. Der mediale Femurkondylus ist etwa 1,5 cm länger als der laterale. Wenn also die Tibia auf den Femurkondylen in eine volle Streckung geht, so benutzt sie auf der lateralen Seite die verfügbare Gelenkfläche, während auf der medialen Seite noch etwa 1,5 cm verbleiben. Um die restliche Gelenkfläche auf der medialen Seite zur vollen Streckung auszunutzen, muß die mediale Seite der Tibia nach außen um den lateralen Femurkondylus rotieren. Diese Rotation zur Seite gestattet dem medialen Femurkondylus, die Extension zu vervollständigen und in gewisser Weise das Knie in seiner vollen Streckstellung «einzurasten» (Abb. 51). Diese am Ende erfolgende einrastende Bewegung (auch «Einschrauben» genannt) erlaubt es dem Patienten, längere Zeit mit gestrecktem Knie zu stehen, ohne dabei von seiner Muskulatur abhängig zu sein.

Untersuchen Sie dieses «Einschrauben» folgendermaßen: Zeichnen Sie einen Punkt auf der Mitte der Patella und einen anderen über der Tuberositas tibiae an, während das Knie des Patienten gebeugt ist. Jetzt fordern Sie den Patienten auf, das Bein voll zu strecken. Die Tuberositas tibiae sollte unter dem angezeichneten Punkt nach außen rotieren, wodurch deutlich wird, daß die Tibia gegenüber dem Femur nach außen rotiert ist. Die Tuberositas tibiae hat sich dabei auch leicht lateral gegenüber dem Punkt über der Patellamitte verschoben (Abb. 52). Ein Meniskusriß kann diese Schraubenbewegung verhindern und die volle Streckung des Knies unmöglich machen.

Innen- und Außenrotation. Bitten Sie den Patienten, seinen Fuß nach innen und außen zu rotieren, um die Beweglichkeit des Knies zu testen. Unter normalen Umständen sollte er in der Lage sein, den Fuß um etwa 10° nach jeder Seite zu rotieren.

Untersuchung der passiven Beweglichkeit

Beugung – 135°. Der Patient kann entweder auf dem Bauch oder dem Rücken liegen. Er kann aber auch ganz auf der Tischkante sitzen, wobei die

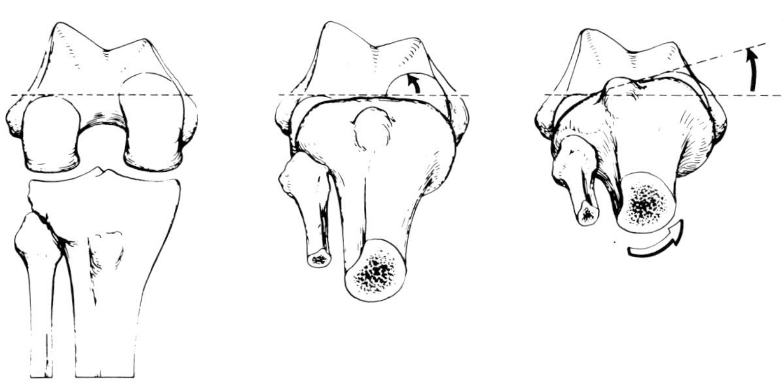

Abb. 51 «Einschraubbewegung» des Knies in Streckstellung. Ohne Belastung rotiert die Tibia gegen das Femur.

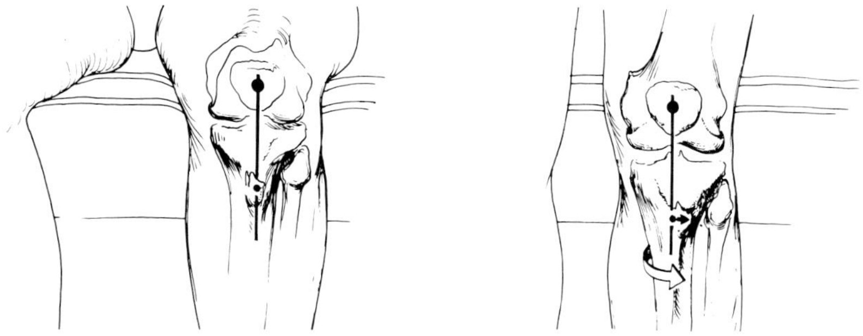

Abb. 52 Prüfung der «Einschraubbewegung»: Links: Markieren Sie bei gebeugtem Knie einen Punkt in der Mitte der Patella und einen weiteren über der Tuberositas tibiae. Rechts: Bei der Streckung rotiert die Tuberositas unter dem oberen Punkt nach lateral und zeigt somit eine Außenrotation der Tibia gegenüber dem Femur an.

Kniekehle frei sein muß und die Beine herunterhängen. Fassen Sie ein Bein an den Knöcheln und legen Sie Ihre andere Hand in die Kniebeuge, wo sie als Drehpunkt dient und das Knie entsperrt. Dann beugen Sie das Bein so weit wie möglich, wobei Sie den Abstand zwischen Ferse und Gesäß feststellen. Bei jüngeren Patienten ist es relativ leicht, das Bein so weit zu beugen, daß die Ferse fast das Gesäß berührt. Der normale Endpunkt einer Kniebeugung beim Erwachsenen ist etwa 135°, von der vollen Streckung aus gerechnet. Derselbe Vorgang sollte am anderen Bein wiederholt und der Umfang der Kniebeugung verglichen werden.

Streckung −0°. Behalten Sie Ihre Hände in derselben Position an Knöchel und Knie des Patienten und strecken Sie das Knie. Der Bewegungsablauf von der Beugung bis zur Streckung sollte glatt sein, die Knie sollten auf beiden Seiten bis mindestens 0° oder darüber hinaus um ein paar Grad überstreckt werden können.

Innenrotation −10°. Außenrotation −10°. Legen Sie Ihre Hand auf den Oberschenkel des Patienten direkt über dem Knie, um den Oberschenkel zu fixieren. Dann ergreifen Sie seine Ferse mit Ihrer anderen Hand und rotieren die Tibia. Gleichzeitig tasten Sie die Tuberositas tibiae, um sicher zu sein, daß Sie sich bewegt. Führen Sie denselben Test am anderen Bein aus und vergleichen Ihre Befunde. Normalerweise sollte eine Rotation von etwa 10° zu jeder Seite möglich sein.

Neurologische Untersuchung

Untersuchung der Muskeln

Streckung

Primäre Strecker:
M. quadriceps
N. femoralis, L2, L3, L4

Die Streckung des Knies wurde bereits zum Teil während des Schnelltests auf aktive Beweglichkeit untersucht (siehe Seite 185). Um jetzt diesen Test durchzuführen, fixieren Sie den Oberschenkel, indem Sie eine Hand dicht über dem Knie auflegen. Dann fordern Sie den Patienten auf, das Knie vollständig zu strecken. In dem Augenblick, wo das Knie voll gestreckt ist, leisten Sie der Streckung dicht oberhalb vom Sprunggelenk Widerstand. Palpieren Sie während dieser Untersuchung den Quadrizeps mit Ihrer fixierenden Hand (Abb. 53).

Beugung

Primäre Beuger:
Kniebeuger
1. M. semimembranosus
N. tibialis, L5
2. M. semitendinosus
N. tibialis, L5
3. M. biceps femoris
N. tibialis, S1

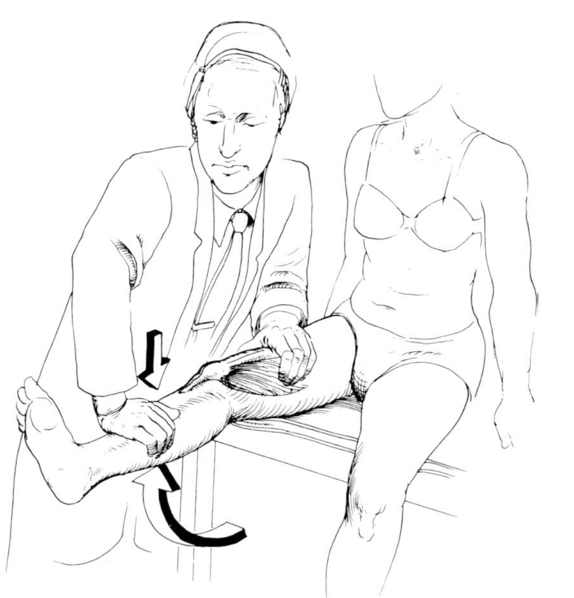

Abb. 53 Untersuchung des M. quadriceps.

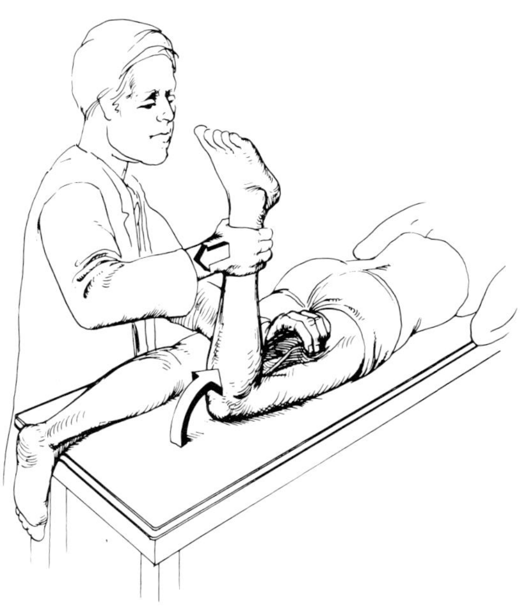

Abb. 54 Untersuchung der Kniebeuger.

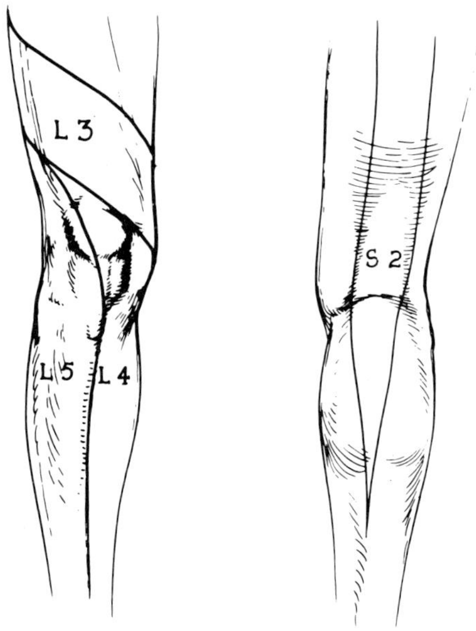

Abb. 55 Sensible Versorgung am Knie. Links: Vorderseite. Rechts: Rückseite.

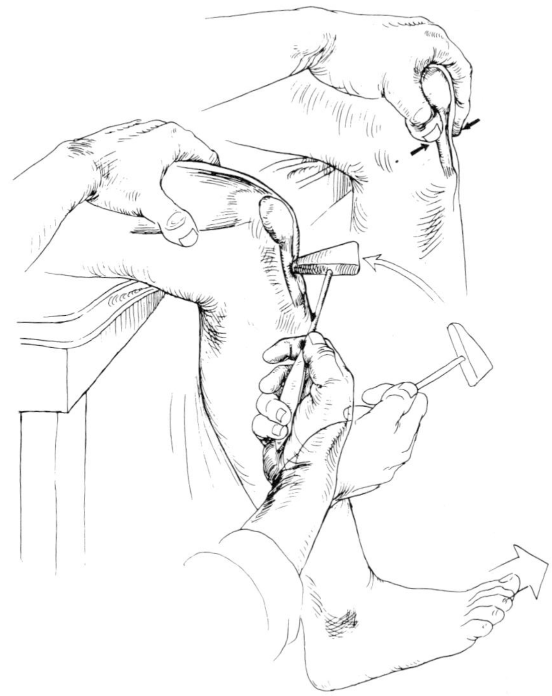

Abb. 56 Auslösung des Patellarsehnenreflexes.

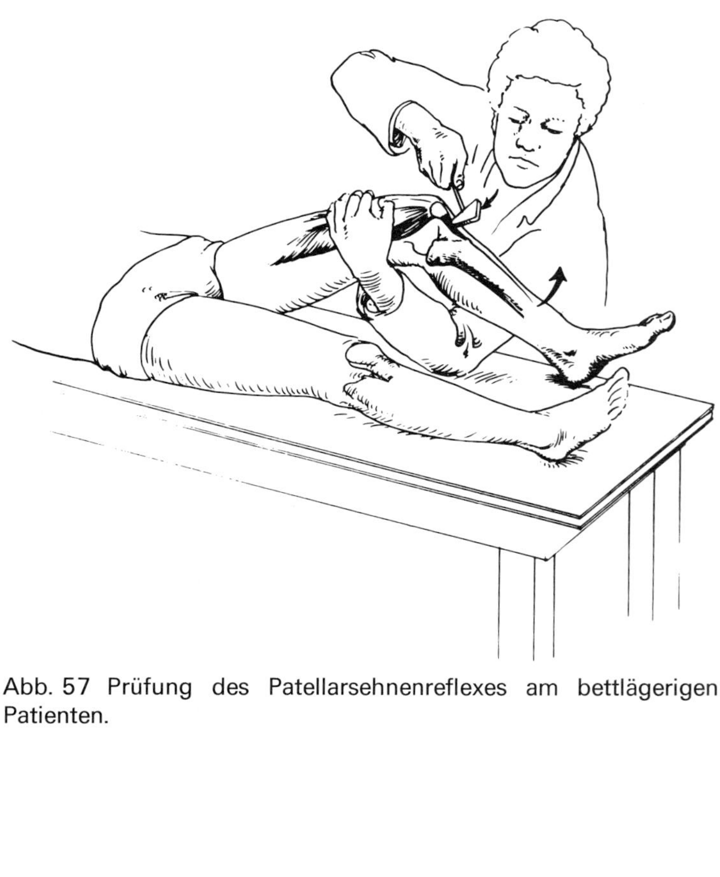

Abb. 57 Prüfung des Patellarsehnenreflexes am bettlägerigen Patienten.

Um die Kniebeuger als eine Gruppe zu untersuchen, muß der Patient bäuchlings auf dem Untersuchungstisch liegen. Dabei fixieren Sie seinen Oberschenkel dicht oberhalb des Knies. Dann fordern Sie den Patienten auf, sein Knie zu beugen, während Sie an der Rückseite des Knöchels Widerstand entgegensetzen (Abb. 54). Um den M. biceps femoris zu größerer Aktivität zu bringen, lassen Sie den Patienten sein Bein während dieser Untersuchung außenrotieren. Ähnlich fordern Sie den Patienten auf, sein Bein nach innen zu rotieren, um Semimembranosus und Semitendinosus zu aktivieren.

Innen- und Außenrotation. Die Muskeln, die die Innen- und Außenrotation im Knie bewirken, können bei der klinischen Untersuchung nicht voneinander getrennt werden. Ihre Stärke jedoch wurde bereits früher in Verbindung mit den Muskeluntersuchungen bei Beugung und Streckung bestimmt.

Prüfung der Sensibilität

Die Nerven, die mit ihren Wurzeln von der lumbalen und sakralen Wirbelsäule entspringen, sorgen für die Sensibilität der Haut oberhalb des Knies und seiner Umgebung. Die einer einzelnen neurologischen Höhe entsprechende neurologische Versorgung stellt sich in Form breiter Bänder oder Dermatome dar, die gewisse Hautareale einnehmen (Abb. 55).

Grob gesprochen verlaufen die sensiblen Dermatome der Knieregion in langen, schrägen Bändern wie folgt:

1. **L4** überkreuzt den vorderen Anteil des Knies und setzt sich nach unten an der medialen Seite des Unterschenkels fort. Der infrapatellare Ast des N. saphenus versorgt die Haut über der anteromedialen Fläche des Condylus medialis tibiae. Der N. saphenus ist der einzige sensible Ast des N. femoralis, der sich bis zum Unterschenkel fortsetzt. Sein infrapatellarer Ast wird oft bei chirurgischen Eingriffen, speziell bei der Entfernung des Innenmeniskus, durchschnitten.
2. **L3** breitet sich an der Oberschenkelvorderseite unmittelbar am und oberhalb vom Kniegelenk aus. Dieses Dermatom wird durch den N. femoralis versorgt.
3. **L2** kreuzt die Vorderseite der Oberschenkelmitte und kommt gleichfalls aus dem N. femoralis.
4. **S2** bezeichnet einen Streifen entlang der Mittellinie der Oberschenkelrückseite und der Fossa poplitea. Es stammt aus dem N. cutaneus femoris posterior (Abb. 55).

Untersuchung der Reflexe

Patellarsehnenreflex: L2, 3, 4. Der Patellarsehnenreflex ist ein tiefer Sehnenreflex, der durch die aus L2, 3 und 4 stammenden Nerven, hauptsächlich jedoch von L4 vermittelt wird. Unter klinischen Gesichtspunkten wird der Patellarsehnenreflex als L4 zugehörig angesehen. Allerdings kann der Reflex immer noch vorhanden sein, selbst wenn die Nervenwurzel L4 pathologisch verändert ist, da dieser Reflex durch mehr als eine neurologische Etage vermittelt wird. Während der Patellarsehnenreflex wesentlich abgeschwächt sein kann, fehlt er selten gänzlich.

Um diesen Reflex zu untersuchen, lassen Sie den Patienten auf der Kante des Untersuchungstisches sitzen und seine Beine herabhängen (Abb. 56). Sie können ihn auch auf einem Stuhl sitzen lassen, wobei ein Bein über das andere geschlagen ist. Am bettlägerigen Patienten unterstützen Sie sein Knie bis zu einer leichten Beugung (Abb. 57). In dieser Stellung ist das Ligamentum patellae gestreckt und vorbereitet. Dann palpieren Sie die Weichteilmulde beiderseits des Ligamentum patellae, um das Ligament exakt zu lokalisieren. Lösen Sie den Reflex durch Beklopfen mit einem Reflexhammer in Höhe des Kniegelenks aus, wobei Sie eine kurze, flinke Bewegung aus dem Handgelenk heraus ausführen. Wenn es schwierig sein sollte, den Reflex auszulösen, können Sie ihn dadurch verstärken, daß der Patient seine Hände ineinander verhakt. Er soll dann versuchen, seine Hände auseinanderzuziehen, während Sie das Ligament beklopfen (Jendrassikscher Handgriff). Dieser Vorgang sollte dann am anderen Bein wiederholt werden, und die Reflexe sollten als normal, verstärkt, abgeschwächt oder fehlend bewertet werden.

Spezielle Untersuchungen

McMurray-Test. Während der Kniebeugung und -streckung kann ein zerrissener Meniskus ein tast- oder hörbares Knacken im Bereich der Gelenklinie erzeugen. Druckschmerzhaftigkeit bei der Palpation der Gelenklinie auf jeder Seite deutet auf die Möglichkeit eines Meniskusrisses hin. Risse des Meniskus im Bereich des Hinterhornes sind schwierig zu identifizieren; der McMurray-Test war ursprünglich als Hilfsmittel bei dieser schwierigen Diagnose entwickelt worden.

Fordern Sie den Patienten auf, sich flach auf den Rücken mit den Beinen in Neutralstellung hinzulegen. Mit einer Hand erfassen Sie seine Ferse und beugen das Bein vollständig (Abb. 58). Dann legen

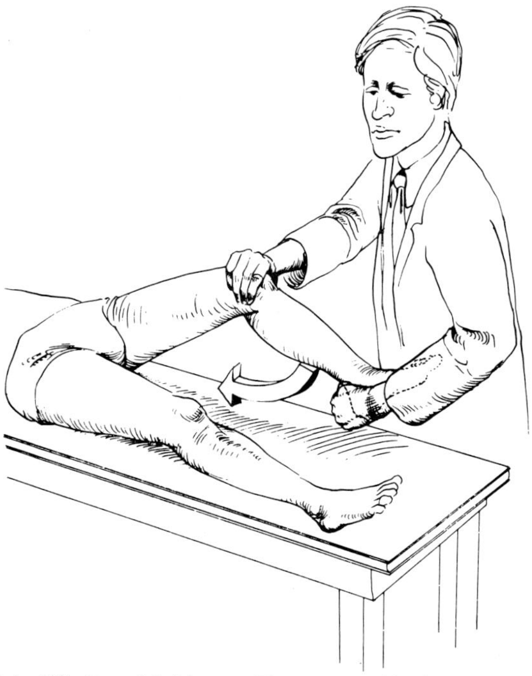

Abb. 58 Der McMurray-Test zum Nachweis eines Meniskusrisses. Beugen Sie dabei das Knie.

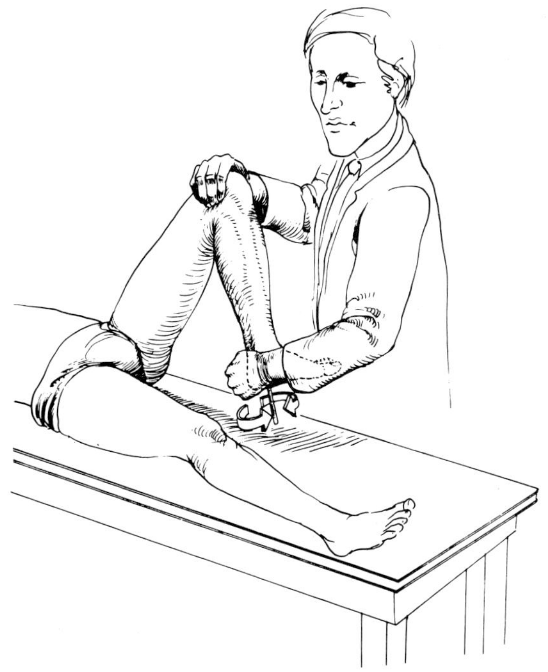

Abb. 59 Rotieren Sie bei gebeugtem Knie die Tibia gegen den Oberschenkel nach innen und außen.

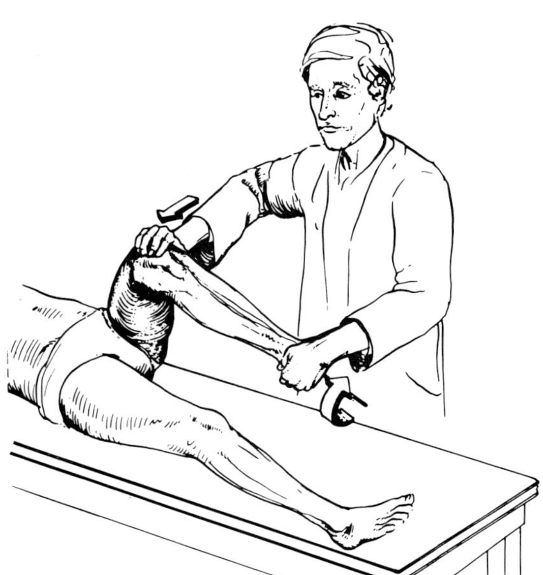

Abb. 60 Üben Sie bei außenrotiertem Unterschenkel eine Valgusbelastung aus.

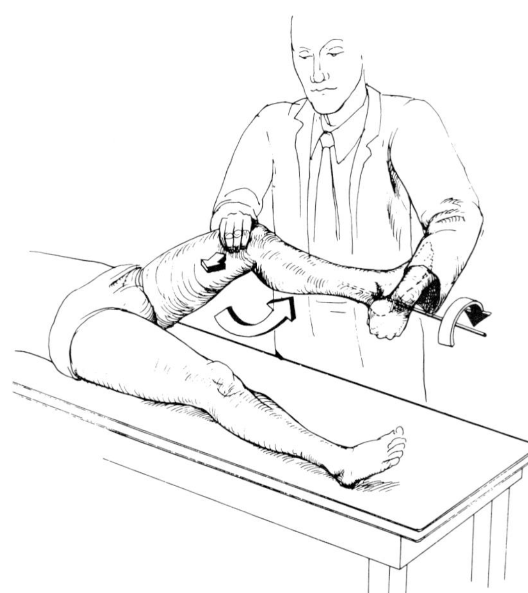

Abb. 61 Strecken Sie langsam das Knie unter Außenrotation und Valgusbelastung des Unterschenkels. Bei einem tast- oder hörbaren Klicken gilt der Test als Nachweis eines Innenmeniskusrisses, meist seines Hinterhorns.

Sie Ihre andere Hand auf das Kniegelenk, wobei Ihre Finger die mediale Gelenklinie berühren und Ihr Daumen und der Daumenballen an der lateralen Gelenklinie ruhen. Dann rotieren Sie das Bein nach innen und außen, um das Kniegelenk zu lockern (Abb. 59). Drücken Sie gegen die Außenseite, um eine Valgusbelastung auf der medialen Seite des Gelenks zu erzeugen. Gleichzeitig rotieren Sie das Bein nach außen (Abb. 60). Halten Sie die Valgusbelastung und die Außenrotation aufrecht und strecken Sie das Bein langsam, während Sie die mediale Gelenklinie palpieren (Abb. 61). Tritt hierbei ein tastbares oder hörbares Knacken innerhalb des Gelenks auf, so handelt es sich vermutlich um einen Riß des Innenmeniskus, höchstwahrscheinlich in dessen hinterem Anteil.

Kompressions- und Distraktionstest nach Apley

Kompressions- oder Reibetest. Hierbei handelt es sich um eine weitere Untersuchungsmethode, die für die Diagnose eines Meniskusrisses entwickelt wurde. Lassen Sie den Patienten bäuchlings auf dem Untersuchungstisch liegen und ein Bein rechtwinklig beugen. Knieen Sie vorsichtig auf der Rückseite seines Oberschenkels, um diesen zu fixieren. Dabei stützen Sie sich mit voller Kraft auf den Absatz, um den Innen- und Außenmeniskus zwischen Tibia und Femur zu komprimieren (Abb. 62). Dann rotieren Sie die Tibia auf dem Femur ein- und auswärts, wobei der Druck aufrechterhalten wird. Gibt der Patient bei dieser Bewegung Schmerz an, so handelt es sich wahrscheinlich um einen Meniskusschaden. Bitten Sie den Patienten, den Ort seines Schmerzes so genau wie möglich anzugeben. Schmerz auf der medialen Seite deutet auf einen geschädigten Innenmeniskus, Schmerz auf der lateralen Seite läßt auf einen Riß des Außenmeniskus schließen.

Distraktionstest. Der Distraktions- oder Zugtest erlaubt die Unterscheidung zwischen einer Meniskus- und einer Bänderverletzung am Kniegelenk. Dieser Test sollte dem Kompressionstest in logischer Weiterführung folgen. Sie bleiben in derselben Stellung, wie sie für den Kompressionstest beschrieben wurde und behalten die Fixierung der Oberschenkelrückseite bei. Ziehen Sie am Unterschenkel, während die Tibia einwärts und auswärts rotiert wird (Abb. 63). Dieses Manöver entlastet den Meniskus und beansprucht das Außen- und Innenband. Sind die Bänder verletzt, so wird der Patient Schmerzen angeben. Liegt nur ein Meniskusriß vor, so sollte dieser Test keine Schmerzen verursachen.

Repositionsknacken. Diese Untersuchung wird bei solchen Patienten durchgeführt, die eine Kniesperre aufgrund eines zerrissenen, dislozierten oder gefalteten Meniskus haben. Die Lagerung ist dieselbe wie beim McMurray-Test. (Der Patient liegt auf dem Bauch, und der Untersucher hält Ferse und Fuß mit einer Hand, das Knie mit der anderen, so daß Daumen und Finger beide Seiten der Gelenklinie berühren). Ziel des Repositionsmanövers ist es, den verlagerten Meniskus oder dessen abgerissenen Teil

Abb. 62 Kompressionstest nach Apley zum Nachweis eines Meniskusrisses.

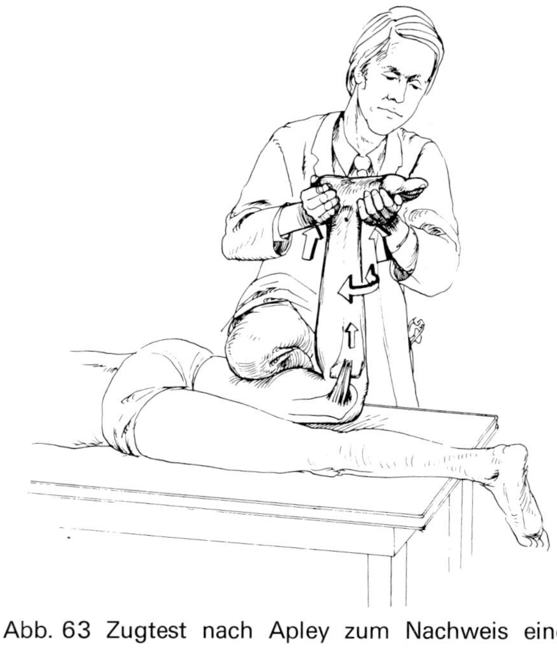

Abb. 63 Zugtest nach Apley zum Nachweis eines Bänderschadens.

zurückzubringen, indem Sie ihn an seine ursprüngliche Stelle springen lassen. Um dies zu erreichen, beugen Sie das Knie, während es nach innen und außen rotiert wird. Dann rotieren Sie das Bein und strecken es, bis der Meniskus in seine reguläre Stellung zurückkehrt und Sie das charakteristische Knacken hören. Dieser Test wird das blockierte Knie (verursacht durch einen Meniskusriß) befreien und volle Streckung zulassen. Auch der McMurray-Test kann die Kniesperre aufheben und das Repositionsknacken erzeugen.

«Rückfall»-Test. Dieser Test dient dazu, das Fehlen der vollen Kniestreckung aufzudecken, wie es am häufigsten bei einem Meniskusriß, einem freien Gelenkkörper im Knie oder einer Gelenkschwellung besteht. Umfassen Sie die Ferse des auf dem Rücken liegenden Patienten mit Ihrer Hand und bringen Sie das Knie in volle Beugung (Abb. 64). Dann gestatten Sie dem Knie, sich passiv zu strecken (Abb. 65). Das Knie sollte völlig gestreckt werden können (oder zurückfallen), und zwar mit einem deutlichen Endpunkt. Ist dies nicht möglich und leistet das Knie der weiteren Streckung elastischen Widerstand, so handelt es sich wahrscheinlich um einen Meniskusriß oder eine andere Art der Hemmung (siehe Bewegungsuntersuchungen). Unter diesen Umständen kommt es nicht zum «Rückfall» (Abb. 66).

Patellofemoraler Reibetest. Dieser Test gibt Aufschluß über die Beschaffenheit der Gelenkflächen von Patella und Facies patellaris femoris. Der Patient sollte auf dem Untersuchungstisch mit entspannten und in neutraler Stellung gehaltenen Beinen liegen. Drücken Sie zunächst die Patella nach distal in die Facies patellaris femoris (Abb. 67). Dann fordern Sie den Patienten auf, seinen Quadrizeps anzuspannen und palpieren dabei die Patella bei ihrer Bewegung unter Ihren Fingern, während Sie gleichzeitig Widerstand entgegensetzen. Die Bewegung der Patella sollte glatt und gleitend sein. Jede Rauhigkeit ihrer Gelenkoberfläche verursacht eine tastbare Krepitation, sobald sie sich bewegt. Bei positivem Test klagt der Patient gewöhnlich über Schmerzen oder Beschwerden. Klinisch geben die Patienten am häufigsten Schmerzen an, wenn sie Treppen steigen oder von einem Stuhl aufstehen. Diese Beschwerden passen zu dem beschriebenen Bild, da während dieser Aktivitäten die aufgerauhte Unterfläche der Patella gegen die Facies patellaris gedrückt wird. Außerdem können eine Chondromalazie der Patella, osteochondrale Defekte oder degenerative Veränderungen der Facies patellae selbst während solcher Aktivitäten Schmerzen hervorrufen.

Erwartungstest bei Luxation oder Subluxation der Patella. Mit diesem Manöver läßt sich feststellen, ob die Patella zur lateralen Luxation neigt. Wenn Sie vermuten, daß Ihr Patient zur habituellen Patellaluxationen neigt, sollten Sie versuchen, die Patella manuell zu verschieben und dabei darauf

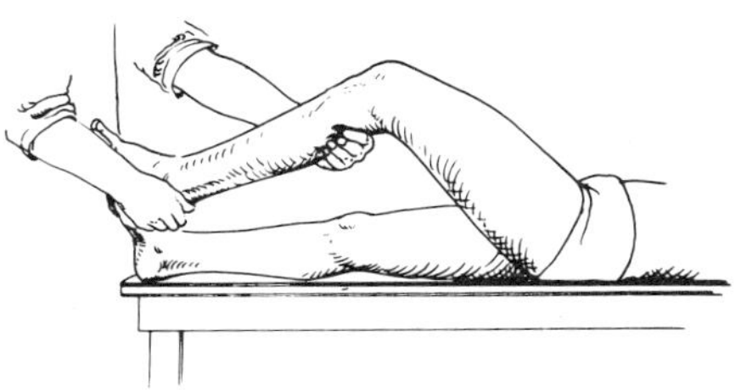

Abb. 64 «Rückfalltest». Beugen Sie das Knie.

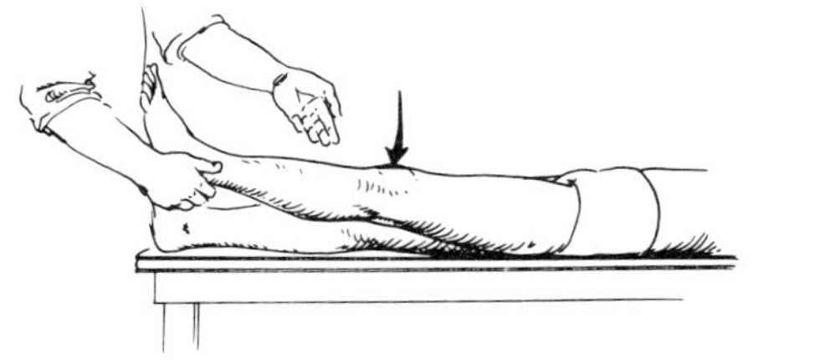

Abb. 65 Lassen Sie das Knie passiv durchstrecken. Dabei sollte es vollständig in Streckstellung kommen.

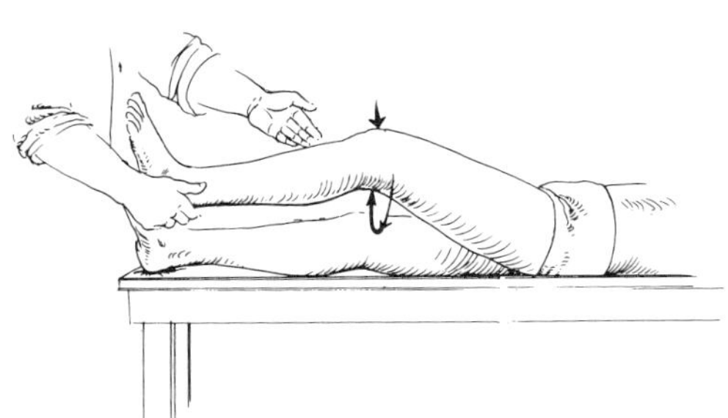

Abb. 66 Ein Kniegelenkserguß verhindert das vollständige «Zurückfallen» in die Streckstellung. Stattdessen kann das Knie sogar zurückfedern.

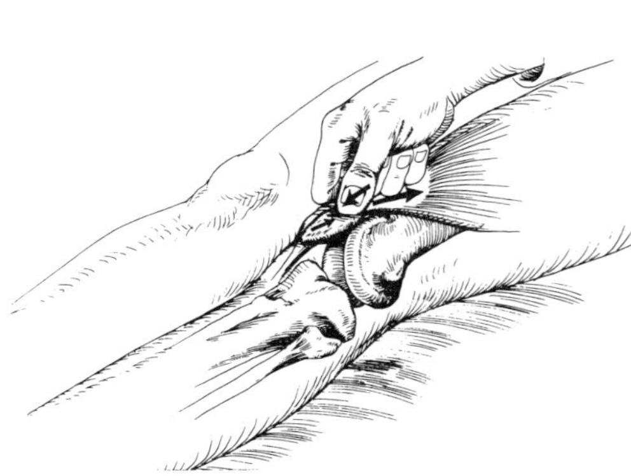

Abb. 67 Der patellofemorale Reibetest zur Prüfung der Beschaffenheit der Patellagleitfläche.

achten, wie sein Gesicht auf diesen Test reagiert. Fordern Sie den Patienten auf, sich mit ausgestreckten Beinen und entspanntem Quadrizeps auf den Tisch zu legen. Wenn Sie vermuten, daß die Patella nach lateral luxiert, so drücken Sie mit Ihrem Daumen gegen den medialen Rand der Patella. Bei intakten Verhältnissen wird dieser Druck nur eine geringe Reaktion hervorrufen. Kommt es jedoch zu einer Luxation der Patella, so wird der Gesichtsausdruck des Patienten angstvoll und gequält sein (Abb. 68).

Tinel-Zeichen. Der Tinel-Test kann auf die Provokation von Schmerzen durch das Beklopfen eines Neurinoms am Ende eines durchtrennten Nerven oder an der Spitze eines sich regenerierenden Nerven hinweisen. Beim Knie wird der Test im Bereich der medialen Seite der Tuberositas tibiae angewandt, wo der Ramus infrapatellaris des N. saphenus verläuft. Bei chirurgischen Eingriffen am Knie wird dieser Nerv häufig durchtrennt, besonders während der Entfernung des medialen Meniskus. Wenn sich ein Neurinom entwickelt hat, läßt sich Schmerzhaftigkeit über dem aufgetriebenen Ende des durchschnittenen Nerven nachweisen (Abb. 69).

Nachweis eines Gelenkergusses

Diese Untersuchungen sollen einen vermuteten Kniegelenkserguß beweisen.

Nachweis eines massiven Ergusses. Wenn das Gelenk durch einen großen Erguß aufgetrieben ist, strecken Sie das Knie des Patienten vorsichtig und fordern ihn gleichzeitig auf, seinen Quadrizeps zu entspannen. Drücken Sie dann die Patella in die Facies patellaris und lassen Sie sie schnell los. Die unter der Patella liegende große Flüssigkeitsmenge wird dabei in die seitlichen Anteile des Gelenks gedrängt, fließt dann aber in ihre frühere Lage zurück und zwingt die Patella, nach vorn zu springen. Man spricht hierbei von einer ballotierenden Patella («tanzende» Patella) (Abb. 70).

Untersuchung bei geringem Gelenkerguß. Im Falle einer geringeren Ergußmenge im Kniegelenk genügt die Flüssigkeitsmenge nicht, die Patella ballotieren zu lassen. Um deshalb die Untersuchung auf einen geringfügigen Erguß durchzuführen, behalten Sie das Knie des Patienten in Streckstellung und «melken» die Flüssigkeit aus dem oberen und seitlichen in den medialen Teil des Kniegelenks. Nachdem die Flüssigkeit auf die mediale Seite gedrängt

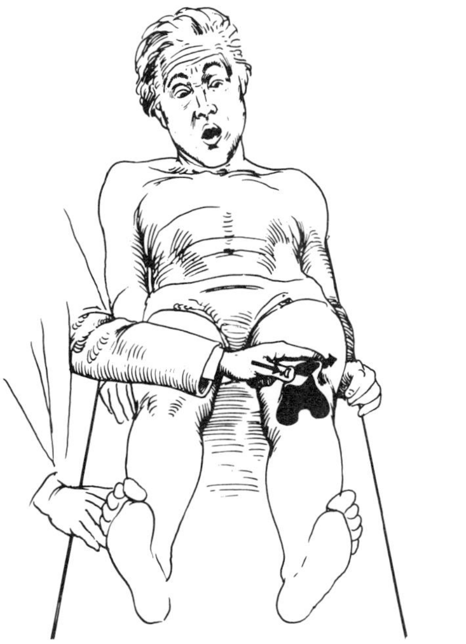

Abb. 68 Der Erwartungstest bei Patellaluxation.

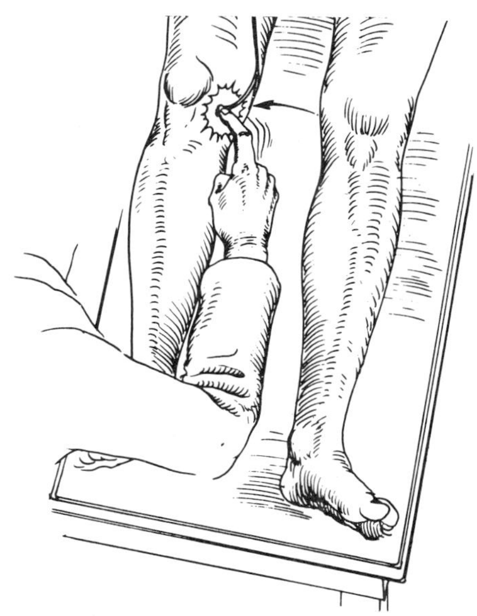

Abb. 69 Das Tinel-Zeichen.

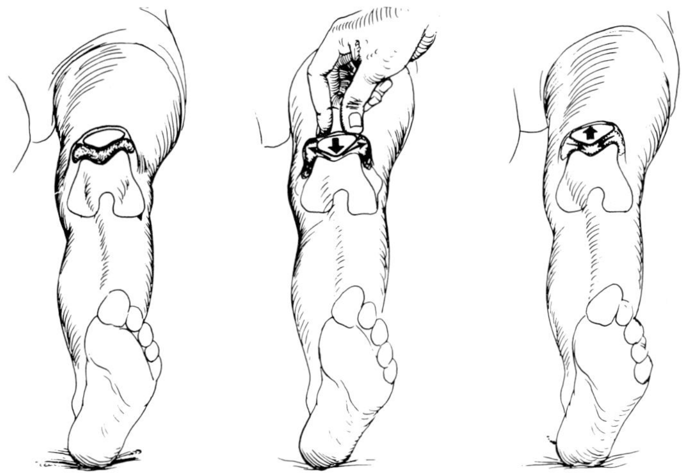

Abb. 70 Nachweis eines größeren Kniegelenksergusses – die «tanzende» Patella.

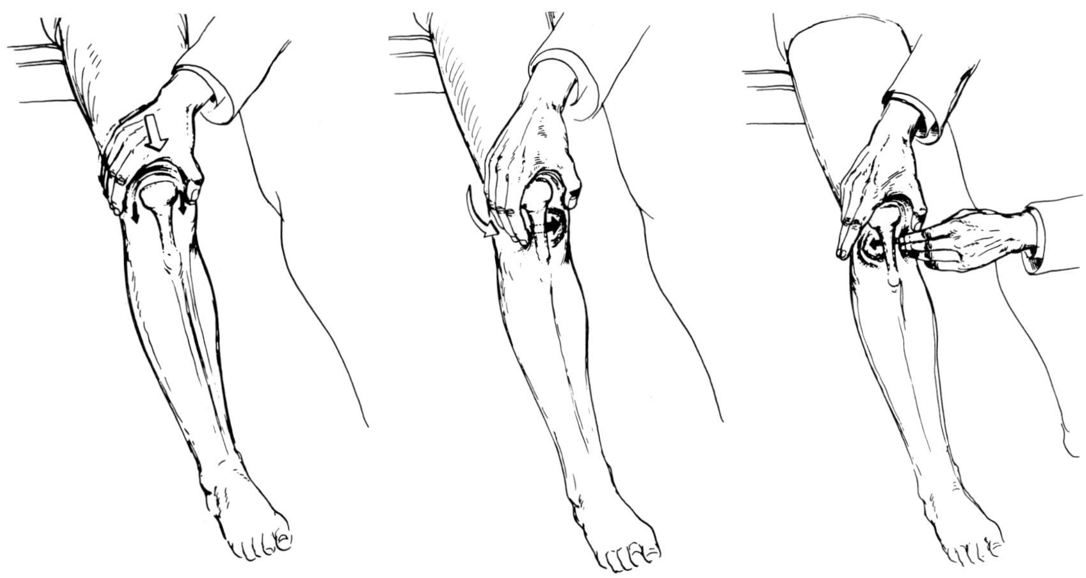

Abb. 71 A–C Untersuchungstechnik bei einem kleinen Gelenkerguß.

worden ist, beklopfen Sie das Gelenk leicht über der Flüssigkeit, die dabei durch das Knie hindurch wandert und zu einer Füllung auf der lateralen Seite führt (Abb. 71 A, B, C).

Untersuchung der benachbarten Gebiete

Bei einer wirklich umfassenden Untersuchung des Kniegelenks sollten auch die beiden Gelenke oberhalb und unterhalb des Knies mit einbezogen werden. Ein lumbaler Bandscheibenvorfall oder eine Osteoarthritis der Hüfte können zur Schmerzausstrahlung ins Knie führen. Gelegentlich können sich Erkrankungen des Fußes, wie Bänderrisse oder Infektionen, am Knie manifestieren (Abb. 72).

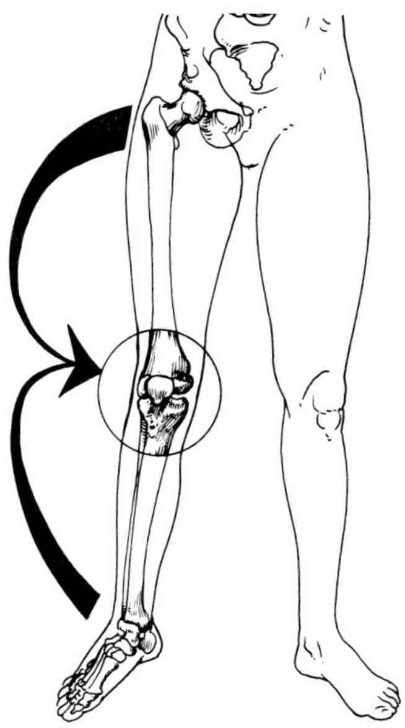

Abb. 72 Schmerz im Knie kann aus der Hüfte, der Lendenwirbelsäule, dem Fuß und dem Sprunggelenk fortgeleitet sein.

Klinische Untersuchung des Fußes und Sprunggelenks

8

Fuß und Sprunggelenk sind die Hauptpunkte, auf die das gesamte Körpergewicht beim Gehen übertragen wird; für diese Funktion sind sie ausgezeichnet gebaut. Die kräftigen Fersen- und Zehenballen funktionieren als Stoßdämpfer beim Gehen und Laufen, die Gelenke können sich jeweils so anpassen, wie es für die Aufrechterhaltung des Gleichgewichts auf verschiedenen Bodenoberflächen notwendig ist.

Wegen dieser außerordentlichen Belastung sind Fuß und Sprunggelenk oft bei statischen Deformitäten beteiligt, die andere Teile des Körpers gewöhnlich nicht in Mitleidenschaft ziehen. Darüber hinaus wird der Fuß durch eine große Zahl von Allgemeinkrankheiten, wie rheumatische Arthritis und Diabetes mellitus, in Mitleidenschaft gezogen.

Da der Fuß den Menschen in unmittelbaren und direkten physischen Kontakt mit seiner Umgebung bringt, verlangt seine ständige Verletzungsgefahr mehr oder weniger eine künstliche Schutzhülle, den Schuh, der wiederum selbst viele Probleme verursachen und verschlimmern kann. Aus diesem Grund schließt die sorgfältige Untersuchung des Fußes und Sprunggelenks immer auch eine sorgfältige Untersuchung des Schuhwerks ein.

Inspektion

Wenn der Patient den Untersuchungsraum betritt, betrachten Sie die äußere Erscheinung von Schuh und Fuß. Ein verformter Fuß kann jeden guten Schuh deformieren. Vielfach ist der Schuh tatsächlich und buchstäblich ein Schaukasten für bestimmte Störungen. So haben beispielsweise die Schuhe eines Patienten mit Plattfuß gewöhnlich durch das Vorstehen des Taluskopfes eine auffällige mediale Kontur (Abb. 36). Die Schuhe eines Patienten mit Hängefuß zeigen abgescheuerte Spitzen durch das Schleifen über den Boden während der Schwungphase (Abb. 16, Kapitel «Gang»). Schuhe von Patienten, die über die Großzehe laufen, weisen eine vermehrte Abnutzung an der lateralen Kante der Sohle auf. Falten über dem vorderen Teil des Schuhs können krankhafte Veränderungen des Fußes verraten. Falten, die deutlich schräg anstatt quer verlaufen, können möglicherweise auf einen Hallux rigidus hinweisen, da das Abheben des Fußes dann auf dessen lateraler Seite erfolgt (Abb. 78). Das Fehlen von Falten zeigt an, daß kein Abstoßen mit den Zehen erfolgt. Natürlich können Fußbeschwerden auch von Fremdkörpern herrühren, die in den Schuh hineinragen, wie etwa Nägel oder Nieten, grobe Nähte oder ein aufgeworfenes Futter.

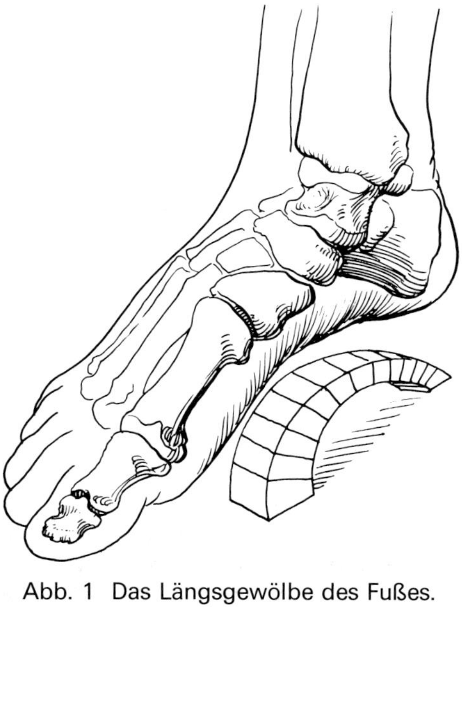

Abb. 1 Das Längsgewölbe des Fußes.

Da eine umfassende Untersuchung von Fuß und Sprunggelenk die Inspektion der ganzen unteren Extremität wie auch der Lendenwirbelsäule einschließt, soll sich der Patient von der Hüfte abwärts entkleiden. Während er seine Kleidung ablegt, beobachten Sie, wie Fuß und Sprunggelenk das Körpergewicht tragen. Gerade in der Belastungsphase treten die meisten pathologischen Veränderungen erst deutlich hervor.

Zu Beginn der Inspektion sollten Sie die Zehen zählen, um sicher zu sein, daß der Patient tatsächlich 5 besitzt. Sie können nämlich gelegentlich auch eine zusätzliche Zehe finden, die eine kongenitale Anomalie darstellt. Die Zehen sollten gerade, flach und untereinander wie auch im Vergleich zu den Zehen des anderen Fußes wohlproportioniert sein. Eine übermäßig lange Großzehe kann entweder geschwollen oder eine kongenitale Anomalie sein. Übereinander liegende Zehen können eine Anpassungsreaktion an ein Hühnerauge sein und sind gewöhnlich für sich genommen nicht schmerzhaft.

Bitten Sie den Patienten, sich hinzusetzen, damit Sie feststellen können, ob seine Füße in Ruhe die normale leichte Plantarflexion und Einwärtskippung im Gegensatz zu Doralflexion und Außenkippung (spastischer Plattfuß) besitzen. Beurteilen Sie dann die allgemeine Form des Fußes. Normalerweise ist der Fußrücken aufgrund des medialen Längsgewölbes gebogen (Abb. 1). Dieses erstreckt sich zwischen dem Köpfchen des ersten Metatarsale und dem Kalkaneus. Der Bogen wird deutlicher, wenn der Fuß kein Gewicht trägt. Gelegentlich kann er ungewöhnlich hoch sein (Pes excavatus) (Abb. 2), er kann aber auch fehlen (Pes planus). Zusätzlich können Sie öfters bei Kindern eine Adduktionsstellung

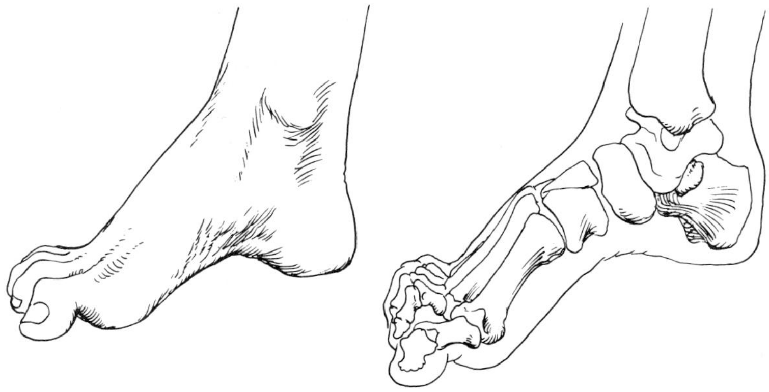

Abb. 2 Abnorm hohes Fußgewölbe (Pes excavatus).

des Vorfußes (Abb. 93) oder eine extreme Valgusstellung des Hinterfußes feststellen (Abb. 37).

Beachten Sie, daß der Fuß seine Farbe in der gewichttragenden und entlasteten Stellung wechselt. Normalerweise bedarf es nur weniger Sekunden, damit die Farbe von einem dunklen zu einem helleren Rosa wechselt, sobald der Fuß von seiner Last befreit ist. Wenn der Fuß abgehoben von einem hellen Rosa ist, jedoch dunkelrot, wenn er herabhängt (lageabhängiger Rubor), kann eine Erkrankung der kleinen Blutgefäße oder eine arterielle Durchblutungsstörung vorliegen.

Die Haut des Vorfußes ist an den gewichttragenden Stellen extrem dick: An der Ferse, der seitlichen Kante sowie den Metatarsalköpfchen I und V. Eine pathologische Verdickung der Haut (Schwiele) wird dadurch verursacht, daß dieses Gebiet besonders viel Gewicht zu tragen hat. Dieser Zustand ist am häufigsten über den Metatarsalköpfchen zu beobachten (Ab. 29).

Betrachten Sie schließlich noch den Fuß und die Knöchel auf das Vorliegen einer ein- oder beidseitigen Schwellung. Eine einseitige Schwellung weist gewöhnlich auf ein Restödem nach Trauma, wie z. B. einer Sprunggelenksfraktur, hin. Eine beidseitige Schwellung kann Zeichen einer Herzinsuffizienz oder einer lymphatischen Abflußstauung sein oder eine Behinderung des venösen Rückflusses im Bereich des Beckens anzeigen. Die Schwellung kann lokal oder generalisiert sein. Eine umschriebene Schwellung tritt gewöhnlich in der Umgebung der Knöchel nach einer Bänderzerrung auf. Eine generalisierte Schwellung entwickelt sich nach einem massiven Trauma und dehnt sich auf den Fuß, gelegentlich sogar auf die Tibia, aus.

Palpation der Knochen

Um den Fuß und das Sprunggelenk zu palpieren, muß der Patient mit frei herabhängenden Beinen auf der Kante des Untersuchungstisches sitzen. Der Untersucher sitzt ihm auf einem Schemel gegenüber. Fixieren Sie den Fuß und den Unterschenkel mit einer Hand, indem Sie den Kalkaneus halten. Hiermit ist es relativ leicht, den Fuß für die Palpation in verschiedene Stellungen zu bringen. Da die Knochen des Fußes fast überall subkutan liegen, stellen ihre vorspringenden Punkte die einfachsten Bezugspunkte dar (Abb. 3).

Innenseite

Köpfchen des Metatarsale I und Metatarsophalangealgelenk I. Das Köpfchen des Metatarsale I sowie das erste Metarsophalangealgelenk lassen sich am Fußballen tasten. Achten Sie auf jede knöcherne Wucherung am Metatarsalköpfchen (Abb. 4). Das Metatarsophalangealgelenk wird am häufigsten durch Gicht und chronische Bursitis in Mitleidenschaft gezogen. Untersuchen Sie vom Gelenk ausgehend nach proximal entlang dem medialen Schaft des Metatarsale I.

Die Verbindung Metatarsale I und Os cuneiforme mediale. Das Metatarsale verbreitert sich gegen seine Basis etwas und trifft dabei auf das Os cuneiforme mediale, um mit ihm das erste Metatarsotarsalgelenk zu bilden (Abb. 5). Das Os cuneiforme mediale ragt um fast 1,5 cm weiter nach distal als die beiden anderen Kuneiformia. Das Os cuneiforme mediale artikuliert mit der Basis des Metatarsa-

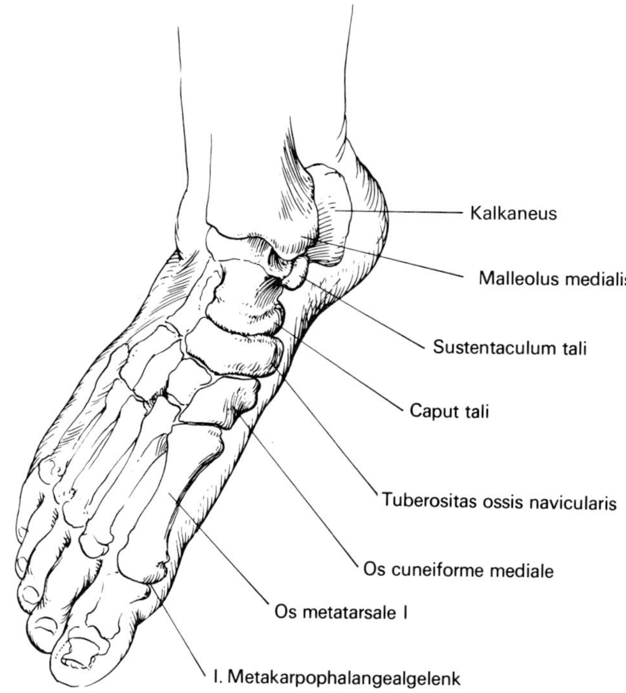

Abb. 3 Anatomie des Fußes und des Sprunggelenks (Ansicht von medial).

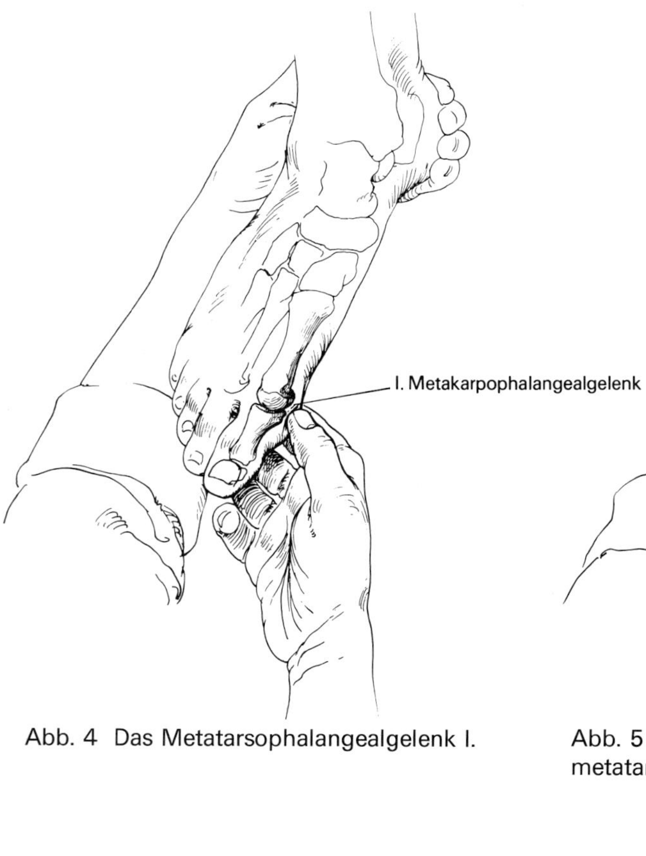

Abb. 4 Das Metatarsophalangealgelenk I.

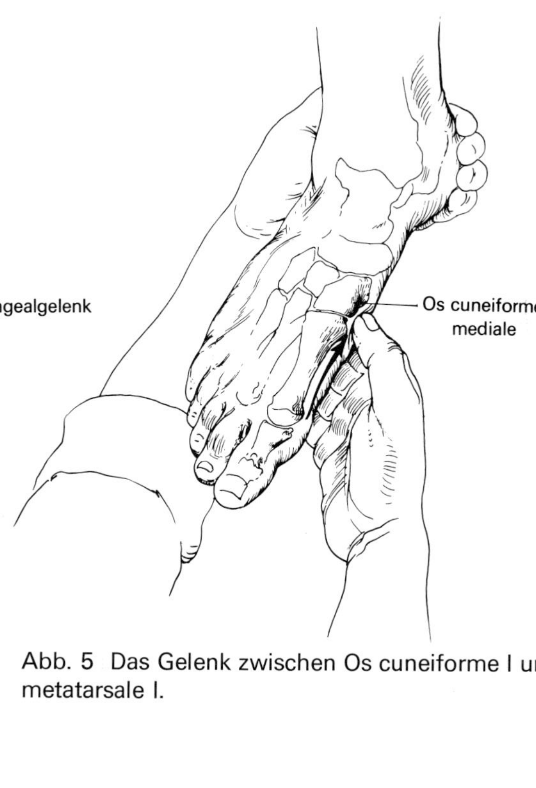

Abb. 5 Das Gelenk zwischen Os cuneiforme I und Os metatarsale I.

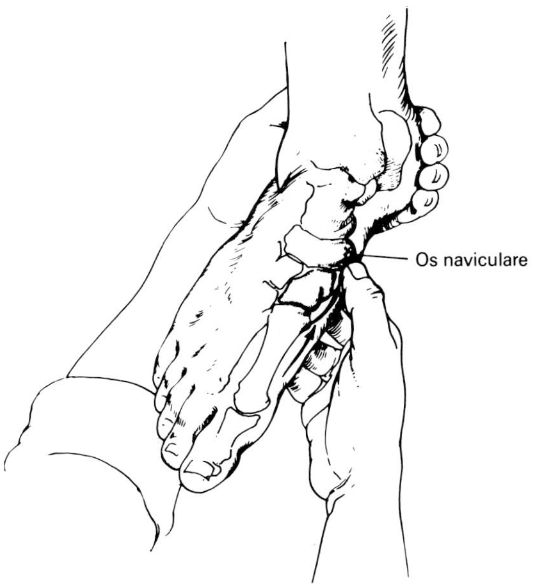

Abb. 6 Das Tuberculum ossis navicularis.

le I in einem einfachen glatten Gelenk, das eine gleitende Bewegung zuläßt.

Tuberositas ossis navicularis. Wenn Sie den Fuß weiter nach proximal an seiner medialen Seite untersuchen, wird die Tuberositas ossis navicularis der nächste Knochenvorsprung sein, auf den Sie stoßen (Abb. 6). Das Navikulare besitzt gelenkige Verbindungen mit fünf weiteren Knochen: proximal mit dem Taluskopf, distal mit den drei Kuneiformia und lateral mit dem Os cuboideum. Eine durch umschriebene Schmerzhaftigkeit und hinkenden Gang gekennzeichnete aseptische Nekrose des Navikulare findet sich manchmal bei Kindern. Wenn ferner die Tuberositas zu weit vorragt, kann sie gegen die Innenseite des Schuhs stoßen und schmerzhaft werden.

Taluskopf. Die mediale Seite des Taluskopfes liegt unmittelbar proximal vom Navikulare. Sie können ihn durch Ein- und Auswärtskippen des Vorfußes finden. Die dabei auftretende Bewegung zwischen dem Talus und dem Navikulare ist tastbar. Bei der Auswärtskippung tritt der Kopf deutlicher aus seiner Lage unterhalb des Navikulare heraus. Sollte der Taluskopf schwierig zu finden sein, so ziehen Sie eine Linie zwischen dem Innenknöchel und der Tuberositas ossis navicularis, markieren die Mitte dieser Linie und untersuchen dann an dieser Stelle. Der Taluskopf liegt direkt unter Ihren Fingern. Er fühlt sich wie eine leichte Eindellung an, wenn sich der Fuß in Neutralstellung befindet (Abb. 7, 8). Beim Pes planus erscheint der Taluskopf auf der medialen Fußseite.

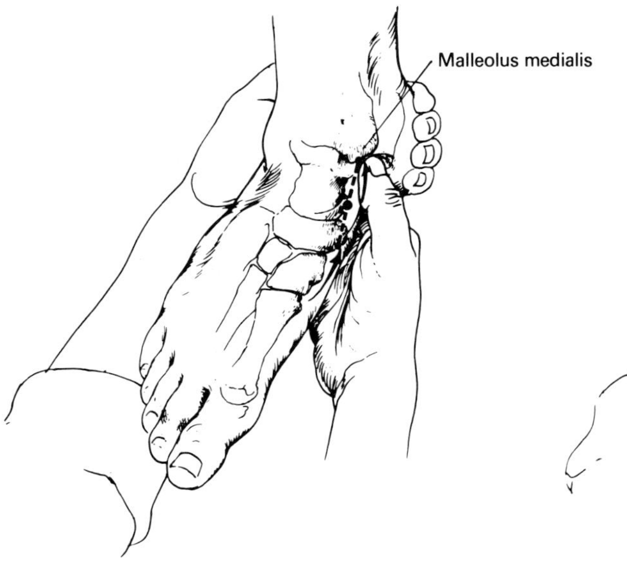

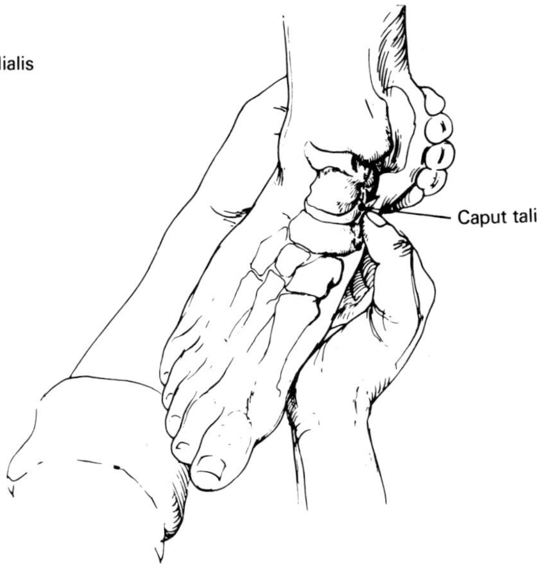

Abb. 7 und 8 Der Taluskopf liegt in der Mitte der Verbindungslinie vom Innenknöchel zum Tuberculum naviculare.

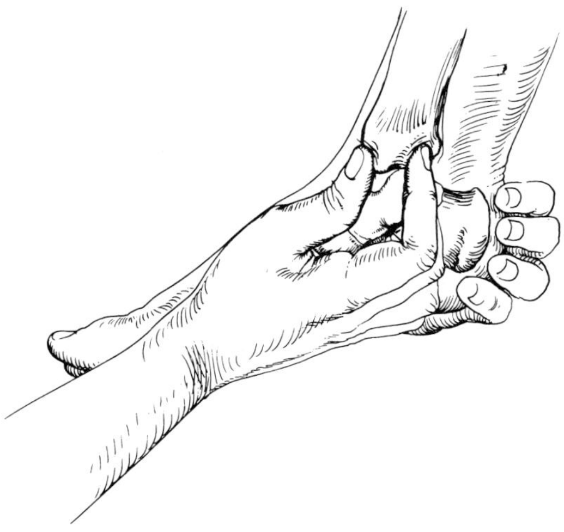

Abb. 9 Der Malleolus medialis.

Innenknöchel. Untersuchen Sie vom Taluskopf weiter nach proximal, bis Sie an den Innenknöchel (das distale Tibiaende) kommen. Der Innenknöchel umfaßt die Innenseite des Talus und gibt dem Sprunggelenk knöcherne Stabilität. Er artikuliert mit einem Drittel des Talus auf dessen medialer Seite (Abb. 9).

Sustentaculum tali. Gehen Sie jetzt nach plantar, etwa eine Fingerbreite vom distalen Ende des Innenknöchels, bis Sie das Sustentaculum tali finden (Abb. 10). Das Sustentaculum tali ist klein und kann unter Umständen nicht auffindbar sein, besitzt aber anatomische Bedeutung. Klinisch unterstützt es den Talus und dient als Ansatz für das Ligamentum deltoideum. Funktionsstörungen in diesem anatomischen Bezirk können zu einem Plattfuß führen.

Tuberculum mediale processus posterioris tali. Das kleine und kaum tastbare mediale Tuberkulum liegt unmittelbar hinter dem distalen Ende des Innenknöchels. An dieser Stelle inseriert die Pars tibiotalaris posterior des Ligamentum deltoideum (Abb. 11).

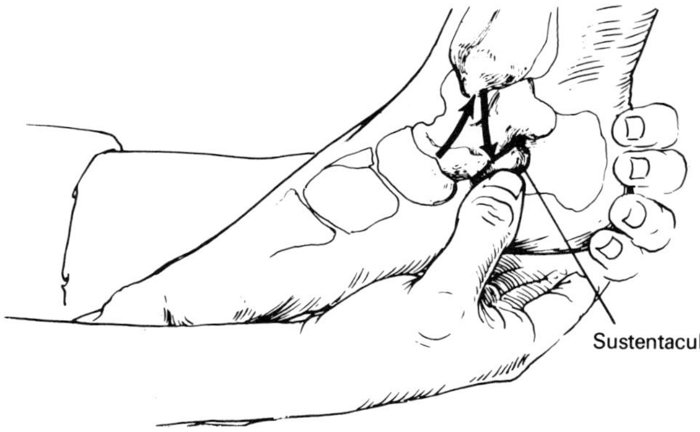

Abb. 10 Das Sustentaculum tali ist der große mediale Vorsprung des Calcaneus.

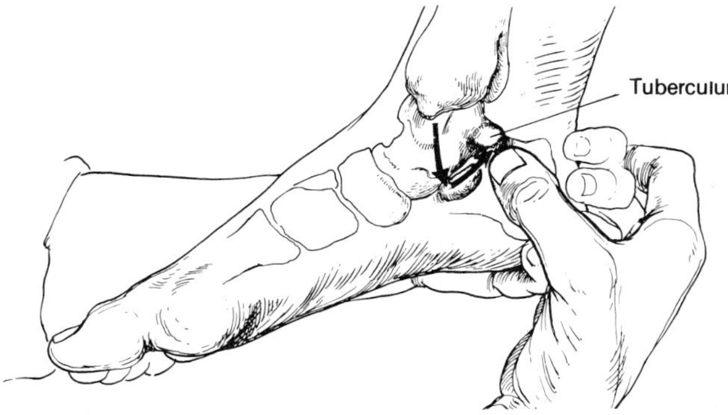

Abb. 11 Das Tuberculum mediale tali.

Außenseite

Um die Außenseite des Fußes zu palpieren, halten Sie weiterhin den Fuß des Patienten wie zuvor (Abb. 12).

Metatarsale V. Metatarsophalangealgelenk V. Diese befinden sich an der lateralen Seite des Fußballens (Ab. 13). Achten Sie darauf, daß die Metatarsalköpfchen I und V normalerweise am meisten vorstehen. Tasten Sie sich an der lateralen Seite des Metatarsale V nach proximal bis zu seiner verbreiterten Basis, der Tuberositas ossis metatarsalis V (Abb. 14). Denken Sie daran, daß hier der M. peronaeus brevis ansetzt. Unmittelbar hinter der Tuberositas, aber noch vor dem Os cuboideum, findet sich eine Delle, die durch eine Rille im Kuboid selbst noch betont wird. Diese Rille wird durch die Sehne des M. peronaeus longus geschaffen, die hier zur medialen Seite der Fußsohle verläuft (Abb. 15).

Kalkaneus. Gehen Sie weiter nach proximal entlang der lateralen Seite des Fußes zum Kalkaneus, der subkutan liegt und leicht zu tasten ist (Abb. 16).

Trochlea peronaealis. Die Trochlea peronaealis liegt auf dem Kalkaneus distal vom Außenknöchel (Abb. 17). In der Regel ist sie etwa 0,5 cm lang, ihre Größe kann jedoch variieren. Die Trochlea ist deshalb ein wichtiger Orientierungspunkt, weil sie die Sehnen des M. peronaeus brevis und M. peronaeus longus an der Stelle trennt, wo diese um den lateralen Kalkaneus verlaufen.

Außenknöchel. Der Außenknöchel ist das distale Ende der Fibula (Abb. 18) und reicht weiter nach distal und hinten als der Innenknöchel. Seine Form gestattet dem Sprunggelenksspalt eine Neigung von 15° nach lateral. Seine zusätzliche Ausdehnung nach distal wirkt als ein Hemmnis gegen pronierende Gelenkverstauchungen. Der nicht so weit nach distal reichende Innenknöchel besitzt diesen mechanischen Vorteil nicht und kann aus diesem Grunde auch die so häufig anzutreffende Supinationsverrenkung weniger effektiv verhindern. Der Unterschied in Länge und Stellung der beiden Knöchel wird noch deutlicher, wenn Sie Ihre Finger auf den vorderen Teil beider Knöchel legen (Abb. 19). Traumatische Knöchelfrakturen kommen relativ häufig vor.

Wenn Sie Ihren Daumen auf den am weitesten vorn liegenden Teil des Außenknöchels (Abb. 20) legen und den Fuß des Patienten plantarwärts beugen, so wird der anterolaterale Teil der Talusrolle tastbar, wie sie sich aus dem Gelenkspalt herausdreht (Abb. 21).

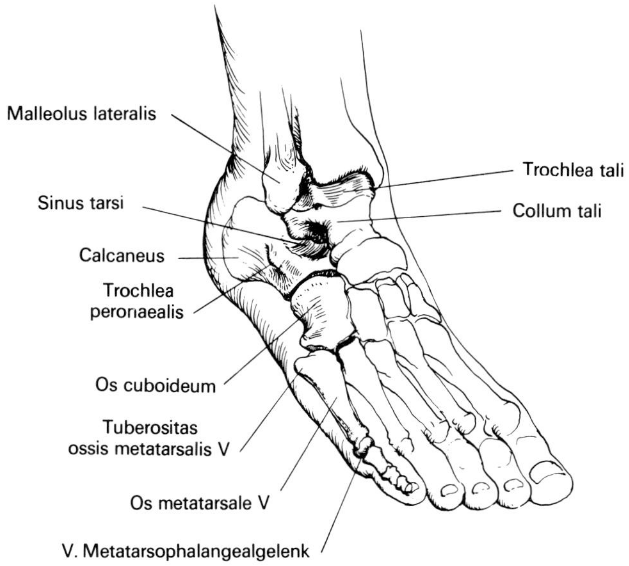

Abb. 12 Anatomie des Fußes und des Sprunggelenks (Ansicht von lateral).

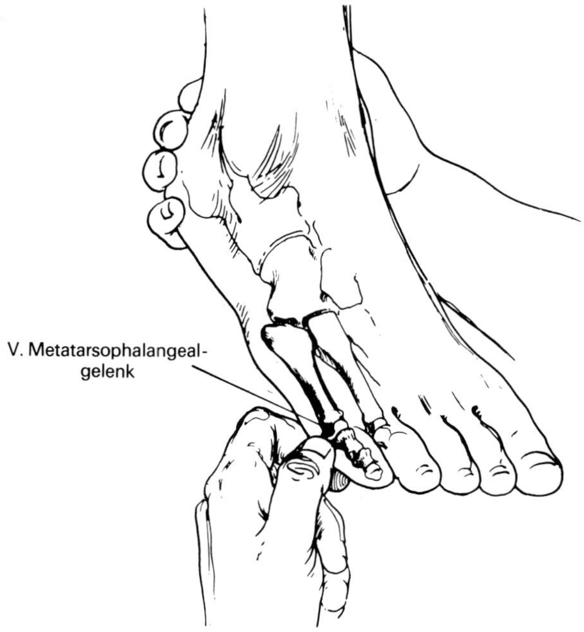

Abb. 13 Das Metatarsophalangealgelenk V.

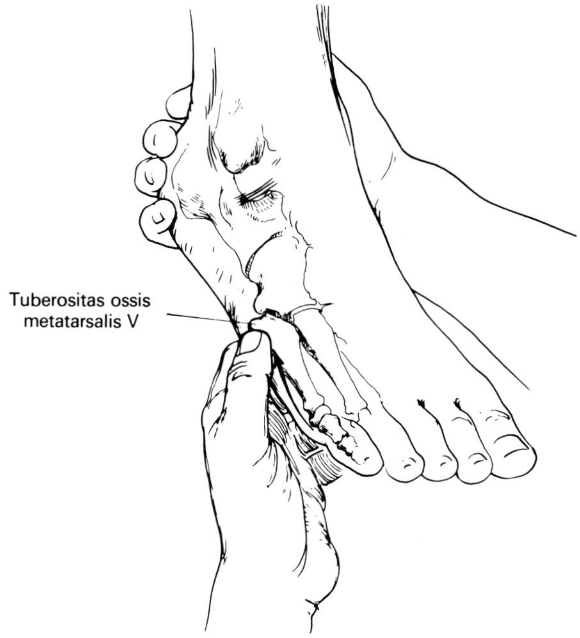

Abb. 14 Die Tuberositas ossis metatarsalis V.

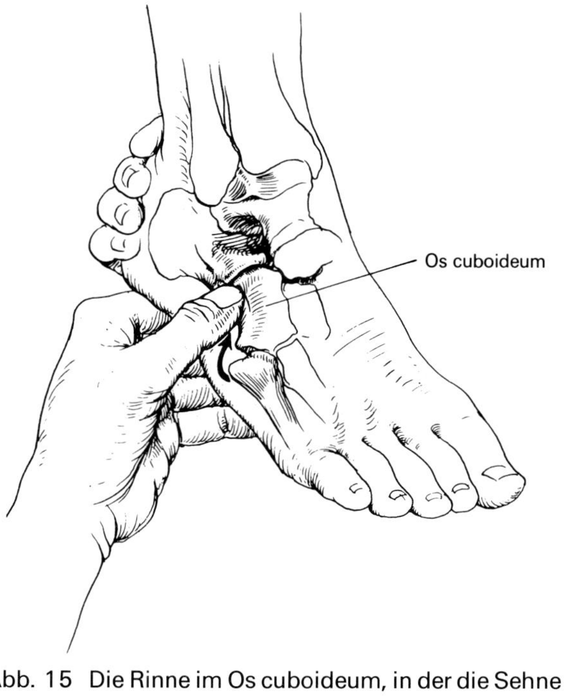

Abb. 15 Die Rinne im Os cuboideum, in der die Sehne des M. peronaeus longus verläuft.

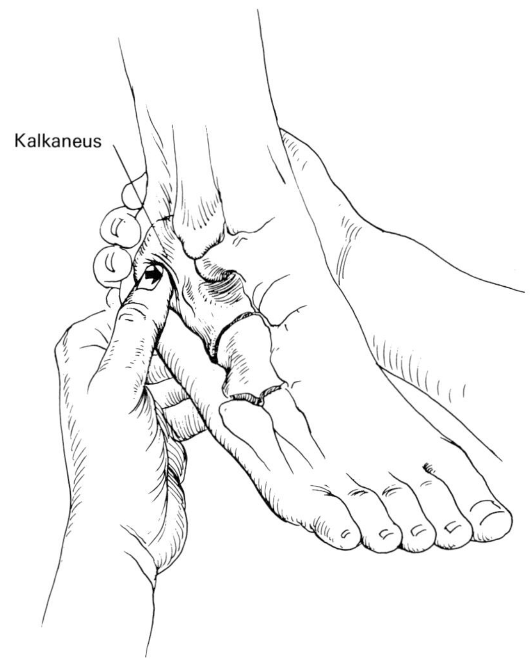

Abb. 16 Der Kalkaneus.

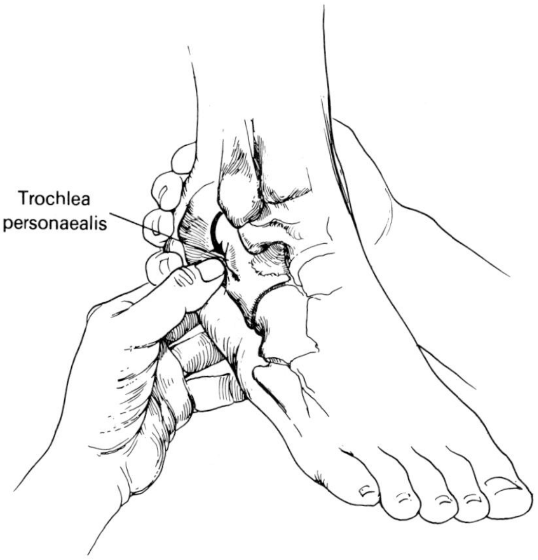

Abb. 17 Die Trochlea peronaealis ist ein kleiner lateraler Vorsprung des Kalkaneus.

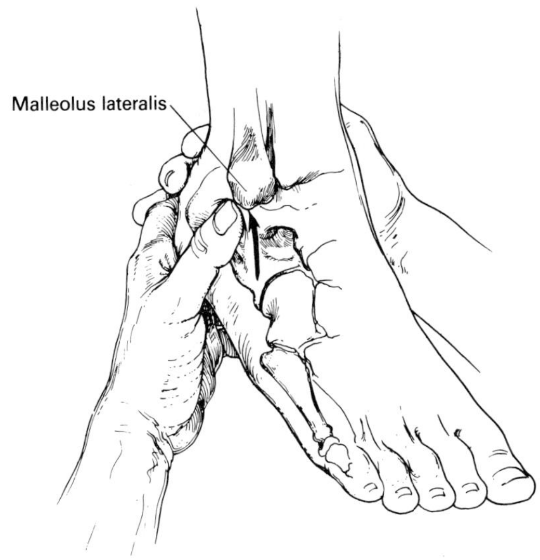

Abb. 18 Der Malleolus lateralis.

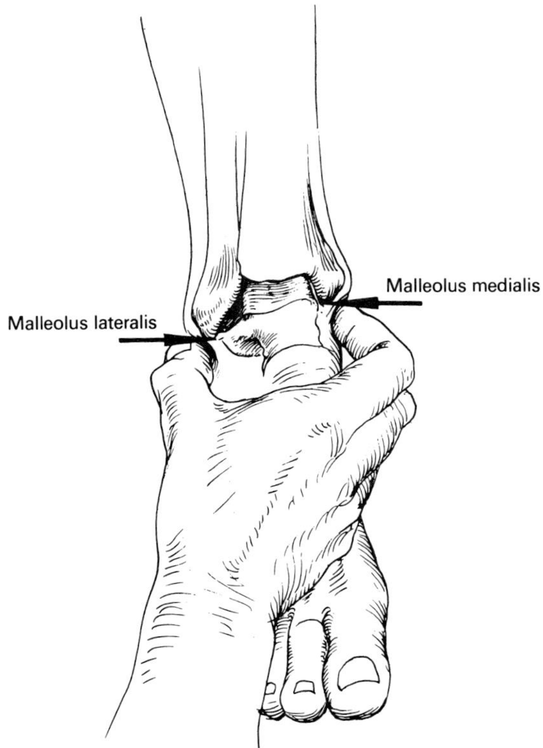

Abb. 19 Der laterale Malleolus reicht tiefer als der mediale.

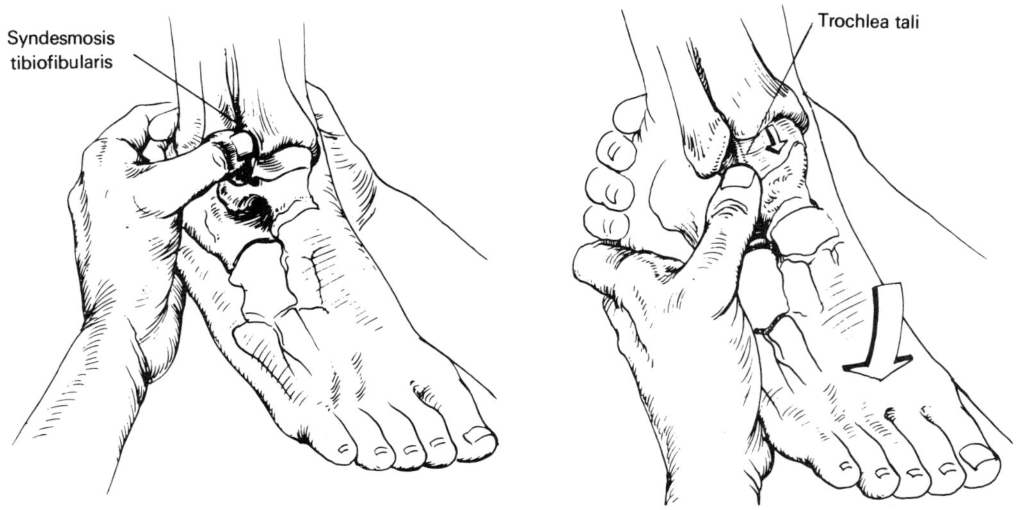

Abb. 20 und 21 Palpation der lateralen Kante der Trochlea tali (anterolateraler Teil). Die Plantarflexion des Fußes macht einen größeren Anteil der Trochlea tali der Palpation zugänglich.

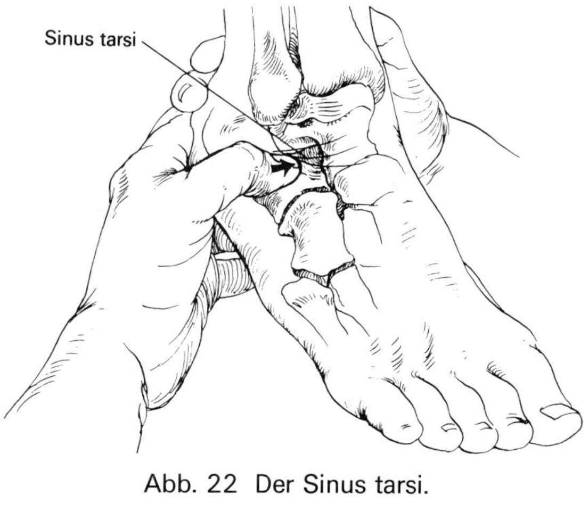

Abb. 22 Der Sinus tarsi.

Sinus tarsi

Fixieren Sie den Fuß des Patienten am Kalkaneus mit einer Hand und legen Sie den Daumen der anderen Hand in die Weichteilmulde direkt vor dem Außenknöchel (Abb. 22). Diese Mulde liegt direkt über dem Sinus tarsi, der durch den M. extensor digitorum brevis und ein darüberliegendes Fettpolster ausgefüllt wird. Sie können jedoch durch diese Weichteile hindurch die Rückseite des Kalkaneus nahe seiner Gelenkverbindung mit dem Kuboid tasten. Jetzt kippen Sie den Fuß einwärts, dabei können Sie die laterale Seite des Talushalses fühlen, indem Sie Ihre Finger tiefer in den Sinus hineindrükken. Genau über diesen Zugangsweg wird eine subtalare Arthrodese durchgeführt.

Talusrolle. Halten Sie den Fuß des Patienten in Einwärtskippung und flektieren ihn plantarwärts. Ein kleiner Teil der Talusrolle wird jetzt tastbar. Der größere Teil ihrer Oberfläche ist eher auf der lateralen als auf der medialen Seite nächst dem Innenknöchel zugänglich. Gelegentlich läßt sich ein Defekt der Gelenkfläche der Talusrolle tasten.

Unteres Tibiofibulargelenk. Dieses Gelenk liegt unmittelbar proximal vom Talus. Da das Ligamentum tibiofibulare anterius das Gelenk überspannt, ist dieses selbst nicht zu palpieren. Man kann jedoch unmittelbar oberhalb dieses Gelenks eine kleine Eindellung fühlen (Abb. 20). Die Knochen dieses Gelenks können als Folge einer Sprunggelenksverletzung voneinander getrennt sein (Diastase).

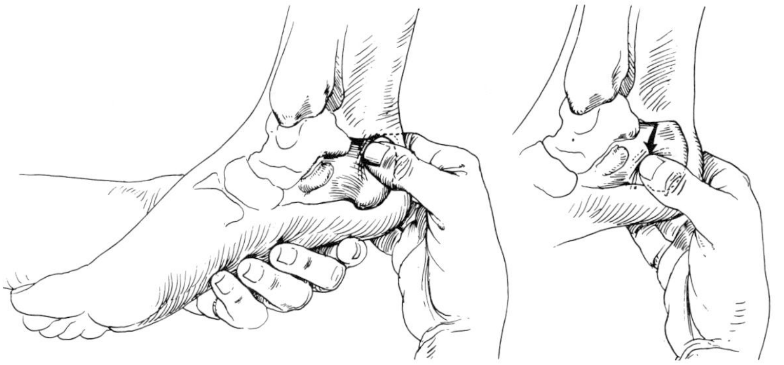

Abb. 23 Das Tuber calcanei: Das freie hintere Drittel des Kalkaneus.

Hinterfuß

Ergreifen Sie den Hinterfuß, während der Patient den Fuß entspannt und legen Sie Ihren Daumen und die Finger in die Weichteileinsenkung beiderseits der Achillessehne.

Kalkaneusrolle. Das freie hintere Drittel der Rolle steht scharf hinter dem Sprunggelenk hervor. Wenn Sie jetzt mit Ihren Fingern plantarwärts gehen, so bemerken Sie, daß sich der Kalkaneus zu seiner Basis hin nach außen verbreitert (Abb. 23). Diese Verbreiterung kann besonders stark nach einer Kompressionsfraktur des hinteren Drittels des Kalkaneus sein.

Tuber calcanei. Das Tuber calcanei liegt auf der medialen plantaren Fläche des Kalkaneus (Abb. 24). Es ist ziemlich breit und groß. Medial entspringen an ihm der M. abductor hallucis und der M. flexor digitorum brevis sowie vorn die Plantaraponeurose. Das Tuber calcanei ist an sich nicht besonders deutlich, es sei denn, es ist mit einem Fersensporn verbunden. Dabei wird es druckschmerzhaft. Das Tuber calcanei trägt das Körpergewicht, während das Tuberculum fibulare tuberis calcanei nicht daran beteiligt ist. Bei Kindern ist ein Schmerz über der Rückseite des Kalkaneus (als Folge einer Epiphysitis) nicht ungewöhnlich. Wegen dieses Schmerzes vermeiden die Patienten den Auftritt mit der Ferse unter Umständen gänzlich (Kapitel «Gang», Abb. 8).

Fußsohle

Im allgemeinen ist die Palpation der knöchernen Vorsprünge der Fußsohle schwierig wegen der darüber liegenden Faszien, Fettpolster und Schwielen. Um die Fußsohle untersuchen zu können, lassen Sie den Patienten das Bein ausstrecken, so daß seine Fußsohle Sie anschaut. Fixieren Sie den Unterschenkel, indem Sie das Bein oberhalb des Sprunggelenks von hinten halten.

Sesambeine. Beginnend am Tuber calcanei palpieren Sie nach distal entlang der medialen Kante des Längsgewölbes über die Basis des Metatarsale I hinaus bis zum ersten Metatarsophalangealgelenk. Wenn Sie fest auf das Metatarsale I drücken, können Sie zwei kleine Sesambeine tasten (Abb. 25), die innerhalb der Sehne des Flexor hallucis brevis liegen. Der Kopf des Metatarsale I trägt einen großen Teil des Körpergewichts, die beiden Sesambeine verteilen etwas von diesem Gewicht. Ferner stellen sie für die Beugesehne der Großzehe einen mechanischen Vorteil dar, besonders beim Abstoßen. Sind sie entzündet (Sesamoiditis), so können sie schmerzhaft werden.

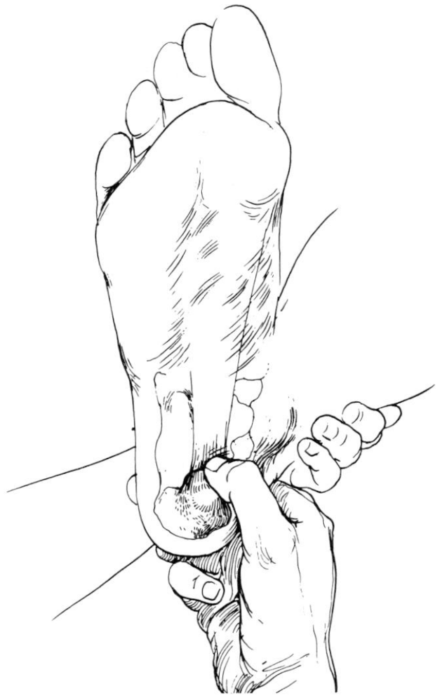

Abb. 24 Das Tuberculum tibiale tuberis calcanei.

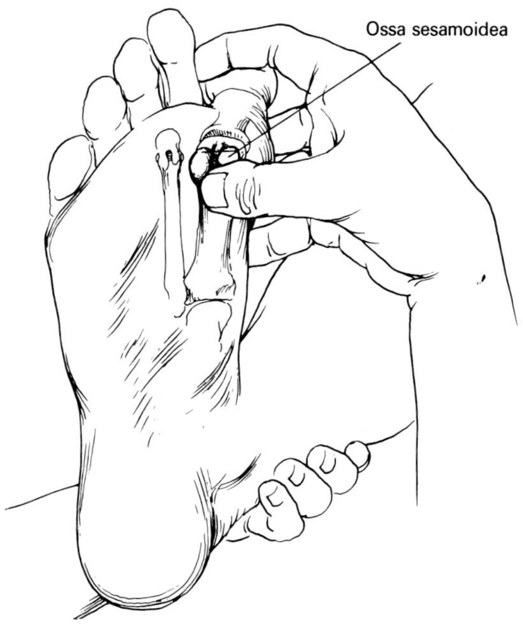

Abb. 25 Die Sesambeine in der Sehne des M. flexor hallucis longus.

Metatarsalköpfchen. Gehen Sie jetzt nach lateral und palpieren Sie jedes der Tarsalköpfchen, indem Sie Ihren Daumen auf die Plantarfläche legen und Ihren Zeigefinger auf den Fußrücken (Abb. 26, 27). Das Quergewölbe des Vorfußes liegt unmittelbar hinter den Metatarsalköpfchen (Abb. 28). Dieses Gewölbe ist dafür verantwortlich, daß die Metatarsalköpfchen I und V besonders hervorstehen. Während Sie die Köpfchen palpieren, versuchen Sie festzustellen, ob eines von ihnen unverhältnismäßig groß ist. Sollte dies der Fall sein, so muß es einen ungewöhnlich hohen Anteil des Körpergewichts tragen und wird dabei einer Reihe von Problemen unterworfen. Diese Veränderung erfolgt am häufigsten am Köpfchen des Metatarsale II. Schwielen, die sich infolge vermehrten Drucks gebildet haben, können das Köpfchen vollständig verdecken (Abb. 29). Gelegentlich zeigt sich auch am Metatarsalköpfchen V eine starke Verschwielung. Schmerzen im II., III. oder IV. Metatarsalköpfchen können im Gefolge einer aseptischen Nekrose (mangelnde Blutversorgung) auftreten, die dann zu einem schmerzvermeidenden Gang führen.

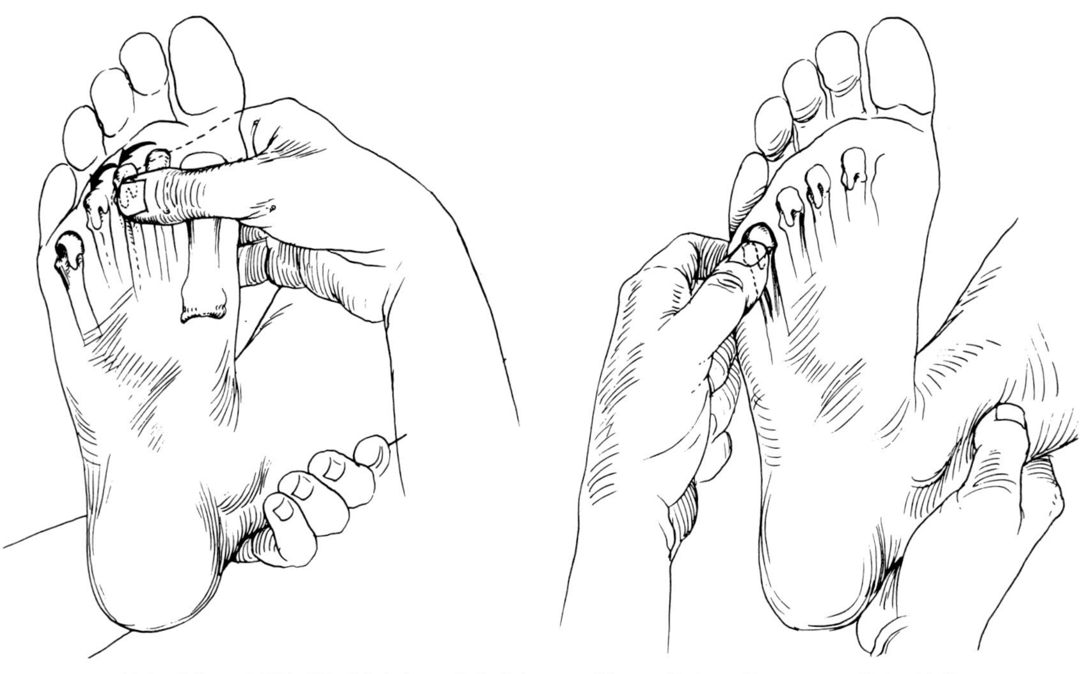

Abb. 26 und 27 Die Metatarsalköpfchen sollten mit dem Daumen auf der Fußsohle und dem Zeigefinger auf dem Fußrücken palpiert werden. Palpieren Sie jedes Köpfchen einzeln.

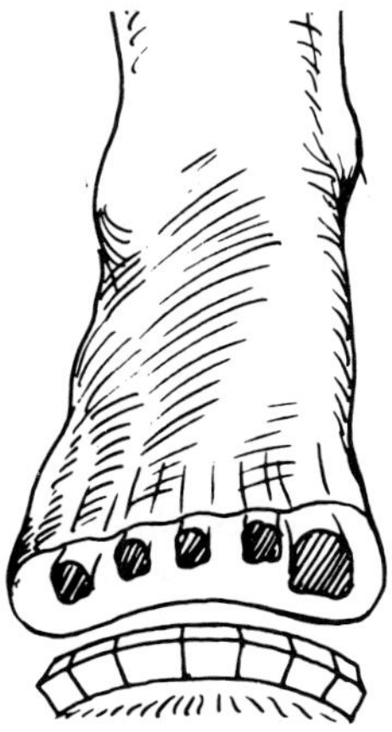

Abb. 28 Das Quergewölbe des Fußes liegt direkt hinter den Metatarsalköpfchen.

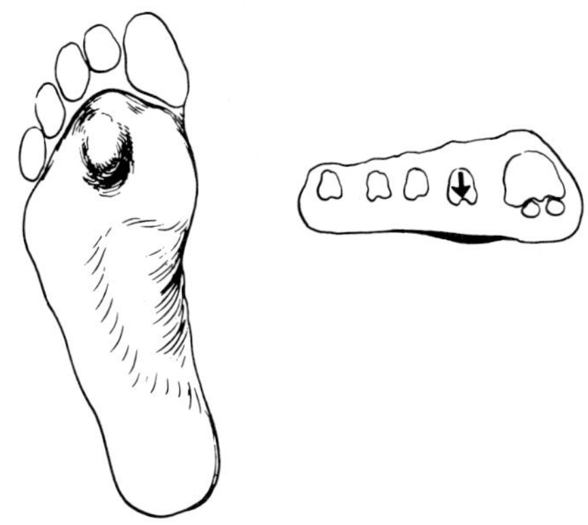

Abb. 29 Links: Schwielen entwickeln sich gewöhnlich unter den Metatarsalköpfchen. Rechts: Abgesunkenes Köpfchen des Metatarsale II mit entsprechender Schwielenbildung.

Palpation der Weichteile

Region I – I. Metatarsalköpfchen

Das Gebiet um das auffällige Metatarsalköpfchen I und das Metatarsophalangealgelenk I ist Sitz des Hallux valgus, einer recht häufigen krankhaften Veränderung (Abb. 30).

Der Hallux valgus ist eine Deformität, die durch eine seitliche Abweichung der Großzehe charakterisiert ist. In vielen Fällen ist diese Abweichung derart stark, daß die Großzehe über der zweiten Zehe liegt (Abb. 31). Der Schaft des Metatarsale I kann ebenfalls nach medial abgebogen sein (Metatarsus primus varus). Unter solchen Umständen kann sich eine knöcherne Wucherung auf der Medialseite des Metatarsalköpfchen I entwickeln und zu einer Schwellung der umgebenden Weichteile führen. Daraus resultierender Druck und Reibung gegen den Schuh können die Bildung eines Schleimbeutels veranlassen, der häufig schmerzhaft und entzündlich wird. Charakteristischerweise erscheint das umliegende Gebiet gerötet (entzündlicher Fußballen) (Abb. 32).

Die Innenseite des Metatarsalköpfchens I ist auch der klassische Manifestationsort der Gicht. Tophi (Ablagerungen von Uratkristallen in den Geweben um das Gelenk) entwickeln sich oft am Metatarsophalangealgelenk I und führen sowohl zu Schmerz als auch Verformung. Verwechseln Sie solche Tophi nicht mit einem entzündeten Fußballen, wie er beim Hallux valgus auftritt.

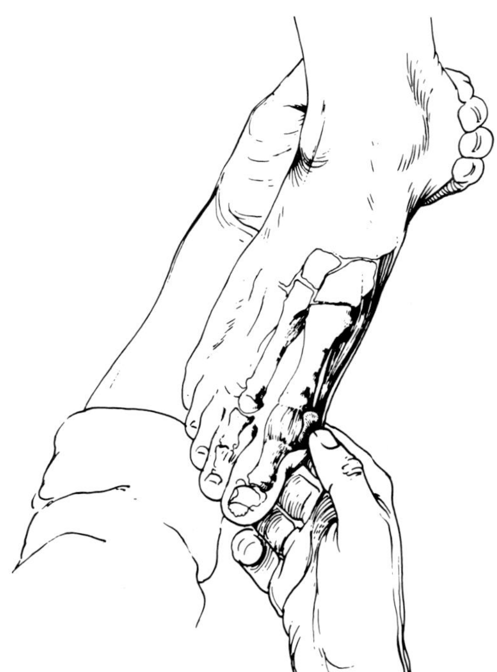

Abb. 30 Bildung eines Schleimbeutels über dem ersten Metatarsalköpfchen und dem Zehengrundgelenk.

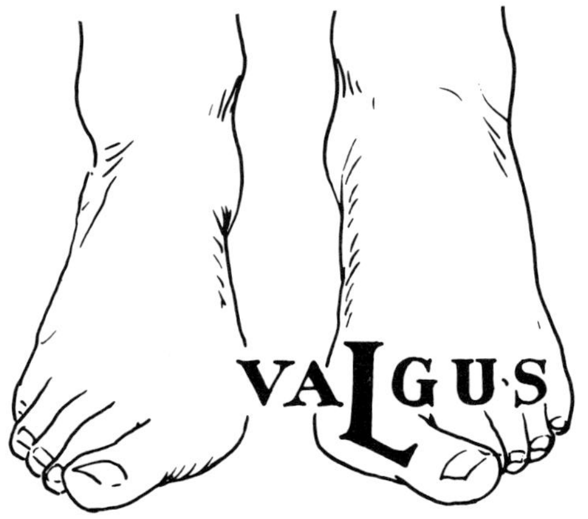

Abb. 31 Hallux valgus: Das «L» im Wort valgus bezieht sich auf die laterale Abweichung der Phalanx.

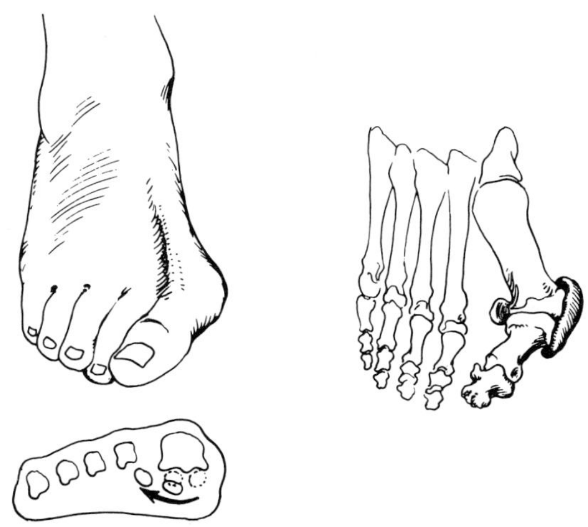

Abb. 32 Hallux valgus mit Entwicklung einer Bursitis.

Region II – Tuberositas ossis navicularis und Taluskopf

Wie bereits zuvor erwähnt, artikuliert die plantare Fläche des Taluskopfes mit dem Sustentaculum tali und sein vorderer Anteil mit der hinteren Fläche des Navikulare. Zwischen diesen beiden Gelenken fehlt dem Taluskopf die knöcherne Unterstützung. Die Lücke wird durch die Sehne des Tibialis posterior sowie durch das Ligamentum calcaneonaviculare plantare, welches vom Sustentaculum tali bis zum Navikulare verläuft, gestützt (Abb. 33, 34). Beim Pes planus (Plattfuß) verschiebt sich der Taluskopf aus seiner Bedeckung durch das Navikulare nach medial und plantarwärts, dehnt das Ligamentum calcaneonaviculare plantare und die Tibialis-posterior-Sehne, was zu einem Zusammenbruch des medialen Längsgewölbes führt (Abb. 35). Eine Schwiele kann sich jetzt über dem vorspringenden Taluskopf an der Stelle entwickeln, wo die Haut gegen die mediale Seite des Schuhs drückt. Wegen dieser Schwiele, der gedehnten Weichteilstrukturen (Abb. 36) und der Valgusstellung des Kalkaneus (von hinten gesehen) (Abb. 37) kann dieser ganze Abschnitt außerordentlich druckschmerzhaft werden.

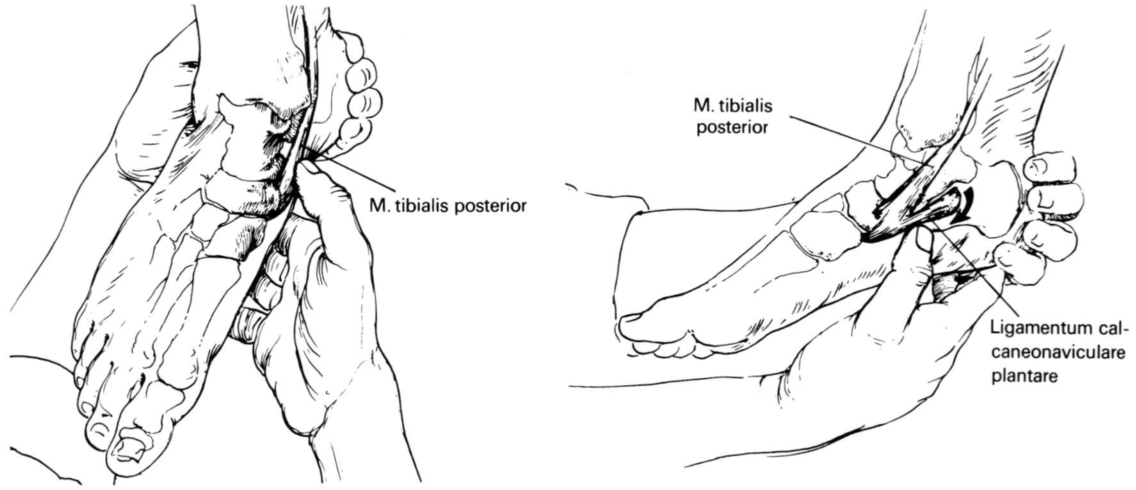

Abb. 33 und 34 Die Lücke zwischen dem Os naviculare und dem Sustentaculum tali wird durch die Sehne des M. tibialis posterior und das Ligamentum calcaneonaviculare plantare unterstützt.

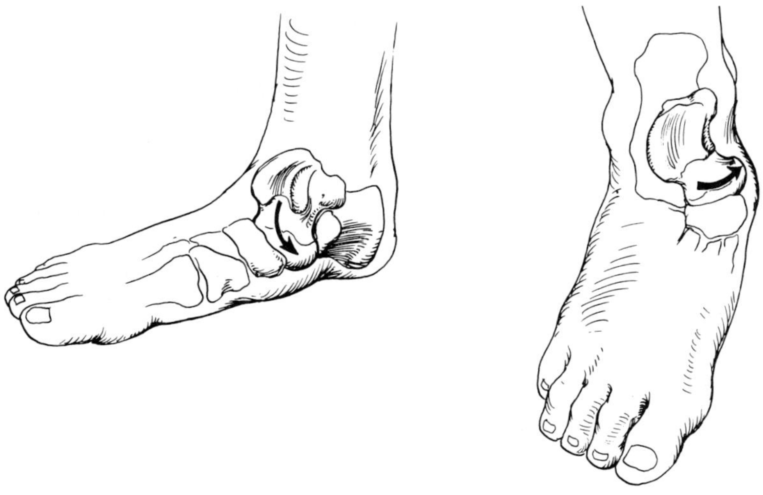

Abb. 35 Pes planus: Das Caput tali ist nach plantar und medial abgewichen.

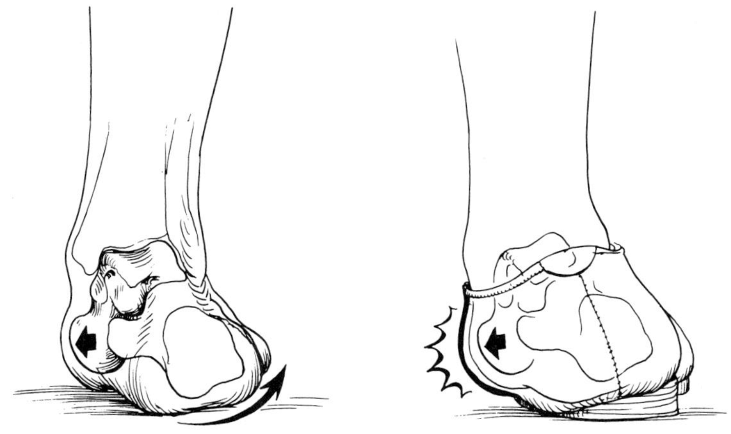

Abb. 36 Links: Mediales Vorspringen des Caput tali bei Pes planus. Rechts: Entwicklung einer Schwiele über dem Caput tali durch schlechtes Schuhwerk.

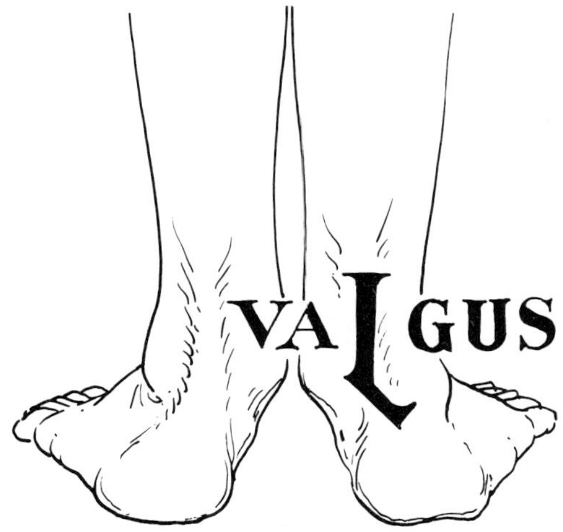

Abb. 37 Calcaneusstellung bei einem Pes planovalgus.

Region III – Innenknöchel

Ligamentum deltoideum. Das mediale Längsband des Sprunggelenks läßt sich dicht unterhalb des Innenknöchels tasten (Abb. 38). Ein breites, starkes Band von der Größe und Stärke des Ligamentum deltoideum gleicht dabei die relative Kürze des Innenknöchels aus. Obwohl das Ligamentum deltoideum stärker als das Ligamentum calcaneofibulare ist, ist es dennoch nicht so leicht zu tasten. Druckempfindlichkeit oder Schmerz bei der Palpation können einen Riß durch eine Pronationszerrung anzeigen (Abb. 39).

Kehren Sie zum Innenknöchel zurück und palpieren Sie die Weichteileinsenkung zwischen dessen Hinterseite und der Achillessehne. In dieser Einsenkung liegen verschiedene wichtige Weichteilstrukturen. In der Reihenfolge von vorn nach hinten:

1. die Sehne des M. tibialis posterior,
2. die Sehne des M. flexor digitorum longus,
3. A. und N. tibialis posterior,
4. die Sehne des M. flexor hallucis longus (Abb. 38).

(Die Reihenfolge dieser Strukturen läßt sich durch folgende Eselsbrücke erinnern: «Tom, Dick an' Harry» – *T*ibialis posterior, Flexor *d*igitorum longus, Arterie, Nerv, Flexor *h*allucis longus).

Sehne des M. tibialis posterior. Diese Sehne tritt am deutlichsten hervor, wenn der Patient seinen Fuß einwärtskippt und plantarflektiert. Die Sehne ist an der Stelle sicht- und tastbar, wo sie direkt hinter und unter dem Innenknöchel verläuft. Wenn Spastik, eine Meningomyelozele oder Poliomyelitis andere Muskeln in der Umgebung des Knöchels geschwächt haben, kann der relativ starke M. tibialis posterior eine Plantarflexion und eine Supinationsdeformität des Fußes verursachen.

Sehne des M. flexor digitorum longus. Dieser Muskel liegt dicht hinter der Sehne des M. tibialis posterior. Um ihn zu palpieren, lassen Sie den Patienten seine Zehen beugen, wobei Sie seiner Bewegung Widerstand entgegensetzen. Obgleich die Sehne dieses Muskels nicht besonders hervortritt, sollten Sie doch ihre Bewegung unmittelbar hinter dem Tibialis posterior und dicht oberhalb des Innenknöchels fühlen können.

Sehne des M. flexor hallucis longus. Diese Sehne liegt eigentlich auf der Rückseite des Sprunggelenks und nicht am Innenknöchel. Sie verläuft entlang der Rückseite der Tibia und gräbt eine Rille in die hintere Fläche des Talus zwischen dessen Tuberculum laterale und Tuberculum mediale, während sie über das Sprunggelenk hinwegzieht. Da sie im Vergleich zu den Sehnen anderer Muskeln tief liegt, kann die Sehne des M. flexor hallucis longus nicht palpiert werden.

Alle diese Sehnen verlaufen so dicht um die Rückseite des Innenknöchels (besonders die Sehne des Tibialis posterior), daß sie den Knochen einkerben und durch eine Sehnenscheide geschützt werden müssen. Ist deren Schleimhaut entzündet (Synovitis), so klagt der Patient über Schmerzen hinter dem Innenknöchel; dieses Gebiet ist dann druckschmerzhaft.

A. tibialis posterior. Die A. tibialis posterior liegt zwischen den Sehnen des M. flexor digitorum longus und M. flexor hallucis longus (Abb. 40). Ihre Pulsation ist nicht immer leicht zu tasten. Sie läßt sich jedoch leichter finden, wenn der Fuß in einer entlasteten Position entspannt und die Sehnen in diesem Gebiet schlaff sind. Sie können den Puls dann fühlen, wenn Sie leicht in die Weichteile hinter der Sehne des M. tibialis posterior und des M. flexor digitorum longus drücken. Nachdem Sie ihn getastet haben, vergleichen Sie ihn mit dem Puls der anderen Seite. Eine Abschwächung des Pulses kann auf einen arteriellen Verschluß hinweisen. Die A. tibialis posterior ist deshalb von klinischer Bedeutung, weil sie die Hauptversorgungsarterie des Fußes darstellt.

N. tibialis. Der N. tibialis liegt unmittelbar hinter und seitlich der A. tibialis posterior und folgt dem Verlauf der Arterie zum Fuß. Der Nerv ist nur sehr schwierig isoliert zu tasten; wegen seiner wichtigen Rolle bei der nervösen Versorgung der Fußsohle aber sollten Sie sich seine anatomische Lage einprägen. Das neurovaskuläre Bündel wird durch ein Ligament an die Tibia geschlungen, wodurch der Tarsaltunnel entsteht. Ist dieses Ligament zu klein oder zu straff, so können neurovaskuläre Störungen am Fuß die Folge sein. Dieses relativ seltene Leiden gleicht dem Karpaltunnelsyndrom an der Hand.

V. saphena magna. Kehren Sie zum Innenknöchel zurück und palpieren die V. saphena magna, die oft unmittelbar vor dem Innenknöchel sichtbar ist. Selbst wenn an der oberen Extremität keine Venen zu finden sind, ist diese Vene fast immer für intravenöse Infusionen zugänglich. Eine Varikose der unteren Extremität schließt oft die V. saphena magna mit ein.

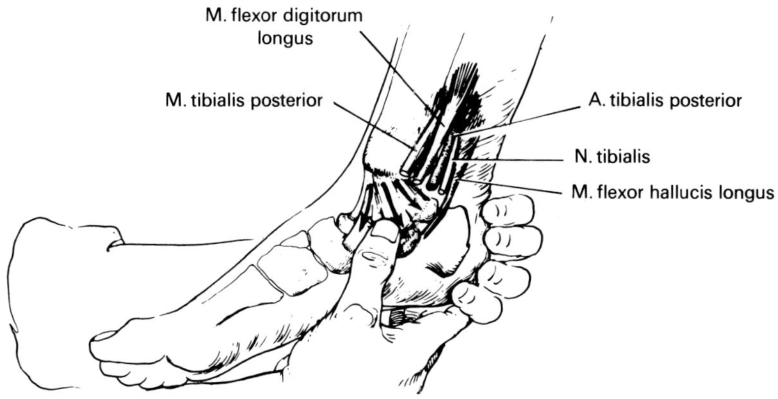

Abb. 38 Das Ligamentum deltoideum.

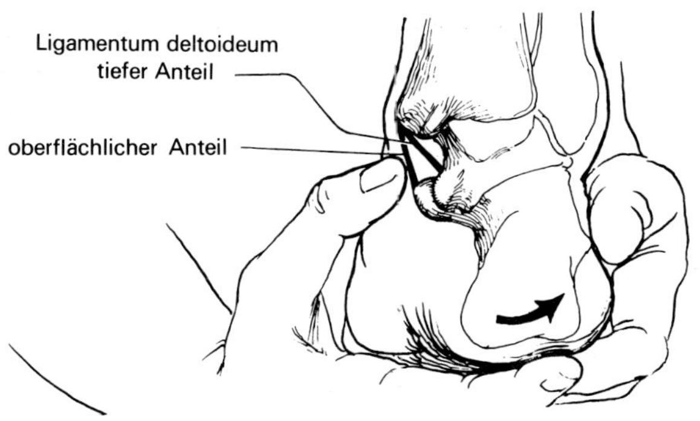

Abb. 39 Ein durch Pronation hervorgerufener Schmerz kann Folge einer Zerrung des Ligamentum deltoideum sein.

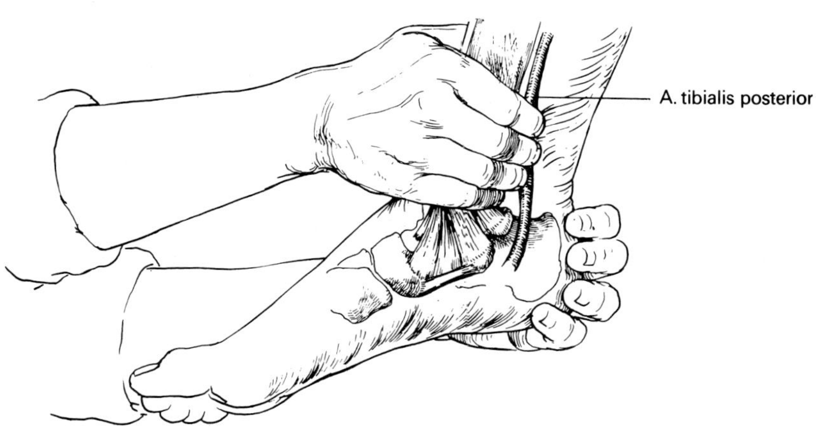

Abb. 40 Palpation der A. tibialis posterior, der Hauptversorgungsader des Fußes.

Region IV – Fußrücken zwischen den Knöcheln

Drei wichtige Sehnen und eine Arterie verlaufen zwischen den Knöcheln. Sie sind von medial nach lateral:

1. die Sehne des M. tibialis anterior,
2. die Sehne des M. extensor hallucis longus,
3. die A. dorsalis pedis,
4. die Sehne des M. extensor digitorum longus.

Die Mm. tibialis anterior, extensor hallucis longus und extensor digitorum longus sind die wichtigsten Fußheber. Bei deren Funktionsausfall zeigt der Patient einen Hängefuß oder Steppergang.

Sehne des M. tibialis anterior. Diese Sehne ist die am deutlichsten hervorspringende und die von allen drei Sehnen am meisten medial liegende. Der Tibialis anterior ist gleichzeitig der kräftigste Fußheber und Supinator des Fußes. Allein der Ausfall dieser Sehne kann bereits einen Hängefuß verursachen. Um die Palpation der Tibialis-anterior-Sehne zu erleichtern, fordern Sie den Patienten auf, seinen Fuß zu heben und zu supinieren. Dabei sollte dann die Sehne an der Stelle recht deutlich werden, wo sie das Sprunggelenk kreuzt. Palpieren Sie die Sehne bis zu ihrem Ansatz an der Innenseite der Basis vom Metatarsale I und dem Os cuneiforme mediale (Abb. 41). Folgen Sie der Sehne nach proximal bis zum Muskelbauch an der Außenseite des Tibiaschaftes.

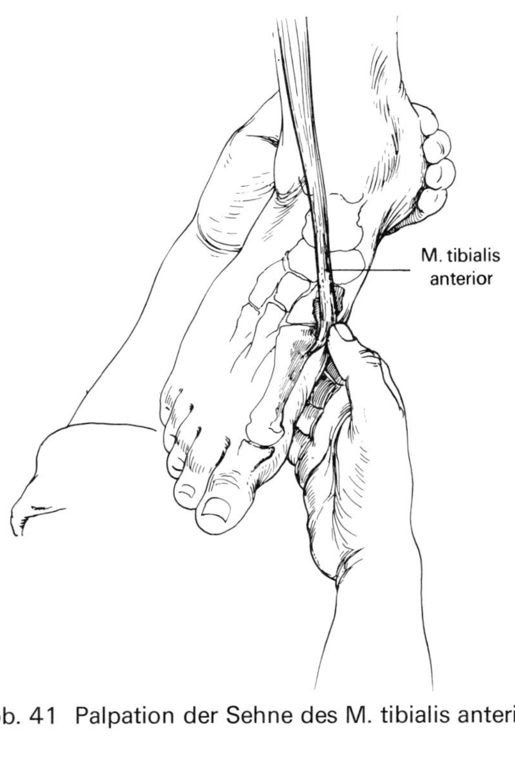

Abb. 41 Palpation der Sehne des M. tibialis anterior.

Sehne des M. extensor hallucis longus. Diese Sehne liegt unmittelbar lateral von der Tibialis-anterior-Sehne und tritt am deutlichsten hervor, wenn die Großzehe aktiv gestreckt wird. Sie springt unmittelbar lateral der Sehne des M. tibialis anterior in Höhe des Sprunggelenks hervor. Palpieren Sie die Sehne entlang dem Fußrücken bis zu ihrer Insertion an der Basis der distalen Großzehenphalanx (Abb. 42). Die Insertion des M. extensor hallucis longus kann operativ von der Zehe auf den Fußrücken verlegt werden, um bei Patienten mit Hängefuß die Fußhebung zu ermöglichen.

Sehne des M. extensor digitorum longus. Diese Sehne liegt lateral von der des M. extensor hallucis longus. Palpieren Sie sie zunächst dort, wo sie das Sprunggelenk kreuzt. Distal vom Knöchel teilt sich die Sehne in 4 Zügel, von denen jeder an der dorsalen Basis der distalen Phalanx der Zehen II bis V ansetzt. Die Sehnen werden deutlich palpabel, wenn die Zehen gestreckt werden.

A. dorsalis pedis. Die A. dorsalis pedis liegt auf dem Fußrücken zwischen der Sehne des M. extensor hallucis longus und des M. extensor digitorum longus. In 12–15% der Fälle fehlt sie (Abb. 43). Da die A. dorsalis pedis subkutan liegt, läßt sich ihr Puls leichter tasten als der der A. tibialis posterior. Die A. dorsalis pedis ermöglicht eine sekundäre Blutversorgung des Fußes und vermehrt den durch die A. tibialis posterior erfolgenden Zufluß. Mitunter ist der Puls der A. dorsalis pedis infolge einer Gefäßerkrankung abgeschwächt.

Die Mm. tibialis anterior, extensor hallucis longus und extensor digitorum longus entspringen von der vorderen Muskelloge der Vorderaußenseite des Unterschenkels zwischen Tibia und Fibula. Diese Loge ist ein straffes, fibröses Gebilde. Die starke Fascia anterior, die Rückfläche der Tibia, die Fibula und die Membrana interossea machen sie starr und unnachgiebig. Wegen ihrer Unfähigkeit, sich auszudehnen, können eine Tibiafraktur oder Hämatome innerhalb der Muskeln sowie andere pathologische Veränderungen, die zu Schwellungen in der vorderen Muskelloge führen, eine Nekrose der Muskeln, Nerven und Gefäße nach sich ziehen. Dies führt dann zu einem Hängefuß oder einer Fußdeformität (Tibialis-anterior-Syndrom). Beim Militär tritt dieses Syndrom häufig nach einem langen Fußmarsch auf. Normalerweise sollten sich die Strukturen der vorderen Muskelloge weich und nachgiebig anfühlen. Sind sie straff und unnachgiebig und verursacht die Palpation Schmerzen, so ist dies ein Hinweis auf ein Tibialis-anterior-Syndrom.

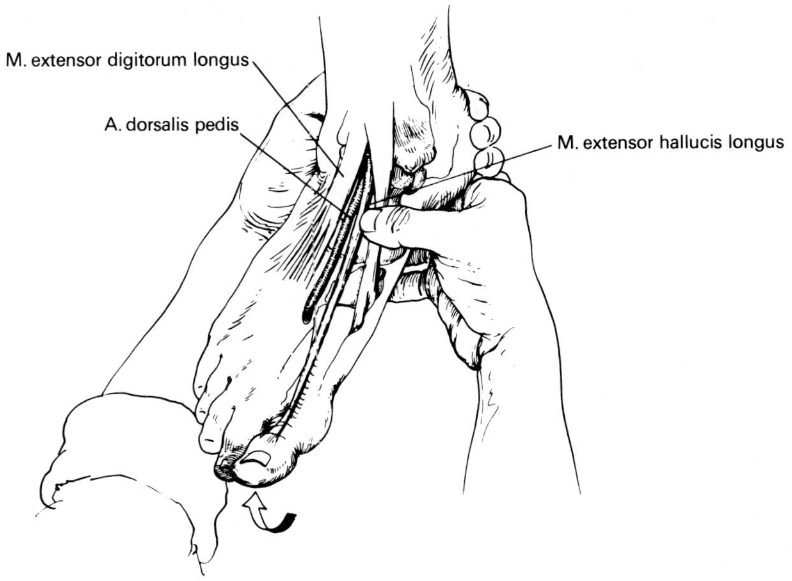

Abb. 42 Palpation der Sehne des M. hallucis longus.

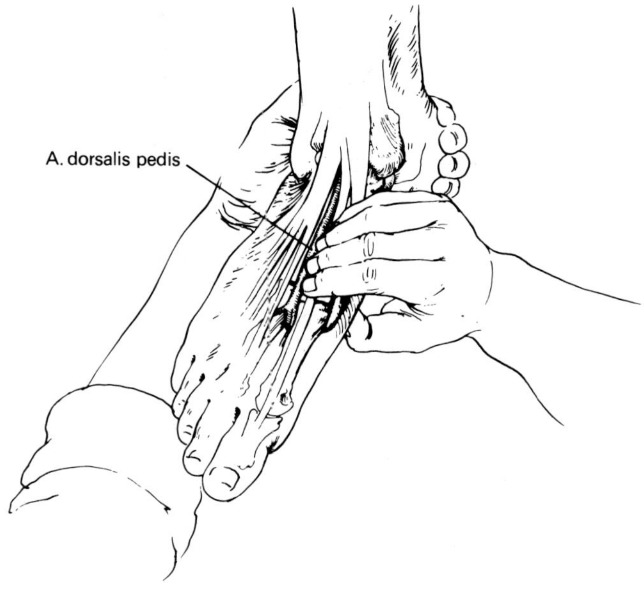

Abb. 43 Palpationsstelle der A. dorsalis pedis.

Region V – Außenknöchel

Am Außenknöchel gibt es drei klinisch wichtige Ligamente (Abb. 44). Von vorne nach hinten sind dies:

1. das Lig. talofibulare anterius,
2. das Lig. calcaneofibulare,
3. das Lig. talofibulare posterius.

Keines dieser Ligamente ist so breit oder stark wie das Lig. deltoideum an der medialen Seite. Obgleich sie nicht deutlich tastbar sind, ist die Kenntnis ihrer Topographie doch wichtig wegen ihrer immer wieder auftretenden Beteiligung bei Sprunggelenksdistorsionen (Supinationstrauma).

Lig. talofibulare anterius. Dieses Ligament wird häufig gezerrt, da es das erste der drei lateralen Kollateralbänder ist, das bei supiniertem und plantarflektiertem Fuß unter Spannung gerät. Es verläuft vom vorderen Anteil des Außenknöchels zur Außenseite des Collum tali. Diese Sehne ist am einfachsten im Bereich des Sinus tarsi zu tasten. Das Ligament selbst ist nicht deutlich tastbar. Wenn das Ligament gezerrt ist, resultieren gewöhnlich eine tastbare Schwellung und Druckschmerzhaftigkeit. Eine Läsion des Ligaments selbst wird jedoch nicht tastbar sein.

Lig. calcaneofibulare. Das Lig. calcaneofibulare erstreckt sich plantarwärts zu seinem Ansatz an der lateralen Seite des Kalkaneus. Genau genommen inseriert es an einem kleinen Tuberkulum am Kalkaneus etwas hinter der Trochlea peronaealis. Bei schweren Sprunggelenksverrenkungen kann das Ligament zerrissen werden, dies aber erst, nachdem das Lig. talofibulare anterius ebenfalls rupturiert ist. Der Funktionsverlust beider Ligamente führt zur Sprunggelenksinstabilität.

Lig. talofibulare posterius. Dieses Ligament entspringt von der Hinterkante des Außenknöchels und verläuft zu einem kleinen seitlichen Höckerchen an der Rückseite des Talus. Dieses Ligament ist stärker als die beiden anderen Kollateralbänder. Seine Hauptaufgabe besteht darin, das Vorwärtsrutschen der Fibula auf dem Talus zu verhindern. Wegen seiner Stärke und Lokalisation ist es nur bei besonders schweren Verletzungen des Sprunggelenks betroffen (Luxationen).

Sehnen der Mm. peronaeus longus et brevis. Diese Sehnen verlaufen unmittelbar hinter dem Außenknöchel, während sie das Sprunggelenk überkreuzen (Abb. 45). Dabei liegt die Sehne des Peronaeus brevis dichter am Knöchel und gräbt eine Rille in den Knochen, während die Longus-Sehne direkt hinter der Brevis-Sehne zu finden ist. Die Peronaei pronieren primär den Fuß, außerdem helfen sie bei der Plantarflexion. Um diese Sehnen zu tasten, lassen Sie den Patienten seinen Fuß aktiv pronieren und plantarflektieren. Gelegentlich kann das Retinakulum, welches die Sehnen am Außenknöchel festhält, unvollständig sein, so daß die Sehnen aus ihrer Lage hinter dem Außenknöchel disloziert werden. Dieser Umstand verursacht das Symptom der springenden Sehne. Das Knacken der dislozierenden Sehnen ist sowohl hörbar als auch tastbar.

Indem sie am Kalkaneus entlanglaufen, werden die Peronäus-Sehnen durch die Trochlea peronaealis voneinander getrennt (Abb. 45). Ein Retinakulum hält sie an der Trochlea, wo die Sehnen durch eine Sehnenscheide umhüllt werden. Die Sehnen können deshalb auch durch eine Tendovaginitis in Mitleidenschaft gezogen werden. Hinzu kommt, daß der Tunnel, den sie durchlaufen, eng werden und so eine Tendovaginitis stenosans verursachen kann. Dann fühlt sich das Gebiet um die Trochlea peronaealis verdickt an und ist druckschmerzhaft. Palpieren Sie die Sehne des M. peronaeus brevis bis zur Insertion an der Tuberositas des Metatarsale V (Abb. 46). Schmerzhaftigkeit in diesem Gebiet kann entweder Folge eines Abrisses oder einer Fraktur an der Spitze der Tuberositas in Verbindung mit einer Sprunggelenksverrenkung oder einer Bursitis über der Tuberositas selbst sein.

Region VI – Sinus tarsi

Der Sinus tarsi (unmittelbar vor dem Außenknöchel) ist häufig bei einer Sprunggelenksverrenkung betroffen. Seine normale Konkavität kann durch ein Ödem ausgefüllt sein, so daß der Verlauf des Lig. talofibulare anterius vom vorderen Anteil des Außenknöchels bis zum Collum tali schmerzhaft wird (Abb. 47). Eine tiefer gelegene Schmerzhaftigkeit im Sinus tarsi deutet auf Erkrankungen unterhalb des Talus hin und damit meist auf eine Fraktur, rheumatoide Arthritis oder eine Spastik.

M. extensor digitorum brevis. Wenn der Patient seine Zehen streckt, wölbt sich der Muskelbauch des Extensor digitorum brevis aus dem Sinus tarsi hervor und ist dann leicht zu tasten.

Region VII – Köpfchen des Metatarsale V

Dem Köpfchen des Metatarsale V liegt eine Bursa auf, die entzündlich verändert sein kann. Übermäßige Reibung oder Druck auf diese Bursa können sowohl eine Bursitis als auch die Entwicklung einer knöchernen Wucherung über der Außenseite mit nachfolgender Rötung, Schwellung und Schmerz-

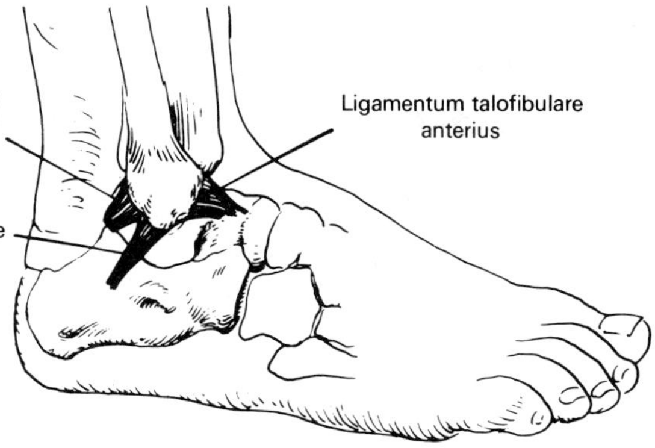

Abb. 44 Drei wichtige Bänder der Sprunggelenksaußenseite.

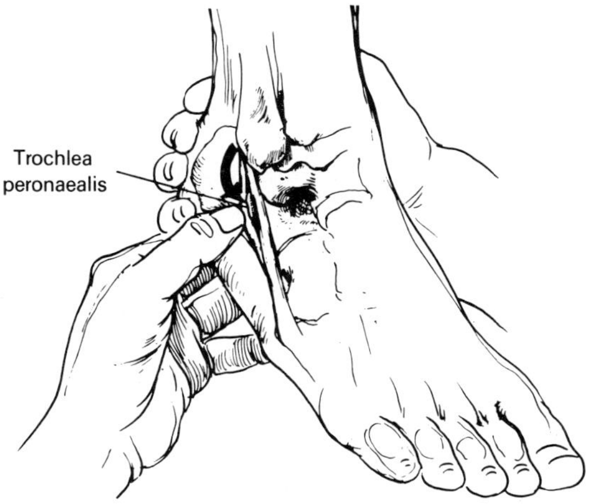

Abb. 45 Palpation der Sehnen des M. peronaeus longus und brevis an der Trochlea peronaealis.

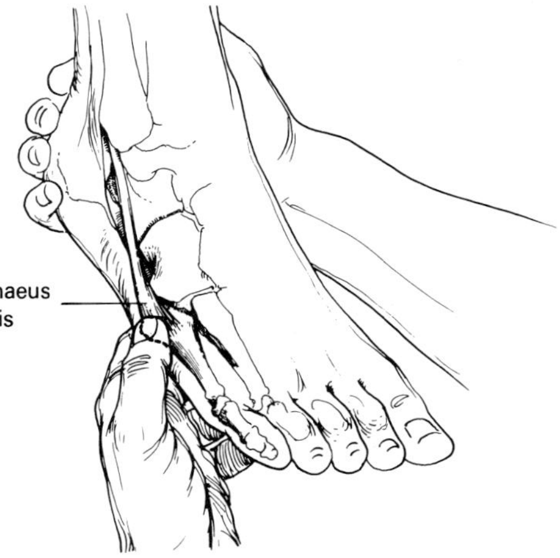

Abb. 46 Der M. peronaeus brevis ist an seinem Ansatz an der Tuberositas ossis metatarsalis V tastbar.

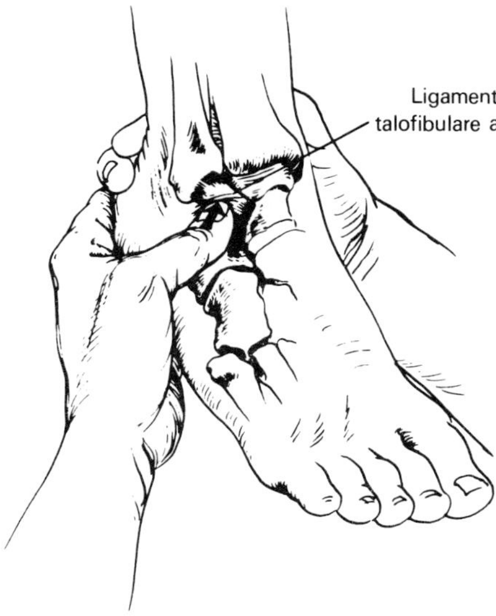

Abb. 47 Palpation des Sinus tarsi.

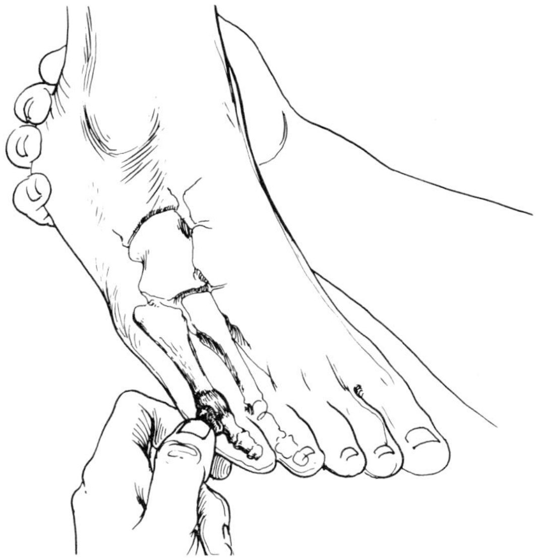

Abb. 48 Die sogenannte Schneiderschwiele.

haftigkeit verursachen. Dieses Bild ist als Schneiderballen bekannt. (Früher pflegten die Schneider traditionell mit gekreuzten Beinen zu sitzen und ihre Füße so zu halten, daß die Außenseite des Metatarsalköpfchens V auf dem Boden ruhte) (Abb. 48).

Region VIII – Kalkaneus

Der Gastroknemius und der M. soleus bilden eine gemeinsame Sehne, die Achillessehne, die am Kalkaneus ansetzt. Die Achillessehne ist die dickste und stärkste Sehne des Körpers. Sie ist etwa vom unteren Drittel der Wade bis zum Kalkaneus tastbar. Sie kann durch einen scharfen Schlag oder eine plötzliche Überbeanspruchung, etwa durch eine kurze plötzliche Belastung, zerreißen. Ein scharfer Schlag kann eine quere Verletzung setzen, während eine plötzliche Überbeanspruchung eine Zerreißung der Sehne verursacht.

Sollte die Sehne rupturiert sein, so ist die dadurch entstehende Lücke zu tasten, obgleich diese durch die in der Zeit zwischen Verletzung und Untersuchung entstandene Schwellung verdeckt sein kann. Zunächst ist das Gebiet ziemlich schmerzhaft und druckempfindlich. Eine kraftvolle Plantarflexion des Fußes ist in der Regel unmöglich. Kann der Patient noch laufen, so werden ein verändertes Gangbild mit Fehlen des Zehenabdrucks aus der Standphase und ein plattfüßiger Gang zu beobachten sein.

Um die Kontinuität von Gastroknemius und Soleus zu prüfen, lassen Sie den Patienten bäuchlings auf dem Untersuchungstisch liegen und komprimieren die Wade, um festzustellen, ob es dabei zu einer Plantarflexion des Fußes kommt. Im Normalfall erfolgt dann eine solche Bewegung (Abb. 49). Ist jedoch die Achillessehne rupturiert, so wird diese Bewegung deutlich verringert sein oder gänzlich fehlen (Abb. 50). Die Sehne kann ebenfalls eine Tendovaginitis entwickeln, wobei die Palpation Druckschmerz und Krepitation bei Bewegung ergibt.

Bursa tendinis calcanei. Die Bursa liegt zwischen der Vorderfläche der Achillessehne und der entblößten hinteren Oberkante des Kalkaneus.

Bursa calcanei. Dieser Schleimbeutel liegt zwischen dem Ansatz der Achillessehne und der darüberliegenden Haut. Beide Bursae können als Folge eines Sehnenschadens oder übermäßiger Druckbelastung dieser Gegend entzündet sein. Häufiger ist dabei die Bursa calcanei vergrößert, z. B. bei zu großen oder zu engen Schuhen, ganz besonders aber bei hohen Absätzen.

Stellen Sie die Lage der Bursa tendinis calcanei fest, indem Sie die Weichteile vor der Achillessehne zwischen zwei Finger nehmen. Die Bursa calcanei finden Sie, wenn Sie die Haut hinter der Sehne anheben. Die Bursa liegt dann direkt zwischen Ihren Fingern (Abb. 51). Jede tastbare Verdickung oder Schmerzhaftigkeit in diesem Gebiet deutet auf eine Bursitis hin.

Region IX – Fußsohle

Der zentrale Knochenvorsprung am Hinterfuß ist das breite Tuber calcanei. Die meisten Muskeln der Fußsohle entspringen von diesem Knochen. Ihre Ursprünge sind wegen des dicken Fettpolsters über

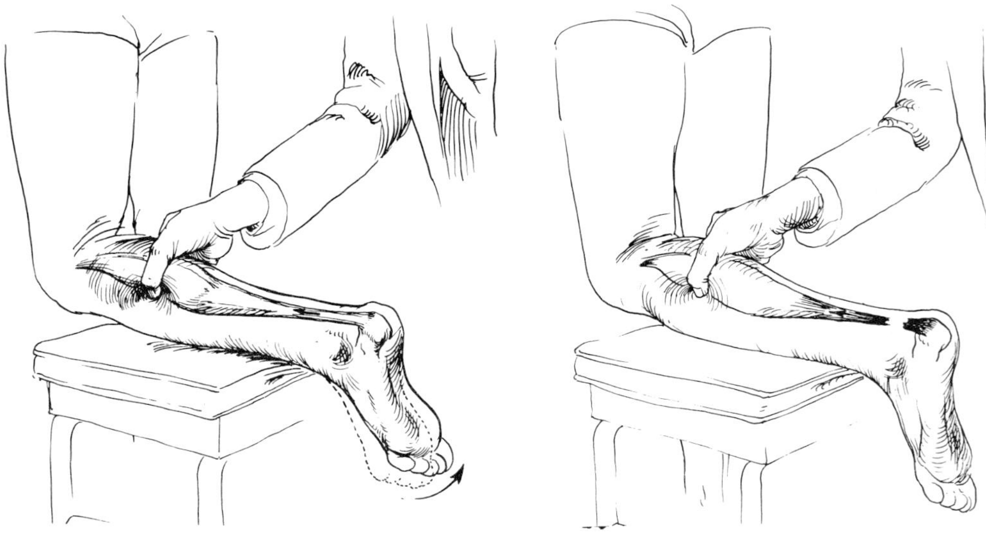

Abb. 49 und 50 Prüfung der Intaktheit der gemeinsamen Sehne der Triceps-surae-Gruppe. Fehlende Plantarflexion deutet auf einen Achillessehnenriß hin.

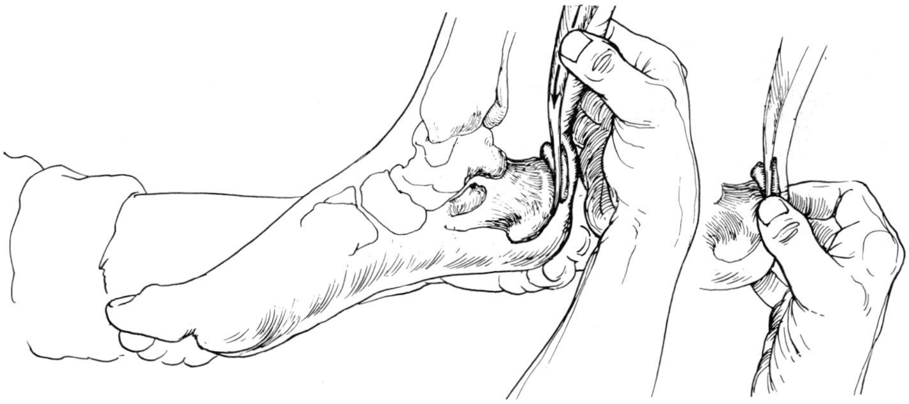

Abb. 51 Die Bursa tendinis calcanei.

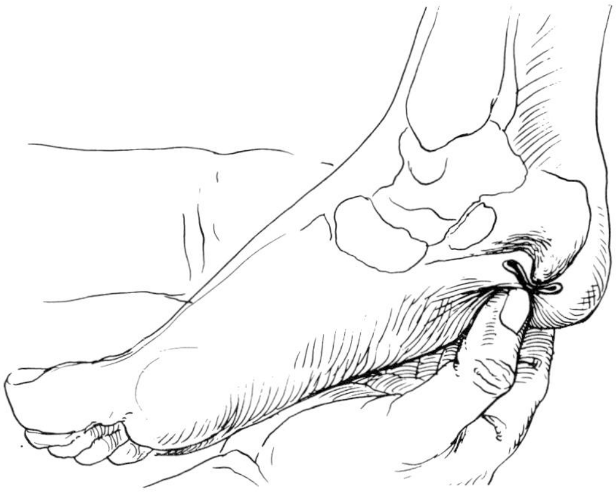

Abb. 52 Ein Fersensporn beeinträchtigt den Gang beim Fersenkontakt.

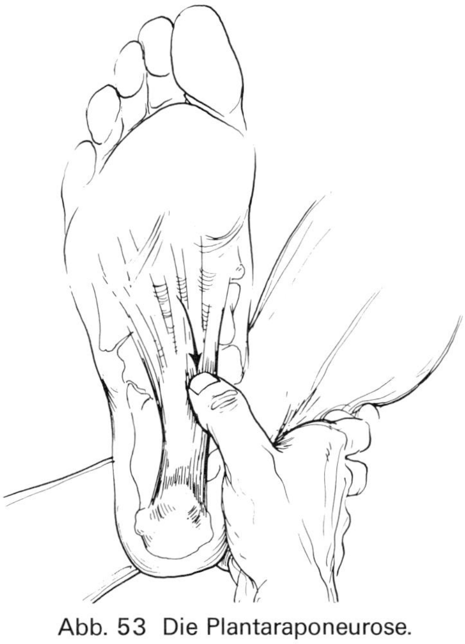

Abb. 53 Die Plantaraponeurose.

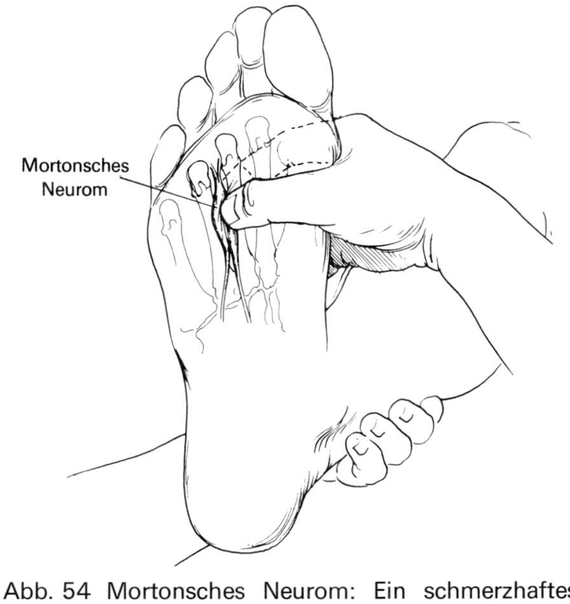

Abb. 54 Mortonsches Neurom: Ein schmerzhaftes Neurom, das sich gewöhnlich zwischen den Metatarsalköpfchen III und IV befindet.

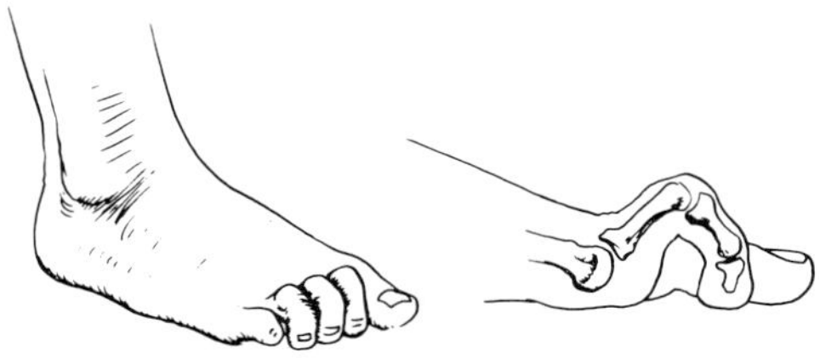

Abb. 55 Krallenzehen.

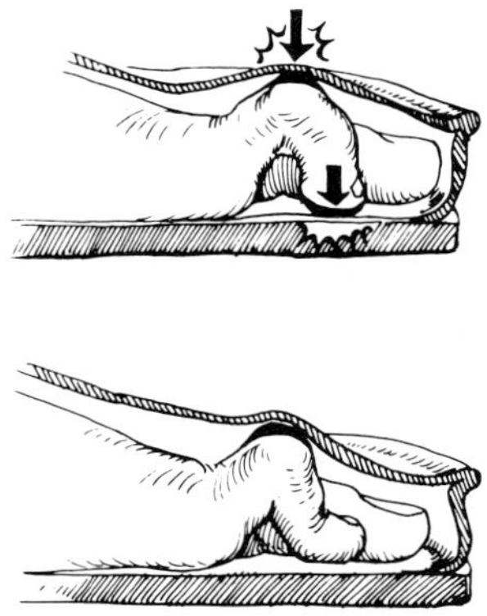

Abb. 56 Oben: Schwielenbildung infolge einer Klauenzehe. Unten: Schwielenbildung bei Hammerzehe.

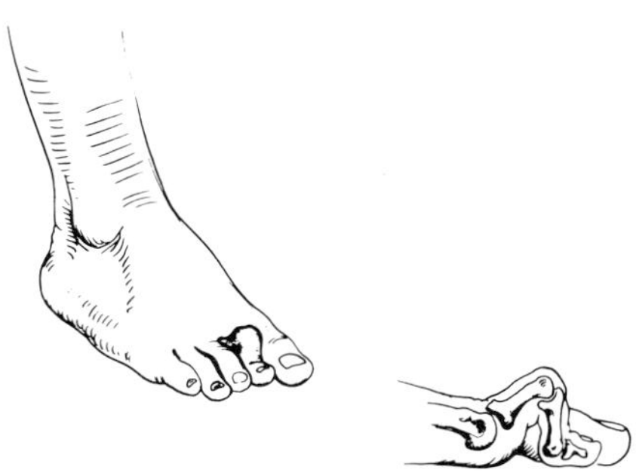

Abb. 57 Hammerzehe.

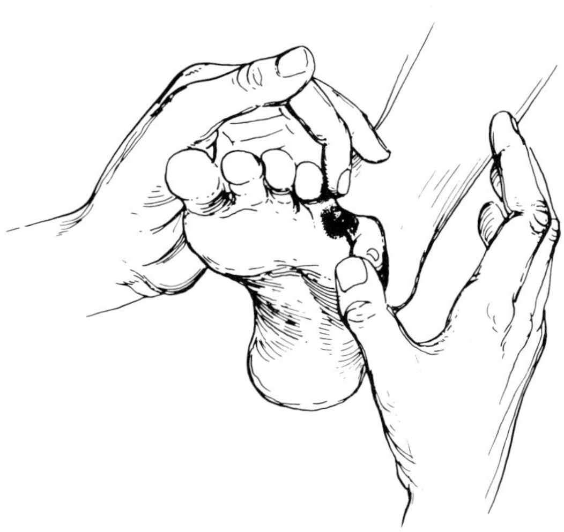

Abb. 58 Weiches Hühnerauge.

dem Knochen nicht zu tasten. Dieses Gebiet muß jedoch palpiert werden, da ein vom Tuber calcanei ausgehender Fersensporn und die ihm aufliegende Bursa Schmerz verursachen und den Gang beim Fersenkontakt beeinflussen können (Abb. 52).

Plantaraponeurose. Diese kräftigen Faszienbänder entspringen vom Tuber calcanei, breiten sich über die Sohle aus und setzen bandartig nahe den Metatarsalköpfchen des Vorfußes an (Abb. 53). Die Plantaraponeurose bedeckt alle Weichteile des Fußes und fungiert als Verstrebung bei der Unterstützung des medialen Längsgewölbes.

Palpieren Sie die plantare Fläche des Fußes. Sie sollte glatt, schmerzfrei und ohne Knoten sein. Ein umschriebener Druckschmerz kann auf eine plantare Fasziitis hinweisen, wohingegen kleine tastbare Knötchen in der Faszie Zeichen einer Duputyrenschen Kontraktur sein können. Am häufigsten stellen Knötchen, die sich in der Haut der Fußsohle (besonders am Fußballen) finden, Warzen dar, die beim Kneifen schmerzhafter sind als unter direktem Druck.

Palpieren Sie die Weichteile zwischen den einzelnen Metatarsalköpfchen auf Druckschmerz und Schwellung. Nicht selten findet man schmerzhafte Neurome in dem Raum zwischen dem 3. und 4. Metatarsalköpfchen (Mortonsche Neurome) (Abb. 54). Schwielen der Fußsohle sind im Gegensatz zu Warzen mehr auf Druck als auf Kneifen schmerzhaft.

Region X – Zehen

Normale Zehen liegen flach und gerade auf dem Boden, wenn sie Gewicht tragen. Es gibt aber eine Reihe typischer pathologischer Veränderungen.

Krallenzehen. Krallenzehen sind durch eine Überstreckung der Metatarsophalangealgelenke und Flexion der proximalen und distalen Interphalangealgelenke gekennzeichnet. Dieser Zustand betrifft gewöhnlich alle Zehen und ist häufig mit einem Hohlfuß kombiniert (Abb. 55). Meist bilden sich dabei Schwielen über der dorsalen Fläche der Zehen infolge Schuhdrucks auf die gebeugten Interphalangealgelenke. Schwielen können auch auf der plantaren Fläche der Metatarsalköpfchen sowie der Zehenspitzen (besonders der zweiten Zehe) entstehen, da diese einen Großteil des Gewichts zu tragen haben (Abb. 56).

Hammerzehen. Wir sprechen von einer Hammerzehe, wenn das Metatarsophalangeal- und das distale Interphalangealgelenk überstreckt sind, das proximale Interphalangealgelenk jedoch gebeugt ist. In den meisten Fällen ist hierbei nur eine Zehe betroffen (gewöhnlich die zweite Zehe) (Abb. 57). Oft entsteht eine Schwiele über dem proximalen Interphalangealgelenk an der Stelle, wo der Schuh drückt.

Hühneraugen. Das sogenannte weiche Hühnerauge ist häufiger zwischen den Zehen, besonders zwischen der 4. und 5. Zehe, anzutreffen. Infolge der Feuchtigkeit zwischen den Zehen sind diese Hühneraugen weich. Sie sollten vorsichtig getastet werden, da sie häufig schmerzhaft sind (Abb. 58). Harte Hühneraugen finden sich am häufigsten in Gebieten starken Drucks, zum Beispiel auf der Dorsalfläche flektierter Interphalangealgelenke, besonders an der 5. Zehe. Auch ein hartes Hühnerauge kann auf direkten Druck schmerzhaft sein (Abb. 59).

Eingewachsene Zehennägel. Eingewachsene Zehennägel kommen an der medialen und lateralen Seite der Großzehe vor. Die vorderen Ecken des Nagels wachsen in die umgebende Haut ein und verursachen dabei Schwellung und Infektion der umgebenden Weichteile. Das entzündete Gebiet fühlt sich warm und teigig an und ist zudem druckschmerzhaft (Abb. 60).

Untersuchungen auf Stabilität des Sprunggelenks

Da das Sprunggelenk Last trägt und wichtig für das Laufen ist, muß es sowohl stabil als auch mobil sein. Supinations- und Pronationstraumen können die Gelenkbänder überdehnen oder zerreißen und dann eine Instabilität verursachen. Extreme Supinationsbelastung ist der häufigste Grund einer Sprunggelenksverletzung aus zwei anatomischen Gründen: 1. der Innenknöchel ist kürzer als der Außenknöchel, so daß der Talus stärker zur Supination als zur Pronation gezwungen ist. 2. Die Ligamente der Außenseite sind isolierte Bänder und deshalb nicht so kräftig wie das massive Lig. deltoideum auf der medialen Seite.

Das Lig. talofibulare anterius ist das am häufigsten bei Gelenkverletzungen betroffene Band. Schmerzhaftigkeit in seinem Verlauf kann eine solche Läsion anzeigen. Um das Ligament zu untersuchen, drehen Sie den Fuß des Patienten in Plantarflexion und Supination. Verstärkt sich bei der Supination der Schmerz, so liegt mit hoher Wahrscheinlichkeit ein gezerrtes oder zerrissenes Ligament vor.

Während die Supinationsbelastung etwas über den Zustand des Ligaments aussagen kann, gibt sie keinen Aufschluß über eine Gelenkinstabilität, wenn nur das Lig. talofibulare anterius gerissen ist. Solch ein Riß würde allerdings eine Vorwärtsbewegung des Talus gegen die Tibia ermöglichen, da das Lig. talofibulare anterius das einzige Band ist, das eine Subluxation des Talus nach vorn verhindern kann. Sie sollten deshalb auf vordere Instabilität zwischen Tibia und Talus untersuchen (vorderes Schubladenzeichen). Für die Untersuchung dieses Zeichens sollte der Patient auf der Kante des Untersuchungstisches sitzen und seine Beine frei herabhängen lassen, während die Füße um einige Grad plantarflektiert sind. Legen Sie eine Hand auf die Vorderseite der distalen Tibia und ergreifen den Kalkaneus mit Ihrer anderen Hand. Dann ziehen Sie den Kalkaneus (und damit Talus) nach vorn, während Sie die Tibia nach hinten drücken. Normalerweise ist das Lig. talofibulare anterius in allen Stellungen des Sprunggelenks straff, und es sollte keine Vorwärtsbewegung des Talus gegenüber der Tibia erfolgen (Abb. 61). Unter abnormen Umständen jedoch gleitet der Talus nach vorn (positives Schubladenzeichen). Sie können sogar bei dieser Bewegung ein «Knacken» fühlen (Abb. 62).

Die Ligg. talofibulare anterius und calcaneofibulare müssen beide zerrissen sein, ehe eine wirkliche laterale Instabilität des Sprunggelenks entsteht. Um die Unversehrtheit dieser Ligamente zu prüfen, supinieren Sie den Kalkaneus. Klappt der Gelenkspalt auf und wackelt der Talus dabei in der Gelenkgabel, so sind die Ligg. talofibulare anterius und calcaneofibulare geschädigt, und es kommt zur lateralen Gelenkinstabilität (Abb. 63, 64).

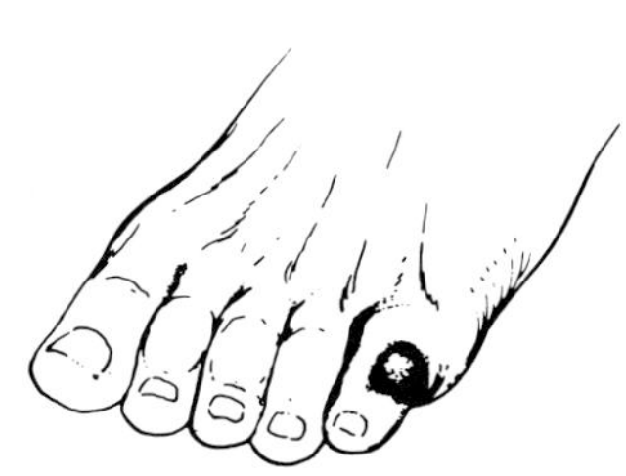

Abb. 59 Hartes Hühnerauge.

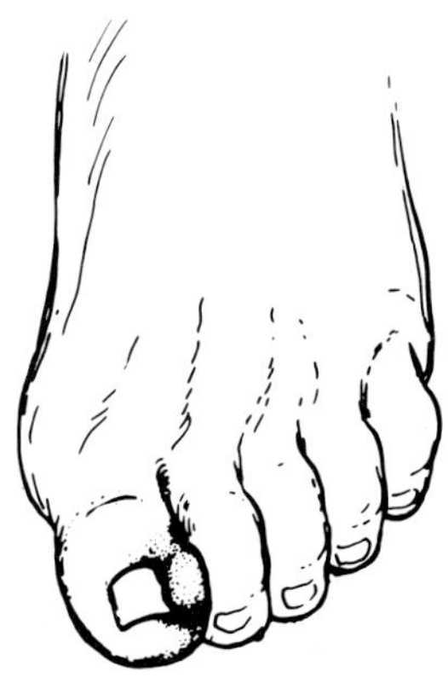

Abb. 60 Eingewachsener Zehennagel.

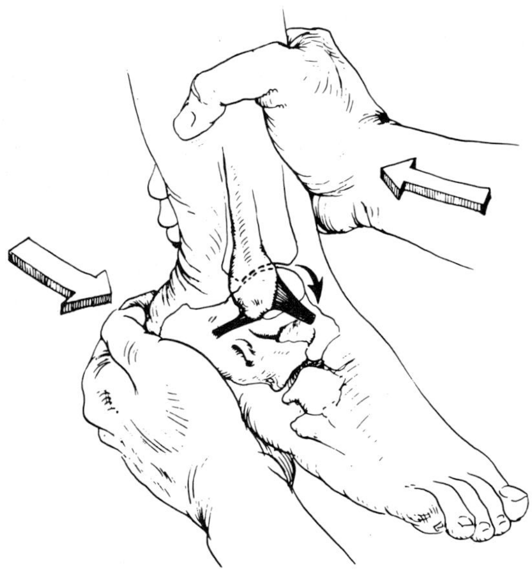

Abb. 61 Vorderes Zugzeichen (Schubladenphänomen) zur Prüfung des Ligamentum talofibulare anterius.

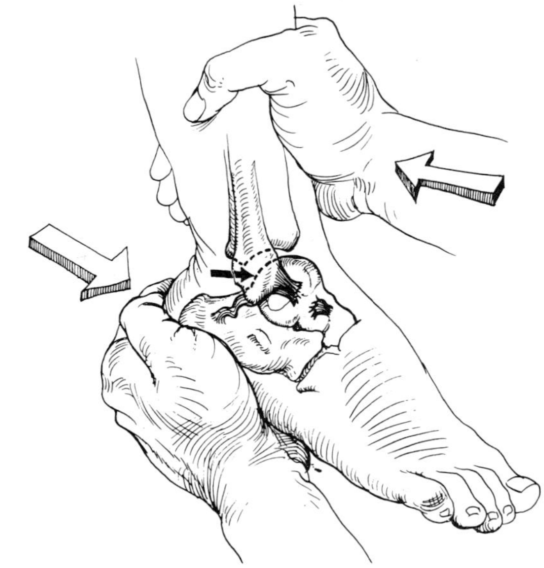

Abb. 62 Positives vorderes Zugzeichen (Schubladenphänomen).

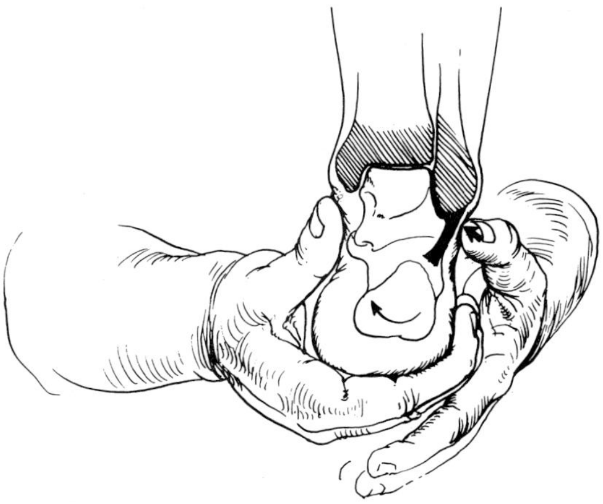

Abb. 63 Stabilitätsprüfung der Ligamenta talofibulare anterius und calcaneofibulare.

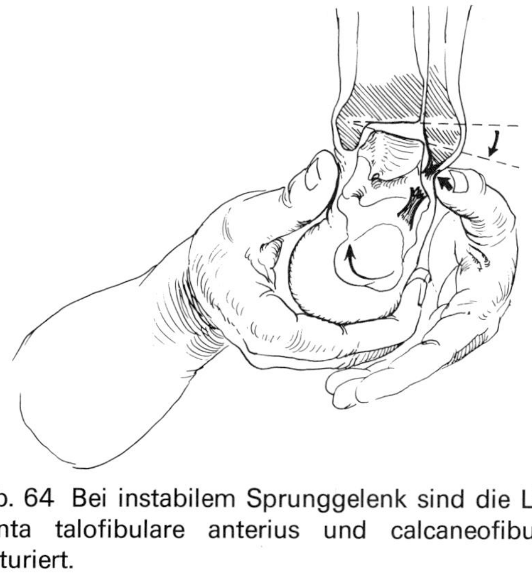

Abb. 64 Bei instabilem Sprunggelenk sind die Ligamenta talofibulare anterius und calcaneofibulare rupturiert.

Das Lig. talofibulare posterius zerreißt nur im Verein mit den anderen lateralen Ligamenten. Es bedarf schon eines massiven Gelenktraumas, wie etwa einer Luxation, um auch das Lig. talofibulare posterius zu schädigen.

Um die Stabilität des Lig. deltoideum auf der medialen Seite festzustellen, fixieren Sie die Tibia und den Kalkaneus. Dann pronieren Sie den Fuß des Patienten. Wenn das Lig. deltoideum zerrissen ist, können Sie eine deutliche Lücke an der Sprunggelenksgabel fühlen.

Nachdem Sie die Untersuchung des erkrankten Fußes abgeschlossen haben, wiederholen Sie diese am gesunden Fuß, um zu vergleichen, wie stark das Klaffen unter normalen Umständen ist. Eine gehaltene Röntgenaufnahme ist die beste Methode, diese Befunde zu dokumentieren.

Bewegungsumfang

An den Bewegungen des Fußes und Sprunggelenks sind fast immer mehrere Gelenke beteiligt. Die prinzipiellen Sprunggelenks- und Fußbewegungen sind:

1. Sprunggelenksbewegung
   Dorsalflexion
   Plantarflexion
2. Subtalare Bewegung
   Supination
   Pronation
3. Bewegung in der Chopartschen Gelenklinie
   Vorfußadduktion
   Vorfußabduktion
4. Zehenbewegung
   Beugung
   Streckung

Achten Sie darauf, daß ein Patient trotz versteiften Sprunggelenks seinen Fuß immer noch recht gut bewegen kann. Es ist deshalb wichtig, zwischen Sprunggelenks-, Subtalar- oder Bewegung in der Chopartschen Gelenklinie zu unterscheiden.

Untersuchung der aktiven Beweglichkeit

Es gibt eine Reihe von schnell durchführbaren Untersuchungen, die, obgleich sie keine rein aktiven Tests sind, dennoch bei der Feststellung helfen, ob in der Beweglichkeit des Sprunggelenks und des Fußes eine erhebliche Einschränkung besteht.

Um die Plantarflexion und Zehenbewegung zu testen, fordern Sie den Patienten auf, auf den Zehen zu laufen. Zur Untersuchung der Dorsalflexion muß der Patient auf den Fersen gehen. Die Fähigkeit zur Supination kann dadurch geprüft werden, daß der Patient auf der Fußaußenkante geht, für die Pronation soll er auf der Innenkante des Fußes gehen (Abb. 65). Obgleich diese orientierenden Tests Funktionsstörungen zufriedenstellend aufdecken können, erlauben sie keine genaue Messung oder Bewertung der einzelnen Bewegungsanteile.

Sollte Ihr Patient nicht in der Lage sein, eine dieser Bewegungen durchzuführen, müssen Sie die passiven Untersuchungsmethoden anwenden, um den Grund der Bewegungseinschränkung festzustellen.

Untersuchung der passiven Beweglichkeit

Dorsalflexion im Sprunggelenk – 20°
Plantarflexion im Sprunggelenk – 50°

Dorsal- und Plantarflexion geschehen zwischen Tibia und Fibula innerhalb der Gelenkgabel. Eine zwischen den Mittelpunkten des Außen- und Innenknöchels gezogene Linie stellt in etwa die Achse der Sprunggelenksbewegung dar.

Fordern Sie den Patienten auf, auf der Kante des Untersuchungstisches zu sitzen und seine Beine herabhängen zu lassen. Da seine Knie gebeugt sind, ist der Gastroknemius entspannt (sein Ursprung und Ansatz werden etwas näher zueinander gebracht). Ferner ist dadurch der Muskel als möglicher Hemmer der Dorsalflexion ausgeschaltet. Fixieren Sie

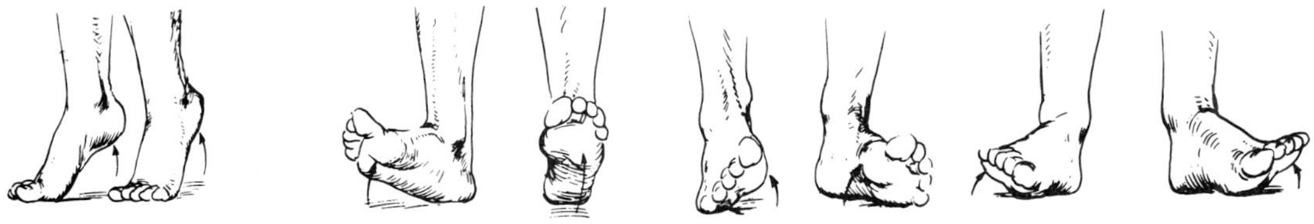

Abb. 65 Schnellprüfung der Beweglichkeit von Fuß und Sprunggelenk.

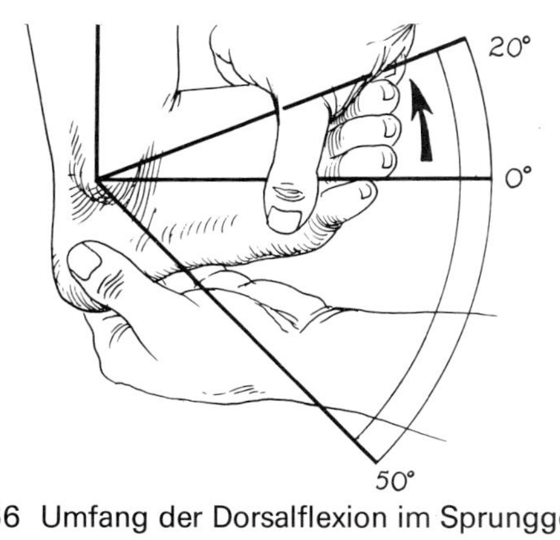

Abb. 66 Umfang der Dorsalflexion im Sprunggelenk.

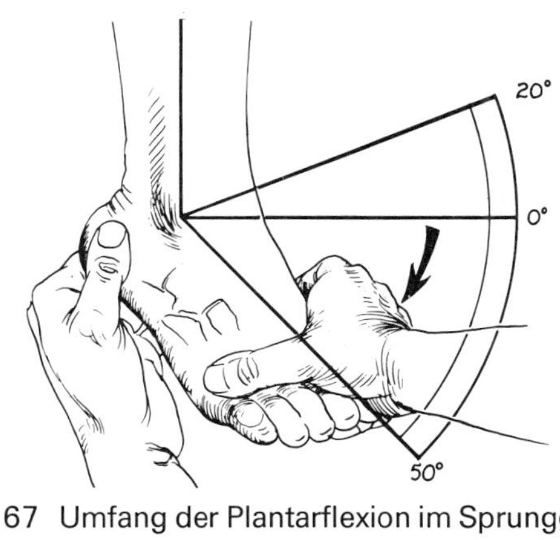

Abb. 67 Umfang der Plantarflexion im Sprunggelenk.

das subtalare Gelenk, indem Sie den Kalkaneus festhalten. Um sicher zu sein, daß eine alleinige Bewegung im Sprunggelenk stattfindet und kein Ersatz durch eine Bewegung des Vorfußes erfolgt, supinieren Sie den Vorfuß und stellen ihn gegenüber dem Hinterfuß fest. Indem Sie den Vorfuß ergreifen, drücken Sie den Fuß als eine Einheit in die Dorsal- und Plantarflexion (Abb. 66, 67).

Bei plantarflektiertem Fuß findet gewöhnlich eine geringgradige laterale Bewegung des Talus zwischen den Malleolen statt. Obgleich es schwierig ist, diese Bewegung festzustellen, sollte man auf sie achten. Der Talusrücken paßt in eine Fassung oder Gabel, die durch Tibia und Fibula gebildet wird. Sowohl die Fassung als auch der Talus sind nach vorn breiter. Wenn das Sprunggelenk dorsalflektiert ist, wird der Talus fest zwischen den beiden Malleolen gehalten. Ist das Sprunggelenk jedoch plantarflektiert, befindet sich der schmalere hintere Abschnitt zwischen den Knöcheln, und eine leichte laterale Beweglichkeit ist möglich. Ist der Abstand zwischen den beiden Knöcheln infolge eines Traumas enger geworden oder wurden Fuß und Sprunggelenk über eine längere Zeit in Spitzfußstellung eingegipst, so kann es vorkommen, daß der vordere Teil der Talusrolle nicht mehr so glatt in die Knöchelgabel paßt. Dadurch kann die Dorsalflexion eingeschränkt sein (Abb. 68).

Eingeschränkte Beweglichkeit im Sprunggelenk kann auch durch eine extraartikuläre Schwellung verursacht sein (Ödem infolge einer Zerrung oder einer Herzinsuffizienz). Eine solche Schwellung kann das Sprunggelenk in derselben Weise behindern, als ob es bandagiert oder eingegipst wäre. Ebenso wie eine Fusion des Sprunggelenks oder eine Kontraktur der Gelenkkapsel (Abb. 70, 71), schränkt auch ein Gelenkerguß die Beweglichkeit im Sprunggelenk ein (Abb. 69).

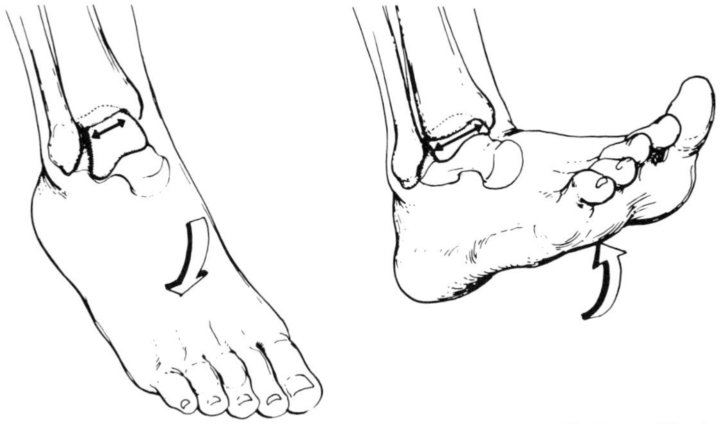

Abb. 68 Bei einer Verringerung des intermalleolaren Abstands ist die Dorsalflexion eingeschränkt. Der breitere vordere Anteil der Trochlea tali paßt nicht mehr in die Gelenkgabel.

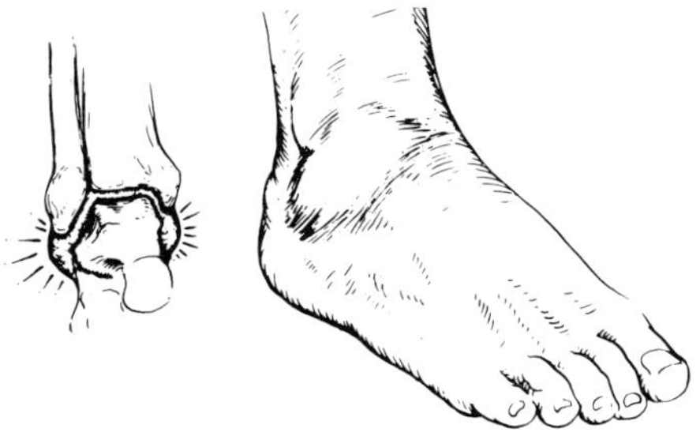

Abb. 69 Schwellung kann die Beweglichkeit einschränken.

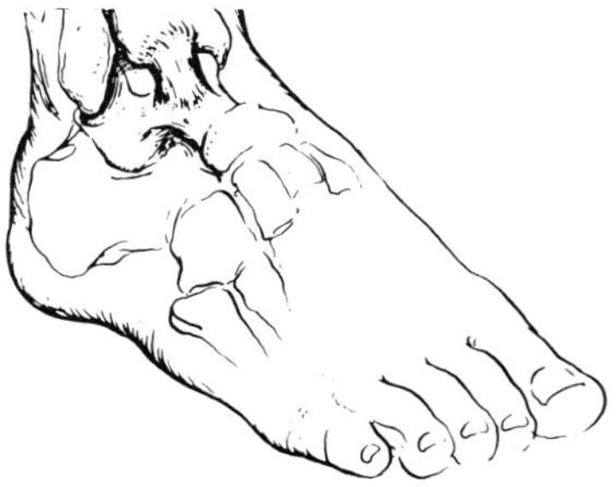

Abb. 70 Die Beweglichkeit kann durch Fusion eines Gelenks eingeschränkt sein.

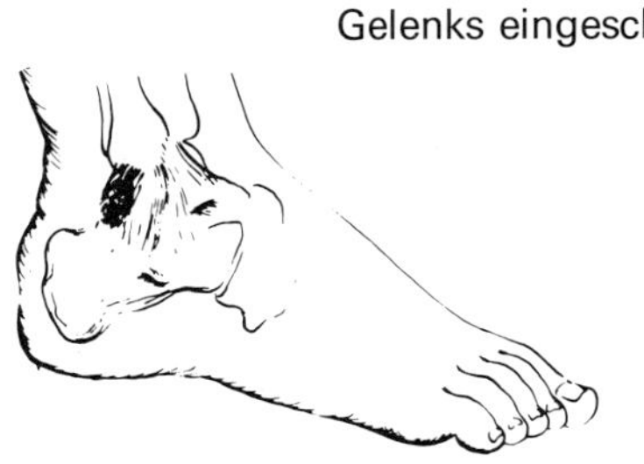

Abb. 71 Eine Kapselschrumpfung kann die Beweglichkeit einschränken.

Supination – 5°
Pronation – 5°

Diese Bewegungen stellen den Fuß derart ein, daß er auch auf unebener Fläche funktionieren kann. Die Bewegungen finden hauptsächlich im Talokalkaneal-, Talonavikular- und Kalkaneokuboidgelenk statt. Zur Prüfung von Supination und Pronation bleibt der Patient auf der Kante des Untersuchungstisches sitzen. Sie fixieren seine Tibia, indem Sie ihr distales Ende umfassen. Dann ergreifen Sie den Kalkaneus und kippen ihn abwechselnd nach innen und außen (Abb. 72, 73). Ein Patient mit einer subtalaren Arthritis (eventuell als Folge einer Kalkaneus-Fraktur, die sich bis in das subtalare Gelenk erstreckt) kann während dieser Bewegung über Schmerzen klagen. Es gibt einen deutlichen und augenfälligen Unterschied zwischen den subtalaren Bewegungen bei jungen und älteren Patienten.

Vorfußadduktion – 20°
Vorfußabduktion – 10°

Vorfußadduktion und -abduktion geschehen hauptsächlich in der Chopartschen Gelenklinie (Talonavikular- und Kalkaneokuboidgelenk). Um diese Bewegungen zu prüfen, halten Sie den Fuß des Patienten mit einer Hand am Kalkaneus, um die Ferse während der Untersuchung in Neutralstellung zu fixieren. Bewegen Sie mit Ihrer anderen Hand den Vorfuß nach innen und außen. Der Bewegungsumfang ist zwar schwierig zu messen, aber fühlbar (Abb. 74, 75).

Obgleich Supination und Pronation unabhängig von der Abduktion und Adduktion untersucht werden können, sind unter normalen Umständen diese vier Bewegungen miteinander verknüpft, wobei die Supination fast immer von einer Adduktion, die Pronation von einer Abduktion begleitet ist.

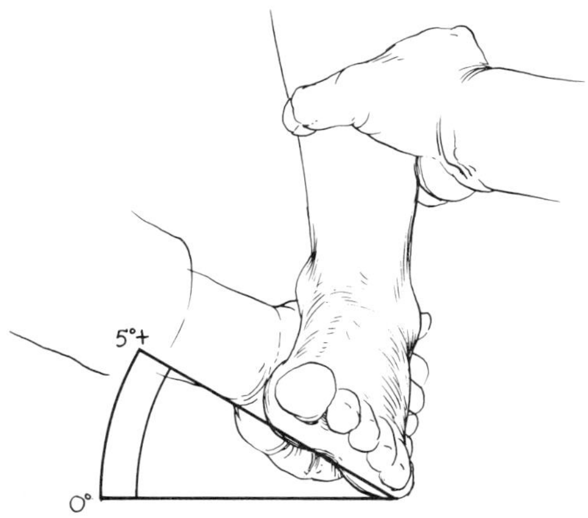

Abb. 72 Prüfung der Supination.

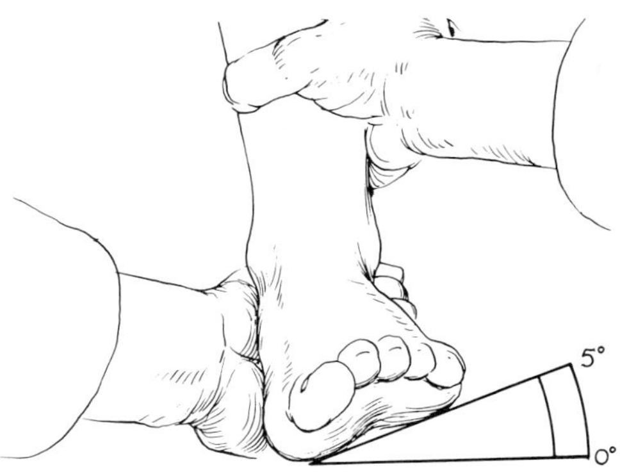

Abb. 73 Prüfung der Pronation.

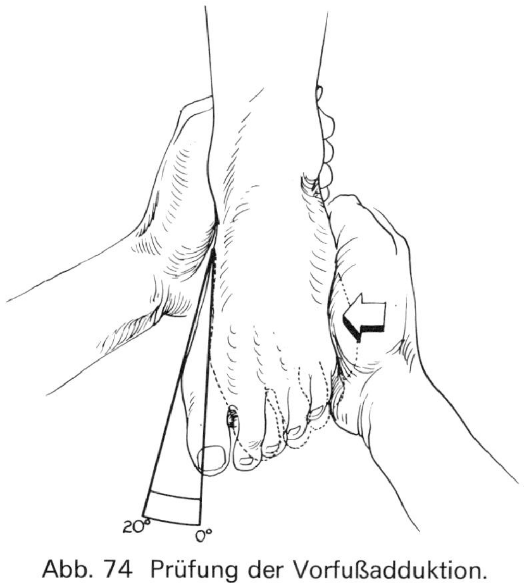

Abb. 74 Prüfung der Vorfußadduktion.

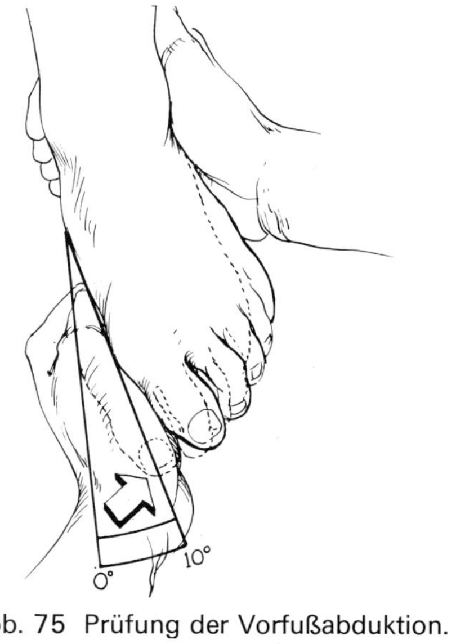

Abb. 75 Prüfung der Vorfußabduktion.

Erstes Metatarsophalangealgelenk

Flexion – 45°
Extension – 70°–90°

Da das erste Metatarsophalangealgelenk vor allem am Zehenabdruck beteiligt ist, ist es von entscheidender Bedeutung für die normale Fortbewegung. Zur Untersuchung dieses Gelenkes fixieren Sie den Fuß des Patienten und beugen und strecken die Großzehe im Metatarsophalangealgelenk (Abb. 76). Der normale Zehenabdruck erfordert eine Streckung von mindestens 35° – 40°.

Wenn die Bewegung im ersten Metatarsophalangealgelenk wesentlich eingeschränkt oder das Gelenk vollständig oder teilweise versteift ist (Hallux rigidus), läuft der Patient mit einem vorsichtigen Gang. Dabei verkürzt er den Zehenabdruck (Abstoßen des Fußes), tritt mit einer eigenartigen Biegung des Fußes auf und vermeidet Bewegung oder Druckbelastung des ersten Metatarsophalangealgelenks. In diesem Falle erfolgt der Abstoß durch die vier seitlichen Zehen (Abb. 77). Das Gehen wird unnatürlich und schmerzhaft. Dabei zeigen die Schuhe des Patienten schräge statt querverlaufender Falten über den Zehen (Abb. 78). Bei einem Hallux rigidus kann jeder Versuch, die Zehe zu strecken, schon bei kleinster Bewegung schwerste Schmerzen verursachen. Dagegen kann die Beugung fast normal sein.

Das proximale Interphalangealgelenk der Großzehe kann nur eine Flexion ausführen (ca. 90°).

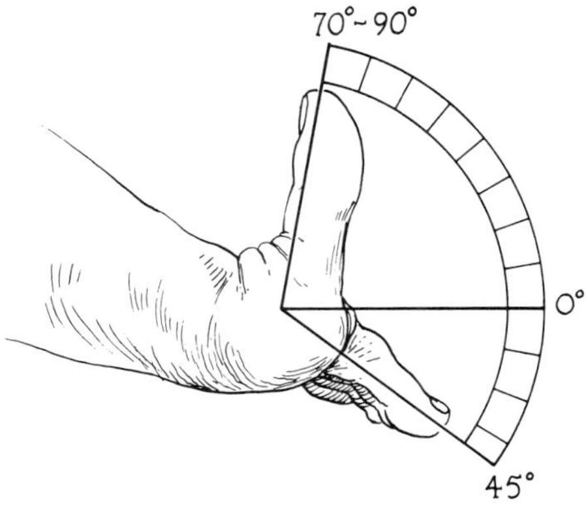

Abb. 76 Normaler Beugungs- und Streckungsumfang im Metatarsophalangealgelenk I.

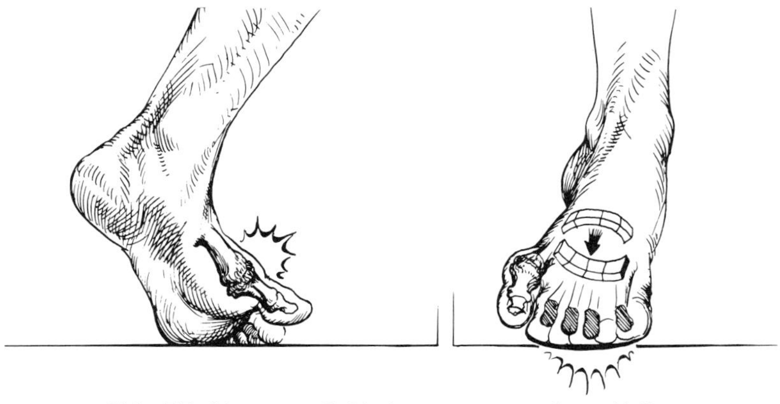

Abb. 77 Abnorme Fußhaltung wegen eines Hallux rigidus. Der Zehenabdruck wird nur von den Zehen II bis V durchgeführt.

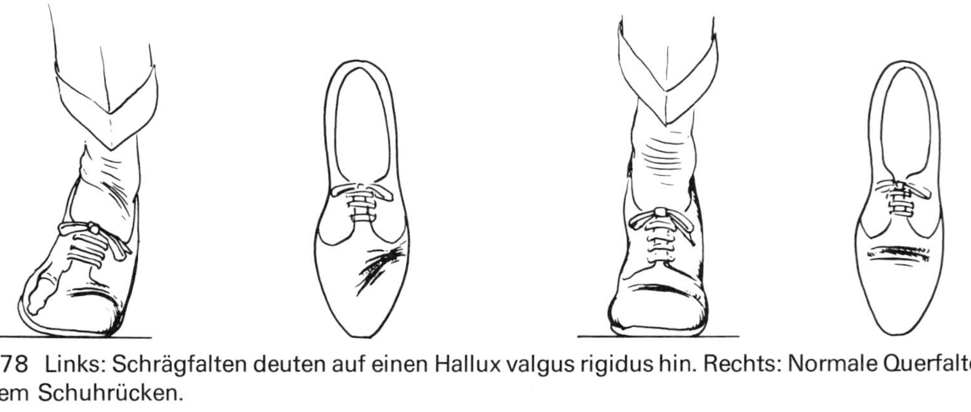

Abb. 78 Links: Schrägfalten deuten auf einen Hallux valgus rigidus hin. Rechts: Normale Querfalten auf dem Schuhrücken.

Bewegung der Zehen II bis V. Während die aktive Beugung der Kleinzehen in den distalen und proximalen Interphalangealgelenken erfolgt, geschieht die aktive Streckung normalerweise nur in den Metatarsophalangealgelenken. Aus diesem Grunde sollten die Zehen II bis V sowohl im Metatarsophalangeal- als auch im proximalen und distalen Interphalangealgelenk passiv gesteckt und gebeugt werden. Normalerweise beugt der Mensch seine Zehen, um den Boden oder seine Schuhsohle zu greifen, wobei er zusätzliche Stabilität während der Standphase des Ganges erlangt.

Krallenzehen schränken die Streckung im proximalen und distalen Interphalangealgelenk und die Beugung im Metatarsophalangealgelenk ein, während Hammerzehen die Beugung im distalen Interphalangealgelenk, die Streckung im proximalen Interphalangeal- und im Metatarsophalangealgelenk begrenzen.

Neurologische Untersuchung

Muskeltests

Die Muskeln des Fußes erfüllen zwei Hauptfunktionen: die Dorsalflexion (Fußhebung) und die Plantarflexion (Fußsenkung). Entsprechend ihrer Ansatzstelle am Fuß haben viele dieser Muskeln eine zusätzliche Funktion bei Supination oder Pronation. Im allgemeinen heben die Sehnen vor den Knöcheln den Fuß, während die Sehnen hinter den Knöcheln den Fuß senken. Bei der neurologischen Untersuchung werden zunächst die Fußheber, dann die Fußsenker untersucht, und zwar jeweils von lateral nach medial.

Fußheber

1. M. tibialis anterior
   N. peronaeus profundus, L4, (L5)
2. M. extensor hallucis longus
   N. peronaeus profundus, L5
3. M. extensor digitorum longus
   N. peronaeus profundus, L5

Die wichtigsten Fußheber liegen in der vorderen Muskelloge des Unterschenkels. Da sie eine gemeinsame Nervenversorgung besitzen (N. peronaeus profundus), manifestiert sich jede pathologische Veränderung, die die Funktion des Nerven unterbindet, in einem Hängefuß.

M. tibialis anterior. Dieser Muskel wird vornehmlich durch L4 innerviert, erhält aber auch Innervationsanteile durch L5. Um den Muskel in seiner Funktion zu testen, fordern Sie den Patienten auf, mit einwärts gedrehtem Fuß auf den Fersen zu laufen. Die Sehne des M. tibialis anterior ist dort sichtbar, wo sie den anteromedialen Teil des Sprunggelenks kreuzt. Sie tritt nach distal in Richtung auf ihren Ansatz deutlich hervor. Personen mit einem schwachen M. tibialis anterior sind nicht fähig, diesen funktionellen Dorsalflexions-Supinations-Test auszuführen und können einen Hängefuß oder Steppergang zeigen.

Zur manuellen Untersuchung des M. tibialis anterior sollte der Patient auf der Kante des Untersuchungstisches sitzen. Unterstützen Sie seinen Unterschenkel und plazieren Sie Ihren Daumen nahe dem Fußrücken so, daß der Patient den Fuß heben und supinieren muß, um den Daumen zu erreichen. Dann versuchen Sie, den Fuß in Plantarflexion und Pronation zu zwingen, indem Sie gegen das Köpfchen und den Schaft des Metatarsale I drücken. Palpieren Sie den M. tibialis anterior, während Sie diesen Test durchführen (Abb. 79).

M. extensor hallucis longus. Die funktionelle Prüfung des M. extensor hallucis longus geschieht dadurch, daß der Patient auf den Fersen geht und den Fuß weder supiniert noch proniert. Die Sehne sollte in ganzer Länge bis zu ihrem Ansatz am proximalen Ende der distalen Großzehenphalanx heraustreten.

Für die manuelle Untersuchung des M. extensor hallucis longus sollte der Patient auf der Kante des Tisches sitzen. Unterstützen Sie seinen Fuß mit einer Hand um den Kalkaneus und halten Sie Ihren Daumen wieder so, daß der Patient die Großzehe strekken muß, um Ihren Daumen zu erreichen. Hemmen Sie die Streckung, indem Sie Ihren Daumen auf das Nagelbett der Großzehe und Ihre Finger auf den Fußballen legen und dann die Zehe nach unten drücken (Abb. 80). Wenn Sie Ihren Daumen auf dem Interphalangealgelenk haben, testen Sie auch den M. extensor hallucis brevis. Sie sollten deshalb

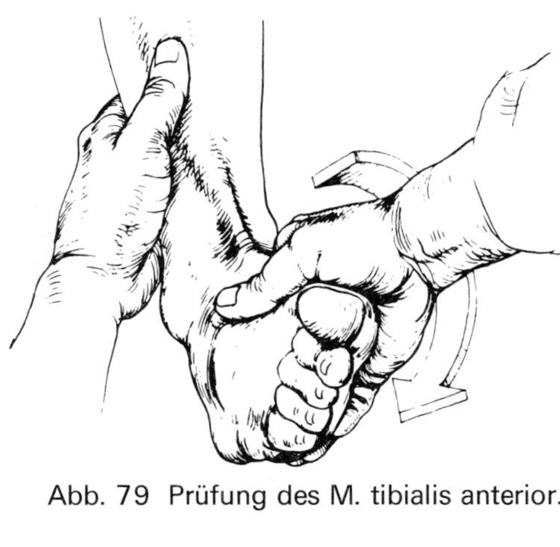

Abb. 79 Prüfung des M. tibialis anterior.

sicher sein, daß Ihr Widerstand distal vom Interphalangealgelenk wirkt, damit Sie allein den M. extensor hallucis longus prüfen.

M. extensor digitorum longus. Dieser Muskel ist der drittstärkste der Fußheber. Sie testen den Muskel in seiner Funktion, indem Sie den Patienten auf den Fersen laufen lassen, wie er es bereits bei der Prüfung des M. extensor hallucis longus getan hat. Die Sehne sollte auf dem Fußrücken hervortreten, die Knöchelgabel vorn kreuzen und sich dann vor ihrer Insertion fächerartig teilen. Sie inseriert an der dorsalen Fläche der mittleren und distalen Phalangen der Zehen II bis V.

Für die manuelle Untersuchung sollte der Patient auf der Kante des Tisches sitzen. Fixieren Sie seinen Fuß am Kalkaneus und legen Sie den Daumen Ihrer freien Hand so, daß der Patient die Zehen strecken muß, um ihn zu erreichen. Dann leisten Sie seiner Bewegung Widerstand, indem Sie gegen den Zehenrücken drücken und diesen plantarwärts zu beugen versuchen (Abb. 81). Dabei sollten die Zehen praktisch nicht nachgeben.

M. extensor digitorum brevis. Die Tests für diesen Muskel sind dieselben wie jene für den M. extensor digitorum longus. Der Muskelbauch kann auf seine Konsistenz hin dort palpiert werden, wo er sich aus dem Sinus tarsi hervorwölbt. Zum Zwecke der Muskeluntersuchung jedoch kann er nicht isoliert werden.

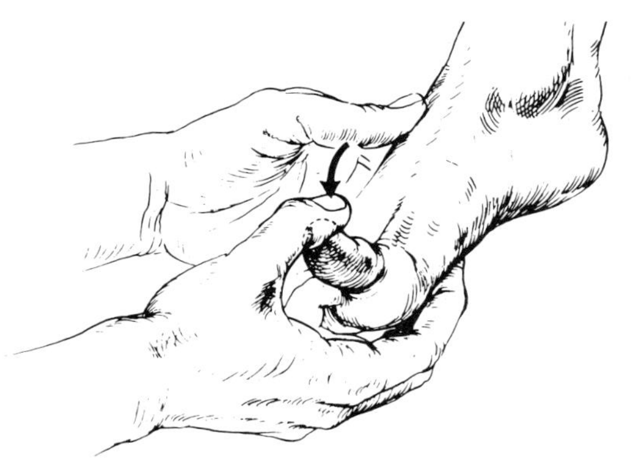

Abb. 80 Prüfung des M. extensor hallucis longus.

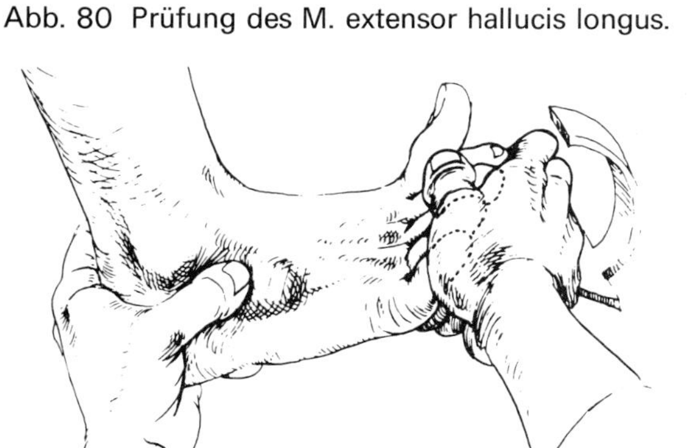

Abb. 81 Prüfung des M. extensor digitorum longus.

Plantarflexoren

1. Mm. peronaeus longus et brevis
   N. peronaealis superficialis, S1
2. Mm. gastrocnemius et soleus
   N. tibialis, S1, S2
3. M. flexor hallucis longus
   N. tibialis, L5
4. M. flexor digitorum longus
   N. tibialis, L5
5. M. tibialis posterior
   N. tibialis, L5

Mm. peronaeus longus et brevis. Die Sehnen dieser Muskeln sind die vordersten hinter dem Außenknöchel. Ihre Funktion sollte gleichzeitig geprüft werden. Da sie Fuß und Sprunggelenk pronieren, fordern Sie den Patienten auf, auf der Innenkante des Fußes zu gehen. Dabei sollten die Peroneus-Sehnen an der Stelle hervorstehen, wo sie um den Außenknöchel biegen, auf je einer Seite der Trochlea peronaealis entlangziehen (die Brevis-Sehne oberhalb, die Longus-Sehne unterhalb davon) und ihrem jeweiligen Ansatz zustreben.

Für die manuelle Untersuchung der Mm. peronaei sollte der Patient auf der Tischkante sitzen. Stellen Sie das Sprunggelenk ruhig, indem Sie den Kalkaneus fixieren und legen Sie die andere Hand so, daß der Patient zur Plantarflexion und Pronation des Fußes gezwungen ist, so als ob er Ihre Hand mit der kleinen Zehe erreichen wollte. Setzen Sie jetzt der Plantarflexion und Pronation Widerstand entgegen, indem Sie Druck gegen das Köpfchen und den Schaft des Metatarsale V mit Ihrer Handfläche ausüben (Abb. 82). (Vermeiden Sie Druck auf die Zehen, da diese sich bewegen könnten).

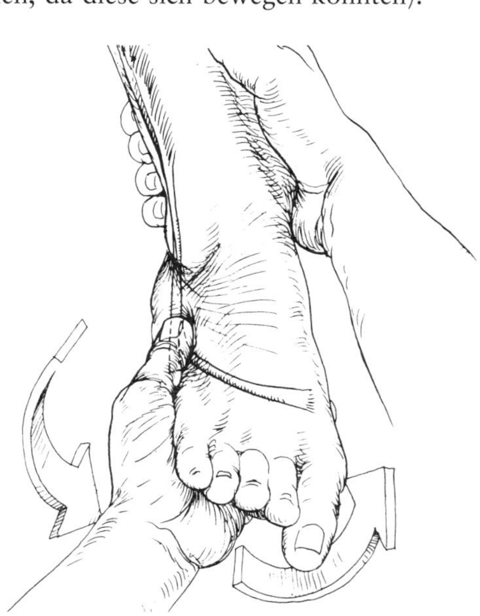

Abb. 82 Prüfung der Mm. peronaei.

Mm. gastrocnemius et soleus. Die gemeinsame Sehne der Mm. gastrocnemius et soleus ist die am deutlichsten hinter den Knöcheln hervorstehende Sehne. Da die Triceps-surae-Gruppe stärker als alle anderen Unterschenkelmuskeln zusammengenommen ist, ist es schwierig, deren Schwäche durch manuelle Muskeluntersuchung aufzudecken. Beobachten Sie deshalb diese Muskeln in Funktion. Zunächst fordern Sie den Patienten auf, auf Zehen zu laufen. Dies ist unmöglich, wenn eine erhebliche Muskelschwäche vorliegt. Dann bitten Sie den Patienten, auf den Vorfußballen auf- und abzuhüpfen. Dies sollte der Patient mit jedem Bein einzeln tun, wobei die Wadenmuskeln gezwungen werden, das Zweieinhalbfache des Körpergewichts an Kraft aufzubringen. Kommt der Patient plattfüßig herunter oder ist er aus anderen Gründen nicht in der Lage, diesen Test auszuführen, so muß mit Wahrscheinlichkeit mindestens eine geringe Schwäche des Wadenmuskels angenommen werden (Abb. 83). Ältere Patienten oder solche mit Rückenschmerzen dürften nicht in der Lage sein, diesen funktionellen Test auszuführen.

M. flexor hallucis longus. Dieser Muskel liegt medial von der Achillessehne. Um seine Funktion zu prüfen, brauchen Sie nur den Gang des Patienten zu beobachten. Die Funktion dieses Muskels ist entscheidend für den Abdruck des Fußes während der Gangphase. Es gibt keine andere funktionelle Methode, diesen Muskel zu prüfen.

Für die manuelle Untersuchung des M. flexor hallucis longus lassen Sie den Patienten auf der Kante des Tisches sitzen und unterstützen seinen Fuß, indem Sie den Kalkaneus fixieren. Dann fordern Sie ihn auf, seine Großzehe zu beugen oder zu krümmen, während Sie die Plantarflexion zu verhindern suchen. Wiederholen Sie diese Untersuchung am anderen Fuß und vergleichen die relative Stärke der beiden Muskeln.

M. flexor digitorum longus. Seine Sehne liegt unmittelbar medial von der Sehne des M. flexor hallucis longus. Wir haben keine genaue Methode, mit der wir ihn funktionell testen können. Untersuchen Sie ihn manuell durch Fixierung des Kalkaneus und lassen Sie den Patienten seine Zehen beugen oder krümmen. Leisten Sie der Beugung Widerstand, indem Sie die Zehen in Dorsalflexion zu bringen versuchen. Wiederum sollten die Zehen nicht nachgeben.

M. tibialis posterior. Dessen Sehne liegt direkt hinter dem Innenknöchel. Während es schwierig ist, diesen Muskel bei seiner Funktion zu prüfen, ist seine Sehne dort tastbar, wo sie um den Innenknöchel läuft und an der Tuberositas ossis navicularis ansetzt. Eine Kombination von Plantarflexion und Supination bringt diese Sehne deutlich zum Vorschein.

Zur manuellen Prüfung des M. tibialis posterior lassen Sie den Patienten auf dem Untersuchungstisch sitzen und fixieren seinen Fuß. Dann sollte er seinen Fuß plantarflektieren und supinieren, während Sie seiner Bewegung Widerstand entgegensetzen. Ist der M. tibialis posterior stärker als die anderen Muskeln am Sprunggelenk, so kann er den Fuß, besonders bei Kindern, verformen.

Abb. 83 Links: Um den Triceps surae zu prüfen, läßt man den Patienten auf dem Vorfuß hüpfen. Rechts: Wenn er mit der gesamten Fußsohle flach aufkommt, liegt wahrscheinlich eine Schwäche dieses Muskels vor.

Untersuchung der Sensibilität

Die Sensibilität der Haut über dem Unterschenkel und dem Fuß wird durch Nerven vermittelt, die aus der lumbalen und sakralen Region stammen. Die durch jede neurologische Etage versorgten Hauptgebiete können ganz allgemein als Bänder oder Dermatome definiert werden, die ein gewisses Hautareal umfassen. Das Dermatom L4 zieht über das Kniegelenk und die Innenseite des Unterschenkels (medial von der Schienbeinkante, dem Innenknöchel und der medialen Seite des Fußes). Das Dermatom L5 umfaßt die Außenseite des Beines (lateral von der Schienbeinkante) und den Fußrükken. Das Dermatom S1 erstreckt sich über die Außenseite des Fußes (Abb. 84).

Die Funktion aller peripheren Nerven muß geprüft werden, weil sie an der Innervation des Fußrückens beteiligt sind. Die Innenseite des Fußes wird vom N. saphenus, der Fußrücken vom N. peronaeus und die Außenseite des Fußes vom N. suralis innerviert (Abb. 85).

Untersuchung der Reflexe

Achillessehnenreflex (S1). Der Achillessehnenreflex ist ein tiefer Sehnenreflex, der durch den M. triceps surae vermittelt wird. Hierbei sind hauptsächlich Nerven beteiligt, die aus der Etage S1 entspringen. Bei durchschnittener oder komprimierter S1-Wurzel fehlt der Achillessehnenreflex praktisch gänzlich.

Um den Achillessehnenreflex zu prüfen, soll der Patient auf der Kante des Untersuchungstisches sitzen und seine Beine baumeln lassen. Durch eine vorsichtige Dorsalflexion des Fußes bewirken Sie eine leichte Streckung der Sehne. Dann stellen Sie die genaue Lage der Sehne fest, indem Sie Daumen und Zeigefinger in die Weichteile auf jeder Seite der Sehne legen. Beklopfen Sie die Sehne mit dem flachen Ende eines Reflexhammers und benutzen Sie eine aus dem Handgelenk kommende Bewegung, um eine plötzliche, unwillkürliche Plantarflexion des Fußes auszulösen (Abb. 86). Es ist manchmal hilfreich, wenn der Patient seine ineinander verhakten Hände auseinanderzuziehen versucht, während Sie die Sehne beklopfen. Dadurch läßt sich der Reflex verstärken (Jendrassikscher Handgriff).

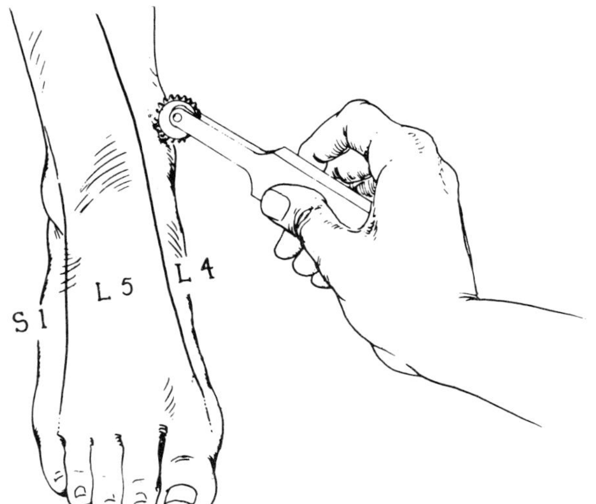

Abb. 84 Untersuchung der Sensibilitätszonen an Sprunggelenk und Fuß.

Es gibt eine Reihe anderer Methoden, um den Achillessehnenreflex zu untersuchen. Einige von ihnen werden im folgenden beschrieben. Die Wahl der jeweils angebrachten Methode hängt natürlich vom Zustand des Patienten ab.

Ist er bettlägerig, dann legen Sie ein Bein über das Knie des anderen Beines, sodaß das Sprunggelenk frei ist. Spannen Sie die Sehne durch eine leichte Dorsalflexion des Fußes an. Dann beklopfen Sie die Achillessehne mit dem flachen Ende des Reflexhammers. Wenn nötig, kann der Reflex verstärkt werden.

Liegt der Patient bäuchlings im Bett, so bitten Sie ihn, seine Knie rechtwinklig zu beugen und spannen Sie die Sehne durch eine leichte Dorsalflexion des Fußes an. Dann beklopfen Sie die Achillessehne.

Wenn das Sprunggelenk angeschwollen ist oder das Beklopfen der Achillessehne unzumutbar schmerzhaft sein würde, prüfen Sie den Achillessehnenreflex dadurch, daß der auf dem Bauch liegende Patient seine Füße über die Kante des Bettes oder des Untersuchungstisches streckt. Drücken Sie mit Ihren Fingern gegen den Vorderfußballen des Patienten, um den Fuß dorsal zu flektieren. Dann schlagen Sie mit dem Reflexhammer auf Ihre Finger. Der Reflex sollte dann mit der Hand tastbar sein (Abb. 87).

Spezielle Untersuchungsmethoden

Unterscheidung von fixiertem (kontraktem) oder mobilem (weichem) Plattfuß. Beobachten Sie die Füße des Patienten, während er auf den Zehen steht und während er sitzt. Fehlt das mediale Längsgewölbe in allen Stellungen, so hat der Patient einen fixierten Plattfuß. Betrachten Sie das Gewölbe, während der Patient auf den Zehen steht oder sitzt: Fehlt das Gewölbe nur, wenn er steht, so liegt ein mobiler (weicher) Plattfuß vor, welcher sich mit

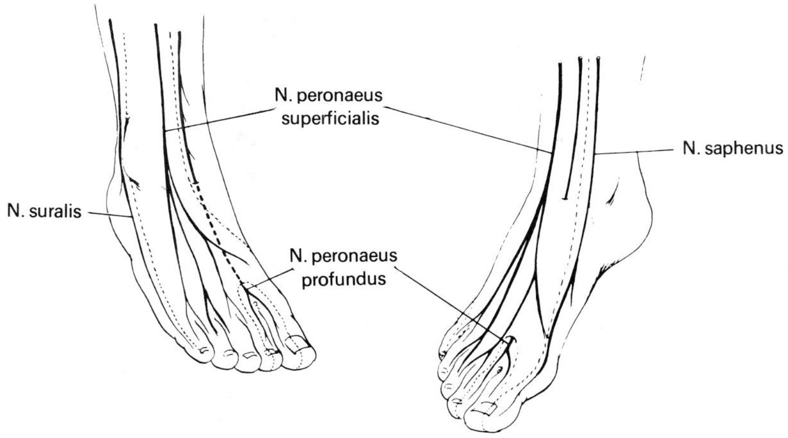

Abb. 85 Sensible Innervation des Fußes und des Sprunggelenks.

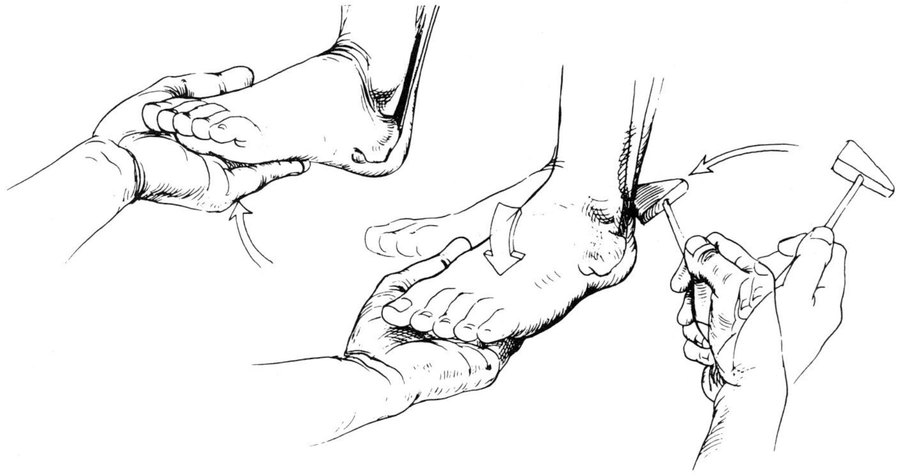

Abb. 86 Prüfung des Achillessehnenreflexes.

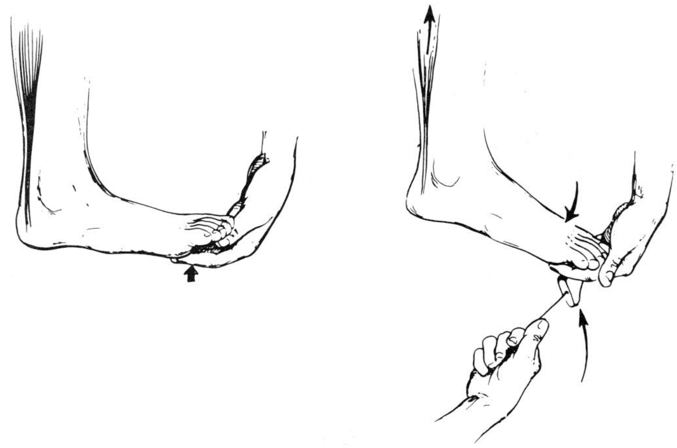

Abb. 87 Eine weitere Untersuchungsmethode des Achillessehnenreflexes.

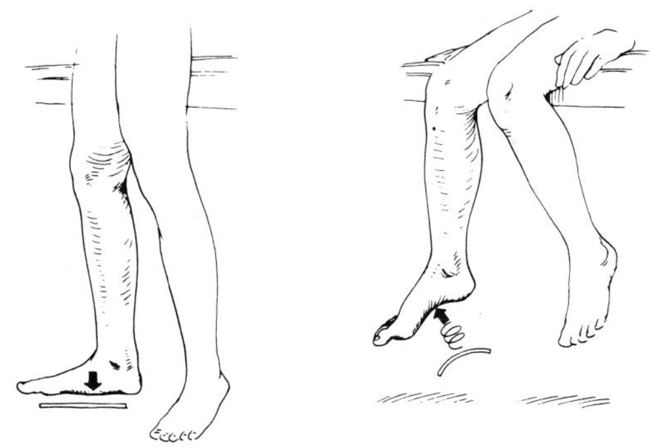

Abb. 88 Der mobile Plattfuß weist außer beim Stehen immer ein Längsgewölbe auf.

einer unterstützenden Einlage korrigieren läßt (Abb. 88, 89).

Der Tibiatorsionstest. Bei Kindern kann das Laufen über die Großzehe durch eine exzessive Innenrotation der Tibia bedingt sein. Wenn Sie eine Torsion der Tibia vermuten, müssen Sie zunächst die knöchernen Fixpunkte an beiden Enden der Tibia bestimmen: die Tuberositas tibiae unterhalb des Knies und die beiden Knöchel am Sprunggelenk. Normalerweise ist eine zwischen den Knöcheln gezogene Linie gegenüber dem durch die Tuberositas tibiae gefällten Lot um 15° nach außen rotiert. Bei einer nach innen gerichteten Torsion der Tibia liegt die intermalleoläre Verbindungslinie direkt in der Transversalebene nahe dem Lot (Abb. 90, 91, 92).

Test zur Korrektur der Vorfußadduktion. Die Adduktion des Vorfußes kann unter Umständen bei

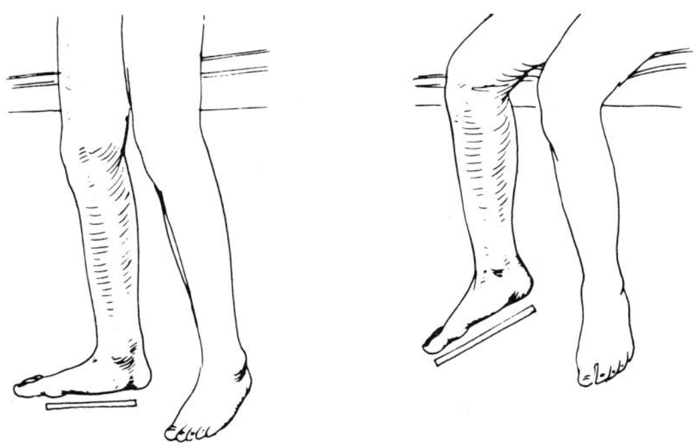

Abb. 89 Der starre (kontrakte) Plattfuß bleibt in allen Stellungen flach.

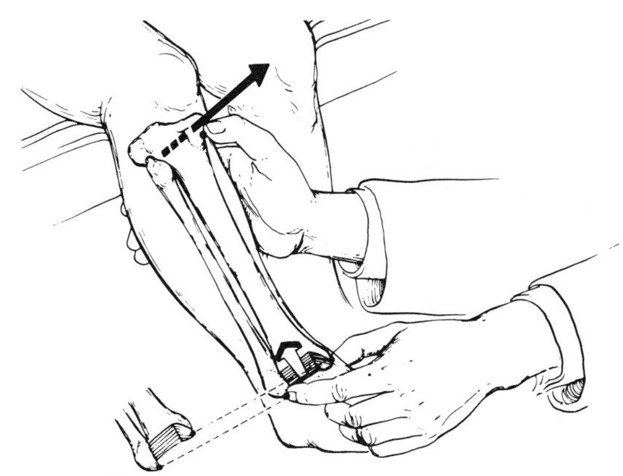

Abb. 91 Die Sprunggelenksgabel ist normalerweise um 15° nach außen gerichtet.

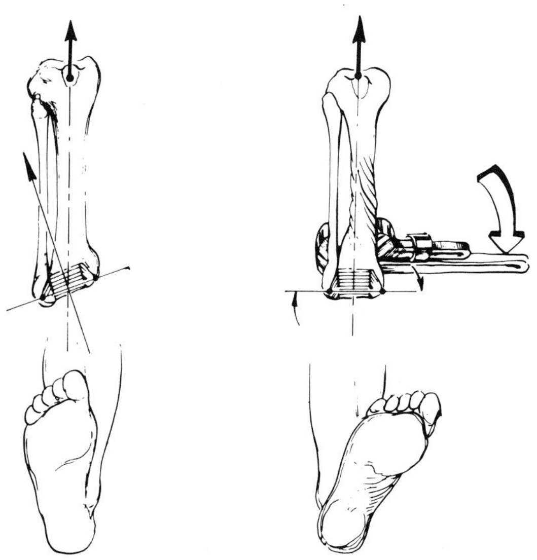

Abb. 90 Gehen über die Großzehe kann durch überstarke Innenrotation der Tibia verursacht sein.

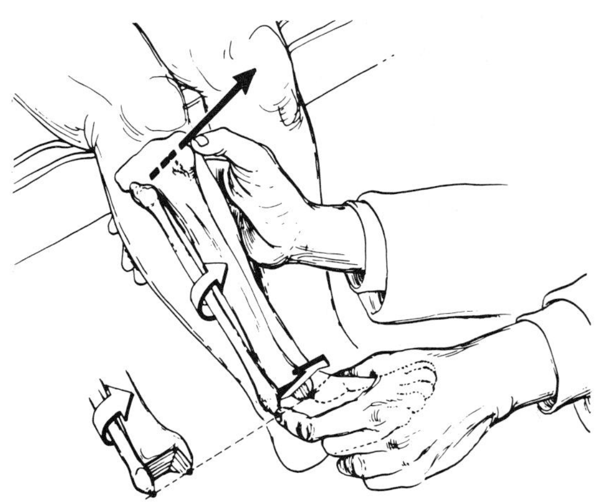

Abb. 92 Bei Einwärtsdrehung der Tibia zeigt die Sprunggelenksgabel nach vorn oder nach innen.

Kindern korrekturbedürftig sein (Abb. 93). Wenn Sie die Adduktion manuell korrigieren und den Vorfuß über die Neutralstellung hinaus abduzieren können, ist keinerlei Behandlung erforderlich, da der Fuß sich schließlich selbst korrigieren wird (Abb. 94). Können Sie jedoch den Vorfuß nur teilweise in die Neutralstellung oder noch weniger korrigieren, so wird sich der Fuß wahrscheinlich nicht von selbst korrigieren. In diesem Falle ist ein Redressionsgips notwendig (Abb. 95, 96).

Sprunggelenksdorsalflexionstest. Wenn das Sprunggelenk bei gestrecktem Knie nicht dorsalflektiert oder in eine rechtwinklige Stellung gebracht werden kann und wenn Sie ferner wissen, daß die Bewegungseinschränkung entweder durch den Gastroknemius oder den Soleus bedingt ist, so können Sie mit Hilfe des folgenden Tests feststellen, welcher der Muskeln diese Einschränkung verursacht. Zunächst beugen Sie das Kniegelenk. Wenn Sie bei gebeugtem Knie eine Dorsalflexion im

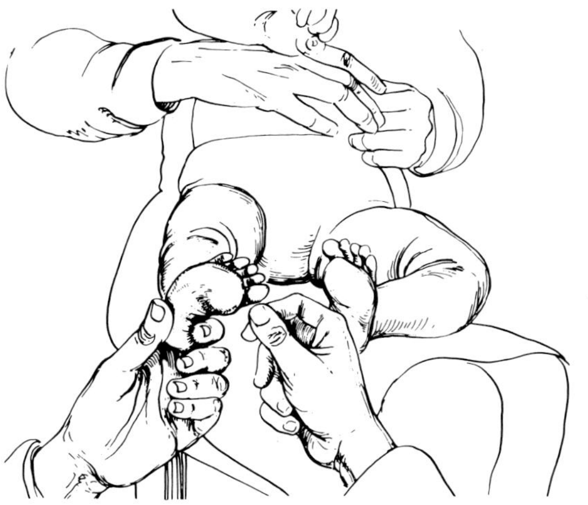

Abb. 93 Bei Kindern findet man häufig eine Vorfußadduktion.

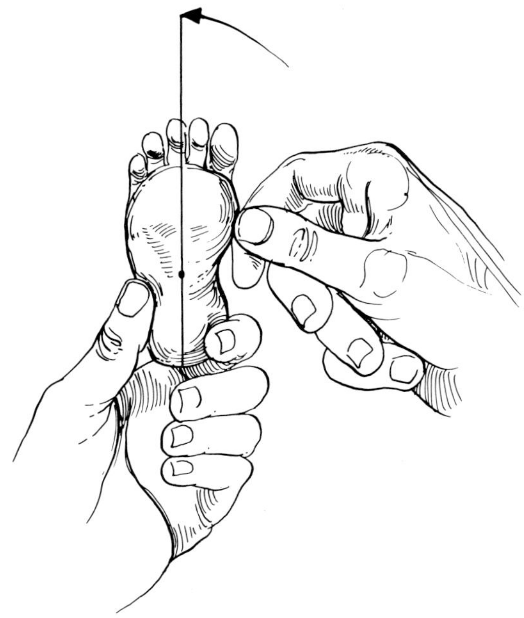

Abb. 95 Dieser Fuß gestattet keine Abduktion über die Neutralstellung hinaus.

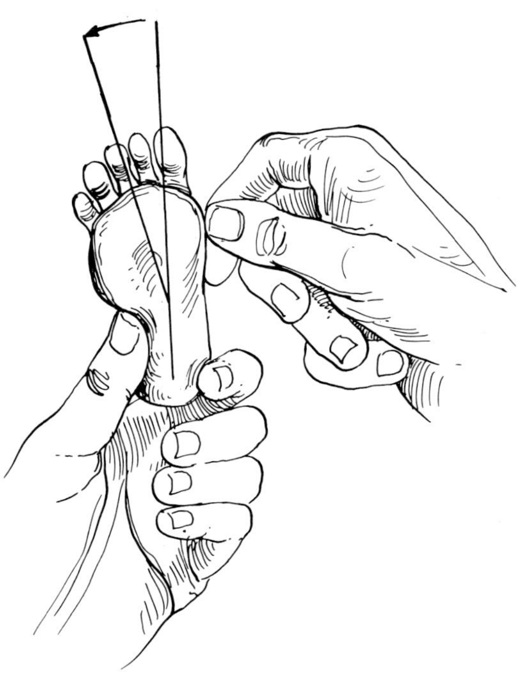

Abb. 94 Läßt sich der Fuß passiv über die Neutralstellung hinaus biegen, ist keine Korrektur erforderlich.

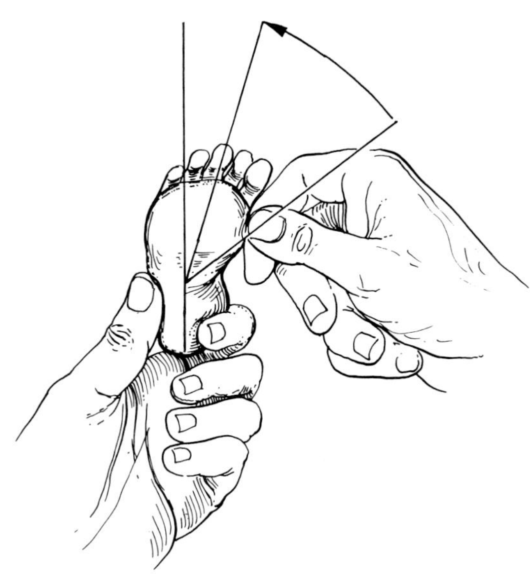

Abb. 96 Bei dieser Adduktionsstellung ist eine Redressionsbehandlung im Gips nötig. Der Fuß kann nicht einmal bis zur Neutralstellung abduziert werden.

Sprunggelenk erreichen, so ist der Gastroknemius die Ursache der Einschränkung, da die Kniebeugung Ursprung und Ansatz des Gastroknemius (ein Zweigelenkmuskel) näher zueinander bringt (Abb. 97, 98). Da im Gegensatz dazu der Soleus ein Ein-Gelenk-Muskel ist, wird er durch die Beugung des Knies nicht beeinflußt. Ist also der Soleus verantwortlich für die Bewegungseinschränkung, so wird diese gleichbleiben, ob das Knie nun gebeugt ist oder nicht.

Hohmannsches Zeichen. Zum Nachweis einer tiefen Thrombophlebitis dorsalflektieren Sie kräftig den Fuß des Patienten bei gestrecktem Bein. Ein durch diese Manipulation in der Wade entstehender Schmerz bedeutet ein positives Hohmannsches-Zeichen. Schmerzhaftigkeit bei tiefer Palpation des Wadenmuskels ist ein weiteres Zeichen für eine tiefe Thrombophlebitis (Abb. 99, 100).

Untersuchung der benachbarten Gebiete

Alle übrigen Gelenke der unteren Extremität sollten im Rahmen einer vollständigen Untersuchung des Fußes und Sprunggelenks mituntersucht werden, da möglicherweise pathologische Veränderungen des Knies, der Hüfte oder der Lendengegend zu Schmerzprojektion in den Fuß und das Sprunggelenk führen können (Abb. 101).

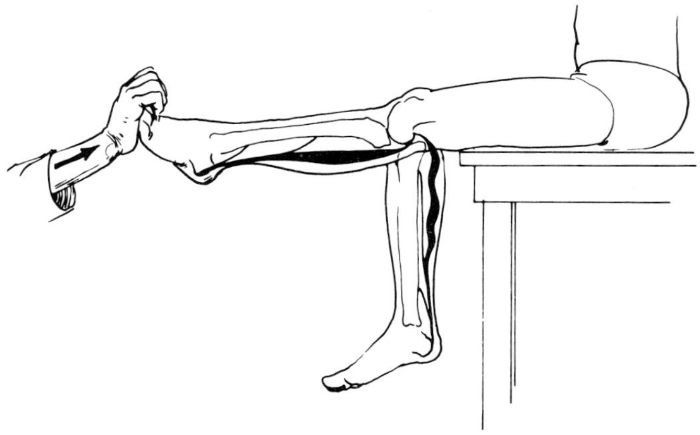

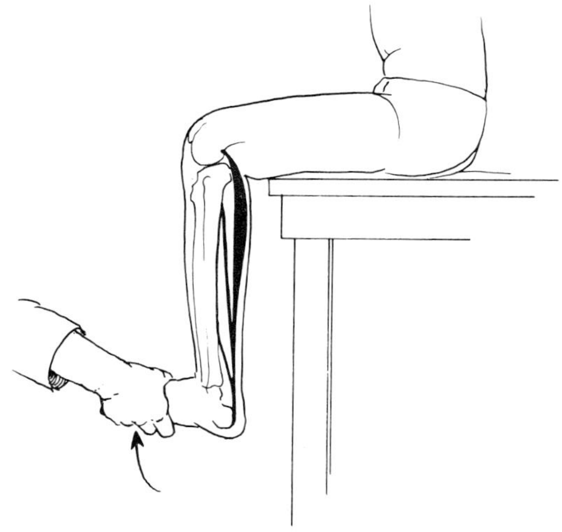

Abb. 97 und 98 Untersuchungsmethode zur Unterscheidung einer Kontraktur des M. gastrocnemius und des M. soleus.

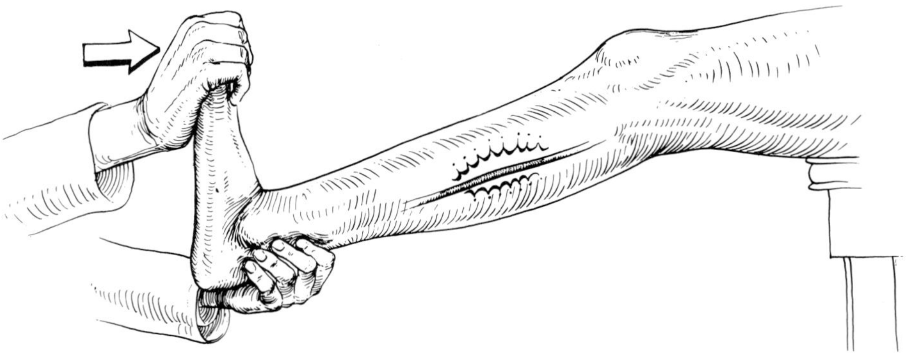

Abb. 99 Das Hohmannsche Zeichen bei tiefer Beinvenenentzündung.

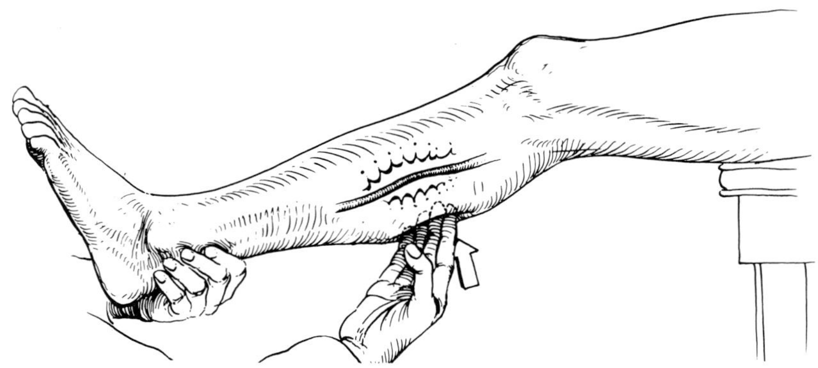

Abb. 100 Schmerz bei tiefer Palpation der Wadenmuskulatur ist ein Zeichen für tiefe Thrombophlebitis.

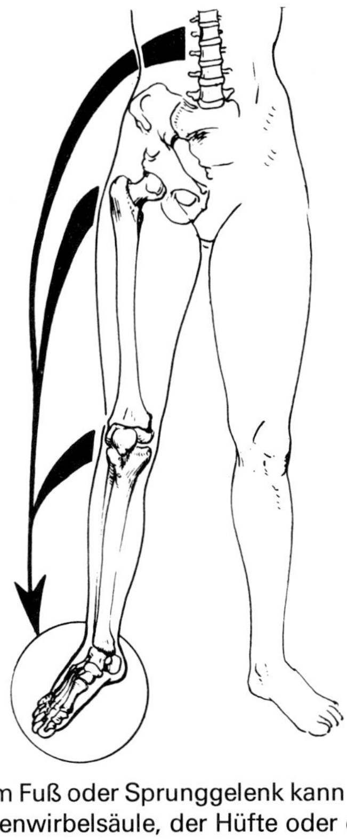

Abb. 101 Schmerz im Fuß oder Sprunggelenk kann von krankhaften Veränderungen der Lendenwirbelsäule, der Hüfte oder des Knies fortgeleitet sein.

Klinische Untersuchung der Lendenwirbelsäule

9

Die Lendenwirbelsäule leitet die Cauda equina in die untere Extremität und sorgt für die Beweglichkeit des Rückens. Gleichzeitig unterstützt sie den Oberkörper und überträgt das Körpergewicht auf das Becken und die untere Extremität. Da keine Rippen an ihr ansetzen, besitzt die Lendenwirbelsäule eine relativ große Beweglichkeit.

Inspektion

Um die Lendenwirbelsäule gründlich untersuchen zu können, soll der Patient sich völlig ausziehen. Während er sich entkleidet, beobachten Sie den Bewegungsablauf. Ein Patient mit Rückenschmerzen kann beim Entkleiden seine Wirbelsäule steif halten, um Beugung, Drehung oder andere Bewegungen, die für ihn schmerzvoll sein könnten, zu vermeiden. Jede eigenartige oder unnatürliche Bewegung der Wirbelsäule kann auch Zeichen eines pathologischen Zustands sein.

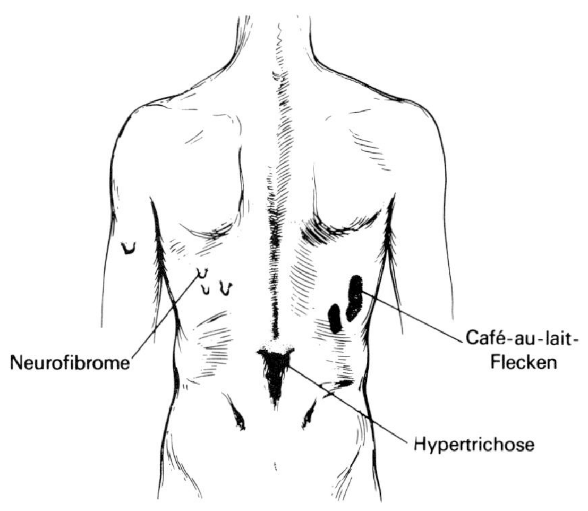

Abb. 1 Hautveränderungen mit Hinweischarakter.

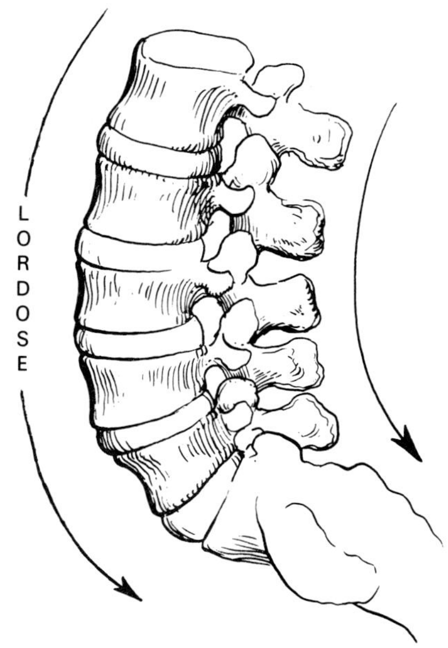

Abb. 2 Normale Lendenlordose.

Zu Beginn der Inspektion suchen Sie auf dem Rücken nach Rötung oder ungewöhnlichen Hautveränderungen. Eine fleckige Rötung kann entweder eine Infektion oder eine langdauernde Hitzeeinwirkung anzeigen, die zu einer Sprenkelung der Haut führt. Hautveränderungen wie Lipome, Haarnaevi, Café-au-lait-Flecken oder Muttermale sind oft Hinweise auf eine neurologische oder Knochenerkrankung.

Weiche, teigige Lipome (Fettgeschwülste), die als Knoten in der unteren Rückengegend imponieren, können auch Zeichen einer Spina bifida sein (ausbleibende Vereinigung der Wirbelbögen mit dem Dornfortsatz). Dasselbe trifft für hantelförmige Lipome zu, die sich durch einen Knochendefekt bis zur Cauda equina erstrecken (Abb. 21).

Ein ungewöhnlich behaarter Fleck auf dem Rükken kann Zeichen eines Knochendefekts der Wirbelsäule, wie z. B. einer Diastematomyelie (eine kongenitale Knochenlamelle, die die beiden Hälften des Rückenmarks trennt) sein. Ein Haarnaevus (Fauns-Bart), der zusammen mit einem Lipom auftritt, muß den Verdacht auf eine zugrundeliegende Knochenanomalie erwecken (Abb. 1).

Hautanhänge oder gestielte Tumoren deuten auf das Vorliegen einer Neurofibromatose hin und sind oft von sekundären Hautzeichen (Café-au-lait-Flekken) (Abb. 1) begleitet. Neurofibrome können, ähnlich wie Lipome, das Rückenmark und die Nervenwurzeln komprimieren. Muttermale oder ausgedehnte Flammennaevi sollten gleichfalls eingehend untersucht werden, da auch sie eine Knochenerkrankung vermuten lassen (Spina bifida).

Die Haltung kann eine anschauliche Wiedergabe vieler Wirbelsäulenstörungen bieten und sollte deshalb eingehend analysiert werden. Schultern und Becken sollten waagrecht stehen. Knochen und Weichteile auf beiden Seiten der Mittellinie sollten symmetrisch sein. Beim stehenden Patienten kann die deutliche Neigung zur einen oder anderen Seite Zeichen einer ischiogenen Skoliose sein, wie sie nach einem Bandscheibenvorfall auftritt. In der Seitenansicht ist eine sanfte lumbale Lordose normal (Abb. 2). Es ist jedoch nicht ungewöhnlich, daß eine normale Lumballordose gänzlich fehlt (paravertebraler Muskelspasmus) (Abb. 3). Gelegentlich finden Sie eine extrem spitzwinklige Kyphose (Gibbus) (Abb. 4). Ferner ist eine abnorm stark ausgeprägte lumbale Lordose allgemeines Charakteristikum einer Schwäche der vorderen Bauchwand.

Palpation der Knochen

Zur Palpation der Lendenwirbelsäule setzen Sie sich hinter den stehenden Patienten auf einen Stuhl (Abb. 5). Dann legen Sie Ihre Finger auf die Darmbeinkämme und Ihre Daumen auf die Mittellinie des Rückens in Höhe von L4/L5 (entsprechend der Verbindungslinie beider Darmbeinkämme). Jetzt palpieren sie den Raum zwischen den Wirbeln (Abb. 6). Die Dornfortsätze von L4 und L5 liegen oberhalb bzw. unterhalb der beschriebenen Verbindungslinie. Da diese Fortsätze einander nicht überlappen, markieren sie die tatsächliche Höhe der Wirbelkörper und sind ein ausgezeichneter Bezugspunkt, von dem aus Sie andere Wirbel identifizieren können.

Rückseite

Dornfortsätze. Nachdem Sie den Zwischenraum von L4/L5 festgestellt haben, gehen Sie weiter nach kranial, um die einzelnen Dornfortsätze der anderen Lendenwirbel zu tasten (Abb. 7). Nachdem Sie dann nach L4/L5 zurückgekehrt sind, palpieren Sie nach kaudal die kleineren Dornfortsätze. Sie finden den Dornfortsatz S2, indem Sie eine Verbindungslinie zwischen den hinteren Anteilen der Darmbeinkämme ziehen. Während dieser Palpation kann ein von der Wirbelsäule ausgelöster Schmerz im Rükken oder in den Beinen provoziert werden (Abb. 8).

Im Gebiet des Kreuzbeindreiecks weisen Lücken zwischen den Dornfortsätzen oder das Fehlen eines sakralen oder lumbalen Dornfortsatzes auf eine Spina bifida hin (Abb. 9). Eine sichtbare oder tastbare Stufe zwischen 2 Dornfortsätzen kann Zeichen einer Spondylolisthesis (Vorwärtsgleiten eines Wirbels auf dem darunterliegenden, meistens von L5 auf S1 oder L4 auf L5) (Abb. 10) sein. Es kann sich auch um die Folge eines knöchernen Defeks (Spondylolyse) in der Pars interarticularis handeln. Dieses Leiden verursacht Rückenschmerzen, wie sie oft von Teenagern geklagt werden. Im Zusammenhang mit diesem Defekt besteht die Möglichkeit, daß eine Nervenwurzel gedehnt wird oder eine Bandscheibe prolabiert ist. Hierbei kommt es zu Schmerz in den Beinen.

Rückfläche des Steißbeins (Abb. 11). Ein schmerzhaftes Steißbein (Kokzygodynie) ist gewöhnlich die Folge eines direkten Stoßes. Die einzige Möglichkeit, das Kreuzbein ganz zu palpieren, ist durch eine rektale Untersuchung (siehe Seite 167) gegeben.

Die Palpation der Lendenwirbelsäulenrückseite wird dadurch vervollständigt, daß Sie die Spinae iliacae posteriores superiores, die Darmbeinkämme, die beiden großen Trochanteren und die beiden Sitzbeinknorren untersuchen (Siehe Kapitel «Hüfte», Seite 144 bis 146 (Abb. 6–9)).

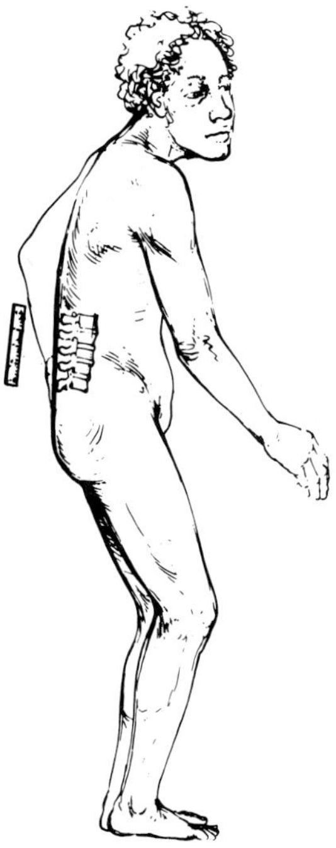

Abb. 3 Spasmus der paravertebralen Muskulatur.

Abb. 4 Gibbus.

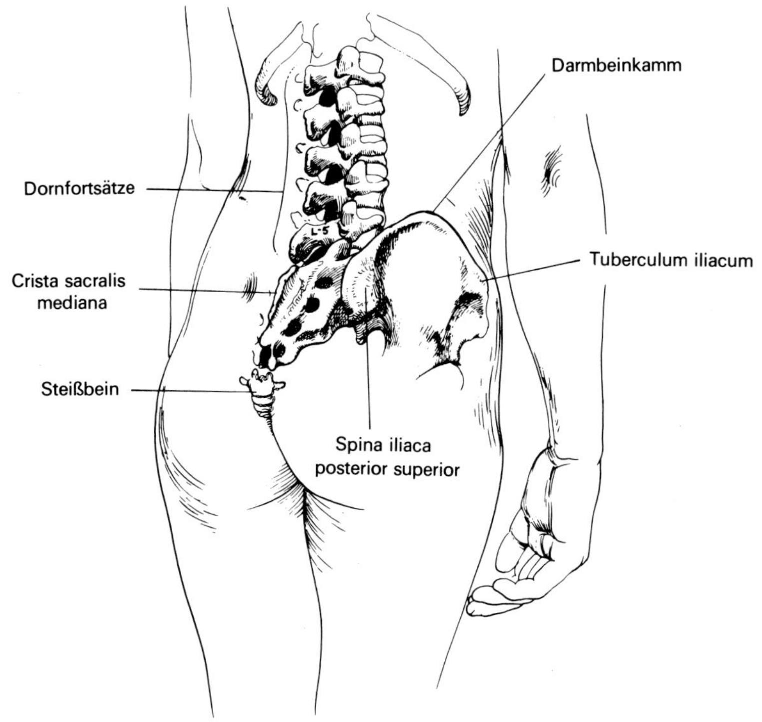

Abb. 5 Anatomie der Lendenwirbelseite (Rückseite).

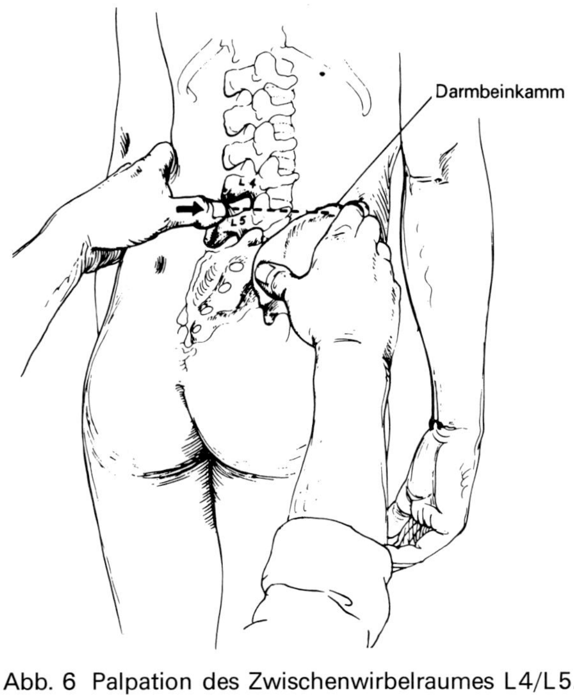

Abb. 6 Palpation des Zwischenwirbelraumes L4/L5. Der Zwischenraum liegt in Höhe der Darmbeinkämme.

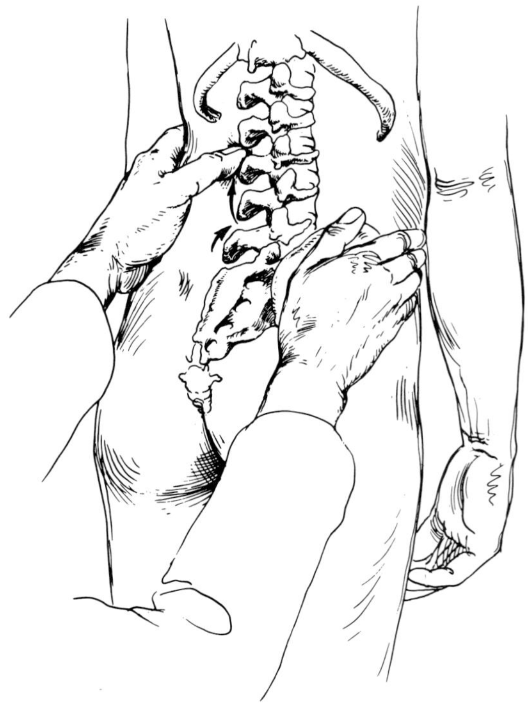

Abb. 7 Palpation der Dornfortsätze.

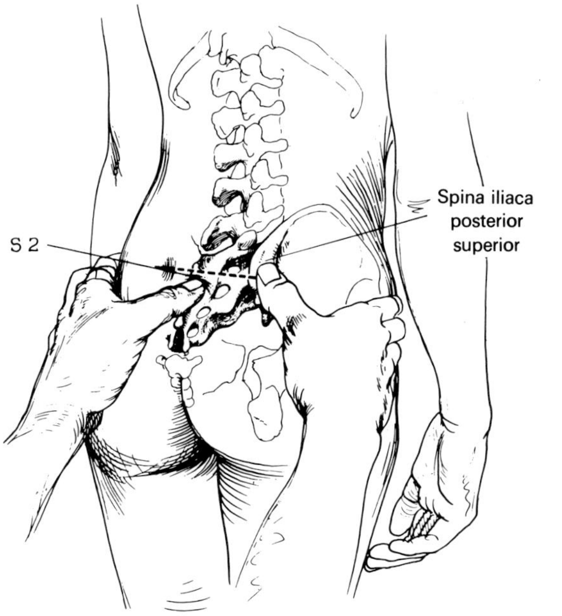

Abb. 8 Die sakralen Dornfortsätze. Der Dornfortsatz S 2 liegt in der Mitte einer zwischen den beiden Spinae iliacae posteriores superiores gezogenen Linie.

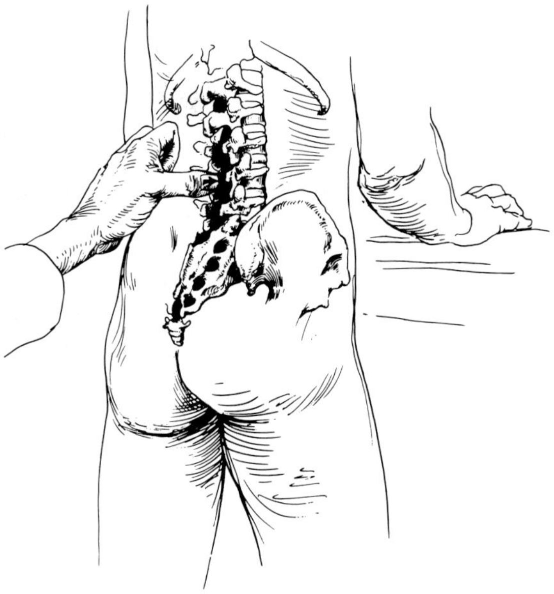

Abb. 9 Spina bifida.

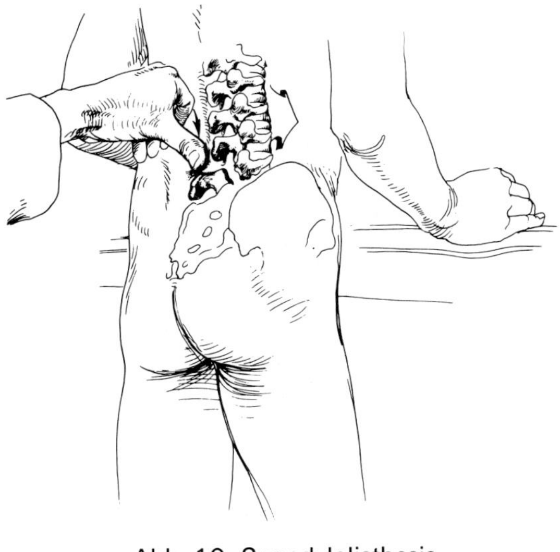

Abb. 10 Spondylolisthesis.

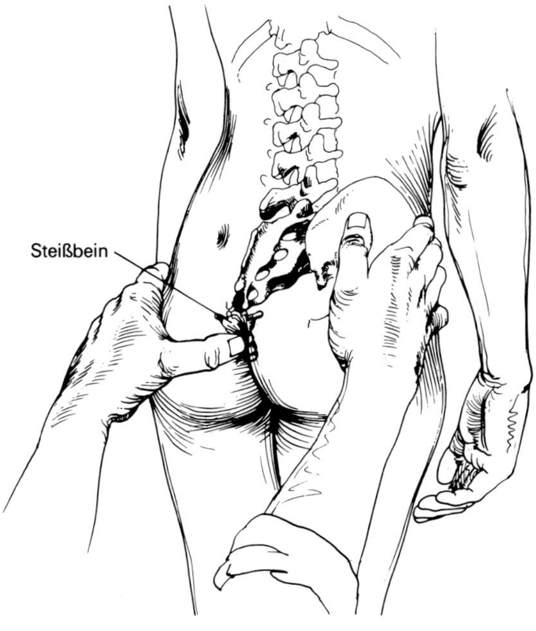

Abb. 11 Das Steißbein.

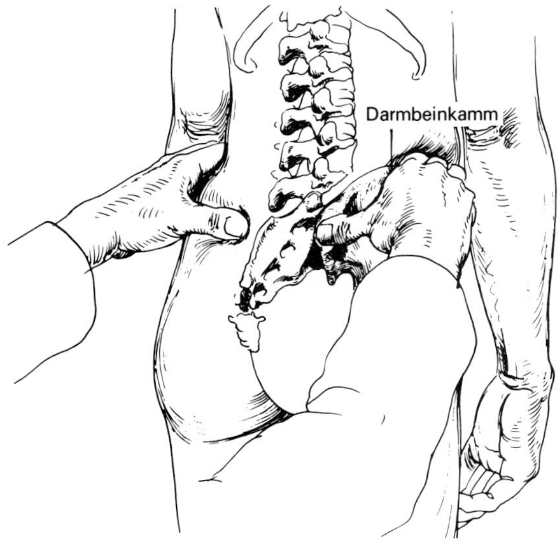

Abb. 12 Ausgangsstellung bei der Palpation der Spinae iliacae posteriores superiores und der Darmbeinkämme.

Vorderseite

Sie untersuchen die Vorderseite der Wirbelsäule, indem der Patient auf seinem Rücken liegt und die Knie beugt, um die Bauchmuskeln zu entspannen.

Der Nabel liegt in Höhe des Zwischenwirbelraumes L3/L4. An dieser Stelle teilt sich die Aorta in die beiden Aa. iliacae communes. Die vorderen Anteile der Wirbelkörper L4, L5 und S1 sowie ihre Bandscheiben sind unterhalb der Aortenteilung tastbar. Sie werden durch das Lig. longitudinale anterius bedeckt (Abb. 16).

Promontorium. Das Gelenk L5/S1 ist der am weitesten vorstehende Punkt der Wirbelsäule in diesem Abschnitt. Wenn Sie Ihre Finger dicht unterhalb des Nabels legen und sanft, aber mit zunehmendem Druck, durch die Linea alba in das Abdomen drücken, wobei der Patient sich entspannen soll, können Sie mit einiger Anstrengung die knöcherne Oberfläche der Wirbelkörper L5 und L1 fühlen (Abb. 17).

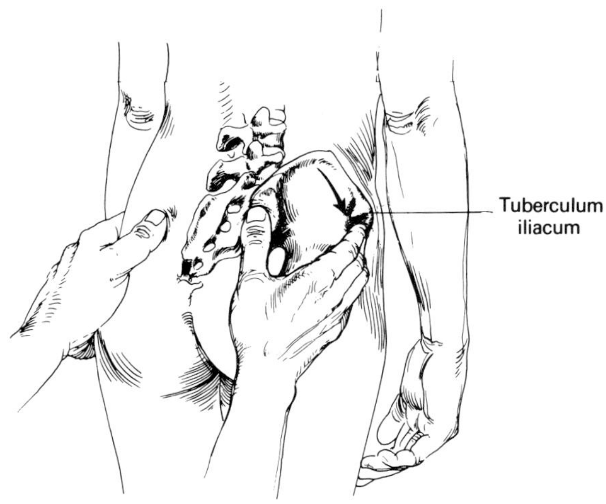

Abb. 13 Der hintere Anteil der Darmbeinkämme und die Tubercula iliaca.

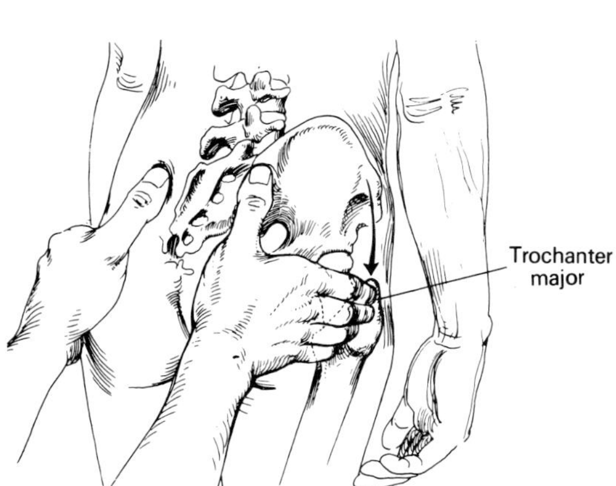

Abb. 14 Die großen Rollhügel.

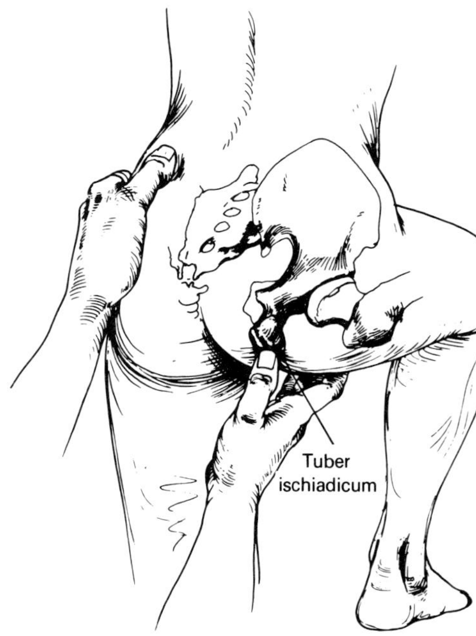

Abb. 15 Das Tuber ischiadicum.

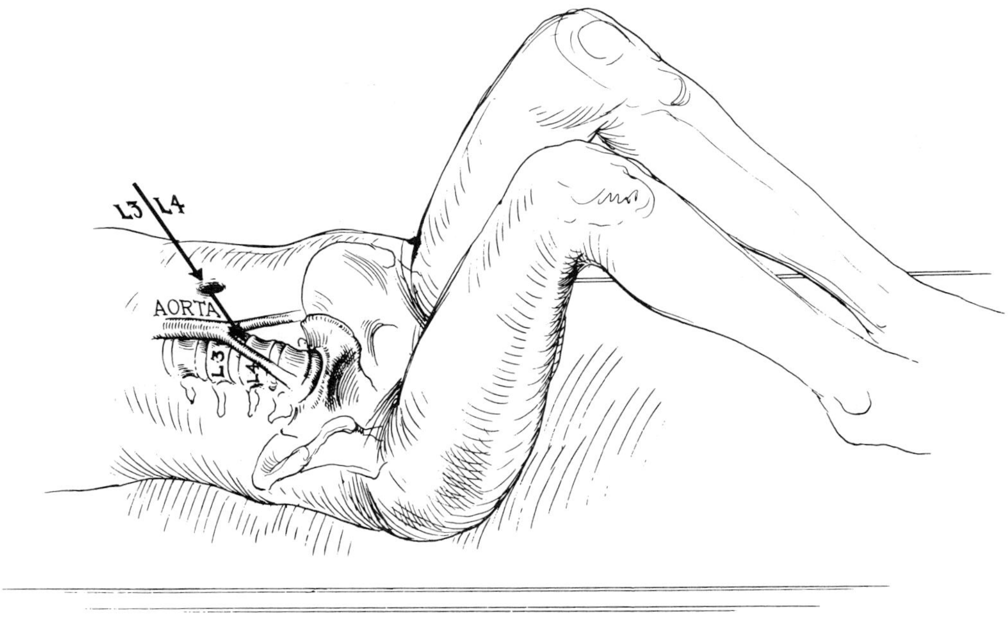

Abb. 16 Vorderseite der Lendenwirbelsäule. Der Nabel liegt in Höhe der Bandscheibe L3/L4.

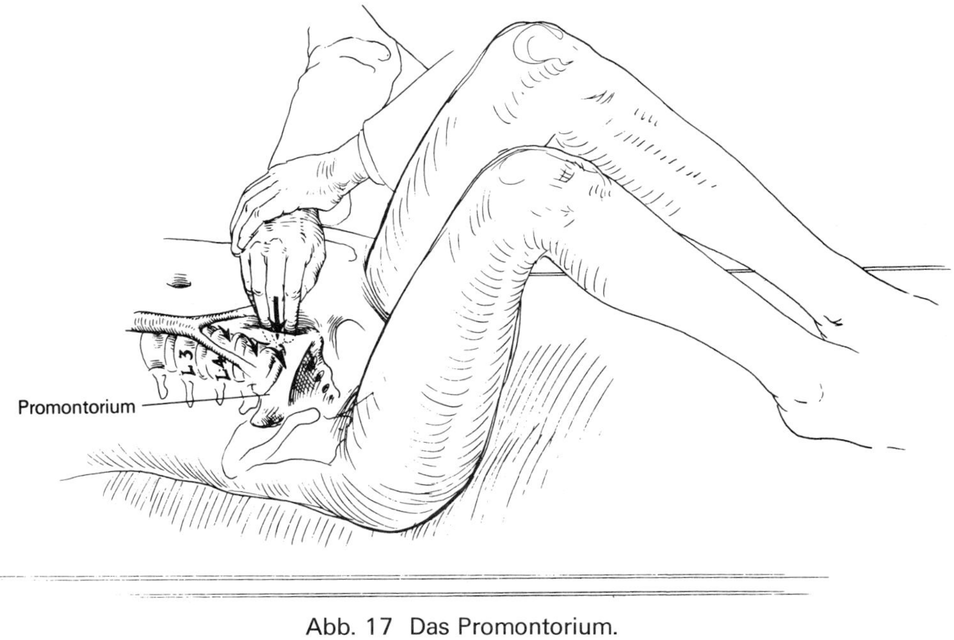

Abb. 17 Das Promontorium.

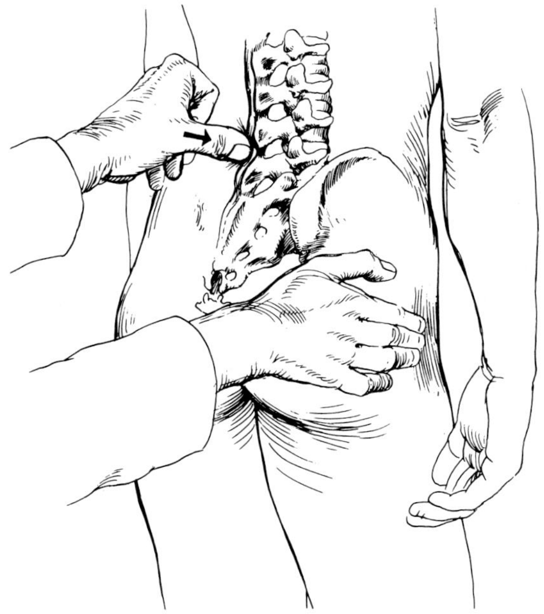

Abb. 18 Die Ligamenta supraspinale und interspinale.

Palpation der Weichteile

Die Untersuchung der Weichteile im Gebiet der Lendenwirbelsäule wird in 5 klinische Regionen eingeteilt:

1. Mittelraphe
2. Darmbeinkamm
3. Spinae iliacae posteriores superiores
4. Verlaufsgebiet des Ischias
5. Vordere Bauchwand und Leistengegend

Region I – Mittelraphe

Ligg. supraspinale et interspinalia (Abb. 18). Diese Ligamente verbinden die Dornfortsätze der Lenden- und Sakralwirbel an der Rückseite miteinander.

Das Lig. supraspinale, ein kräftiges fibröses Band, verbindet die Dornfortsätze vom 7. Halswirbel bis zum Sakrum miteinander. Es ist am breitesten in der Lendengegend, wo seine Dicke über den Wirbeln zu tasten ist. Die Ligg. interspinalia sind kurz und kräftig und verbinden die benachbarten Dornfortsätze miteinander. Da sie zwischen den Fortsätzen und nicht darüber liegen, lassen sie sich nicht tasten. Palpieren Sie entlang der Dornfortsatzreihe. Ist an einer Stelle entweder das Lig. supraspinale oder interspinale zerrissen, so kann die betroffene Gegend schmerzhaft sein. Außerdem ist es möglich, daß Sie eine Lücke zwischen den Dornfortsätzen tasten (Abb. 19).

Paraspinale Muskeln. Die paraspinalen Muskeln setzen sich aus drei Muskelschichten zusammen, von denen nur die oberflächliche Schicht (das Sakrospinalsystem, das sich aus dem M. spinalis, dem M. longissimus dorsi und dem M. iliocostalis zusammensetzt) tastbar ist.

Zur Palpation dieser Muskeln setzen Sie sich hinter den Patienten und fordern ihn auf, seinen Kopf zurückzulegen, damit die über den Muskeln liegende Faszie entspannt wird. Es ist möglich, die drei Bestandteile des sakrospinalen Systems zu unterscheiden. Sie sollten deshalb auf beiden Seiten der Mittelraphe als eine Einheit palpiert werden. Kneten Sie die Muskeln, während Sie diese palpieren, zwischen Ihren Fingern und achten dabei auf jede Schmerzhaftigkeit, Spasmus, Lücken oder Unterschiede in Größe und Konsistenz. Unter abnormen Bedingungen können die paraspinalen Muskeln einer Seite mehr hervortreten und sich härter anfühlen (als Folge eines Spasmus). Es kommt vor, daß der Patient sich deswegen zu einer Seite neigt. Sind die Muskeln auf beiden Seiten spastisch, so treten sie als erhabene, nahezu stahlharte Grate hervor, die die normale Lumballordose vollständig verwischen. Aufgrund ihrer segmentalen Innervation können die paraspinalen Muskeln einer umschriebenen

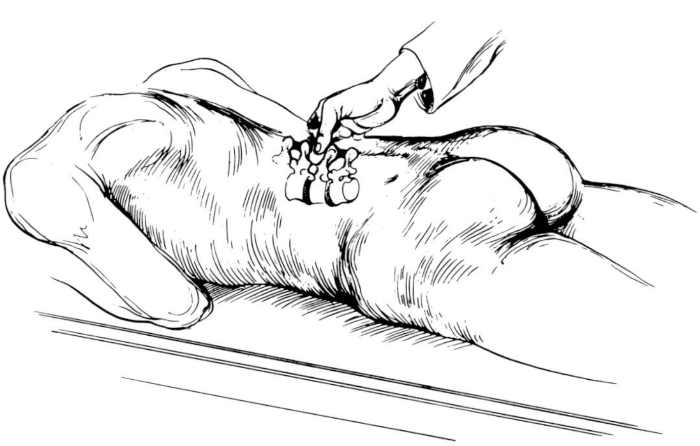

Abb. 19 Lücke in den Ligamenta supraspinale und interspinale.

Atrophie anheimfallen (Abb. 20). Gelegentlich ist ein Lipom in der Mittellinie oder seitlich davon zu tasten (Abb. 21). Ein solches Lipom hat deshalb klinische Bedeutung, weil es das Rückenmark komprimieren oder Hinweis auf eine Spina bifida sein kann.

Region II – Beckenkamm

Die Glutäalmuskeln entspringen von verschiedenen Abschnitten der Darmbeinschaufel unmittelbar unterhalb des Beckenkamms. Ihre Ursprünge sind direkt unterhalb der Lippe des hinteren Beckenkamms von der hinteren bis zu der vorderen Spina iliaca zu tasten. Die vollständige Palpation der Glutäalmuskeln wird im Kapitel «Hüfte und Becken» beschrieben (Seite 152).

Während Sie das Gebiet des Glutäusursprungs untersuchen, achten Sie auf fibrös-fettige Knötchen, wie sie sich manchmal dicht unterhalb der Lippe des hinteren Beckenkammabschnitts finden (Abb. 22). Sie können bei Palpation schmerzhaft und Ursache eines umschriebenen Rückenschmerzes sein. Neurome der Nn. clunium können gleichfalls druckschmerzhaft sein (Abb. 23).

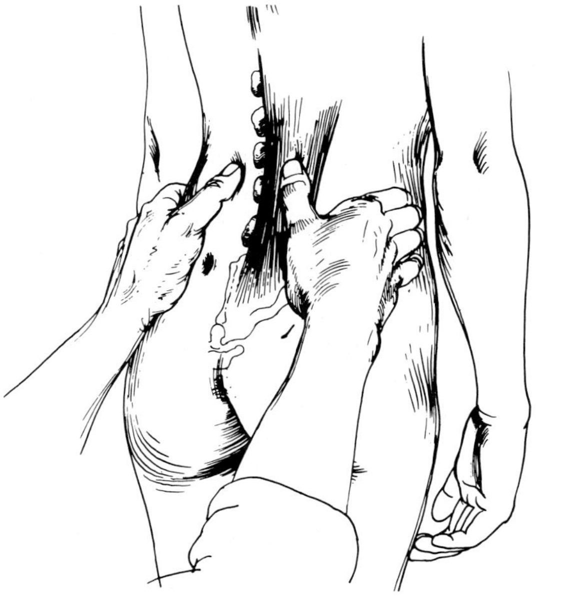

Abb. 20 Palpation der paravertebralen Muskulatur.

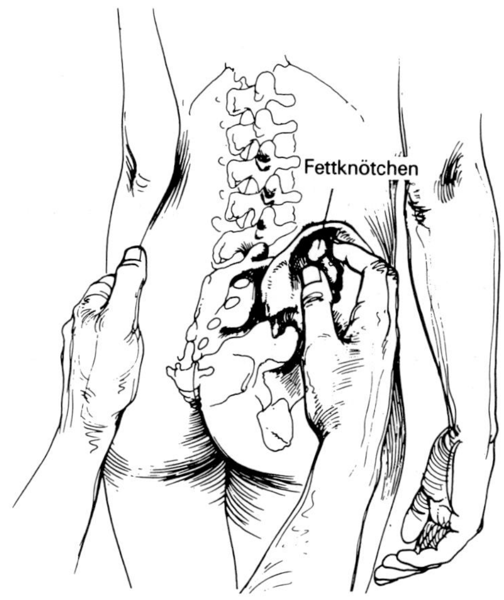

Abb. 22 Fibrös-fettige Knoten finden sich manchmal unterhalb der Lippe des Darmbeinkammes in dessen hinterem Abschnitt.

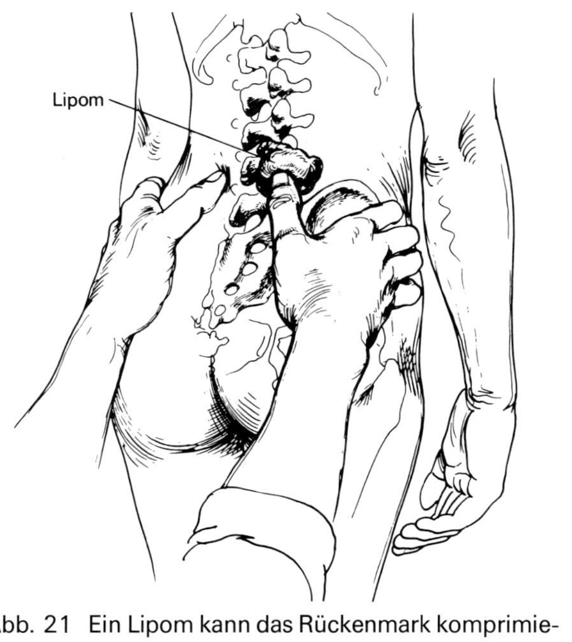

Abb. 21 Ein Lipom kann das Rückenmark komprimieren oder auf eine Spina bifida hinweisen.

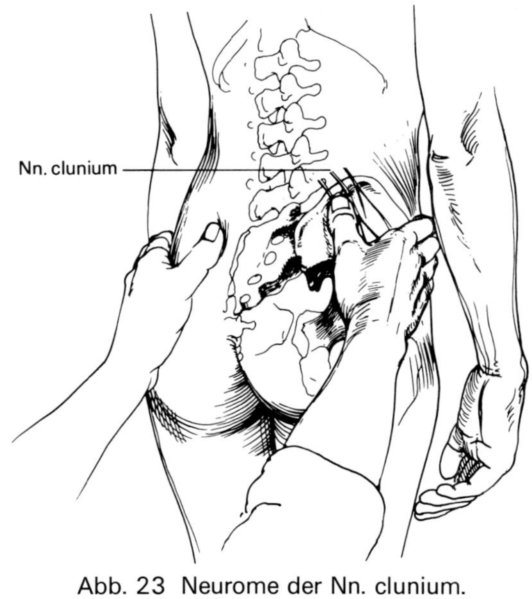

Abb. 23 Neurome der Nn. clunium.

Region III – Spina iliaca posterior superior

Das Kreuzbeindreieck wird von den beiden Spinae iliacae posteriores superiores und der Spitze der Analfalte gebildet. Palpieren Sie dieses Dreieck sehr sorgfältig, da es sich hier um eine gemeinsame Schmerzzone infolge Zerrungen im unteren Rükkenbereich oder eines Sehnenabrisses von den Spinae iliacae posteriores superiores handeln kann. Die Spinae iliacae posteriores superiores sind Ansatzpunkte für die Ligg. sacrotuberalia, die gemeinsam mit den Ligg. sacrospinalia das Sakrum mit dem Sitzbein verbinden und dem Iliosakralgelenk Stabilität verleihen.

Region IV – Gebiet des Ischiasverlaufs

N. ischiadicus. Der Ischiasnerv, der größte Nerv des Körpers, verläuft senkrecht in der Mittellinie der Oberschenkelrückseite, gibt Äste an die Kniebeuger ab und teilt sich dann in zwei Endäste, den N. tibialis und den N. peronaeus. Der N. ischiadicus läßt sich ziemlich leicht an der Stelle lokalisieren, wo er das Becken im Foramen ischiadicum majus unter dem M. piriformis verläßt. Er verläuft weiter in der Mitte zwischen dem Trochanter major und dem Tuber ischiadicum.

Zur Palpation des N. ischiadicus lassen Sie den Patienten das Bein in der Hüfte beugen. Dann stellen Sie die Mitte zwischen dem Tuber ischiadicum und dem Trochanter major fest. Drücken Sie fest auf diesen Punkt, um den Nerv zu palpieren. Der Nerv selbst ist kaum tastbar (Abb. 24, 25). Ein Bandscheibenvorfall oder ein raumfordernder Prozeß, welche auf die Nervenwurzel drücken, können den Nerven bei der Palpation druckempfindlich machen.

Region V – Vordere Bauchwand und Leistengegend

Muskeln der vorderen Bauchwand. Diese Muskeln sind von entscheidender Bedeutung für die normale Unterstützung der Lendenwirbelsäule. Ihre Schwäche führt zu einer abnormen Verstärkung der lumbalen Lordose, die hieraus resultierende Haltungsänderung verursacht Kreuzschmerzen (Abbildung 26).

Die Muskeln der vorderen Bauchwand sind segmental angelegt und erhalten ihre segmentale Innervation ähnlich den paraspinalen Muskeln. Um die Bauchwandmuskeln zu palpieren, lassen Sie den Patienten die Arme über der Brust kreuzen und sich etwas aufrichten. Palpieren Sie dann jedes Segment des M. rectus abdominis und achten auf Schwäche oder Fehlen von Muskelanteilen.

Leistengegend. Die Leistengegend sollte auf einen möglichen Psoasabszeß untersucht werden, der sich als Fistel, Schwellung oder als vorwölbender Abszeß darstellen kann. Da der M. psoas von den Vorderflächen der Wirbelkörper Th12 bis L5 sowie den Bandscheiben entspringt, wird der durch einen

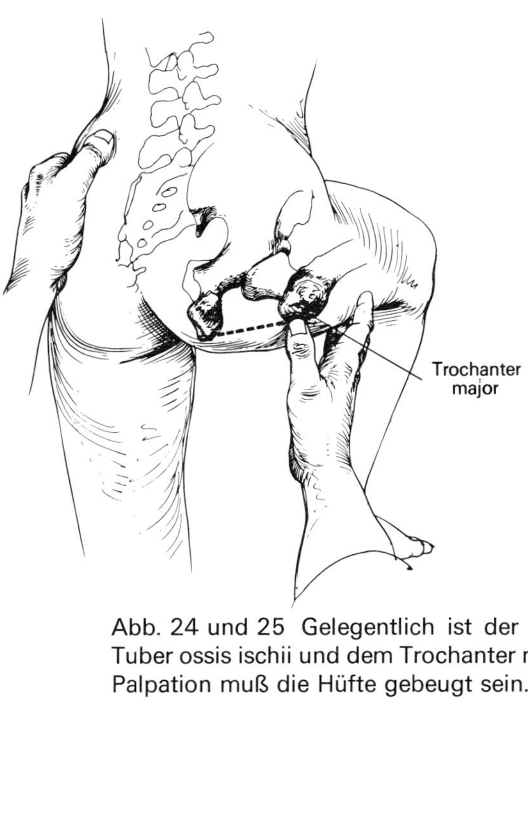

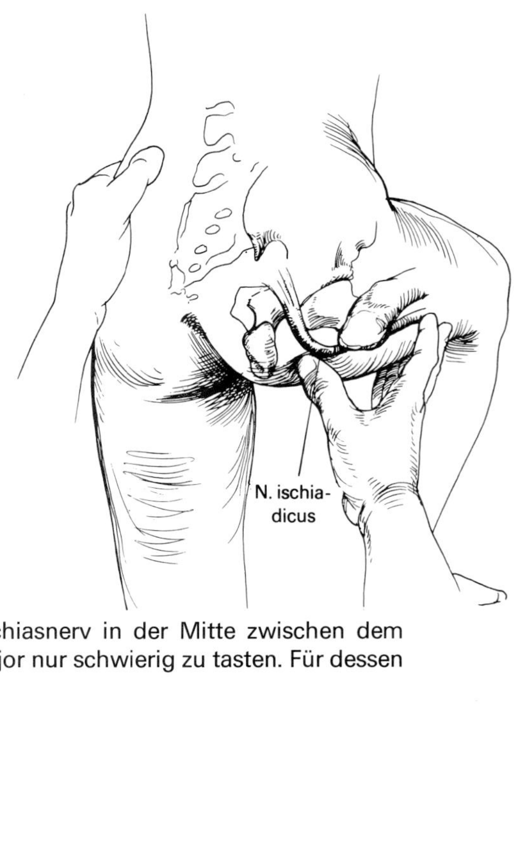

Abb. 24 und 25 Gelegentlich ist der Ischiasnerv in der Mitte zwischen dem Tuber ossis ischii und dem Trochanter major nur schwierig zu tasten. Für dessen Palpation muß die Hüfte gebeugt sein.

Psoasabszeß verursachte Schmerz bei aktiver Beugung des Oberschenkels in der Hüfte verstärkt. Schmerz in der Leistengegend deutet gewöhnlich auf ein pathologisches Geschehen im Hüftgelenk hin.

Bewegungsumfang

Die Lendenwirbelkörper sind miteinander durch elastische Bandscheiben verbunden, die aus einem Anulus fibrosus und dem Nucleus pulposus bestehen. Der Bewegungsumfang zwischen den Wirbelkörpern wird zum Teil durch den Widerstand bestimmt, den die Bandscheiben einer Verformung entgegensetzen, zum anderen durch den Winkel und die Größe der Gelenkflächen zwischen den Wirbelfortsätzen. Die Wirbelbewegung ist dort am größten, wo die Bandscheiben sehr dick und die Gelenkflächen sehr groß sind. Diese beiden Bedingungen sind in der unteren Lendenregion (L4, L5, S1) gegeben; die zwischen L5 und S1 erfolgende Bewegung ist größer als die zwischen L1 und L2. Wo jedoch die Bewegung größer ist, besteht auch eine größere Dekompensationsmöglichkeit. Deshalb finden sich Bandscheibenvorfälle und Osteoarthritis weit häufiger im unteren als im oberen Lendenwirbelsäulenbereich.

Die Bewegungsmöglichkeiten der Lendenwirbelsäule sind:

1. Beugung
2. Streckung
3. Seitwärtsbeugung
4. Rotation.

Da es an der Lendenwirbelsäule keine hindernden Rippen gibt, sind Beugung und Streckung größer als im Brustwirbelsäulenbereich. Aus demselben Grunde ist eine relativ umfangreiche Rotation theoretisch möglich. Die miteinander verbundenen Gelenkoberflächen sowie die Hemmwirkung der sie umgebenden Ligamente und der Anulus fibrosus begrenzen die Bewegung der Lendenwirbelsäule und schränken ihre Beweglichkeit ein.

Im Vergleich zu den Gelenken der Extremitäten ist die Bewegung in den einzelnen Wirbelgelenken der Lendenwirbelsäule relativ klein. Eine größere Bewegung, wie die Beugung, beansprucht in der Hauptsache die Bewegung in der Hüfte. Tatsächlich findet in der Wirbelsäule selbst eine nur unbedeutende Bewegung statt. Dies wurde durch die Tatsache bewiesen, daß eine Fusion der Wirbel die Beweglichkeit des Patienten nicht wesentlich beeinflußt. Die hier zur Untersuchung der Beweglichkeit im Lendenbereich beschriebenen Methoden dienen hauptsächlich dem Zweck, eine grobe Bewegungseinschränkung aufzudecken.

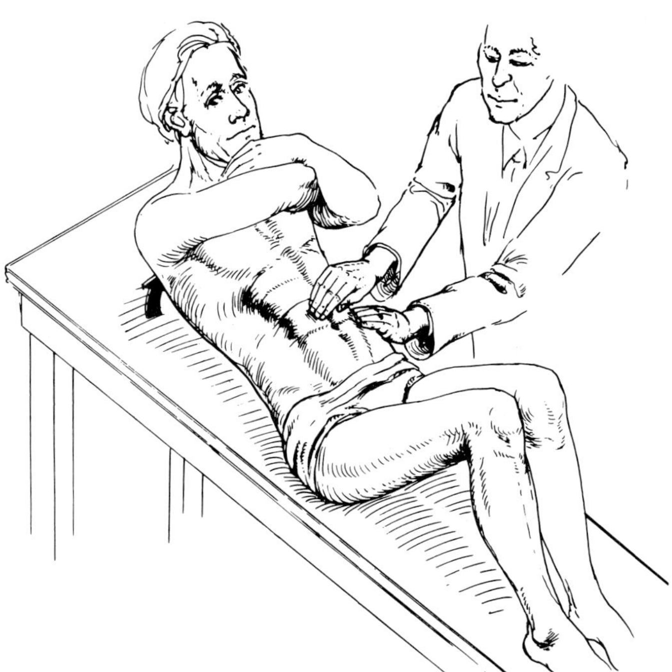

Abb. 26 Haltung des Patienten bei der Palpation der vorderen Bauchmuskeln.

Beugung

Die Beugung in der Lendenwirbelsäule beinhaltet die Entspannung des vorderen Längsbandes sowie eine Streckung des Lig. supraspinale, der Ligg. interspinalia, des Lig. flavum und des hinteren Längsbandes. Die Beugung wird durch die Größe der Wirbelkörper begrenzt.

Um die Beugung zu prüfen, soll der Patient sich mit gestreckten Knien soweit wie möglich nach vorn beugen und dabei versuchen, seine Zehen zu berühren. Wenn er das nicht kann, messen Sie den Abstand zwischen den Fingerspitzen und dem Boden (Abb. 27). Auffälligerweise kommt es während der Flexion nicht zu einer Umkehrung der normalen Lumballordose, allenfalls flacht sich die Lendenwirbelsäule ab. Eine Flexion im unteren Rückenbereich erzeugt keine Kyphose, wie das an der Halswirbelsäule der Fall ist. Patienten mit einem Spasmus der paraspinalen Muskeln können sich eventuell sogar weigern, diesen Bewegungstest auszuführen. Ein Schmerz in der Lendengegend, der nicht mit einem Muskelspasmus einhergeht, verringert gewöhnlich die Bewegung, da jeder Versuch einer vollen Bewegung den Schmerz verstärken würde.

Streckung

Die Streckung in der Lendenwirbelsäule dehnt das vordere Längsband und entspannt die hinteren Ligamente. Die Streckung wird durch die eigentlichen Rückenmuskeln erzeugt. Der Verstärkung der lumbalen Lordose wirkt der M. rectus abdominis entgegen. Zur Prüfung der Streckung stellen Sie sich neben den Patienten und legen eine Hand auf seinen Rücken, so daß Ihre Handfläche auf der Spina iliaca posterior superior liegt. Ihre Finger sind in Richtung auf die Mittellinie gestreckt. Bitten Sie den Patienten, sich soweit wie möglich zurückzubeugen und benutzen Sie Ihre Hand als Drehpunkt für seine Bewegung (Abb. 27). Sie können auch dem Patienten Hilfestellung leisten, indem Sie sanft gegen den Thorax drücken.

Das Ausmaß der erreichten Streckung sollte geschätzt und festgehalten werden. Eine Spondylolisthesis verstärkt den Rückenschmerz bei der Streckung. Patienten mit diesem Leiden finden Erleichterung bei Beugung.

Seitwärtsbeugung

Die Seitwärtsbeugung in der Lendenwirbelsäule ist keine reine Bewegung, da sie gemeinsam mit einer gewissen Rotation erfolgen muß. Ihr Umfang wird durch die umgebenden Ligamente begrenzt.

Um die Seitwärtsbeugung zu prüfen, fixieren Sie zunächst den Beckenkamm und fordern den Patienten auf, sich soweit wie möglich nach links und rechts zu lehnen. Stellen Sie fest, wieweit er sich nach jeder Seite beugen kann und vergleichen Sie das Ausmaß der Bewegung. Um die passive Untersuchung der Seitwärtsbeugung durchzuführen, fixieren Sie das Becken des Patienten, ergreifen seine Schulter und drücken ihn nach jeder Seite (Abb. 28). Jeder Unterschied in der aktiven und passiven Beweglichkeit beim Seitwärtsbeugen im unteren Rückenbereich sollte festgehalten werden.

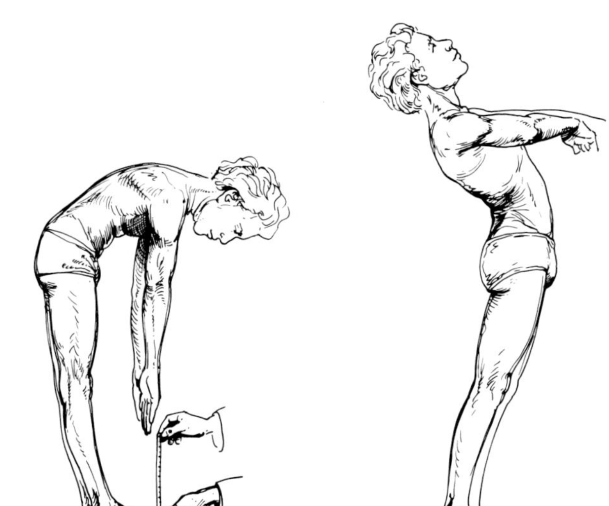

Abb. 27 Links: Ausmaß der Beugung in der Lendenwirbelsäule. Rechts: Ausmaß der Streckung in der Lendenwirbelsäule.

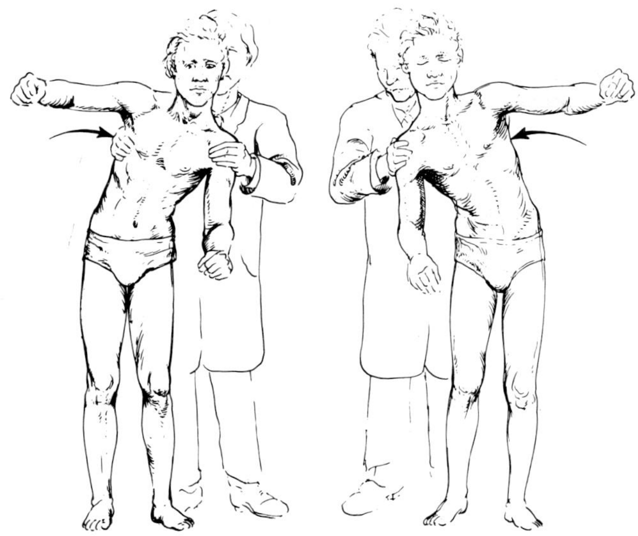

Abb. 28 Das Ausmaß der Seitbeugung in der Lendenwirbelsäule sollte beiderseitig gleich sein.

Rotation

Bei der Prüfung der Rotation in der Lendenwirbelsäule stellen Sie sich hinter den Patienten und fixieren sein Becken, indem Sie eine Hand auf den Beckenkamm und die andere Hand auf die Schulter der anderen Seite legen. Dann drehen Sie den Rumpf, indem Sie Becken und Schulter nach hinten rotieren. Wiederholen Sie dasselbe an der anderen Hüfte und der entsprechenden Schulter und vergleichen das Ausmaß der Rotation (Abb. 29).

Neurologische Untersuchung

Die neurologische Untersuchung der Lendenwirbelsäule schließt die Untersuchung der gesamten unteren Extremität mit ein, da pathologische Veränderungen des Rückenmarks oder der Cauda equina wie Bandscheibenvorfall, Tumoren oder Abrisse der Nervenwurzeln sich in der Extremität selbst in Form von Veränderungen der Reflexe, der Sensibilität und der Muskelstärke ausdrücken. Diese Untersuchung beschreibt deshalb den klinischen Zusam-

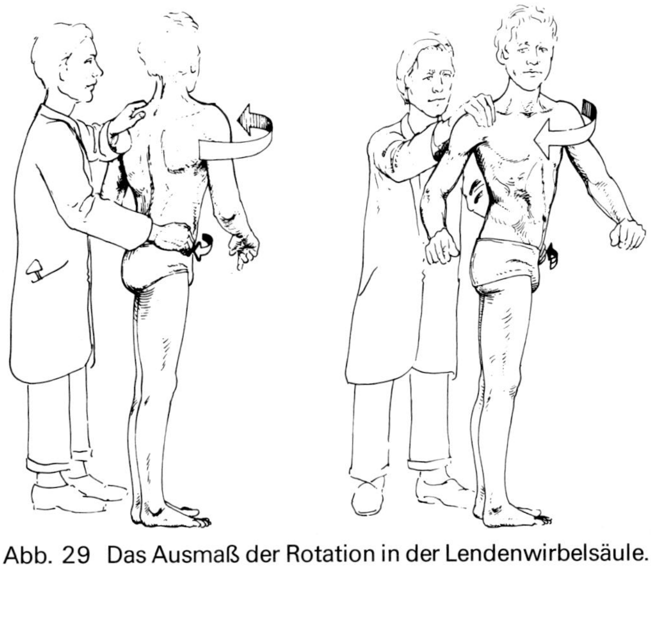

Abb. 29 Das Ausmaß der Rotation in der Lendenwirbelsäule.

menhang zwischen den verschiedenen Muskeln, Reflexen und Sensibilitätszonen der unteren Extremität und den zugehörigen Rückenmarksegmenten, so daß Rückenmarksprozesse mit relativ hoher Genauigkeit und mühelos entdeckt und lokalisiert werden können.

Um den klinischen Bezug zu verdeutlichen, wird die Untersuchung nicht nach Abschnitten, sondern vielmehr nach neurologischen Gesichtspunkten durchgeführt. Für jedes Rückenmarkssegment werden wir Muskeln, Reflexe und Sensibilitätsgebiete, die ihre Innervation vorrangig aus dieser Höhe erhalten, untersuchen.

Bedenken Sie, daß es keine eigentliche neurologische Untersuchung der Lendenwirbelsäule selbst gibt. Da nur grobe Unterschiede festgestellt werden können, geschieht ein großer Teil dieser Untersuchungen im Rahmen der Beweglichkeitsprüfung.

Neurologische Etagen Th12, L1, L2, L3

Da es im Bereich von Th12, L1, L2 und L3 keine individuellen Reflexe gibt, kann deren Integrität nur durch die Prüfung der Muskeln und der Sensibilität erfolgen.

Muskelprüfung

M. iliopsoas: Nerven mit Ursprung von Th12, L1, L2, L3

Der M. iliopsoas ist der Hauptbeuger der Hüfte. Um ihn zu prüfen, lassen Sie den Patienten auf der Kante des Untersuchungstisches sitzen und seine Beine baumeln. Fixieren Sie zunächst sein Becken, indem Sie Ihre Hand auf den Beckenkamm legen. Dann fordern Sie den Patienten auf, sein Bein aktiv vom Tisch abzuheben. Darauf legen Sie Ihre andere Hand über das distale Femurende und bitten den Patienten, seinen Oberschenkel noch weiter anzuheben, während Sie seiner Bewegung Widerstand entgegensetzen. Nachdem Sie den maximalen Widerstand festgestellt haben, den der Patient eben noch überwinden kann, wiederholen Sie die Untersuchung des Iliopsoas auf der anderen Seite und vergleichen dessen relative Stärke. Einzelheiten dieser Untersuchung siehe Seite 159.

Untersuchung der Sensibilität

Die von L1, L2 und L3 entspringenden Nerven vermitteln die Sensibilität im Gebiet des vorderen Oberschenkelbereichs zwischen dem Leistenband und dem Kniegelenk. Das Dermatom L1 verläuft als schräges Band auf dem oberen Anteil der Oberschenkelvorderseite unmittelbar unterhalb des Leistenbandes. Das Dermatom L3 zieht als schräges Band über den vorderen Oberschenkelbereich oberhalb der Kniescheibe. Das Dermatom L2 liegt zwischen diesen beiden Bändern auf der Oberschenkelmitte.

Neurologische Etage L2, L3, L4

L2, L3 und L4 werden am besten durch Muskel- und Sensibilitätsprüfung untersucht. Der Patellarsehnenreflex ist im wesentlichen ein L4-Reflex und wird auch als solcher untersucht (obgleich er auch Anteile von L2 und L3 aufweist).

Muskeluntersuchung

M. quadriceps: L2, L3, L4, N. femoralis

Für diese Untersuchung sollte der Patient auf der Kante des Untersuchungstisches sitzen. Fixieren Sie das distale Ende seines Oberschenkels und fordern Sie ihn auf, sein Knie zu strecken, während Sie gegen diese Bewegung Widerstand leisten. Weitere Einzelheiten siehe Seite 187.

Hüftadduktoren: L2, L3, L4, N. obturatorius

Die Hüftadduktoren können, ähnlich wie der M. quadriceps, als eine größere Gruppe untersucht werden. Dazu sollte der Patient entweder sitzen oder auf dem Rücken liegen. Bitten Sie ihn, seine Beine zu abduzieren. Nachdem Sie Ihre Hände auf die Innenseiten beider Knie gelegt haben, fordern Sie den Patienten auf, seine Beine gegen Ihren Widerstand zu adduzieren. Weitere Einzelheiten siehe Seite 161.

Neurologische Etage L4

Muskeluntersuchung

M. tibialis anterior: L4, N. peronaeus profundus

Zur Prüfung des M. tibialis anterior hemmen Sie die Fußhebung und die Supination, indem Sie gegen den Rücken und die Innenseite des I. Metatarsalköpfchens drücken. Einzelheiten siehe Seite 227 (Abb. 79, Kapitel «Fuß und Sprunggelenk»).

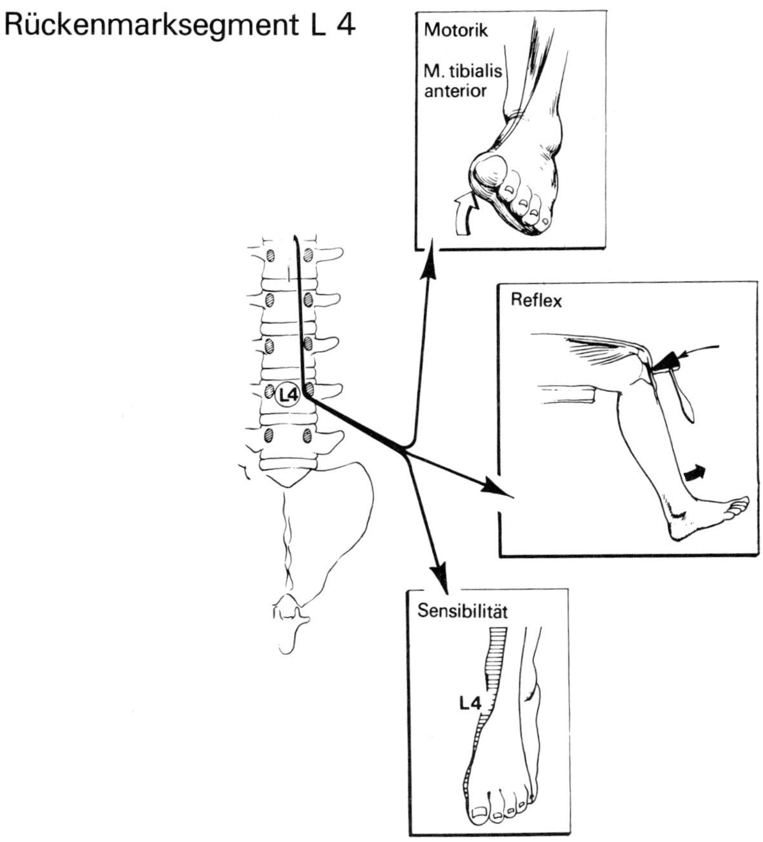

Abb. 30 Das Rückenmarksegment L4.

Prüfung der Reflexe

Patellarsehnenreflex

Der Patellarsehnenreflex ist ein tiefer Sehnenreflex, der durch die mit ihren Wurzeln aus L2, L3 und L4 stammenden Nerven vermittelt wird, im wesentlichen aber von L4 kommt. Für klinische Zwecke ist der Patellarsehnenreflex ein L4-Reflex. Auch wenn die Wurzel L4 völlig durchtrennt ist, besteht der Reflex, obschon deutlich vermindert, weiterhin, da er seine Innervation noch aus anderen Etagen als L4 bezieht. Nähere Einzelheiten über die Auslösung des Reflexes siehe Seite 189.

Prüfung der Sensibilität

Das Dermatom L4 zieht über die Innenseite des Beines. Das Knie stellt die Grenze zwischen dem Dermatom L3 (oben) und dem Dermatom L4 (unten) dar. Am Unterschenkel ist die Schienbeinkante die Grenze zwischen dem Dermatom L4 medial und dem Dermatom L5 lateral davon (Abb. 30).

Neurologische Etage L5

Untersuchung der Muskeln

M. extensor hallucis longus: L5, N. peronaeus profundus

Um die Stärke des M. extensor hallucis longus zu prüfen, legen Sie Ihren Daumen auf den Fußrücken, so daß der Patient die Großzehe strecken muß, um den Daumen zu erreichen. Setzen Sie dieser Bewegung Widerstand entgegen, indem Sie auf das Nagelbett der Großzehe drücken (Kapitel «Fuß und Sprunggelenk», Abb. 80). Einzelheiten siehe Seite 227.

M. glutaeus medius: L5, N. glutaeus superior

Zur Prüfung der Stärke des M. glutaeus medius lassen Sie den Patienten auf der Seite liegen, wobei Sie mit einer Hand sein Becken fixieren. Fordern Sie ihn auf, sein Bein zu abduzieren. Nachdem er das Bein voll abduziert hat, wirken Sie dieser Bewegung entgegen, indem Sie gegen die Oberschenkelaußenseite in Höhe des Kniegelenks drücken. Weitere Einzelheiten dieser Untersuchung siehe Seite 160.

Mm. extensor digitorum longus et brevis: L5, N. peronaeus profundus

Für diese Untersuchung sollte der Patient auf der Kante des Untersuchungstisches sitzen. Sichern Sie zuerst den Kalkaneus und legen den Daumen Ihrer freien Hand so, daß der Patient seine Zehen strekken muß, um den Daumen zu erreichen. Dann versuchen Sie, gegen diese Streckung zu arbeiten. Dabei sollten die Zehen praktisch nicht nachgeben. Einzelheiten dieser Untersuchung siehe Seite 227 (Abb. 81, Kapitel «Fuß und Sprunggelenk»).

Untersuchung der Reflexe

Es gibt keinen eindeutigen aus der Höhe von L5 stammenden Reflex. Obgleich am M. tibialis posterior ein L5-Reflex auslösbar ist, ist dieser schwierig zu erzeugen und obendrein sehr schwach. Wenn nach der Untersuchung der Sensibilität und Motorik die Integrität der Etage L5 weiterhin zweifelhaft ist, prüfen Sie den Tibialis-posterior-Reflex folgendermaßen: halten Sie den Vorfuß etwas proniert und dorsalflektiert und beklopfen die Sehne des M. tibialis posterior an der medialen Seite des Fußes, kurz bevor diese an der Tuberositas ossis navicularis ansetzt. Normalerweise sollte dies eine leichte Beugung und Supination auslösen.

Sensibilität

Das Dermatom L5 erstreckt sich über die Außenseite des Beines und den Fußrücken. Die Schienbeinkante stellt die Grenze zwischen L5 und L4 dar (Abb. 31).

Neurologische Etage S1

Muskeluntersuchung

Mm. peronaeus longus et brevis: S1, N. peronaeus superficialis

Um die Peronäusgruppe zu untersuchen, sichern Sie das Sprunggelenk des Patienten. Dann lassen Sie den Fuß plantarflektieren und pronieren und setzen gleichzeitig dieser Bewegung Widerstand entgegen, indem Sie mit Ihrer Hand gegen das Köpfchen des Metatarsale V drücken. Einzelheiten dieses Tests siehe Seite 228 (Abb. 82, Kapitel «Fuß und Sprunggelenk»).

Mm. gastrocnemius und soleus: S1, S2, N. tibialis

Die Triceps-Surae-Gruppe ist so kräftig, daß es keinen geeigneten manuellen Test für sie gibt. Einzelheiten der funktionellen Prüfung siehe Seite 229.

M. glutaeus maximus: S1, N. glutaeus inferior

Um die Stärke des M. glutaeus maximus zu prüfen, lassen Sie den Patienten bäuchlings auf dem Untersuchungstisch liegen, wobei die Knie gebeugt und die Hüften gestreckt sind. Leisten Sie der Hüftstreckung Widerstand und palpieren den Tonus des M. glutaeus maximus. Einzelheiten siehe Seite 159 (Abb. 50, Kapitel «Hüfte und Becken»).

Prüfung der Reflexe

Achillessehnenreflex

Der Achillessehnenreflex ist ein tiefer Sehnenreflex, der durch den Gastroknemiusmuskel bewirkt wird. Um ihn zu prüfen, bringen Sie die Achillessehne unter leichte Spannung, indem Sie den Fuß etwas dorsalflektieren. Dann beklopfen Sie die Sehne, um eine plötzliche Plantarflexion des Fußes auszulösen. Eine vollständige Beschreibung dieser und anderer alternativer Methoden für diesen Reflex siehe Seite 230 (Kapitel «Fuß und Sprunggelenk»).

Prüfung der Sensibilität

Das Dermatom S1 zieht über den Außenknöchel und die Außenseite des Fußrückens und den lateralen Bereich der Fußsohle (Abb. 32).

Neurologische Etagen S2, S3 und S4

Die von S2, S3 und S4 stammenden Nerven stellen die Hauptnervenversorgung für die Blase dar. S2, S3 und S4 versorgen auch die Binnenmuskeln des Fußes. Obgleich die Blasenmuskulatur nicht isoliert untersucht werden kann, können neurologische Erkrankungen, die die Blase befallen, auch eine sichtbare Auswirkung auf die Binnenmuskeln der Zehen haben. Aus diesem Grunde sollten die Zehen auf jegliche Deformität hin untersucht werden. Einen mit S2, S3 und S4 verbundenen tiefen Reflex gibt es nicht.

Rückenmarksegment L 5

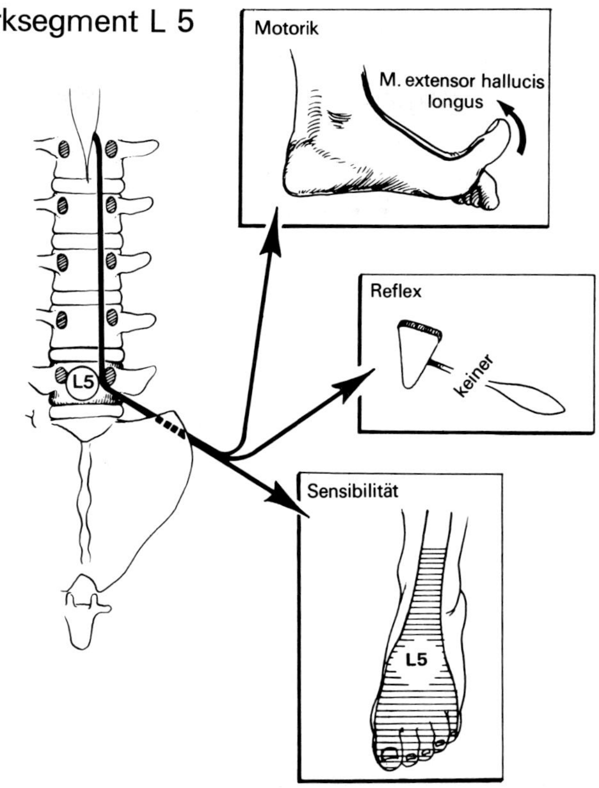

Abb. 31 Das Rückenmarksegment L5.

Rückenmarksegment S 1

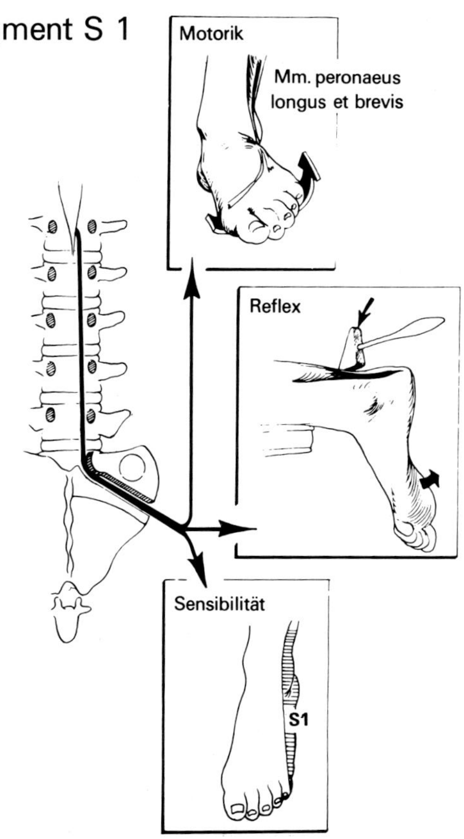

Abb. 32 Das Rückenmarksegment S1.

Prüfung der Sensibilität

Die um den Anus liegenden Dermatome sind in drei konzentrischen Ringen angeordnet und empfangen ihre Innervation von S2 (äußerster Ring), S3 (mittlerer Ring) und S4/S5 (innerer Ring). Ein über die Haut dieser drei Zonen geführtes scharfes Instrument bestimmt, ob die Empfindung normal oder parästhetisch ist.

Die Tabelle 1 enthält praktische Tests für die neurologischen Etagen von klinischer Bedeutung. Sie ist besonders für die Untersuchung von lumbalen Bandscheibenvorfällen geeignet (Tab. 1).

Oberflächliche Reflexe

Der Bauchwand-, Kremaster- und Analreflex sind oberflächliche Reflexe, die durch Hautreizung ausgelöst und durch das Zentralnervensystem vermittelt werden (Hirnrinde). Der Patellar- und Achillessehnenreflex sind dagegen tiefe Sehnenreflexe oder Reflexe des peripheren motorischen Neurons, die eine Reizung der Sehne erfordern. Sie werden durch die Vorderhornzellen vermittelt. Das Fehlen eines oberflächlichen Reflexes kann eine Läsion des zentralen motorischen Neurons bedeuten, welches vermehrte Bedeutung besitzt, wenn es mit einer Verstärkung der tiefen Sehnenreflexe einhergeht. Übertrieben starke Sehnenreflexe werden durch den dämpfenden Effekt der Hirnzentren verhindert. Ein verstärkter tiefer Sehnenreflex in Kombination mit dem Verlust des oberflächlichen Reflexes ist deshalb ein zweifacher Hinweis auf Erkrankung des Gehirns oder des zentralen motorischen Neurons.

Oberflächlicher Bauchwandreflex. Um den oberflächlichen Bauchwandreflex zu prüfen, lassen Sie den Patienten auf dem Rücken liegen. Sie benutzen das spitze Ende des Reflexhammers und bestreichen jeden Quadranten des Abdomens. Dabei beobachten Sie, ob der Nabel sich in Richtung des Berührungspunktes bewegt (Abb. 33). Das Fehlen eines Bauchwandreflexes deutet auf eine Läsion des zentralen motorischen Neurons hin. Die Bauchwandmuskeln werden segmental innerviert, die oberen Muskeln durch Th7 bis Th10, die unteren Muskeln von Th10 bis L1. Die genaue Bestimmung des betroffenen Quadranten gibt einen Hinweis auf die Höhe der Läsion, falls eine Schädigung des peripheren motorischen Neurons vorliegt.

Oberflächlicher Kremasterreflex. Der oberflächliche Kremasterreflex kann dadurch ausgelöst werden, daß man die Oberschenkelinnenseite mit dem spitzen Ende des Reflexhammers bestreicht (Abb. 34). Wenn der Reflex intakt ist, hebt sich der Hodensack auf dieser Seite durch Kontraktion des M. cremaster (Th12). Beidseitiges Fehlen oder Abschwächung des Kremasterreflexes zeigen eine Läsion des zentralen motorischen Neurons an, während das einseitige Fehlen auf die Möglichkeit einer Schädigung des peripheren motorischen Neurons hinweist (L1 und L2).

Oberflächlicher Analreflex. Um diesen Reflex zu prüfen, berühren Sie die Haut in der Umgebung des Anus. Dabei sollten sich die Sphinkter-Muskeln (S2, S3, S4) kontrahieren.

Pathologische Reflexe

Pathologische Reflexe sind insofern oberflächliche Reflexe, als sie ebenfalls durch das zentrale Nervensystem (Hirnrinde) vermittelt werden. Ihr Vorhandensein oder Fehlen ist jedoch umgekehrt wie bei normalen oberflächlichen Reflexen zu deuten: das Vorliegen eines pathologischen Reflexes deutet auf eine Läsion des zentralen motorischen Neurons hin, während sein Fehlen dessen Intaktheit besagt. Bei den normalen Oberflächenreflexen zeigt dagegen das Vorhandensein des Reflexes die Unversehrtheit, sein Fehlen jedoch eine Läsion des zentralen motorischen Neurons an.

Babinski-Reflex. Streichen Sie mit einem scharfen Instrument entlang der Seitenkante der Fußsohle

Tab. 1 Neurologische Kurzübersicht der unteren Extremität

Bandscheibe	Wurzel	Reflex	Muskeln	Sensibilität
L3/L4	L4	Patellarsehnenreflex	M. tibialis anterior	Innenseite von Bein und Fuß
L4/L5	L5	keiner	M. extensor hallucis	Außenseite von Bein und Fußrücken
L5/S1	S1	Achillessehnenreflex	Mm. peronaeus longus et brevis	Fußaußenseite

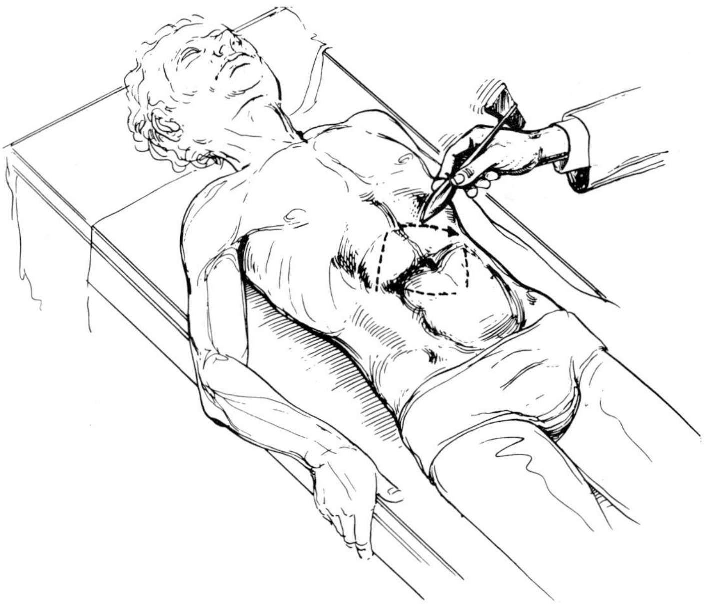

Abb. 33 Prüfung des oberflächlichen Bauchdeckenreflexes.

vom Kalkaneus bis zum Vorfuß. Bei einer negativen Reaktion bewegen sich die Zehen entweder überhaupt nicht oder krümmen sich gemeinsam und gleichmäßig (Abb. 35). Beim positiven Ausfall der Reaktion streckt sich die Großzehe, während die anderen Zehen gebeugt und gespreizt werden (Abb. 36). Ein positiver Babinski deutet auf eine Läsion des zentralen motorischen Neurons hin, wie sie gewöhnlich mit einer traumatischen Hirnschädigung oder einem wachsenden Hirntumor einhergeht. Beim Neugeborenen ist ein positiver Babinski-Reflex normal. Der Reflex sollte jedoch bald nach der Geburt verschwinden.

Oppenheim-Test. Streichen Sie mit Ihrem Fingernagel entlang der Schienbeinkante. Normalerweise sollte keine Reaktion erfolgen oder der Patient sollte Schmerzen angeben. Unter abnormen Bedingungen ist die Reaktion dieselbe wie beim Babinski-Reflex. Die Großzehe streckt sich, während die anderen Zehen gebeugt und gespreizt werden.

Spezielle Untersuchungen

1. Untersuchungen, die das Rückenmark, die Cauda equina oder den N. ischiadicus dehnen
2. Untersuchungsmethoden zur Erhöhung des intrathekalen Druckes
3. Rüttel-Test des Iliosakralgelenks
4. Segmentale Innervationsprüfungen

Untersuchungen zur Dehnung des Rückenmarks oder des N. ischiadicus

Anheben des gestreckten Beines. Mit dieser Untersuchung kann man Rücken- und Beinschmerzen reproduzieren, so daß ihre Ursache bestimmt werden kann. Fordern Sie den Patienten auf, rücklings auf dem Untersuchungstisch zu liegen. Heben Sie das Bein an, indem Sie den Fuß am Kalkaneus unterstützen. Das Knie sollte gestreckt bleiben. Zur Erhaltung der Streckung legen Sie Ihre freie Hand

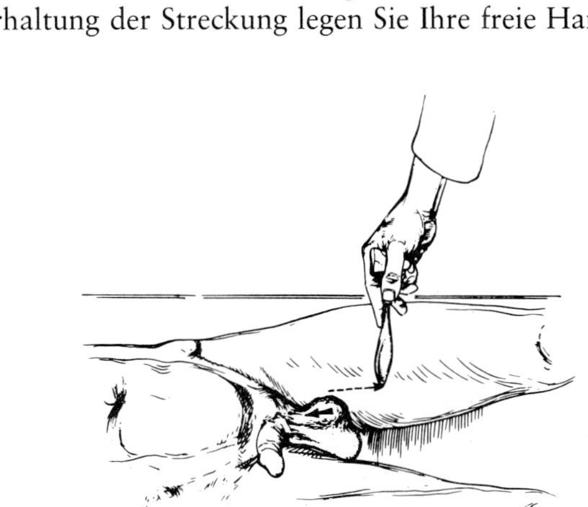

Abb. 34 Der Kremasterreflex.

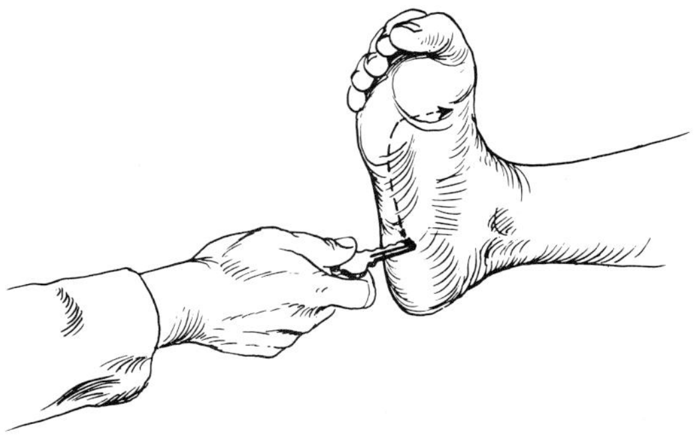

Abb. 35 Negativer Babinski-Reflex.

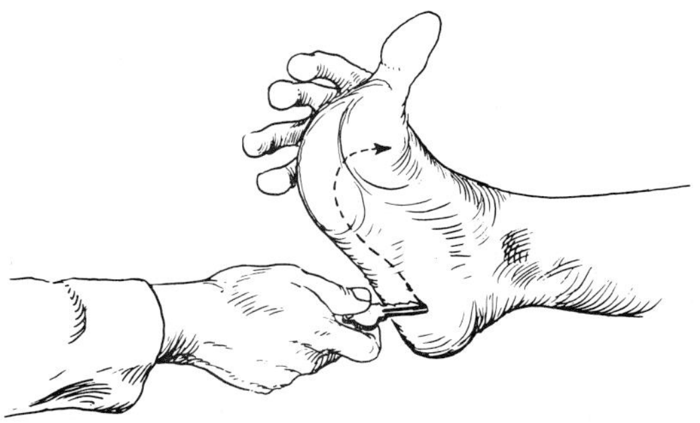

Abb. 36 Positiver Babinski-Reflex.

vorne auf das Knie, um seine Beugung zu verhindern. Das Ausmaß, bis zu dem das Bein ohne Schmerz oder Beschwerden angehoben werden kann, kann stark variieren. Normalerweise beträgt der Winkel zwischen Bein und Tisch etwa 80° (Abb. 37). Wenn das Anheben des gestreckten Beines sehr schmerzhaft ist, müssen Sie noch bestimmen, ob es sich um eine Erkrankung des N. ischiadicus oder der Kniebeuger handelt. Schmerzen der Kniebeuger betreffen nur die Oberschenkelrückseite, während der Ischiasschmerz sich über die gesamte Länge des Beines ausdehnen kann. Der Patient kann außerdem über Schmerzen im unteren Rükkenbereich klagen, gelegentlich tritt auch Schmerz im anderen Bein auf (positiv gekreuzter Test beim Anheben des gestreckten Beines). An der Stelle, wo der Patient Schmerz angibt, lassen Sie das Bein etwas herab. Dann heben Sie den Fuß, um den N. ischiadicus zu strecken und einen Ischiasschmerz zu provozieren (Abb. 38). Fühlt der Patient bei der Dorsalflexion des Fußes keinen Schmerz, so ist der durch das Anheben des gestreckten Beines verursachte Schmerz wahrscheinlich Folge zu straffer Kniebeugermuskeln. Bei positiver Reaktion auf das Anheben des gestreckten Beines und die Dorsalflexion soll der Patient so genau wie möglich den Ursprungsort des Schmerzes angeben. Dieser kann dann entweder in der Lendenwirbelsäule oder irgendwo im Verlauf des N. ischiadicus liegen.

Anheben des gestreckten Beines der gesunden Seite. Der Patient liegt auf dem Rücken; Sie heben sein gesundes Bein an. Klagt er dabei über Schmerzen im Rücken oder im N. ischiadicus der anderen (beteiligten) Seite, so liegt ein weiterer Hinweis auf eine raumfordernde Läsion, wie z. B. einen lumbalen Bandscheibenvorfall vor (Abb. 39). Diese Untersuchung wird auch Gegenseitenprobe oder positiv gekreuzter Test beim Anheben des gestreckten Beines genannt.

Hoover-Test. Dieser Test hilft festzustellen, ob der Patient nur vorgibt, das Bein nicht heben zu können. Diese Untersuchung sollte im Zusammenhang mit dem Anheben des gestreckten Beines durchgeführt werden. Während der Patient versucht, sein Bein zu heben, umfassen Sie mit einer Hand den Kalkaneus des anderen Fußes. Bemüht sich der Patient ernsthaft, das Bein anzuheben, so wird er gleichzeitig Druck auf den Kalkaneus des anderen Fußes ausüben, um Hebelkraft zu gewinnen. Sie können diesen Druck gegen Ihre Handfläche fühlen (Abb. 40). Übt der Patient diesen Druck beim Versuch, das Bein zu heben, nicht aus, so bemüht er sich wahrscheinlich nicht ernsthaft (Abb. 41).

Kernig-Test. Es handelt sich hierbei um eine weitere Methode, das Rückenmark zu dehnen und Schmerz zu reproduzieren. Bitten Sie den Patienten, rücklings auf dem Untersuchungstisch zu liegen und beide Hände hinter seinen Kopf zu legen, um den Kopf auf den Thorax zu beugen. Er kann dabei Schmerzen in der Halswirbelsäule oder gelegentlich im unteren Rückenbereich oder den Beinen angeben, Zeichen einer meningealen Reizung, einer Nervenwurzelbeteiligung oder einer Irritation der die Nervenwurzel einhüllenden Dura (Abb. 42). Der Patient soll die Gegend, aus der der Schmerz stammt, angeben, damit Sie den genauen Ursprungsort feststellen können.

Untersuchungen mit Erhöhung des intrathekalen Drucks

Milgram-Test. Der Patient liegt auf dem Rücken. Jetzt soll er seine gestreckten Beine etwa 5 cm vom Tisch abheben. Dann lassen Sie ihn diese Stellung solange wie möglich beibehalten. Diese Bewegung kontrahiert den M. iliopsas und die Muskulatur der vorderen Bauchwand und erhöht den intrathekalen Druck (Abb. 43). Kann ein Patient diese Stellung über 30 Sekunden ohne Schmerzen beibehalten, so läßt sich eine intrathekale Erkrankung ausschlie-

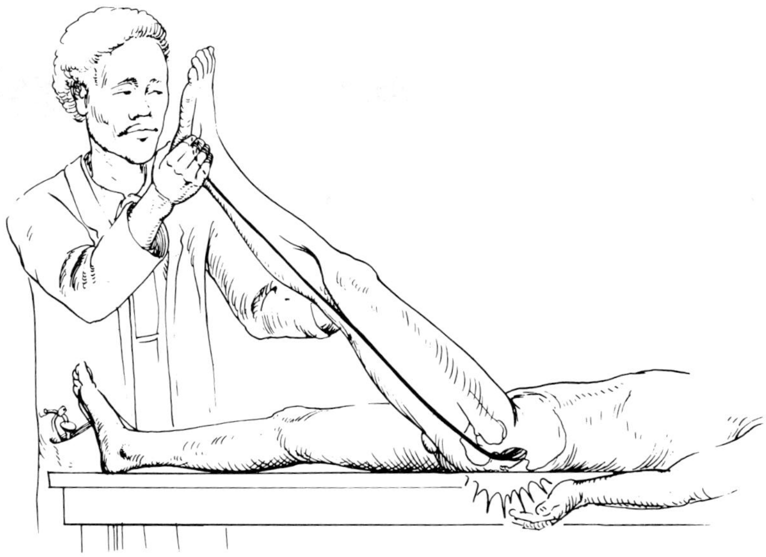

Abb. 37 Anheben des gestreckten Beines.

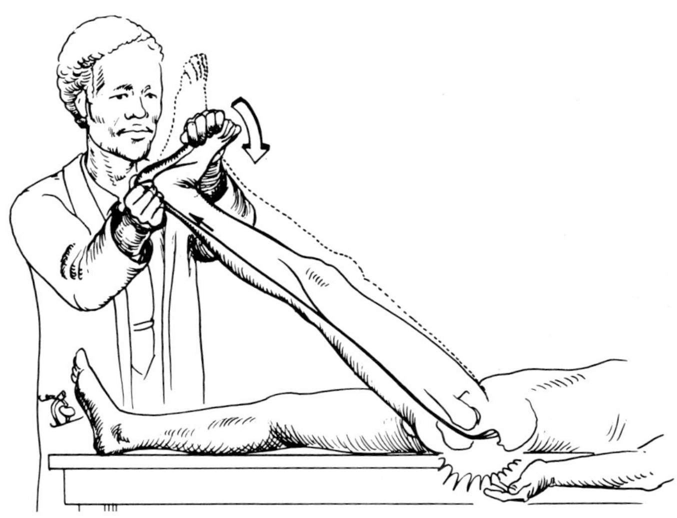

Abb. 38 In dieser Stellung provoziert die Fußhebung Ischiasschmerz.

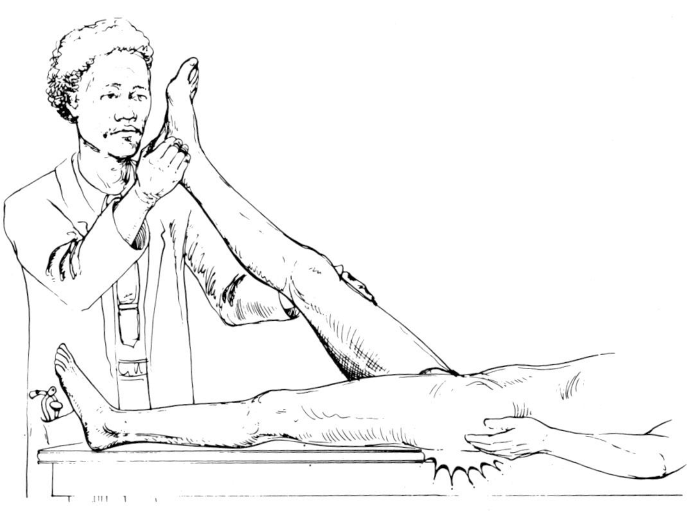

Abb. 39 Positiver gekreuzter Test bei der Beinanhebung. Rückenschmerzen in der betroffenen Seite werden durch das Anheben des gestreckten Beines der gesunden Seite ausgelöst.

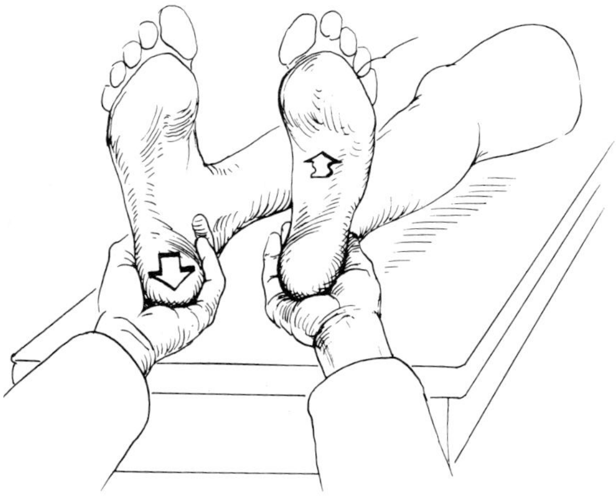

Abb. 40 Der Hoover-Test.

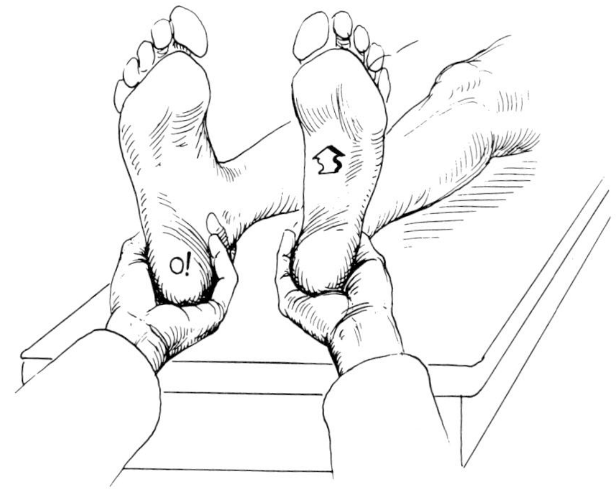

Abb. 41 Wenn der Patient beim Abheben des einen Beines keinen Gegendruck mit dem anderen Bein nach unten ausübt, liegt ein Hinweis dafür vor, daß er sich nicht ernstlich bemüht.

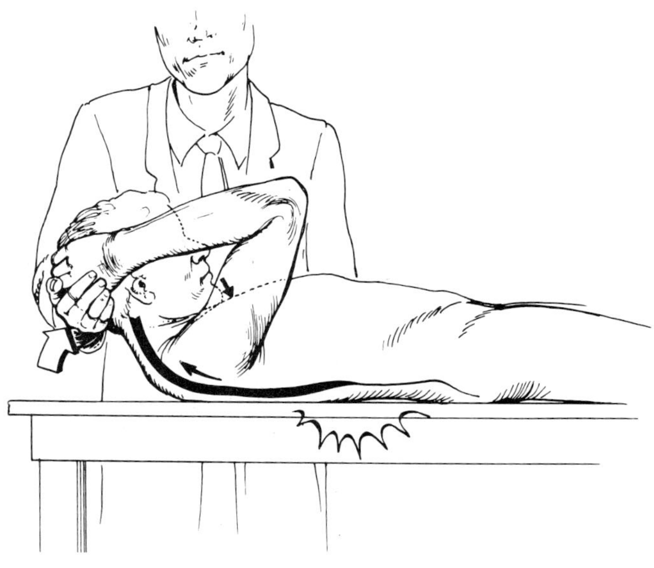

Abb. 42 Beim Kernig-Test wird das Rückenmark gedehnt, um Schmerzen zu reproduzieren.

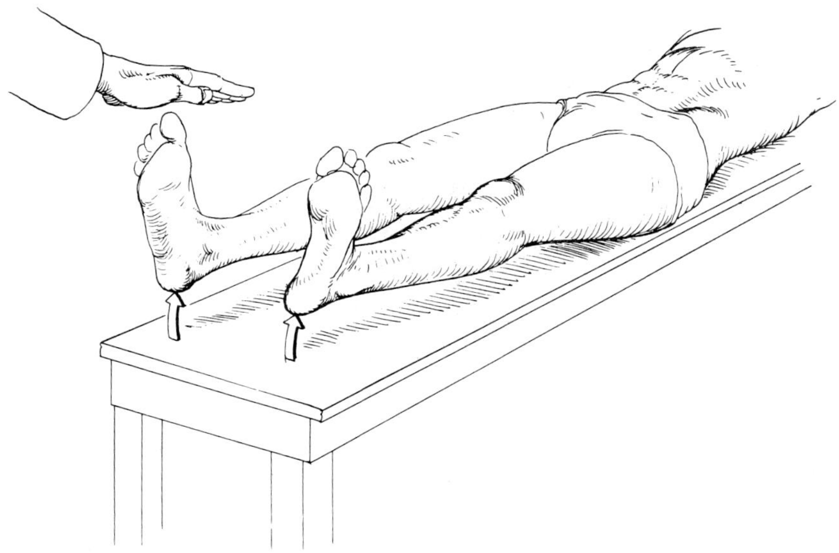

Abb. 43 Der Milgram-Test: Kann der Patient diese Stellung 30 Sekunden lang schmerzfrei beibehalten, kann eine innerhalb der Rückenmarkshäute lokalisierte Erkrankung ausgeschlossen werden.

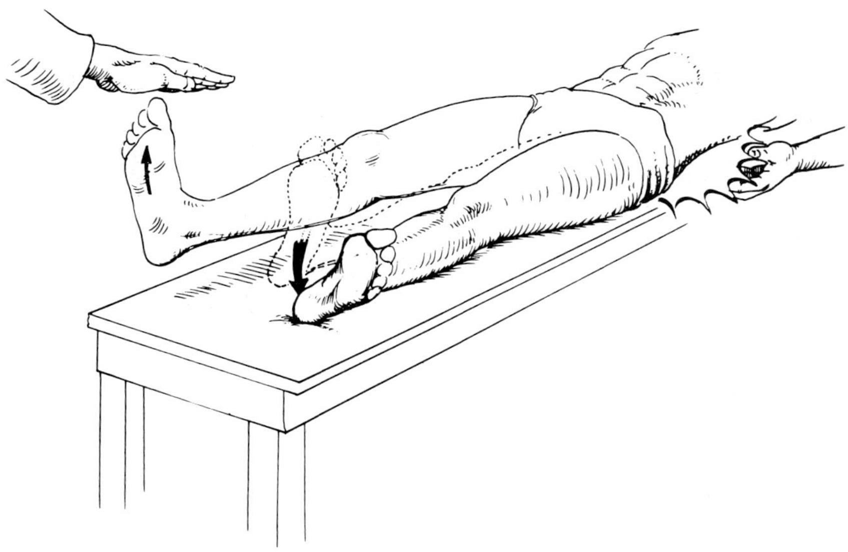

Abb. 44 Kann der Patient diese Stellung nicht beibehalten, deutet das auf eine intra- bzw. extrathekale Erkrankung hin.

ßen. Ist der Test jedoch positiv und der Patient kann die Stellung nicht halten oder seine Beine überhaupt nicht heben, oder empfindet er Schmerzen bei diesem Versuch, dann kann eine intra- oder extrathekale Erkrankung (Bandscheibenvorfall) vorliegen. Es kann sich auch um eine pathologische Druckerhöhung auf die Theka (Rückenmarkshülle) selbst handeln (Abb. 44).

Naffziger-Test. Mit diesem Kompressionstest verstärken Sie den intrathekalen Druck durch Erhöhung des Liquordruckes. Zunächst komprimieren Sie die Jugularisvenen vorsichtig etwa 10 Sekunden lang, bis sich das Gesicht des Patienten zu röten beginnt (Abb. 45). Dann fordern Sie ihn auf zu husten. Wenn der Husten Schmerzen verursacht, handelt es sich wahrscheinlich um eine auf die

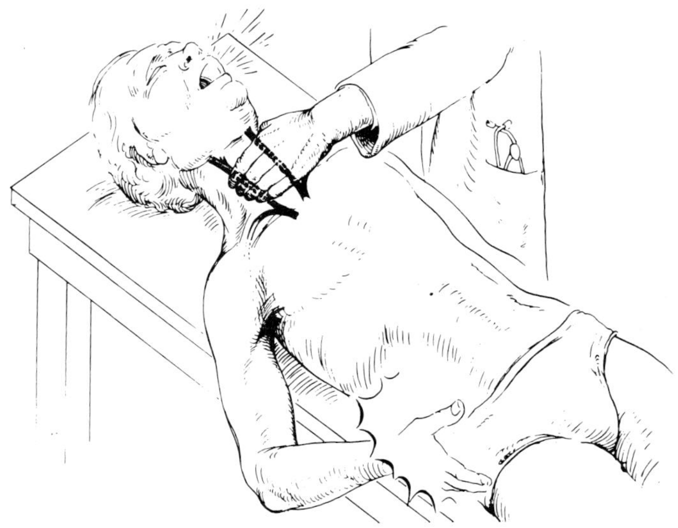

Abb. 45 Beim Naffziger-Test steigt der intrathekale Druck an.

Theka drückende pathologische Veränderung. Bitten Sie den Patienten, das schmerzhafte Gebiet anzugeben, damit Sie den Ursprungsort der Erkrankung feststellen können.

Valsalva-Probe. Lassen Sie den Patienten wie zum Stuhlgang pressen (Abb. 46). Auch hierdurch wird der intrathekale Druck verstärkt. Wenn dieses Pressen Rückenschmerzen oder in die Beine ausstrahlende Schmerzen verursacht, so liegt entweder eine pathologische Veränderung mit intrathekaler Druckerhöhung oder eine Erkrankung der Theka selbst vor.

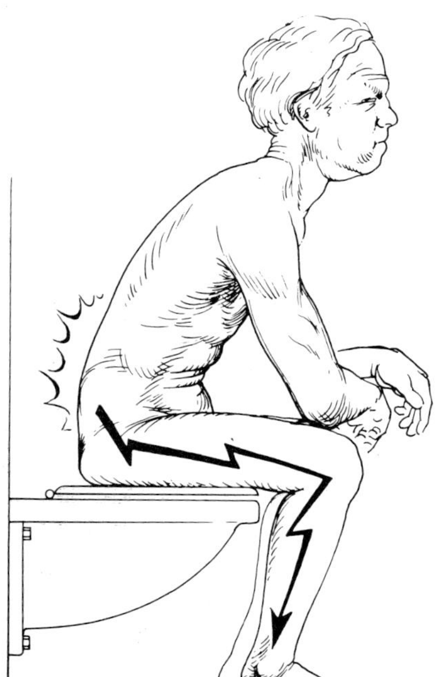

Abb. 46 Der Valvalsa-Versuch.

Rüttelversuch der Iliosakralfuge

Beckenrüttelversuch. Lassen Sie den Patienten auf dem Rücken liegen. Ihre beiden Hände liegen auf seinen Darmbeinkämmen, Ihre Daumen auf den Spinae iliacae anteriores superiores, Ihre Handflächen auf den Tubercula iliaca. Jetzt drücken Sie die beiden Beckenhälften kraftvoll in Richtung auf die Körpermittellinie (Abb. 47). Gibt der Patient Schmerzen in der Gegend der Iliosakralfuge an, so kann es sich um eine pathologische Veränderung der Fuge selbst, z. B. eine Infektion oder um posttraumatische Folge handeln.

Gaenslen-Zeichen. Der Patient liegt auf dem Rücken. Fordern Sie ihn auf, beide Beine an seinen Thorax zu ziehen. Dann ziehen Sie den Patienten zur Tischkante, so daß eine Gesäßbacke über die Kante hängt (Abb. 48). Jetzt soll der Patient das nicht unterstützte Bein herunterfallen lassen, während das andere Bein gebeugt bleibt (Abb. 49). Klagt der Patient über Schmerzen im Bereich der Iliosakralfuge, so ist dies ein weiterer Hinweis auf ein pathologisches Geschehen in diesem Gebiet.

Patrick- oder Fabere-Test. Dieser Test kann sowohl zur Aufdeckung pathologischer Veränderungen der Hüfte als auch der Iliosakralfuge verwendet werden. Der Patient liegt auf dem Rücken und legt den Fuß der betreffenden Seite auf das gegenüberliegende Knie. Das Hüftgelenk ist jetzt gebeugt, abduziert und außenrotiert. In dieser Stellung weist ein Schmerz in der Leistenbeuge auf krankhafte Veränderungen im Hüftgelenk oder in den umgebenden Muskeln hin. Ist die Endstellung der Beugung, Abduktion und Außenrotation erreicht, so ist das Fe-

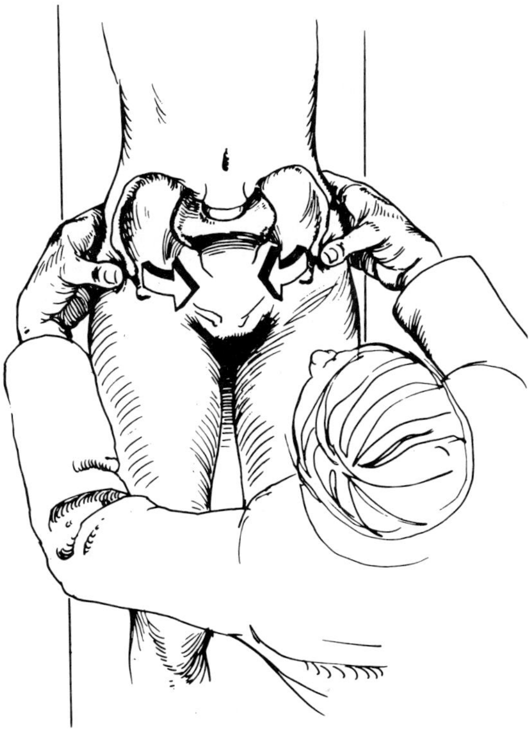

Abb. 47 Der Beckenrüttelversuch zum Nachweis einer Instabilität der Iliosakralfuge.

Abb. 48 Das Gaenslen-Zeichen.

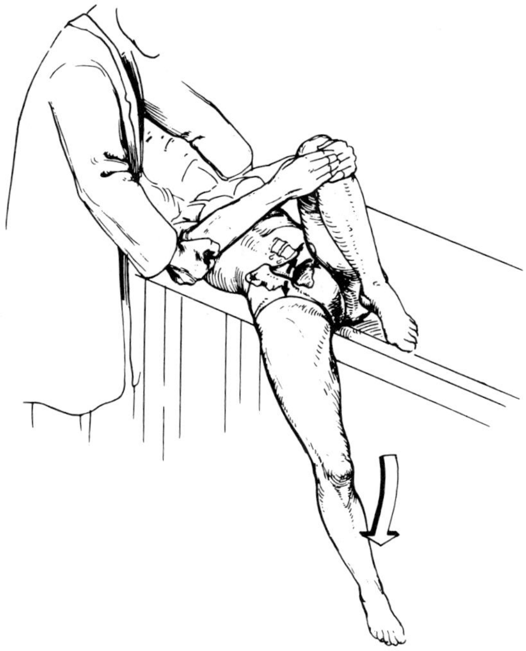

Abb. 49 Schmerz bei der Ausführung dieses Manövers deutet auf pathologische Veränderungen im Bereich der Iliosakralfuge hin.

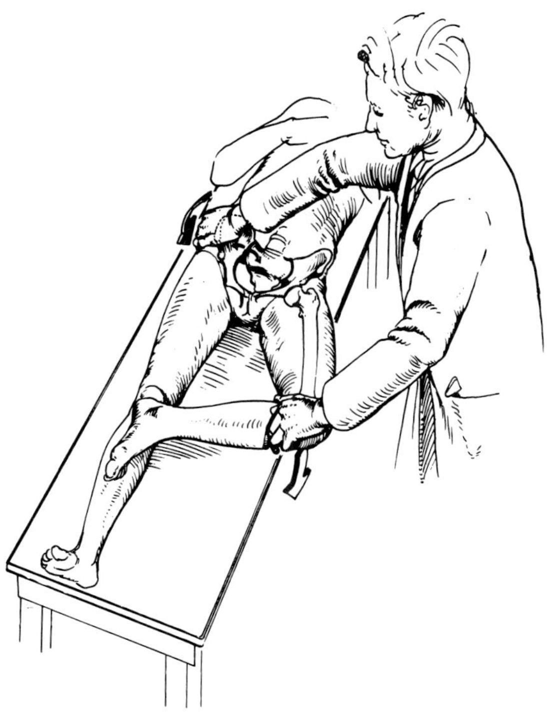

Abb. 50 Der Patrick- oder Fabere-Versuch.

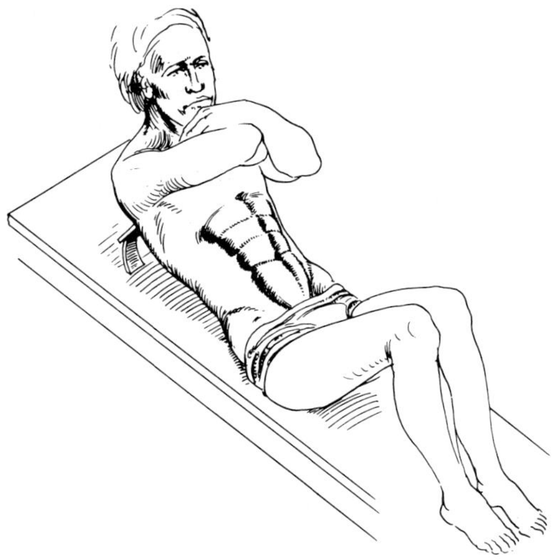

Abb. 51 Das Beevor-Zeichen ist negativ, wenn der Nabel sich nicht bewegt.

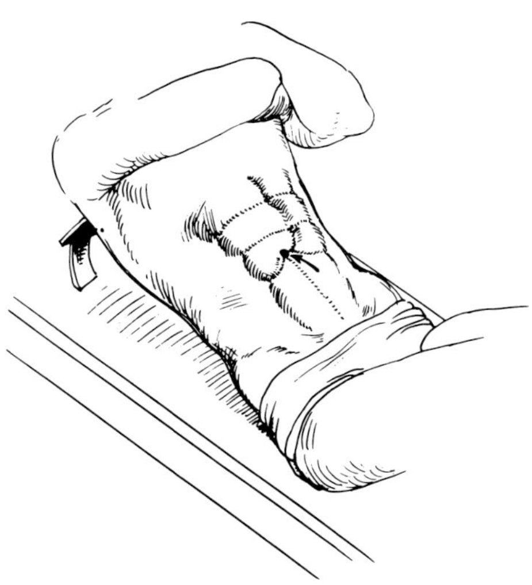

Abb. 52 In dieser Stellung zeigt eine Nabelbewegung segmentale Schwäche des M. rectus abdominis und der paravertebralen Muskulatur an (positives Beevor-Zeichen).

mur gegenüber dem Becken fixiert. Um Spannung auf die Iliosakralfuge zu bringen, erweitern Sie den Bewegungsumfang, indem Sie eine Hand auf das gebeugte Knie und die andere Hand auf die Spina iliaca anterior superior der Gegenseite legen. Drükken Sie beide Stellen nach unten, so als ob Sie ein Buch öffnen wollten. Klagt der Patient über verstärkte Schmerzen, so kann es sich um eine Erkrankung der Iliosakralfuge handeln (Abb. 50). Pathologische Veränderungen im Iliosakralgelenk sind relativ selten. Findet man sie jedoch, so gewöhnlich im Zusammenhang mit einem schweren und massiven Trauma, welches das Becken betroffen hat, oder bei einer infektiösen Erkrankung, etwa einer Tuberkulose.

Segmentale Innervationsprüfungen

Beevor-Zeichen. Diese Untersuchung prüft die Unversehrtheit der segmentalen Innervation des M. rectus abdominis und der entsprechenden paraspinalen Muskeln. Die einzelnen Abschnitte des M. rectus abdominis werden segmental über die Hinterwurzeln durch Äste von Th5 bis Th12 (L1) innerviert. Fordern Sie den Patienten auf, sich mit über der Brust gekreuzten Armen etwas aufzurichten (Abb. 51). Während er in dieser Position verharrt, beobachten Sie den Nabel. Im Normalfalle sollte sich dieser überhaupt nicht bewegen. Ist der Nabel aber nach oben, unten oder seitlich verzogen, so kann eine asymmetrische Beteiligung der vorderen Bauchwand- und Paravertebralmuskeln vorliegen. Der Nabel wird in Richtung der stärkeren, d. h. der nicht betroffenen Muskeln gezogen (Abb. 52). Die segmentale Beeinträchtigung eines der Rectus-abdominis-Muskeln ist mit einer gleichzeitigen Schwäche der entsprechenden paravertebralen Muskeln vergesellschaftet. Palpieren Sie die Bauchmuskeln sowie die Muskeln der Lendenwirbelsäule auf Zeichen von Schwäche, Atrophie oder Asymmetrie. Das Beevor-Zeichen ist häufig positiv bei Patienten mit Poliomyelitis oder einer Meningomyelozele.

Untersuchung der benachbarten Gebiete

Hüfte, Rektum und Becken können Schmerzen in die Lendenwirbelsäule projizieren (Abb. 53). Zur Vervollständigung Ihrer Untersuchung führen Sie bei allen Patienten eine rektale Untersuchung durch (siehe Seite 167, Kapitel «Hüfte und Becken»). Bei weiblichen Patienten empfiehlt sich ferner eine vaginale Untersuchung.

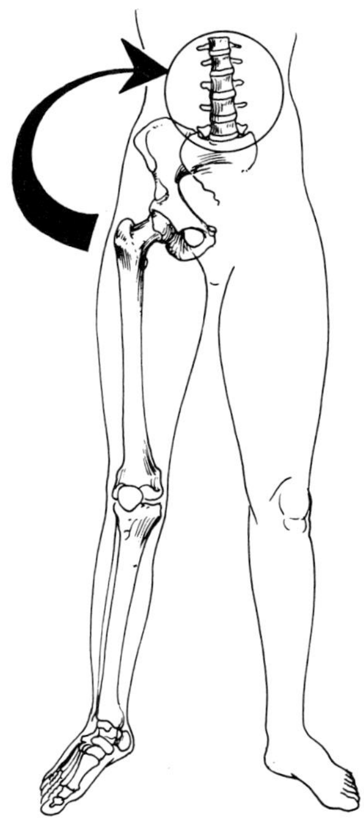

Abb. 53 Symptome seitens der Lendenwirbelsäule können von der Hüfte, dem Rektum oder dem Becken fortgeleitet sein.

Register